MARIANGELA
ALVES DE LIMA
**NA PLATEIA**

**SERVIÇO SOCIAL DO COMÉRCIO**
Administração Regional no Estado de São Paulo

**Presidente do Conselho Regional**
Abram Szajman
**Diretor Regional**
Danilo Santos de Miranda

**Conselho Editorial**
Ivan Giannini
Joel Naimayer Padula
Luiz Deoclécio Massaro Galina
Sérgio José Battistelli

**Edições Sesc São Paulo**
*Gerente* Iã Paulo Ribeiro
*Gerente adjunta* Isabel M. M. Alexandre
*Coordenação editorial* Clívia Ramiro, Cristianne Lameirinha, Francis Manzoni, Jefferson Alves de Lima
*Produção editorial* Antonio Carlos Vilela
*Coordenação gráfica* Katia Verissimo
*Produção gráfica* Fabio Pinotti, Ricardo Kawazu
*Coordenação de comunicação* Bruna Zarnoviec Daniel

**Coleção Sesc Críticas**
*Coordenação* Marta Raquel Colabone
*Colaboração* José Olimpio Zangarine

# MARIANGELA ALVES DE LIMA NA PLATEIA

PESQUISA, SELEÇÃO E ORGANIZAÇÃO
**MARTA RAQUEL COLABONE**
ASSESSORIA JOSÉ EDUARDO VENDRAMINI

© Mariangela Alves de Lima, 2022

© Marta Raquel Colabone, 2022

© Edições Sesc São Paulo, 2022

Todos os direitos reservados

*Revisão* Elba Elisa de Oliveira e Sílvia Balderama Nara

*Projeto gráfico* Ricardo van Steen / TempoDesign

*Diagramação* Kaike Simões

Dados Internacionais de Catalogação na Publicação (CIP)

L6286p    Lima, Mariangela Alves de

Na plateia / Mariangela Alves de Lima; Pesquisa, seleção e organização Marta Raquel Colabone; Assessoria José Eduardo Vendramini. – São Paulo: Edições Sesc São Paulo, 2022. –

572 p. (Sesc Críticas).

ISBN 978-65-86111-59-0

1. Arte dramática. 2. Artes cênicas. 3. Teatro. 4. Crítica. I. Título. II. Colabone, Marta Raquel. III. Vendramini, José Eduardo.

CDD 792

Ficha catalográfica elaborada por Maria Delcina Feitosa CRB/8-6187

**Edições Sesc São Paulo**

Rua Serra da Bocaina, 570 – 11º andar

03174-000 – São Paulo SP Brasil

Tel. 55 11 2607-9400

edicoes@sescsp.org.br

sescsp.org.br/edicoes

/edicoessescsp

# SUMÁRIO

6  Apresentação *Danilo Santos de Miranda*
8  Prefácio *Alexandre Mate*
18  Introdução *Marta Raquel Colabone* e *José Eduardo Vendramini*
20  Críticas

558  Índice cronológico
565  Índice alfabético
570  Organização

# APRESENTAÇÃO

*Todo grande poeta [...] é um grande crítico,
ao menos na perspectiva [...],
como todo grande crítico é um poeta,
ou em perspectiva ou em ação.*
Alceu Amoroso Lima

O papel da crítica, no âmbito das expressões artísticas, é de fundamental importância por criar parâmetros de fruição e de execução das obras que chegam ao público. Independentemente do campo em que atua, a crítica é uma das formas mais contundentes de manter e elevar o padrão dos que fazem e dos que elaboram as mais diversas formas de arte.

Num voo raso pela história da arte, podemos perceber que a crítica toma corpo e é difundida nas sociedades no momento em que as artes passam a fazer parte não somente de uma elite social, mas também da vida daqueles que, embora não pertencendo à chamada "alta cultura", passam a ter contato direto com elas. Com a Modernidade e o advento de uma abertura do fazer e do gozar artísticos, a crítica passa a se fazer necessária, já que a quantidade de obras toma um vulto nunca antes visto.

Como um bem elitizado, para os poucos que, com tempo livre e poder aquisitivo, dela usufruíam, a cultura já serviu de oposição à barbárie que, segundo a elite da época, poderia se sobrepor à sua condição elevada de civilização. Supor que o caminho da crítica se abriu para que os "mais civilizados" (termos que hoje não fazem sentido e carregam forte tom de uma pretensa arrogância de superioridade) pudessem conduzir o que seriam os moldes de uma ou de outra expressão artística não diminuiu em nada seu valor; ele somente aponta os poderes sociais dirigindo, moldando, formando aqueles que começaram a enveredar pelo fazer artístico numa relação mais profissional, dentro de um amplo terreno demarcado pelas transações mercantis, como até hoje acontece. As expressões artísticas, porém, começaram a tomar outros caminhos, a andar por vontades alheias a esses poderes e a se disseminar por todos os cantos. Nesta época de pós-modernidade, cuja venalidade real pode ser apontada, avaliada e chancelada para os produtos mais subjetivos, nesta época de capitalismo avançado, as artes eclodiram com força total. Não se trata mais de ver a crítica como balizadora de conceitos, ideologias, como um objeto que cerca e protege uma civilidade de poucos. Por mais que as diferenças socioeconômicas ainda estejam presentes, na arte elas passam a não ser mais elementos de descarte desta ou daquela obra.

Com as expressões artísticas em constante procura por sensações e elementos novos, o certo é que a crítica continua tendo relevância para a evolução dos movimentos que surgem a todo instante. A crítica, no caso, não faz um papel do embasamento teórico, histórico e prático, que faz do crítico um elemento necessário, um ponto de referência ao desenvolvimento das artes.

O Sesc São Paulo reconhece na função do crítico sua relevância para formar públicos e refletir a respeito do papel da arte na sociedade. Vê em seu trabalho um modo de fixar e apontar a história para que possamos enxergar o que há de repetições travestidas de inovações nos meios artísticos. Se a crítica pode ser vista como a construção de barreiras a emperrar uma passagem, seu significado toma mais força no instante em que propõe que tais obstáculos sejam transpostos.

É nessa perspectiva que apresentamos a Coleção Sesc Críticas, agora trazendo à luz parte significativa das críticas teatrais de Mariangela Alves de Lima.

DANILO SANTOS DE MIRANDA
*Diretor do Sesc São Paulo*

# PREFÁCIO

## Mariangela Alves de Lima e a produção de um trabalho histórico-crítico teatral primoroso

Há muito tempo aceitamos o fato de que, no teatro, uma sala existe porque alguém no palco afirma estar nela. São tão elásticas as convenções do teatro contemporâneo que é muito provável que essa arte subsista por essa razão, ou seja, pela sua capacidade inesgotável de instaurar mundos a partir de escassa substância. É o lugar onde podemos dispensar as plantas para imaginar o jardim ou as panelas para imaginar a cozinha. A aventura de criar espaço e tempo em cumplicidade com os artistas é um dos grandes prazeres que a cena reserva aos espectadores.

*Mariangela Alves de Lima* (a partir de *Vidros partidos*, de Arthur Miller, 1998)

Se o teatro é o lugar onde um homem se posta em um plano elevado diante de muitas pessoas e, quase gritando, quer fazer crer que conversa com seus botões, pode muito bem ser o lugar em que duas pessoas representam um único personagem. Os transtornos do tempo sequencial, a indeterminação do espaço e a fragmentação do personagem são evidências ficcionais intensamente exploradas pela dramaturgia contemporânea, ora para acomodar novos sentidos, ora para reafirmar que o teatro tem, sobre as outras linguagens artísticas, a indiscutível vantagem de poder instaurar novas convenções a partir de escassa matéria.

*Mariangela Alves de Lima* (a partir de *A dona da história*, de João Falcão, 1999)

Cumpre, por dever de delicadeza, dar uma resposta a esses jovens tão graves e exigentes consigo mesmos. Sentimos que a reação mecânica dos aplausos não basta. Mas o que fazer? Somos os outros, a porta fechada contra a qual se esfolam os nós dos dedos dos artistas.

*Mariangela Alves de Lima* (a partir de *Prêt-à-porter 5*, do CPT, 2003).

Mesmo com alguns "receios" quanto à tarefa para prefaciar esta obra, aceitei apresentar algumas ponderações sobre a produção crítica de Mariangela Alves de Lima, desenvolvida durante quase quarenta anos. Os excertos coligidos para a epígrafe deste texto manifestam algumas determinantes quanto à necessidade de aceitação do desafio. Além deles, somando-se ao "arquipélago" de tantos outros desafios expostos na obra crítica de Mariangela, não perco de vista que a crítica teatral, em sua atividade contra os processos emulatórios, teve de enfrentar as obras e diferentes categorias de pessoas: as da criação, as do mando, as da leitura... Portanto, tomar a produção aqui enfeixada, que reúne conhecimentos anteriores, capacidade analítica, mergulho em processos de pesquisa, percepção aguçada, traduzibilidade da crítica-pesquisadora, por comparação, caracterizar-se-ia uma tarefa "bem mais tranquila". Um prefácio manifesta, primeira e essencialmente, um processo dialógico desenvolvido com a obra; posteriormente, e se for o caso, dialogismos indiretos com amplo espectro de leitores e leitoras.

Mariangela Alves de Lima, ao longo de sua jornada de "tradutora" de espetáculos teatrais, enfrentou hordas de sujeitos – tantas vezes raivosos – a serviço (in)direto da ditadura civil-militar brasileira: nos quartéis, nos diferenciados gabinetes de poder, nos espaços representacionais (estética, histórica ou socialmente), nos bares, nas casas... As críticas aqui colecionadas apresentam uma trajetória que parte da análise de *Corpo a corpo*, de Oduvaldo Vianna Filho, dirigida por Antunes Filho, publicada em 1º de janeiro de 1972 (quando a crítica inicia sua jornada em *O Estado de S. Paulo*[1]) e se encerra com *Doze homens e uma sentença* de Reginald Rose, dirigida por Eduardo Tolentino de

---

[1] Após o deslocamento de Sábato Magaldi para o *Jornal da Tarde*, a empresa, com longa tradição na cobertura crítica de espetáculos teatrais, contratou Mariangela Alves de Lima, Ilka Marinho Zanotto e Clovis Garcia para as tarefas demandadas pela linguagem teatral na cidade de São Paulo. Em determinado momento, por intermédio de uma entrevista, Ilka Marinho Zanotto, sem pontificar de modo absoluto, afirmou que, em tese, havia certa divisão, embora não rígida, quanto

Araújo, publicada em 26 de novembro de 2010 (sem que essa tenha sido sua última crítica escrita).

Mariangela "enfrentou" um número bem maior de obras do que as aqui selecionadas. Dessa forma, seu trabalho pode ser apresentado como monumental, tanto no sentido quantitativo como, e sobretudo, no qualitativo. Na excelente e necessária série *Aventura do teatro paulista* (composta de vinte episódios, veiculados na TV Cultura em 1981), Julio Lerner, como idealizador, produtor e diretor da obra, manifesta, no último programa da série, seu contentamento por ter contribuído para organizar parte da produção teatral paulista. A partir do material produzido, a tarefa a que ele havia se proposto (coordenando significativo número de colaboradores e colaboradoras), somando-se a outras iniciativas da mesma natureza, – se encerrava, apontando uma real possibilidade de continuidade aos pósteros. A Coleção Críticas, criada pela Edições Sesc São Paulo e coordenada por Marta Raquel Colabone, tem materializado o vislumbre de continuidade proposto por Lerner, através da publicação de análises críticas de Sábato Magaldi (2015), Macksen Luiz (2017), Jefferson del Rios (2019). Com este quarto volume tem-se acesso a quase quarenta anos de reflexão crítica, decorrente de uma produção teatral absolutamente significativa.

Em sua trajetória como crítica e pensadora, Mariangela deparou-se com censuras e cerceamentos de toda ordem e monta: de governos ditatoriais (o início de sua carreira crítica ocorre no governo de Emílio Garrastazu Médici) a uma total mudança de consignas na produção teatral paulista, no âmbito das relações de produção, das temáticas das obras, dos paradigmas estéticos. Ainda que as formas hegemônicas tivessem permanecido, e conquistado parte significativa dos incentivos econômicos disponíveis à produção, a partir dos enfrentamentos concretos contra a ditadura civil-militar e a ida às ruas por lutas democráticas, paulatinamente, a necessidade de o teatro cantar seu tempo consolidou um significativo conjunto de agrupamentos e coletivos teatrais, nomeado, historicamente, teatro de grupo. Com o advento de novas mentalidades e práxis nos modos de produção, de relação interna e nos processos

---

ao trabalho de análise crítica. Ilka tenderia a dedicar-se a obras mais clássicas, Mariangela a obras mais experimentais e Clovis a obras mais ligadas às temáticas populares. Desse modo, ainda que tal divisão tenha existido em algum momento, pelo conjunto de obras aqui coligido, tal procedimento não pode ser tomado como determinação de vontade absoluta. Os aprofundamentos nas análises críticas de Mariangela evidenciam o quanto a estudiosa era chegada aos desafios.

de recepção e na sociabilidade quanto às trocas decorrentes dos interesses pedagógicos, a linguagem teatral foi sendo reinventada, reconfigurada, fundamentalmente a partir de determinações epicizantes.

Nessa nova orquestração da linguagem teatral – com a derrocada dos autocratismos centralizados nas mãos de poucos –, muitos novos coletivos se formam, vislumbrando uma práxis a partir de outras temáticas e pontos de vista, desatentos às proposições hegemônicas. Desse modo, ao se organizarem e se reconfigurarem, interna e coletivamente, buscando outros operadores práxicos, nasce uma produção teatral absolutamente colossal, sobretudo na cidade de São Paulo. A mais significativa mudança ocorre com relação ao aterramento histórico e às polifonias práxico-discursivas. Novas vozes conclamam a outras abordagens hibridizantes quanto aos procedimentos formais. Os paradigmas estéticos do passado configuram-se incapazes de servir como afiançadores de "qualidade" do que se produz. A partir das mudanças ocorridas pelas contendas de lutas da classe trabalhadora e a participação das comunidades teatrais e territoriais, na criação de obras mais coletivas, em procedimentos mais democratizados, viabilizam uma produção rica, diversa, múltipla, potente, contraditória, inquieta, intempestiva, inesperada. A partir de tantas e inusitadas possibilidades, com resultados tão surpreendentes, surge um "novo teatro", algo assemelhado às solicitações, por motivações distintas, de Zola, Piscator, Artaud.

O esteticismo francês (e sua hierarquia rígida, tomando o texto como protagonista do fenômeno ou, mais propriamente, partindo do conceito textocentrista) à la Jacques Copeau, ainda que continue a ser usado como referência em certa produção, não mais serve como régua e compasso únicos da linguagem representacional.

Como uma primeira evidência, coligindo processo de formação e adesão a um modelo clássico para leitura e análise de formas hegemônicas, Mariangela Alves de Lima, durante toda a década de 1970, priorizou, em suas reflexões, o texto e sua autoria. Vez ou outra, algum espaço se conferia ao diretor e, excepcionalmente, a outros sujeitos do processo. Nas décadas seguintes, e sempre de modo mais acentuado, com o aumento na produção e experimentalismos, novos e mais aprofundados discursos são produzidos. A partir da década de 1990, Mariangela produz algumas reflexões modelares, e dentre elas podem ser destacadas *Boca de ouro* e as críticas da série de *Os sertões* (Oficina), *Filhos do Brasil* (Regina Galdino e Andréa Bassit), *A serpente* (Tapa), *Till Eulenspiegel* (Fraternal), às obras da série *Prêt-à-porter*, *A paixão segundo G. H.* (adaptação de Fauzi Arap), *Os sete afluentes do rio Ota* (Monique Gardenberg). Também na década de 1990, houve uma ampliação quanto ao tamanho das análises críticas; fosse pelas lutas decorrentes do movimento Arte Contra a Barbárie, que ajudou a ampliar o número de montagens, de artistas da cena e leitores do jornal; fosse pela redução do número de críticos na equipe do jornal, fosse pelo respeito angariado pela reflexão crítica de Mariangela. Houve uma redução no número de críticas, mas com ampliação em sua extensão.

Assim, e de modos distintos de alguns de seus antecessores, sobretudo pelo exercício exegético, as novas obras levam Mariangela a mergulhos muito mais profundos, abissais e epistêmicos nos processos de pesquisa. Ela toma a obra como "epicentro analítico", mas espraia sua pesquisa, de modo mais contundente, por diversos caminhos – da história, da filosofia, da psicanálise..., sem perder de vista as questões estéticas e matriciais que confluíram em seu processo de formação.

Por intermédio de fala exemplar em *A vida de Galileu*, de Bertolt Brecht, cuja "aproximação" é bem pertinente, o trabalho crítico de Mariangela concerne àquele de uma pesquisadora que "mete o nariz [de modo cada vez mais profundo] no objeto do conhecimento". Mudanças exigem ressignificações. Mariangela "atendeu aos chamados da história!". Conhecimento e pensamento também são travessias. As boas análises críticas e os estudos aprofundados auxiliam a potencializar e a descortinar novas possibilidades de acesso às obras, aos dialogismos com elas, consigo mesmo e aos (im)postos. O pensamento, ao guiar-se, também pela curiosidade e necessidade de compreensão, tende a fugir da subserviência, dos proselitismos e do uso de rótulos facilitadores, conformadores.

No processo de releitura de toda a produção crítica de Mariangela, aqui destacado, pude constatar que seres humanos deslocam-se, pensam e manifestam-se em estados ziguezagueantes, tanto na leitura como na escrita. De fato, algumas balizas referenciais são importantes, mas não podem pautar cartesianamente as apreensões do caminho. Às vezes, é preciso reconsiderar os supostos sabidos. Pensar é estado de inquietação deambulante, de enfrentamento reconfigurador dos sabidos: no processo de releitura, a produção de Mariangela ainda inquieta. Parece inequívoco o exercício de alguém que foi se revisitando, permanentemente.

É certo que algumas das predileções estéticas de Mariangela (tendo em vista sua formação escolar) se conservaram, mas é possível observar uma ampliação significativa quanto à quebra (por estudos rigorosos) de certos preconceitos quanto a outras formas e teatralidades. Evidentemente, posso ter feito uma leitura "precipitada", mas os dois coletivos mais destacados nas críticas de Mariangela (de acordo com a seleção deste livro) são: o Grupo Tapa e a

Fraternal Companhia de Arte e Malas-Artes. Dos coletivos apontados, direta e indiretamente, os dois nomes individuais mais elogiados são Eduardo Tolentino de Araújo e Luís Alberto de Abreu (que não é do coletivo, mas que esteve durante anos em parceria). De outro modo, trata-se do trabalho de dois coletivos com proposições estéticas muito distintas: o esteticismo francês e o épico (diversas vezes, materializado pelo uso de diversos expedientes populares).

Essa "liberdade" da crítica, no que concerne a ser capaz de reconhecer uma bela obra, independentemente de filiações estéticas e defesas intransigentes de "qualidade", configurou-se como determinação fundamental para o desbloqueio de blindagens de classe e autoapologia de gostos ideológicos, ditos "pessoais". Não há arrebatamentos ou tratamentos apologéticos em Mariangela. As apreciações da crítica são controladas quanto ao uso de adjetivos. Ao destacar um nome, Mariangela manifesta os critérios em tal apreensão, sendo contundente sua não adesão aos ufanismos consagrados pelo senso comum, esquivando-se das impressões idiossincráticas. Pelo respeito que foi angariando ao longo de sua trajetória, suas análises ajudaram, também, a desbloquear adesões naturalizadas e padronizadas de incontável número de leitores e leitoras. Ser capaz de reconhecer os méritos das obras, revelando os preconceitos estruturais por meio dos quais estas vinham sendo apresentadas oral e documentadamente – e sempre a partir de estudos aprofundados e narrativas rigorosas –, manifesta muito além da adesão ao respeito preconizado por Voltaire, um trabalho de exegese práxica (porque colige trabalho de pesquisa e a prática de uma escrita reflexiva e hermenêutica) de um pensamento vivo, livre, desprendido das ortodoxias estéticas, da supremacia do pragmatismo, de preconceitos de classe e dos paradigmas únicos. Bons textos, como se sabe, ajudam um ser humano a potencializar suas apreensões e seu estar no mundo de modo relacional. Sempre inquieta e em estado de pesquisa profunda, Mariangela viveu e produziu profissionalmente no período compreendido entre uma feroz ditadura civil-militar e um governo comandado por um metalúrgico, eleito presidente – ou seja: de Médici a Lula. Mudanças histórico-sociais costumam trazer "insurreições" estéticas. Desse modo, muitas foram as "novidades" na produção teatral, novos modos de produção foram "reinventados" com relação à criação teatral. Em contramarcha às novas práticas, necessidades e experimentações, os chefes (ou os intermediários entre o patronato e a gente do trabalho efetivo), ao seguir as orientações ideológicas das empresas, controlavam e legitimavam os esquadrinhamentos quanto àquilo que se devia ou não divulgar. Portanto, os ditos manuais de redação e estilo das empresas jornalísticas pautavam não apenas as normas da sintaxe e do uso do léxico, mas as adesões com relação às crenças ideológicas e aos colaboracionismos distintos na manutenção de quem estivesse no poder. Mas, ao uso de "bisturis" utilizados nas análises das obras teatrais, foi necessário que Mariangela lançasse mão de diversos estratagemas táticos por meio dos quais a astúcia operasse a análise crítico-sensível.

Em 2006 tive a oportunidade de entrevistar Mariangela que, em determinado momento, fala da sensação de seu trabalho sempre deixá-la em "estado de biruta" (equipamento que, levado pela força dos ventos, indica suas direções), o que, metaforicamente, definia os espetáculos a serem assistidos. No jogo de forças compreendido pelo sujeito e sua empresa de trabalho, sempre há muita negociação. Desse modo, das quase 290 críticas aqui inseridas, muitos dos espetáculos analisados podem ter sido escolhidos por Mariangela, mas, a maioria pode ter sido imposta pela empresa e pelo editor-chefe (ainda que pudesse haver concordâncias entre ambos os sujeitos quanto à importância de tais ou quais obras).

Decorrente das questões concernentes ao ato de ler, e por quê, de modo adverso do senso comum, trata-se de um ato-trabalho bem complexo e nada fácil de ser realizado. Há "toneladas" de obras que tematizam e teorizam sobre os pressupostos contidos nessa ação absoluta e organicamente relacional. Desse modo, ainda que os caminhos de criação e traduzibilidade de signos, individual e coletivamente, afigurem-se inesgotáveis, o ato decifratório pressupõe a articulação de uma práxis que compreende o entendimento/a traduzibilidade do signo/símbolo/código, de seus subtextos e de seu aterramento em contextos histórico-estético-sociais. Portanto, ao tomar tal premissa, de seu sentido mais "restrito", pressupondo o entendimento (às vezes decifratório), na condição de traduzibilidade de signos (de diversas naturezas), àquele mais ampliado de "leitura do mundo", possivelmente – depois das demandas biológicas –, a leitura se caracterize na mais intensa e necessária das potências do ser vivente.

Leem-se o céu, as pegadas, os gestos, as placas, as intenções, os filmes, os romances, a poesia, as indiretas, os expedientes sublimes e autoritários, os discursos, os nossos amores, o teatro... Lê-se por todos os nossos órgãos, por intermédio de óculos, pela ajuda das máquinas... somos viciados e temos necessidade de tal ato, que humaniza, promove identidades, aproxima ou determina o afastamento, legitima o viver... Lê-se ou realiza-se a tradução do que é conhecido e do que é desconhecido. O desconhecimento, em qualquer área da vida, promove o deslocamento, no sentido das aproximações ou dos afastamentos.

A análise crítica evidencia a etimologia da palavra que concerne à crise. Externar pontos de vista críticos caracteriza-se em ato de exposição social de modos singulares de interpretação e julgamento. Em qualquer circunstância, a exposição pública obriga e documenta impressões de quem "sai da toca". Vivendo em um tempo de total embaralhamento entre o público e o particular, em contexto tão repleto de egos exacerbados (como costuma ser o teatral), o exercício crítico é muito difícil. Por outro caminho, a exposição de nossas apreensões críticas pode, também, colocar em crise quem as lê.

A traduzibilidade pressupõe um constante debater-se (a partir de sistemas referenciais de que se seja portador) consigo e com o objeto de análise. Nem sempre, pelos desafios propostos por uma obra, percorre-se um caminho de prática de alteridade. Qualquer obra se constitui por um conjunto de evidências, das históricas, passando pelas ideológicas, estéticas e sua produção, distribuídas em diferentes camadas, que metafórica e ideologicamente precisam ser apontadas, "vencidas". À semelhança de quem, na relação em epígrafe, é (sempre) estrangeira em relação à leitura de algo já existente, não se trata de uma trajetória facilmente percorrível.

Uma obra de arte é, permanentemente, um todo constituído de modo palimpsesto. Ao descartar as idiossincrasias de classe, de gosto, de afetos... o entendimento da obra pressupõe revisitação e pesquisa constantes. Mariangela Alves de Lima, como anteriormente apresentado, foi formada, sobretudo, pelos paradigmas do esteticismo francês[2], sobretudo, em sua carreira como pensadora e crítica; conceitos fundantes da linguagem teatral foram

---

[2] Mariangela prestou vestibular para Jornalismo na Escola de Comunicações e Artes da USP e foi aprovada, mas em razão de a estudantada de Jornalismo, Cinema, Teatro, Artes Plásticas etc. cursar algumas matérias comuns nos dois primeiros anos de curso, os entrecruzamentos das linguagens ocorriam permanentemente. Quando migra para as Artes Cênicas, porque entendia ser possível dedicar-se à linguagem sem ter de ser artista da cena, insere-se no curso de Crítica, em que teve aulas com Alfredo Mesquita, Anatol Rosenfeld, Décio de Almeida Prado, Jacó Guinsburg, Jorge Andrade, Miroel Silveira, Renata Pallottini, Sábato Magaldi... A "turma" de que fez parte era constituída por ela e Maria Lúcia Levy (que, ao casar-se, adotou o nome do marido: Candeias). No curso, Sábato Magaldi lecionava Crítica e teve com as duas estudantes uma atuação meticulosa e rigorosíssima. Sábato instava-as à análise detalhadíssima, frase a frase, tomando o texto, portanto, como paradigma inicial com relação aos espetáculos. Diversas vezes o professor acompanhou as estudantes ao teatro. Tais observações Mariangela apresentou em entrevista, que pode ser lida no *Anuário de teatro de grupo da cidade de São Paulo de 2004*, São Paulo: Escritório das Artes, 2005.

permanentemente revistos e expostos, sempre de modo generoso. Expedientes dos épicos, do conceito de poética, de teatralidade, de desconstrução, de comicidade, do teatro ibérico... resultam ao serem expostos, em revisitações às determinações do clássico e do hegemônico.
Ler é complexo, sobretudo porque pressupõe o entendimento; traduzir o entendimento pela escrita é ato tão complexo quanto aquele compreendido pela leitura. Em tese, talvez se pudesse formular uma hipótese segundo a qual escrever caracteriza-se, sobretudo, em processo de aterramento e ler incita a estados deambulatórios... Escrever de modo crítico tende sempre a interpelar o fluxo deambulante (seu e de outrem) e, quase sempre, necessário à vida. Possivelmente, o sonho de voar é muito mais intenso e ancestral do que aquele de pilotar um automóvel. A narrativa escrita (não ficcional), porque tem outro tempo de pouso e de permanência, tende ao trânsito por meio de estruturas previamente determinadas. A escrita crítica, mesmo ensaística, precisa de estruturas e de algum regramento de transitividade. A análise de obras teatrais, registradas em um jornal, demanda um processo de compatibilização entre: conhecimentos aprioristicos da linguagem; tempo disponível para a criação das narrativas críticas; extensão/espaços concretos para veiculação de suas ideias; conhecimento de com quem, objetivamente, se pretende dialogar no amplo espectro de leitores e leitoras; os interesses exarados pela empresa contratante, compreendendo os estilísticos, ideológicos e econômicos...
Em certa entrevista, Graciliano Ramos, provavelmente repetindo alguém (porque se trata de um sentimento real e bastante "comum"), afirmou que escrever se caracteriza em ato de muita empáfia (e ousadia), mas, em adversidade contrastada, publicar demanda muita humildade. Figuras mais ousadas têm, possível e aparentemente, menos vergonha e mais coragem para escrever e tornar pública sua avaliação sobre outras pessoas e semelhantes; entretanto, parece evidente, as pessoas mais reservadas teriam dificuldades maiores para fazê-lo. Ao lembrar uma das poucas e últimas entrevistas de Clarice Lispector, em 1977, a Júlio Lerner, indagada sobre os motivos pelos quais ela escrevia, sempre por meio de caminhos densos, a resposta veio como determinação para sentir-se viva. Ao ser dispensada, de modo tão sumário e desrespeitoso, da empresa em que trabalhou por 39 anos e 11 meses – Mariangela, que não escrevia para a geração de críticos do passado ou do futuro –, foi levada pela mesma força que a fez escrever brilhantemente por toda a vida, infelizmente, ao silêncio público. Buscando uma metáfora assemelhada à condição de Lucky, em *Esperando Godot*, Mariangela não quis mais tirar o chapéu da cabeça...

Assim como Marta Raquel Colabone, José Eduardo Vendramini e tanta gente, fui leitor das análises críticas e dos estudos de Mariangela Alves de Lima. As reflexões críticas de Mariangela, estou absolutamente convencido, ajudaram, e não apenas a mim, a entender as obras assistidas e a redimensionar camadas de questões mais complexas sobre as necessidades de homens e mulheres utilizarem da linguagem teatral para se comunicarem de novos modos, por meio de outras formas. Portanto, o material agora coligido em significativa publicação, ao inserir-se na categoria de obra de referência, assim como proposto por Julio Cortázar em seu *O jogo da amarelinha*, pode ser lido do modo que o sujeito da leitura quiser: pela ordem cronológica, pelas obras assistidas, por autoria, por direção, por coletivo, por seleção ao acaso. Amantes do teatro, de leituras solidamente construídas, de pensamento articulado... Enfim, pelas narrativas de Mariangela Alves de Lima, com ou sem conhecimentos prévios, de modo absolutamente concreto e rigoroso, pode-se acessar um conjunto de reflexões que manifesta uma das maiores alegrias da vida: a generosidade na reconstituição práxica de memórias histórico-estético-culturais de uma prática humana mediada pelo simbólico.

ALEXANDRE MATE[3]

---

[3] Mestre em Teatro e doutor em História Social pela USP. Professor-pesquisador da pós-graduação no Instituto de Artes da Unesp. Autor de diversos livros, ensaios e artigos sobre a linguagem teatral.

# INTRODUÇÃO

Tornamo-nos leitores das críticas de Mariangela Alves de Lima em temporalidades distintas. Vendramini leu a primeira crítica, publicada em 1972, no mesmo dia em que veio à luz, no jornal O *Estado de S. Paulo*. Eu me fiz leitora uma década depois. A paixão pelo teatro nos fez baús de espetáculos: cada qual com seus recortes de críticas, álbuns de fotos, programas, lembranças e anedotas. Além de boas amizades e algumas predileções. Entre elas, figuraram, por muito tempo, as críticas de Mariangela.

O primeiro passo foi reunir o que havia sido publicado no jornal. Para tanto, as visitas ao Arquivo Público do Estado de São Paulo foram frequentes e promissoras. Cópias impressas foram organizadas – sim, somos de gerações que leem em papel! E as leituras feitas em ordem cronológica. Diante do vasto e rico material – são 557 críticas publicadas! –, a primeira opção foi deixar de um lado artigos sobre festivais, livros e balanços anuais. A segunda opção foi deixar de outro lado as críticas dos espetáculos estrangeiros. Enquanto cada uma das críticas era digitada em arquivo Word, novas leituras foram feitas, levando-se em conta que estávamos diante de uma história do teatro na cidade de São Paulo. E, se história é narrativa, qual narrativa seria possível criar a partir das críticas de Mariangela?

Deixamo-nos afetar pelo vigor e pelo rigor de sua escrita. Há um amor pelas palavras – aquelas escutadas no teatro e depois vertidas em textos críticos. Há uma amplitude do entendimento do fazer teatral, sustentado por um forte arcabouço teórico. Há uma compreensão refinada dos mecanismos de funcionamento do texto teatral. Sua fundamentação histórica esclarece a presença de determinados procedimentos estéticos, iluminando sua razão de ser e de estar no palco.

Exigente, generosa, questionadora, suas críticas revelam as contradições da produção teatral, o papel político que a profissão engendra. Criativa, por vezes atrevida, é uma espécie de repórter elucidativa das mudanças ocorridas no teatro nacional junto a mergulhos profundos no caráter específico de cada espetáculo. Com visão aberta ao novo, desde que seriamente estruturado, valoriza o aparecimento de grupos e os acompanha por décadas. Por vezes ilumina clichês com novas luzes de compreensão. Suas críticas, assim, ganham a dimensão de uma *pensata sobre o teatro*, honrando sua ascendência oriunda de Anatol Rosenfeld e de Jacó Guinsburg.

Há uma característica, extraordinária, que é sua capacidade de síntese. Curtas, suas críticas muitas vezes nos abandonam no meio de uma travessia. Sem boia, podemos tanto naufragar quanto nos apropriar do pensamento incompleto e nos arvorarmos em seres tão pensantes quanto a crítica que nos conduziu até o fim da página. Ser sua leitora, ser seu leitor, é um convite para um *pensar junto*. Não é tarefa fácil, mas é de uma riqueza ímpar. Porque nos deixa em suspensão, com alguma inquietação produtiva.

Esta publicação-narrativa de 290 críticas foi se constituindo por fendas, por inconclusões, por escolhas afetivas, por abandonos doloridos, dando abrigo à linguagem poética, à *crítica-escritura* de Mariangela, formando uma história do teatro brasileiro, uma história das ideias e suas decorrências artísticas. Esperamos que ela possa ser a extensão desse convite para um *pensar junto*.

MARTA RAQUEL COLABONE e JOSÉ EDUARDO VENDRAMINI

# Críticas

Originalmente publicadas no jornal O Estado de S. Paulo

# Críticas 1972

## CORPO A CORPO

De Oduvaldo Vianna Filho
Direção de Antunes Filho
1º de janeiro de 1972

Luiz Toledo Vivacqua, publicitário, solteiro, trinta anos, focalizado em uma noite de crise: *Corpo a corpo* é uma minuciosa investigação dessa crise nas suas raízes internas e externas, na interioridade de Vivacqua e nas relações com o processo social que o envolve.
Certamente as características de Vivacqua não permitem que ele seja incluído na galeria de personagens heroicas. Há milhares de Vivacqua dentro dessa vasta nebulosa denominada classe média.
Nesse sentido, o texto de Oduvaldo Vianna Filho não pode ser considerado uma retomada do realismo. As aspirações de Vivacqua, sua efetividade, seu passado, são elementos que configuram a realidade da personagem como ser humano. Mas Vivacqua é também um modelo operacional, o ponto de encontro simbólico entre as diversificações da estrutura social.
Oduvaldo Vianna Filho construiu uma personagem lúcida, mais lúcida do que seria possível dentro de uma proposta estritamente realista. O espectador acompanha o processo de uma autoanálise consciente, ao mesmo tempo que há uma dissonância entre o ato e o pensamento da personagem. É esse o campo de exercício que o texto oferece para o espectador. Numa situação paralela seria possível assumir uma opção diferente?
A direção de Antunes Filho se apoia sobre essa característica de questão aberta ao espectador sugerida pelo texto. Seu espetáculo sublinha os momentos de consciência da crise de Vivacqua. Os trechos mais dramáticos foram integrados numa linha contida de expressão, que devolvem a personagem à esfera do cotidiano. Sem dúvida, a situação de Vivacqua pode ser considerada trágica, mas essa é uma conclusão que fica por conta do espectador. Antunes descreve-a com imparcialidade como um documento circunstancialmente exposto ao olhar público. Seu trabalho reforça o paralelismo do mundo do espectador com o meio em que se situa Vivacqua. Nos diálogos imaginários com a vizinhança, Vivacqua se dirige ao público, como se a resposta pudesse surgir da sala ou dos "prediuntes" que o circundam.
Antunes coloca claramente a proposta do texto, dirigindo-a à compreensão e à capacidade crítica do espectador. Se há envolvimento emocional, ele surge não do espetáculo, mas da identificação da situação de Vivacqua com o mundo conhecido.

Os elementos cênicos informam, sem solucionar, a expressão verbal do personagem. Um espetáculo em que a preocupação estética é subordinada ao conteúdo significativo das palavras de Vivacqua. Para Antunes, o que está acontecendo com Vivacqua pode ser contado simplesmente, porque está dentro de um universo muito próximo. Não é uma história bonita, ou comovente. É uma história para ser pensada.

Está claro que a encenação bem-sucedida de um monólogo depende, quase exclusivamente, do trabalho do ator. E o trabalho de Juca de Oliveira em *Corpo a corpo* pode ser considerado uma realização perfeita. Na criação de Vivacqua, Juca incorpora diversas técnicas de interpretação que atualmente definem, em teoria, uma ou outra tendência do teatro contemporâneo. A tensão psíquica da personagem é transmitida através de um processo de interiorização. Simultaneamente, Juca interfere nessa vivência, modifica o espaço cênico, enfatiza os momentos conscientes através de um diálogo com os objetos e, indiretamente, com os observadores. A movimentação física, cômica ou exasperada ao extremo, remete o espectador à consciência de estar presenciando um fenômeno de natureza ficcional. Não apenas um retalho de vida, mas uma vida refletida, repensada e sintetizada. Um trabalho que mostra que é possível fazer excelente teatro sem se restringir a uma técnica específica.

Na cenografia de Maria Bonomi há uma concreção da pré-história de Vivacqua. Um publicitário, familiarizado com o moderno *design*, lutando para manter a individualidade dentro de uma ambientação totalmente padronizada. Os objetos deslocáveis formam, simultaneamente, a plataforma de ascensão e o sufocamento material da personagem.

Um espetáculo muito menos tradicional do que fazem supor os textos impressos no programa. *Corpo a corpo* possui aquela espécie de originalidade que integra a natureza de uma obra de arte realizada, obriga-nos a refletir sobre um aspecto esquecido da nossa própria vivência.

## A MASSAGEM

De Mauro Rasi
Direção de Emilio Di Biasi
29 de fevereiro de 1972

Um americano de meia-idade contrata um massagista para preencher uma noite solitária. Durante algumas horas, os dois se dedicam a uma espécie de jogo, previamente combinado, em que a massagem é um pretexto que encobre o caráter da organização a que ambos estão filiados. Uma espécie de "clube" que se alimenta da solidão e das frustrações em todos os níveis da respeitável classe média norte-americana.
A peça da Mauro Rasi é uma sucessão de truques ficcionais em negativo, em que as personagens assumidas por cada um dos protagonistas são uma forma de violar em um ambiente isolado as convenções que sustentam a vida social. O homossexualismo seria apenas mais uma forma de as travestir, de assumir uma personalidade não admissível pelos padrões do sistema. Fantasias criadas como contraponto para um cotidiano medíocre e insuportavelmente limitado. Na realidade, um pai de família disfarçado de dona de casa é um argumento muito frágil para caracterizar a decadência de um sistema.
*A massagem* pretende abordar pela face interna a sociedade a que o americano pertence por nascimento, e o massagista brasileiro, por circunstância. O que realmente acontece, entretanto, é uma relação que se desenvolve qualitativamente uniforme, em que os elementos que inicialmente definem o papel social das personagens não interferem no processo de mútuo reconhecimento. Os conflitos adquirem assim uma raiz muito mais psicológica do que social. Mauro Rasi tenta obter uma integração entre os dois níveis através de observações que filiam o americano à "maioria silenciosa". Mas as referências ao sistema e aos movimentos que agitam Washington Square soam como elementos alheios ao relacionamento das duas personagens. Não há uma relação necessária entre o particular e o universal, entre o que acontece em cena e as imagens do mundo exterior que penetram através das janelas e do telefone.
No final resta a impressão desagradável de termos presenciado pelo buraco da fechadura um deslize moral de um indivíduo neurótico de Nova York, o que sem dúvida é bem menos interessante do que uma neurose aborígene, dessas que teríamos oportunidade de encontrar num bar da esquina. Está claro que Nova York não é a cidade natal das neuroses, mas, de qualquer forma, a ambientação distancia o pouco interesse que esse tipo de problema pode despertar.

Emilio Di Biasi acentua no seu trabalho o aspecto humano da relação entre os dois homens. Toda a movimentação dos atores é baseada em um contraste entre o papel social que desempenham e o aspecto fortuito da situação objetiva. No fato de que massagista e massageado são, antes de tudo, funcionário e cliente de uma organização comercial. Partindo de um texto em que a emissão verbal é quase sempre desconexa e repetitiva, Emilio Di Biasi imprimiu ao trabalho dos atores uma variação de intensidade que constitui um núcleo de interesse isolado da história.

Sua encenação é estruturada sobre um jogo de tensão entre os dois atores, reduzindo ao mínimo a utilização do material cênico. A agressão, o aliciamento e as hesitações encontraram expressão física em uma espécie de dança que preenche e dinamiza todo o espaço do palco. Uma direção excelente, que procura reduzir o que há de supérfluo no texto, sublinhando os pontos dolorosamente comuns de um encontro entre duas pessoas que se desconhecem. Na direção de Emilio Di Biasi, as indicações de nacionalidade são dados circunstanciais, que desaparecem dentro de uma situação em que o que importa é a sobrevivência.

Dois ótimos atores, Stênio Garcia e Nuno Leal Maia, coordenados, respondendo individualmente às solicitações do outro. Uma interpretação que reforça a sensação de estarmos observando uma vivência surpreendida entre quatro paredes. E ao mesmo tempo um trabalho que mostra a possibilidade de coexistência entre a expressão corporal e a emissão clara e sensível do texto.

O cenário, aberto sobre São Paulo, é a imagem perfeita de uma célula habitacional desinfetada, inócua, e por isso mesmo extremamente depressiva. Um apartamento que oferece como condição de vida o aço inoxidável e as cores suaves, um padrão formulado para não permitir a marca individual sobre as paredes. A arena é um espaço aberto para o público, solicitando uma integração ou uma possibilidade de recusa. Enfim, uma abertura que o próprio texto não oferece.

## LONGE DAQUI, AQUI MESMO

De Antonio Bivar
Direção de Antônio Abujamra
20 de abril de 1972

Quatro jovens e duas mulheres reunidos em um apartamento que recebe o título formal de "comunidade". Mas a comunidade é apenas uma célula rebelde dentro de um edifício. Assim como esses jovens se consideram ilhados dentro de um sistema que sufoca e alimenta essa maneira de viver.
*Longe daqui, aqui mesmo* não é propriamente uma história com personagens. Antes um testemunho verbal organizado em forma de diálogo. Bivar recolhe no seu texto aspirações, angústias e atitudes vivenciais de uma faixa etária que já recebeu o nome semioficial de geração dos anos 1960. Grande parte dessa geração despertou para a adolescência ao som dos Beatles e atravessou o limiar dos anos 1970 consumindo aceleradamente drogas e música *pop*. Outras coisas aconteceram sobre a face da Terra, mas não estão contadas na história de Bivar. Sua peça, permeada de sinceridade e, por vezes, de uma poesia fácil, não introduz dados críticos nessa vivência. Esses jovens estão contra. Mas contra o quê? Contra a civilização. Sem dúvida um protesto ingênuo e abstrato. E ainda mais ingênuo quando consideramos que essa civilização tem falhas físicas definidas, que exigem uma participação ativa para serem transformadas.
Mas a confusão está aí, e a peça de Bivar tem um sabor de verdade que torna a pílula mais difícil de ser engolida. Suas frases são muito frequentes para serem ignoradas. Um dos rapazes diz: "Não discuto mais, porque sei que nada é definitivo".
É muito difícil extrair uma proposta de quem não discute mais. Mas, para aqueles que ainda não desacreditaram do diálogo, a peça de Bivar funciona como um verdadeiro arsenal de informações. Vale a pena ouvir e refletir sobre esse depoimento caótico. A confusão não é só de Bivar. Ela é nossa também, já que é tão difundida. E sua história pede para ser decifrada por olhos mais tranquilos do que os seus.
A direção de Antônio Abujamra procura conservar esse caráter de depoimento da peça de Bivar. Realmente a solução mais adequada para um texto em que todas as palavras valem inclusive pela sua emissão desorganizada.
A comunidade, resolvida como um conjunto de reações homogêneas, reforça o caráter documental da encenação. Os cinco habitantes da comunidade formam uma só personagem em quatro tons, transmitindo uma mensagem coletiva.

Como recurso visual, Abujamra oferece apenas a presença física do ator, dialogando mais com a plateia do que com seus companheiros de cena.

O texto aparece claramente, sem nuanças de interpretação que poderiam emprestar-lhe um tom demagógico. Similarmente, a presença de Nélia Paula, no papel de Estrela, funciona como um contraponto humano e simpático. Uma solução que equilibra o espetáculo, atenuando o tom deliberadamente frio das outras interpretações. Sem a Estrela, o espetáculo seria um discurso cansativo e formal.

No trabalho de interpretação, os atores conservam a integração e o funcionamento homogêneo sugerido pela direção. Saber funcionar em conjunto é, sem dúvida, uma qualidade positiva de interpretação. O que falta é aquela centelha de quem acredita que está dizendo uma coisa importante. É preciso considerar que o texto de *Longe daqui* não é simplesmente uma história de meninos perdidos. Esses meninos sabem que estão perdidos. Um elenco dramático que, incorporado pela interpretação, ampliaria a dimensão do problema.

## CASAMENTO DE FÍGARO

De Beaumarchais
Direção de Gianni Ratto
30 de abril de 1972

Casar ou não casar não é bem essa a questão. A história do *Casamento de Fígaro*, de Beaumarchais, trata de um tema sempre oportuno, que pode viver com a maior atualidade do século XVIII até nossos dias.

Um criado inteligente, lutando para obter a mesma mulher que seu patrão deseja. Contra o poder do conde Alma Viva, a sagacidade e as artimanhas de Fígaro. Numa comédia complicada e divertida. Quem vencerá?

Na comédia de intrigas, o espectador é conduzido pelo desenvolvimento da trama, até o ponto de desejar o mesmo final que o autor apresenta. Mas o substrato da luta é gradualmente introduzido através da reflexão das personagens, justificando de uma forma racional a motivação de seus atos. Como em toda obra de arte realizada, a comédia de Beaumarchais apresenta uma visão lúcida do mundo e um conteúdo que justifica a contínua remontagem de quase três séculos. Mas a lição é aplicada suavemente através do riso e da atenção continuamente em suspenso.

E essa é mais uma lição que vale a pena lembrar. Divertir não significa necessariamente entupir o espectador com banalidades de última hora. Entre o riso convulsivo e o riso inteligente, ficamos com a segunda opção. A mesma do "mestre Beaumarchais".

Na tradução, Carlos Queiroz Telles conserva o cuidado literário e a estrutura formal que caracterizam a obra de Beaumarchais. A adaptação de linguagem aproxima o texto da fala cotidiana, tornando mais incisiva e compreensível a ironia do texto original.

E o casamento no Teatro São Pedro é realmente uma cerimônia sorridente e agradável.

Nessa montagem de Gianni Ratto, a tônica é a simplicidade aliada a um perfeito artesanato teatral. Conservando na íntegra as indicações de Beaumarchais, a direção transpõe a encenação para um tempo indefinido, alimentando-a com características de países tropicais.

Não existe o luxo e o detalhismo de uma reconstituição de época. Dentro de arcos que lembram a colonização espanhola na América, Gianni Ratto apresenta sob um enfoque realista a trama de Beaumarchais, realçando o caráter polêmico da história. O lado farsesco é utilizado como contraponto nas personagens que representam a nobreza e a opressão. Introduzindo o povo como aliado de Fígaro, o discurso da personagem central foi ampliado e enriquecido pela repercussão que desencadeia em cena.

Os arcos do cenário apenas delimitam o espaço cênico. A parede do palco fica exposta ao público, da mesma forma que os atores se apresentam ainda sem os figurinos. Mostrando a natureza teatral do seu trabalho, a direção estimula a capacidade de sugestão e criação do público. Uma maneira de dizer, nós fizemos esse trabalho para vocês.

Um trabalho executado por um excelente elenco. Beatriz Segall faz uma Suzana inteligente, uma mulher que interfere e participa ativamente da luta do noivo. Revivido por Jonas Mello, Fígaro não é apenas um criado esperto, mas um homem consciente, decidido, com a capacidade de ironizar as próprias contradições, ao mesmo tempo em que raciocina e age sobre a situação.

Oswaldo Loureiro, como o conde sensual, numa criação estilizada e divertidíssima. E uma resposta ao mesmo nível dos outros atores: Zezé Motta, Silvio Rocha, José Policena, Chibé e Fernando Baroni.

## AS TRÊS IRMÃS

De Anton Tchekhov
Direção de José Celso Martinez Corrêa
28 de dezembro de 1972

Como último trabalho do ano, o Teatro Oficina apresenta uma das obras-primas da dramaturgia universal. Simbolicamente, um texto que se refere a uma realidade histórica do começo do século XX. *As três irmãs* mostra a ideologia, as aspirações e o modo de vida de uma família de pequenos aristocratas russos, sufocados pela ascensão da burguesia.
O traço delicado de Tchekhov trabalha na interioridade das suas personagens. Enquanto o mundo se transforma, a família do coronel Prosorov sonha com o retorno a Moscou, com valores culturais e morais que não podem mais subsistir no novo século. E a isso se deve o seu aniquilamento final. Acreditam que a estagnação em que se encontram pode ser solucionada com um comportamento discursivo. Para os Prosorov, o homem feliz surgirá espontaneamente, sem necessidade da interferência humana. Finalmente o novo mundo expulsa os Prosorov de sua própria casa. Um novo mundo construído com atos, e não com palavras.
Não é difícil perceber por que o Oficina, depois de ter realizado o trabalho mais atuante do teatro brasileiro, retoma, no mesmo ano, uma das peças clássicas do século. Em *Gracias, Señor*, o espetáculo fazia emergir a vivência atual do espectador. Com *As três irmãs*, essa vivência é situada, através de uma analogia, no processo histórico. Basta substituir a expressão "pequena aristocracia" que caracteriza os personagens de Tchekhov por "pequena burguesia". Reconhecemos, em 1972, a impressionante atualidade da peça. O comportamento dos Prosorov pode ser aplicado também a uma situação cultural. Um exemplo oportuno é o próprio teatro brasileiro: marcado por um compasso de espera e por uma ingênua confiança de que os belos dias do futuro estão calmamente aguardando a nossa chegada. Enquanto isso, decoram com cores agradáveis a fachada de uma construção antiga.
Nesse sentido, o Oficina é um caso à parte. Faz história em vez de esperar por ela. Há doze anos que o trabalho do grupo é comprometido com o momento presente e sintonizado com o futuro. Cada trabalho é avaliado nas suas consequências, antes do salto para o próximo.
Se existe uma evolução formal na encenação de *As três irmãs*, ela é indispensável para a ideia que se quer transmitir. O trabalho de José Celso Martinez Corrêa

imprimiu a cada ato um simbolismo próprio: nascimento, espera, incêndio e morte. A ideia de processo exclui a possibilidade de fatalismo. O espectador fica sabendo que o que acontece com os Prosorov é resultado de uma passividade que poderia ser interrompida.

Ao mesmo tempo são conservados todos os processos de consciência construídos através das pequenas pinceladas de Tchekhov. Há uma decadência gradual, revelada através da expressão facial, da postura física e da redução do espaço cênico. Finalmente, os discursos filosóficos são cada vez mais mecânicos, cada vez mais discordantes com a exasperação interna das personagens. No final do terceiro ato, há uma nova realidade em cena. As últimas palavras de Olga, tentando reanimar o velho sonho, são abafadas pela frase cada vez mais pressionante de Tcheboutikine: "Que importância tem isso? Que importância terá tudo isso?".

Essa resposta cabe ao espectador. Mas a importância desse trabalho do Oficina é positivamente indiscutível. Mostra que o teatro pode ser bem-feito, pode conter ideias e pode ser vanguarda sem perder pontos em nenhum campo. Um argumento contra quem acredita na adaptação e no conformismo.

# Críticas 1973

## TANGO

De Slawomir Mrozek
Direção de Amir Haddad
3 de fevereiro de 1973

*Tango* focaliza uma família que aboliu todos os valores fixos. A nova geração, representada pelo filho, tenta restabelecer a antiga ordem tradicional.
A peça parte de uma suposição: dentro de uma sociedade em que a única regra fosse a procura da felicidade, a nova geração se sentiria perdida. De acordo com Mrozek, o nada absoluto gera a necessidade de uma ideia central, que restitui à sociedade uma estrutura autoritária.
O texto de Mrozek é, portanto, um exercício de natureza intelectual. Estabelece um diálogo irônico, no plano conceitual, entre o liberalismo e a reação. Mas lida apenas com hipóteses. A situação a que se refere não tem uma vigência histórica. *Tango* pertence ao mundo do "faz de conta". Constrói a imagem de uma sociedade em que tudo é possível, onde os seres humanos são livres e concedem aos outros o exercício da liberdade. Em seguida propõe a pergunta: se essa sociedade existisse, o que aconteceria em seguida?
A peça de Mrozek poderia adquirir um significado satírico em uma sociedade culturalmente saturada. Para nós, entretanto, a cultura é ainda um problema de insuficiência, e não de saturação. Aqui a peça de Mrozek deixa de ser um jogo divertido. Introduz a ideia do tempo cíclico: é inútil tentar transformar o mundo, porque tudo se repete.
Torna-se, assim, um perigoso argumento para o conformismo. Em última análise, pode-se considerar *Tango* como uma encenação inoportuna.
Na direção, o trabalho de Amir Haddad procurou colocar uma conotação positiva sobre a antiga geração liberal. Camuflou a decadência sugerida pelo autor, acentuando a alegria de viver e a descontração dessas personagens. Somente o filho que procura restabelecer a antiga ordem é uma figura torturada e desagradável.
Mas está claro que a direção não pode evitar o aniquilamento dos valores que endossa no decorrer do espetáculo. Isso faz parte da proposta de Mrozek. A impressão final é a de que o espetáculo luta contra o texto. E acaba perdendo.
Quando a liberdade é expulsa do cenário, o espectador lamenta o exílio dessa simpática figura. E a partir desse momento começa a contradição entre o espetáculo e o texto. Como imagem, a geração liberal é muito mais forte do que o jovem ditador. A relação casual entre os valores das duas gerações fica,

assim, quase incompreensível. Consequência da indefinição do diretor em relação ao texto que resolveu encenar.

A ambiguidade da direção reflete-se no trabalho dos atores. Os membros libertários da família preenchem a cena com tranquilidade e inconsciência. Permanecem, portanto, marginalizados da situação em que o texto os coloca. Os acontecimentos não produzem alterações visíveis no comportamento da família.

## UM GRITO PARADO NO AR

De Gianfrancesco Guarnieri
Direção de Fernando Peixoto
8 de julho de 1973

Por que fazer teatro? Por que nadar contra a correnteza das pressões materiais e espirituais que se armam contra a atividade teatral? *Um grito parado no ar* não investiga propriamente a causalidade. Não é uma especulação filosófica sobre a origem do teatro. Mostra apenas que, para o homem de teatro, a arte e a vida formam um todo. A impossibilidade de comunicar-se através do palco significa simultaneamente a impossibilidade de viver.

A peça de Gianfrancesco Guarnieri expõe aos olhos do público a face interna dolorosa da atividade teatral. Antes que uma peça seja oferecida como produto acabado, algumas vidas foram empenhadas como material para a obra de arte.

Através do texto de Guarnieri, o espectador pode reconsiderar o papel que representa dentro do teatro. Aprende que a magia e o conhecimento que o espetáculo lhe oferece são resultantes da experiência vital de um grupo de profissionais comprometidos com seu trabalho. Aprende também que, frequentemente, a personagem vive através do sacrifício público da vivência pessoal do ator.

E a construção de *Um grito parado no ar* se apoia basicamente na descontinuidade da vida. Da tragédia até a farsa, os atores-personagens atravessam rapidamente tonalidades contrastantes de gêneros teatrais. Quando utilizam o cômico não pretendem necessariamente fazer rir.

Estão utilizando uma arma cotidiana para enfrentar os efeitos neurotizantes de uma situação desesperadora.

Entretanto, o objetivo de Guarnieri não se esgota na revelação do mecanismo de produção de uma obra. Sua peça reproduz a vontade de realização do nosso teatro. Esse elenco, perdido em um teatro qualquer, acredita que tem alguma coisa muito importante para dizer. Confia na sua mensagem e respeita a presença dos possíveis espectadores.

Há um outro objetivo, portanto, que transcende a simples execução de bom trabalho. Eles estão voltados para a estreia, para o momento em que o espetáculo desencadeará efeitos sobre a plateia. Não sabemos que peça pretendem encenar. Mas sabemos que tratam de uma realidade próxima, trabalhando sobre entrevistas que fornecem uma amostragem da vida social.
Sem perguntar sobre a origem do teatro, Guarnieri mostra um dos motivos da resistência. O elenco sabe que seu trabalho é uma atividade cultural para atuar sobre a vida social.
Sem gravadores, sem refletores, sem publicidade, a peça estreará. E Guarnieri não está aqui. Inventando uma solução como um recurso da dramaturgia. Está apenas constatando uma característica do nosso teatro que ele conhece como autor, diretor e como ator.
Dirigido por Fernando Peixoto, o espetáculo, em cartaz no Teatro Aliança Francesa, é mais um argumento contra os apocalípticos da atividade teatral. Metaforicamente, é mais um canto que se eleva no escuro.
Respeitando o ascetismo sugerido pelo texto, a direção expõe os andaimes de uma construção teatral. Sem recorrer ao *glamour* dos figurinos e aos matizes ambientais de iluminação. O público é induzido a participar de um ensaio, e não de um espetáculo acabado.
Da mesma forma as personagens em cena são reveladas em toda a sua frágil configuração humana. Não há super-heróis ou talentos excepcionais. Apenas atores mal pagos, vestidos comumente e empenhados em um trabalho que nada tem de transcendental. Tão complicados na vida doméstica quanto na profissional.
O que os distingue do público não é, portanto, a natureza intangível da arte que realizam, mas o ritmo tenso de quem está frequentemente beirando o colapso material.
Nesse sentido a direção aprofunda as indicações do texto. Separa claramente o momento em que a crise emocional é uma consequência direta de todas as coerções que sofrem como profissionais.
Alterando o ritmo do relacionamento, o elenco reage a cada nova modalidade de opressão exterior. Os conflitos que surgem no nível pessoal são relacionados diretamente com a interferência sobre o trabalho.
Dessa forma o espetáculo revela as informações contidas no texto, conservando ao mesmo tempo a energia do envolvimento emocional. Resultado também da liberdade que os atores tiveram para criar suas personagens. Nesse caso, as personagens se apoiam sobre o ritmo de trabalho individual do elenco. São semelhantes apenas no afeto que os une sobre a correnteza de conflitos aparentes.

No trabalho de interpretação, o elenco de *Um grito parado no ar* acompanha o contorno da ficção. Trabalham com a perfeita consciência de que o teatro é uma arte comunitária. Só há bons atores em cena, com talento e técnica para trafegar por todos os níveis de ficção que o texto propõe. Mas não está aí a força do espetáculo. Antes, no sistema integrado de respostas que estabelecem durante a representação. Cada ator é responsável pela tonalidade do espetáculo. E está profundamente interessado no seu companheiro de vida e de palco. Afinal, a história que estão contando não é muito diferente da que vivem.

## GODSPELL

De John-michael Tebelak
Direção de Altair Lima
18 de outubro de 1973

Como qualquer obra literária que sobrevive à passagem dos séculos, os textos religiosos pedem, para reviver no presente, a contribuição inovadora do leitor. É preciso que os contornos de uma personagem ou de uma situação sejam informados pela experiência do presente. Caso contrário, a literatura de origem religiosa converte-se em um exercício ficcional, mais eficaz como documento do que como obra de arte.

Em *Godspell*, entretanto, os ensinamentos do Mestre são transcritos de uma forma quase literal. As mesmas lições são transportadas das páginas para o palco, alterando-se apenas algumas especificadas do vocabulário do texto original. Só percebemos que existe um autor através da parcialidade dos trechos selecionados.

E mesmo essa presença discreta do autor opera no sentido de omitir da obra teatral trechos que poderiam, de alguma forma, iluminar uma vivência contemporânea. *Godspell* alinhava o Novo Testamento como se tratasse de uma série de conselhos de algibeira: todos recomendando o conformismo e um otimismo fácil, do tipo que ignora deliberadamente as possibilidades de atuação do espírito humano.

Não há uma estrutura crescente informando uma organização dramática. É quase impossível distinguir uma diferenciação entre as cenas. Dessa forma, *Godspell* é apenas artificialmente catalogável como literatura dramática. Segue mais os contornos de uma coletânea facciosa e inábil do ponto de vista da criação artística. Apenas a interferência da música bonita de Stephen Schwartz (traduzida através de um corte abrupto no texto) contribui para caracterizar a peça como um produto de natureza teatral. Funciona como um interlúdio agradável amenizando a repetição exaustiva dos mesmos conceitos.

Dirigido por Altair Lima, *Godspell* é a ilustração de um fenômeno teatral: a vitalidade do espetáculo supera frequentemente a insipidez do texto.

Nesse caso o espetáculo se desenvolve como um acontecimento paralelo. O espectador pode envolver-se na forma da narração. E descobrir mais tarde que acabou de ouvir uma bobagem.

Em parte, essa atração do espetáculo se deve à contribuição individual (e algumas vezes irônica) com que cada ator procura enriquecer as personagens e situações.

Personificadas por um grupo de *clowns*, as fábulas que estão sendo recontadas se alimentam desse tipo de representação especialmente sedutor. Como num circo, o *clown* tem por ofício divertir e encantar o espectador. Deve ser hábil para realizar uma "arte-situação", aproveitando a presença específica de um determinado público. E esse trabalho o elenco de *Godspell* executa com entusiasmo e competência, acrescentando um humor que vai muito além da ingenuidade do texto. As personagens são comentadas através de gestos e desdobramentos da atuação cênica. São enfatizadas ou criticadas com uma excepcional flexibilidade corporal.

É preciso considerar também que tudo isso acontece dentro do espaço "mágico" de um circo. Apesar da acústica péssima, a cobertura da lona e o picadeiro formam um ambiente particularmente adequado para a presença colorida desses atores graciosos. Com mais um mágico, um equilibrista, uma ótima coreografia e o ritmo *pop*, a visita a esse circo tem muito de divertido.

Ainda assim, mesmo o bom espetáculo não consegue resistir às investidas do texto. Não é possível fazer desaparecer através da encenação a espinha dorsal deformada de uma ideia pobre.

Algumas cenas finais descambam irremediavelmente para o patético, como a despedida do Mestre e seus discípulos, formalizada através de um afeto muito pouco convincente. É difícil acreditar que esses palhaços inteligentes e irônicos possam se relacionar afetivamente de uma forma tão literal.

Mas até então o espectador já foi razoavelmente gratificado com a contribuição pessoal dos atores, do cenógrafo, do diretor, dos músicos e do coreógrafo. Lamentavelmente aplicadas sobre um texto cuja única justificativa é a de ter sido encenado com sucesso na Broadway. Menos do que uma obra teatral, *Godspell* é uma criação publicitária.

Desperdício de talento? Sem dúvida. E esse é o preço que pagamos pela importação de quinquilharias culturais. Para uma realização teatral, é preciso um argumento mais convincente do que uma "receita de sucesso" comprovada internacionalmente.

## EL GRANDE DE COCA-COLA

De Diane White e Ronald House
Direção de Luiz Sérgio Person
26 de outubro de 1973

Apresentada pela publicidade como "um sucesso mundial" levado simultaneamente a Nova York e São Francisco, a peça da dupla de autores White-House poderia também ser criação nativa. Não apenas pela natureza dos recursos, mas também pelo conhecimento da sociologia dos artistas latino-americanos. *El Grande de Coca-Cola* é uma encenação excepcionalmente adequada para o teatro brasileiro.
Antes de considerá-la como um sucesso internacional, a peça vale por uma ideia muito boa, como forma de introduzir uma visão crítica de uma situação cultural latino-americana.
Organizado como um teatro de variedades, *El Grande de Coca-Cola* parte de uma convenção ficcional: tudo acontece dentro do cabaré de Don Pepe Hernandez. Um cabaré pobre, sem cenários, com apenas dois instrumentos musicais. Os artistas do *show* são recrutados entre familiares do proprietário.
Dentro dessas limitadas condições materiais, Don Pepe realiza o seu teatro possível. Seus atores cantam mal, dançam mal, representam mal. E a fonte de inspiração para os números é extraída sem o menor pudor de todos os clichês da vida real teatral: o tango, o cancã, o cantor norte-americano cego, o mágico de truques óbvios. Há ainda a encenação de uma tragédia de amores impossíveis em que a personagem central é o próprio Toulouse-Lautrec.
Acrescente-se a isso o fato de que o iluminador desconhece as marcações do *show*, revelando no momento inapropriado as desajeitadas entradas e saídas de cena.
O que acontece no cabaré poderia ser a metáfora de uma cultura. Porque não pode utilizar o verdadeiro cantor cego, ou dois legítimos bailarinos portenhos, o dono do *show* procura enganar. Vende o falso pelo verdadeiro.
E a mistificação opera até dentro do elenco familiar: cada um dos atores se comporta como uma "estrela", aspirando ao monopólio do espetáculo. Confundem-se com o que representam, assumem a mentira como um objetivo artístico legítimo.
Dirigida por Luiz Person, essa coletânea de limitações inábeis adquire o mesmo encanto patético de uma companhia mambembe, ou de um espetáculo circense. O espetáculo chega a simpatizar com os esforços dos atores para serem bem-sucedidos.

Aqui os recursos cômicos da chanchada são utilizados como se ocorressem à revelia das personagens, originados diretamente da ineficiência técnica da companhia. O espetáculo reforça a presença ditatorial de Don Pepe, que procura ser sedutor com o público ao mesmo tempo que tiraniza seus atores improvisados.

Esse teatro oportunista adquire, assim, um caráter de necessidade e urgência. Sob a batuta desse patriarca, o espectador fica sabendo que o *show* sairá a qualquer preço.

*El Grande de Coca-Cola* tem ainda a contribuição de um ótimo elenco, empenhado na difícil tarefa de representar mal. Na realidade os atores dirigidos por Person trabalham sobre um método bastante complexo: conservar as características da personagem inicial (membro da família de Don Pepe) e em seguida encarnar as "atrações internacionais" sem perder a imagem inicial.

Através de uma integração perfeita, os atores reproduzem os conflitos internos da família Hernandez. O palco do cabaré contém a sugestão do que ocorre atrás dos bastidores: a vida verdadeiramente improvisada da família do proprietário.

No espetáculo do Auditório Augusta há apenas uma concessão ao bom gosto convencional: os figurinos bonitos de Naum Alves de Souza, que funcionam como um parâmetro para avaliar a inadequação deliberada dos outros recursos cênicos.

Ao mesmo tempo que inaugura uma nova casa de espetáculos, o cabaré de Don Pepe oferece um retrato simbólico de uma realidade teatral: o trabalho apoiado sobre cópias, sobre mitos comerciais e também sobre a inexplicável tenacidade da família Hernandez.

Para o espectador, além da diversão, da ironia inteligente, *El Grande de Coca-Cola* lança uma pergunta: se as condições de Don Pepe são tão negativas, por que ele procura copiar (em diversas línguas) modelos que não tem condições de executar?

# Críticas 1974

## BONITINHA, MAS ORDINÁRIA

De Nelson Rodrigues
Direção de Antunes Filho
31 de janeiro de 1974

Se os dramaturgos dos anos 1960 e 1970 estão ausentes ou silenciosos, a retomada da obra de Nelson Rodrigues situa no presente caracteres da nossa cultura que permaneceram à margem das mudanças formais. A encenação de *Bonitinha, mas ordinária* não é, portanto, apenas uma viagem sentimental às origens da dramaturgia contemporânea.
Contra a força corruptora do dinheiro, Nelson Rodrigues coloca uma personagem frágil e confusa lutando desesperadamente para permanecer íntegra. Gradualmente, os fatos dissolvem as muletas que apoiam as crenças da personagem. Seus amigos, sua noiva, seus vizinhos revelam-se contaminados pela dissolução moral. Além da batalha contra os que pretendem comprá-lo, Edgar procura sufocar um impulso destrutivo que emerge do seu inconsciente sob a forma de uma frase: "O mineiro só é solidário no câncer". Uma frase que ameaça transformar-se na visão definitiva do mundo.
Para Nelson Rodrigues, entretanto, a resistência consciente de um homem contra a canalhice organizada é pouco eficaz. Dentro do mundo das altas finanças, o caráter é determinado pela forma de ascensão. Uma vez lá dentro, todos são irremediavelmente iguais.
Edgar só encontrará a saída no lugar de origem dentro da escala social. Sem emprego, sem dinheiro, escudado apenas pelo amor de uma moça da vizinhança.
Sem dúvida, a conclusão do tipo "pobre, porém honesto" contém a mesma moralidade ingênua das fábulas infantis. Mas o que interessa em *Bonitinha, mas ordinária* não é tanto a conclusão como a descrição da forma externa e dos efeitos internos de um processo de sedução pelo dinheiro.
Na encenação de Antunes Filho, a peça é transposta para o palco com eficiência técnica. O espetáculo resolve uma construção dramática complexa em que, frequentemente, o que acontece em cena é a projeção de consciência de uma personagem para outro tempo e espaço.
Não é possível detectar, entretanto, uma visão particular do texto de Nelson Rodrigues. Cada personagem transmite isoladamente os diálogos corrosivos do autor. Mas não há um fio condutor que as integre dentro de um clima peculiar do espetáculo. Se o contraste entre as ações executadas em cena e o impulso contraditório do protagonista é o ponto central da construção da peça, a encenação

conserva-se dentro dos limites desse jogo. Não vai além do que está explícito, não procura criar um clima que seria o resultado dessa tensão permanente.

Assim, o próprio Edgar perde a sua característica de resistência às pressões do meio, conservando apenas a sua flexibilidade de adaptar-se a cada ação que executa. Transforma-se na medida de cada novo estímulo, enfraquecendo a sua função simbólica dentro da peça. É preciso considerar que ele não é apenas um joguete das circunstâncias, mas um sintoma de que a sobrevivência digna é viável até mesmo para um tipo sem nenhuma tendência heroica.

Em parte, esse aspecto de identificação demasiado literal com o texto é compensado pelo trabalho de Miriam Mehler, no papel de Ritinha.

Ao mesmo tempo que assume papéis contraditórios, a personagem Ritinha conserva uma confiança cega nos mesmos valores ingênuos que desgastaram sua mocidade. E, na criação de Miriam Mehler, o desespero dessa situação ameaça sempre emergir à superfície. Sugerindo que a crise é um estado permanente sob o ritmo dos acontecimentos. É através de d. Ritinha que o público sente o alto custo da produção de um papel social.

## APARECEU A MARGARIDA

De Roberto Athayde
Direção de Aderbal Júnior
19 de março de 1974

Como professora do quinto ano primário, dona Margarida proporciona a seus alunos uma aula inaugural. Seu programa de ação inclui, além de uma aula de biologia, informações iniciais sobre a vida e a morte. E a exigência feita aos alunos inclui, antes da aprendizagem, a obediência absoluta.

Na peça de Roberto Athayde, os espectadores são colocados na desconfortável posição de alunos de dona Margarida. Durante o tempo do espetáculo enfrentam, sob uma forma exasperada, a experiência de uma educação arbitrária.

Essa modesta professora primária sintetiza uma visão global de um processo de formação. Não se limita a transmitir informações deturpadas. Introduz seus alunos numa visão de mundo em que impera a lei do mais forte. Ocupa-se frequentemente com imagens de destruição, esmiuçando para os alunos (através de exemplos concretos) todas as adversidades que encontrarão na vida. Os bons alunos de dona Margarida sairão aptos para duas posições na vida: a defesa e o ataque.

Trabalhando como educadora, a personagem de Roberto Athayde representa a violência e a ignorância instaladas em uma posição de autoridade.

Ocupando, dentro de uma classe, uma posição hierarquicamente superior à dos alunos, a professora pode utilizá-los para satisfazer suas aspirações de poder e exibicionismo. A aula é uma excelente oportunidade para instilar o medo e saborear a subserviência.

Nessa aterrorizante experiência educativa há ainda uma ideia de continuidade infinita. Roberto Athayde não trata a sua personagem como um tipo psicológico peculiar e doentio. Mais do que isso, Margarida é construída como um símbolo de todas as imagens negativas e mórbidas que constituem a infraestrutura de um determinado processo educativo. No decorrer da peça, a personagem refere-se constantemente a uma geração anterior de Margaridas, deixando entrever que é apenas uma entre milhares de outras espalhadas pelo mundo. Por esse motivo, a professora procura ativar na classe as sementes de um comportamento que ela considera universal.

Mesmo considerando a inteligência e a crítica séria contidas no argumento, Roberto Athayde não completa, no decorrer do texto, as potencialidades destrutivas que dona Margarida promete inicialmente.

Quase todos os argumentos da professora são um reforço de uma posição adotada já na primeira fala. Suas tiradas filosóficas, refletindo sobre a vida e a morte, são apenas exemplos diversificados de uma postura adotada no início do espetáculo.

O que falta ao texto de Athayde é um passo além da demonstração de força que caracteriza a aula de dona Margarida. Seria necessário que o espectador pudesse também, além de experimentar os desmandos da professora, refletir sobre a natureza do poder que ela exerce. Só assim seria possível encontrar um contraponto para a imagem da professora.

A importância e a seriedade da história de Roberto Athayde estão na violenta denúncia de um processo de formação que se apoia na negatividade e no cinismo. Quando a personagem procura uma identificação com os alunos, está reduzindo consideravelmente a potencialidade crítica da peça. Fazer dessa professora uma representação do ego dos alunos presentes é reduzir sua dimensão de violência concreta a uma simples punição aplicada ao espectador. E, no plano da arte, a punição funciona apenas para aplacar consciências, e não para ativá-las.

Por outro lado, é preciso considerar que esse aspecto do demônio interior que a personagem representa, às vezes, é anulado em cena pela extraordinária interpretação de Marília Pêra.

Ainda quando trabalha sobre falas repetitivas, Marília Pêra modifica-se, revela modalidades aparentemente contraditórias do exercício do poder. Além

de fazer a demonstração de um processo educativo, a personagem torna-se uma ameaça constante, em permanente relação pessoal com os espectadores. Experimenta recursos diferentes para assumir o controle dos seus alunos. Passa da ameaça para uma espécie de cumplicidade maliciosa e sedutora.
Interpretada por Marília Pêra, a personagem primária vai muito além da concretização de aspirações de poder inconscientes. Mantém-se no controle da situação através de uma série de recursos que demonstram flexibilidade mental e física. Recursos que provam, no final do espetáculo, que dona Margarida conserva sua posição porque está permanentemente treinada para sustentá-la. Ela é, portanto, uma força ativa, e não a representação passiva de uma imagem coletiva.
Em parte, a intensidade do espetáculo é sublinhada pela direção de Aderbal Júnior, que construiu um espetáculo visualmente simples, deixando uma margem livre para a força expressiva da atriz. Dessa forma, o espetáculo em cartaz no Teatro Maria Della Costa é um encontro direto e oportuno entre dona Margarida e seus espectadores. Um encontro importante porque força a revisão de uma série de valores e comportamentos frequentemente disfarçados sob o rótulo de "educação". É importante também pela oportunidade de encontrar um trabalho de interpretação de altíssimo nível.

## ENTRE QUATRO PAREDES

De Jean-Paul Sartre
Direção de Luiz Sérgio Person
9 de junho de 1974

Situados em um espaço comum, duas mulheres e um homem procuram investigar a natureza do suplício que lhes foi reservado depois de se terem "ausentado" da vida terrestre. O inferno em que estão não tem nada a ver com as construções da mitologia cristã. Não há garfos, nem fogueiras, nem chicotes. Há apenas uma sala rigidamente organizada e três pessoas cuja pré-história é aparentemente desencontrada.
Gradualmente cada personagem invade o espaço interior da outra. Cobram as culpas do passado, exigem uma atitude nesse presente eterno, querem apoderar-se dos segredos mais torturantes dos seus companheiros de isolamento. Até a descoberta de que essa é a natureza da tortura que enfrentarão: a convivência. O inferno será, para sempre, uma consciência desperta enfrentando uma outra consciência, que é o seu espelho, a sua forma de autoconhecimento.

Quando a peça de Sartre estreou, em 1944, essa colocação tinha então um caráter de revelação e polêmica. Aqui as grandes batalhas da consciência não estão localizadas nas bandeiras das teses universais. De fato, o que condena um homem como o jornalista Garcin ao inferno não é a sua ambiguidade como homem político. É antes a sua incapacidade de amar e tolerar a mulher que foi sua companheira durante muitos anos. Da mesma forma, as duas mulheres que o acompanham agora são culpadas de terem usufruído da fraqueza de outros seres humanos.

Sartre coloca também que a salvação é praticamente impossível para os seres humanos. Para que alguém se salvasse, seria preciso que conservasse, durante todos os momentos da existência, uma coerência absoluta entre todos os atos. "Salvar-se" implica ser lúcido todos os instantes. Ironicamente, a recompensa dessa lucidez seria o contrário do inferno descrito: seria o apaziguamento da consciência no esquecimento de si e dos outros.

Trinta anos depois, a peça de Sartre assume um significado curiosamente inverso. Na realidade, um problema das últimas décadas do século XX é exatamente a preservação da individualidade que permite o choque entre duas consciências. E o inferno previsto pelos filósofos da cultura contemporânea é o momento em que uma cultura padronizada transforma todos os homens em uma cabeça única. Sem conflito, sem proposta e, principalmente, sem a possibilidade de um confronto que possa produzir um terceiro termo: a consciência do século XXI. Assim, uma questão crucial para a criação cultural na sociedade contemporânea é como preservar as últimas doses reconhecíveis de livre-arbítrio. Em seguida, como fazer para estender essa conquista em direção ao outro.

Trata-se, finalmente, de transformar uma massa em uma multidão consciente, em substituir a concordância geral pelo consenso.

É interessante observar que, como dramaturgo, o texto de Sartre revela um tipo especial de comunicação: a do filósofo que pensa o mundo e revela as suas ideias como um produto final. O texto tem, assim, o desenvolvimento de uma tese, em que o espectador é excluído do debate final. Mesmo para o diretor e para os atores, o trabalho deve limitar-se à expressão do texto, com reduzidas oportunidades para reinterpretação ou atualização.

Sem dúvida, a direção de Luiz Sérgio Person considerou esse fechamento natural do texto. Transpôs para a cena um documento de uma visão de mundo, indicando o tempo em que teve origem.

O trabalho de emprestar verossimilhança a essas personagens filosóficas ficou para os atores. E um mérito da direção foi permitir que cada ator desenvolvesse livremente sua aproximação da personagem. Um problema do espetáculo é a passagem da criação individual para o relacionamento. Uma vez que cada ator está envolvido na sua própria personagem, seria preciso alguma indicação comum para dosar os momentos em que acontece o choque entre indivíduos.

Se a peça de Sartre é válida como uma posição assumida em 1944, as atualizações da linguagem aparecem como apêndices desnecessários em cena. As expressões introduzidas tornam-se estranhamente anacrônicas. Mas esse é, afinal de contas, o problema de trabalhar sobre um texto que, antes de visar ao palco, visa ao gabinete de estudos. As aproximações necessárias entre cada encenação e cada tipo de público ficam difíceis quando o dramaturgo constrói um texto autossuficiente.

Há ainda uma outra pergunta que se pode fazer à encenação de Person. Considerando a peça como o testemunho do pensamento do autor, por que incluir os espectadores no mesmo espaço das personagens? Uma das respostas possíveis é a de que a encenação considera que, de trinta anos para cá, as coisas não mudaram nem um pouco. O que seria conceder a *Entre quatro paredes* um valor de universalidade bastante discutível.

## TEATRO DE CORDEL

DE VÁRIOS AUTORES
DIREÇÃO DE EWERTON DE CASTRO
26 DE JUNHO DE 1974

Reunindo sete histórias extraídas da literatura de cordel, o espetáculo apresentado em um galpão da rua São Vicente é um trabalho que procura utilizar a cultura popular para fazer teatro popular. Cada uma das histórias selecionadas focaliza um tema da vida nordestina: a religião, os costumes familiares, o coronelismo, o cangaço, a permanência de antigos mitos reformulados pela imaginação poética.

Há uma característica comum entre todas essas histórias. Não são produtos da ingenuidade espontânea que por vezes é atribuída aos artistas populares. São antes expressões literárias de muito humor, muita inteligência e muita sensibilidade. Histórias que revelam uma observação aguda de uma realidade sociocultural ao mesmo tempo que uma preocupação de organizar e trabalhar meios de expressão adequados para as condições específicas dessa realidade. Está claro que tudo isso é feito com instrumentos diferentes dos que um artista de outra formação cultural utiliza. Mas o resultado final pode ser igualmente interessante.

Assim, o espetáculo de *Teatro de cordel* introduz dois níveis diferentes de informação. Por um lado, há as informações que resultam da expressão de um ambiente: conhecemos através dos textos uma série de fatos que caracterizam o tipo de vida de uma região. Por outro lado, os autores selecionados mostram-se comunicadores com uma percepção aguda da linguagem do seu público. Quando passam de um tratamento lírico para a sátira, estão moldando a organização dramática da história sobre a expectativa do público. Sabem como manter um interesse constante e como garantir a participação do público.

Como proposta de encenação, Ewerton de Castro respeita inicialmente essa comunicação poderosa que os textos contêm. E conserva, na encenação, a mesma simplicidade de recursos expressivos de uma cultura que não pode despender na realização artística um complicado aparato material.

Nesse espetáculo, os atores representam primeiramente os próprios autores: são criadores com uma técnica econômica que vão assumir e narrar os personagens das histórias. Os recursos são os mesmos de uma companhia circense viajando por cidades do interior.

É um trabalho que recria a cultura em que tiveram origem os textos de cordel e apresenta depois a expressão artística dessa cultura. Tendo sempre o cuidado de transmitir integralmente os textos escolhidos. Sem se preocupar em enfeitar o espetáculo com elementos que são próprios do nosso teatro profissional. Isso porque o espetáculo confia na literatura que deu origem à representação. O próprio espaço do espetáculo é uma continuidade dessa proposta: um barracão com cadeiras e arquibancadas e um chão coberto de serragem. Sem dúvida, um teatro que não pretende provocar efeitos ilusionistas. O espectador encontra ali uma arte sem artifícios. Mas atraente pela sua própria força interior.

Se há uma contradição no espetáculo apresentado no Pavilhão, é a mesma do nosso teatro profissional. A intenção é aproveitar o poder de comunicação dos autores e fazer um espetáculo para muita gente. Enfim, um trabalho para espectadores que não dispõem de uma bagagem cultural acumulada nos bancos escolares. A julgar pelo prazer com que os meninos que moram no bairro assistem ao espetáculo, é previsível que o trabalho seria apreciado e compreendido por um público extenso.

Mas os atores precisam sobreviver. E o preço do ingresso (mais barato do que o da maioria dos teatros) é ainda impossível para o público que está situado na mesma faixa aquisitiva dos leitores da literatura de cordel. Só a presença desse público pode realizar integralmente a proposta da encenação.

## O QUE VOCÊ VAI SER QUANDO CRESCER?

De vários autores
Direção de Silnei Siqueira
10 de julho de 1974

Sob o título sugestivo de O *que você vai ser quando crescer?*, seis pessoas colocam para o público sua própria opção: cresceram e são atores de teatro. Entre ser médico e ser engenheiro, escolheram como profissão um terceiro termo, que certamente não estava incluído na lista oferecida inicialmente pelas respectivas famílias.
Como atores por opção, fazem um espetáculo em que o tema é a criação teatral não só como produto artístico, mas como resultado dessa opção profissional. Dentro desse tema definem suas posições. Fazem teatro para comunicar, para divertir, para oferecer beleza, para exibir-se um pouco. Mas, principalmente, fazem teatro pelo teatro. Porque gostam.
Sem dúvida há outras posições a serem assumidas numa discussão sobre a criação teatral. E o espetáculo aborda ligeiramente algumas dessas posições: o teatro catártico, o teatro engajado, o teatro com "começo, meio e fim". Assuntos que, discutidos em um plano intelectual, dificilmente interessariam a um espectador leigo. O que o elenco procura fazer é o contrário de uma discussão verbal sobre um meio de comunicação ou uma forma de arte. Mostram que o fazer teatro surge primeiro de uma paixão, depois de uma combinação de uma série de circunstâncias mais ou menos felizes que não estão dispostos a explicar. Estão apenas interessados em transmitir para o espectador o encanto que uma criação teatral pode provocar por si mesma.
Realmente, o amor pela profissão explica em parte a continuidade do nosso teatro. Um teatro que subsiste como tal porque se alimenta desse amor de algumas centenas de profissionais e amadores.
Entretanto, as duas horas de encanto proporcionadas por O *que você vai ser quando crescer?* não estão apoiadas exclusivamente no amor pela profissão, mas também no fator trabalho. Os atores têm excelente dicção, ótima expressão corporal, cantam bem, dançam bem e dominam diferentes estilos de representação. Sabem como ser didáticos, melodramáticos ou farsescos. Tudo isso executado com uma habilidade que nasce de um treino disciplinado. O amor que têm pelo teatro é, portanto, um amor manifesto, que se revela em cada ação realizada em cena como um amor reforçado pelo trabalho constante.
Está claro que a paixão e o trabalho não seriam suficientes para construir um bom espetáculo. Do outro lado da moeda está o ator como ser humano

inteligente e sensível. Com boas ideias e a sensibilidade para expressá-las através da linguagem teatral.

Nesse espetáculo tanto o humor como os momentos de pausa emergem de uma colocação definida em relação ao que é engraçado e ao que é bonito.

Engraçada é a piada que estimula o riso através do conhecimento. Que leva o espectador a atingir o humor escolhendo a possibilidade cômica de uma situação. O que é bem diferente da piada que extrai sua graça do clichê.

Bonita é a imagem teatral que tem uma natureza específica. Feita da combinação cuidadosa da iluminação, dos elementos de cena, da voz humana, da música e da presença corporal dos atores. Uma beleza que não é o enfeite colocado sobre o espetáculo, mas o resultado de uma combinação de todos os recursos que o teatro pode oferecer. Recursos organizados para envolver o espectador gradualmente, na duração do espetáculo.

Por esse humor realmente engraçado, pela beleza e pelo prazer que resulta dessa combinação, os espectadores do nosso panorama teatral podem suspirar de alívio. Ainda bem que essas seis pessoas resolveram, cresceram e são atores.

# Críticas 1975

## VICTOR, OU AS CRIANÇAS NO PODER

De Roger Vitrac
Direção de Celso Nunes
6 de março de 1975

Escolhida pelos alunos da Escola de Arte Dramática para uma encenação comemorativa do cinquentenário do surrealismo, *Victor, ou as crianças no poder* é uma das criações teatrais mais fascinantes e controvertidas do movimento. A personagem central, um menino que está completando 9 anos, é uma espécie de déspota esclarecido dominando o mundo das relações familiares de uma forma lúcida e ao mesmo tempo cômica.
Como diagnóstico da vida social, a peça de Roger Vitrac conserva, depois de meio século, uma vitalidade que é mais que documental. O menino Victor exerce seu controle sobre os pais, os vizinhos, os empregados, através de um conhecimento intuitivo das verdadeiras ligações que envolvem todas essas pessoas. Retira de cada situação a máscara da aparência e revela a ossatura que sustenta as ligações afetivas ou as relações de poder dentro do seu convívio.
A eficácia teatral de *Victor* surge em parte do tipo de composição criado por Vitrac. Suas personagens e situações indicam valores extraídos do cotidiano. Entretanto, a ótica da peça é exagerada e as características superficiais de cada tipo são acentuadas como se todos fossem grandes bonecos de uma pantomima social. Vitrac atira o protagonista contra os estereótipos que o rodeiam, quebrando o artificialismo e fazendo surgir de repente um mundo de conflitos perfeitamente verossímeis. Como resultado, os efeitos teatrais se alternam entre o engraçado e o cruel de uma forma imprevisível, mantendo o espectador sempre suspenso ao gesto seguinte.
Esse caráter de "suspense" do texto é utilizado pela direção de Celso Nunes na criação do clima do espetáculo. Os atores, visíveis fora de cena, entram nas suas personagens imbuídos de uma tensão interior, como arcos retesados. Rapidamente, as ações de Victor adquirem a dimensão e o nervosismo de uma revelação súbita. Não há pausas nem é possível perceber o significado imediato de cada personagem e situação. As analogias ficam para depois do envolvimento do teatro. Durante os espetáculos, é Victor quem comanda não só seus pais e vizinhos, como os próprios espectadores.
Celso Nunes optou por dividir a personagem de Victor entre diversos atores. Esse tipo de recurso, utilizado frequentemente nos exames públicos da Escola de Arte Dramática, teve um resultado especialmente feliz nessa encenação. Cada ator revela uma especialidade do repertório de Victor, desde a sua inocência infantil até

o talento visionário que prevê o devenir do seu mundo social. Através de corpos diferentes, Victor estende sua presença pelo espaço do espetáculo, surgindo de pontos inesperados e abrangendo círculos cada vez maiores de atuação.

Outra qualidade da encenação é a simplicidade de recursos materiais utilizados. Não há nada que seja exterior, feito para impressionar sensivelmente o espectador. A energia do trabalho vem da representação precisa do texto escolhido, sustentada por atores que vivenciaram interiormente o seu significado. Mesmo a ambientação do espetáculo depende essencialmente da situação física dos atores em cena e da sua movimentação. O espetáculo dispensa as construções ou localizações detalhadas, substituindo-as pelos recursos dos atores. Nesse sentido, o trabalho é realmente exemplar porque consegue ser forte, bonito e envolvente apoiando-se exclusivamente sobre uma equipe bem preparada.

Finalmente, considerando que a encenação comemora o surrealismo, *Victor* cumpre bem sua função informativa. Relembra oportunamente que o surrealismo é mais do que a justaposição de formas insólitas. É também um movimento que focaliza a vida social, recuperando formas de conhecimento negligenciadas, como o conhecimento que se pode obter através das sensações, dos sentimentos, das intuições. Conhecimento que o menino Victor domina e maneja admiravelmente para compreender e atuar no seu mundo.

## RODA COR DE RODA

De Leilah Assumpção
Direção de Antônio Abujamra
18 de outubro de 1975

A primeira cena de *Roda cor de roda* poderia ser o quadro de uma farsa de costumes. Há uma esposa eficiente, carinhosa, fiel, quase perfeita. Ela é traída. Uma vez constatado o adultério, o texto de Leilah Assumpção inicia a aventura imaginosa de testar todas as combinações possíveis do triângulo de base: a esposa, o marido e a "outra". Na primeira composição, marido e mulher, a peça mostra um opressor e um oprimido. Após a crise provocada pelo adultério, há uma sucessiva experimentação. Todos trocam de papel, mas ninguém consegue alterar a hierarquia de poderes. Há sempre alguém funcionando como sujeito, utilizando o outro como objeto de uso pessoal. Se as situações mudam com rapidez cada vez maior, a capacidade das personagens de vestir uma das carapuças é igualmente rápida.

Em conjunto, essas combinações abrangem uma área bem extensa de possibilidades. Mas o texto resolve muito bem essa amplitude enraizando cada tentativa de mudança no mesmo sistema de valores. Fica evidente que as trocas são um recurso formal. Prevalecem os problemas fundamentais. Nada pode mudar se o modelo que preside as transformações contém apenas a proposta da exploração. A peça sugere que seria necessário trocar o sistema de valores para criar a possibilidade de novos papéis.

Nos momentos em que há troca de papéis, as personagens são inventivas, dinâmicas, possuem uma carga extraordinária de energia. Quando instaladas em outro papel, repetem a atuação de quem ocupou o cargo anteriormente.

Observando o texto, a revanche é o recurso dramático que impulsiona a inversão de situações. Mas é também a única aspiração concretizável das personagens. Depois do desagravo, não conhecem outra alternativa possível de relacionamento.

No trabalho de direção, Antônio Abujamra valorizou a possibilidade de as personagens englobarem propostas gerais de mudança, além das combinações afetivas entre três pessoas. Cada explosão que anuncia a troca de papel foi teatralizada com uma carga exagerada de tensão. Um tratamento que contorna a possibilidade de identificar esse conflito com o âmbito mais reduzido das relações familiares.

Em cena, as analogias com personagens do cotidiano são muito remotas. Dificilmente o espectador pode envolver-se emocionalmente com representações tão feéricas. Mas não pode deixar de perceber o que há de perigoso e grotesco nas situações. Está claro que as personagens insistem sempre na porta errada.

A direção teve o cuidado de endereçar ao público as reflexões das personagens, evitando ao máximo o tom confessional. Um certo esfriamento que ressalta a ironia do texto, sem prejudicar a seriedade de algumas colocações.

*Roda cor de roda* tem a contribuição pessoal de três atores que tiveram liberdade para inventar. Com muita desenvoltura e uma integração perfeita, o elenco maneja a passagem entre as situações encontrando soluções diferentes para explorar as possibilidades de humor de cada cena. Trabalham com um texto permeado de frases de efeito, brilhantes e rápidas. E não perdem a oportunidade de valorizar cada um desses efeitos. É perceptível no trabalho o compromisso dos atores com a peça. Não estão trabalhando apenas por dever de ofício.

Por mais impiedoso e irreverente que seja, *Roda cor de roda* é um espetáculo que proporciona prazer. O prazer de acompanhar um trabalho que é realizado com o mesmo empenho por todos os participantes. O prazer de constatar que é possível compreender e criticar sem mergulhar numa complacência desanimada. Nesse espetáculo o teatro brasileiro abandona temporariamente as angústias da classe média sufocada, o prato principal dos últimos anos. E permite a si mesmo o voo inicial para um terreno desconhecido.

# Críticas 1976

## OS IKS

De Colin Turnbull
Direção de Celso Nunes
9 de março de 1976

Impressionado pelo livro de um antropólogo, o diretor Peter Brook baseou-se na obra para um trabalho no Centro de Pesquisa Teatral, de Londres.
Os iks é construído sobre informações: é o resultado efetivo de um projeto que o governo de Uganda começou a executar em 1946. Com a ideia de aproveitar o território da tribo ik para um parque nacional, o planejamento estatal obrigou a tribo a transformar rapidamente seu meio de subsistência. De caçadores e nômades, os iks foram forçados a passar para uma economia agrícola e sedentária. Dezoito anos depois, o antropólogo Colin Turnbull constata que a tribo está perto da extinção total, dizimada pela fome. Dadas as condições de vida dos iks, Turnbull surpreende-se com o fato de que tenham sobrevivido por tantos anos.
O espetáculo de Peter Brook sobre os iks, apresentado atualmente em Londres, coloca uma quantidade tão grande de problemas éticos, com tanta intensidade, que é difícil abandonar a sala do espetáculo com o coração e a consciência tranquilos. Brook mostra que os iks foram destruídos em nome de um conceito de civilização que não é apenas duvidoso na sua formulação, como também suspeito nas suas intenções. Lembra que, em nome do progresso, outros povos foram destruídos em todos os pontos do planeta onde essa ideia de civilização atribui a si mesma o critério de superioridade sobre culturas diferentes.
Realizado num centro internacional de teatro, com atores de diferentes nacionalidades, o espetáculo atinge um ponto nevrálgico da chamada civilização ocidental. Há nesse trabalho a preocupação de eliminar qualquer ambiguidade no nível das ideias. O relato da "aculturação" dos iks é transmitido com todos os detalhes que confirmam a sua natureza de documento histórico. É para ser entendido por gregos e troianos. Simultaneamente, Brook enfatiza ao máximo a comunicação emocional do espetáculo.
Inicialmente os atores preparam o palco, coberto de terra, como trabalhadores do teatro. Durante a representação, entretanto, eliminam os recursos narrativos. Assumem as deformações que a fome provoca no corpo, na voz e no comportamento dos seres humanos. O documento pertence à história, mas a fome é representada no presente.
Dessa forma, o público é obrigado a contemplar o mais constrangedor de todos os espetáculos: a agonia da fome. Tão convincente no trabalho do grupo

que o espetáculo dispensa a sonoplastia e os efeitos da iluminação. Há uma luz geral no palco e na plateia, inalterável.

Considerada a importância do fato, Brook adota uma linguagem que é um retorno em espiral às origens do nosso espetáculo. A ação, narrada progressivamente, é o valor predominante do espetáculo. Deve impor-se sobre todos os efeitos sensoriais que o teatro aprendeu no século XX.

No Brasil, sob a direção de Celso Nunes, a história dos iks confirma sua dimensão universal. A tribo africana está numa situação muito semelhante à dos índios brasileiros. E o espetáculo do grupo Victor Arteatral dispensa qualquer esforço de aclimatação.

Há no grupo brasileiro o mesmo compromisso pessoal com a tragédia de um povo e a mesma atitude diante do teatro assumidos pelos atores que trabalham atualmente na Europa. Aqui a responsabilidade na divisão do trabalho é equitativa porque o compromisso com a ideia se sobrepõe ao desejo de sedução do teatro.

O resultado dessa postura é um espetáculo extremamente coeso, indivisível no seu poder de comunicação. Os atores formam um sujeito coletivo, tornando invisíveis as diferenças individuais. Cada gesto executado em cena tem a função necessária de representar a decadência física e a perda de solidariedade entre os membros da tribo. A caracterização da miséria unifica os recursos da representação.

Na encenação do grupo brasileiro, cada ik é circunscrito a uma pequena área de onde só sai para procurar alimento. É a economia de forças para sobreviver que determina o movimento geral do espetáculo. O único ponto de contato entre os iks, que consegue atraí-los para o centro da cena, é ao mesmo tempo um ponto de atrito. Quando se reúnem é para disputar alguma coisa. Desaparecendo o motivo da briga, o ik retorna ao seu canto. E deixa no centro apenas o narrador, outro solitário dentro do círculo da sua compreensão limitada.

Esse tipo de trabalho devolve ao teatro uma função cada vez mais esquecida: a de mostrar a uma sociedade um retrato lúcido das suas opções e das consequências. É importante observar que o espetáculo não procura identificar o espectador com a miséria dos iks. Muito sabiamente, procura o vínculo entre o público e o antropólogo. Turnbull é o nosso representante testemunhando a extinção dos iks. Através desse homem se pode perceber que a virtude da solidariedade, uma das mais cotadas na nossa civilização, é inviável quando as condições de subsistência estão rarefeitas.

Recontada num país onde as minorias indígenas estão cada dia mais encurraladas, a história desse povo africano é quase um último grito de advertência. É preciso que seja ouvido por muita gente.

## ALEGRO DESBUM

De Oduvaldo Vianna Filho
Direção de José Renato
26 de março de 1976

*Alegro desbum* tem como ponto de partida um publicitário que resolve abandonar um salário altíssimo para não se comprometer com as mentiras que a sua profissão vende como verdades. A peça localiza-se num minúsculo apartamento, quase um cortiço, onde as pessoas lutam desesperadamente para conseguir uma parcela das oportunidades que o publicitário acaba de desdenhar. Há uma perplexidade geral em torno desse homem que abandonou um salário de 40 mil cruzeiros para ficar na miséria.
Uma vez colocada a situação inicial, não há mais tipos dramaticamente privilegiados. Todas as personagens são igualmente interessantes: mostram facetas diferentes da reação às limitações e ao medo da pobreza. O que as faz cômicas é a naturalidade com que desvendam suas pretensões.
São pessoas que se equilibram precariamente na fronteira da classe média. Dispensam a máscara porque estão todos no mesmo barco. Dessa honestidade contraditória, que revela propósitos nada altruístas, o autor extrai a sua visão positiva. Estão todos decididos a explorar o mundo da forma mais conveniente. Mas são, afinal, incapazes de exercer a exploração dentro de seu próprio grupo social. Quando as coisas apertam, esses vizinhos ocasionais transformam-se numa comunidade solidária e desajeitadamente afetuosa. A franqueza acaba criando laços firmes, mesmo quando as aspirações são competitivas.
Sem dúvida *Alegro desbum* é uma comédia muito engraçada. Os momentos mais fracos são os breves instantes em que o publicitário tenta teorizar a ética da publicidade. Torna-se uma redundância a discussão teórica de um problema que já está fartamente ilustrado no relacionamento cotidiano. A graça do texto está em parte na revelação de um comportamento e de uma linguagem que conhecemos na vida brasileira, mas que raramente aparecem nos nossos palcos. Vianna Filho constrói esses seres humanos sem poupar críticas à sua ingenuidade e ao seu descompromisso moral. Mas mantém ao mesmo tempo uma visão compassiva das fraquezas. Deixa transparecer a sua admiração pelo humor e pela versatilidade com que enfrentam as mesquinharias do cotidiano.
Como espetáculo, *Alegro desbum* aproveita e faz viver todas as qualidades do texto. O único problema é a preocupação excessiva da direção de concretizar todos os detalhes do cotidiano. Há momentos no segundo ato em que a

mesma intensidade de movimentos de todas as ações dispersa a atenção do espectador e torna difícil a compreensão do conjunto. Entretanto, esse é um problema da coordenação, e não da concepção do espetáculo. A diversão e a inteligência permanecem intactas nesse trabalho, que preenche habilmente todos os requisitos de um bom teatro comercial, aquele que propõe ao mesmo tempo o lazer e o conhecimento.

## PANO DE BOCA

De Fauzi Arap
Direção de Fauzi Arap
10 de abril de 1976

Em *Pano de boca*, Fauzi Arap enfoca o passado recente de nosso teatro, as últimas duas décadas em que o teatro brasileiro produziu os seus melhores trabalhos dentro de grupos de criação. Concentrando-se sobre a crise e a perplexidade que finalmente tomaram conta desses grupos, o autor procura compreender as dimensões humanas dessa crise que se prolonga até o presente. Admite que o seu trabalho tem a parcialidade de um criador, e não o compromisso de um analista.
*Pano de boca* é, portanto, uma visão pessoal de um processo de criação que realmente aconteceu. O autor oferece suficientes indicações para que o público saiba a que se refere. Está falando sobre um momento histórico em que a produção do espetáculo é precedida pela existência de um grupo que mistura indiscriminadamente a arte e a vida.
Cada trabalho desse grupo é o resultado de um consenso comum que, segundo Fauzi Arap, é obtido através do sacrifício da personalidade individual dos participantes. Ao mesmo tempo que a força coletiva alimenta a criação, as pessoas envolvidas são consumidas e esfaceladas pelo mergulho no todo. Desse conflito, que se desenvolve no interior do grupo, as posições resultantes são de uma relativa simplicidade: recusar a arte e a vida representadas pelo teatro "antigo" ou retornar a um estágio anterior.
No texto, a simplicidade das soluções possíveis contrasta violentamente com a riqueza da própria crise. De um leque muito amplo de estados anímicos, intuições, visões poéticas e de planos diferentes de abordagem, pingam timidamente duas propostas, ou duas contingências que são, quando muito, inadequadas para justificar o estado presente da produção cultural neste país. Muito mais interessado na crise do que no trabalho artístico cotidiano, Fauzi

Arap omite as relações entre suas personagens e a história. É como se todos os processos que se desencadeiam nesse grupo de atores fossem uma consequência direta das suas próprias decisões e descaminhos. No final, quando uma das personagens ensaia a entrada em uma nova etapa, não tem realmente muito para escolher. O autor deixou de lado o fato de que o trabalho artístico é sempre feito para alguém, com um objetivo mais ou menos determinado. Como essas coisas não aparecem na história, fica realmente difícil encontrar uma saída para o próprio texto. Se todas as coisas são geradas e extintas na interioridade do artista, qual a finalidade de procurar uma nova forma de atuação no mundo exterior?
Entretanto, o que há de mais fascinante em *Pano de boca* é a evidência de que esses anos de produção em grupo criaram uma linguagem original, rica em recursos exatamente porque distanciada do purismo das invenções alienadas da história. Essa linguagem não está discutida verbalmente no espetáculo, mas impregna toda a sua constituição.
Primeiramente o texto e o espetáculo mantêm uma ligação necessária, uma vez que o autor atravessou todas as etapas de criação do teatro. O espetáculo é concebido como uma unidade na qual dificilmente se separam as áreas de atuação do autor, do diretor, do cenógrafo e dos atores. Todos os recursos de produção da imagem teatral são utilizados com extraordinária maestria, empregando o mínimo de construção. É mais importante a sugestão do que o concreto. Dessa forma o espetáculo se expande pela sala, envolve o espectador com luz, som, a interpretação passional dos atores e a carga de excitação adicional das músicas evocativas.
Há nesse trabalho o exagero, a retórica e o bombardeamento de emoções e sensações que caracterizam as produções mais polêmicas do nosso teatro. Uma saudável despreocupação com o equilíbrio das coisas bem-feitas e uma determinação de atingir o espectador a qualquer preço, nem que seja pelo cansaço. Mesmo a beleza é de uma natureza violenta e persistente, como se o autor quisesse reafirmar sempre a sua fantástica capacidade de criação. Que é, sem dúvida, indiscutível.
São efeitos que podem ser obtidos porque os criadores do espetáculo conhecem as peculiaridades do espectador brasileiro. Sabem que o máximo de resultados deve ser obtido no curto espaço de tempo da representação teatral. E que nosso público é mais rapidamente atingido pela veemência do que pela disciplina das formas.
Outro ponto em que é possível avaliar o desenvolvimento do teatro brasileiro nessas duas décadas é o trabalho da atriz Célia Helena. É uma atriz que se

comunica com a plateia em todos os níveis. Pode dirigir-se diretamente ao público, pode convencê-lo da existência da sua personagem, pode emocionar com o sofrimento e as contradições criadas pelo autor. Um trabalho tecnicamente perfeito se considerarmos a diversidade dos planos de interpretação que tem que atravessar.

Mas, essencialmente, a atriz e a pessoa se confundem no palco. Seu trabalho é pessoal e intransferível, não pode ser padronizado nem transformado em método. Célia Helena é animada por aquela paixão exclusiva do nosso ator, que faz maravilhosamente aquilo que acredita verdadeiro, ainda que possa fazer bem qualquer coisa. Essa identificação é tão profunda a ponto de nós, como espectadores, sermos obrigados a assumir o ator e a personagem como uma unidade vital.

## LAÇOS DE SANGUE

De Athol Fugard
Direção de Teresa Aguiar
8 de agosto de 1976

*Laços de sangue* é um texto que se sobrepõe aos episódios das lutas raciais e atinge o ponto mais fundo das relações entre brancos e negros. Sem concessões, mas evidentemente comprometido com uma visão ética. Athol Fugard fere a visão tradicional do preconceito, uma visão que apenas admite e lamenta as injustiças seculares.

Há dois irmãos em cena, um preto e o outro branco. É, entretanto, a experiência do mundo que define quem vai ocupar o papel do opressor. Sobre o afeto, sobre o compromisso assumido entre dois seres humanos, prevalecem as regras de uma organização social antiga e perniciosa. Para Fugard, as regras desse jogo são mais fortes do que a vontade individual. Penetram na fraternidade e produzem dois tipos humanos culturalmente opostos.

Athol Fugard encerra esse panorama com a abertura necessária à obra de arte que criou. Uma vez admitida a convivência perpétua, em que não há ponte de retorno, cabe a todos nós, espectadores, a responsabilidade de refletir sobre o desenvolvimento do conflito. O despertador que impede o desenlace é um objeto teatral. Mas é certo, sob o ângulo de visão de *Laços de sangue*, que a cultura ocidental não conseguirá impor-se sem violentar essencialmente a cultura que oprime. E o texto informa também que o preço dessa violência é muito alto.

Produzida na África do Sul, a peça mostra ironicamente as marcas das melhores e das piores influências da dramaturgia inglesa. Por vezes o autor não resiste à citação literária e à introjeção da personagem nos caminhos da memória.

Nem sempre a citação e a memória se adaptam ao comportamento anterior da personagem. São momentos que não acrescentam nada ao teatro, inventados por puro amor à literatura. Como contraponto, há uma coerência detalhada na construção dos tipos humanos ao mesmo tempo que cada ação identifica o cotidiano e funciona precisamente para corporificar as ideias do texto.

Nesse caso, os bons momentos superam a literatice em quantidade e intensidade. Se o autor não é perfeito em técnica de dramaturgia, sabe muito bem o que quer comunicar através do teatro. Afinal, as obras-primas do *playwriting* quase sempre arrastam consigo a onda gelada do cálculo.

No trabalho de direção, Terezinha Aguiar procurou enraizar emocionalmente as personagens sem forçar qualquer analogia com o país em que se situa o espetáculo. Por esse motivo, as dimensões universais e a oportunidade histórica do texto são visíveis sem correr o risco desgastante da demagogia. Quando as emoções que motivam o ato são sensíveis, o espetáculo encontra o seu caminho natural de comunicação.

Como os atores em cena conhecem as raízes de cada ação desenvolvida, não precisam forçar a composição exterior dos tipos. É visível que cada ator encontrou seu próprio gesto, o que faz com que os movimentos relacionados pareçam naturais e necessários. Apenas nos retrocessos de memória essa naturalidade desaparece, sem atingir o vigor de uma interpretação poética. Um problema gerado pela construção do texto e que, na verdade, afeta muito pouco a qualidade da encenação.

Aproveitando o espaço reduzido do Teatro do Meio, a cenografia conseguiu detalhar um ambiente sem interferir no espaço da representação. Além de sugestivo, o cenário tem a virtude de utilizar um material extremamente simples, que pode ser encontrado em qualquer lugar. É a organização desse material no espaço e o tratamento que recebe que revelam as possibilidades de uma cenografia contemporânea. Ao que parece, é perfeitamente possível criar um cenário que não se preocupe com o enfeite e que não apele necessariamente para materiais sofisticados. No caso de *Laços de sangue,* o bom resultado da cenografia nasce principalmente do compromisso que ela mantém com a significação do espetáculo.

## MAHAGONNY

DE BERTOLT BRECHT E KURT WEILL
DIREÇÃO DE ADEMAR GUERRA
26 DE SETEMBRO DE 1976

Fundada sobre os alicerces do lucro e do prazer individual, a cidade dos prazeres, de Bertolt Brecht e Kurt Weill, engloba até hoje os problemas fundamentais das grandes metrópoles do mundo ocidental. Com uma clareza que se aproxima da ferocidade, pela falta de complacência, *Mahagonny* leva às últimas consequências o princípio do lucro sobre todas as coisas. E é principalmente essa ausência de meios-tons que torna a peça uma espécie de ponta de lança de um teatro crítico contemporâneo. Os novos tempos exigem uma forma de expressão própria, na concepção da dupla de autores.
Encenada pela primeira vez no Brasil, *Mahagonny* encontrou as suas condições ótimas de produção. Foi dirigida como uma obra viva, sem a menor preocupação de grandiosidade formal. Pelo contrário, o espetáculo procura o diálogo com o público através de uma atitude irônica (no sentido original da palavra). As cenas se desenvolvem sem colocar previamente o desenlace, permitindo que as questões do texto se desenvolvam livremente. Acompanha-se a fundação da cidade com certa surpresa e encanto. O público torna-se até certo ponto sensível ao fascínio da malandragem e do *laissez-faire*, antes de compreender as suas consequências amargas e desagradáveis. O aprendizado se faz naturalmente, enquanto acontece a diversão.
Cenicamente, o trabalho é o resultado integrado de todos os setores empenhados, superando uma das maiores dificuldades do musical brasileiro. Cenários e figurinos expõem a precariedade da edificação desse agrupamento social: as formas grandiosas deixam entrever o seu interior oco e a falsidade do material, extraindo todo o humor possível desse contraste. Na música, o virtuosismo do canto cede lugar ao conteúdo dramático de cada canção. Também aqui a direção musical valoriza os contrastes sugeridos pelos autores entre a melodia envolvente de certas canções (emprestadas do musical americano) e a crueza das palavras pronunciadas. Quanto à coreografia, segue o desenho ingênuo, adequado às possibilidades de expressão das coristas de *Mahagonny*.
Divididas em três blocos diferentes, pela linha de interpretação, os personagens definem ao primeiro contato a posição que ocupam nos diferentes graus de exploração da cidade. A excelente interpretação dos três fundadores (Cacilda Lanuza, Renato Consorte e J. Marcos Fuentes) já é um cartão de

visita que garante as atrações do empreendimento. Para o que se deve ouvir de importante sobre as nossas próprias cidades, o espetáculo paulista é sem dúvida a maneira perfeita de transmissão. Enquanto aumentam os prazeres disponíveis nesta cidade, *Mahagonny* mostra que é perfeitamente possível melhorar a qualidade dos nossos prazeres.

## A BOLSINHA MÁGICA DE MARLY EMBOABA

De Carlos Queiroz Telles
Direção de Thereza Thiériot
4 de dezembro de 1976

Nascendo no palco, a personagem Marly Emboaba é ao mesmo tempo sujeito e objeto da criação teatral. Como personagem, apenas narra a sua experiência singular, situada no passado. A substância teatral existe fora das palavras, na relação cênica entre o autor e a personagem. Para insuflar alma à sua criatura, ou para emprestar-lhe a sua, o autor deve permitir que ela viva a liberdade própria das existências ficcionais.
Dessa liberdade delineia-se um sistema de valores curiosamente invertido. Os dados iniciais da composição da personagem são deliberadamente vulgares. Marly está vinculada ao destino comum de uma normalista do interior. Para distingui-la das suas coleguinhas de classe, existe só o seu confessado interesse pelo sexo. Admitindo esse interesse, sem uma perspectiva pessoal de transformação do mundo, só resta à personagem encará-lo como uma opção profissional. Sua dedicação ao trabalho é, em tudo e por tudo, uma das maneiras disponíveis de "vencer na vida". Com essa imagem irônica do carreirismo, a peça de Carlos Queiroz Telles revolve a superfície do desempenho social regulado pela competição da livre empresa. Mas, antes de mais nada, seu texto é um exercício cheio de bom humor, no qual o ridículo é o instrumento mais evidente da crítica.
Sem pretender uma discussão de causalidades, todo o esforço do texto se concentra em fazer viver uma personagem através da sua linguagem espirituosa e aparentemente espontânea. O mais engraçado é o fato de que o discurso normal do sucesso se encaixa numa profissão considerada como o reverso dos valores positivos da sociedade vigente.
No espetáculo o trabalho da direção procurou dar uma existência emocional sólida às personagens, sem se preocupar com a ênfase nas possibilidades cômicas do contrassenso. Subsiste, como elemento forte, a relação estabelecida no processo de criação. Além do significado peculiar da personagem Marly, o público

acompanha a afetividade e a angústia que regem o seu aparecimento no palco. Quando as coisas se tornam engraçadas, isso acontece porque se estabelece um confronto entre os valores do espectador e os da personagem. Em cena, não há concessões evidentes ao riso.

Essa sobriedade do espetáculo permite aos dois atores um trabalho em profundidade de composição de personagem e relacionamento. Tudo é desenhado de dentro para fora. Ambos estão presos ao ritual primeiro, profundamente sério, da invenção. A partir desse ponto, todas as ações se apoiam no lastro dessa cerimônia. A alegre vivacidade da personagem feminina está sempre colada à face escura e consciente da personagem masculina.

Os recursos simples da cena permitem que se apreciem os detalhes do trabalho excelente dos dois atores. Thaia Perez e Fernando Bezerra combinam a teatralidade exigida pela relação autor-Marly com uma enorme variedade de significados que individualizam as personagens. Vale a pena observar a limpidez com que as frases atingem a plateia, sem que os atores façam visíveis esforços vocais para isso.

Na verdade, a limpidez é um traço geral desse trabalho, que se dirige ao público acreditando no poder de comunicação dos intérpretes e na energia da palavra bem pronunciada.

# Críticas 1977

## CANÇÃO DE FOGO

De Jairo Lima
Direção de Luiz Mendonça
6 de janeiro de 1977

Depois de um movimento fecundo de dramaturgia regionalista, o teatro iniciou, a partir da década de 1960, um contato não literário com as fontes da cultura popular. Gradualmente, a representação do mundo contida nas narrativas orais, na música e na literatura de cordel começa a desvendar a sua teatralidade intrínseca, muitas vezes dispensando a interferência do dramaturgo. Hoje, o teatro está ainda descobrindo o momento quase misterioso em que a trama estabelece uma relação com o gesto e se transforma num acontecimento tridimensional.

Da compreensão e da aceitação de que o teatro germina nessas criações antiquíssimas nasce um teatro muito novo, depurado das mediações de uma representação constantemente importada e aclimatada. É visível que o teatro quase oficial dos centros urbanos sente o impacto dessa teatralidade basicamente agrária. E é principalmente a linguagem do espetáculo que se transforma no contato com uma fonte centenária.

*Canção de fogo*, trabalho de Jairo Lima, inscreve-se nessa linha, provando a teatralidade da história popular. Respeitando a qualidade artística original dessas representações, o autor mostra mais uma vez a impressionante compreensão do mundo que reside nessas obras. Uma compreensão que não é apenas intuitiva, mas que se apoia numa crítica espirituosa e bem fundamentada das relações sociais.

Em *Canção de fogo*, a qualidade dos versos é a mesma da maioria dos cordéis em que a convenção da língua dobra-se à necessidade expressiva. Ao autor interessa sobretudo o efeito original. Com isso, Jairo Lima não se sobrepõe à cultura que pretende revelar. Seu trabalho tem a mesma malícia de brincar com frases que podem ser encontradas no desafio dos cantadores nordestinos. E quem acompanha dois bons cantores percebe, forçosamente, que está convivendo com preciosos artistas do verbo. *Canção de fogo* procura essa aproximação com uma arte produzida quase sempre por homens que dominam a palavra e a imagem sem ter passado pelas letras.

Também como teatro musical o espetáculo tem muitas novidades a propor. Uma vez que as personagens estão muito próximas do mito, os contornos amplos não exigem muitos detalhes de execução, apenas vitalidade do ator.

Essa vitalidade vai crescendo apoiada sobre a natureza sonora dos versos, de tal forma que a passagem para a música se faz sem necessidade de uma ruptura de ação. A música, na sua abstrata universalidade, está aqui muito próxima dos mitos representados. Não sabemos quem ou o que nasce primeiro. O verso e a música impulsionam o movimento, dispensando na prática o desenho coreográfico.

Um trabalho desse tipo estaria mais à vontade se pudesse dispensar o método de produção dos espetáculos convencionais. Sob a direção de Luiz Mendonça, os atores estão profundamente ligados à cultura que representam. Mas todas as estilizações, tanto de utilização de espaço quanto de luz e figurino, foram resolvidas precariamente.

O palco italiano impede uma aproximação com o público que está latente no espetáculo. Inicia-se um contato direto que esbarra sempre nos limites da boca de cena. A química sutil do teatro faz com que esses momentos resultem numa frustração para os atores e para o público. Na verdade, seria preciso que o espetáculo se decidisse ou pela contenção da caixa ou pela criação de um novo espaço. Na iluminação há também uma indecisão entre a ribalta e o *spot*, utilizados descoordenadamente. Não se aproveita nem o alongamento das imagens, que é o encanto da ribalta, nem a concentração da cena, que é o atributo do *spot*. Dessa forma, as cenas ficam "malhadas" de cores diversas e, o que é pior, fora de foco. Considerando a alegria saudável, a novidade e a graciosa irreverência desse trabalho, vale a pena adaptá-lo às condições e mesmo às restrições das casas de espetáculo paulistas. O sentido inaugural desse trabalho é suficientemente forte para se permitir algumas pequenas concessões aos recursos do nosso velho teatro.

## ESCUTA, ZÉ!

De Marilena Ansaldi, baseada na obra de Wilhelm Reich
Direção de Celso Nunes
12 de agosto de 1977

Inspirado num texto de Wilhelm Reich, *Escuta, Zé!* é a realização cênica de um trabalho que abrange diferentes áreas do conhecimento. Escrito em 1945, o texto é uma espécie de panfleto muito pessoal e, talvez por isso mesmo, agudo e pertinente sobre o comportamento do homem comum.

Reich considera que o século XX pertence a esse homem, que deliberadamente chama de pequeno e mesquinho. Com um vigor normalmente estranho ao discurso da ciência, ou mesmo da psicoterapia, observa que o Estado e as outras instituições se consolidam pelo poder desse homenzinho. É um sujeito atuante, embora insista em propagar a sua insignificância diante dos acontecimentos. Com medo de embarcar no fluxo instável da sua própria qualidade, o homem comum arquiteta os instrumentos que destroem o prazer, o amor, a vida.

Parece desnecessário comentar a importância de teatralizar esse depoimento. Enquanto a massificação é veiculada como uma agressão intransponível à vontade individual, *Escuta, Zé!* desafia esse homem-massa, responsabilizando-o pela conformação atual das suas instituições. Mostra que o homem comum inicia na recusa do corpo humano o estabelecimento das fundações dos Estados totalitários e de todas as formas de discriminação.

Entre os argumentos disponíveis, o espetáculo privilegia a repressão aos sentidos e às emoções, exercida cotidianamente no amor, na produção intelectual e na convivência social.

Há no palco cinco atores-bailarinos iniciando atos vitais, que são destruídos em seguida com violência e rancor. Cada gesto que possa revelar a natureza e, portanto, o imprevisível é obstado porque o "Zé" teme a insegurança. A sexta personagem, encarcerada, oferece a alternativa crítica a esses comportamentos. O espetáculo deixa de lado outras acusações graves feitas a esse homem pequenino, provavelmente para evitar a dispersão. Mas o que se vê em cena é suficientemente sincero e impressionante para reproduzir a impressão do teatro original. Sem dúvida, a negação dos instintos e emoções é um índice seguro para avaliar a baixa cotação da vida.

Como teatro, o ponto mais alto de mobilização está nos momentos em que Zé Ninguém entra em luta com os seus impulsos vitais. Aqui o ator encontra-se na representação e unifica vida e trabalho (especialmente a interpretação de Marilena Ansaldi). É através desse desnudamento quase pessoal do ator que se pode perceber a humanidade quase extinta do "Zé Ninguém", último sopro a que Reich esperançosamente dirige o seu aviso.

Num trabalho desse tipo, realizado através do compromisso integral dos participantes, as contribuições meramente estéticas ficam como redundâncias, ou como simples memória de uma arte teatral que serve a outros objetivos. A cuidadosa estilização da cena inicial, a imposição dos controles feitos por máscaras de efeito visual e mesmo a presença de um painel (lembrando as unificações nacionais de triste memória e intenções escusas) são apenas fracos comentários superpostos ao significado simples da encenação. Não chegam a comprometer o espetáculo, mas atrapalham pela sua artificialidade. Com o esforço de diferenciar estilos para cada cena, interrompem-se movimentos que tendem a se dissolver naturalmente pela emoção que provocam no ator e no público.

Outro ponto a considerar, e esse de uma certa gravidade, é a interpretação da figura de Reich. Suas palavras deveriam funcionar como um contraponto feito à doença do homem comum. Parece indispensável que o espectador compreenda de que lado das grades se encontra a lucidez. Entretanto, o aspecto frenético da personagem na cela, aparentemente na iminência do descontrole, compromete a articulação do discurso, fazendo pensar num louquinho encarcerado. Dessa forma, só podemos sentir piedade pela injustiça cometida. Sobra muito pouca atenção para dar crédito às afirmações do prisioneiro. Tanto na interpretação de Reich como nos outros recursos materiais do espetáculo, falta ainda aceitar que a sua maior força está exatamente na simplicidade.

## OS IMIGRANTES

Criação coletiva
Direção de Celso Frateschi
21 de outubro de 1977

Para uma cidade da proporção de São Paulo, as opções teatrais são, relativamente, ínfimas. O frequentador habitual dificilmente pensa o espetáculo fora da área geográfica da Bela Vista. É nesse ponto que se localiza o teatro executado tradicionalmente sobre um modelo convencionado de produção.
Entretanto, o esforço para oferecer uma alternativa de espaço e de modo de produção existe, quase heroico, no trabalho de grupos que se organizam em torno de um projeto estético e ideológico. Quase sempre a proposta é uma ação cultural que ultrapassa a realização do espetáculo. O teatro deve funcionar como um fermento, despertando a atividade cultural latente no público do bairro.
Na medida do possível, esses grupos eliminam a semelhança com a organização econômica das companhias centrais. Continuam precisando de dinheiro para a encenação. Mas fazem o possível para diminuir essa necessidade de tal forma que possam manipular as finanças à margem do conceito de lucro.
Seria impossível historiar resumidamente os obstáculos a esse trabalho. Há um imenso espectro que vai da procura de local até o sério dilema de encontrar a linguagem comum entre o ator e o público, que nem ao menos ouviu falar de teatro. Tropeçando em tudo isso, alguns grupos se desgastam e duram pouco tempo. Quando desistem, deixam atrás de si um pequeno rastro, seguido de perto por outro grupo em formação. No caso do grupo Núcleo, a manutenção de um trabalho ininterrupto durante sete anos permite avaliar no tempo o que esses grupos podem realizar no nível da inovação cênica e da procura de um novo público.

O espetáculo atual do Núcleo, *Os imigrantes*, trata de um assunto raro na arte: a formação histórica do operariado paulista. Endereçada à população da periferia da cidade, o espetáculo informa o espectador sobre a origem e o modo de vida da sua própria classe. Sem grandes pretensões, dramatizando a vida de um casal de imigrantes italianos, conta-se a história pelo lado mais omitido: os que fracassam na perseguição da fortuna.

Um dos objetivos do texto é informar, obedecendo, portanto, a uma certa urgência de comunicar que nada tem a ver com a documentação precisa. Além disso há a nítida preocupação de combinar a informação com uma dose de apelo emocional. O público deve também envolver-se com a trajetória pessoal das personagens. Há em cena dois jovens camponeses cuja única aspiração é de se manter dentro dos padrões mais conhecidos de uma vida familiar digna.

É essa dose de empatia que estabelece a ponte entre o passado histórico e o presente. As ingênuas ambições desse casal, sua progressiva separação forçada pelas condições materiais da existência, são dados do presente. Os rumos diferentes que assumem no final são, ainda hoje, opções possíveis.

O texto, escrito por um dos membros do grupo e "corrigido" durante a elaboração do espetáculo, é um ponto de partida para o trabalho. As ideias continuam evoluindo durante a encenação, resolvida coletivamente. O grupo consegue, assim, uma impressionante harmonia de soluções entre cenas nitidamente decupadas pelo texto. Na passagem de um outro episódio há uma condução musical que instala um novo clima e é ao mesmo tempo isoladamente significativa.

Vale a pena observar que nesse tipo de espetáculo, em que a divisão de trabalho é menos nítida, o Núcleo consegue uma unidade artística rara em produções convencionais. Todos os atores controlam as variáveis do espetáculo, sem diferenciar a capacidade individual ou a dimensão do papel. Cantam bem, movimentam-se no mesmo ritmo e mantêm sob controle a progressão de intensidade de cada cena.

A impressão de beleza que esse trabalho transmite, além da impecável seriedade da mensagem, vem exatamente da economia de adornos. Trabalhando com elementos cênicos essenciais para a veiculação de um significado, o Núcleo constrói um espetáculo em que as imagens são nítidas e diretas na intenção. Tudo se desenvolve a partir do empenho do ator na realização do seu jogo.

É difícil avaliar a resposta que o público da periferia da cidade dá a esse tipo de trabalho. Mas, ainda que desconhecendo a chave cifrada do diálogo, o Núcleo está definindo uma linguagem através da experiência. O teatro de todas as áreas da cidade tem muito a ganhar com isso.

# Críticas 1978

## DO OUTRO LADO DO ESPELHO

De Lewis Carroll
Direção de Antonio Fernando Negrini
10 de julho de 1978

Não é por acaso que as aventuras de Alice são revividas com frequência pelo teatro e pelo cinema. Como um exercício no campo da linguagem, a obra de Lewis Carroll estimula associações visuais e sonoras desencadeadas a partir da natureza física das palavras. E há uma proposta especialmente interessante para a arte: o jogo verbal subverte modelos convencionados de pensamento e produção de imagens. Dessa forma as aventuras de uma garotinha exemplificam a possibilidade infinita da imaginação criadora.
Além da sua beleza específica, a leitura de Carroll aqui e agora leva-nos a admirar e a desejar a liberdade da consciência humana. O sonho de Alice é, na verdade, o despertar da razão. Mas da razão exercida em seu próprio nome, liberta dos limites da funcionalidade. E não é fácil, dentro da nossa vida cultural, aceitar e realizar essa espécie de desafio.
Na encenação do grupo Aldebarã, há um respeito profundo por essa ideia libertária. O teatro apresenta a obra de Carroll como uma produção artística sempre aberta para a atribuição de novos significados. O espetáculo é concebido como um jogo de encaixes perfeitos. Nada parece fora do lugar ou excessivo. As personagens são elaboradas com clareza e, inclusive, com uma certa rigidez. Não têm a pretensão de superar a imaginação criadora do espectador. Devem funcionar como um estímulo para novas e inesgotáveis associações.
Dentro dessa concepção as cenas parecem produzidas com uma existência puramente teatral. Está claro que essas figuras só podem viver na imaginação ou na arte. Podem, portanto, aproximar-se do espectador com naturalidade, sem a obrigação de aliciá-lo para o riso ou para a contemplação deslumbrada. A sedução possível está contida no palco da mesma maneira que o livro se oferece através dos sinais gráficos. Compete ao espectador aceitar ou não essa existência proposta pela mediação do ator.
Num trabalho em que nada é circunstancial, é um prazer observar a riqueza inventiva das personagens. A vivacidade de Alice, o deslizar das Rainhas e a languidez do Mosquito caracterizam uma significação particular de cada personagem. Ao mesmo tempo, esses diferentes ritmos se harmonizam na movimentação conjunta como linhas desenhadas sobre o papel. A esse respeito, a única ressalva que se pode fazer é lamentar a exiguidade do palco, que reduz a visibilidade

de um desenho belíssimo. Uma cena antológica como o passeio de barco com a Ovelha mereceria certamente ultrapassar as dimensões de um camafeu.

Como realização visual, o espetáculo mantém a mesma rigorosa planificação no uso das cores. Os elementos de cena são brancos, vermelhos, pretos ou prateados. A determinação de atingir a sensibilidade do espectador sem sufocá-lo com um bombardeio é visível. A impressão de beleza deve surgir da capacidade de combinar com eficiência um número reduzido de materiais e objetos. Tudo o que está em cena atrai pela delicadeza dos detalhes e pela fluidez das transformações em diferentes cenas.

Com tudo isso, o grupo Aldebarã consegue a proeza para o nosso teatro de dissociar o insólito do grotesco. Essas figuras imaginárias adquirem no teatro a dimensão da existência poética. Devem acordar no espectador o lirismo da vigília e não a estranheza do sonho.

## BODAS DE PAPEL

De Maria Adelaide Amaral
Direção de Cecil Thiré
20 de julho de 1978

As personagens de Maria Adelaide Amaral são criadas a partir de uma realidade próxima pela atuação e ao mesmo tempo restrita na medida em que representam uma minúscula parcela da população.

Dispensando a análise sociológica, a peça mostra, sem nenhuma complacência, a forma contemporânea dos costumes de alguns homens que aceitam todas as regras do jogo. Um jogo no qual o único lance favorável se expressa por cifras. Vale mais quem ganha mais, e isso é tudo.

Entretanto, a síntese, de uma moral fácil, é o que menos interessa ao texto. O que importa realmente é a observação dos relacionamentos humanos dentro desse determinado grupo social.

Com uma habilidade muito especial para captar situações, a peça avalia a devastação provocada por um modo de vida. Todas as personagens são consumidas por um único interesse. Em suas vidas não há lugar para afeto ou cortesia. Até a crueldade é uma decorrência natural da carapaça adquirida na caça ao bezerro de ouro.

Para esses homens, nem mesmo a crueldade é intencional, porque são desprovidos de qualquer intenção alheia ao objetivo de possuir cada vez mais.

*Bodas de papel* é a exegese de uma paixão, mas de uma paixão com vigência histórica, porque só pode acontecer dentro de um sistema que mede um homem pelo que tem. A historicidade é, entretanto, um dado paralelo, a lição mais simples do texto.

Enquanto retrata o mundo afetivo das personagens, o diálogo tem a qualidade rara de aumentar progressivamente a voltagem emocional das cenas sem alterar fundamentalmente a situação. Eliminando recursos de ação exterior, o texto transforma o conteúdo das cenas por aprofundamento. Uma vez que as personagens são carentes de múltiplas facetas, cada diálogo é um corte mais fundo e revelador de uma nova intensidade.

No espetáculo essa progressão até o insuportável é garantida pela minuciosa direção de Cecil Thiré. Todos os atores trabalham sobre a base sólida do mútuo reconhecimento. O que se faz em cena é sempre remetido a um objetivo comum que dá vida e credibilidade à encenação.

A direção recusou o caminho mais fácil de apoiar-se na máscara grotesca das personagens. Aceitou a tragédia que representam sem enfatizar a crítica, como se a crítica fosse um direito do espectador. Não há, portanto, recursos ostensivos para indicar diferentes gradações de intensidade. O relacionamento em cena cresce organicamente, como uma exigência da situação. Dessa forma, a plateia é levada a partilhar o clima da peça sem nenhum esforço, aceitando a realidade da cena sem ter sido aliciada para a crença.

Num espetáculo em que todos os elementos são pensados criteriosamente, a cenografia de Flávio Phebo impressiona pelo equilíbrio entre a utilização de símbolos e as limitações funcionais de uma sala de estar.

O dourado e os metais dizem muito do mundo representado em cena. Ao mesmo tempo o cenário é construído com materiais que expõem a sua fragilidade, o seu aspecto ilusório de casca. Desde o início do espetáculo há informações através da imagem. Esse espaço, rígido na sua distribuição, é a arena ideal para uma batalha. Não pode aconchegar atos pacíficos ou sentimentos que não sejam belicosos.

## O TRISTE FIM DE POLICARPO QUARESMA

De Lima Barreto
Direção de Buza Ferraz
31 de agosto de 1978

O major Policarpo Quaresma merecia certamente ser relembrado. Sua transfiguração em personagem teatral é a lembrança oportuna de uma das melhores obras sobre a cultura deste país. Os moinhos de vento do quixotismo nacional ainda estão todos em pé. Visíveis e palpáveis mesmo para quem deseja ignorá-los. A burocracia, o conchavismo político, o descaso pela coisa própria, além da corrupção, são suficientes para manter acesa a chama de um idealismo ingênuo como o do major.
E o que torna mais pungente a representação teatral de 1978 é exatamente essa constatação de que a obra de Lima Barreto, escrita em 1911, não se refere à atualidade por analogia. Infelizmente, as críticas se ajustam com perfeição às nossas mazelas atuais.
No teatro a companhia Jaz-o-Coração trabalha primeiramente sobre essa atualidade. Utiliza o texto de Lima Barreto sem nenhuma preocupação de elucidá-lo além da proposta do autor. Conserva-se, assim, a ferocidade de um crítico social de extraordinária lucidez, ao mesmo tempo que o espetáculo respeita a piedade compassiva pela personagem central.
Policarpo aparece como figura singular dentro da encenação, uma personagem a quem se poupa o tratamento caricatural. Quando os sonhos se desmoronam, quando se constata a inviabilidade dos gigantescos projetos do major, a personagem se diferencia cada vez mais dos outros elementos do espetáculo. Adquire uma postura digna e introspectiva, humaniza-se e se aprofunda através da frustração.
As outras personagens, entretanto, são construídas através de traços genéricos e rápidos. Em contraponto à figura central, representam tendências e comportamentos que integram a história geral da cultura brasileira. São, portanto, passíveis de uma crítica ideológica que os atores executam através de recursos narrativos. O espetáculo oferece, assim, um panorama de ideias no qual é visível a contribuição do ator opinando sobre aquilo que representa.
Nesse trabalho de crítica, o espetáculo utiliza em larga escala o instrumental do teatro farsesco, feito de gestos amplos, vozes impostadas, máscaras, enchimentos, cores fortes. Desprezando os meios-tons, a companhia acolhe uma verdadeira proliferação de recursos cênicos. Faz um teatro excessivo, forte, animado principalmente pela alegria de representar.

A diferença de treinamento de atores, nítida na primeira cena, desaparece rapidamente nas cenas posteriores, engolfada pela unidade do espetáculo. A impressão, para o espectador, é a de um processo de criação homogêneo em que a elaboração de cada cena surge de uma contribuição coletiva. Em nenhum momento o trabalho perde a intensidade de uma comunicação direta com o público.

Com um trabalho que é basicamente de crítica, a companhia Jaz-o-Coração tem para transmitir duas ou três verdades amargas. Entretanto, a forma de teatro que faz é, ao mesmo tempo, uma forma sedutora de representar essas verdades. O tom desesperado da obra original é substituído aqui por uma mobilização de um grupo teatral que representa pela autenticidade os valores positivos da cultura que critica. Da mesma forma que o entreguismo cultural é um fato, os atores desenvolvem através do espetáculo uma série de recursos de representação que constituem uma espécie de patrimônio cultural individualizado e especificamente brasileiro.

A forma de invenção do espetáculo, o estilo peculiar de representação dos atores, os traços bidimensionais dos elementos cenográficos formam um conjunto de signos que têm para informá-los uma linguagem teatral profundamente enraizada no tempo e no espaço em que o espetáculo foi produzido. É o espetáculo que se encarrega de elucidar a outra face de um problema que o major Quaresma não poderia ver.

## FUNDO DE OLHO

De Marilena Ansaldi
Direção de Celso Nunes
2 de setembro de 1978

A proposta de *Fundo de olho* é retomar uma discussão já incorporada ao discurso contemporâneo, mas nem por isso resolvida: o direito ao sentimento, ao impulso, ao exercício da própria sexualidade. Partindo desse tema, o trabalho de Marilena Ansaldi não incorpora nenhum dado novo a uma linha já ensaiada em trabalhos anteriores. Apenas localiza no cotidiano de uma existência a forma de atuar de uma repressão que constitui a base de uma organização social.

O roteiro é muito simples, marcando as etapas convencionais de iniciação de um ser humano nos padrões do bom comportamento social. Uma simplicidade perturbada pela inserção de textos que, pela superficialidade e pela retórica, ficam muito aquém da intensidade dos gestos da atriz. Quase sempre a palavra é insuficiente ou inadequada para canalizar uma revolta progressiva e desordenada, clara através dos gestos, dos olhares e do movimento da cena.

O teatro de Marilena Ansaldi mobiliza, constrange e, num certo sentido, revolta pela inobservância do decoro estipulado para um acontecimento social. É certamente mais confortável assistir a um trabalho em que o ator se limita à sua função de espelho coletivo, sem nos obrigar a um confronto com o ser humano que ele verdadeiramente é.

Uma atriz com esse poder de instigar completou dentro de si mesma o ciclo do teatro. Não precisa de apoios cênicos, de formas concretas que configurem no palco o que já se realizou através de outra forma de comunicação, mais intensa e mais sutil.

Dentro dessa perspectiva, o trabalho de Celso Nunes torna-se um acessório dispensável. Na verdade, a direção se preocupa em visualizar um tipo de conflito que já está perfeitamente expresso pela personagem central.

Aparentemente o problema está na definição de centro de interesse do espetáculo. A primeira cena mostra claramente qual é a ideia que motiva o trabalho. Essa ideia é reafirmada enfaticamente nas cenas posteriores, sem nenhuma alteração qualitativa. Isso acontece quando o interesse real do trabalho está localizado sobre outro ponto, ou seja, na reação da autora a essa oposição indivíduo *versus* sociedade.

Se a sustentação ideológica do espetáculo parece insuficiente para justificar inclusive a sua duração, a contribuição pessoal da artista não só justifica o trabalho como faz viver mais uma vez a essência do encontro teatral.

Há em cena uma atriz que consegue comunicar-se através do difícil caminho de uma entrega absoluta, de uma transparência em que os limites entre a arte e a vida se tornam muito tênues. Cada momento da representação é vivenciado com uma emoção que é, ao mesmo tempo, da atriz e da pessoa. Não se trata apenas de uma atriz hábil representando alguma coisa, mas de uma habilidade aguçada pela convicção.

Nesse sentido *Fundo de olho* é um trabalho envolvente e comovedor. O que acontece em cena tem o valor da confissão corajosa de uma atriz que decide conscientemente transformar sua verdade pessoal num diálogo.

Não há dúvida de que essa espécie de entrega contém uma inquietante dose de desafio, na medida em que a máscara passa a ser um atributo da plateia. Mais do que qualquer frase, é a forma de representação de Marilena Ansaldi que pode mobilizar o público. O despojamento gradual de uma pessoa no palco é a demonstração antitética da dissimulação dos cidadãos na plateia.

# MACUNAÍMA

De Mário de Andrade
Direção de Antunes Filho
4 de outubro de 1978

Na interpretação do grupo Pau-Brasil, a saga do herói Macunaíma vai além do reconhecimento de um caráter nacional. A aventura teatral contemporânea insere o discurso de Mário de Andrade numa narrativa mítica de propriedade coletiva. Na terceira dimensão do palco há um espaço inédito para incorporar visualmente um repertório de gestos, imagens, entonações, comportamentos que são, mais do que a obra de um único autor, uma linguagem de sedimentação histórica. Como criatura imaginária, o herói de nossa gente criou raízes profundas, transcendendo a vigência de uma obra literária singular.

A atualização que o teatro proporciona se opera através de uma adoção integral da obra literária, sem procurar uma deliberada discriminação de valores. Recria-se no palco a liberdade de um universo imaginário onde as coisas mesquinhas e grandiosas têm o mesmo direito à existência artística.

Passo a passo a jornada do herói é trabalhada como se fosse um desafio à capacidade do teatro de contar uma história com recursos próprios. Uma vez que não há a preocupação de moldar a sequência a um modo habitual de percepção, o espetáculo adquire uma fluência orgânica. A impressão para o espectador é a de que cada cena contém em gestação a próxima. Há uma emergência ininterrupta de cenas que são aparentemente criadas no espaço e no tempo de um único espetáculo.

Da mesma forma, o público pode trabalhar sobre o monumental painel oferecido completando significados, discriminando ou simplesmente se enovelando no fio narrativo.

Há nessa encenação material suficiente para a reflexão, para o prazer contemplativo, ou para a criação de uma sequência imaginária própria que o espectador pode desenvolver a partir de estímulos gerados no palco. De uma certa forma, todas as possibilidades do encontro teatral estão previstas na organização desse espetáculo.

Apesar da minúcia ao solucionar cenas de uma narrativa que trafega por inúmeros estímulos, a encenação tem uma fluidez intencional, permitindo ao público uma participação simultânea na interpretação dos mitos situados no palco. Em nenhum momento a obra teatral se fecha sobre si mesma utilizando efeitos previsíveis.

Essa plasticidade é consequência dos recursos que o espetáculo seleciona para a sua concretização. A base do trabalho é a invenção do ator situado no espaço mais amplo possível (considerando aqui a limitação do edifício teatral). O mecanismo ilusionista que o teatro pode utilizar foi substituído aqui pela fantasia.

Cada elemento de cena é um objeto transformado, com a utilidade que a invenção e as necessidades da ação atribuem ao material. Dessa forma, a base da criação torna-se visível ao espectador. É o corpo do ator que cria novas personagens, a associação cria situações, assim como um pedaço de pano delimita um imenso repertório de localizações.

Ao mesmo tempo que avança no sentido de alargar a autonomia de voo do ator, o espetáculo conserva alguns recursos convencionais do teatro, atribuindo-lhes a importância da funcionalidade. Há um texto para ser veiculado claramente e há também um conjunto de traços para caracterizar simplesmente cada nova personagem. Para solucionar esses problemas, há uma base técnica comum a todos os atores. Sobre isso o trabalho do elenco se desenvolve com uma homogeneidade que parece mais o resultado de um consenso do que da imposição exterior de algum método.

Não há dúvida também de que o espetáculo inclui uma carga de informações que supõe o estudo da história e antropologia. Essas informações, incorporadas à ação, ultrapassam em muito a função documental. São parte de uma história viva e confluem até na experiência cotidiana do espectador. A formação intelectual que o espetáculo deixa entrever é sempre canalizada para uma realização estética.

O espetáculo inicia-se estabelecendo uma relação entre a aventura do herói e um espaço urbano definido no tempo. O combate entre Macunaíma e Venceslau Pietro Pietra adquiriu certamente dimensões que o próprio criador da obra não poderia prever.

Nesse sentido, o espetáculo recusa-se a definir aproximações redutivas entre a fábula original e o presente histórico. Os elementos de tensão são os mesmos da obra de Mário de Andrade.

Esse aspecto, que pode dar margem a infinitas discussões, é uma opção clara de explorar ao máximo a abrangência do teatro épico. Para quem aspira a um teatro mais imediato, nem por isso o espetáculo é insatisfatório. Dentro de seus objetivos, a versão teatral de *Macunaíma* revela uma perfeita coincidência entre intenção e gesto.

Um trabalho coerente pode instigar, entre outras coisas, a discussão do seu comprometimento histórico. Qualquer redução pode operar-se a partir de um amplo espectro de questões que o teatro coloca e não soluciona arbitrariamente.

A extensão das fronteiras estéticas e ideológicas desses espetáculos está vinculada ao seu modo de produção. Dificilmente um trabalho com esse tipo de oferta ampla pode originar-se de um modo de produção convencional.

Em *Macunaíma* há um grupo de trabalho refletindo sobre uma obra durante um período relativamente extenso, adequado às necessidades de criação e execução. Não pode sobreviver, nesse tipo de trabalho, uma solução meramente opinativa. Cada descoberta é a extração de um conteúdo comum, incorporando a contribuição de múltiplas individualidades.

É evidente que o trabalho respeita as aptidões individuais, procurando uma certa coincidência entre ator e personagem. A interpretação de Macunaíma, por exemplo, fica a cargo de um ator que domina com muita habilidade a dualidade relaxamento/agilidade que caracteriza o herói. Além da flexibilidade corporal, indispensável para atravessar um número incontável de cenas e personagens, há uma margem ampla de escolha para cada ator.

Está claro que a riqueza extraordinária desse espetáculo não pode ser explicada apenas pelo seu modo de produção. Mas não há dúvida de que o nosso teatro pode produzir resultados cada vez mais inesperados se se dispuser, da mesma forma que o elenco de *Macunaíma*, a começar sobre bases inovadoras.

## O GRANDE AMOR DE NOSSAS VIDAS

De Consuelo de Castro
Direção de Gianni Ratto
17 de novembro de 1978

A ideia que dá origem ao texto é certamente o ponto mais interessante de *O grande amor de nossas vidas*. Tanto mais interessante quanto passível de ser discutida e contestada.

Para a autora, a base da pirâmide do poder reproduz, como uma microestrutura, a ideologia do poder. Ao mesmo tempo que a base é determinada pelos valores que emanam de cima, é conivente com a sua manutenção. É através do comportamento de uma camada socialmente oprimida que o poder revela o seu caráter desumano e repressivo. Na sua crueldade ignorante, no seu materialismo imediatista, Galvão é o representante do poder constituído junto ao mundo familiar. Para exercê-lo, precisa da intimidação, da chantagem, da tortura e de um braço armado, que é o seu próprio filho.

Como símbolo, a peça de Consuelo de Castro mostra um dos aspectos reais da relação escravo-senhor. A arbitrariedade ganha força e estabilidade com a concordância dos oprimidos.

Entretanto, como verdade histórica, o tiranete Galvão é, felizmente, cada vez menos representativo de um segmento da sociedade brasileira contemporânea. O vácuo maior entre o topo da pirâmide e a sua base recua as personagens de Consuelo de Castro para um outro passado recente. Um passado que é importante compreender na medida em que prepara outro estágio histórico. E é uma pena que a autora faça descer o pano sobre uma realidade que apresenta como estática. O congelamento de uma situação que deveria ser dinâmica pela proposta crítica inicial do texto é, na verdade, menos uma solução intencional do que um problema de execução da peça. Ao mesmo tempo que opta por um tratamento realista das personagens e situações, o trabalho é construído de uma forma excessivamente chapada. Não há detalhes nem contradições paralelas que contribuam para tornar as personagens um pouco mais abrangentes. Todos os conflitos têm uma natureza semelhante e caminham para uma solução fatalmente nefasta. O mecanismo é por demais evidente para permitir uma reflexão mais ampla do que a que está contida no texto.

Por outro lado, o abuso dos golpes de teatro, que poderiam ser perfeitamente assimilados por um tratamento menos vinculado ao cotidiano, contrasta com as dimensões reduzidas do universo representado. A impressão final é a de que a autora encontrou soluções apressadas para atingir rapidamente seu objetivo. Nesse caso, a teatralidade da ação é um corte brusco no desenvolvimento da afetividade das personagens. A frustração e o ódio são interrompidos por uma resolução cênica.

A direção de Gianni Ratto, entretanto, contorna bem esse problema destacando os momentos menos elaborados do corpo da peça e imprimindo-lhes um tratamento irônico. Isso permite que outras situações não sejam contaminadas e possam ter realmente um valor de verdade ficcional, e não de mero jogo teatral. A força da encenação é evidente e chega a superar no final as componentes insatisfatórias do texto. Com um trabalho de preencher minuciosamente os contornos vazios, o espetáculo assume uma forma documental, de índice de uma realidade perigosa.

Se as personagens são originalmente lineares, o trabalho dos atores cria uma interioridade utilizando o texto como ponto de partida, produzindo relacionamentos de uma densidade emocional dilacerante para o espectador. E, a partir dessa mobilização provocada pelo espetáculo, qualquer discussão inaugurada é, sem dúvida, viva e importante.

# Críticas 1979

## AQUI ENTRE NÓS

De Esther Góes
Direção de Iacov Hillel
18 de janeiro de 1979

O tom de intimidade sugerido pelo título de *Aqui entre nós* sintetiza o espetáculo idealizado por Esther Góes. Ainda que o resultado artístico possa interessar a um público heterogêneo, o endereço final é realmente o público feminino.
Nesse trabalho, as bases culturais que alicerçam os conflitos femininos foram relegadas a um tênue pano de fundo, talvez como material para uma análise exterior ao teatro. Em cena há três mulheres representando os ritos da iniciação feminina na vida social, abarcando desde o repertório cultural até as opções profissionais.
A pretensão de trabalho é, portanto, a de reduzir a área do conflito, substituindo a especulação por um testemunho que possa mobilizar através da sua carga de verdade. E, dentro dessa proposta, a encenação atinge plenamente o seu objetivo, encontrando os pontos críticos de identificação com o público. Todas as situações são niveladas de tal forma que dificilmente uma espectadora não reconhece em alguma dessas cenas um momento da sua própria experiência social. Quanto aos homens... bem, depende da acuidade de cada um.
Com exceção da cena inicial (um pastiche simplório da oferta cultural feita às mulheres), que tem a nítida intenção de aquecer a plateia, todas as cenas subsequentes são elaboradas sobre uma sólida base assentada no cotidiano. Progridem em direção ao realismo até fazer coincidir a situação pessoal e profissional das atrizes com o tema do espetáculo. Relevando a sua condição feminina, as atrizes se transformam também em tema do espetáculo.
Dentro dessa linha, que tem como ponto-final o artista em cena, a direção de Iacov Hillel clareia ao máximo a proposta de cada cena, marcando estilos pronunciados para cada assunto. Com um contorno geral definido, as atrizes podem desenvolver-se sem perder a individualidade de seus recursos expressivos. Há uma homogeneidade garantida pela sintonia do elenco com a proposta de encenação.
Trata-se de um trabalho em que a simplicidade é obtida através da depuração. Os jogos de cena, inventivos e ágeis, submetem-se sempre a uma intenção de clareza. Nenhum recurso é meramente formal. Nos figurinos e nos elementos de cena, é visível o significado atribuído.
*Aqui entre nós* dirige-se ao maior número possível de mulheres. Mas nem por isso incorre na banalidade muitas vezes implícita na generalização. E o que salva da banalidade não é propriamente a ideia, mas uma combinação adequada

de reflexão, humor e emoção. O que acontece em cena tem uma indiscutível realidade artística, mas é, antes de mais nada, a ampliação de uma conversa sincera e comprometida com a emancipação da mulher.

## RASGA CORAÇÃO

De Oduvaldo Vianna Filho
Direção de José Renato
24 de abril de 1979

Peça-símbolo da fase de censura

De uma certa maneira, *Rasga coração* tornou-se nestes últimos anos uma peça-símbolo, uma espécie de estandarte dos homens de teatro, representando um pouco de tudo e de todos que foram silenciados pela censura. Sua interdição é um enigma para quem conhece a peça. Mas é um enigma que, uma vez decifrado, revela muito sobre a natureza e os objetivos da censura.
Não há nada na peça que seja desafio evidente à ordem e ao poder constituído. Sua maior virtude, e talvez o seu maior pecado aos olhos dos guardiões do público, é a profundidade. Sem acolher uma só obviedade, o texto de Oduvaldo Vianna Filho é uma espécie de descida dantesca ao inferno íntimo de três gerações.
É no conflito amoroso e dolorido entre pais e filhos que se apreende a opção histórica que cada geração assume. E, através dessa batalha doméstica, forma-se um painel da história política do país até sua configuração contemporânea. O que confere à peça de Vianna Filho a sua dimensão de obra-prima é a instigante amplitude das suas colocações. Suas personagens são representantes de movimentos históricos definidos. Comprometem-se, ligeira ou profundamente, com o integralismo, com o anarquismo, com o comunismo ou com a salada ideológica dos anos 1960. De tudo isso, interessa ao autor avaliar o preço pessoal pago por cada compromisso assumido, por cada deserção. No movimento vital que existe entre a ideologia e a prática, entre o indivíduo e o grupo, instala-se uma realidade que é a própria história. Uma história que emerge sem julgamentos, com as suas dimensões mesquinhas ou grandiosas, para ser refletida, analisada e compreendida pelo espectador.
O desafio que Vianinha propõe é, certamente, de uma natureza sutil, porque é feito ao público e não aos que o governam. Investigando as atitudes e os dramas de consciência de cada geração, a peça penetra na consciência do próprio

espectador, questiona a sua responsabilidade como ser humano e social. Em última análise, o que *Rasga coração* consegue é a plenitude de uma obra de arte. Como obra de arte, *Rasga coração* não tem um endereço certo, não se dirige a esta ou aquela parcela de público. E os censores responsáveis por sua interdição devem ter sido, como todos nós, vulneráveis à comoção que a experiência da arte provoca. Como a censura é, necessariamente, a favor da estagnação, por que haveriam de dividir conosco, público de teatro, essa experiência de sentir-se emocionado, mobilizado, instigado?

## O ÚLTIMO DIA DE ARACELLI

De Marcílio Moraes
Direção de Ademar Guerra
25 de abril de 1979

O teatro documento, que informa o espectador além da notícia, está longe de ser uma novidade. Mas, no caso do dramaturgo Marcílio Moraes, funciona como um verdadeiro ovo de Colombo. O caso Aracelli, transposto para o palco, é uma síntese estarrecedora do estado precário das nossas instituições. Acompanhando fielmente o desenrolar da investigação, a obra teatral limpa o acontecimento do seu caráter fortuito de crônica policial esporádica.
No palco a exemplaridade do caso aparece translúcida, numa linguagem certamente mais dinâmica do que a imprensa pode oferecer. Dentro do espaço de tempo reduzido que é a duração de um espetáculo, o espectador é obrigado a se confrontar com o fato, a esclarecer-se sem a alternativa do remédio caseiro que consiste em dobrar o jornal e pensar em coisas mais agradáveis.
Abordando o conjunto dos acontecimentos, a peça de Marcílio Moraes não abandona o apego ao documento, ao que realmente aconteceu. E os episódios dessa investigação são tão óbvios que violentam o espectador como cidadão. A relação é primária e insofismável: fomos e somos diariamente ultrajados por uma impunidade corrupta. Consequentemente fomos e somos ameaçados diariamente, porque ninguém está seguro num país onde coisas como essas podem acontecer a cada minuto.
Nesse ponto, a peça estabelece a relação possível entre Brecht e Aristóteles. É um texto construído sobre as implicações sociais de um acontecimento, com todos os recursos que permitem a localização espacial e temporal da história. Mas, ao mesmo tempo, é um texto em que o elemento de choque é

intencional, introduzido para atingir o cidadão comum, aquele que gostaria de acreditar que se move dentro de instituições que o abrigam. Para esse cidadão, a peça lança a semente da dúvida e do medo, a emoção certamente incômoda de reconhecer-se como uma possível vítima.

A força concentrada dessa encenação nasce de uma valorização dos recursos essenciais do teatro. Há um trabalho preciso, muito elaborado, de combinar a existência da personagem como ser ficcional com a presença no palco do ator que vai dar vida a esse ser imaginário.

Nesse trabalho, a transfiguração do ator em personagem é uma alquimia aberta, com o mistério próprio de toda criação processada pelo trabalho humano, mas sem a sacralidade do ilusionismo. Todos os atores estão colocados estrategicamente para garantir mobilidade à arena onde se desenrola a ação. Mas não há nada de oculto nessa passagem. Ela é evidentemente produzida pelo esforço de profissionais que interpretam um texto com instrumentos apropriados e com muita convicção.

É um espetáculo que recupera a função primordial do teatro: um homem conta (representa) a outro aquilo que ele considera importante para a existência comum. Todos os recursos da cena são adaptados para dar relevo a esse diálogo. Se há emoção e conhecimento a partir desse encontro, a origem é exatamente a credibilidade dessa comunicação, a verdade que o ator encenador atribui à sua narração. Paralelamente aos amargos fatos expostos, o espetáculo é, por tudo isso, uma experiência teatral rara e avassaladora.

## DERCY BEAUCOUP

De Carlos Soffredini
Direção de Dercy Gonçalves
3 de junho de 1979

Dercy Gonçalves está completando 54 anos de carreira teatral. Com a casa lotada. Passa o tempo, muda o mundo, mas a oferta da arte de Dercy Gonçalves é basicamente a mesma. Há um humor simples, direto, e um pulso firme para controlar o interesse da plateia, variando o fluxo da improvisação na medida do riso que recebe como resposta imediata. Essa relação sempre intensa entre o palco e a plateia é o que determina a intensidade variável de cada espetáculo. Nem o público nem a atriz parecem dispostos a alterar o significado desse encontro.

Neste último espetáculo, entretanto, há uma nota diferente, uma espécie de síntese de todos esses anos de trabalho. Desta vez, a comediante delineia um autorretrato em que se considera a continuadora de uma tradição teatral brasileira. Recusando a solidão que lhe atribuíram sob os rótulos de "excepcional" e "única", Dercy Gonçalves quer agora sentir-se irmanada a uma arte coletiva com raízes solidamente fincadas na história do nosso teatro.

Em primeiro lugar, Dercy quer ser apreciada pela sua brasilidade. E o roteiro do espetáculo, uma ingênua paródia da *commedia dell'arte*, é uma contestação graciosa aos que pretendem filiá-la a tendências históricas mais universais. Depois disso, a atriz reivindica o seu reconhecimento por gregos e troianos, partindo do princípio de que a sua capacidade de se comunicar, provada por mais de meio século, merece uma atenção especial. Algo mais do que tentar enobrecê-la através de uma filiação artística que ela não quer reconhecer ou tentar ignorar a sua força através de uma postura farisaica.

Há uma certa contradição nesse desejo de ser compreendida se considerarmos que é uma atriz que representa um público numeroso. Quem pode compreendê-la melhor do que aqueles que aguardam ansiosos sua próxima temporada? Na verdade, os "intelectuais", fartamente mencionados no espetáculo como disseminadores de falsas ideias a seu respeito, são desnecessários à confecção e à aceitação da sua arte. Como artista, o ciclo se completa no momento em que tem um público atento às suas necessidades expressivas.

Essa contradição pode ser parcialmente desvendada lembrando que Dercy Gonçalves é a herdeira de um tempo em que o trabalho do ator era, em maior escala do que hoje, alienado da pessoa do artista. Uma coisa era apreciar o ator no palco; outra, conviver com ele. Não se emprestava à arte e ao trabalhador do palco uma importância maior do que aos breves momentos de fruição que ele podia oferecer. Enquanto representava, era um brinquedo querido. Fora dos limites do palco, era um ser anômalo, que se adaptava mal à sala de visitas.

Dessa forma, a aspiração, mal encoberta pela ironia, de ser reconhecida pelos porta-vozes "oficiais" da cultura é a consequência de uma experiência sofrida de viver ao mesmo tempo no gueto da arte e da sociedade. É certamente uma incoerência, mas uma incoerência que humaniza a atriz, deixando entrever brechas profundas na máscara que ela construiu com precisão profissional.

É pouco provável que esse apelo encontre ressonância. A forma de arte de Dercy Gonçalves não pode ser facilmente romantizada com a aura que se empresta ao artista circense ou às tradições teatrais populares. Trata-se de uma arte bem-sucedida comercialmente, acomodada no objetivo de conseguir a adesão de uma plateia cuja maior aspiração é o riso. Atualmente, com boas ou más razões, o riso fácil é um objetivo desvalorizado para os teóricos da arte.

O diálogo fica ainda mais difícil porque é travado na ausência de um interlocutor, a faixa de público que realmente não quer acompanhar esse tipo de trabalho. Mas, para quem está presente, a dimensão do conflito impõe-se sobre todas as piadas. Além de comediante eficiente, Dercy Gonçalves sabe expressar a seriedade possível desse dilema. O depoimento pessoal da atriz ultrapassa a singularidade da sua carreira e conta a história de um artista brasileiro. Sob as ondas do riso instala-se uma respeitosa comoção, atribuindo um único estatuto ao drama e à comédia.

## O HOMEM DO PRINCÍPIO AO FIM

De Millôr Fernandes
Direção de Carlos Di Simoni
30 de junho de 1979

Ensaiando um voo panorâmico sobre a vida e a história do homem, a peça de Millôr Fernandes – em cartaz no Studio São Pedro – resiste aos anos e às sucessivas encenações graças à imortal qualidade dos seus enxertos poéticos e dramáticos. Ao mesmo tempo que resume algumas das mais belas considerações jamais traçadas sobre o amor, o ciúme, o humor e a morte, o texto é organizado como uma série de trapézios onde o ator pode exercitar-se sem correr o risco de desabar na monotonia.
Essa flexibilidade necessária é simultaneamente o ponto de atração e o grande risco para uma encenação. Por si mesmo o texto não proporciona nenhuma chance de aprofundamento, uma vez que não há um tempo previsto para desenvolver a relação dos atores em cena. Cada ator deve enfrentar o palco com seus próprios recursos, metamorfoseando-se em diferentes personagens de acordo com um tema convencionado para determinada etapa do espetáculo. É um trabalho imaginado para atores que já atingiram a maturidade dos seus meios expressivos e que podem brincar um pouco sobre essa plataforma.
Esse desafio é negligenciado pela encenação de Carlos Di Simoni. Há um elenco com qualidades visíveis, mas certamente despreparado para realizar a transição entre os diferentes estilos e intensidades propostos pelo texto. O resultado disso é a calcificação das interpretações numa chave única para cada cena. Perde-se, assim, o interesse humano mais imediato, que repousa no significado das palavras. A preocupação maior é transmitir a forma adotada para cada cena.
Apesar dessa superficialidade, o espetáculo sobrevive através dos recursos visuais de Eurico Martins, que enfatizam a metamorfose necessária ao palco, fazendo de cada transformação um acontecimento oferecido ao espectador. As soluções dramáticas, ainda que pouco inventivas, não ofuscam totalmente

a intervenção dos três atores – Neusa Maria Faro, Eurico Martins e Manoel Luiz Aranha –, que atacam corajosamente alguns dos textos mais bonitos e mais difíceis da dramaturgia universal. A ousadia e o empenho também são ofertas que o público pode apreciar.

## A FALECIDA

De Nelson Rodrigues
Direção de Osmar Rodrigues Cruz
11 de agosto de 1979

Das múltiplas abordagens que a obra de Nelson Rodrigues pode suscitar, o diretor Osmar Rodrigues Cruz escolheu apenas uma: a exegese de uma paixão. Uma escolha que, embora excludente, funciona admiravelmente para revelar outros conteúdos menos contrastados pela encenação.
Dentro de um repertório imenso de observações humanas e retratos opinativos da vida social propostos em *A falecida*, uma opção firmemente centrada parece um excelente ponto de partida. Permite que os sucessivos encaixes de tempo e situações qualitativamente diferentes se realizem como uma necessidade do movimento interior da protagonista. De acordo com uma temática constante nas obras do autor, é a personagem que rege a construção do universo em que se movimenta. Neste caso, o diretor se coloca na perspectiva dessa personagem, admitindo implicitamente que cada ser humano contém e pode criar um microcosmo de significações a partir de si mesmo.
Diante de um dramaturgo que normalmente excita ou inibe em excesso os seus intérpretes, a solução de Osmar Rodrigues Cruz é um verdadeiro ovo de Colombo. Adotando uma interpretação despretensiosa (e ao mesmo tempo fiel) da obra, o espetáculo recupera para o presente as inovações e minimiza certos golpes de efeitos que poderiam fascinar numa leitura mais superficial. Todos os traços exagerados adquirem um direito inegável à existência cênica, não porque sejam "teatrais", mas porque o palco é, por direito de nascimento, a arena das paixões humanas. E das paixões não é lícito exigir a polidez.
Examinado, entretanto, por outro ângulo, esse espetáculo é um pouco menos do que pode ser uma obra realizada com a colaboração de muitos artistas. Há um eixo norteando o processo de criação marcado pelas relações entre o diretor e a obra. Todos os outros participantes do espetáculo (incluindo Flávio Império e o "visual") são menos intérpretes do que executores de uma proposta dada.

Como resultado desse cerceamento artístico, permite-se ao espectador penetrar no mundo conturbado de Zulmira, mas não se permite toda a intensidade que ele pode oferecer.

Ao que parece há uma certa confusão entre a liberdade do ator e o medo da caricatura. Para enfrentar esse impasse, o espetáculo situa o aspecto onírico na organização das imagens, mas evita o transbordamento desse clima sobre a construção das personagens. No trabalho dos atores, o desenho das personagens centrais se atém ao naturalismo contido na ideia da cena, contrapondo-se incoerentemente às imagens que configuram o espetáculo. Zulmira e Tuninho ainda estão muito impenetráveis a esse mundo que arquitetam sob os olhos dos espectadores. Por enquanto, são em maior escala passivos objetos de análise do que agentes dessa vida ficcional.

Não há dúvida de que as diferenças estabelecidas entre o casal e as outras personagens permitem compreender com nitidez quem é o inventor e quem é a invenção dentro desse jogo. Mas seria interessante que, além dessa sólida clareza, o espetáculo englobasse a contribuição personalizada do ator. A ambiguidade das nuances serve para enriquecer, e não para destruir uma obra tão sólida. Essas observações ficam, entretanto, à margem de um espetáculo cuidadoso e bem cuidado, uma das melhores transposições cênicas de Nelson Rodrigues.

**UM SOPRO DE VIDA**

De Clarice Lispector
Direção de José Possi Neto
12 de agosto de 1979

A cada espetáculo, Marilena Ansaldi mergulha com maior profundidade nas indagações sobre a existência humana. A natureza confessional dos seus primeiros trabalhos, que eram universais como testemunho de uma artista, alargou-se até compreender as convenções que imprensam o criador entre o querer e o poder. Desta vez, despida das circunstâncias, a atriz enfrenta o questionamento do ser e do agir. Entram em cena, além do ofício do artista, as relações de todo ser humano com o ato que pode justificar a existência.

Do ponto inicial da trajetória até o presente espetáculo, releve-se a perplexidade. Em todas essas obras o indivíduo e a atriz se confundem na mesma situação-limite: uma angustiante perplexidade que deseja sublimar-se, operar a passagem para outro estágio da matéria humana. E a representação é esse processo químico. Completa-se quando a obra vive, temporalmente, nos sentidos e na inteligência do público. E, nesse sentido, o trabalho de Marilena Ansaldi preenche como poucos toda a virtualidade do teatro.

Muito mais poderia ser dito sobre essa relação, que é, ao mesmo tempo, angustiante e encantatória. Mas a experiência desta obra transcende todas as reflexões que ela pode gerar. De tudo o que se pensa e declara sobre a vida, nada parece tão importante como encontrar um semelhante no momento mesmo em que enfrenta essas perguntas.

O canto, a dança e as palavras de Clarice Lispector que a atriz utiliza no seu espetáculo não são apenas meios de expressão. Correspondem a um momento vital e são, portanto, instrumentos para a execução pública do ato de existir.

## A FÁBRICA

De Natália Davini e Eneida Soller
Direção de Marília de Castro
14 de outubro de 1979

Entre outras coisas é uma novidade e um prazer ver um espetáculo que se ocupe de coisas contemporâneas. Por muito tempo o teatro abusou das figuras. Forçadamente, os espetáculos se comunicaram através de metáforas e alegorias, obrigando o espectador a um contínuo esforço analógico. Com muita frequência, o diálogo da cena com o público tem sido um diálogo sussurrado, obscuro. Mas não de uma obscuridade rica de estímulos, que desafia quem queira decifrá-la. Antes, uma obscuridade de interlocutores assustados, que não ousam dizer em alto e bom som aquilo que verdadeiramente os preocupa.

Por tudo isso, a peça de Eneida Soller e Natália Davini é uma espécie de bem-vinda fresta de luz. O texto acompanha com muita fidelidade o movimento grevista que paralisou algumas cerâmicas de Itu, em 1978. São acontecimentos muito próximos do espectador, claramente definidos no tempo e no espaço.

É interessante notar que essa mera relação de proximidade já é suficiente como gancho mobilizador. Estamos ávidos por uma história que nos diz respeito. Informar é uma tarefa que o teatro precisa recuperar antes de ensaiar outros voos. A julgar por esse espetáculo, o presente é um assunto suficientemente interessante para dar início a novas especulações em torno da linguagem teatral.

Neste caso, a fidelidade aos fatos não limitou em nada a dimensão artística do trabalho. O perfil dramático da peça é imposto pela evolução real dos acontecimentos, sem a preocupação de criar efeitos artificiais para manter vivo o interesse do espectador. Esse respeito aos modelos humanos que inspiraram as personagens é muito útil para criar uma terceira dimensão artística, que comove porque não exagera a atuação das personagens mais importantes. Entretanto, as cenas que se referem ao patronato são artificiais como texto e mal solucionadas pela direção. Aparentemente, a peça e a direção se ocuparam mais detalhadamente de um único vértice do conflito entre capital e trabalho. Se a simplificação excessiva dos patrões não chega a prejudicar a caracterização da mobilização social é apenas porque tudo o que se refere aos trabalhadores tem um tratamento formal mais elaborado, como texto e como espetáculo. Seria interessante se o grupo que fez o trabalho discutisse melhor esse assunto, porque uma redução do patronato ao vilão inconsequente pode obliterar uma compreensão global da efervescência social do país. De qualquer forma, a apresentação dos trabalhadores é tão nítida no texto e no trabalho dos atores que as observações sobre os opressores ficam aqui apenas como um reparo feito sobre um ótimo espetáculo.

## ÓPERA DO MALANDRO

De Chico Buarque de Hollanda
Direção de Luiz Antonio Martinez Corrêa
31 de outubro de 1979

A história para Chico Buarque de Hollanda tem verso e reverso. Seguindo a inspiração de Brecht, ela se configura a partir de uma base econômica que, no capitalismo, é a mais deslavada rapinagem. Seguindo seu próprio rumo, o autor da *Ópera do malandro* acrescenta a essa demonstração instrutiva a trajetória das paixões humanas dentro desse meio de produção.
Para um autor que se propõe a criticar a organização social e o modelo político vigente através da arte, essas duas faces compõem uma unidade vital. Quem ignora que o nosso modelo econômico privilegia poucos em detrimento de muitos é porque quer ignorar. Mas o que interessa particularmente na peça é a representação da memória, das emoções e dos desejos que comprovam a penetração de uma ideologia no cidadão médio. Em vez de vilões recheados de maus sentimentos, a peça oferece máscaras irônicas, urdidas pacientemente com incontáveis fragmentos do nosso próprio cotidiano. O ciúme, as relações conjugais, a solidariedade do companheirismo infantil são áreas de confluência das batalhas pela supremacia econômica.
Nesta "ópera", a simbiose entre a política e o indivíduo contribui para inovar a tradição dos musicais. As músicas não são apenas rupturas críticas ou interlúdios com

uma função meramente teatral. Na verdade, elas circundam as cenas dramáticas aprofundando o seu significado. Não há, portanto, números musicais intercalados, mas um subtexto musical que permeia todas as cenas sem solução de continuidade. As soluções encontradas pelo diretor Luiz Antonio Martinez Corrêa são perfeitamente integradas a essas características do texto. Em primeiro lugar, há um domínio tranquilo das técnicas do espetáculo, o que representa um encaixe perfeito das partes, eliminando a preocupação de deslumbrar com acessórios. É uma forma de direção que "resolve" o espetáculo sem quedas, sem sobrecarregar o fluxo de informações sonoras e visuais e com um respeito evidente pela significação de cada cena.

Partindo desse alicerce, a invenção pode nascer com liberdade, centrada basicamente na relação com os atores. Contando com bons atores e preservando as suas características individuais de trabalho, a direção obtém um resultado cada vez mais raro em nossos palcos: aproximar o espetáculo do ator sem que isso implique quebrar a harmonia de uma obra coletiva. Neste caso, o ator pode trabalhar os mínimos detalhes das suas composições com uma inventividade própria, porque não tropeça no desenho do espetáculo que a direção já definiu habilmente.

## A FÁBRICA DE CHOCOLATE

De Mário Prata
Direção de Ruy Guerra
12 de dezembro de 1979

Uma vez mais a comunicação artística recupera a dimensão de foro social, criando um espaço onde estamos todos, direta ou indiretamente, representados. Por um lado, dignificados pelo direito de saber e, por outro lado, responsabilizados porque nos foi dado o acesso à árvore da ciência. Estamos todos nós, espectadores, numa situação análoga à dos artistas que se empenharam na execução do espetáculo A *fábrica de chocolate*, de Mário Prata, com direção de Ruy Guerra. Apenas, vale a pena observar, eles já iniciaram uma ação transformadora no momento em que tornaram público o conhecimento a que tiveram acesso. Seu trabalho torna mais difícil, ligeiramente mais difícil, a perpetuação desse estado de violência que não pertence aos anais do passado, mas integra ainda o nosso cotidiano.

Como um trabalho que se propõe a iluminar os porões mais recônditos e mais sórdidos, o espetáculo é organizado para o máximo de clareza e precisão. A limpeza cristalina das imagens, a ênfase correta nos pontos em que se esclarecem as causas corrigem a ótica do espectador para poder assimilar a extensão da violência, sem perder a perspectiva dos mecanismos que a tornam possível. A revolta e a emoção não têm nada a ver com recursos cênicos. São a consequência natural do contato que esse teatro nos obriga a retomar com uma história que está indissoluvelmente imbricada no cotidiano.

Com atraso, e ainda com muita dificuldade, o teatro começa a recuperar uma função que lhe foi interditada: a de contar para os espectadores os fatos mais urgentes e terríveis da nossa história presente. Nesse sentido, a peça de Mário Prata não é a primeira que os espectadores paulistas viram este ano. Mas é, sem dúvida, a mais nítida, a mais profunda e é provavelmente o passo mais largo em direção a um teatro renovado, a um teatro que cumpre até o limite máximo toda a sua potencialidade.

Os fatos que estão em A *fábrica de chocolate* não são totalmente ignorados pela opinião pública. E não são porque a parte mais ativa e corajosa da imprensa do país assumiu (e pagou caro) a ousadia de levar ao público o que esse público tinha o direito e o dever de conhecer. O que o teatro faz agora é ampliar o limite desse bloqueio parcialmente furado até o ponto de não permitir ao cidadão o desconhecimento voluntário dos fatos.

Por natureza, o teatro estabelece uma sintonia direta entre o estado anímico do público e a intensidade original do fato. O que está em cena é uma verdade, mas é *ainda verdade* e *outra vez verdade*. A ficção em cena cria uma ligação direta e insofismável entre o acontecimento e o espectador formalmente passivo diante desse acontecimento.

# Críticas 1980

## FRANKIE, FRANKIE, FRANKENSTEIN

De Mary Shelley
Direção de Irene Brietzke
20 de janeiro de 1980

O trabalho do grupo gaúcho Teatro Vivo (*Frankie, Frankie, Frankenstein*, no Maria Della Costa) é inspirado em uma das vertentes clássicas que o romantismo deixou como herança. A forma de compreender o terror, entretanto, não é exatamente a mesma das palavras de Mary Shelley: "Uma história que falasse aos misteriosos medos de nossa natureza e despertasse um espantoso horror – capaz de fazer o leitor olhar em torno amedrontado, capaz de gelar o seu sangue e acelerar os batimentos de seu coração".
A intenção do grupo não é a de gelar nas veias o sangue dos espectadores. Seguindo uma linha que parodia as interpretações cinematográficas do gênero terror, o espetáculo conserva, entretanto, a metáfora fundamental da obra *Frankenstein*. Nascida e formada em circunstâncias cômicas, a criatura conserva a sua característica original de inocência ultrajada de vítima do desprezo e da prepotência de um meio social que não consegue suportar a estranheza de sua figura.
Nesta encenação, o conteúdo dramático, pela sua evidência e simplicidade, é talvez a parte que menos interessa. *Frankie, Frankie, Frankenstein* é sobretudo um exercício de estilo, uma inteligente exploração das possibilidades do palco. O ponto alto do espetáculo é o relacionamento das cenas, organizadas para decompor em detalhes mínimos os lances de uma forma narrativa tradicional. Nesse sentido, o trabalho é uma espécie de exercício de ourivesaria, com a reiteração de sequências cujo significado já está claro, mas que ainda permitem alguma invenção. Cada ator tem a possibilidade largamente explorada de construir sons e movimentos que interessam mais ao jogo teatral do que ao aprofundamento de conceitos.
Dentro dessa linha, um dos aspectos mais caprichados é o da execução plástica do trabalho. Há um humor original em cada figura e, ao mesmo tempo, uma sóbria e cuidadosa harmonia dentro do grotesco a que se propõe o espetáculo. A aparição dos dois serviçais, um dos melhores momentos do espetáculo, sintetiza momentaneamente a capacidade do grupo de sugerir fantasias e realizá-las visualmente com ironia e beleza. Recursos convencionais da literatura e do cinema são reinterpretados e devolvidos ao palco com a alma nova.
O que é um tanto difícil de compreender é, considerando-se a linha do espetáculo, a brusca solenidade da cena final. Um espetáculo que se pauta pela

agilidade e pelo humor não poderia mudar de ritmo tão rapidamente sem passar por alguma forma de transição. Até então, o grupo já conseguira perfeitamente transmitir suas ideias. Por que não admitir, sem consciência pesada, que se trata de um grupo de artistas com uma inegável paixão pela comédia?

## FOI NO BELO SUL MATO GROSSO

De Cristina Mato Grosso
Direção de Américo Calheiros
26 de janeiro de 1980

Para o espectador paulistano, a primeira boa surpresa que o espetáculo *Foi no belo sul Mato Grosso* proporciona é a de uma identidade própria. A linguagem teatral do centro do país tem características tão específicas que chega a atordoar um pouco pela indiscutível originalidade.

Qualquer critério adotado para organizar um pouco a percepção do espetáculo sucumbe à monumental confusão instalada no palco. Há uma narrativa que começa pelo final, tenta voltar em *flashback*, desiste às vezes desse recurso e volta ao começo, ou então substitui a conclusão da história por uma canção narrativa e irônica. A qualquer momento, essas linhas tênues podem ser interrompidas por uma cena que aparentemente não tem nada a ver com a história, mas que permite aos atores introduzir alguma invenção que são capazes de executar com a graça de quem oferece um brinde suplementar.

Essa liberdade meio selvática, que subordina todos os recursos expressivos à vontade de representação, no caso desse grupo, tem um efeito particularmente satisfatório. Por um lado, o espetáculo consegue transmitir uma visão própria do meio em que esses artistas se desenvolvem. Por outro lado, o pouco caso evidente por modelos preexistentes permite ao grupo um intenso compromisso pessoal com o trabalho de invenção original e despreocupado. A desenvoltura da dança, a agilidade da movimentação cênica resultam aqui não de uma disciplina de treinamento, mas sim de uma participação segura de cada ator na totalidade do espetáculo.

Não há dúvida de que o trabalho é muito estranho para os nossos hábitos teatrais. Mas o esforço de adaptar-se a essa linguagem diferente é largamente recompensado. O entusiasmo do palco transfere-se gradualmente para a plateia. Mesmo o arranjo esquisitíssimo das sequências torna-se verossímil quando é possível entender, no decorrer do espetáculo, o seu processo de criação. O palco, para esses atores mato-grossenses, é um território livre onde o humor ou a tragédia pode instalar-se na ordem e na intensidade com que aparecem na cabeça de um artista.

Dificilmente ocorreria a um grupo menos independente a ideia de colocar um ator atrás de um rádio e fazê-lo retirar-se furtivamente sob os olhos dos espectadores. Essa e outras soluções irônicas que o espetáculo oferece são indícios de que um teatro que se desenvolve a partir de recursos disponíveis, sem procurar atingir um ideal platônico, pode ser ainda o melhor caminho para falar ao espectador contemporâneo.

## E A GRALHA FALOU

De Hector Grillo
Direção de Hector Grillo
21 de março de 1980

Para falar de um assunto tão urgente como o desmatamento e o trágico resultado dessa exploração para a população do país, o grupo Gralha Azul, de Santa Catarina, que agora vai se apresentar na Polônia, preferiu a via da linguagem poética. Quem narra essa atividade predatória é a própria gralha azul, um pássaro que vive do fruto do pinheiro nativo e que cuida também de semeá-lo.

Utilizando máscaras, bonecos de vara e um anteparo que se rompe para intercalar a presença do ator à dos bonecos, o espetáculo *E a gralha falou* procura criar cenicamente a harmonia da natureza no seu equilíbrio.

Antes de problematizar, o grupo catarinense envolve o espectador com o encanto visual e sonoro de uma paisagem do Sul do país. É um encanto que se instala delicadamente, sem o menor espalhafato, através de uma forma de repetição que destaca a pausa, que dá tempo para que o espectador aprecie o movimento de um pássaro ou de uma cobra, que transforma a linguagem oral numa reverberação ecoando por espaços tranquilos. O tempo da vida nessa paisagem é reproduzido sedutoramente, com ênfase na amplitude do espaço geográfico. Valorizando cada detalhe, cada movimento vital, a encenação propõe o respeito por formas de vida cuja extinção ameaça não só a sobrevivência do ser humano como outra espécie de riqueza, a riqueza do mundo sensível.

O processo predatório é explicado, com rapidez e eficiência exemplares, em poucas palavras. O espetáculo se detém mais atentamente no acompanhamento da destruição, mostrando a extensão da perda e preocupando-se em despertar no espectador um sentimento por essa perda. No momento da destruição, as gralhas são, por direito adquirido de presença teatral forte, companheiras queridas do público. Assim como as gralhas, os pinheiros já foram suficientemente corporificados para instaurar um deserto cênico após o corte.

É raro encontrar um espetáculo que utiliza com tanta sabedoria a sugestão. Tanto na estrutura narrativa como na realização das imagens, a encenação evita preencher e finalizar contornos. Neste caso, a sutileza das composições e a firmeza do ritmo dizem mais do que qualquer efeito sobreposto. Não há nada que seja supérfluo, enquanto o material de cena é exposto como matéria-prima transformada pelo uso simbólico.

O único senão do espetáculo, que atrapalha um pouco a fluência da percepção, é o portunhol do autor-ator. Talvez com um pouco mais de trabalho nesse sentido, o espetáculo possa livrar-se desse pequeno ponto obscuro. Quem compreende tão bem o país em que vive e trabalha poderá facilmente aperfeiçoar a comunicação verbal com o público desse país.

## A NONNA

De Roberto Cossa
Direção de Flávio Rangel
10 de maio de 1980

Como imagem simbólica, *A nonna* (no Teatro Anchieta) pode servir a um quase infinito número de interpretações. Há em cena a personagem de uma velhíssima avó que destrói a precária economia familiar com sua insaciável voracidade. São as relações que a família mantém com esse poder inconteste que formam a trama da peça de Roberto Cossa.

De uma certa forma, a amplitude das interpretações possíveis exime o autor de completar a sua peça com alguma lição fastidiosa. E ao mesmo tempo libera-o para exercitar no palco a ação que se desencadeia sobre si mesma e dá origem a um movimento progressivo. Se essas ações não são surpreendentes ou mesmo originais, garantem, entretanto, o interesse do espectador através da sua natureza teatral. Cada cena é arquitetada como um círculo mais amplo da mesma situação com recursos de farsa, que acentua a intensidade dos efeitos. Não importa tanto que as personagens "vivam", mas antes que sejam presenças cênicas claramente definidas.

A partir desse descompromisso com um simulacro de realidade, o texto torna-se um vasto campo para a intromissão do espetáculo. Há uma metáfora inicial bastante aberta para ser explorada livremente pelo ator, pelo diretor e pelo cenógrafo. Trata-se de um texto que se completa apenas no palco e através da particularidade do intérprete.

O trabalho da direção preserva essa indeterminação, atribuindo à avó a configuração de uma criatura realmente intemporal. Por outro lado, os familiares são delineados como personagens em que predomina o impulso afetivo. A velha avó pode ser muitas coisas, mas o espetáculo deixa claro que os seus descendentes são por analogia parentes próximos dos espectadores.

Essa carnalidade de pessoas confusas e submissas é recriada com delicadeza e com um afeto evidente pelos oprimidos. E é um prazer acompanhar o nascimento dessas personagens, por mais amargo que seja o seu destino teatral. No trabalho de Célia Helena, Laura Cardoso e Carlos Vergueiro há uma dimensão trágica que poucos atores atualmente saberiam executar. Isso porque essa terceira dimensão da personagem é introduzida no palco gradualmente através de um diálogo efetivo entre os atores e de um exato senso de proporção entre a expressão e a situação proposta pelo texto. São atores que se entreouvem, se entreolham e que têm a exata consciência da duração temporal da personagem. Vale a pena observar também o cuidado com que Cleyde Yáconis compõe a sua personagem para obter uma imagem de impacto.

Por tudo isso, *A nonna* não é certamente uma nota original no panorama teatral. Mas é no momento um exemplo raro de competência.

## PATÉTICA

De João Ribeiro Chaves Neto
Direção de Celso Nunes
21 de maio de 1980

Sobre um tema que interessa visceralmente ao país e por meio de uma linguagem que põe a nu o terrível e o humano da atuação política, João Ribeiro Chaves Neto criou a sua *Patética*. E, no entanto, embora os fatos registrados na peça constituam ainda o cotidiano do país, o espetáculo imprime a esses fatos um tom de reminiscência.

Trata-se de um espetáculo importante pela sua própria existência, elaborado sobre um texto que é, além de si mesmo, um gesto social. Merece ser discutido exemplarmente, porque alguma coisa desviou o trabalho do rumo intencionado pelos seus autores.

É evidente que a peça foi construída sobre um fato: a morte de Vladimir Herzog. Essa morte, cercada de arbítrio e suspeição, ocorre dentro de um regime político em que o cidadão não dispõe de direitos ou garantias. Esse é o fato político que interessa ao dramaturgo, muito mais do que a ideologia da vítima. Não há, no texto, uma clara situação de confronto, mas sim uma incansável perseguição. João Ribeiro Chaves Neto delimita assim sua arena pessoal de combate: situar no palco o violento aniquilamento de todos os cidadãos.

A questão é tão simples na sua contundência e tão claramente equacionada que indica os rumos da sua transposição cênica. Em princípio, nada deveria turvar essa clareza.

Entretanto, diante de tanta nitidez, a tradição teatral pode ser um entrave. Celso Nunes repousa sobre essa tradição para imprimir às cenas uma emoção sincera, quase doméstica, propondo ao espectador uma absorção intradérmica da história. Durante todo o tempo o espetáculo enfatiza a proximidade entre o público e o homem assassinado através da dimensão "comum" do protagonista e da sua circunstância. Uma vez ainda, o teatro acredita que a empatia é a única forma de comunicação.

Aqui, as interpretações, comovidas e comoventes, colocam o espectador na previsível situação de lamentar a morte da personagem porque o mesmo poderia ter-lhe acontecido. Assim delimitado, o campo da ficção é o condicional ou o pretérito.

Dessa forma, o espetáculo dilui a questão básica, que é a sua ligação com a história: a morte de Horowitz e a morte de Herzog são uma só coisa. Essa coisa integra o presente, e realmente acontece para todos os espectadores que estão na sala. Não pertence, portanto, ao terreno do provável e não é por isso que pode despertar terror e piedade.

Discutir aqui a elegante execução do espetáculo seria banalizar a intenção dos seus criadores. Entre a intenção e o gesto há um vasto campo que precisa ser investigado com cuidado para que o teatro atue não apenas como força de preservação do que merece ser preservado, mas também como impulso para a modernidade.

O espetáculo termina com um recurso que é a ponta de lança para o questionamento da sua própria linguagem: *slides* de periódicos que cobriram um acontecimento. Estranhamente, esses *slides* se sobrepõem à impressão do espetáculo porque são mais fortes que ele. Se a imprensa, em 1975, consegue fazer mais do que informar, porque o teatro, em 1980, não atinge o mesmo objetivo? Certamente há uma maneira própria de o teatro acercar-se da história sem reduzi-la a um porta-retratos colocado sobre o piano.

# Críticas 1981

## FAUSTO

De Goethe
Direção de Paulo Gaeta

## PALOMARES

De Ana Maria Amaral
Direção de Ana Maria Amaral
12 de abril de 1981

A raridade do teatro de bonecos entre nós tem possivelmente uma explicação simples: é um teatro executado por artistas altamente especializados, com muito preparo técnico para satisfazer às múltiplas exigências desse tipo de apresentação. Quase sempre o próprio titereiro inventa as suas histórias, constrói o seu teatro e os seus atores, manipula os bonecos, faz a sonoplastia, a contrarregragem e as vozes das personagens.
Para fazer funcionar esse teatro completo é preciso, no mínimo, alguns anos de treinamento. Poucos grupos resistem durante muito tempo fazendo o mesmo trabalho. Daí a inevitável solidão da maioria dos titereiros.
Entretanto, a raridade do teatro de bonecos equivale à qualidade. Os artistas que, como Paulo Gaeta, dedicam-se a uma forma de arte tão exigente quanto pouco rentável são pessoas preocupadas primeiramente com a realização artística. O que permite a apresentação de um espetáculo minucioso, em que o prazer da confecção dos mínimos detalhes é visível para o espectador. A condição em que se produz uma encenação desse tipo permite que o espetáculo se desenvolva com a preocupação de ser tão agradável aos espectadores quanto ao seu criador. E é esse tipo de relação que *Fausto* estabelece com seu público.
O maior encanto deste espetáculo é a criação das vozes, que Paulo Gaeta situa num ponto equidistante entre a farsa e uma interpretação mais intimista. Cada boneco tem o seu timbre, uma pronúncia diferenciada e uma personalidade peculiar desenhada através da fala. O cansaço e a desesperança de Fausto transparecem na voz suave e enrouquecida, e nas pausas reflexivas que precedem as frases. A voz e a inflexão informam e sugerem mais do que a figura e os movimentos do boneco.
Neste espetáculo, particularmente, os bonecos são índices graciosos de personagens inteiramente realizada pela interpretação vocal. A caixinha de onde emergem os fantoches reserva para o espectador mais surpresas auditivas que visuais. A impressão é

a de que os bonecos existem em número limitado, enquanto as vozes podem multiplicar-se indefinidamente através de algum expediente mágico.

Da obra de Goethe sobrevive apenas o tema. Os saltos narrativos, a intromissão do operístico e do farsesco eximem a encenação de qualquer perspectiva metafísica. Enfim, o que se vê graciosamente narrado, mas sem muita coerência, é a história de um homem que vende a alma ao diabo e acaba ganhando a parada. A mesma história que os bonecos contaram a Goethe antes que ele criasse o seu Fausto.

*Palomares*, outro espetáculo de bonecos atualmente em cartaz, enfatiza mais as possibilidades dramáticas desse meio de expressão. Os bonecos contam a tragédia de uma pequena aldeia espanhola destruída pela contaminação atômica.

A delicadeza das figuras, a originalidade da composição dos quadros e movimentos sugerem perfeitamente o idílico da aldeia de Palomares antes da catástrofe. As brincadeiras, as festas, as relações sociais cotidianas e o trabalho dos aldeões, tudo é construído através de sucessivas vinhetas.

Neste trabalho, as imagens são mais do que suficientes para completar as intenções do espetáculo. O texto, sempre secundando os movimentos dos bonecos, é quase sempre redundante como informação, além de pesadamente dramático. A pieguice contrasta a força econômica da composição cênica. Acrescente-se a isso o fato de que os manipuladores estão ainda absortos nos bonecos, com pouca disponibilidade para interpretar o texto.

Há um efeito cansativo que advém dessas vozes sempre brancas, comentando ações que já estão perfeitamente realizadas. A impressão final é a de que o espetáculo ganharia muito se confiasse mais nas imagens e dispensasse as palavras inúteis.

*Palomares* é um esforço de Ana Maria Amaral para coletivizar a sua arte e formar um grupo de artistas de bonecos. Por enquanto, este trabalho tem ainda uma marca distinta de autoria, executado por titiriteiros aprendizes. Entretanto, mesmo registrando essas imperfeições, este teatro feito com bonecos é mais cuidadoso e bem executado que a maior parte das ofertas teatrais da cidade neste momento.

## NELSON RODRIGUES, O ETERNO RETORNO

De Nelson Rodrigues
Direção de Antunes Filho
10 de maio de 1981

A dramaturgia sempre lembrada de Nelson Rodrigues inspira tanto fascínio como receio. Pelo muito que se escreve e pelas citações que circulam até a popularidade, é ainda um dramaturgo pouco encenado. Parece mais fácil enfrentar suas peças em trabalhos teóricos do que arriscar-se a transpor para o palco uma obra reconhecidamente desmedida.
A iniciativa de Antunes Filho, arquitetando condições especiais de produção, é um indício de que semelhante projeto artístico só pode ser enfrentado à altura das suas exigências com uma boa dose de amor obsessivo por essa dramaturgia. O fato é que o universo conturbado e original de Nelson Rodrigues se adapta mal às convenções teatrais solidificadas pelo senso comum. São peças que não se justificam por argumentos fáceis, tais como "utilidade social", "ética", "lirismo", "perfeição formal", "crônica de costumes" e outros que tais. O que atrai nelas é a sua potência de subverter ordenações e instaurar no centro do palco alguma coisa que só pode viver plenamente no palco. Por mais que se fale a respeito, essas peças têm sempre um ponto de voragem que escapa ao trabalho da análise crítica para se resguardar apenas para o palco. Daí a necessidade de um amor igualmente desmedido para enfrentar o trabalho da encenação.
Por isso, a encenação do grupo Macunaíma parte de condições excepcionais de produção, para poder trabalhar com mais liberdade uma dramaturgia que não pode ser resolvida com soluções mais ou menos banais. Partilhando essa obsessão, há um grupo de atores jovens, dispostos a dedicar muito tempo de trabalho a uma exigência artística. Enfim, um trabalho sem limites estreitos de confecção, embora com muito pouco dinheiro. E não há dúvida de que essas diferenças básicas de uma produção mais convencional têm muito a ver com a imensa riqueza que esse espetáculo representa dentro de um panorama teatral materialmente mais "rico" e artisticamente menos ambicioso.
Entre as muitas escolhas possíveis, o grupo optou pela construção de uma via-sacra das paixões humanas, em que um único sentido perpassa todas as particularidades. As quatro peças, com suas diferenças de situações e personagens, formam um encadeamento recorrente de amor e morte. Em vez de propor um ângulo diferente, cada peça é considerada uma reiteração da existência de um lado escuro, tortuoso e comovente da psique humana.

Esta é a primeira encenação de uma peça de Nelson Rodrigues, que tenho a oportunidade de ver, em que o diretor não sucumbe ao fascínio pelas frases de efeito do dramaturgo. Neste caso, a frase mais curiosa brota naturalmente da relação cênica que a circunscreve. O interessante é que, sem essa concessão a uma certa comicidade de frases, o espetáculo reforça as necessárias intervenções do grotesco e da ironia.

Essa sobriedade no tratamento do texto coincide com o rigor de uma construção visual que não permite a interferência do efeito ou da decoração. As imagens evocadas no palco são despojadas de circunstâncias de tempo e espaço para propiciar um clima de memória afetiva.

Mesmo com todo esse rigor, a relação que o espetáculo propõe ao público tem um toque de "perversidade", encarnado pela criança que conduz o encadeamento das situações. Há uma maliciosa cumplicidade nessa intervenção que sugere que as famílias do palco são expansões de relações humanas primordiais, que pertencem tanto ao palco quanto à plateia. No interior da encenação, através do ritmo ligeiramente acima do "natural", o espetáculo incita à lembrança de imagens antigas e densas.

É interessante observar também o contraste entre a evidência das peças escolhidas e o efeito obtido pela encenação. Sobre tramas que falam de incesto, adultério, assassinato e várias formas de traição, constrói-se um espetáculo cujo efeito primordial é uma sensação de beleza e pungência. Participando do substrato humano desses atos, é possível aceitá-los como irmãos do sofrimento. São pecados remissíveis.

# Críticas 1982

## DOCE DELEITE

De Mauro Rasi, Alcione Araújo, Vicente Pereira e Márcio Penido
Direção de Alcione Araújo
25 de março de 1982

Um dos episódios que compõem *Doce deleite* ilustra exemplarmente a tônica desse espetáculo. Há uma "professora" ensinando em um programa televisivo qual a técnica mais adequada para consumir e apreciar devidamente um sorvete. Note-se que a aula de sorvete é sequência de um programa em que se trafegou pelo "mundo fascinante da benzina". Com tal introito, o espectador permite-se imaginar que o sorvete, por sorte, faz mesmo o papel de sorvete, em uma situação de objeto surpreendente. Mas não. Trata-se de um sorvete metafórico que a "professora" utiliza como trampolim para analogias sexuais. A cena prossegue facilmente por essa trilha batida, desperdiçando a encantadora comunicabilidade de uma comediante original como Regina Casé.
Enfim, tanto a benzina como o sorvete podem fazer melhor do que isso como pretexto para situações cômicas. Como objetos destacados da sua função habitual, seria possível ousar uma comicidade um pouco mais insólita. Os atores efetivamente sugerem que vão executar alguma coisa mais interessante do que essa bobagem do sorvete.
Ao todo, o espetáculo corre agradavelmente, por conta dos dois atores em cena. Sobre histórias banais, conseguem com inventividade cênica construir um espetáculo ágil e algumas vezes muito divertido.
Os tipos criados têm um mínimo apoio nos textos. Em geral, são composições caprichadas, cheias de detalhes, em que a individualidade dos intérpretes também constitui a matéria-prima. Tanto que esse é um dos raros espetáculos cômicos que não se assemelham ao humor televisivo. São dois atores criados no palco, que sabem apreciar a pausa, a troca de olhares com o público, as variações da voz que o espaço do palco permite. Em nenhum momento, a representação resvala para o excesso de som e imagem de quem se imagina falando para multidões.
Algumas personagens criadas por Marco Nanini e Regina Casé são vinhetas memoráveis. O rapaz e a moça tímidos, por exemplo, unem agradavelmente os traços caricaturais dos sem-jeito a uma entonação lírica mais sutil. Por fim, timidez e inocência formam uma só coisa. Há outros bons momentos de uma graça compassiva que transforma o ridículo em testemunho de humanidade.
Evidentemente, os criadores do espetáculo (Marília Pêra e Marco Nanini) não quiseram arriscar-se muito nessa forma ambígua de provocar o riso. Preferiram

garantir a aceitação através de um humor que possa ser facilmente decifrado pelo espectador. Escolheram textos que partem de intenções ligeiras e aí permanecem. Uma das cenas, sobre o amor dos velhos, constata o conflito interior do espetáculo. Com um texto de mau gosto, banal e repetitivo, os intérpretes se esforçam para construir uma relação afetuosa e melancólica. Perdem a parada, porque não é possível ganhar de um texto que se faz ouvir em alto e bom som.

Por isso mesmo, *Doce deleite* é exatamente o que pretende ser: um espetáculo agradável e facilmente esquecido. Outros voos mais altos, que por vezes aparecem em cena, são involuntárias presenças do talento dos seus intérpretes.

## MAHAGONNY

De Bertolt Brecht e Kurt Weill
Direção de Cacá Rosset
23 de junho de 1982

Não é a originalidade que encanta no espetáculo apresentado pelo grupo Ornitorrinco, agora no Centro Cultural São Paulo. É antes a execução precisa de um Brecht possível que os textos permitem intuir, mas que raramente vemos nos palcos. Um texto irônico, de uma mordacidade temperada pelo espírito do tempo, bem longe certamente das interpretações causais da história.

A *Mahagonny* dessa *songspiel* é ainda tramada sobre o fastígio de uma sociedade fundada nas areias móveis do deserto. Entretanto, a areia é uma poeira dourada e sedutora que obscurece o entendimento da precariedade. Tanto que a dupla Brecht-Weill se inspira nas formas exteriores da música e da lenda do faroeste americano para construir a cidade que é mais do que a metáfora da sociedade capitalista. Na arte, essa Mahagonny expressa o fascínio contraditório da abundância e da riqueza concentrada.

A encenação do Ornitorrinco se apoia nessa motivação interior da peça, desprezando as possibilidades imediatas de fábula moral ou política. Neste caso, o poderio de *Mahagonny* é fundado sobretudo na capacidade artística dos seus inventores. Da mesma forma que os trânsfugas do Alasca, os espectadores estão sujeitos ao fascínio de uma ilusão forjada de belas imagens e de uma música maravilhosa. Para atrair é preciso travestir com elegância a mais grosseira materialidade.

Há aqui uma ironia sutil identificando o teatro com as habilidades da viúva Begbick. A personagem edifica a sua arapuca tal como os atores arquitetam a representação com artifícios. A representação se compraz em transformar as aparências antes de fazer entender a dissimulação.

A forma que o diretor Cacá Rosset encontrou para recriar esse império de farsantes é a concentração de recursos. Todas as progressões de cenas são marcadas por movimentos simétricos, utilizando pequenos elementos para indicar as funções e as transformações das personagens. É do rosto e da voz dos atores que depende a perfeita compreensão de uma história que nada tem de simples ou linear.

Valorizando os intérpretes e dispensando excessos de material de cena, o espetáculo reforça as características de um cabaré musical. O que importa é apreciar as sutilezas da história e a inteligência que cada um dos intérpretes utiliza na construção da sua personagem. Essa riqueza de detalhes na interpretação só é possível porque a competente direção musical de Cida Moreira faz com que o elenco atravesse facilmente os problemas técnicos da execução para se dedicar a invenções mais elaboradas. Há a mais absoluta coordenação entre as vozes, como se todos fossem cantores experientes.

Vale lembrar que essa bela encenação é a sequência de um trabalho de vários anos sobre a obra da dupla Brecht-Weill. Durante esse tempo, o grupo formou intérpretes para uma forma teatral com essa tradição em nossos palcos. Desde a tradução até a execução musical, o Ornitorrinco revela a familiaridade de quem não tem pressa de mudar-se rapidamente para outro gênero.

É um empenho próprio de amadores. Em face do resultado, só se pode desejar que o Ornitorrinco amplie a distribuição de sua arte, fazendo temporadas mais longas, se quiser deixar de ser um produto para poucos e raros.

## O BEIJO DA MULHER ARANHA

De Manuel Puig
Direção de Ivan de Albuquerque
29 de setembro de 1982

No teatro há por vezes alguns momentos tão especiais que são capazes de fazer com que o espectador procure o palco por anos a fio na esperança de reviver esse momento completo. *O beijo da mulher aranha* é uma dessas raras e luminosas clareiras. De todos os artifícios que compõem a cena permanecem apenas os elos mais fortes da relação entre o palco e a plateia: dois atores e uma história de amor que se vai completar no tempo do espetáculo.

Nada pode explicar uma arte que se completa no coração do espectador. O que se pode pensar ou dizer sobre este espetáculo está fora dele e diz respeito ao que todo teatro poderia ser. Desde a construção do texto, *O beijo da mulher aranha* tem uma história de depuração para eliminar tudo o que não seja indispensável e adequado à natureza do encontro teatral.

Manuel Puig parte de um tema que atravessa a arte contemporânea desde os romances de Graham Greene até as memórias de Fernando Gabeira: o paradoxo que faz do militante um indivíduo enrijecido na sua vivência pessoal. O amor abstrato e universal transforma o militante num homem incapaz de usufruir o afeto imperfeito do próximo. Em tese, essa seria a discussão que se instala na cela de um presídio de Buenos Aires.

Transpondo o livro para o palco, Puig encontrou talvez o seu motivo mais sincero. Aquém ou além da contradição do engajamento, interessa-o sobretudo a aprendizagem do amor. Nesta peça, a história é a circunstância que permite uma observação minuciosa e apaixonada dos sentimentos humanos. O teatro, pela exigência de síntese, libertou o autor do seu gosto um tanto exagerado pelos achados estilísticos. O texto dramático é o livro decantado. Também no trabalho de direção o processo é de gradual eliminação de acessórios. Pouco a pouco, as personagens vão despindo os traços da sua memória pessoal para chegar a um encontro que transcende o confinamento e os reintegra numa humanidade certamente maior do que a soma de dois homens.

A marca distintiva do espetáculo é deixar claro que nenhum dos homens se transforma em herói ou modifica substancialmente a sua maneira de ser. O que acontece, por força da relação, é que as tensões dão lugar a uma crescente naturalidade. Inicialmente, os atores trabalham com recursos evidentemente "teatrais" na composição das personagens. As relações de movimento são marcadas para enfatizar as características de separação, como se o palco fosse um afresco com desenhos bidimensionais e nítidos. Depois, essa estilização é desmanchada por um realismo de meio-tom na proporção em que os dois homens abandonam as máscaras sociais.

A outra dimensão profunda deste espetáculo é o trabalho perfeito dos dois atores em cena. O crescimento do afeto vai na contracorrente do cotidiano, construído pelo intertexto e pelo interespaço da cena. Apreendemos a solidariedade através de pequenos gestos amigos, de movimentos de aproximação que não se completam, de inflexões precisas que informam e comovem mais do que as falas das personagens. Pela magia dessa invenção ao mesmo tempo precisa e passional, esses dois atores transferem para a plateia todas as emoções do palco.

# Críticas 1983

## A FARRA DA TERRA

De Hamilton Vaz Pereira
Direção de Hamilton Vaz Pereira
13 de março de 1983

Parece-me que os traços que formam a fisionomia de *A farra da Terra* são intencionalmente inacabados. Não porque os artistas tenham renunciado à enunciação. Pelo contrário, seu trabalho deixa muito claro que uma das funções da arte é prefigurar. Talvez essa fluidez de traços seja a forma que encontraram para dizer que não têm uma verdade única para partilhar com os espectadores. Portanto, com a mesma sinceridade que sempre o caracterizou, o grupo Asdrúbal Trouxe o Trombone substitui impossíveis certezas pela narrativa da procura. É uma narrativa que se apresenta, a princípio, sob a forma de um devaneio lírico despojado de reflexão e sem amarguras.
A partir do segundo ato, esses devaneios adquirem um lastro dramático. Compreende-se então que o "dom de agradar" é também um destino. Construir um mundo de ficção no palco é uma atividade compulsiva. Entretanto, sob a ótica do Asdrúbal, trata-se de um drama que não tem vocação para a tragédia. Há muitas formas de procura obsessiva, como a de uma velha senhora que procura índios legendários. São procuras prazerosas porque mantêm viva a paixão original. Neste caso, o destino dos saltimbancos de todos os tempos é animar o centro da praça com impulsos visionários, ainda que desses impulsos não resulte um objeto definido. Como todo destino, é ineludível.
Inversamente ao teatro que proporciona uma "revelação" (e que por isso supõe os espectadores menos sábios do que os artistas), este trabalho sugere que a excepcionalidade do ator é a sua paixão pelo ofício. Quanto ao mais, estamos todos no mesmo barco. Mesmo que isso não seja verdadeiro, trata-se de um galanteio agradável partindo de pessoas que parecem realmente mais sabidas e inventivas do que o comum dos mortais.
Há surpresas de todos os naipes no palco, porque as imagens que vão ocupando a cena são criadas para estimular e sugerir alguma coisa que não se fecha na duração do espetáculo. Em um movimento paralelo, há uma linha que vai aos poucos se ancorando no cotidiano. É um jogo que se forma gradualmente, intercalando cenas essencialmente visionárias com referências culturais cada vez mais nítidas e contemporâneas do espectador.
Bob Marley, Mick Jagger, Brigitte Bardot e os programas de rádio são presenças que simbolizam não só o inconformismo como outras bandeiras

singelamente humanistas. As imagens originais do espetáculo têm uma razão cênica. Mais além dessa necessidade do palco, são também criações irmanadas a outras formas culturais igualmente inquietas e nostálgicas de um planeta mais sadio.

Penso que não é necessário dissecar *A farra da Terra* para usufruir o espírito estradeiro que o Asdrúbal gentilmente nos empresta por algum tempo. É um privilégio poder ver um teatro bonito, delicado e que ainda por cima trata tão bem os seus espectadores.

Entretanto, para quem não se satisfaz com impressões, vale a pena notar que o grupo não despreza nenhum recurso que já tenha surtido bom efeito. Bom preparo vocal, o que resulta em agradáveis execuções musicais. Desta vez, os atores parecem-se menos consigo mesmos e mais com as personagens que inventaram. Isto é apenas uma diferença em relação aos trabalhos anteriores e não significa uma qualidade. São igualmente bons representando a si mesmos ou mostrando que sabem compor personagens.

Acredito que o centro deste trabalho é a criação do texto. As histórias são realmente boas e os diálogos, exatos. Nos raros momentos discursivos, é perceptível o talento de Hamilton Vaz Pereira para a escrita.

Apesar da exuberância das imagens, há uma corrente verbal que as envolve e permanece colada à memória do espectador. Minhas lembranças mais nítidas deste teatro estão mescladas a frases bonitas e cheias de humor.

Sob esse aspecto, a última cena é exemplar, ancorando o espetáculo no tempo e na geografia do presente. Lembra esta cidade de São Paulo, onde estamos todos e onde foi possível inventar o espetáculo. Os diferentes *slogans* sobre a cidade que pontilham o espetáculo são filtrados pela experiência do grupo: aqui onde o trabalho é pesado e desgastante, pode-se ainda conseguir o essencial.

## FELIZ ANO VELHO

De Marcelo Rubens Paiva | Adaptação de Alcides Nogueira Pinto
Direção de Paulo Betti
5 de outubro de 1983

O plano da memória, que Alcides Nogueira Pinto privilegia na adaptação teatral de *Feliz ano velho*, tem por natureza um inegável rendimento artístico. O conteúdo afetivo das recordações transparece com maior liberdade quando é possível entrelaçar o espaço e o tempo das ações. As reflexões que o livro contém ficaram no texto teatral implícitas nos traços suaves do cotidiano.

Há uma tragédia marcando a vida do protagonista, mas, de alguma forma, não é esse o centro da cena. Do confronto com a morte, surge a necessidade de narrar experiências comuns e redimensionar os fatos além do crivo da autocomiseração. As dimensões da narrativa são, portanto, adequadas para cativar uma geração que partilha as mesmas experiências sem partilhar o peso da fatalidade.

Sobre essa história simples, o diretor Paulo Betti constrói uma encenação enfatizando a agilidade das formas e a sensibilidade para explorar em profundidade as nuanças afetivas. As cenas são fluidas (têm o encadeamento semelhante ao do jogo) porque seguem o ritmo da liberdade interior da personagem. Simultaneamente os tempos da interpretação são densos, para permitir aos atores a fixação de um sentimento claro e verdadeiro. Há sempre um significado emocional preciso aclarando a velocidade dessas projeções mentais. Os dois ritmos concêntricos representam com perfeição o limiar que é a adolescência: saber brincar ainda, enquanto a vida adulta vai assumindo a sua feição impositiva.

Não há ornamentos de cena. A encenação apoia-se sobretudo no trabalho dos atores, que conhecem muito bem a personagem e as relações de cena. Quando um ator interpreta mais de uma personagem, tem o cuidado de compor cada trabalho partindo de uma matriz original. É um caso raro, porque a regra geral do ator-coringa é a economia de esforço, acrescentando traços caricaturais para marcar as passagens.

Instalado agora no palco italiano do Auditório Augusta, o espetáculo guarda as marcas do itinerário que caracterizaram os ensaios e as primeiras apresentações. Neste caso, a angústia de não ter um local definido transformou-se em lucro. Em vez de utilizar o fundo do palco como apoio, as cenas continuam mantendo um desenho circular e flexível, o que é certamente mais adequado para indicar a transparência de um campo imaginário. A impressão é a de que o espetáculo se adaptaria a qualquer espaço, porque o seu centro independe das ilusões da cenotécnica.

Mesmo considerando o alto nível do conjunto de atores, é impossível deixar de notar a interpretação de Denise del Vecchio como um trabalho excepcional. Intensas, as emoções no rosto e na voz da atriz são mais do que vividas, são verdadeiramente recriadas por uma intérprete que tem maturidade artística para compor os mínimos detalhes sem parecer artificiosa. É uma qualidade preciosa dentro de uma vida teatral, onde é tão difícil crescer.

# Críticas 1984

## MORANGOS MOFADOS

De Caio Fernando Abreu
Direção de Paulo Yutaka
27 de junho de 1984

As cenas que compõem *Morangos mofados* foram dimensionadas para o fôlego de um grupo de jovens atores experimentando os seus recursos e a sua capacidade de comunicação com o público. São pequenos quadros sobre temas contemporâneos, mais sentidos do que pensados.
A incomunicabilidade, o vácuo da ideologia, o culto leviano do prazer, as novas máscaras do social se entrecruzam para finalmente compor um sentimento atual do mundo. Há um marco temporal indicado pelos costumes e que se refere provavelmente à época em que esses artistas viveram a sua infância e adolescência.
Se não é possível ainda um mergulho de profundidade nestes tempos, é muito bom encontrar no teatro a sinceridade das testemunhas. Estes novos atores não têm uma profissão de fé para colocar em cena. Mas tampouco se acomodam à expressão de suas individualidades. Estão ensaiando uma visão coletiva do mundo contemporâneo.
Há outros grupos aparecendo na mesma faixa temática dos Quadricômicos. Desejam expressar um sentimento comum a este tempo e têm a consciência do desamparo em que se encontram os artistas que não dispõem de uma verdade luminosa para guiar a sua invenção. Com frequência são grupos que constroem as imagens a partir de uma incursão no mundo da subjetividade, bem à maneira romântica.
Os Quadricômicos, entretanto, preferem outro caminho. O sentimento é comum e obedece a uma regra de composição para transformar-se em teatro. São poucas as oportunidades para que os atores se identifiquem com os temas e os personagens.
Com base sólida para o trabalho, há o texto de um bom escritor, Caio Fernando Abreu. No teatro, o texto foi economicamente traduzido para gestos convergindo para um centro dramático muito claro. Nesse caso, a economia não é simplificação, mas depuramento. Além do seu significado, os atores devem compor cenas visualmente atraentes. Sob a direção de Paulo Yutaka, os objetos e movimentos adquirem uma relação necessária com o significado da cena. Nada é excessivo, mas ainda assim há um compromisso evidente com a harmonia formal.

Há ainda um ponto discutível no espetáculo: o corpo a corpo com a literatura. Os Quadricômicos sabem certamente captar o sentido de um texto e encontrar variáveis para expressá-lo através do corpo. Mas se intimidam com a emissão verbal do texto. Quando falam, seus recursos são inferiores aos da composição gestual. Com isso, perdem o efeito em suas falas. As palavras ainda saem nervosas, descoloridas, como meras notações que apoiam a construção elaborada das cenas. Aparentemente não se decidem entre uma interpretação realista ou poética do texto. É sempre mais interessante a expressão facial dos atores que as suas falas.

Talvez essa dificuldade tenha origem na preocupação em apresentar um trabalho solucionado com rigor e inventividade. Uma cena como *Retratos*, por exemplo, poderia extravasar para o lirismo ou para uma visão compassiva das personagens. O espetáculo transformou-a numa sequência de ritmos apoiada nos traços exteriores das personagens. Seria mais interessante se esbarrasse no lugar-comum conservando a afetividade do autor por suas criaturas.

Críticas 1985

## FELIZ PÁSCOA

De Jean Poiret
Direção de José Possi Neto
18 de maio de 1985

Quem procura no teatro uma noite agradável sairá mais do que satisfeito com *Feliz Páscoa*. O divertimento, tal como o entende Jean Poiret, não dispensa a vivacidade das situações e a inteligência dos diálogos. Dispensa, isto sim, a vulgaridade na caracterização dos costumes e da linguagem.

A esta postura relativamente ascética Jean Poiret acrescenta um toque incomum. Suas personagens são um pouco maiores do que a situação em que o autor as coloca. São criaturas com um traço verossímil, como a inocência, a culpa e o afeto conjugal. Assim, os quiproquós do adultério podem desemaranhar-se suavemente em direção ao apaziguamento final, porque as personagens fazem por merecer a simpatia e a complacência do público.

As comédias de adultério têm uma longuíssima tradição, mas é raro encontrar um autor que não recorra a esse cinismo rançoso que completa a face interna do moralismo. Poiret não cobra do espectador a sua moeda de amargura por uma noite de sorrisos.

A graça deste espetáculo é garantida pelo trabalho dos três intérpretes centrais. Dois deles (Paulo Autran e Karin Rodrigues) com uma vasta experiência de palco e de trabalhos conjuntos confirmam a sua familiaridade com o ofício de representar. São dois intérpretes tranquilos, bem integrados, valorizando precisamente cada diálogo e cada gesto. É evidente que confiam na qualidade do texto e se entregam ao prazer de representá-lo sem precisar recorrer a exageros. Karin Rodrigues alimenta a ambiguidade de seu jogo através de quebras quase imperceptíveis na continuidade das falas e das expressões faciais.

Cláudia Alencar, com uma experiência bem menor que a de seus companheiros de cena, é uma surpresa. Compõe a sedução da sua personagem inspirando-se no relaxamento muscular dos felinos. Dentro da casa dos Margelle, introduz o contraste suave da naturalidade juvenil. Em nenhum momento a atriz recorre aos clichês mais agressivos e mais óbvios da *femme fatale*. Permanece em cena como uma figura cálida, irradiando simpatia e motivando a leveza do jogo.

Quanto aos outros intérpretes, a impressão é a de que foram esquecidos pela direção. São secundários na função dramática e secundários diante da elaboração do trabalho dos três atores centrais. O que é uma pena, se considerarmos que Hedy Siqueira e Sérgio Mamberti são atores habituados a desempenhos complexos.

Cristina Mutarelli está aparentemente na peça errada. É uma atriz com um treinamento diverso, que não admite os limites da personagem. Mostra-se através de uma figura de ficção com a sua própria voz, seus próprios gestos e sua interpretação pessoal do texto. Dentro de um espetáculo pautado pela coordenação, Cristina faz a sua cena particular. É uma atriz que tem um desempenho interessante em outro tipo de teatro, mas que não sabe ainda contracenar.

As imperfeições do espetáculo são evidentemente secundárias numa peça equilibrada sobre o marido, a mulher e a outra. Esse centro, representado com humor e leveza, é suficiente para garantir o prazer do espetáculo.

# Críticas 1986

## KATASTROPHÉ

De Samuel Beckett
Direção de Rubens Rusche
16 de abril de 1986

Para comemorar os 80 anos de Samuel Beckett, o teatro paulista acende uma chama ardente e dolorida, como convém a este homem que certa vez escreveu: "Não tendo outra alternativa, o sol brilhava sobre o nada de novo".
As quatro peças encenadas sob o título de *Katastrophé* pertencem a diferentes períodos criativos do dramaturgo. Foram reunidas neste espetáculo porque sintetizam as ideias e os processos de escrita de Beckett. O trabalho não tem a intenção de formar um painel elucidativo sobre um autor, mesmo porque seria inviável relacionar-se com Beckett através do método histórico.
É de outra forma, considerando a qualidade peculiar de cada peça, que o espetáculo celebra as vertiginosas invenções de Samuel Beckett. Rubens Rusche dirige seguindo rigorosamente, e com excepcional competência, as rubricas dos textos. Sua maior preocupação é a de rever, sem imprimir ao conjunto das peças uma marca interpretativa datada (e possivelmente redutora).
Sem dúvida, a sequência das obras indica uma opção do diretor dentro de um universo imensurável. Na primeira peça, vê-se a boca do ator; na segunda, o rosto; na terceira, as mãos e o rosto; e, na última, o corpo que retorna ao fragmento. Dessa forma, a construção do espetáculo reproduz a trajetória de um pensamento que aspira à totalidade enquanto se defronta inevitavelmente com o fragmento. Nesta encenação, o relevo perfeito e escultural das partes desperta, por associação, a nostalgia da integridade.
Dentro do espaço criado pelas luzes e pelas formas aparentemente desenraizadas, as palavras insinuam-se, primeiramente sussurradas e em seguida mais sonoras, procurando eludir os momentos de desarticulação do discurso. Aos poucos, há um ralentamento que estende as pausas e, consequentemente, o vazio que se instala nas brechas de silêncio. Nada se perde da qualidade poética dos textos.
Através do desempenho de Maria Alice Vergueiro, torna-se evidente que o teatro de Beckett, apesar da sua obsessão pelos detalhes visuais do espetáculo, depende sobretudo da emissão do texto. Com uma pronúncia impecável e dotada de uma voz que muda harmoniosamente de registro, a atriz aprofunda a conotação de cada palavra. O sentido do texto não é óbvio, mas é eminente, porque carregado de tensão. Percebe-se, rodeando essas falas como um desejo ou como uma ameaça, um mundo sustentado pelas virtudes teologais.

Recriados por uma atriz que domina a cadência, a tonalidade e o significado das palavras, os textos de Beckett adquirem a sua estatura ideal: são palavras para o palco, e não para o papel.

## MORANGO COM CHANTILLY

De Timochenco Wehbi
Direção de Antônio do Valle
17 de julho de 1986

Os suaves contornos de *Morango com chantilly* trazem de volta uma linha de dramaturgia que se vai tornando inconstante: o drama familiar, estruturado sobre os volteios da memória afetiva. Com maior violência, e também com maior profundidade, os palcos brasileiros já abrigaram peças do mesmo filão de O'Neill, Tennessee Williams, Pinter e Jorge Andrade, entre outros. Nestes, havia a determinação de desafiar a memória familiar até a medula, expondo a raiz de um sofrimento presente que o afeto e o respeito escamoteiam.
Timochenco Wehbi não tem a mesma determinação. Sua última peça detém-se no fascínio e na saudade do aconchego familiar. Na família que constrói, os atritos não causam ferimentos que não possam curar-se com um pouco de solidariedade. A única brecha profunda entre um pai ingênuo e um filho homossexual é redimida por uma declaração de amor e um pedido de perdão.
A imagem dos adultos, intercalada às cenas da infância, mostra que as risonhas promessas foram desmentidas pela vida. Mas fica claro também que a frustração é resultado de acidentes ou opções infelizes. O tom opressivo e monótono dos adultos não tem necessariamente relação com as imagens de infância e adolescência. De alguma forma, a vitalidade teatral do passado não se transfere para o presente. Em cena essa diferença entre os dois planos de tempo torna o contraste desfavorável para o plano do presente. Enquanto o passado caracteriza as personagens com detalhes através de ações e incidentes transformadores, o presente reitera, através da fala, situações conhecidas.
Antônio do Valle dirige muito bem o espetáculo, distribuindo uma atenção equitativa entre a construção de um clima afetivo e as dificuldades técnicas que a peça apresenta. A ruptura entre os diferentes tempos é marcada por um movimento emocional completo que prepara a passagem para o outro tempo. É um espetáculo que dá a impressão de controle, de ideias claras e de boa execução.
No espetáculo, o plano dos adultos sofre da mesma deficiência do texto. As personagens dialogam com uma motivação uniforme e não têm muito a fazer

em cena. É decididamente aborrecido acompanhar movimentos de encher o copo, segurar a aba do casaco, andar nervosamente até o outro extremo do palco etc. Teria sido mais fácil contornar esses estereótipos abandonando qualquer sugestão de realismo. Afinal, trata-se de um jantar-inventário, um fecho fúnebre para um mundo que já se realizou poeticamente em cena.

## O TEMPO E OS CONWAYS

De John Boynton Priestley
Direção de Eduardo Tolentino de Araújo
27 de setembro de 1986

É curioso que alguém escolha, entre a copiosa oferta da dramaturgia mundial, uma peça de J. B. Priestley. Suas observações do social têm a linearidade de um manual e nem um pingo de brilho, controvérsia que anima as peças de seus pares ingleses, como Bernard Shaw ou Oscar Wilde, citando apenas os clássicos. Faltam inteligência e agilidade nas armações das cenas em que as personagens entram e saem por motivos óbvios: desocupar um espaço e dar lugar à próxima fala. Nesse campo, Priestley não é, nem de longe, um rival à altura dos dramaturgos de *boulevard*. Além disso, suas personagens andam em linha reta em uma ou outra direção, desprovidas de imaginário e, portanto, da ambiguidade ética que faz avançar o drama. Sobre esse caldo morno, verdadeira salada das correntes estéticas em voga no seu tempo, Priestley salpica um exótico tempero de exoterismo e física para amadores, que chega a ser constrangedor.
Priestley escreveu coisas piores do que *O tempo e os Conways*, peças que já foram de interesse de excelentes companhias: *Esquina perigosa*, *Estive aqui antes* e *Está lá fora um inspetor*. Ainda assim, os *Conways* formam uma família especialmente chata, dizendo em dois tempos o pobre paradoxo da felicidade absoluta e da degradação absoluta.
O paradoxo realmente estimulante da encenação apresentada pelo Grupo Tapa é este: como um grupo de artistas consegue criar um espetáculo belo e envolvente a partir de um texto tão insignificante? Deixa-se o teatro com a sensação de ter contemplado um camafeu levemente desgastado. Ressoam murmúrios de vidas que, ainda que pouco interessantes, instauram um sentimento de familiaridade e melancolia.
Talvez o grupo tenha escolhido esta peça para testar a sua possibilidade. De qualquer forma é assim que a direção de Eduardo Tolentino de Araújo enfrenta o texto. Cada ato tem o seu estilo marcado, como um passeio histórico pelas

formas que deram origem ao teatro contemporâneo. Há o drama romântico, o drama realista e um terceiro ato, em que os cortes de luz isolam os personagens e lhes atribuem a profundidade de criaturas que representam a psique coletiva. Há inteligência nessa concepção, mas há, sobretudo, uma execução perfeita de diferentes ritmos, intensidade e formas de relacionamento entre as personagens. É uma direção que sabe propor, que sabe criar além do material visível, aliando a essa capacidade de invenção conhecimentos técnicos para realizar as ideias nos mínimos detalhes. Não há um só gesto aparentemente forçado e, no entanto, os atores se agrupam e se separam para formar conjuntos de efeitos plásticos.

Essa concepção, que alia o exercício de estilo a um significado emocional, é aplicada também à cenografia. O casulo de tecido que envolve os Conways nos anos felizes, com uma tonalidade de pele, recobre uma estrutura rígida e escura. A solução cenográfica está colada ao sentido.

Com um elenco feminino afiadíssimo (tão bom que Beatriz Segall pode se permitir o luxo de contracenar no mesmo patamar) e um grupo masculino ligeiramente atrás, o Tapa chega a São Paulo com um trabalho de qualidade surpreendente. É um grupo que pode, se quiser, encenar Tchekhov. Não é pouco.

# Críticas 1987

## ELECTRA

De Maria Adelaide Amaral
Direção de Jorge Takla
6 de fevereiro de 1987

Ao afirmar que o seu texto *Electra* é baseado em Sófocles, Maria Adelaide Amaral presta uma reverente homenagem à sua fonte de inspiração. Reconhece que trabalha sobre uma obra intransponível e não é necessário reapresentar Sófocles sob uma roupagem contemporânea. O original sabe falar a outros séculos.
A *Electra* de Maria Adelaide Amaral é, assim, o resultado da sua experiência pessoal com um texto clássico. Mergulhando dentro de um texto de múltiplas possibilidades, a autora identifica uma vertente sintonizada com a sua própria sensibilidade.
Não se pode, portanto, falar de uma redução do texto original, mas assinalar que há uma escolha. Sem as referências da parte coral ao atavismo dos Átridas e a submissão aos desígnios dos deuses, surge uma outra personagem. Esta *Electra* é mais uma heroína singular do que a princesa de uma casa real. E é, antes de tudo, uma personagem com sede de justiça, amesquinhada pela condição feminina. Uma vez que as ligações com o clã foram minimizadas, o que impulsiona Electra não é tanto o desejo de vingança quanto a memória de um paraíso afetivo perdido.
O vínculo mais estreito que Maria Adelaide mantém com Sófocles é a linguagem. É evidente o amor pela construção sofocliana e o árduo trabalho para observar, em outro texto, a mesma precisão dialógica. O emprego da segunda pessoa do singular (que desapareceu da fala paulista) proporciona a distância necessária do naturalismo. Essa pequena operação, que enfatiza o universo simbólico do texto, permite que a autora trabalhe com frases sintéticas, em ordem direta, sem correr o risco da banalização. Cada frase modifica o curso da ação e abre espaço para o seu contrário, realizando exemplarmente a estrutura dialógica de Sófocles. É uma peça bonita, de um tipo de beleza que emana do equilíbrio das tensões e da economia de palavras.
A encenação de Jorge Takla assume a determinação de religar a personagem Electra ao grupo familiar. Não mais ao mundo mítico, mas à família nuclear identificada como ponto de origem da rejeição. É dentro deste espaço que ela enxerga o seu desafio, em que deve encontrar forças para a superação do conflito. Na visão de Takla predominam as pulsões: a inveja da ascendência materna e a fixação erótica nas figuras masculinas do grupo familiar.
Pode-se discordar da visão do diretor em conflito com um texto que enfatiza o poder de decisão de Electra. Mas, apesar disso, Jorge Takla sabe resolver muito

bem a sua proposta. Faz um espetáculo organizado sobre impulsos emotivos, em que a tragédia da procura da identidade transparece, verdadeira e comovente, como motor de todas as ações. A opressão de Electra é interiorizada como dificuldade para resolver seus fantasmas, projeções da psique que se corporifica em um painel no fundo da cena. Ao mesmo tempo, a personagem não perde a vitalidade. Enfrenta seus opositores num combate direto, humano, bem próximo do universo espacial destinado aos espectadores. Takla põe em cena a força da memória afetiva, mas acaba privilegiando no espetáculo o desejo de transformações.

Com excelentes atores trabalhando sobre um texto igualmente excelente, esse espetáculo é um suporte para que se possa compreender, aceitar e dignificar a batalha do ser humano pela sua integridade psíquica.

## FEDRA

De Jean Racine
Direção de Augusto Boal
20 de março de 1987

Talvez o maior trunfo desta encenação de *Fedra*, dirigida por Augusto Boal e estrelada por Fernanda Montenegro, seja a sua própria existência. Pôr em cena uma tragédia de Racine é fazer um movimento à contracorrente. Nosso teatro luta sempre com a dificuldade para expressar o contemporâneo e luta ainda para vencer as insuficiências da técnica e dos meios materiais de produção. Raramente tem fôlego para revisitar as grandes criações do passado.

Pois aqui está um trabalho que se liberta desse círculo de necessidades e dá a conhecer, como um presente extemporâneo, o exemplar mais louvado da dramaturgia do século XVIII. Antes que se possa penetrar nos seus meandros, *Fedra* se impõe como memória da arte. Estamos diante da última época da história em que o artista ousa expressar o humano sem render-se à condição humana. Na criação de Racine, o tumulto deve transparecer pelo equilíbrio do verso e pelo encadeamento da ação. Logo depois de Racine, o teatro abandonará para sempre essa vontade de transcendência, adaptando a linguagem à configuração do objeto representado. Como instante derradeiro de uma forma de arte, *Fedra* é também o ponto máximo de tensão: em nenhuma outra tragédia do século XVIII a paixão é tão exacerbada e em nenhuma outra há versos tão precisos e de tão fácil entendimento.

A primeira experiência que esta encenação proporciona à sensibilidade contemporânea é a do deslocamento, da estranheza. Estamos diante de um teatro que não permite identificação imediata. Para atingir o seu cerne, o espectador deve aceitar as convenções: o ritmo dos versos, a postura hierática e a organização das entradas e saídas de cena.

Na direção de Augusto Boal, o respeito a essa construção permite reconhecer o tempo e o espaço que deram origem a essa forma de teatro. Ao mesmo tempo, a cenografia e o figurino de Hélio Eichbauer insinuam a contradição que se estabelece dentro da obra; as roupas harmoniosas, moldáveis, em tons suaves, rodeadas por signos da barbárie e da morte. Desde o primeiro momento, a encenação informa sobre a precariedade do equilíbrio, preparando o espectador para a devastação passional.

Além do esclarecimento dos movimentos essenciais da tragédia, a direção de Augusto Boal não avança muito. Não há neste espetáculo modulação nas relações entre as personagens. Cada uma delas cumpre uma função dentro da tragédia, sem variar os movimentos emocionais. A encenação abre um espaço para a entrada de Fedra e permite apenas a essa personagem o exercício de diferentes matizes dramáticos.

É uma opção que o texto permite, mas não é uma visão que enriqueça o espetáculo. Está certo que Racine não privilegia o seu Hipólito. Em uma tragédia sobre o coração feminino, o objeto da paixão poderia ser acidental. Mas, cenicamente, Hipólito ganharia estatura se pudesse ser mais ambíguo no seu desempenho. Há mais elementos no interior da sua fala do que a simples inocência ultrajada que aparece nesta encenação. E é uma pena que o espetáculo não aproveite bem um ator com o rosto tão sensível como Edson Celulari.

Na concepção de Augusto Boal, o conflito é lançado para o exterior, para as funções causais que as personagens devem cumprir. Não há um espaço para que essas criaturas possam interagir, criando um mundo mais complexo para a intervenção de Fedra. As reflexões e informações dirigem-se a um espaço indeterminado e, por vezes, perdem o seu objeto e a sua eficácia. Pode-se vislumbrar o inverso dessa indeterminação através do trabalho de Linneu Dias, que faz o seu Terâmeno imprimindo às falas uma tonalidade afetuosa e paternal. As outras personagens também têm variações interiores e uma motivação própria que o espetáculo não se empenha em distinguir.

O espetáculo delineia com rigor a construção que circunda e propicia a excepcionalidade de Fedra. Sua inadequação ficará mais evidente enquanto o mundo que a rodeia for o do respeito submisso à convenção. Por outro lado, a ameaça de desordem que representa será ainda maior se puder ferir o coração (e não apenas o direito) dos outros.

Mas não há dúvidas de que esta tragédia mantém sua elevada estatura através de uma viagem profunda no interior do feminino. A interpretação de Fernanda

Montenegro transmite o mais vívido sofrimento sem perturbar a forma cadenciada dos versos. A paixão que representa não é propriamente sensual, mas, além disso, um desejo de absoluto que nem mesmo Hipólito poderia aplacar.
É provável que Fernanda Montenegro tenha atingido aquele "estado lírico" que Jean-Louis Barrault deseja para o ator trágico. Seu trabalho realiza o paradoxo de exprimir a desrazão através da organização perfeita dos signos. Tudo se entende porque a revelação da paixão é um momento de lucidez. E tudo se sente porque a atriz realiza a fusão entre saber e sentir. O espanto diante de uma forma antiga e estranha de teatro cede lugar, pouco a pouco, ao reconhecimento da perenidade de uma mulher como Fedra.

## ESTÚDIO NAGASAKI

De Hamilton Vaz Pereira
Direção de Hamilton Vaz Pereira
15 de agosto de 1987

*Estúdio Nagasaki* tem muito que ver com o lugar de origem do seu criador, Hamilton Vaz Pereira. O processo de individuação desse dramaturgo começa com o Asdrúbal Trouxe o Trombone e permite compreender o tipo de contribuição que os grupos de criação coletiva, que floresceram na década de 1970, trouxeram à linguagem do teatro.
Desses grupos saíram artistas capazes de enfrentar todas as esferas da criação teatral: o texto, a interpretação, a música e a organização do espaço cênico. Partindo da vontade de representação e utilizando com frequência o método de ensaio e erro, ignoraram técnicas sedimentadas da composição do espetáculo e acabaram inventando uma escrita cênica em que o valor do texto não é maior do que o dos outros recursos expressivos. Embora cada grupo tenha sua história, há pontos comuns que permaneceram em cena. A criação coletiva abriu-se à multiplicidade dos signos, investigou e se apropriou de inovações no território de outra linguagem. Sem critério, mas também sem hierarquia, os grupos incorporaram aos seus espetáculos a experiência cultural de todos os participantes. Por essa fresta entraram a música, a literatura, a dramaturgia e as artes plásticas. Cabia ao espetáculo a tarefa de amalgamar diferentes matérias ficcionais à história pessoal dos participantes. O Asdrúbal percorreu esse caminho recolhendo ainda, como se fossem experiência de vida, alguns fiapos da dramaturgia universal. Gorki, Gogol, Jarry e Brecht deram a sua contribuição. As encenações deglutiram a poesia simbolista, o *rock* e a música brasileira contemporânea.

Em três espetáculos sucessivos, o grupo avançou da autoexpressão para uma forma de compromisso. A essa multiplicidade cultural de que dispunham os participantes e a essa liberdade criativa deveriam corresponder uma experiência de vida mais rica e um alargamento das fronteiras físicas e intelectuais. O espaço ficcional do grupo ampliou-se, como se ampliou a geografia da cena. Em *Trate-me Leão*, um grupo de jovens espreme-se nas calçadas do Rio de Janeiro. Em *Aquela coisa toda*, o grupo percorre o país. Em *A farra da Terra*, ocupa, imaginariamente, todo o planeta.

Vistos em sequência, esses trabalhos realizavam a metáfora da passagem da adolescência à idade adulta. Em primeiro lugar, vinha a relação dos indivíduos com o seu pequeno grupo social, depois da atuação do grupo com a parcela da humanidade que preserva o espírito de aventura e a combatividade diante do impulso de Tânatos. O *Estúdio Nagasaki* parte da última etapa, a consciência planetária, e inicia outra procura. Significativamente não é trabalho de um grupo, mas de um dramaturgo.

No texto de Hamilton Vaz Pereira, a experiência da multiplicidade cultural é tanto riqueza quanto fragmentação e desordem. Suas personagens são índices de nacionalidades, criaturas erráticas que a imaginação do autor pode colocar em qualquer lugar e em qualquer situação. O percurso deve levá-las às zonas de conflagração: a África do Sul, o Oriente Médio ou um morro do Rio de Janeiro.

O traço comum entre as personagens é a vocação de andarilhos. São postas em cena por um narrador que propõe lugares, ações e objetos em constante mutação. O impulso para o movimento é a curiosidade insaciada que conduz a novas projeções e a novas paisagens.

No *Estúdio Nagasaki* a dispersão tem a sua origem histórica. Há uma personagem que propõe todas as outras. Seu nome é um anagrama imperfeito das duas cidades arrasadas pelas bombas nucleares, Hiroshima e Nagasaki. Outras explosões pontuam as cenas ironizando uma das mídias destes tempos, ou seja, o espetáculo audiovisual da explosão nuclear. Duas das personagens terão a incumbência definida de rastrear destroços para, reunindo-os, compor outra coisa.

Uma vez que se trata de um universo em expansão, é impossível captá-lo na polaridade do diálogo. Por essa razão, o texto se aproxima da poesia modernista, aberto para recolher as imagens, a sonoridade, as reflexões e as palavras bonitas. Não há uma só história, mas um fluxo de várias trajetórias que se cruzam em determinados momentos. A música faz parte desse fluxo, ligando-se naturalmente ao ritmo das falas. Através das músicas e de uma cadência bem-humorada de sensações, sentimentos, jogos de palavras e imagens, o espetáculo vai reunindo mais fragmentos. Isso não quer dizer que o *Estúdio Nagasaki* põe uma ordem nessa bagunça. Pelo contrário, os destroços amealhados vão se amontoando em cena. Há cada vez mais coisas irresolvidas. Mas todas são transformadas pelo toque afetivo e pela convicção de que o horror pode ser domado pela criatividade. Todas as linguagens que entravam como recortes nas criações coletivas retornam ao texto em *Estúdio Nagasaki*. É uma dramaturgia que interioriza o plástico, o sonoro e as associações da linguagem cinética. Por isso, o vídeo, no espetáculo, é um acessório dispensável. Os músicos, os três intérpretes e as relações que o texto desencadeia são muito mais interessantes do que as telas coloridas.

# Críticas 1988

## IRMA VAP

De Charles Ludlam
Direção de Marília Pêra
7 de maio de 1988

Alamedas sombrias, um retrato que sangra, lembranças de paixões e crimes do passado, calabouços ocultos, relâmpagos e chá. Tudo isso está na mansão de um nobre inglês que acaba de casar-se, pela segunda vez, com uma jovem e inocente plebeia. Charles Ludlam comprime essa matéria em uma única peça, parodiando o drama de suspense e horror, essa droga antiga que só produz efeito quando se aumenta a dose. Por essa razão, *Irma Vap* abriga o natural e o sobrenatural, o vampiro, o lobisomem, um tantinho de Rebecca, a mulher inesquecível, e, talvez, referências a outros clássicos do gênero que os cultores saberão identificar e usufruir.

Em princípio, para que se possa apreciar devidamente a graça da paródia, é preciso conhecer as fontes que o autor caricatura e deprecia. Uma paródia é mais desopilante quando o autor e o público partilham o mesmo universo cultural saturado por imagens anacrônicas e repetidas. E é melhor ainda, sejamos francos, quando ambos reconhecem a exaustão, assumem a falta de criatividade dos criadores e dos consumidores de um gênero, mas, ainda assim, guardam no fundo do coração um amor envergonhado por essa antiguidade de mau gosto. E é um pouco desse prazer secreto que Charles Ludlam pretende fazer viver com a sua salada de horrores e mistérios.

É provável que a peça de Ludlam não corresponda inteiramente aos hábitos de consumo do nosso público teatral. Os melodramas de horror e suspense nunca se aclimataram bem no palco brasileiro, que, sabiamente, evita fazer mal os trejeitos ingleses. A familiaridade com o gênero pode persistir entre os que acompanham os escassos filmes da Hammer nos horários tardios da televisão. Apesar disso, há outra vertente interessante do texto, que parodia a construção do próprio espetáculo teatral. *Irma Vap* é inteiramente representada por um elenco de dois atores, tresdobrando-se para executar todas as suas peripécias. Por afeto ou por incapacidade de mudar, os dois teimosos intérpretes procuram manter em cena uma forma de arte com um forte sabor de passado.

Como uma brincadeira para fazer rir, a peça guarda essa possibilidade de mobilizar o arcaico, de propor uma empatia com o esforço de manter em cena um gênero em extinção. Não é demais esperar que o espetáculo aproveite essa sugestão para transformar os deslavados clichês em alguma coisa verdadeira. Entretanto, a direção de Marília Pêra trabalha apenas sobre as ações propostas pelo texto, evitando acrescentar qualquer interpretação. O riso que o espetáculo pretende despertar deve originar-se da contemplação do jogo teatral.

Para obter esse efeito, o espetáculo é concebido como uma corrida de obstáculos, em que os dois intérpretes devem provar que são capazes de superar habilmente as dificuldades mecânicas do transformismo. O núcleo é o próprio mecanismo teatral, com destaque para a contrarregragem e para a cenotécnica. O palco não mostra a contrapartida desses recursos, ou seja, o fato de que tornam possíveis alguns arrepios e um certo mistério.

O maior trabalho dos dois atores em cena é para relacionar-se com esse suporte do teatro e envergar os figurinos das diferentes personagens. Aparentemente não têm nenhuma obrigação de imprimir encanto a essas criaturas que a encenação faz aparecer como grotescas contrafações. Devem aparecer e desaparecer rapidamente, sem deixar grandes espaços vazios. Além disso, usam apenas atitudes estereotipadas para indicar cada personagem.

Na história de Ludlam há uma progressão que permite saborear detalhes, embora as coisas se tornem cada vez mais complicadas. Neste espetáculo, a progressão desaparece, e há apenas uma sucessão, em ritmo de maratona, até um desenlace completamente embaralhado. Como se trata de um desfile, as aparições perdem logo o seu poder de surpreender. Depois que se completa a lista das personagens, não há novidades.

Com tanta correria e tão poucas ideias, desperdiça-se a presença de dois excelentes atores. Marco Nanini é um ator que já se responsabilizou por interpretações ao mesmo tempo profundas e sutis, aliando a interioridade a um bom preparo vocal e corporal. Neste trabalho, Nanini retorna a seu início de carreira, representando como um cômico "espontâneo" que pode dirigir-se diretamente à plateia abusando da sua simpatia pessoal. Esquecendo a mediação da personagem, aparentemente incapaz de estilizar, recorre a gestos desgastados e de contorno grosseiro. São recursos fáceis, úteis por vezes a um ator iniciante, mas agora em inteiro desacordo com as realizações desse intérprete.

Em outra linha, mais cuidada, está a interpretação de Ney Latorraca. É visível o seu trabalho para imprimir a cada personagem alguns traços que não se apoiem inteiramente na aparência da figura. Entretanto, a concepção geral da encenação não dá margem para que possa detalhar essas indicações. É uma pena, porque Ney Latorraca já mostrou, em trabalhos anteriores, uma extraordinária habilidade para dominar o tempo e a inflexão da comédia.

Ao todo, *Irma Vap* é uma realização que não está à altura da capacidade dos artistas que a realizam. Talvez porque tenham esquecido, por um momento, que o riso pode ser melhor do que a gargalhada.

## ÀS MARGENS DA IPIRANGA

De Fauzi Arap
Direção de Fauzi Arap
16 de junho de 1988

Nas duas últimas décadas, a dramaturgia brasileira tem estado um tanto à retaguarda das invenções que acontecem dentro do palco. Quem procura um texto brasileiro para encenar aporta, quase sempre, no sólido patrimônio de alguns autores muitas vezes relidos. Não é por acaso que se multiplicam encenações das obras de Nelson Rodrigues ou Plínio Marcos.

Há muitas razões para explicar o eclipse do dramaturgo. E uma delas é a alteração do peso do texto no conjunto da obra teatral. Por muitos anos, a autoria foi reivindicada, com palavras e gestos, pelos diretores. Depois disso, o intérprete externou a sua recusa em ser um mediador e a sua vontade de interferir na concepção da obra, propondo uma escritura cênica em que a personagem se colava à pessoa do artista.

Algumas dessas propostas estão ainda em cena, convivendo ou contrastando-se, numa simultaneidade que expressa a riqueza de opções de uma forma de arte. *Às margens da Ipiranga*, de Fauzi Arap, inclui no texto esses percursos divergentes, reforçando o peso relativo do texto através da apropriação das conquistas que se desenvolveram no território específico do palco. Utilizando a sua experiência múltipla de ator, diretor e dramaturgo, Fauzi Arap abre um espaço para o exercício livre de cada uma dessas funções. Suas personagens só podem viver no palco através da contribuição engajada do ator e da orquestração de um diretor que harmonize a diversidade sem privilegiar um único foco. Dessa forma, o texto reencontra o seu papel, determinante e determinado, na obra cênica.

Na peça, um lugar de relevo é reservado para a representação do espectador, uma personagem que entra em cena para tornar possível o ritual da comunicação. E é também a essa personagem que compete desvendar o que está latente e introduzir, com a sua vontade de ver, o que ainda não foi vislumbrado pelo artista.

*Às margens da Ipiranga* é ainda um tipo de peça que se propõe como enigma, recorrendo à intersecção de vários planos que o espectador deverá relacionar.

No plano mais próximo há a narrativa que mostra um pequeno e falido teatro encravado no território do crime e da prostituição. Embora irmanado a esse mundo da noite, o teatro é invadido por uma mulher que acredita ter reconhecido ali o lugar do sagrado.

Outros planos se sobrepõem, delineando as várias formas de procura de um núcleo espiritual esvaziado pela civilização contemporânea. Há quem o procure na história, que pode ser âncora ou vela. Há aquele que se entrega à fruição do presente, glorificando o dom de existir. E há ainda quem o procure na luta pela justiça social. Sobre todas essas maneiras de viver e atuar, o texto se debruça com uma atenção igual. Forma-se ao final uma figura simétrica em que todos esses movimentos se dirigem à sacralidade. Compreende-se que a recuperação do sentido depende de uma paixão ativa, de um desejo que não se sacia através de uma prática binária, de negação e afirmação.

Dirigido por Fauzi Arap, o espetáculo realiza fielmente o procedimento do texto. Há uma luz que cria recortes e sombras, situando a obra inequivocamente no plano do imaginário. Da mesma forma, o ritmo, sempre fluente e acelerado, impede que as personagens se localizem no plano da verossimilhança. A ausência de objetos de cena deixa os intérpretes concentrados nos seus próprios recursos, tendo como apoios essenciais o espaço do palco e a presença do público. É uma relação espacial que os atores preenchem com uma energia constante, independentemente da extensão do papel que desempenham.

Como trabalho de um grupo de pesquisa voltado para o aperfeiçoamento do ator, este espetáculo expõe uma primeira descoberta: aquilo de que fala o espetáculo deve ser uma coisa vivida por todos os participantes, para que possam dar a sua contribuição individual a uma forma coletiva de expressão. Também por essa razão, *Às margens da Ipiranga* é um momento especial do teatro brasileiro.

## A MANDRÁGORA

De Nicolau Maquiavel
Direção de Eduardo Tolentino de Araújo
9 de julho de 1988

Não é difícil adivinhar porque *A mandrágora*, de Maquiavel (no Aliança Francesa), retorna ciclicamente aos palcos de todo o mundo. É uma peça que tem o seu encanto próprio, capaz de vestir com elegância a mais agreste verdade. Além disso, introduz no território da arte o experiente discurso do filósofo e cientista político. Enquanto a farsa medieval que o precede expõe um mundo onde o homem é lobo ou cordeiro, Maquiavel recusa-se a aceitar a naturalidade dessa divisão.

Admirada sobretudo pela sua perfeição, *A mandrágora* vive, na história do teatro, como uma das matrizes da comédia urbana. O prazer de acompanhar um diálogo tão inteligente proporciona uma contemplação indolor de uma realidade que está longe de ser agradável. Maquiavel mostra-nos um mundo em que o interesse privado viola, em surdina, todas as convenções que deveriam proteger o interesse comum. Disso não resulta nenhum mal. Sendo a paixão de Calímaco legitimada pela Natureza, vencerá a teia de escrúpulos que se interpõe entre ele e sua amada. Para tanto, é preciso apenas que o amor não obscureça o cálculo e se salvem as aparências.

O Grupo Tapa encena a peça no momento em que a sociedade brasileira debate a falta de ética que rege a vida pública. Numa linha um pouco diferente do seu repertório habitual, em que predomina a motivação estética, o grupo encena agora um texto em que é visível a "oportunidade histórica".

Entretanto, a forma de pôr em cena o texto evita cuidadosamente a analogia imediata com um determinado espaço e tempo. Em primeiro plano, na direção de Eduardo Tolentino de Araújo, está a construção da peça, o cálculo das ações tendo um relevo maior do que os recursos farsescos. Embora a encenação crie um minucioso jogo cômico entre as personagens, ele é sempre entrecortado por um manipulador. Cada personagem obedece ao desígnio de um jogador que a movimenta sobre um tabuleiro de xadrez. Sofrendo esse tipo de interferência, as situações graciosas, ou francamente grotescas, não se esgotam no riso que provocam. Ficam suspensas por um fio tenso, lembrando ao espectador que são lances em direção a um objetivo. O efeito cômico não fica diminuído, mas há alguma coisa mais para sustentá-lo.

Esta mesma ideia, de estratégia, determina a composição visual do espetáculo. Três cores básicas no figurino e dois planos na cenografia definem, com clareza e elegância, uma forma narrativa brechtiana. Todos os recursos do teatro devem estar a serviço das ideias que o texto propõe. E é uma agradável surpresa verificar que esses recursos do século XX se ajustam perfeitamente à superfície plana e iluminada dessa obra do século XVI.

A partir desse arcabouço intelectual, compete aos excelentes intérpretes do Tapa introduzir nessa história uma terceira dimensão, que é mais filosófica do que crítica. As inflexões das falas passam também uma dose exata de amargura e ceticismo. E é através dessa combinação bem dosada entre inteligência e sentimento que a encenação dessa esplêndida comédia renascentista faz rir sem anestesiar o espectador.

## FULANINHA E DONA COISA

De Noemi Marinho
Direção de Eric Nowinski
17 de setembro de 1988

Em agosto de 1987, o trabalho Tarô dos Ventos começava, no Teatro de Arena Eugênio Kusnet, com o objetivo de retomar alguns procedimentos que orientaram o Teatro de Arena de São Paulo. A ideia era formar um núcleo estável de artistas capazes de se responsabilizar por todas as áreas da produção teatral, desde a criação do texto até a interpretação. Embora o grupo já tenha apresentado um trabalho este ano (*Às margens da Ipiranga*), encena agora o primeiro espetáculo em que os participantes do grupo experimentam outras funções além de interpretar. Noemi Marinho é agora a autora estreante de *Fulaninha e dona Coisa*. Sua peça entra em cartaz sob a direção de outro participante do grupo, Eric Nowinski, que também estreia na direção.
O exemplo do Arena é um norte claramente assumido pelo grupo. Mas, trinta anos depois, ideias semelhantes produzem necessariamente outra abordagem da vida brasileira e outro resultado estético. *Fulaninha e dona Coisa* é também uma peça que se debruça sobre o mundo do trabalho e, especialmente, sobre um segmento retrógrado em que sobrevivem os estigmas da escravidão, o trabalho doméstico. Entretanto, na observação de Noemi Marinho, o caráter de conflito de classe é um dado já conhecido, suficientemente explorado pela dramaturgia que, a partir do Arena, inscreveu a opressão de classe no temário da arte cênica. *Fulaninha e dona Coisa* tateia os avanços possíveis nesse caminho ao colocar em cena uma personagem que não é autora do seu destino, mas tampouco inteiramente determinada por ele.
O tipo de humor que a peça manipula não pretende ser uma novidade. Há alguma coisa de anedótico no previsível espanto de uma camponesa diante do mundo urbano. Patroa e empregada são representações emblemáticas da nossa real e conflituada convivência entre o arcaico e o moderno. A maior qualidade do texto está no fato de que usa essa constatação genérica para emoldurar o movimento de formação de uma consciência, diante do que lhe é estranho. Trata-se de acompanhar a progressiva jornada de Fulaninha até o entendimento de si mesma através do outro.
Recortando a peça em pequenas cenas, a autora oferece, ao fim de cada ação, um pequeno grão de entendimento extraído do conflito. É uma sedimentação que deixas as duas personagens centrais mais sábias, mas não as redime de

permanecer no mesmo lugar. Escrevendo em 1988, Noemi Marinho não ousa afirmar que a consciência liberta. É uma medida do seu talento o fato de que é capaz de conferir grandeza, humor e interesse a duas criaturas incapazes de romper o estreito círculo da realidade. Trabalhando por dentro uma relação humana e as personagens, o texto dispensa a sedução do espectador pela esperança ou pela piedade.

A marca da direção de Eric Nowinski é a do detalhe e a do rigor na definição dos movimentos e no tom preciso e sintético de cada cena. Uma base segura para que os três atores em cena possam exercitar um tom exato e difícil para a comédia: uma comédia que não se apoia na farsa, mas em uma verdadeira confusão interior.

# Críticas 1990

## O COBRADOR

De Rubem Fonseca
Direção de Beth Lopes
14 de dezembro de 1990

Nós, os que lemos livros, os que vamos ao cinema, os que ouvimos música, os que vamos ao teatro, temos medo. Um de nós, parente, amigo ou vizinho, encontrou um dia desses, cara a cara, alguém que quer o que temos, não importa o que seja. Esse alguém está ali na esquina, é quase certo. E está, com certeza, povoando nosso imaginário, perturbando nossa vigília, ganhando raízes em nosso ser. Pois é este terror difuso, irredutível à descrição, que O *cobrador* põe em cena.
A Companhia de Teatro em Quadrinhos encontrou seu tema na literatura de Rubem Fonseca. Inevitavelmente, o teatro teria de lidar com esse fato que pontua o nosso quotidiano. Entretanto, O *cobrador* é um trabalho incomum em um panorama teatral que tem evitado pudicamente a matéria sólida do presente.
Enquanto enfrenta esse tema espinhoso, a adaptação cênica permite avaliar a forma de comunicação de outros veículos. No cinema, na televisão e nos jornais, insere-se diariamente um naco dessa vasta conflagração. Em doses diárias e persistentes, a violência urbana se torna hábito ou experiência distanciada. Alguém, um outro, agrediu uma pobre vítima que não conhecemos. Uma forma dramática consagrada pelo uso condena o agressor e se apieda da vítima de tal forma que, por um curto espaço de tempo, o espectador possa aplacar seu terror pela proximidade do perigo. Aprendemos todos, através dessa convivência prolongada e sem esperança de alívio, a construir um repertório de defesas imediatas. Nossa cota de medo, porém, continua intocada.
Para contornar as defesas e evitar essa dramatização inócua, o espetáculo de Beth Lopes marcha em linha reta na direção de um núcleo sempre contornado: o ódio. Aquém de todas as explicações, há o ódio irremissível, um caldo que vai engrossando com a impotência. E, uma vez que o centro do espetáculo é um sentimento único, não há lugar para a consideração de causas e efeitos ou para a terceira dimensão da densidade psicológica.
A personagem que resgata suas dívidas com estupros e assassinatos é uma figura sem profundidade, representação depurada do vingador. Seus movimentos são frontais, coreografados, determinados por um impulso uniforme. Não lhe compete explicar, julgar ou ilustrar a violência urbana (que a televisão mostra aos pedaços), mas sim corporificar de forma íntegra a presença que vive dentro do espectador.

O mesmo processo de estilização se aplica às personagens que contracenam com essa figura central. O próprio Cobrador distribui-se por dois atores, sinal da sua ubiquidade e da sua progressão geométrica. Mesmo os ataques são danças grotescas entre vítimas e carrasco, evitando a familiaridade e a piedade (que não pode ser estilizada). Por meio dessa inteligência e desse rigor, a encenação corta as saídas fáceis e fala não sobre o outro, mas sobre o outro em nós. Não há como escapar.

Como produto e representação da contemporaneidade, o espetáculo de Beth Lopes partilha do fascínio pela transformação da linguagem. É claro que a linguagem se tornou hoje, nas artes e nas ciências humanas, um centro temático. Entre outras razões, a linguagem é, para o artista, o derradeiro limite confiável. No teatro, entretanto, é perceptível que o peso superior atribuído à linguagem começa a reclamar o sentido. Talvez seja este o momento para repensar a função transitiva da linguagem.

O *cobrador*, por exemplo, é um trabalho em que todas as articulações estão claras, em que é possível perceber inclusive uma oposição intencional a velhos truques de comunicação que escondem o que deveriam mostrar. Ainda assim, há coisas demais. Música demais, cores e recortes excessivos na cenografia e um fascínio evidente por construções visuais que se montam e desmontam sem parar. Falta, em compensação, um trabalho com o tempo, um elemento importante da linguagem do teatro. Com um repouso em doses certas e uma economia de solicitações visuais, a figura do Cobrador ganharia em cena a exata dimensão das nossas fantasias. Por enquanto, sua dimensão é ligeiramente menor, porque é possível distrair-se com a proliferação de estímulos em cena.

Mas não há dúvida de que a Companhia de Teatro em Quadrinhos experimenta e discute, para poder descobrir a maneira mais adequada de atravessar a carapaça que recobre nosso trato com a violência. É um trabalho feito sobre o fio da navalha, ainda com problema de dosagem. Mas a beleza gratuita certamente não faz parte da intenção dos seus realizadores.

# Críticas 1992

## MARLY EMBOABA, UMA PAIXÃO

De Carlos Queiroz Telles
Direção de Isabel Ortega
27 de fevereiro de 1992

Escrita em 1973, nos tempos difíceis da censura, *A bolsinha mágica de Marly Emboaba* foi uma espécie de válvula de escape ao constrangimento permanente em que viviam os artistas. No quadro tenso e sisudo da dramaturgia do período, a peça significava um instante de descontração do dramaturgo em um dia de folga. Brincava com a ideia do compromisso e punha em cena o seu inverso, ou seja, uma personagem alegre, amoral, inexplicável pela história ou pelo meio social. Diferia bastante das outras peças de seu autor, Carlos Queiroz Telles. Por hábito, ou talvez por reconhecer o poder subversivo das criaturas livres, a censura também não poupou a peça.

Voltando à cena paulista quase vinte anos após o seu nascimento, a história de Marly foi reescrita e é agora *Marly Emboaba, uma paixão*. Dentro do novo texto, permanece o autor, preocupando-se com a longevidade de sua criação. E é exatamente essa parte, em que o autor avalia a peça, que não resistiu bem ao tempo. Os comentários de Queiroz Telles refletem um desejo de se justificar e invocam motivos que se tornaram, com o tempo, irrelevantes. Boa parte do que se diz em cena estaria melhor num artigo de programa, informando o leitor sobre "as circunstâncias da obra". A inclusão dos motivos do autor na organização dramática apenas retarda o aparecimento da personagem. A impressão final é de que a peça deveria cumprir inteiramente a sua vocação para o monólogo.

Isabel Ortega, responsável pela direção, contorna com delicadeza o retardamento. Suavizando a figura do autor e situando-o em uma posição de relevo discreto, transforma a personagem em um meio ambiente favorável para a eclosão de Marly. Alex André cumpre a discreta função de assessorar a sua companheira de cena. No todo, o espetáculo se empenha em ser discreto, funcional, equilibrado, reproduzindo uma certa assepsia que precede o nascimento da personagem. Sabiamente, o espetáculo evita competir com a esfuziante personagem que vai revelar.

Maximiliana Reis tem recursos de sobra para sugerir tudo o que não está corporificado no palco. Usa para a personagem da atriz uma energia nervosa, que contamina a voz e os gestos. Talvez por ser muito jovem, a máscara da "atriz experiente" esteja um pouco carregada. Mas a passagem para a personagem Marly tem a dose exata de alegria e sensualidade de todas as fantasias sobre a "vida airada". É uma atriz com preparo técnico para construir dois repertórios de gestos e emoções inteiramente divergentes, sem dar sinais de desgaste. É através do trabalho de Maximiliana que se resolve concretamente o dilema que o autor tenta propor quando circula em torno da sua personagem. Marly, a criatura livre, é um mito romântico. Para viver em cena, precisa do preparo técnico, da inteligência e do esforço de todos que a trazem até o palco.

# Críticas 1993

## HAM-LET

De William Shakespeare
Direção de José Celso Martinez Corrêa
15 de outubro de 1993

No centro de *Hamlet* de Shakespeare há uma consciência examinando o mundo. Há muitas outras coisas nessa peça, mas nós a tomamos, sobretudo, como um emblema de esforço humano para distinguir o que é bom do que é mau. Quando se torna difícil reconhecer a marca da autoridade divina, cabe ao indivíduo a árdua tarefa de arbitrar seus atos.
José Celso Martinez Corrêa parece não compreender ou não aceitar essa tragédia do foro íntimo. Seu *Ham-Let* é uma sucessão de causas e efeitos, com personagens mais determinadas a fazer o que fazem do que a mostrar o que pensam. Uma moldura elucidativa é intercalada entre cenas com a função de atribuir à péssima administração do rei Cláudio a responsabilidade pela desordem em cena. A corte, antro de corrupção e lascívia, recebe um tratamento farsesco que não permite ao espectador, e tampouco a *Hamlet*, duvidar do que deve ser feito. Diante de tamanha vilania, não resta ao príncipe outra alternativa senão a de assumir o papel de representante das forças do bem. Sempre amargurado e contrariado, este Hamlet é parente dos heróis românticos. Pode-se dizer que José Celso é fiel a um gênero ao tratar *Hamlet* como uma "peça de vingança", lembrando que há séculos, nos palcos elisabetanos, os criminosos eram justamente punidos no final. Mas não parece sensato esquecer que Shakespeare superou esse gênero quando ampliou o espaço interior da personagem.
É pouco provável que o espectador fique indiferente ao som e à fúria deste espetáculo. José Celso fez uma criação em grande escala, à altura da aura que o tempo conferiu à peça. As cenas são enérgicas, às vezes bonitas e às vezes grotescas, enchendo os olhos e os ouvidos da plateia. Marcelo Drummond, interpretando Hamlet, não fala bem, mas sente bem. Está naquela fronteira do teatro contemporâneo em que não sabemos se o que nos comove é o ator ou a personagem. De qualquer forma, a concepção do espetáculo não exige do ator mais do que uma uniforme indignação. A inteligência, o humor e o sentimento trágico foram exilados do conjunto. Apenas nas cenas de Ofélia, um oásis lírico em meio a um conjunto de máscaras sociais, é possível identificar um grão de verdade humana, alguma coisa que é, e não apenas parece. Nos outros episódios, a direção enfatiza ou forja analogias entre a peça e a história do

país ou do próprio Oficina. É provável que a peça de Shakespeare, ao pôr em dúvida a nossa capacidade de transformar o mundo, não seja adequada para expressar a vocação afirmativa do Teatro Oficina.

## SÉTIMAS MORADAS

De Alexa Leirner e Roberto Moreno
Direção de Dorothy Leirner
30 de outubro de 1993

*Sétimas moradas* se apresenta como um espetáculo "baseado em vida e obra de Santa Teresa D'Ávila e São João da Cruz". Teria sido mais exato apresentá-lo como uma criação inspirada na obra desses dois santos, uma vez que o que acontece em cena pouco tem a ver com a história de vida dos ardentes e combativos reformadores das ordens monásticas do século XVI. Descartando fatos e palavras, o roteiro de Alexa Leirner e Roberto Moreno refere-se, com um alto grau de abstração, a uma procura tenaz, com êxitos e percalços. Como a busca não tem um objeto definido, vamos percebendo, aos poucos, que se trata de um fim transcendente. A alternância de inquietação e recolhimento, a atuação densa e silenciosa dos dois atores, pontuada pela identificação de focos de luz, somam-se para compor uma atmosfera e induzir o espectador a um estado de contemplação. A ideia não é engolfar o público na paixão mística ou exibir aquele tipo de exaltação tão frequentemente associado a Santa Teresa. Em vez disso, os dois jovens atores escolheram uma vereda difícil, porque de uma dramaticidade pouco evidente. Representam as etapas da vida espiritual, ou seja, o caminho subterrâneo e pouco espetacular da ascese. Pode-se, portanto, projetar nessa trajetória outro tipo de aventura humana em que o ponto de chegada é intangível, como a busca da paz ou do entendimento.

É tão bem-sucedido esse convite à introspecção que, ao final, o espectador reluta em ser devolvido ao século. A direção de Dorothy Leirner é em boa parte responsável por esse efeito. Dando continuidade a uma linhagem de encenadores que, desde os anos 1960, procura resgatar o teatro do âmbito da mercadoria e atribuir-lhe um estatuto sagrado, Dorothy lida apenas com o mínimo de elementos e o máximo de intenção. No centro da cena estão os dois atores perfeitamente identificados com as suas personagens. Não há um gosto excessivo e nenhum objeto meramente decorativo. Uma tela e luz bastam para compor a figura hierática consagrada pela iconografia e, a partir dessa imagem, começa o movimento de insuflar outra forma de espiritualidade. Toda a relação entre as personagens é minuciosamente coreografada para não romper a delicadeza necessária a um estado contemplativo. Apenas treze espectadores, silenciosos e comprimidos, são admitidos na cela do Mosteiro da Luz. A escuridão, o silêncio e até o cheiro de terra, desprendendo-se dos tijolos do antigo convento, contribuem para serenar os ânimos e distanciar o cotidiano. O mote do espetáculo poderia ser *less is more*. Nada melhor para falar de quem trocou o reino deste mundo por um vislumbre do absoluto.

## VEREDA DA SALVAÇÃO

De Jorge Andrade
Direção de Antunes Filho
4 de dezembro de 1993

Inspirando-se em fatos ocorridos no interior de Minas Gerais para escrever *Vereda da salvação*, Jorge Andrade procurou um tipo de verdade que só a arte é capaz de transmitir, abordando um tema em todas as suas refrações. A sociologia e o rigor documental, apontando causas e efeitos, enraizavam o fanatismo na miséria e no isolamento em que vivia a pequena comunidade rural de Catulé. Jorge Andrade, porém, fez mais do que explicar: avançou para o lado de dentro do grupo e legitimou o fanatismo religioso ao reconhecê-lo como um modo possível de preservar a dignidade. Sua peça é um instrumento ótico de longo alcance porque permite enfocar tanto as seitas cristãs brotando como tiririca entre a população pobre quanto a violência com que a sociedade brasileira tem, sistematicamente, aplainado as diferenças sociais. Em cena, o primeiro impacto da peça é a sua insistente atualidade, três décadas após os acontecimentos que a motivaram. Enquanto as imagens dos massacres de Carandiru e da Candelária se tornam remotas na memória, esta outra história de extermínio mantém uma perturbadora vizinhança. O fato é que os meios de comunicação falam do coletivo para o coletivo, enquanto Andrade nos põe diante de uma comunidade em que o destino comum não diminui a estatura dos indivíduos. Há quatro grandes personagens em conflito, e cada uma delas defende com garra sua própria ideia de redenção. Tornam-se inesquecíveis porque não são um rebanho trotando para o matadouro, mas um amálgama de seres fortes e contraditórios.
A encenação de Antunes Filho é, em primeiro lugar, um tributo à dimensão do texto. Em espetáculos anteriores do Centro de Pesquisa Teatral (CPT), trabalhando sobre Nelson Rodrigues ou Guimarães Rosa, Antunes sublinhava aspectos

controvertidos ou menos evidentes do texto. Em *Vereda da salvação*, o espetáculo é um plano horizontal, exibindo com clareza o equilíbrio e a complexa arquitetura do texto. Em cada conflito há uma distribuição matemática de forças, ilustrada por agrupamentos, fazendo equivaler a verdade de cada um. A direção eliminou a minúcia e a introversão do teatro realista, que poderiam sugerir outros temas ou esgotar a emoção dos espectadores. Pode-se dizer que o arquétipo que Antunes utiliza é o da tragédia sofocliana, opondo um tema a outro igualmente grandioso. No outro polo do plano horizontal há uma saída para o alto que se configura na leveza – quase levitação – de algumas personagens e na cenografia de linhas verticais criada por J. C. Serroni. Mas é também um mundo animado "por uma alegria íntima, uma transfiguração". Como um deus arcaico, Joaquim dança para ascender ao paraíso.

Depois de três décadas, *Vereda da salvação* retorna com uma encenação à altura da sua complexidade, talvez num momento especialmente oportuno, porque todos nós nos rendemos à complexidade do mundo, incapazes de viver as vigorosas dualidades de 1964. Volta com o afinado elenco do CPT e com a preciosa contribuição de Laura Cardoso, uma grande atriz capaz de transubstanciar Dolor em Maria.

## ELA É BÁRBARA

De Jean-Pierre Grédy e Pierre Barillet
Direção de Cecil Thiré
10 de dezembro de 1993

No texto que abre o programa de *Ela é Bárbara*, Cecil Thiré fornece a receita do seu espetáculo e acaba por resumir as esperanças que nele deposita: "Espero que se divirtam". Poupa a si mesmo, poupa o crítico e poupa o leitor das habituais platitudes escritas sobre divertimentos inocentes. *Touché*. Não há nada mais a falar, exceto testemunhar que Thiré cumpre o que promete na sua receita.

Pois então, depressa ao que interessa. Vamos a Tônia Carrero. Tônia formou-se em uma geração que aprendeu a trabalhar todos os elementos do espetáculo, em contraste com um tipo de teatro que privilegiava apenas a atuação dos líderes das companhias. Nesta comédia, ela mantém o padrão, secundada por excelentes atores, como Luiz Carlos Parreiras, Luiz Carlos de Moraes e Ileana Kwasinski. De uma forma geral, o espetáculo transpira cuidado, exatidão no ritmo, respeito a todos os seus integrantes. Mas, ainda assim, Tônia é mais do que a protagonista da trama. Os suspiros e os murmúrios de prazer da plateia ecoam cada vez que entra em cena. Pequenos gestos espontâneos, fora do texto e da marcação, são imediatamente identificados e aprovados. Na verdade, o tempo em que a atriz está fora de cena funciona como um hiato, uma privação que aguça o prazer de uma nova aparição. Confiamos que virá ainda mais bonita, envergando alguma coisa flutuante ou alguma coisa brilhante. Além disso, o modo distanciado, levemente irônico, com que representa suas duas personagens deixa sempre entrever que tudo não passa de um jogo feito para agradar. Tônia nos devolve a um teatro meio esquecido, que faz sorrir sem exageros. Acreditamos pouco em Bárbara, a personagem debochada, e um pouco mais na sua irmã, que preserva inteligentemente o caminho do meio entre virtude e destempero.

Isso porque, ao contrário das divas do cinema, Tônia não precisa de filtros nem de tomadas à distância. A simpatia e o suave encanto pessoal da atriz estão ali, a poucos metros de distância, temperados por um toque de coqueteria. O bom espetáculo que integra não consegue contê-la, mas é uma prova da sua gentileza e do respeito com que trata seu público. O público agradece entusiasticamente, e o mais provável é que guarde na lembrança apenas a memória de ter visto Tônia Carrero, porque uma diva é para sempre.

# Críticas 1994

## THE FLASH AND CRASH DAYS

De Gerald Thomas
Direção de Gerald Thomas
19 de janeiro de 1994

Já nos deram a notícia terrível de que não se faz arte com bons sentimentos. *The Flash and Crash Days*, espetáculo que o diretor Gerald Thomas apresenta em nova edição, veste essa carapuça como um axioma. Seu trabalho tem agora como centro o jogo histriônico. Duas figuras com máscaras faciais repetem incontavelmente um esquema de mútua perseguição, ao estilo do camundongo e do gato das histórias em quadrinhos. Uma figura mata, e a outra não morre; as duas são capazes de brincar, mas a brincadeira é uma armadilha para surpreender. Por trás de cada ação, há malícia traduzida pelo aliciamento da plateia. Sendo assim, toda a representação é um truque, uma falsidade para dominar, ainda que por instantes, o outro. Representa-se, parece nos dizer Gerald Thomas, não para encontrar uma mediação com o mundo, mas para dominar o palco. A paixão que anima as duas tábuas do palco é mesmo a paixão pelas tábuas.
Quer gostemos ou não, a arte contemporânea supre esse argumento com suficiente munição. Sem a franqueza de Thomas, museus, bibliotecas e casas de espetáculos estão povoados de obras que, com maior ou menor grandeza, espelham sobretudo a si mesmas. Nesse universo, o combate entre a tradição e o novo mascara uma imutável substância narcisística.
A julgar pelo espetáculo de Thomas, o único alívio para essa mesmice estaria no interlúdio cômico, no qual a representação é jogo, e não símbolo da realidade. Com humor, a repetição seria tolerável. "Não tendo outra alternativa, o sol brilhava sobre o nada de novo", escreveu Beckett.
Isto posto, o que ainda interessa em uma obra é o modo como se manifestam as mesmas ideias. *The Flash and Crash Days* depende muito do repertório histriônico de Fernanda Montenegro e Fernanda Torres, bastante variado em entonações vocais, caretas e clichês de gestos e movimentos. É preciso conhecer muito para parodiar e ironizar e, nesse e em outros sentidos, o espetáculo é feito sob medida para as duas atrizes. Ambas sabem que não podem ser graciosas, mas, em vez disso, devem ser leves, rápidas e inteligentes para captar o ânimo da plateia. Fazem tudo muito bem enquanto desafiam a sacralização por parte do público. Afinal, todos sabemos que estão em cena, digladiando-se, duas gerações do teatro brasileiro. E não como inocentes úteis.

Mas é Daniela Thomas que, sem escapar à ironia, propõe algo mais do que a contrafação. Ao reproduzir a moldura preta, ao recorrer ao quase desgastado recurso das paredes que se tornam magicamente transparentes, ao colocar um telão onde já se inscreveram inúmeros poentes, a cenografia relembra que a beleza, embora vã, é parte desse jogo.

## O NOVIÇO

De Martins Pena
Direção de Brian Penido
18 de abril de 1994

O maior encanto da encenação de O *noviço*, início do projeto Panorama do Teatro Brasileiro, do Grupo Tapa, está em nos devolver, no espírito e na letra, ao século XIX. Salvo pela erotização do namoro entre os jovens, não há nenhuma aproximação forçada entre a peça e os temas mais evidentes da vida contemporânea. Da primeira à última cena, o espetáculo é desenhado pela direção de Brian Penido com uma preocupação arqueológica, resgatando um estilo cômico que se apoiava mais no mecanismo das ações do que em personagens.
Martins Pena recorreu aos arquétipos da tradição cômica ocidental: a viúva assanhada, o amoroso ardiloso, a mocinha ingênua e o explorador de mulheres. Mas o espetáculo observa o tratamento delicado que o autor imprimiu a esses caracteres, apresentando-os como gravuras antigas. Ouve-se bom português em pronúncia caprichada, com vírgulas e pontos no lugar certo, evocando um tempo em que o teatro era também arte literária.
É com aparente candura que o espetáculo domina uma plateia estudantil, para quem tanto o teatro quanto Martins Pena constituem absoluta novidade. Por trás da impressão de leveza e facilidade, há uma precisa orquestração dos gestos, do ritmo das falas e do sentido das frases. A paciente e acumulativa experiência do grupo no preparo dos intérpretes possibilitou esse apuro técnico raro entre nós. Estamos mais habituados, na verdade, ao teatro que nos obriga a rir das caretas, dos gestos enfáticos e das associações imediatas.
Na verdade filigranada do Tapa, Martins Pena revive com a virtude superior da tolerância, fustigando sem severidade os costumes do seu tempo. Nos seus primórdios, a comédia brasileira sabia fazer rir sem apelar para o escárnio. Dá uma certa saudade.

## A GAIVOTA

De Anton Tchekhov
Direção de Francisco Medeiros
19 de maio de 1994

Com a encenação de *A gaivota* pelo Teatro de Arte de Moscou, em 1898, ganhava corpo uma ideia de representação predominante no século XX. Ao construir um grupo humano movido mais por sentimentos do que por fatos, Tchekhov sugeria a Stanislavski e Dantchenko os meios para pôr em cena a face interior da existência. Francisco Medeiros toma como base essa história do texto para a sua versão de *A gaivota*. O espetáculo que cria é regrado pelo texto e, embora o elenco não tenha a afinação homogênea de um grupo estável, as cenas seguem a fluência e o ritmo interior das personagens. Não há sequer um artifício "teatral", enfatizando esta ou aquela personagem ou destacando uma ação. Ao todo, o espetáculo nos apresenta um pequeno mundo como um tecido vivo, respirando, sustentado pela coesão das células.
Boa parte dessa coesão se deve ao controle do equilíbrio entre as manifestações do desejo vital e as frustrações. Com essa disciplina evita-se o melodrama e o exagero, perigo enraizado nos nossos costumes teatrais. O que se vê não é também a minuciosa observação de estados emotivos, própria do realismo psicológico. Medeiros cria sobretudo uma atmosfera poética envolvendo criaturas que, embora não sejam grosseiramente artificiais, são símbolos.
No tratamento cenográfico que J. C. Serroni imprimiu ao porão onde se alojam os espetáculos, concretiza-se o sonho de um espaço poético, livre das três paredes e da mesquinha moralidade pequeno-burguesa. Solo áspero de cimento armado, as alamedas outonais adivinhadas entre a tubulação do edifício formam um amálgama de épocas para sugerir em vez de localizar. *A gaivota* levou quase um século para pousar em um palco brasileiro. Com mais pressa talvez não encontrasse a maturidade e o talento da dupla Medeiros-Serroni.

## A FALECIDA

De Nelson Rodrigues
Direção de Gabriel Villela
3 de agosto de 1994

Gabriel Villela é, ao contrário do alterego de Millôr Fernandes, enfim, um diretor com estilo. Sua assinatura é a fixação em um repertório cultural que parece, na superfície, grotesco e tosco, mas onde o encenador escava para descobrir uma vontade de beleza e transcendência. As cores fortes, as máscaras e a sobreposição de formas que caracteriza a deterioração do barroco são uma constante nas encenações de Villela. Por vezes a assinatura pesa demais sobre um texto poético como *Romeu e Julieta* ou entra em desacordo com as preocupações políticas de Luís Alberto de Abreu, autor de *A guerra santa*. No caso de Nelson Rodrigues, entretanto, a sintonia é muito boa. Com sua indigência cultural, as personagens de *A falecida* vivem na fronteira do ridículo. Aos poucos, os incidentes dramáticos vão revelando a ânsia – sempre frustrada – pela grandeza pessoal ou social. Nesse caso, portanto, o diretor segue com modéstia – sendo fiel até às rubricas – o texto de Nelson Rodrigues. No primeiro plano não estão os anti-heróis Tuninho e Zulmira, mas o ambiente que produz duas peculiares formas de evasão. Na cenografia, Villela delimita campos para as obsessões do jogo e dos ritos mortuários. Todas as outras personagens são inscritas nesses espaços da fantasia compensatória. Antes de dar forma ao delírio, o espetáculo, com muito bom-senso, constrói um alicerce racional.
Ainda falta a esta versão de *A falecida* um tempo de maturação. Com exceção dos dois protagonistas, claramente definidos, o elenco está ainda tateando, procurando um ponto de equilíbrio. Um modo de resolver o problema talvez seja iluminar melhor os atores. Por mais bonito que seja, um cenário de luz absorve a claridade que deveria mostrar o ator.

## VESTIDO DE NOIVA

De Nelson Rodrigues
Direção de Eduardo Tolentino de Araújo
12 de agosto de 1994

O impacto de *Vestido de noiva* sobre a cena brasileira, devidamente registrado por sucessivas rememorações críticas, conferiu a esta peça de Nelson Rodrigues uma espécie de aura. Prudentemente, a encenação de Eduardo Tolentino de Araújo com o Grupo Tapa situa-se à altura do texto, e não da repercussão. Os desafios de linguagem que a peça propõe não se tornaram mais fáceis de resolver com o passar do tempo. Tolentino enfrenta-os pelo lado de dentro, localizando nas personagens e nas situações as formas que o espetáculo deve assumir. Evitando enredar-se em leituras expressionistas ou psicanalíticas, a direção considera como matéria-prima as informações registradas no texto. Uma vez que a peça examina a dissolução da consciência e a progressiva intromissão de realidades de outra ordem, é sobre esse patamar que se organiza o espetáculo.
Alaíde, brilhantemente interpretada por Denise Weinberg, tem a carnalidade do realismo e, portanto, a inocência de quem não distingue a fronteira entre o fato e a projeção. As cenas que invoca e nas quais interfere são quase naturais, sem a grande eloquência das grandes viagens metafísicas. Desejo e aparência adquirem o mesmo peso cênico. E apenas o bordel, que Alaíde idealiza e não conhece, recebe o tratamento estilizado. As outras criaturas possuem essa espécie de verdade artística de seres que poderiam viver ao nosso lado. Dessa forma, cada versão contraditória torna-se possível. Com esse tratamento, compreende-se que *Vestido de noiva* é mais do que uma brilhante invenção dramatúrgica. É um esforço excepcional para captar o volátil mecanismo da psique humana.
O Tapa completa quinze anos. Com um elenco único na cena paulista, fazendo leituras profundas de grandes peças e com um projeto de trabalho a longo prazo, o grupo oferece agora um espetáculo para figurar nas antologias do teatro brasileiro.

## ...E MORREM AS FLORESTAS

De Luís Alberto de Abreu e Kaj Nissen
Direção de Volker Quandt
20 de agosto de 1994

Há muito tempo o teatro brasileiro participa de uma frente de batalha que talvez seja a mais importante deste final de século: a luta pela formação de uma consciência ecológica. Artistas de vários estados criaram espetáculos memoráveis sobre o tema da destruição dos nossos recursos naturais e da catástrofe cultural inevitável quando o homem se divorcia do meio ambiente adequado à sua espécie.

*Cobra Norato* é um espetáculo de Minas Gerais; *E a gralha falou*, do Paraná; *Na carreira do divino*, de São Paulo; *A dança dos tangarás*, de Mato Grosso do Sul. *Macunaíma*, um dos mais celebrados espetáculos do teatro contemporâneo, iniciava-se com uma deslumbrante caracterização do momento mítico que precede a descida ao tumulto da vida urbana.

Em todos esses trabalhos, criados por artistas de origem e formação diversas, há um traço comum. Antes de introduzirem os tormentos da destruição, celebram a harmonia primordial da vida humana integrada à natureza. Seduzem o espectador para poder alertá-lo.

*...E morrem as florestas*, no Teatro João Caetano, trabalho criado agora por artistas de dois continentes, tem a pretensão inédita de configurar o caráter internacional da luta ecológica. É um espetáculo que concretiza a ideia de uma causa que ignora fronteiras nacionais e que pode repercutir através da imensa distância que separa o Brasil da Dinamarca. É difícil ficar insensível à beleza do projeto.

Evidentemente, para encontrar um terreno expressivo comum, os artistas não poderiam trabalhar sobre imagens características de um espaço geográfico determinado. Partem, portanto, de referências conceituais e entram diretamente no conflito.

Neste espetáculo, está diluída a lembrança de um tempo mítico. Abaí, o herói, não conhece a felicidade. É um filho da mata que nasce na véspera da destruição, desde sempre condenado ao desterro, submetido às seduções da cobiça e enviado finalmente para uma luta que não vencerá durante o tempo do espetáculo.

Com essa definição precisa do conflito, Volker Quandt dirige o espetáculo com muita competência técnica. O texto, criado a quatro mãos pelo brasileiro Luís Alberto de Abreu e pelo dinamarquês Kaj Nissen, não abre brecha ao sentimentalismo ou à utopia. Da mesma forma, a direção mantém o espetáculo sobre os trilhos da narrativa, enfatizando a crítica para se manter um passo distante do proselitismo.

O elenco, perfeitamente harmonizado, adota um ritmo acelerado e economiza nos detalhes. As personagens são construídas como máscaras com funções claras, sem arroubos de sentimento ou gestos que não sejam indispensáveis à ação. Ao todo, o espetáculo se assemelha a uma coreografia em que o raciocínio que preside a concepção do trabalho é mais evidente do que as impressões sobre os sentidos.

O controle da encenação não impede, entretanto, que a história narrada se desdobre em enigmas e metáforas. A personagem Ci, mãe do mato, contrapõe-se a Odim, divindade da cobiça e do individualismo. Orientalizada pela encenação, Ci amplia a sua representação e abarca referências culturais mais amplas.

Há outras imagens instigantes nessa história: a lógica do pensamento selvagem destruindo a catequese, a usurpação da sombra e o amor aprisionado. São intervalos repletos de significados que se desprendem da rede conceitual do espetáculo e ressoam após a experiência da cena.

É possível perceber neste trabalho que a narrativa ainda não está madura. Algumas cenas são desnecessárias e alongam o espetáculo sem acrescentar muito. Com um pouco mais de tempo, não será difícil ajustar este belo trabalho concebido através de uma enorme distância.

## ADORÁVEL DESGRAÇADA

De Leilah Assumpção
Direção de Fauzi Arap
25 de agosto de 1994

Como espetáculo, *Adorável desgraçada* passa incólume por essa prova dos nove que é o monólogo. Ficamos confinados em uma sala diminuta do TBC, frente a frente com a atriz Cláudia Mello cumprindo a tarefa de representar a vida pouco acidentada de uma solteirona à moda antiga. Se conseguimos aceitar essa ficção quase desprovida de peripécias é porque a criação da personagem por um bom ator é uma sedução própria do teatro.

Dirigida por Fauzi Arap, a interpretação de Cláudia minimiza os aspectos ridículos da personagem e tensiona ao máximo a progressiva deterioração mental de Guta e o esforço que faz para manter a sanidade. O cenário rompido, permitindo entrever uma cidade vazia, a luz subjetiva e o realismo com que a mulher se dirige ao seu interlocutor celeste contribuem para alargar o universo da peça. A mesquinhez do cotidiano, bastante acentuada no texto, fica pouco importante diante da solidão e do sofrimento psíquico. Subsiste alguma coisa admirável no esforço dessa criatura para atingir a santidade.

O plano da sátira social é o mais fácil e o mais evidente na peça de Leilah Assumpção. Sua solteirona descende da linhagem de mulheres que não souberam rejeitar as convenções sociais, pagando, mais tarde, o tributo da insatisfação permanente. O outro plano da peça, o de uma desesperada sede de justiça, permanece como um subtema. Há uma preocupação, talvez de caráter técnico, em alimentar o interesse com incidentes reiterando a frustração. Resta pouco espaço para que Guta manifeste sua personalíssima relação com a divindade. Leilah não quer abandonar a figura da solteirona, e está no seu direito. Contudo, outro assunto insinua-se nesta peça, mais abstrato, difícil de reduzir ao pecado da inveja.

## CORTE FATAL

De Paul Portner. Adaptação de Luis Fernando Verissimo
Direção de Noemi Marinho
3 de setembro de 1994

Além da ideia de que governar é construir estradas, os romanos nos legaram também o conceito de que arte e jogo são farinha do mesmo saco. Tanto na arte quanto no jogo, brinca-se com a probabilidade. É bem verdade que, naquele tempo, o *fair play* ainda não tinha sido inventado. Quem vencerá: o cristão ou o leão? Façam suas apostas.

*Corte fatal* inspira-se também no multiculturalismo romano, uma vez que é um texto escrito por um suíço, adaptado por um americano e polido por Luis Fernando Verissimo. É uma peça que se satisfaz com a proposta do jogo e deixa de lado todas as outras possibilidades do teatro. Trata-se de um joguinho modesto como o carteado. Nada daquelas perversões metafísicas de Borges ou Cortázar, para citar apenas dois exemplos. Tampouco da carnificina das touradas ou dos ringues de boxe. Portanto, se o leitor aprecia uma tarde tranquila, juntando pacientemente uma canastrinha, *Corte fatal* é uma razoável opção de lazer. Para os perfeccionistas – os que só se contentam com uma canastra real –, há o toque brilhante de Luis Fernando Verissimo.

Vamos supor, entretanto, que o leitor é do tipo que não acredita em passatempo porque está convencido de que o tempo é que passa sobre nós, como um caminhão desenfreado. Só entra em carteado por gentileza, quando falta parceiro e, enquanto joga, percebe o sol se pondo pela janela à sua esquerda. Terá ido ao teatro para acompanhar os amigos, para agradar a mulher. Neste caso, amenizando a angústia do tempo perdido, resta-lhe esquecer a peça e prestar atenção no excelente elenco reunido por Noemi Marinho. Bons atores, inventando dentro de um campo estreito, enriquecendo com o desempenho a simplória matemática do texto. Acrescentando pequenos traços para compor tipos, improvisando alguma novidade sempre que há uma brecha e driblando com simpatia as intervenções da plateia, os atores de *Corte fatal* oferecem um vislumbre do improvável, da liberdade criativa que sobrevive no jogo do ator mesmo quando o dramaturgo renunciou a ela.

## O BAILE

DE JEAN-CLAUDE PENCHENAT
DIREÇÃO DE DÁCIO LIMA
16 DE SETEMBRO DE 1994

A Companhia do Gesto pode envergar solenemente a toga imaginária do "respeitável currículo". Existe desde 1975, tem uma direção artística coerente e tenaz. Seu objetivo é fazer um teatro brasileiro sem recorrer à particularidade regionalista e, para isso, empenha-se tanto na encenação de clássicos da dramaturgia quanto na pesquisa de gestos que sejam alguma coisa a mais do que novidadeiros. De uma receita boa e sensata sai o produto esperado: um elenco homogêneo, hábil e preocupado, sobretudo, com a unidade do espetáculo. São agora tão raros os conjuntos estáveis que a primeira reação diante do espetáculo do grupo é a de contágio pelo entusiasmo coletivo. Tudo é feito com absoluta coordenação de olhar, de gesto, de ritmo, sem abrir brechas para destacar este ou aquele intérprete. Como o nosso panorama teatral tem sido predominantemente de produções isoladas, é um prazer raro encontrar um trabalho de grupo. Todos os efeitos desse espetáculo dependem do afiado conjunto de atores dançarinos.

Do ponto de vista dramatúrgico, *O baile* é um ovo de Colombo. Ettore Scola divulgou no seu filme uma peça com uma estrutura básica adequada a inúmeras apropriações. Dácio Lima enxertou o esqueleto com episódios da história brasileira e obteve resultados semelhantes aos do filme. O espetáculo não dá uma lição de história e tampouco oferece uma reflexão crítica, mas recria a atmosfera social traduzida pelo comportamento coletivo. Dentro dos limites amenos de um musical, é possível mostrar como fomos ficando, ao longo de quase meio século, cada vez menos cordiais. Ainda assim, dançando, a Companhia do Gesto dá uma colher de chá para nossa autoestima ao celebrar nosso equilíbrio sobre a corda bamba.

## EU SEI QUE VOU TE AMAR

De Arnaldo Jabor
Direção de William Pereira
21 de setembro de 1994

*Eu sei que vou te amar* finca suas raízes no ceticismo contemporâneo. Descrendo da redenção social e espiritual da humanidade, resta ao artista examinar o homem comum, "esse bicho da terra tão pequeno". É esse o porte do casal criado por Arnaldo Jabor, uma dupla isolada da trama histórica, surpreendida em um momento de crise afetiva. A linguagem permite supor que vivem no limbo social da classe média. Mas isso, na peça, é mais um fator de indeterminação das personagens. O que realmente interessa mostrar é a nudez emocional de duas criaturas sem grandeza, experimentando intensamente as dores de sua relação.

A sinceridade de se restringir ao universo afetivo é a maior qualidade do texto. Jabor poupa-nos da causalidade mesquinha, da rotina doméstica, para nos apresentar a verdadeira pequenez, a de dois egoísmos. Trata-se de uma luta banal, em *rounds* de atração e repulsa, entre criaturas que, embora diminutas como formigas, possuem o trunfo humano de distinguir, de eleger o ser amado. Apesar de tudo, se amam, e é esse o mistério com que somos brindados ao final do conflito.

Com a engrenagem miúda do desacerto, a peça desperta essa emoção de piedade que sentimos pela falta de jeito do *clown*. Em um determinado ponto, entretanto, intromete-se o fantasma rodrigueano, perturbando a minúcia do desejo. As duas personagens põem-se a proclamar cabeludas transgressões ao sacramento do matrimônio. Até então pensávamos que a união nada tinha de sagrada e que este casal, incapaz de pecar, teria prevaricado.

Nessas cenas francamente ruins tropeçam até os dois bons intérpretes do espetáculo. Fora disso, Julia Lemmertz tem uma extraordinária delicadeza de gestos, inflexões e expressões faciais. Alexandre Borges desempenha bem a inconsciência masculina, mas sofre como galã de cinema norte-americano; precisa achar meios mais sutis para indicar a fragilidade da sua personagem.

## ANJO NEGRO

De Nelson Rodrigues
Direção de Ulysses Cruz
20 de outubro de 1994

Nelson Rodrigues – conta-nos Sábato Magaldi – temia a desenfreada criatividade dos diretores. Seu temor não teria razão de ser diante da versão de *Anjo negro* criada por Ulysses Cruz. Há, no espetáculo, um conceito certamente original, mas nem por isso a assinatura do diretor se sobrepõe ao texto.
Tendo nas mãos uma peça difícil, cuja matéria mais evidente é a paixão desacertada, Ulysses Cruz optou por um tratamento de atmosfera, solene e melancólico como a noite que paira eternamente sobre a casa do protagonista. Em vez da precipitação trágica, condizente com uma peça que alinhava infanticídio, adultério, fratricídio e incesto, vemos um cortejo de criaturas que nunca perdem a dignidade, movendo-se com solenidade monástica. Evitando a redução inevitável nas leituras sociológicas ou psicanalíticas, a encenação prefere uma analogia entre a trajetória da personagem e o martírio cristão. Sua fonte de inspiração está em uma camada profunda da peça, onde palpita a nostalgia da pureza.
Com esta interpretação, o que sobressai não é o desfile de crimes, mas o sofrimento incessante que se comunica melhor porque não grita. Compreendemos que o racismo é um ponto de partida e que, ao rejeitar sua pele, Ismael rejeita também a atualidade. Sua mulher só verá negros, e a filha vai imaginá-lo como o único branco em um mundo de negros. Graças a uma violência mais interior do que física, a encenação vai revelando a ânsia pela totalidade.
*Anjo negro* tem um elenco excepcional, à altura da difícil tarefa de representar uma tragédia moderna sem recorrer à gritaria. É um prazer ver a inteligência e a perfeição técnica da geração de atores de Ida Gomes ou Ruth de Souza. E uma agradável surpresa encontrar uma jovem atriz como Christiana Guinle contracenando à altura de seus ilustres colegas. Mereceria um comentário à parte a magnífica cenografia de Hélio Eichbauer, que mapeia, sem decifrar, as áreas misteriosas que o espectador só poderá penetrar usando sua própria imaginação.

## AS GUERREIRAS DO AMOR

De Domingos de Oliveira
Direção de Celso Frateschi
27 de outubro de 1994

Em meio à Guerra do Peloponeso, Aristófanes escreveu *Lisístrata*, uma peça empenhada em palpitar na vida política dos gregos. É de se esperar que, 25 séculos depois, a pólis não seja necessariamente o tema privilegiado das comédias. Domingos de Oliveira certamente vê com outros olhos o gênero cômico e, com justiça, classifica *As guerreiras do amor* como uma peça de sua autoria. Aproveita do comediógrafo grego a situação e a estrutura de algumas cenas para louvar antes o poder de atração das mulheres do que a sua sensata diplomacia. Quem conhece a comédia grega lamentará o estreitamento do campo de interesse. Sem um termo de comparação, entretanto, há aqui uma razoável matéria cômica, bem organizada pela situação inventada pelo autor grego e com um desfecho romântico.

De qualquer forma, desenhando com nitidez diferentes tipos femininos, o texto de Domingos de Oliveira abre espaço privilegiado para as mulheres do elenco. Celso Frateschi, dirigindo o espetáculo, aproveita muito bem a brecha para estimular excelentes desempenhos. Adotando uma linha menos popularesca do que o texto sugere, a encenação expressa um erotismo difuso através da dança amorosa cheia de fantasia, prometendo mais nas palavras do que o que se realiza nos gestos.

Com imaginação e finura, as atrizes vão compondo diferentes formas de sedução. São todas muito boas, mas não há como deixar de distinguir, pela graça leve e inteligente, o trio formado por Ângela Dip, Edith Siqueira e Rosely Silva. Cavalheirescamente a parte masculina do elenco se contenta com uma posição subalterna, amparando as colegas, sem muito brilho. Não há como igualar as moças, envoltas nos belos figurinos transparentes de Naum Alves de Souza, evoluindo em um amplo espaço azul sem o menor indício da situação bélica. Celebram-se muito bem o encanto e o poder do erotismo feminino. A sabedoria das mulheres tramando a paz da mesma forma que cardam, fiam e tecem a lã permanece na peça de Aristófanes.

# K.

De Peter Handke
Direção de Rubens Rusche
15 de novembro de 1994

Em 1939, uma certa retórica inflamada impeliu multidões ao massacre. Não é de estranhar a angústia com que a arte do pós-guerra passou a criticar a origem e a função do discurso. *Kaspar*, do alemão Peter Handke, é uma manifestação relativamente tardia do drama da linguagem. Talvez por esse motivo é também o mais perfeito inventário dos modos de operação da linguagem sobre a consciência.
Com o didatismo de fazer inveja a mestres da linguística, Handke alinhava as etapas da educação nominalista. O que torna a peça uma criação excepcional é o reconhecimento do poder de sedução do inimigo. Somos apresentados à beleza das palavras, à inteligência perversa da sintaxe e à força das partículas. Uma simples adversativa explode a segurança da asserção.
K., a adaptação de Rubens Rusche, preserva grande parte da peça original, embora exclua os trechos conclusivos explicitando o vínculo entre o autoritarismo da linguagem e o *slogan* político. Fazem sentido os cortes. A analogia é óbvia e a reiteração é a parte mais circunstancial de uma obra escrita no limiar do ano de 1968.
Além disso, ao dirigir o espetáculo, Rusche elimina a multiplicação de Kaspar. Bastam dois para que se compreenda a universalidade do processo. Ele orquestra precisamente falas e rubricas, respeitando as indicações de iluminação e cenografia do autor. É um trabalho pautado pela inabalável confiança no texto. A marca pessoal do diretor parece ser a noção de que o palco é um espaço delicado onde o pouco vale muito.
O *clown* de Magali Biff tem um desenho corporal delicadíssimo, mas isso não é tudo. Com um registro variado de voz e uma elocução perfeita, a atriz mostra uma boa base técnica para poder dedicar-se ao entendimento das frases que emite. Vemos, na articulação progressiva da personagem, o prazer de conquistar a razão. Nas pausas, Magali introduz a nostalgia do caos em que, antes da palavra, vivíamos. Um belo espetáculo para os que não dissociam o prazer da inteligência.

# Críticas 1995

## A RATOEIRA É O GATO

De Michel de Ghelderode e Heiner Müller
Direção de Paulo de Moraes
12 de fevereiro de 1995

É curiosa a fascinação dos jovens pela dramaturgia de Michel de Ghelderode. Em suas peças há sempre um círculo vicioso a ser cumprido por personagens invectivando contra o determinismo. Em vez de ação, há sobretudo palavras recobrindo, com certa pompa, uma única ideia, a de que a condição humana não é mesmo muito agradável.
Talvez haja aí um elemento especialmente atraente para o momento em que se manifesta a rebeldia, ainda sem causa, da juventude. De qualquer forma, Ghelderode é a influência predominante no roteiro criado por Paulo de Moraes para o espetáculo de sua companhia, *A ratoeira é o gato*. Vemos em cena as alegorias extraídas da baixa Idade Média e as longas paráfrases sobre vida, morte, liberdade, amor.
Não é um bom texto e, a certa altura, torna-se difícil acompanhá-lo. Boa parte da energia dos intérpretes poderia ser poupada eliminando redundâncias. Por outro lado, a fonte da qual o autor belga extrai suas imagens é admiravelmente aproveitada pelo espetáculo. É no jogo entre os atores, na construção dos movimentos e das expressões individuais que a Armazém, jovem companhia paranaense, demonstra um talento fora do comum.
Partindo da iconografia flamenga, Paulo de Moraes constrói uma sequência visual orgânica. Nada parece artifício. Mesmo as estruturas cenográficas são oxidadas, sensíveis à ação do tempo, quase a ponto de reverter ao pó. Tendo como pano de fundo essa ameaça de decomposição e imobilidade, as personagens se agitam ardentemente e cumprem seus jogos, sempre vãos e repetidos, como quem se debate para escapar.
Sabemos que nada vai dar certo nesse mundo semimorto, mas admiramos a energia e nos compadecemos da angústia com que esses saltimbancos criam surpreendentes e ágeis formas de se debater. Da substância rarefeita do texto, os intérpretes conseguem extrair vitalidade. E não será isso a condição humana? A ideia de Ghelderode é mais bem servida por este espetáculo do que pelo seu próprio palavreado.

## O LIVRO DE JÓ

De Luís Alberto de Abreu (adaptação)
Direção de Antonio Araújo
17 de fevereiro de 1995

Em um livro que se tornou famoso (*O teatro e seu espaço*), escrito em 1968, o encenador inglês Peter Brook narra seu esforço para obter, por meio de vários experimentos, uma "expressão verdadeira". Desde então, a ideia de representação cujo valor reside na autenticidade tornou-se um tanto fora de moda. Tanto quanto outras artes, o teatro de hoje se compraz no artifício, na exibição insistente dos seus próprios processos de composição. Ao apresentar *O livro de Jó*, o grupo Teatro da Vertigem retoma a intricada questão do debate entre arte e verdade que dominou o teatro nos anos 1960.

Quem espera do teatro uma noite agradável, um motivo para discorrer sobre a excelência dos intérpretes ou do texto, não encontrará muita satisfação neste espetáculo. Em vez de objeto a ser contemplado, há uma experiência de tal ordem que só nos resta aceitá-la ou rejeitá-la como um todo. Jó, sua mulher e seus amigos não são personagens críveis, ancorados no substrato histórico do Antigo Testamento. Não podemos contemplá-las à distância porque são apresentadas como porta-vozes de um diálogo que cada um de nós já travou com o criador em momentos de angústia.

O texto, recriado por Luís Alberto de Abreu, e a encenação, dirigida por Antonio Araújo, se inspiram nos procedimentos alegóricos do teatro medieval. O que vemos não é o indivíduo, mas uma abstração ou uma alma. Nada encobre esse núcleo metafísico, investigado pela consciência. Elementos narrativos como a queda e a revolta são mais tênues do que o teor do diálogo.

Não há dúvida de que o espetáculo tem pesado revestimento material. Atravessamos o equipamento hospitalar, sentimos o odor de um resquício de desinfetante e seguimos as pegadas sangrentas de Jó. Com isso, lembramos de um lugar onde se põe à prova a frágil carcaça humana. Mas este espetáculo faz mais que isso: transcende a dualidade entre corpo e espírito e propõe, com uma verdade que não conseguimos ignorar, um admirável combate.

## O LIVRO DE JÓ

De Luís Alberto de Abreu (adaptação)
Direção de Antonio Araújo
9 de março de 1995

Ao introduzir a belíssima adaptação que fez de O *livro de Jó*, Luís Alberto de Abreu faz questão de enfatizar o caráter profano do teatro. E tem razão. Para a experiência mística ou para a especulação teológica, inventamos o templo, o claustro ou um canto qualquer, íntimo e propício ao sagrado. Mesmo assim, ao sair do espetáculo, sentimos a tentação de contradizer Abreu.
Parece pouco inscrever essa experiência no rol das nossas distrações noturnas. O que acabamos de experimentar é diferente do que encontramos habitualmente nas casas de espetáculos. Vimos que o teatro pode ser uma forma de expressão reduzida a uma polaridade essencial. Assistimos a um diálogo em estado puro. Jó questiona o criador, e as perguntas ecoam entre os atores e o público. O teatro, essencialmente, vive neste intervalo entre a pergunta e a resposta. Nenhuma circunstância atenua o fato de que temos de seguir Jó, perguntando e aguardando.
Se o leitor percorrer o texto do Antigo Testamento, reconhecerá a diferença entre a experiência literária e a teatral. Podemos imprimir à leitura desse doloroso poema o ritmo da nossa ansiedade, atravessando o confronto na medida das nossas forças. Não é o que acontece no espetáculo. No teatro, os atores nos conduzem pelo espaço dilatando o tempo, fazendo sentir que o drama da existência humana não se resume à ignorância do desígnio divino, mas inclui também a espera. A impaciência soma-se ao desejo de contemplar a face benigna de Deus.
Tudo é muito simples neste trabalho. O hospital onde se instala o espetáculo e a caracterização dos atores são de um simbolismo óbvio. Em um lugar como esse concentra-se todo o sofrimento, físico e moral. Sempre um sofrimento inevitável, estúpido, recaindo equanimemente sobre o justo e o pecador. Não há, portanto, o que decifrar no tipo de tratamento dado à história de Jó. Resta-nos seguir. Sem interpretar as perguntas e reiterações do protagonista. Com sinceridade, com clareza e uma evidente adesão emocional ao texto, os intérpretes não precisam recorrer a nenhuma analogia. Cada espectador saberá o que lhe dói mais.
Este é apenas o segundo espetáculo do Teatro da Vertigem. É cedo para inferir uma vocação para a metafísica. De qualquer forma, ao lidar com a temática religiosa, o grupo não reproduz as ingênuas configurações dos anos 1970, quando tudo terminava na harmoniosa aliança de todos com tudo. Por isso mesmo, as

soluções cênicas que encontra são rigorosamente limpas, assépticas, coladas a um significado evidente. No mundo judaico-cristão, ao que parece, fazemos questão de saber por quê.

## CORPO A CORPO

De Oduvaldo Vianna Filho
Direção de Eduardo Tolentino de Araújo
10 de março de 1995

No final dos anos 1960, quando o país se submetia docilmente à hegemonia capitalista, Oduvaldo Vianna Filho deixou de lado a observação direta da luta de classes e passou a enfocar as contradições no interior das personagens. Luiz Toledo Vivacqua, personagem do monólogo *Corpo a corpo*, nasceu em 1970, produzido e determinado pela competitividade do mercado de trabalho. Algumas características do texto envelheceram desde então: as empresas se despersonalizaram, e um jovem ambicioso, hoje em dia, tem pouca chance de desdenhar um grupo de atuação política. Descontados os pequenos anacronismos, o texto sobreviveu ao tempo com muito vigor. Sob um comportamento vulgar, adequado ao feroz materialismo em que vive, Vivacqua tem falhas de proporções trágicas. Acossado pela insegurança, é capaz de abandonar a mãe, trair o pai adotivo e os amigos.

É este ângulo da queda moral e da consequente perda espiritual que a direção de Eduardo Tolentino de Araújo enfatiza. Nesta encenação, os mecanismos de dominação são menos importantes do que a consequência sobre a psique da personagem. Tolentino imprimiu a essa mesquinha barganha uma dimensão grandiosa, ultrapassando o limite do realismo. Tenso desde o início, o Vivacqua desta encenação é incapaz de ironizar ou rir de si mesmo. Não há uma folga para o ator ou para o espectador, e o desconforto e a excitação progridem até que se perceba o alto custo da opção feita pela personagem. Quem entra nessa corrida não conhecerá o repouso.

Zécarlos Machado está mais do que bem preparado para sustentar a alta voltagem emocional do espetáculo. Seu trabalho é ao mesmo tempo veloz e nítido, com um domínio perfeito da excitação física da personagem e da emissão do texto.

A última traição de Vivacqua é pontuada por um olhar que dura um átimo de segundo. Mas basta esse olhar para inscrever Zécarlos Machado na galeria dos momentos inesquecíveis do teatro. É o instante em que compreendemos a transformação substancial da personagem. Perdeu-se uma alma.

## A TEMPESTADE

De William Shakespeare
Direção de Paulo de Moraes
5 de abril de 1995

Pela segunda vez, em um mesmo semestre, o público paulista terá a oportunidade de assistir ao trabalho da Armazém Companhia de Teatro, de Londrina. (O primeiro espetáculo foi *A ratoeira é o gato*.) Uma boa companhia nascida e criada no Paraná é recebida entre nós com uma certa surpresa.
Somos capazes de aceitar com condescendência e naturalidade o teatro que nos chega da Europa ou dos Estados Unidos, mas não temos a menor noção de como está o teatro, o cinema ou a literatura nos outros estados. Na verdade, estamos ilhados, confinados ao que nos chega do exterior ou do Rio de Janeiro. Supondo-se que a Armazém seja uma entre outras boas companhias regionais do Brasil, a arte cênica do país vai de vento em popa. Os atores paranaenses têm, inicialmente, um preparo acima da média do que o que encontramos nos palcos paulistanos. Falam bem, dominam o significado do texto e, sobretudo, têm um preparo físico sem traços estereotipados. Em cidades onde não há muitas oportunidades profissionais nem boas escolas, a tendência é de transformar o grupo de teatro em um centro de formação, uma pequena escola com autonomia intelectual e técnica. É esse o caminho da Armazém, e o resultado em cena é uma qualidade que falta às vezes em produções isoladas: coesão entre intérpretes com preparo uniforme e uma evidente adesão à proposta artística do espetáculo. Nota-se logo que, nesse tipo de trabalho, a direção não ganha dos atores e vice-versa.
Neste segundo espetáculo do ano, os jovens vêm escudados por dois trunfos: Shakespeare e Paulo Autran. A peça não é fácil e, como todo clássico, deverá enfrentar as inevitáveis comparações. É um risco que vale a pena correr para ultrapassar os limites de um único estado.
Quanto a Paulo Autran, uma certa dose de risco faz parte do seu perfil profissional. Alternadamente, faz trabalhos convencionais e se arrisca com jovens e promissores novatos. Fez *Solness, o construtor*, uma das mais complexas criações de Ibsen, com o Grupo Tapa, contracenando com Denise Weinberg, agora uma premiadíssima figura da cena brasileira.
*A tempestade* encenada pela Armazém coloca-o outra vez diante de uma talentosa jovem, a atriz Patrícia Selonk. Cruzar gerações, diferentes formas de aprendizagem e um grande texto parece ser uma boa fórmula para todo o teatro brasileiro.

## A TEMPESTADE

De William Shakespeare
Direção de Paulo de Moraes
7 de abril de 1995

Uma das figuras recorrentes na arte do Renascimento é a do mundo como um teatro. As formas e os acontecimentos não seriam mais do que aparições fortuitas, manifestações episódicas de um desígnio que não podemos compreender. É por esse caminho, da representação dentro da representação, que o diretor paranaense Paulo de Moraes aborda A tempestade, de Shakespeare, em cartaz até domingo no Sérgio Cardoso.
Próspero (Paulo Autran), como um deus ou um diretor de cena, ordena e imprime sentido às ações da peça. É uma concepção sensata, apoiada ponto por ponto nas intenções do texto de Shakespeare. Desde o prólogo, um pequeno cenário de marionetes informa que haverá um teatro dentro do teatro, onde uma personagem criará e conduzirá tudo o que veremos.
Com a função de liderar o jogo, Paulo Autran enfatiza uma serenidade olímpica. O corpo está em estado de repouso para pôr em relevo a energia mental de Próspero. A voz é baixa e suave, sem aquele timbre metálico característico do ator, mas perfeitamente audível. Quase sempre o olhar ultrapassa o objeto diante do ator, deixando clara a sua vinculação ao mundo espiritual. Em vez de expansão, a concentração, sugerindo aquela espécie de poder que nasce menos da magia do que da supressão das paixões. Sentado na frente da cena, Autran absorve nossa atenção.
Não se pode dizer que as criaturas manipuladas por Próspero estejam à altura do criador. Ao que parece, a Armazém Companhia de Teatro não absorveu bem a incorporação de intérpretes com outra formação. Os jovens integrantes do grupo – especialmente o par romântico – não ultrapassam um clichê para a criação de personagens fantásticas. São por demais saltitantes, revelando mais o físico e o desenho do que o significado interior da cena.
Por alguma razão, atores mais experientes como Celso Frateschi e Jorge Cerruti dizem coisas importantes no fundo da cena, sem nenhum relevo especial. Ninguém parece estar à vontade na peça. Talvez fosse preciso, para obter uma equivalência de forças, imprimir às personagens a tonalidade serena do protagonista. Quem cria um mundo deixa nele a marca do seu estilo.

## TRÊS MULHERES ALTAS

De Edward Albee
Direção de José Possi Neto
27 de abril de 1995

*Três mulheres altas* parece querer provar que, depois de um certo ponto, a novidade formal não interessa. Edward Albee constrói uma peça simples, com dois atos simétricos: no primeiro estão três mulheres "reais", comportando-se de acordo com suas respectivas faixas etárias. A juventude é arrogante, a meia-idade suaviza-se com uma ironia compreensiva e, ao desvalimento da velhice, restam apenas sentimentos e sensações. No segundo ato, uma única consciência confronta essas três etapas da vida humana.
Desde Freud, estamos habituados a considerar a fragmentação da consciência na vida e na arte. Albee recorre a essa divisão de uma forma esquemática, para ressaltar o que é verdadeiramente complexo, ou seja, o decorrer da existência. Diante da morte, nada se torna mais claro, não há uma força superior intervindo para impor uma ordem moral e distinguir os acertos dos erros. Da mesma forma, não compete à arte oferecer um desenlace apaziguador. Revendo-se como filha, esposa e mãe, a personagem chega ao fim de mãos vazias. Nenhum afeto sobrevive intocado pela amargura. Nenhuma realização fica em pé nos instantes finais. Em cada diálogo no segundo ato, uma possibilidade amorosa é destruída pela mulher ou pelas circunstâncias. O ser humano permanecerá insaciado e expectante em todas as fases da vida.
José Possi Neto, dirigindo o espetáculo, observa a escala de um teatro de câmara. Concentra-se sobre os diálogos e dispensa efeitos cênicos supérfluos. As vozes são comedidas e, no primeiro ato, quase sussurradas. Possi utiliza o silêncio e os espaços vazios, e é um alívio assistir a um espetáculo que não precisa ser retumbante ou atravancado para emocionar. É mais do que suficiente o diálogo interpretado por duas grandes atrizes (Beatriz Segall e Nathalia Timberg) dosando com perfeição o realismo da primeira parte e o tom mais alegórico do segundo ato. Marisa Orth confunde a afetação e ainda pode reduzir seus gestos até torná-los mais adequados à sobriedade da encenação.

## CASA DE ORATES

De Artur Azevedo
Direção de Brian Penido
6 de maio de 1995

Feita à moda antiga, no tempo em que os dramaturgos só pensavam em alegrar o espírito do público, a comédia tentava pôr um pouco de ordem nos desmandos do mundo. Assim é *Casa de Orates*, uma comédia escrita em 1882 por Artur Azevedo, em colaboração com seu irmão Aluísio.
No final do século XIX, imperava na vanguarda cultural a crença de que todos os problemas do mundo seriam resolvidos pela ciência. Avessa a todo fanatismo, vem a arte para reivindicar, com muita sensatez, um lugar para os fenômenos indomáveis como o amor e o acaso. Esta encantadora comédia de Artur Azevedo já cumpriu, no passado, a moderna função de, ao fazer rir, corrigir um disparate. "A matéria é a única soberana", afirma o patriarca da peça. Pois os acontecimentos se encarregarão de provar o contrário. Soberanos são os instintos juvenis, inspirados por um Deus cego e pouco inteligente.
A ideia do texto é, hoje, menos importante. Depois da bomba atômica, não precisamos de nada que nos convença da simbiose entre a loucura e o fanatismo cientificista. Uma vez que os fatos se encarregaram de baixar a crista da ciência pura, resta-nos apreciar o engenho e a arte com que o autor defende o seu mote.
Uma qualidade imbatível em Artur Azevedo é a dosagem entre os recursos tradicionais do gênero cômico: o desenho do tipo, o quiproquó e a graça física. O espetáculo apresentado pelo Grupo Tapa, sob a direção de Brian Penido, enfatiza exatamente essa arquitetura, em que a graça é inteligente e planejada. As personagens são compostas, há agilidade nas ações físicas e um ritmo preciso encadeando os equívocos. Tudo isso feito com delicadeza, para que se possa apreciar bem o mecanismo que sustenta a peça.
Alguma coisa da atmosfera cômica do século passado, quando não estava em voga o "baixo corporal", provoca ao mesmo tempo prazer e nostalgia. Enquanto sorrimos da inteligência se exercendo sobre o ridículo, lamentamos um pouco que a nossa experiência do cômico tenha se tornado, desde então, cada vez mais espontânea e grosseira.
Em sistema de repertório, o Tapa encena agora dois grandes comediógrafos brasileiros, Martins Pena e Artur Azevedo. Suas peças, tão louvadas pelos críticos quanto negligenciadas pelo teatro tradicional, estão postas à prova por um dos

melhores conjuntos teatrais do país. E o que se constata é que podem ser mais que uma simples aula sobre o passado da comédia brasileira. Podem ser um ensinamento sobre as quase infinitas possibilidades futuras do gênero cômico.

## GILGAMESH

De Antunes Filho
Direção de Antunes Filho
3 de junho de 1995

A primeira e talvez mais forte impressão provocada pelo *Gilgamesh* encenado pelo Centro de Pesquisa Teatral (no Teatro Sesc Anchieta, rua Dr. Vila Nova, 245) é da própria narrativa. Ao conhecer esta epopeia prenunciando os temas que a cultura examinará incansavelmente durante os milênios que nos separam da civilização mesopotâmica, sentimo-nos um tanto honrados e um tanto obrigados pela ancestralidade.

Os antiquíssimos sumérios nos legaram uma história em que o herói aprende a temperança no confronto com a alteridade, submete a natureza ao seu domínio e paga, por este gesto, o alto preço de adquirir a consciência dos limites da condição humana. É uma belíssima epopeia e a encenação de Antunes Filho, deferente ao legado, prepara o público para aceitá-la.

Como um preâmbulo para o retorno à origem, há um cortejo circular, de efeito suavemente hipnótico, diluindo o tempo sequencial do cotidiano e introduzindo o tempo recorrente dos mitos. A aventura de *Gilgamesh* surge do interior de um ritual análogo ao ritual cristão.

Do rito, diz a tradição teatral, se desprendem a forma dialógica e a individualidade da personagem.

Antunes nos apresenta, portanto, o livro no qual se inscreve a epopeia sumeriana como um livro sagrado. Será um objeto sempre presente, dando origem aos episódios e determinando a forma do espetáculo.

Três etapas de sedimentação cultural transparecem com impecável coerência: a gênese do mito, a permanência intencional por meio da escrita e a sacralização dessa herança por meio do rito.

Para enraizar a história na escrita, a ambientação dos episódios recebe o tratamento das iluminuras. As cenas deslizam como páginas manuseadas pelos oficiantes do ritual. Compreendemos que essas imagens são, como as tábuas de argila alinhadas nas bibliotecas da Mesopotâmia, um esforço contemporâneo para religar os homens deste tempo aos de todas as épocas.

Nos raros momentos em que a encenação se afasta da referência à escrita e procura explorar a tridimensionalidade do palco, o efeito é bem menos convincente. Aceitamos o divino e o monstruoso enquanto se assemelham a representações iconográficas. Mas talvez seja preferível imaginar Humbaba, o Touro Celeste e o Carro do Sol a vê-los como pesadas figuras num palco até então utilizado com muitas economias. O próprio espetáculo, ao apresentar primeiro as versões bidimensionais, nos afasta das figuras plenamente realizadas. Poucos objetos podem igualar o terror imaginado. E, ao mesmo tempo, só a cena é capaz de representar com tanta eficácia a coragem de Gilgamesh quando revivido no corpo nu e vulnerável de um ator.

## SEGUNDAS HISTÓRIAS

De Antonio Nóbrega
Direção de Antonio Nóbrega
4 de junho de 1995

Nascido, criado e temperado por alegrias e adversidades na sua primeira aparição, Tonheta retorna em *Segundas histórias* em plena maturidade. Desta vez, Antonio Nóbrega dispensa a carroça que transportava sua personagem em *Brincante*, seu espetáculo anterior, e ganha espaço cênico livre, mais adequado para a incansável mobilidade da sua criatura.
A forma narrativa "epopeica", alinhavando episódios sem conexão lógica, é acrescida agora de duas motivações. Tonheta quer ser artista e quer reencontrar a sua amada. Uma coisa não tem muito a ver com a outra, mas as duas procuras dão margem à exploração de diferentes estilos de representação.
Para o aspirante ao mundo artístico, Nóbrega reserva uma dose consistente de realismo cômico. Faz a caricatura do artista popular que, obcecado pelo renome, emigra para o incompreensível mundo urbano. Muito engraçado na função de engraxate, o ator consegue a proeza de fazer um número de plateia sem constranger o espectador vitimado pela sua atenção.
Na demanda amorosa desaparecem todos os vestígios de realismo. Paramentado, cavalgando uma singularíssima montaria, Tonheta é transportado para o plano do maravilhoso, onde trava os embates necessários para provar a sua força e conseguir, como prêmio, chegar à sua amada.
Da mesma forma que na literatura popular, as personagens fantásticas cumprem uma função alegórica. Nóbrega transforma-as em vigorosas imagens cênicas aliando a beleza ao grotesco. Por fim, tendo vencido as provações com

as armas da perseverança, da inteligência e da desfaçatez, Tonheta cumpre a sua jornada de modo idêntico a Macunaíma. Deixa o mundo picaresco para alçar-se ao legendário.

Antes de partir, Tonheta saúda seu público com uma bandeira brasileira. É um detalhe estranho porque sua epopeia, fincada na tradição ibérica, recorre às figuras universais e atemporais da prédica cristã. A bandeirinha – símbolo de um território e de uma nação – parece um recorte pequeno demais para conter a peregrinação de Tonheta.

## BRINCANTE

De Braulio Tavares
Direção de Romero de Andrade Lima
4 de junho de 1995

*Brincante* vem circulando desde 1992 como parte do repertório do músico, bailarino e ator Antonio Nóbrega. A permanência tem muito a ver com a feição do espetáculo, moldado sobre a narrativa popular nordestina e a transmissão oral.

As histórias populares são contadas e recontadas até se gravarem na memória de uma geração. Também este espetáculo pode ser visto e revisto sem perder o encanto. Extraímos dele um tipo de prazer que não é o do inesperado, mas o do conforto de reencontrar o mesmo herói cumprindo direitinho suas obrigações heroicas.

Nóbrega apresenta Mestre Sidurino, que, por sua vez, nos apresenta ao herói Tonheta. Dentro do teatro há um circo e, no circo, vive ainda um descendente do antiquíssimo Escapino. Através desse gradual recuo no tempo, chega-se a uma figura arquetípica desprovida de individualidade e livre da circunstância histórica. Nenhum acidente abalará as virtudes constantes do herói: esperteza, destemor e uma inesgotável curiosidade.

Na caracterização da sua personagem, Nóbrega permanece fiel à tradição do romanceiro popular, na qual proliferam os heróis matreiros. Entretanto, os episódios incorporam temas extraídos diretamente do teatro europeu do medievo e do Renascimento. Enquanto a personagem popular vive no reino da necessidade, sentindo o peso de um corpo sempre insatisfeito, Tonheta sofre as dores e os prazeres do espírito.

Nóbrega representa-o com a delicadeza das estampas suavemente desbotadas. Leve, com movimentos inspirados na iconografia italiana do século XVIII e com uma voz sempre suave, Tonheta cumpre uma peregrinação menos carnal do que a de seus parentes.

Como em uma moralidade medieval, Mestre Sidurino reaparece no final para arrematar, com belas palavras, a lição sutilmente demonstrada pelo espetáculo. Assim, como a alma em sua jornada, Tonheta nem sempre triunfa sobre a grosseira substância das coisas. Mas aprende, engenhosamente, a conviver com a imperfeição. Voltamos a relembrar, dessa forma, o veio ibérico da nossa cultura, um tanto encoberto pela exuberância tropicalista.

## VITÓRIA SOBRE O SOL

De Alexei Kruchenykh
Direção de Renato Cohen
4 de junho de 1995

Se o leitor se debruçar amorosamente sobre um soneto de Camões, verá que, à rigorosa definição da sintaxe, do vocabulário e da métrica, corresponde uma incomensurável amplitude conceitual. É que o trabalho da poesia persegue, por meio da precisão da linguagem, a imprecisão da memória, do sentimento e do intelecto, rendendo-se à complexidade do mundo. Também o teatro tem procurado uma escritura que seja ao mesmo tempo sintética e adequada ao indizível. Renato Cohen integra essa vertente do espetáculo-poesia. Seu trabalho parte de referências culturais bem localizadas, como o romantismo, o surrealismo e o futurismo. Dessas fontes, Cohen utiliza apenas a parte que lhe convém, ou seja, a habilidade para propor e encadear imagens de acordo com um programa estético.

Dificilmente alguém sairá de *Vitória sobre o Sol* bem informado sobre o futurismo. Não há nada no espetáculo exaltando o vigor e a funcionalidade da vida moderna. Pelo contrário, as formas límpidas de Malévitch, por exemplo, são dissolvidas por imagens cósmicas, indefinidas, sugerindo que os objetos têm ao fundo alguma coisa misteriosa.

Os figurinos com inscrições geométricas e a coreografia de movimentos retilíneos contrastam com o modo como as figuras aparecem, em meio a uma pluma luminosa, como se surgissem do mundo desorganizado dos sonhos.

Uma das aparições, semelhante à boneca de Coppelia, parece comentar com alguma ironia o mecanismo. Mas ainda assim reconhecemos alguns princípios do credo futurista: a prevalência da escritura cênica sobre o drama e, sobretudo, o vigor na combinação dos elementos.

Como em certos experimentos poéticos, o espetáculo não produz uma revelação. Percorremos uma caverna cheia de nichos, ouvimos murmúrios e fragmentos de poemas e somos confrontados por imagens insólitas, muito bonitas, evocando alguma coisa, sem que saibamos exatamente o que são.

*Vitória sobre o Sol* produz antes uma impressão sobre a memória, uma ressonância que o teatro só atinge quando por trás da obra há uma ordem oculta.

## WOYZECK

De Georg Büchner
Direção de Alexandre Stockler
17 de junho de 1995

O lugar privilegiado que *Woyzeck* ocupa na história da dramaturgia universal, tendo inspirado inclusive uma versão operística de Alban Berg, cria aquela expectativa circundando os clássicos. O espetáculo apresentado pela jovem companhia Le Plat du Jour no Centro Cultural São Paulo joga um pouco de água fria na pretensão culturalista.

É peça em que defeitos são mais visíveis que qualidades, mas em que boa parte do texto sobrevive às deficiências da realização. O diretor e os atores podem não abarcar tudo o que o autor propõe, mas, nos trechos com que se identificam, são capazes de criar um mundo onde imperam a miséria física e o sofrimento moral.

Os suportes desse universo não estão muito claros, mas a sincera empatia dos artistas, sua comovida defesa do protagonista, feita com simplicidade de meios técnicos e materiais, reproduzem, no palco, a singeleza e o desamparo da personagem. O simples e o simplista estão lado a lado neste trabalho. Ao transformar soldadinho em operário de linha de montagem, o diretor Alexandre Stockler aproxima a personagem do mundo moderno com inteira razão. *Woyzeck* é, excessivamente, o precursor das inúmeras representações posteriores do trabalhador humilhado e alienado. Stockler mostra que o caráter repetitivo e frenético do trabalho corresponde a uma idêntica frequência no mundo mental da personagem.

Quanto às personagens representantes das classes superiores, a concepção da direção não é igualmente feliz. Ao compor máscaras com acento grotesco, sem nenhuma contradição, o espetáculo elimina um dos sentidos subjacentes da trama. Tanto o Coronel, transformado em Patrão, quanto o Médico viveriam o mesmo vazio e a mesma incomunicabilidade do protagonista.

Uma outra forma de redução prejudica a figura de Maria. Há uma bela moça, vestida de um branco imaculado, revoluteando como uma ingênua de peça romântica. Supomos que se trate de uma projeção do protagonista, uma espécie de "eterno feminino". Dessa forma, ela deixa de ser parte desse mundo onde se vive pelo instinto, com a inocência dos que não se podem dar ao luxo de ter moral. Com todas essas deficiências alinhavadas, resta considerar que, apesar de tudo, o espetáculo tem o que chamamos de comunicação emocional. Woyzeck e seu apalermado companheiro Andres envolvem a plateia com um trajeto frenético. A alucinação mental conjuga-se ao ritmo do trabalho alienado, criando uma correspondência com o ritmo da metrópole. Há um crescendo e uma queda trágica perfeitamente expressos no rosto e no corpo da atriz Alexandra Golik.

O que se transmite com mais força é a sinceridade de um grupo de artistas, na sua completa adesão à peça de Büchner. No primeiro momento do espetáculo, ainda escuro, uma voz masculina conta a fábula de um menino que viaja pelo cosmo e descobre que tudo está morto. É uma escolha que mostra a estranha aliança feita pelos jovens entre o niilismo e a paixão. Os artistas do grupo ainda se condoem do aviltamento do trabalho e ainda esperneiam por uma justiça em que não confiam.

*Obra de Büchner inspira encenadores*

Georg Büchner nasceu na Alemanha em 1813 e morreu em 1837. Uma existência curtíssima, tempo suficiente para legar ao teatro três peças inesquecíveis. *Leonce e Lena* é uma fantasia situada em reino imaginário, em que um príncipe entediado louva a preguiça e a morbidez. O crítico Anatol Rosenfeld louvou, com uma síntese muito apropriada, a "graça mozartiana dessa comédia".

*A morte de Danton* (1835) é um panorama multifacetado e pessoal do terror. Seu herói é, na verdade, corroído pelo tédio da repetição. Abomina os assassinatos do mesmo modo que tem horror à obrigação cotidiana de vestir roupa. Um dos temas é o de que à transformação política deve corresponder idêntica revolução das relações interpessoais e na moral sexual. A quem reprovou a licenciosidade de algumas cenas (há uma personagem ninfômana), Büchner contestou: "Se me disserem que o dramaturgo não deve mostrar o mundo tal como é, mas sim como deveria ser, responderei que não pretendo fazer um mundo melhor do que o bom Deus, que deve tê-lo feito tal como deveria ser".

*Woyzeck*, embora uma obra inacabada, é a mais inspiradora, no sentido de ter influenciado outras experiências dramatúrgicas. Esse homenzinho que se desfaz, mental e fisicamente, sob as vistas do público, aniquilado pela exploração da sociedade, é o ancestral das grandes personagens políticas do século XX. A estrutura da peça, composta por cenas isoladas que não interferem na ação, tornou-se modelo para representar a sociedade de classes. Mas há, certamente, muito mais do que isso em uma peça em que o protagonista golpeia a terra e constata, pela ressonância, que é oca.

## VERÁS QUE TUDO É MENTIRA

De Théophile Gautier
Direção de Marco Antonio Rodrigues
10 de julho de 1995

Em um romance escrito em meados do século XIX, Théophile Gautier louvava o espírito aventureiro, o anticonvencionalismo e o coração generoso de uma trupe de comediantes de outrora. Outros escritos desse ardente polemista do teatro francês reprovavam severamente o seu tempo, quando o aburguesamento e o prosaísmo invadiam o palco, assumindo a forma da sala de estar e da insípida prosa.
*Verás que tudo é mentira* transpõe para a cena o pequeno livro de Gautier sobre os comediantes. Revive, assim, a visão romanesca, certamente idealizada, da profissão teatral. A adaptação faz algumas aproximações pertinentes com as tentações atuais que podem comprometer a liberdade interior do artista. Mas detém-se no que realmente interessa: o prazer de representar, a beleza da fábula e o desejo de agradar, únicas obsessões dignas do artista.
Sobre uma carroça móvel, com figurinos que rememoram toda a parafernália anti-ilusionista do teatro, o espetáculo é uma celebração do artifício. Reaparecem aqui o telão pintado, o *rouge*, as sobrancelhas desenhadas, as cabeleiras e as lantejoulas fenecidas pelo uso. Também as personagens são seres fabulosos, como os papéis fixos criados pelos comediantes italianos do século XVII. Defendidas com entusiasmo por um elenco de jovens atores, as mentiras tornam-se realmente sedutoras. Apenas durante as canções o encanto arrefece, uma vez que a preparação vocal do elenco é bem inferior à preparação corporal.
Infelizmente São Paulo não é uma cidade hospitaleira para o teatro de rua. Não oferece remansos silenciosos e, ao mesmo tempo, frequentados. É uma pena, porque esta encenação tem uma vocação solar para se exibir à luz do dia e se espalhar, como as antigas companhias mambembes, pelos percursos do cotidiano. Por enquanto, *Verás que tudo é mentira* está alojada, como um pássaro na gaiola, na salão paroquial da igreja São Judas. As ingênuas, os fanfarrões e os palhaços nasceram e deveriam viver em liberdade, nas praças públicas.

## A GRANDE VIAGEM DE MERLIN

De Luís Alberto de Abreu
Direção de Ricardo Karman
21 de julho de 1995

Em *A grande viagem de Merlin*, a viagem metafórica da arte – experimentar outro tempo, outro espaço e contemplar outra experiência – foi transformada pela dupla Ricardo Karman e Otávio Donasci em trajeto real. Os espectadores partem de São Paulo, acomodados em um veículo muito especial, e percorrem diferentes lugares até a cidade de Jundiaí (SP).

Para quem se satisfaz com uma expedição à volta de seu quarto, a aventura pode ser estimulante. Na primeira parte, o espectador é confundido, chacoalhado e rodeado por estímulos sonoros e olfativos, até ficar um tanto fora de órbita. Cumpre um rito de iniciação destinado a modificar a percepção cotidiana de tempo e espaço. O efeito se parece ao da roda-gigante em um parque de diversões. Depois do medo e da insegurança da subida, estamos prontos para a sensação de altura.

Como recompensa pela provação inicial, *A grande viagem de Merlin* mostra em seguida a capacidade do teatro para intervir e transformar a paisagem urbana. Em um aterro sanitário, sob o céu claro de inverno, começa a narrativa do nascimento do mago Merlin. Personagens da iconografia infernal, iluminadas por gás metano, circulam entre as pilhas de detritos convidando os espectadores para um jogo teatral. O lixo, a mais concreta e brutal matéria da civilização, torna-se suporte para ambientar uma fábula. É uma eloquente transubstanciação do que a cidade tem de mais repulsivo.

Todas as operações de deslocamento do espetáculo estão a serviço de um descabelado romantismo. O que se conta, por meio do delicado texto de Luís Alberto de Abreu, é a história de duas paixões fulminantes. Há uma ambientação medieval, há ruínas iluminadas por archotes e, por fim, uma linda moça emergindo da bruma de um lago para subjugar o coração do herói. Ao fundo, um suavíssimo violino. Quem não estiver muito bem protegido pela carapaça do cinismo contemporâneo terá o prazer de sucumbir a esse antiquíssimo repertório da imaginação amorosa.

Críticas 1996

# MARY STUART

De Friedrich Schiller
Direção de Gabriel Villela
2 de fevereiro de 1996

Como todas as grandes obras de arte, *Mary Stuart* sugere múltiplas formas de aproximação. No plano das ideias pode-se enfatizar tanto a macroesfera da política quanto os combates travados na arena da consciência individual. Quanto à estrutura, segue o modelo ideal aristotélico: concentração de tempo e ação e um rigoroso encadeamento entre as diferentes cenas.
Ao mesmo tempo, sensível à influência shakespeariana, Schiller atribui autonomia a cada cena no que diz respeito ao movimento interior das personagens. Há, por assim dizer, uma ação maior, que vai do processo à execução, examinando os aspectos legais e éticos de cada etapa. No interior se aninham as cenas em que cada personagem reage diante desse fato magno. A cada passo, constatamos a interdependência entre o papel social e o destino individual. Sendo rainha, Elizabeth não tem direito à clemência; sendo rainha, Mary Stuart não pode exercer a humildade cristã.
A encenação de Gabriel Villela não tem a pretensão de explicar com igual ênfase os planos do poder político e do conflito interiorizado. Escolhe aprofundar o desenho psicológico dessas duas grandes personagens e diminui as cenas em que o enquadramento privilegia o contexto histórico. A simplificação implica perdas significativas, porque não se compreende bem a diferença entre a abstração dos reformados e a devoção ritualizadora e mais sensorial do catolicismo.
Mesmo com perdas, sintetizada e concentrada no âmbito mais restrito do combate entre as duas rainhas, a encenação compensa em profundidade o que perde em extensão. Ambas as atrizes adotam uma forma de interpretação não estilizada, quase natural, sublinhando mais as emoções do que as ideias. Xuxa Lopes, como Elizabeth, desenha a vulnerabilidade da grande rainha, infantil nos seus caprichos e pequenas crueldades, mas grandiosa no momento de reconhecer sua inevitável solidão. É, sem dúvida, uma interpretação muitos pontos acima das que recobrem a soberana inglesa com o clichê do autoritarismo.
No papel da escocesa, Renata Sorrah mantém a proverbial fragilidade, mas acrescenta o ímpeto sagrado que lhe atribui a historiografia católica. Faz falta, para que se possa assimilar a serenidade final de Mary Stuart, a integridade da cena da confissão. A cena é um recurso dramatúrgico, um tempo necessário para facilitar à atriz a passagem entre estados anímicos opostos.

Ao que parece, a dimensão grandiosa de um drama clássico intimida os realizadores. Não temos muita prática. No entanto, a julgar pelo que está em cena, o temor é infundado. Tal como está, essa versão de *Mary Stuart* compreende em profundidade os graves assuntos do coração.

## OESTE

De Sam Shepard
Direção de Marco Ricca
15 de março de 1996

Como método para a elevação espiritual, a ascese troca a segurança do conforto terreno pela incerteza da salvação. Na arte, contudo, a recompensa parece provável. *Oeste*, uma áspera criação de Sam Shepard, é encenada por um grupo de artistas como uma espécie de exercício de humildade, e o resultado é um teatro de alta qualidade.
O cenário é a cozinha de uma combalida residência do sudoeste norte-americano. Não há nenhum encanto nesse interior escurecido e deteriorado, em tons que variam do ocre ao marrom-escuro. Igualmente sombrios e desprovidos de sedução são os dois irmãos se defrontando nessa paisagem doméstica. Não são jovens, não vivem mais sob o mesmo teto e não há sinais, no entorno, da reconfortante rotina doméstica mascarando o presente e indicando uma esperança para o futuro. Shepard surpreende suas criaturas depois do Éden, em plena vida adulta. Cada irmão fará a sua oferta, mas sem o final conclusivo da fábula sagrada. A peça termina sem que saibamos qual oferenda será mais agradável ao Criador.
A peça seria melhor se dispensasse um truque dramatúrgico óbvio, a reversão de expectativa. Um agente irrompe em cena, como em um cursinho de *playwright*, para reverter a fortuna dos dois irmãos. Apesar do truque fácil, o interesse maior é um conflito de ampla ressonância simbólica. Como dois polos geográficos, existenciais e estéticos, cada uma das personagens é capaz de oferecer, a seu tempo, uma interpretação da realidade coerente e fascinante.
Marco Ricca dirige o espetáculo com todo o respeito por essa densa trama verbal. Não há grandes expansões físicas, e os elementos visuais são apenas indicações da mudança de tempo ou situação. Falta ainda um certo equilíbrio entre a excelente interpretação de Fábio Assunção, mais contida e interiorizada, e a de Otávio Müller, acentuando demais a selvageria exterior. Mesmo com esse desajuste entre os protagonistas, *Oeste* é um trabalho excepcional. Sem nenhum ornamento, mas capaz de evocar tudo aquilo que não pode se materializar em cena.

## MELODRAMA

De Filipe Miguez
Direção de Enrique Diaz
4 de maio de 1996

Seria engraçado se não fosse tão bonito. É mais ou menos essa a primeira impressão que *Melodrama*, em cartaz no Tuca, em São Paulo, provoca sobre seus espectadores. O espetáculo começa com uma cena demasiadamente conhecida, usando uma forma narrativa que deveria ter perdido a eficácia por meio do abuso cometido pelos diferentes meios de popularização da arte. Desde o folhetim até as novelas de televisão, o tema do nascimento obscuro e do reconhecimento da verdadeira identidade tornou-se um comum ensopado de lágrimas e esvaziado do sentido que lhe atribuía a tragédia. No entanto, o trabalho da Companhia dos Atores reveste de beleza essa velha história.

Já na primeira cena, uma mulher hesita diante de uma reação áspera, volta-se para sair, faz uma pequena pausa e retorna para enfrentar o marido. Conhecemos essa marcação previsível e, no entanto, é admirável a nitidez da figura, a precisão do movimento em diagonal e a sequência de gestos e entonações utilizados pela atriz para expressar a resolução interior. Há uma coreografia antiga regendo a cena, mas o que se enfatiza é a capacidade da intérprete de valorizar tempos e movimentos nos intervalos entre as marcas. As construções melodramáticas, exageradas ou simplificadas, constituem um código capaz de estimular e desafiar os atores. São feitas da mesma matéria que garante eternidade a *O lago dos cisnes*.

Apesar da inevitável referência a Nelson Rodrigues, a direção de Enrique Diaz evita o esforço arqueológico de resgatar o sentido trágico desses clichês. É o trabalho que reza pela cartilha de tendência contemporânea, ou seja, admite que o efeito estético repouse mais sobre os meios de construção da arte do que sobre os temas. Em cada transição temporal ou espacial, distingue-se um elemento significativo de um determinado estilo, alguma coisa bonita e sintética para mostrar que há, em qualquer época, um esforço artístico aplicado ao texto, ao agrupamento dos atores ou à realização visual. Os exageros sofrem uma redução, mas se cuida para que sobrevivam preciosidades anacrônicas, como a palavra "silente". Parte do poder de mobilização do melodrama, sugere o espetáculo, reside exatamente nessa vocação esteticista, que recusa até a utilidade do vocabulário.

## MASTER CLASS

De Terrence McNally
Direção de Jorge Takla
19 de julho de 1996

O romantismo consolidou no imaginário moderno a ideia de que o artista é um ser assinalado, predestinado a captar inacessíveis à percepção dos mortais comuns. Desde o início deste século, o encenador russo Constantin Stanislavski combatia violentamente a aura do ator, ensinando-o a desconfiar do sopro de Apolo e a investir disciplinadamente no preparo técnico. O bom ator deste século marcado pelo progresso científico seria menos um gênio e mais um trabalhador orientando sua criação pelo prosaico critério da perfeição técnica.

Na prática do palco, uma ideia não se sobrepôs à outra. Aí está a peça do norte-americano Terrence McNally celebrando, à maneira de Victor Hugo, a desmedida estatura do gênio de Maria Callas. Como uma marca de origem, Callas é misteriosamente inigualável. Na peça, tem a atribuição de dar uma aula pública. Mas não sabe e não pode ensinar porque desconhece a origem do seu saber. Pode apenas transferir para outra mão a tocha sagrada no momento em que reconhece em um aluno o seu semelhante. Quanto aos jovens aprendizes, funcionam como um pretexto para a revelação de um destino. Cada um deles é o que é – diz-nos McNally – e não poderão ser outra coisa por meio da aprendizagem. Na perspectiva romântica do texto, a glória é uma fatalidade.

No espetáculo, Marília Pêra delineia o outro lado da moeda. Construindo uma sequência deliberada de movimento, esquadrinhando com o olhar arrogante todo o espaço da plateia sem deixar de estar atenta ao que ocorre no palco, o trabalho da atriz é uma comprovação de que um bom trabalho planeja e conquista, milímetro por milímetro, todo o espaço cênico. Ao mesmo tempo, a inteligência dessa concepção é adoçada por uma sinuosidade felina.

Uma interpretação de "diva", insinuada pelo autor, procuraria atrair o público para a protagonista. Em vez de repousar sobre um centro, Marília Pêra desenvolve uma firme e progressiva estratégia de dominação. Aos poucos, a dicção perfeita e as inflexões, pautadas para reproduzir a cantilena da fala meridional, seduzem antes de impor a vontade da mestra. O rigor na enunciação do texto não é menor do que o controle físico do espetáculo.

Callas é a musa do século, o gênio absoluto, reafirma a peça, fazendo coro aos meios de comunicação de massa. Mas quem seria essa cantora se não tivesse, diligentemente, dominado seu ofício? É dessa espécie de humildade dentro da grandeza, feita tanto de paciência quanto de paixão, que nos fala a interpretação ácida, mas também serena e disciplinada de Marília Pêra. Fiel ao título da peça, a atriz nos oferece sobretudo uma exibição de maestria. Muito oportuna em um meio cultural em que o talento é, com frequência, dissipado pela ignorância.

Com dois planos ficcionais, o da aula e o da memória, a peça não tem uma qualidade homogênea. Infelizmente os dramaturgos americanos – talvez com um olho na bilheteria – têm a mania de não deixar margem à dúvida. Neste caso, os fatos da vida pessoal de Callas são intercalados para tornar óbvia a relação causal entre arte e biografia. Mesmo assim, obrigada pelo texto a ajoelhar-se lacrimosa diante de um amante cruel, Marília Pêra escapa com dignidade do clichê. E é um prazer presenciar esse raro momento em que o intérprete, no fio da navalha do mau gosto, salva a pele do dramaturgo.

## BURUNDANGA, A REVOLTA DO BAIXO VENTRE

De Luís Alberto de Abreu
Direção de Ednaldo Freire
2 de agosto de 1996

*Burundanga, a revolta do baixo ventre* não é exatamente um título convidativo. De qualquer forma, a analogia entre uma convulsão institucional e a fisiologia restringe-se ao título. Sob ela se abriga uma elaborada e fina comédia de Luís Alberto de Abreu.

Prestigiado e bastante encenado no teatro paulista, Abreu dificilmente pode se alinhar entre os inovadores da dramaturgia brasileira. Até o momento, suas peças têm sido uma lenta e segura exploração das vertentes tradicionais da escrita cênica. *Burundanga* é também uma continuidade, entrelaçando a tradição oral e cênica das encenações populares ao rigor verbal da cultura. Trata-se, enfim, do mesmo ideário que pauta as esplêndidas criações de Ariano Suassuna.

Certas convenções são seguidas à risca nessa comédia. O ritmo depende de peripécias simples, armadas e desarmadas com pleno conhecimento do espectador; as personagens são tipos de contornos bem definidos, sem nenhuma dubiedade psicológica. A ação será sempre liderada por um homem do povo cuja inteligência é exatamente proporcional ao seu desvalimento. Todos esses conhecidos ingredientes fermentam em uma fantasiosa revolução, momento ideal para revelar a cobiça e o oportunismo dos poderosos. Como o Brasil de sempre, o local e a época em que essas coisas ocorrem são um tanto arcaicos.

Sobre essa estrutura conhecida, o autor exerce seu inegável talento literário. Os diálogos são graciosos e inteligentes porque exibem, ao mesmo tempo, ideia e vocábulos exatos. Não há muitos adjetivos e nem mesmo os ornamentos retóricos elaborados que caracterizam em boa parte as criações da poesia oral. A graça corresponde quase sempre a uma ideia, a um conceito paradoxal ou a uma apreensão rápida das mudanças de situação. Utilizando a secura peculiar de seu estilo, Abreu evita a facilidade imagética com que muitas vezes se romantiza a representação da miséria popular.

Outra qualidade da peça é o equilíbrio de forças entre os diversos campos em conflito. Cenicamente, a representação do povo vale tanto quanto a dos poderosos locais, e cada personagem tem a sua oportunidade de conduzir as peripécias. É um mundo que sobrevive porque há ainda uma equivalência de forças negativas e positivas. Regido pela cobiça e pela necessidade, nesse pequeno universo não se insinua sequer uma pitada de transcendência.

A encenação de Ednaldo Freire, com uma clara definição visual, sem exageros cômicos que possam se sobrepor ao texto, é excelente. Um espetáculo simples, feito com evidente entusiasmo por um elenco em que ninguém se destaca. É uma virtude apreciável em uma época em que contracenar parece um obstáculo invencível.

## É O FIM DO MUNDO

De Renato Modesto
Direção de Johana Albuquerque
9 de agosto de 1996

Brilhante seria uma qualificação adequada para *É o fim do mundo!*, espetáculo em cartaz em São Paulo, apresentado pela companhia Os Cínicos. Nem sempre no sentido metafórico da palavra brilhante. O estado cênico é um cubo profusamente iluminado, os figurinos luzem por meio de cores primárias e a interpretação dos atores, rivalizando com os estímulos visuais, atinge com frequência o excesso de movimento e volume sonoro.

No entanto, os exageros fazem justiça à comédia de humor negro escrita por Renato Modesto. Bigamia, incesto, estupro, infanticídio e antropofagia caracterizam o cotidiano de um animado grupo familiar. Por sorte, o autor não acrescenta a esse repertório de taras nenhum simbolismo adicional. Não nos obriga a refletir sobre as normas sociais ou a psicologia possível no comportamento insólito das suas criaturas. Trata-se apenas de um jogo transgressor,

um tanto excessivo pela quantidade de episódios, mas suportável porque intercalado por alguns diálogos bastante inteligentes. As duas esposas e o filhinho sexômano mostram um bom domínio de construção e inter-relacionamento entre as personagens. As outras figuras são repetitivas e têm intervenções muito longas. *É o fim do mundo!* indica uma habilidade e, ao mesmo tempo, uma escassa preocupação com temas originais.
Na direção do espetáculo, Johana Albuquerque sublinha as virtudes técnicas do texto. Quando o diálogo é espirituoso, os intérpretes se alongam nessas passagens com inteligência e finura. Em outra cena, em que o grotesco é uma imposição da trama, o trato estilizado evita provocar repulsa. Tanto o espaço como as figuras humanas recebem um tratamento gráfico, desenhado para evoluir ornamentando o espaço. Para o mau gosto, Johana encontra uma tradução cênica de bom gosto. Estetizar o desagradável é, parece, uma ótima solução para o humor negro.
Embora a direção seja adequadamente cínica e um tanto inglesa, os atores não perdem o entusiasmo e a irreverência. Destroem com muito prazer e jovialidade a arcaica instituição familiar, mas exibem ao mesmo tempo a maturidade técnica de bons e experientes intérpretes.

## NOWHERE MAN

De Gerald Thomas
Direção de Gerald Thomas
10 de setembro de 1996

Gerald Thomas é um dedicado homem de teatro. Há mais de uma década povoa os palcos brasileiros com criações em estilo marcadamente individual, ao mesmo tempo que se esforça para manter um núcleo estável de intérpretes. Todos os seus trabalhos são tecnicamente bem cuidados no que diz respeito ao espaço cênico, à iluminação e à composição das figuras que se movimentam em cena. No entanto, depois de tanto tempo e tanto trabalho, o conjunto de suas obras parece o prólogo de alguma coisa que não se cumpre.
*Nowhere man* é mais uma conta acrescentada a uma fileira de promessas. Há uma personagem central emitindo, sem discriminar, reflexões, palpites e descrições do processo criativo do artista. O tema mais insistente é o do compromisso com a sinceridade, comprometendo a vênia feita ao público. De vez em quando emergem algumas obviedades freudianas sobre a gênese do ato criativo. Na organização do roteiro parece prevalecer o método da escrita automática. As

ideias fluem sem ordem aparente, com um tom levemente jocoso, sem destacar especialmente nenhum argumento. Mesmo o mito de Fausto, delineado com maior nitidez, não chega a ter muita importância, uma vez que o artista em cena não está convicto de ter uma alma para poder negociar. Os projetos, os desejos e a própria tentação fazem parte do fingimento próprio da arte. Não há inocência, o artista não parece mais virtuoso do que o seu tentador e, portanto, não pode haver queda. Como outros criadores contemporâneos, Thomas não tem afinidade com a forma dramática dialógica, em que uma coisa nega outra até que apareça o terceiro termo produzido pelo conflito. Seu teatro tem sido, até hoje, uma contraposição à dialética. Prefere o fluir das imagens e ideias se repropondo com diferente intensidade. Dentro disso, falta alguma coisa que possa igualar e talvez superar a eficácia do conflito.

No espetáculo *M.O.R.T.E.* (que estreou em 1990), insinuava-se a angústia do artista por pertencer a um tempo em que é tão difícil distinguir e escolher. Era um elemento dramático interessante para ancorar o enunciado de Thomas; por alguma razão, esse traço foi suprimido dos trabalhos posteriores. Também nesse espetáculo o problema da criação permanece em um patamar inócuo. O espetáculo apresenta, em resumo, um ofício que tem os seus problemas, mas nada muito grave. Afinal, a musa morre e renasce num piscar de olhos.

É um teatro que cumpre a tarefa de seduzir e divertir com brincadeiras. Sua contradição é oferecer também uma esplêndida visualidade, incorporando ao palco e harmonizando impecavelmente alguns dos grandes achados das artes plásticas. O espaço parece clamar por alguma ideia original, talvez um sentimento ou então um deslocamento inesperado de forças.

## INTENSA MAGIA

De Maria Adelaide Amaral
Direção de Silnei Siqueira
20 de setembro de 1996

Há duas décadas a dramaturgia de Maria Adelaide Amaral vem atravessando com desembaraço a dura prova do palco. Suas peças são bem articuladas, as personagens têm vida emocional delineada com coerência, permitindo boas interpretações sem grandes exageros.

Há, em quase todas as suas obras, um senso de oportunidade em relação à história do país. Vistas em conjunto, oferecem uma visão em perspectiva dos problemas de identidade que a classe média brasileira enfrentou ao longo desses anos. Com um estilo realista, no tom menor do universo doméstico, essas peças atualizaram o tema molieresco do burguês fidalgo. Com a maturidade adquirida por esse longo exercício, a autora ensaia agora, ao que parece, um novo rumo.

*Querida mamãe*, sua penúltima peça, mostrava já uma certa condescendência diante das arcaicas convenções que regem a vida familiar e concentrava-se na tarefa minuciosa e delicada de desenhar os grandes atritos e as pequenas comunicações demasiadamente carregadas de emoção entre uma mãe e uma filha. Era uma espécie de breviário sentimental em que os fatos importavam pouco comparados ao relevo instável do movimento afetivo.

*Intensa magia* é um texto da mesma ordem, mas com escala consideravelmente alterada. A figura central tem a proporção agigantada dos anti-heróis do drama burguês. Nada é suficiente, no texto, para explicar a ferocidade de um patriarca comprazendo-se em ferir a mulher e os filhos, procurando inteligentemente o ponto fraco de cada um, até transformar uma noitada familiar em uma carnificina psicológica.

Inexplicável, gratuita e ferozmente eficiente, esta peça de Maria Adelaide sugere a radicalização dos temas que abordou anteriormente. A humilhação de classe é insuficiente agora para justificar o sadismo da personagem central, mas conceitua o desejo de mobilidade social como um eterno pretexto. Quando alguém recusa a si mesmo e quer não apenas ter o que o outro tem, mas ser o outro, o substrato social torna-se uma contingência irrelevante. O que se vê nesta peça é a dor de existir em estado puro, uma recusa de si mesmo que se expande como uma substância corrosiva por toda a descendência. Filhos, nesse núcleo familiar, são apenas o espelhamento de um mal-estar essencial. Exatamente porque caracteriza tão bem uma paixão, Maria Adelaide Amaral poderia dispensar certos hábitos de composição teatral. Nos três filhos os andaimes da construção são ainda muito visíveis. Personagens bem definidas, ilustram com coerência três reações possíveis à violência paterna e reforçam, como exemplo, o que dispensa reforço. A peça seria ainda melhor se fossem borrados os contornos das personagens secundárias, e se exibisse a forma do mesmo caos interior do protagonista. De qualquer forma, é uma peça muito boa. O ator Mauro Mendonça atua com a coragem dos grandes atores, sem medo de repelir, desagradar, horrorizar. Uma excelente interpretação.

# E CONTINUA... TUDO BEM

De Bernard Slade
Direção de Marco Nanini
28 de setembro de 1996

Glória Menezes e Tarcísio Meira voltam ao palco para contar o fim de uma história que representaram pela primeira vez há duas décadas. *E continua... tudo bem*, comédia de Bernard Slade, pertence à linhagem das comédias de costumes mais moderadas, as que observam o comportamento sem extrair conclusões depreciativas sobre a condição humana. As coisas mudam, diz Slade, tudo é tão fugaz que não vale a pena julgar hoje o que amanhã pode ser legitimado. A passagem do tempo convida à tolerância, e é isso que pode nos fazer sorrir, o que é ainda melhor do que gargalhar. Ainda assim, essa delicada história de adultério chega, respeitosamente, ao fim convencional do gênero cômico: redime o pecado conciliando amor e matrimônio.
Slade não se distingue particularmente como um artífice de diálogos ou situações, mas tem a inegável virtude de selecionar com maestria pequenos trechos do cotidiano e localizar entre eles a emoção que os torna menos prosaicos. Arrufos de casais, pequenos acidentes da vida familiar, grandes sofrimentos e esperanças se desdobram por meio de reconto que um personagem faz ao outro somando os acontecimentos do tempo em que estiveram separados. É nessa narrativa indireta que o texto revela as suas qualidades, recuperando vidas e experiências com uma formalidade sincera, convidando à identificação. Há, sem dúvida, como em quase toda a dramaturgia norte-americana, uma dose de cálculo matemático multiplicando incidentes em uma proporção conveniente para satisfazer às mais variadas expectativas. De qualquer forma, mal percebemos o artifício, porque a peça tem a fluência agradável da convivência humana.
A moderação da linguagem, das situações e da filosofia implícita nessa visão condescendente das paixões sugere um espetáculo igualmente harmonioso, um tipo de comicidade baseada mais nas condições emocionais dos seres humanos do que em afiados duelos verbais. É a linha que segue a direção de Marco Nanini, aproveitando ao máximo as características pessoais de cada intérprete. A Glória Menezes compete um repertório de gestos e expressões faciais ágeis, enquanto Tarcísio Meira extrai efeitos das entonações verbais.
*E continua... tudo bem* seria uma produção convencional, se o teatro brasileiro tivesse por hábito conservar qualquer coisa. Bem produzido, bem dirigido,

bem interpretado, com uma dupla de excelentes atores que conhecem e respeitam certas regras de seu ofício, o espetáculo se torna exceção no nosso panorama. Estamos, na verdade, mais habituados à novidade, à "tradição do novo", do que a formas de expressão consolidadas, que exigiram tempo e paciência para amadurecer.

Há um encanto um tanto nostálgico e bastante reconfortante em rever a dupla Glória Menezes e Tarcísio Meira contando uma história com habilidade, charme e um inegável prazer de representar. Não há nada de mais nem de menos nesse modesto casal de personagens e, por isso mesmo, o justo meio exige dos intérpretes um equilíbrio entre o artifício e o realismo que poucos intérpretes, hoje em dia, saberiam realizar.

## DRÁCULA E OUTROS VAMPIROS

De Antunes Filho
Direção de Antunes Filho
4 de outubro de 1996

Vem de longe o interesse do encenador Antunes Filho pelos temas e formas de representação da psique coletiva. A linguagem peculiar que desenvolveu e decantou no Centro de Pesquisa Teatral (CPT) do Sesc foi sempre norteada pela determinação de eliminar a multiplicidade do característico para propor, ao contrário, sínteses de ampla ressonância. Aos poucos, os espetáculos definiam elementos de composição adequados para criar um diálogo sintonizado com o estado de pré-consciência: lentidão, economia visual e movimentos grupais sugerindo a vida coletiva. Também a forma narrativa fluente e com encadeamento lógico evitava a grande ênfase dramática em benefício de uma posição de contemplação.

Por meio do persistente ajuste entre projeto e linguagem, as encenações configuraram, gradualmente, um estilo.

Em *Drácula*, em cartaz no Teatro Sesc Anchieta, pela primeira vez, o estilo funciona como maneirismo. Estão presentes os mesmos agrupamentos coletivos, deslocamentos em linhas paralelas ao fundo do palco, sonoridades pré-vocabulares e até certos detalhes como um belo fragmento de vermelho, flutuando do teto ao chão do palco. Já vimos antes os mesmos signos surgindo, porém em momentos inegavelmente oportunos. Dessa vez, reaparecem com a função de complementar a composição espacial do espetáculo e preencher um tempo vazio da narrativa. Elementos que custaram tanto tempo e tanto trabalho para se refinar são, nesse espetáculo, prodigamente desperdiçados. Sentimo-nos como se alguém estivesse citando, ao acaso, trechos de uma obra que só pode ser apreciada na sua integridade.

Na verdade, *Drácula* não tem, pelo menos na obra original de Bram Stoker, a força latente do mito. Trata-se de literatura menor, lidando com os truques mais superficiais do intimidamento. Um tratamento dramatúrgico poderia resgatar para o vampiro um sentido mais profundo. Não é o que ocorre com o trabalho de Antunes Filho. A história é reproduzida pelo seu valor de face, com um monstro devorando repetidamente garotas e irrompendo em cena com uma surpresa previsível.

A única contribuição original a essa antiga narrativa é a analogia entre o vampirismo e a ambição autoritária de dominar massas humanas. Talvez seja esse o ponto crítico do trabalho, porque, contrariando sua vocação de explorador de ambiguidades, Antunes Filho realiza uma fábula ilustrativa e a encerra com uma lição de moral.

O projeto artístico do CPT tem a unidade da pedra filosofal, capaz de se transmudar nas mais belas e sugestivas criações do teatro brasileiro. Um dia, o CPT faz uma coisa sem importância. Está no seu direito. Mas dá um certo medo, a bem da verdade, observar a sedução reduzida a feitiço.

**UM CÉU DE ESTRELAS**

De Fernando Bonassi
Direção de Lígia Cortez
4 de outubro de 1996

É compreensível que o realismo tenha se tornado uma espécie de anátema para os dramaturgos brasileiros. Todos os dias, a novela de televisão divulga uma cópia deslavada do cotidiano. Há figuras reproduzindo arqueologicamente a roupa, a fala e todos os signos exteriores de uma determinada camada social, embora todas as personagens vivam situações dignas de figurar nos melodramas. Essa espécie de apropriação indébita de um estilo contribuiu, certamente, para desmoralizar as formas de representação que incorporam a observação do mundo.

Nesse sentido, Fernando Bonassi navega contra a corrente, procurando, no romance e no teatro, registrar a observação da vida cotidiana. Quer dar forma à "tragédia brasileira", como o fizeram antes Nelson Rodrigues e Plínio Marcos. Enfrenta, assim, a contradição entre o destino – o tributo da tragédia – e a função de comunicação histórica e social do teatro. A tensão permanente entre esses dois termos é uma constante reafirmação em *Um céu de estrelas*, em cartaz no Teatro Célia Helena.

Suas personagens centrais, um metalúrgico e uma manicure, estão devidamente ajustadas à engrenagem social. Não possuem sequer a dimensão um tanto romântica dos marginais ou dos miseráveis. E, exatamente por estarem integradas, são enclausuradas pela estreiteza intelectual e emocional da vida no subúrbio paulista. A moça ainda quer fugir com um passo curto, fazer um curso de aperfeiçoamento profissional, enquanto o rapaz só tem um pequeno sonho doméstico. Nenhum deles alcança além do horizonte imediato. Não sabem abstrair, analisar, refletir. Quando o pequeno sonho se revela impossível, instala-se a coragem trágica, a paixão toma o lugar das idealizações mesquinhas.

Bonassi tem a mão firme dos bons escritores porque capta com agudeza a inadequação entre a linguagem pobre das suas personagens e a complexidade dos sentimentos. O descontrole ocorre exatamente no momento em que a palavra é insuficiente para expressar o sentimento. A ação se torna, dessa forma, um substituto para a escassez intelectual e afetiva. Sem demagogia, no plano visível da ação dramática, a peça demonstra a perversa aliança entre violência e pobreza.

Lígia Cortez estreia na direção com a competência de uma veterana. Seu espetáculo tem o detalhamento necessário para desenhar a ambientação social da personagem. Mas tem também, além disso, um belo e exaltado esboço da paixão. Luah Guimarães e Ney Piacentini trabalham muito bem sobre um fio de navalha. Não perdem o controle para poder demonstrar, mas permitem entrever a face terrível e poética do amor infeliz.

## NO ALVO

De Thomas Bernhard
Direção de Annette Rammershoven e Luciano Chirolli
10 de novembro de 1996

A estratégia de *No alvo*, peça do austríaco Thomas Bernhard, é, neste final de século, uma forma crepuscular. Sua figura central, uma velha dama burguesa, ávida pela prosperidade e pela estabilidade, mas ainda assim curiosa pelo universo do imaginário, pertence agora à inanimada galeria dos retratos históricos. Como metáfora de uma relação ao mesmo tempo produtiva e castradora entre uma classe e a produção artística, a peça é a reiteração de um tema que se enraíza no século XIX e talvez tenha perdido a razão de ser quando não se conhece quem financia a arte ou quem lhe impõe limites.

E, no entanto, com essa vocação passadista, o texto de Bernhard é uma sensível rememoração de um momento agônico, um ponto de passagem pelo instante em que alguma coisa se desfaz e ainda não se sabe o que vai substituí-la. Como índice de uma classe, sua personagem produz um discurso de natureza ideológica. Sabemos como se inscreve no processo de acumulação de bens, quais os valores que utilizou para reger tanto sua vida econômica quanto suas relações pessoais. Por meio de uma minuciosa relação de causa e efeito, o texto nos conduz à realidade final do trajeto. Último e coerente baluarte da sua espécie, a velha dama investe ainda contra o fascínio e o perigo da arte. Não sabemos o que a atrai no escritor dramático, mas deseja dominar essa derradeira inquietação.

É um mérito da peça não decifrar o enigma do dramaturgo. Não sabemos bem qual a sua proposta artística, o que faz ou o que pretende. Como a figura do mar, evocada pontualmente, a arte pode repetir monotonamente o mesmo movimento ou pode ocultar alguma coisa na profundidade.

Sobre uma massa verbal bem organizada, em boa parte abstrata e reflexiva, Maria Alice Vergueiro exerce um controle perfeito das palavras e do ritmo das frases. Tudo é pronunciado com absoluta clareza, em um tempo necessário para que o espectador possa apreciar e memorizar o texto. Os traços psicológicos são desenhados no rosto, na dureza dos movimentos e nas tonalidades de inflexão em que predomina o ressentimento. Vivendo mais no passado do que no presente, o trabalho da atriz não poderia realmente assumir o tom exacerbado da paixão. Mas, ainda assim, é impressionante a forma como a interpretação concilia o aspecto repulsivo da personagem com uma certa piedade por sua amargura, pela solidão merecida e preparada. A virulência e a crueldade – declaradas sem hipocrisia – são secundadas por uma crispação que indica, sem nenhum exagero, um intenso sofrimento pelas promessas não cumpridas da existência. Com esse traço de composição, bem dosado e persistente durante toda a representação, o espetáculo contorna uma certa esquematização do texto.

A encenação de Annette Rammershoven e Luciano Chirolli faz um bom uso do espaço do Instituto Goethe. Ainda assim, seria melhor se o espetáculo fosse mais repousado, embalado pela extraordinária elocução de Maria Alice Vergueiro. As acrobacias do dramaturgo e os repetidos movimentos da filha parecem muitas vezes um preenchimento desnecessário de um espaço e de um tempo que já estão preenchidos pelos diálogos.

# ENSAIO PARA DANTON

De Georg Büchner
Direção de Sérgio de Carvalho
8 de novembro de 1996

A transposição de uma peça para o palco revela, bem o sabemos, apenas parte das incontáveis possibilidades de um texto. Ainda assim, prudentemente, o diretor Sérgio de Carvalho faz questão de deixar claro que o seu trabalho se intitula *Ensaio para Danton*. Expressa assim o temor reverente, comum entre os artistas da cena, quando ousam abordar grandes peças, obras emblemáticas da dramaturgia ocidental. E é esse o caso, sem dúvida, de *A morte de Danton*, esplêndida peça escrita pelo alemão Georg Büchner entre 1834 e 1835. Ao dramatizar o período jacobino, a peça tornou-se uma estrutura modelar. Equilibra documento histórico e reflexão, fato político e destino individual, tempo histórico e tempo interior. Quase todos os problemas cruciais da sintaxe teatral estão prefigurados e harmoniosamente solucionados nessa obra.

A amplitude do espectro de temas e soluções deve ser mesmo assustadora. Nessa encenação, que se apresenta como ensaio, a integridade do protagonista é preservada. Danton é o homem exausto, saciado dos seus apetites e do sangue alheio e agora vazio da paixão revolucionária. Entra em cena cansado da fúria ativista da sua época e, em torno dele, o espetáculo faz gravitar a sedução da inércia. Há lentidão nos diálogos e suavidade nas vozes, como o que ocorre na antecâmara dos agonizantes. As canções populares são entoadas como elegia, e mesmo as manifestações de ternura e erotismo entre os que vão morrer sugerem um convite gentil ao jardim da morte.

No espetáculo, o tema privilegiado é o da revolução impossível, uma escolha perfeitamente sintonizada com a experiência contemporânea. A partir desse recorte, são eliminadas as características panorâmicas do Terror. Espectadores e intérpretes partilham o pequeno espaço do palco, quase íntimo. Os diálogos têm uma tonalidade confidencial; há a luz de chamas iluminando detalhes de expressões faciais para evidenciar que a História marca não apenas o corpo, mas também o espírito dos que a lideram.

Além desse círculo íntimo, há o território do político, mais ardente, animado ainda pela paixão do jacobinismo. Mesmo aí, entretanto, a figura de Robespierre sugere a necrose do idealismo. Também entre os próceres do Terror se pressente uma brisa tumular.

Ao reduzir e aprofundar o tema da desesperança, o espetáculo constrói uma unidade densa e coerente. Nenhuma grande figura se destaca do conjunto, porque todas são impulsionadas pela percepção e pelo sentimento do fracasso coletivo. As composições de personagens são límpidas, homogêneas, bem alicerçadas na matéria do texto. A austeridade visual da cena tem o mérito de destacar o bom trabalho dos atores.

Embora cautelosamente definido como um esboço, o trabalho avança a um segundo tema sem conseguir delineá-lo com a mesma profundidade conferida ao tema do desalento ideológico. As cenas nas quais Büchner enfoca a alienação popular têm um sinal duplo: o sofrimento do povo e a ferocidade do povo. Ao mostrar apenas uma face da moeda (a da miséria), o espetáculo desequilibra uma importante complementaridade.

*Ensaio para Danton* é um tipo de experiência que não pretende alterar as convenções ou faturar os sentidos do espectador. É, antes, a persistente investigação da sensibilidade contemporânea por meio de uma grande peça. O espetáculo tem o diâmetro de um poço: é preciso debruçar-se e contemplar o fundo.

# Críticas 1997

## NO OLHO DA RUA

De Luiz Cabral e Ricardo Soares
Direção de Beth Lopes
31 de janeiro de 1997

A Companhia de Teatro em Quadrinhos assumiu, como bem diz o nome, um partido estético mais adequado à realização de um único espetáculo do que à sustentação de um projeto artístico de longo prazo. Explorando cenicamente os enquadramentos, as rupturas narrativas e a nitidez de linha de linguagem gráfica contemporânea, saiu-se muito bem no primeiro espetáculo, quando esses elementos foram aplicados a um conto de Rubem Fonseca. Mas a ideia foi insuficiente para conferir substância ao segundo trabalho do grupo.

Desta vez, somando seis anos de pesquisa, o grupo alia ao contorno da imagem bem desenhada uma certa profundidade temporal e dramática. As histórias escritas pela dupla Luiz Cabral e Ricardo Soares têm a rapidez e a descontinuidade necessárias para uma comunicação imediata que deve se estabelecer desde a primeira fala de uma cena. Além disso, os autores acrescentaram um ponto de vista mais crítico, sugerindo que a vida das personagens continua depois que o episódio se encerra. Suas personagens podem viver nesta cidade, parecem-se com criaturas que já vimos, embora tenham sido surpreendidas em um momento de exaltação ocasional.

São muito boas as cenas representando a exteriorização do descontrole. Um exemplo é o suicídio do operário. Com a imaginação solta e um talento para situações cômicas, a dupla de autores mostra que há, na metrópole, um panorama interessante para quem tem olhos e disponibilidade para ver.

No espaço público, onde ocorrem os cruzamentos espontâneos e superficiais, há observações muito interessantes. Entretanto, as cenas que se passam no interior, mostrando a convivência entre casais, são bem ruins. Não se sabe bem por que emergem dramalhões fora do contexto do espetáculo que pretende, desde o início, captar a rua.

Na formalização do espetáculo, a maturidade do grupo é mais evidente. Dispensando a cenografia elaborada das produções anteriores, que obrigavam a um alinhamento na frente do palco, as soluções da diretora Beth Lopes se tornam mais visíveis. Cada cena é uma pequena coreografia, com um tratamento estilizado das situações e dos gestos. Há quadros graciosos e rápidos e tratamentos dramáticos e lentos, mas todos evoluem no sentido de ocupar o espaço e sugerir um número quase infinito de personagens.

*No olho da rua* não é, certamente, uma visão compassiva da vida coletiva. Da experiência urbana, o grupo destaca o ridículo, o patético e, sobretudo, a insanidade. Outros modos de encarar esse monstro são possíveis, mas este trabalho é uma prova de que vale a pena enfrentá-lo.

## O PARTURIÃO

De Luís Alberto de Abreu
Direção de Ednaldo Freire
28 de março de 1997

A Fraternal Companhia de Arte e Malas-Artes tem um projeto: fazer comédia popular brasileira. Os dois qualificativos apostos ao gênero cômico estimularam, há três décadas, debates sobre a natureza do popular e do brasileiro. Não há, portanto, nada original nesse programa que já inspirou algumas das mais brilhantes realizações do teatro brasileiro. No programa de *O parturião*, em cartaz no Eugênio Kusnet, o dramaturgo Luís Alberto de Abreu menciona a intenção de dar continuidade ao trabalho de ilustres antecessores, como Ariano Suassuna e Câmara Cascudo.
Nesse caso, dar continuidade significa, na verdade, retomar uma vertente interrompida. A pesquisa de formas de comunicação com um público pobre e, muitas vezes, iletrado saiu de moda. Em seu lugar, pelo menos no que diz respeito ao cômico, há agora o tema hegemônico dos costumes contemporâneos em uma ambientação urbana.
São muitos e complexos os motivos dessa substituição, mas o mais importante é o amargo realismo dos artistas do palco desistindo da participação política. Com raras exceções, o teatro mantém agora um diálogo entre semelhantes. Na função de personagem ou de destinatária da obra de arte, a população pobre é raramente convocada para o encontro teatral.
Talvez por essa razão, o trabalho do grupo provoca a sensação de uma experiência inédita. Na modesta sala, agora engolfada pela miséria da noite paulistana, as esfuziantes personagens de *O parturião* cumprem a função de sugerir que à pobreza material corresponde muitas vezes uma abundância de inteligência e cultura na acepção maior do termo. Aqueles que não usufruem da riqueza são os guardiões de formas narrativas belas, inteligentes e perfeitamente adequadas para expressar sua condição e suas esperanças.
A julgar pela alegria da plateia, os arquétipos revividos na peça de Abreu encontram perfeita correspondência no repertório cultural do público. Como

em outras narrativas populares, o puro amor triunfa e os ricos são humilhados pela inteligência dos pobres.
Mas, mais do que isso, é evidente que o público sabe apreciar a frase bem-feita, o vocabulário rico e o lirismo misturado às aproximações francamente eróticas dos pares amorosos. A graça inteligente e o grotesco equilibram-se muito bem, da mesma forma que sobrevivem na literatura popular.
O sonho dos projetos populares é atingir multidões. A realidade do teatro é, cada vez mais, a de atingir pequenos grupos de pessoas. Exatamente por isso, é importante que se conserve, como um índice, todas as diferentes ambições e utopias do teatro.

## FEDRA

De Jean Racine
Direção de Antônio Abujamra
23 de maio de 1997

Como uma das eminências da literatura francesa do século XVII, Jean Racine sofre os efeitos de uma reputação demasiado grandiloquente. É dissecado nos cursos de literatura, é admirado pela perfeição do seu verso e pela fineza com que descreve os movimentos da alma. No entanto, entre nós, raramente consegue chegar ao palco. Ao que parece, há uma suspeita de que essa delicada tessitura verbal não corresponda à ideia contemporânea do "dramático". *Fedra*, a encenação dirigida agora por Antônio Abujamra, é uma rara oportunidade de experimentar um tipo de teatro em que todo o efeito é extraído das frases e em que há, no entanto, a intensa atividade do ser humano em litígio consigo mesmo.
Em primeiro lugar, é preciso creditar a Millôr Fernandes o mérito de ter desanuviado o excessivo respeito que condena o texto clássico à admiração passiva e ao longo repouso nas bibliotecas. Sua tradução compreende o verso como uma medida para a respiração do intérprete e, por essa razão, a ideia ordena o ritmo. Não estranhamos a cadência com que se manifestam as personagens nem o fato de que as falas sejam muito alongadas para os hábitos de hoje. Além disso, a tradução é fiel à simplicidade do vocabulário de Racine, um autor mais preocupado com o conceito do que com o ordenamento.
A diversão do espetáculo obedece também ao rigor conceitual de uma discussão sobre temas de ordem moral. As cenas são impulsionadas pelo conteúdo das falas, dispensando indicações concretas do espaço e do tempo que deram origem a essa forma de tragédia. Quando as personagens se aproximam

para dialogar ou quando se separam para dar lugar a outro episódio, parecem movidas por um desígnio interior. Dessa forma, as unidades de ação, tempo e espaço normatizadas pelo classicismo francês não parecem regras de composição, mas, antes, o efeito natural de uma necessidade temática. Abujamra acrescenta, como um comentário contemporâneo, algumas sombras discretas insinuando a duplicidade da consciência sempre pressionada pelas pulsões. A solução é bonita, cria uma espécie de ressonância para o esforço da razão ao mapear com clareza a incontinência da paixão.

O belo texto, a concepção ao mesmo tempo inteligente e sugestiva da direção e a equilibrada interpretação de Imara Reis no papel de Fedra garantem, sem dúvida, um bom espetáculo. Mas é preciso reconhecer que as outras atrizes ainda têm muitas dificuldades em dominar a emissão do texto. Em Racine, todas as personagens se equivalem e seria preciso, para representá-las, um elenco mais homogêneo. Talvez seja o que é possível fazer neste momento, porque a ambição de pensar e falar bem tem estado ausente dos nossos palcos.

## OS REIS DO IMPROVISO

DE JANDIRA MARTINI E MARCOS CARUSO
DIREÇÃO DE NOEMI MARINHO
11 DE JULHO DE 1997

Quem veio ao mundo depois dos cassinos, das revistas musicais e dos cruzeiros marítimos deve ter perdido o melhor da festa. De qualquer forma são esses saudosos clichês de aventura e prazer que os autores de *Os reis do improviso*, em cartaz no Teatro Bibi Ferreira, contrapõem à modesta saga do paulistano que se emociona passando a noite diante de uma cartela de bingo. Enfim, se o bingo tem força para arrastar o público para fora de casa, parece um bom pretexto para um jogo muito mais arriscado.

Com um introito musical desenhado para rememorar tradições imaginárias de risco e diversão, Jandira Martini e Marcos Caruso emolduram o núcleo do seu espetáculo: a improvisação em público. Antes de chegar a esse ponto culminante há, no entanto, uma ponderável confusão dramatúrgica. Em primeiro lugar, estamos diante de uma companhia itinerante formada segundo os padrões estéticos da latinidade, depois esse elenco opera uma casa de jogo e finalmente há nos textos sugestões de correspondência entre o bingo e o jogo da vida política nacional. Felizmente, um sorteio limita esse desenfreado encadeamento analógico, propondo aos intérpretes uma personagem, um estado de ânimo e um desfecho que devem servir para estimular e limitar o desenvolvimento da improvisação. Começa a melhor parte.

Improvisar, para os atores, é uma situação de alto risco, equivalente à do acrobata evoluindo sem a rede de segurança. E para o público, a bem da verdade, há um certo sadismo em presenciar intérpretes a um milímetro de distância do vazio ou do fracasso. Lapsos de memória e imaginação, segundos de perplexidade e erros de continuidade são tão engraçados quanto incidentes oportunos, frases espirituosas e combinações engenhosas de figurinos e objetos. Com coragem e uma apreciável presença de espírito, os quatro comediantes acabam por demonstrar que o jogo da representação promete infinitas variações.

Dentro do que se propõe a fazer – exibir o perigo e o prazer da invenção –, o espetáculo é bem-sucedido. O preâmbulo musical é imaginoso e interpretado com muita competência. Mas a caracterização inicial prolonga-se um pouco demais e, em certo sentido, rouba tempo à improvisação. Mas é fato que a ambientação mútua ocorre rapidamente e seria bom ter mais tempo para o jogo. É um espetáculo feito para que se aprecie, antes de mais nada, a arte do ator.

## O BURGUÊS RIDÍCULO

De Molière
Direção de Guel Arraes e João Falcão
8 de agosto de 1997

Em uma das cenas de O burguês ridículo, o ator Marco Nanini aninha-se na boca de cena com a postura expectante e humilde de um aprendiz. Todos os músculos do corpo e da face estão concentrados em reproduzir, de uma forma hiperbólica, o mecanismo de emissão das vogais. O efeito das contrações, laboriosamente detalhadas, é o de provocar o riso por meio da deformidade e do exagero, dois procedimentos convencionais da farsa. A essa graça corporal, o intérprete acrescenta uma dimensão psicológica mais realista. Monsieur Jourdain experimenta, nesse momento, a inefável alegria do conhecimento. Mesmo que o objeto de conhecimento pareça supérfluo, a vontade de saber apresenta-se como uma legítima aspiração ao belo.

Ao desejar ser outro, ao querer elevar-se acima do seu nascimento, Monsieur Jourdain expressa uma insatisfação comum ao gênero humano. Quando aspira à ciência e à arte, quer algo mais do que a simples abastança que contenta outros mercadores. Essa inquietude que é, ao mesmo tempo, da condição humana e de uma situação de classe parece presidir a composição de Nanini, que revela, sempre que possível, o deslumbramento e a mansidão essencial da personagem. Sem dúvida, o protagonista pertence à esfera do ridículo, mas será derrotado sem crueldade. Empatizamos com a sua candura, com seu entusiasmo pelo novo e, por essa identificação, está claro que corremos o mesmo risco.

Uma vez que a concepção do protagonista entrelaça nesse espetáculo o realismo e a farsa, os elementos grotescos mais evidentes recaem sobre as formas ocas que fascinam Monsieur Jourdain. A afetação e a hipocrisia são atributos exagerados do casal de aristocratas, dois objetos dotados de voz e movimento. São essas figuras que assumem a pura estilização da máscara farsesca idealizada mais para revestir comportamentos gerais do que criaturas verossímeis. Ary França e Dora Pellegrino fazem com muita competência esses monumentos bem desenhados, desprovidos de emoção e hábeis em artifícios retóricos. Para acentuar o contraste com a proporção mais humanizada do universo burguês, a adaptação torna-os mais perversos do que as personagens originais da peça.

Nos amorosos e nas criadas, plano dramático regido pelos sentimentos e pelo bom senso, a intromissão do gesto contemporâneo é mais nítida. Desenvoltos e irritadiços, os jovens repetem a eterna fricção que sobrevive até hoje em todas as comédias românticas e termina por aplacar-se no final feliz. E a interpretação de Betty Gofman, compondo uma mistura entre a criada e Madame Jourdain, tem o mérito de inspirar-se nos "atrevidos" da farsa popular nordestina. Parece uma solução bem melhor do que a de copiar os esboços dos cômicos italianos do século XVII.

Essa peça, estamos avisados, não é de Molière. No entanto, consegue ser de Molière e sobre Molière. Os diretores-adaptadores (Guel Arraes e João Falcão) fazem uma montagem de trechos de peças caracterizando procedimentos e temas da sua dramaturgia. Estamos sendo ensinados com um resumo da obra de Molière, mas tão bem-feito que nem percebemos estar em sala de aula. Boa parte do mérito se deve à justa medida do tradutor José Almino, que preservou níveis de fala ao mesmo tempo que encontrava correspondentes exatos para o vocabulário simples (e nunca vulgar) do original.

Quem já assistiu às festas populares do Nordeste terá o prazer de reconhecer similaridades nessa encenação. Está bem vivo, pois, o nosso parentesco com Molière. Suas imagens são gestadas na visualidade do barroco, e muitas das figuras, inspiradas nos comediantes italianos, duas fontes que a cultura brasileira recria incessantemente.

## DOM JUAN

De Molière
Direção de Moacir Chaves
8 de agosto de 1997

Uma medida da grandeza da obra de arte é a sua inesgotável oportunidade. *Dom Juan* é uma peça escrita em 1665 por um aflito dramaturgo francês preocupado com uma inesperada falha no repertório da sua companhia.

Parece-nos, agora, ter sido feita sob medida para nossa época, quando a nossa sociedade em particular e o homem contemporâneo em geral experimentam o vácuo da ordem moral e ensaiam, aqui e ali, desajeitadas tentativas para restaurá-la. Basta lembrar o reaceso puritanismo dos americanos para dar uma ideia do perigo. Mas, enfim, se não há outra justiça senão a pífia justiça terrena, somos livres. Livres demais, porque tampouco gozamos da proteção do céu ou temos um norte para orientar o percurso.

Ainda que a história nos informe que é este, por excelência, o dilema da Idade Moderna, momento em que a cultura se desprende do teocentrismo, a criação de Molière representa como nenhuma outra o prazer da liberdade individual e a potência subversiva dessa escolha que, por ignorar a alteridade, expõe a sedução da desordem. A coragem de Dom Juan na peça é bem mais do que fanfarronice. É a ousadia de quem recusa o consolo das ilusões. Em contrapartida, a piedade do seu criado é, com frequência, fruto do medo de quem aceita o constrangimento dos limites em troca de proteção.

Na encenação dirigida por Moacir Chaves, a ideia de um universo sem sentido, girando sobre si mesmo, sobrepõe-se à noção de anarquia prazerosa, também presente no texto. Nenhum espetáculo esgota todos os sentidos possíveis contidos em uma peça, e esta opção, por um viés trágico, é realizada, até certo ponto, com muita coerência. Os personagens movem-se em um amplo espaço vazio, ressecado, sem indício de vida natural ou de tempo transcorrido. O contorno é mítico e o conflito que se trava em cena é mais filosófico do que existencial.

Edson Celulari, interpretando Dom Juan, realiza com competência um dos aspectos do personagem, que é o de ser a mítica encarnação de uma visão de mundo. Adota a atitude bem desenhada e ágil dos galãs de capa e espada e, sublinhando o artifício, seduz pela forma. As mulheres são "vitimizadas" porque aceitam essa máscara como a face verdadeira do amor e, por essa razão, o sedutor não chega a ser cruel. Evita-se, assim, o psicologismo ou a condenação moral, imediata e fácil.

Na composição de Celulari faz falta, ainda que como um tempero, a exaltação da vida terrena. Embora seja incapaz de se afeiçoar a uma mulher em particular, o libertino tem grande apreço pelo gênero feminino. Da mesma forma, ama a humanidade em geral e a nenhum homem em particular. Só não consegue aceitar a divindade porque não aceita nada que esteja fora dos seus sentidos. Seria enriquecedor entrever, na composição de Celulari, o vínculo forte da personagem com a natureza.

Altissonante e lamentoso, o Sganarello criado por Cacá Carvalho dá a impressão de ter sido concebido para outro tipo de espetáculo. É uma composição que se alicerça no aspecto do lastro moral representado pela personagem, mas que obscurece inteiramente a função de antagonista filosófico, fundamental para que se possa avaliar a complementaridade entre criado e senhor. Quase aos brados, com uma voz que transita rapidamente entre o grave e o agudo, sacrificando o entendimento da peça, a interpretação propõe uma figura exagerada, que não dialoga bem com os outros interlocutores em cena. Sempre sofrido, indignado e incoerente, este Sganarello não nos permite reconhecer a humilhação de classe e o cálculo que se acoberta sob o conformismo. E esses são dois traços constitutivos essenciais para compreendê-lo.

Duas excelentes interpretações, a de Marcelo Escorel e a de Luis de Lima, são, ao mesmo tempo, fiéis à ascese proposta pela direção e reveladoras da graça lúdica do texto. Indicam que há uma proposta que o espetáculo não concretiza inteiramente. Mas há, sem dúvida, muitas virtudes neste espetáculo que prescinde de ornamentos e procura escalar essa obra monumental pela sua face mais áspera.

**TARTUFO**

De Molière
Direção de José Rubens Siqueira
22 de agosto de 1997

A seu tempo, *Tartufo* sofreu a tríplice censura da corte, do Parlamento e do arcebispado de Paris. Em resumo, não houve esfera do poder que não se sentisse, de alguma forma, atingida pelo falso moralista criado por Molière. Do século XVII aos nossos dias, as refrações da retórica do engano parecem ter se multiplicado ao infinito. A bandeira moralista agitada em causa própria pode ser identificada tanto no espaço público quanto no estreito terreno das relações interpessoais. Há manifestações demasiado óbvias na exploração da religiosidade popular e outras, mais sutis, cujo reconhecimento aprendemos com Freud. Enfim, é grande a tentação de aplicar a isto ou àquilo a carapuça do tartufismo.

Pois é a essa tentação de fazer uma aplicação prática, de uso imediato, que resiste o espetáculo produzido por um grupo de atores saídos da Escola de Arte Dramática da USP. Na concepção do diretor José Rubens Siqueira, a encenação assinala a origem histórica da peça e preocupa-se em evidenciar as quase infinitas possibilidades de reapropriação que a peça sugere. Não se trata, assim, de uma encenação que fala diretamente a este tempo, mas fala através do tempo. Nesse sentido, a concepção do trabalho dá continuidade à tarefa escolar de formar intérpretes.

Tecnicamente estão muito bem preparados: falam bem, movem-se com desenvoltura e elegância e sabem desenhar coerentemente suas personagens. Com esse trabalho, devem mostrar também que estão levando consigo um legado maior do que a técnica ou a demonstração do talento individual. Outras oportunidades virão para afirmações mais pessoais e restritivas, mas, por enquanto, a tarefa é a de desdobrar significados.

O resultado dessa *sensata* proposta é muito bom. As marcas da origem histórica do texto são preservadas na boa dicção e na cadência dos versos, virtude considerável nesta época em que os intérpretes têm verdadeiro horror aos artifícios da métrica. O desenho dos gestos segue também, de forma mais indicativa do que literal, a iconografia do teatro clássico francês. No desenho das cenas, a direção procurou uma disposição frontal, bem contornada, para evitar a intromissão da profundidade realista. Cumpre-se, dessa forma, a reconstituição de um estilo que prevê uma estreita ligação entre o ritmo da fala, os gestos e a disposição do conjunto de intérpretes em cena. Com tudo isso muito bem assimilado e executado, o elenco pode entregar-se à parte que nos parece mais prazerosa, de explorar em cada cena os diálogos mais interessantes ou, ao contrário, dar relevo ao que ainda não foi consagrado pelas antologias de Molière. Há, enfim, as possibilidades lúdicas da peça, que esse elenco explora com excepcional leveza.

Em momentos pontuais, a representação "de época" é intercalada por um "duplo" contemporâneo, ou seja, atores entrando em cena a partir da plateia, com o comportamento e as intenções mais psicologizados do nosso tempo. Sugerem que os diálogos que estamos ouvindo permanecem vivos nas mais variadas dimensões interpretativas. A intervenção é delicada, como se o ator de fora fosse atraído pela identificação com o texto de Molière. Os séculos mesclam-se com suavidade, a impostura não mudou muito.

## O HOMEM E A MANCHA

De Caio Fernando Abreu
Direção de Luiz Arthur Nunes
29 de agosto de 1997

No teatro, a escassez assume com frequência a feição de virtude. Exige um bocado de coragem apresentar um monólogo em um teatrinho, quase roçando no público, sem a ilusão da perspectiva cenográfica e sem a pontuação da luz apropriada ou da maquiagem. É dessa forma ousada que o ator Marcos Breda propõe uma simpática e descompromissada peregrinação por alguns personagens imaginários. Quem aprecia o caráter interpessoal do teatro tem aqui a oportunidade de ver bem de perto como nascem as criaturas geradas pelo puro esforço interpretativo.

Isso porque, embora se trate de diversão, o trabalho é duro. Em um texto publicado em 1957, o crítico Roland Barthes fustigava o então jovem teatro por oferecer como mercadoria a "evidência do esforço laborioso" do intérprete. E é bem verdade que a progressiva radicalização da cena nas décadas subsequentes nos habituou cada vez mais à exposição completa do ator. Aprendemos a valorizar, além da ficção, a gota de suor e a exaustão emocional do intérprete para levar a cabo a tarefa de sugerir outro mundo. Pois se é assim, vestindo a carapuça que Barthes associa ao consumismo burguês, é mesmo sedutor o fato de que um adulto sério seja capaz de, diante de nossos olhos, despender uma enorme quantidade de energia física e psíquica para animar e dar sentido a coisas tão disparatadas como um banquinho, um telefone sem fio e um carrinho de supermercado.

Há uma graça absurda na superação do objeto e da circunstância e, nesse caso, o resultado é mais apreciável porque o jogo de transformações se apoia em um texto muito frágil. Caio Fernando Abreu escreveu O *homem e a Mancha*, em cartaz no Teatro Ruth Escobar, como uma sucessão bastante aleatória de personagens que se instalam por meio de lapsos de consciência ou mero acaso. Entre si têm uma vaga conexão compensatória, como as que ocorrem nas fantasias ou na associação livre. Literariamente pouco inspiradas, as personagens não têm grande riqueza sintática ou de vocabulário. São figuras muito simples dispostas em sucessão, sem grandes possibilidades de evolução dramática.

Breda usa recursos muito óbvios de gestos e entonações e não faz nada para sofisticar essa rarefeita substância textual. A qualidade do seu espetáculo repousa exatamente sobre a simplicidade de jogo que atribui a esses episódios.

São realizações feitas com gosto, pequenas transformações em ritmo ágil e por vezes acrobático. O que interessa nesse espetáculo, mais do que a narrativa, é o empenho do narrador que parece desejar ardentemente a comunicação. O que diz não é muito interessante, mas o movimento transitivo do ator para o público completa-se.

## CAIXA 2

De Juca de Oliveira
Direção de Fauzi Arap
7 de novembro de 1997

Nada de brejeirice, ironia, duplo sentido, ditos espirituosos ou paródias. Uma comédia de Juca de Oliveira vai direto à realidade da economia e, por extensão, da política. *Caixa 2*, em cartaz no Cultura Artística, não é exceção na carreira de um dramaturgo que elegeu como tema um modelo econômico em que a única forma de realização possível é a acumulação de bens.
Ninguém escapa disso e, na ótica do autor, ou se muda tudo ou não se salva ninguém. A estreita relação causal entre a moralidade e a economia é passível de contestação no plano ideológico, mas é também uma boa base para a estratégia dramatúrgica. Uma vez que todos os seus personagens só se podem gratificar com o dinheiro, basta o desvio de uma soma de origem fraudulenta para provocar um verdadeiro tumulto cômico. A evolução da trama, neste caso, é pautada pelo tortuoso percurso de um cheque a caminho da compensação.
As emoções provocadas por essa promessa de dinheiro (afinal, o cheque não é a coisa em si) são examinadas nas duas pontas do sistema, ou seja, na esfera do capital e na do trabalho. Ao banqueiro, além da prosperidade, cabe também a perfeita consciência de como as coisas funcionam sob a égide do capital. Em contraposição, o bancário, sujeito honestíssimo, vive de ilusões. A maior delas é atribuir ao patrão a virtude da competência. Colocados, finalmente, face a face, quem se modifica é o trabalhador, que perde a ilusão e termina um pouco menos honesto do que era. Afinal, a vingança é doce, pelo menos nas comédias, e Juca de Oliveira proporciona essa satisfação com o sacrifício da virtude.
A direção de Fauzi Arap é, considerando os nossos hábitos no trabalho do cômico, um verdadeiro prodígio. O espetáculo ignora inteiramente os automatismos convencionais do gênero, como as surpresas exageradas, os trambolhões ou a simetria rígida entre dois universos paralelos. A peça é tratada

com a minúcia do realismo, sem exageros ou caricaturas, com um tempo que observa rigorosamente a proporção dos incidentes. Quando alguém se exalta ou muda de tom, há um bom motivo para isso. Não há sequer uma piada exteriorizada, voltada para o público e com a intenção de fazer rir à força.

São bem distintas as características do ambiente do patrão e do empregado. Aspereza no trato, rigidez física e urgência são comuns ao banqueiro e a seus assessores. Mas nem por isso o outro lado é romantizado. Menos tenso e com uma interação humana mais afetuosa, o mundo do bancário é também um reflexo do outro, porque impregnado pela atmosfera de desânimo e alimentado por sonhos medíocres. Fauzi Arap constrói, dessa forma, a ideia da complementaridade e da interdependência, sugerindo um psiquismo peculiar a cada uma das esferas de ação. A forma é sutil, e o efeito cômico, obtido mais a partir de uma essência do que de uma aparência. Rimos porque esses personagens depositam toda a sua esperança e emoção no bezerro de ouro.

Como um espetáculo concebido inteligentemente e dirigido com firmeza, *Caixa 2* não oferece espaço para virtuosismos individuais. Há uma turma de bons veteranos (Cláudia Mello, Fúlvio Stefanini e Juca de Oliveira) e uma ala jovem (Suzy Rêgo, Cassiano Ricardo e Petrônio Gontijo) entendendo-se perfeitamente sem precisar flertar com o público.

## SANTIDADE

De José Vicente
Direção de Fauzi Arap
28 de novembro de 1997

Amar a humanidade é mais fácil que amar um homem. *Santidade*, primeira peça escrita por José Vicente, em 1967, e encenada agora pela primeira vez, transfere essa abstração para o plano concreto e particular da ação dramática. *Santidade* está em cartaz no Teatro Crowne Plaza. Dois irmãos, ambos ex-seminaristas, encontram-se depois de dois anos de separação. Nicolau, o mais velho, próximo da ordenação, vive a imitação de Cristo tal como a Igreja a concebe. Enquanto isso, Arthur, o mais moço, move-se no ciclo ocioso da prostituição masculina explorando um homem mais velho.

De início, parecem corporificar um combate singular entre o bem e o mal, uma vez que um deles procura ostensivamente o opróbio enquanto o outro se esforça por resgatá-lo. O denso questionamento entre os dois constitui o núcleo do texto, e as circunstâncias que conduziram a essa bifurcação de caminhos são pouco importantes diante de uma causa transcendente. De algum modo, Arthur sente-se rejeitado pela ordem divina, incapaz da santidade almejada.

Não se trata de um conflito equilibrado, com bons argumentos de lado a lado. O moço que ainda não experimentou a vida secular só pode invocar palavras e modelos ideais, enquanto seu oponente tem o vigor dos que agem. A carne é densa e reclama seu lugar com maior visibilidade que a ideologia. Dessa forma, o interesse dramático do texto concentra-se na descrição de um aviltamento consciente, voluntário, porque Arthur acredita viver o inverso da experiência sagrada.

Sua queda é contemplada na peça com todas as sórdidas minúcias da exploração mútua entre os que se vendem e os que compram e a consequente solidão afetiva desse mercado humano. No entanto, o sofrimento provocado por essa exclusão do mundo dos "bons" é mostrado em paralelo com a ascese. Esta seria a verdade do mundo, e não a hipocrisia experimentada no seminário.

Repulsa e vergonha, dois sentimentos vedados à caridade cristã, serão, por fim, açulados no coração do homem inocente até que ambos se igualem na imperfeição. Há momentos que a peça sugere que, em parte, a motivação do conflito estaria em uma ordem social injusta. Os dois meninos só foram absorvidos pela Igreja porque esse era o meio mais prático de educar meninos pobres. No entanto, o autor parece deixar de lado esse caminho, uma vez que nada explica o fato de ambos terem sido marcados indelevelmente pela experiência divina. Um refúgio de conveniência não explica a condenação à fé que ambos partilham. "Eu nunca mais poderei tirar Deus de mim!", dirá Arthur.

Fauzi Arap dirige o espetáculo sem observar muito essas circunstâncias paralelas, concentrando-se no combate de natureza espiritual. O espetáculo começa no alto, sem progressão, e vai assim até o fim. Intenso, com o ritmo do desespero de Arthur e, algumas vezes, com uma pequena pausa para a desencantada doçura do seu companheiro Ivo, nada desvia a atenção do jogo entre os atores. Sem perder por um instante a clareza dos argumentos e da descrição que faz do seu modo de vida, o Arthur representado por Mário Bortolotto é uma impressionante corporificação do desespero. Antônio de Andrade, no papel do homem mais velho, é a única representação da verdadeira inocência, e o ator compõe seu personagem com extrema delicadeza para evitar o ridículo. Nívio Diegues, com a difícil tarefa de um personagem mais frágil, contrapõe a serenidade corporal às investidas das outras figuras em cena. O medo é visível, mas é igualmente visível a solidez dos que têm menos nervos e menos imaginação.

*Santidade* é um espetáculo, na medida do possível, sem acessório. Mal se vê um cenário que indique confusão doméstica, não há efeitos para embelezar ou sublinhar algum significado em especial. Seu tema é insubstancial como a salvação, e as dores a que se refere são as da alma.

## SACRA FOLIA

De Luís Alberto de Abreu
Direção de Ednaldo Freire
12 de novembro de 1997

Na história do teatro ocidental, as representações celebrando o Advento foram tornando-se cada vez mais risonhas, meio esquecidas do sacrifício divino que esse acontecimento anunciava. Sendo esperança da salvação, o nascimento de Jesus era, afinal, a boa nova da cristandade. Ao retomar o tema de Natal, *Sacra folia*, peça de Luís Alberto de Abreu em cartaz no Teatro Ruth Escobar, retoma também a integridade de origem entre a salvação e o sacrifício. A peça começa com a Matança dos Inocentes. Começa, portanto, com uma grave advertência, para que não nos esqueçamos de que em nossa sociedade ainda matamos crianças. Uma vez feita essa relação entre o tempo sagrado e o tempo da história, o espírito farsesco da comédia popular predomina e o espetáculo torna-se uma alegre celebração feita entre público e elenco.

Voltam à cena os patrões avarentos, o militar, os pícaros e os amorosos, personagens de um conjunto de quatro peças escritas especialmente para a Fraternal Companhia de Arte e Malas-Artes. Trata-se de um grupo que trabalha para a formação de uma plateia cativa e, por essa razão, as referências às peças anteriores são enfatizadas, fixando características de tipo como ocorre com as "máscaras" nos folguedos populares. É essa familiaridade que permite reconhecer que há, no auto natalino, uma dupla investidura. Os patrões tornam-se os perseguidores de Cristo, e os pícaros assumem a proteção da criança. Dessa forma, tanto a história sagrada, revivida no tempo litúrgico, quanto a farsa popular, repetindo certas características, tornam-se um acontecimento ritualizado. A função é a de reativar a herança cultural dos espectadores.

Dirigido por Ednaldo Freire, o espetáculo conserva a economia de recursos materiais que caracteriza as representações populares. A visualidade depende apenas de tecidos, desenho e luz. Nada é construído, não há objetos de cena elaborados e, em tudo, nota-se o toque da confecção simples, artesanal, mas com a vivacidade de brilhos e cores que fazem o encanto das comédias circenses. Também o modo de representar é apoiado na comunicação direta com a plateia, insuflado mais pelo entusiasmo do que pela técnica. A alegria comum ao elenco e à plateia, a facilidade com que partilham canções e assimilam, de parte a parte, as reações à narrativa permitem concluir que a Fraternal Companhia de Arte e Malas-Artes cumpriu o objetivo de vincular-se ao público por meio de uma linguagem que é ainda familiar.

Mas há outro aspecto importante nessa celebração. Por meio dos episódios, mais ou menos conhecidos, das máscaras cômicas emprestadas a uma tradição, Luís Alberto de Abreu relembra também que a qualidade literária não é menos importante e complexa do que os elementos dramáticos dos folguedos populares. Seu texto é uma harmoniosa concordância entre o lírico e o cômico, entre a imagem e a reflexão crítica. Tal como as narrativas populares, sua peça não é resultado da espontaneidade, mas antes de uma elaborada escolha de vocábulos e de um arranjo sintático adequado à expressão oral. E, sobretudo, é um esforço consciente para estar à altura das altas realizações de artistas anônimos.

# Críticas 1998

## SINFONIA DE UMA NOITE INQUIETA OU LIVRO DO DESASSOSSEGO

De Fernando Pessoa
Direção de William Pereira
23 de janeiro de 1998

Não fosse *Sinfonia de uma noite inquieta* um espetáculo produzido por uma escola de teatro, seria uma das melhores opções teatrais da cidade. Sendo, contudo, resultado do aproveitamento escolar e apresentado no câmpus da Universidade de São Paulo (USP), pode ser considerado mais do que um excelente espetáculo. Proporciona aquela satisfação extra de constatar que a escola pública está cumprindo muito bem a sua tarefa.

Deveríamos tomar isso como devido, mas o fato é que as escolas também sofrem as suas crises sazonais, períodos em que não sabem bem qual é a melhor opção pedagógica porque, no núcleo do pensamento teatral, a ideia da função do ator sofre transtornos e mutações. Pois, neste exato momento, tanto a Escola de Arte Dramática quanto o curso de graduação da Escola de Comunicações e Artes da USP (ECA-USP) parecem ter chegado a um índice de estabilidade de conceitos e procedimentos que lhes permite formar grupos homogêneos de artistas muito bem preparados.

Neste espetáculo, baseado no *Livro do desassossego*, obra de Fernando Pessoa editada postumamente, o ponto de partida do trabalho parece ter sido o maior grau de complexidade. Alunos e mestres não escolheram uma peça para testar a capacidade expressiva dos intérpretes – o que também seria uma boa e sensata opção –, mas resolveram enfrentar uma obra literária para torná-la dramática de acordo com a sua ideia de teatro. E o resultado é tão bom porque o grupo tem a mesma sensibilidade e a mesma compreensão do teatro e da literatura.

Sob a direção de William Pereira, esse misto de poesia e prosa (que nem sempre é prosa poética) é abordado como um embrião da heteronímia. No espetáculo, a dissociação da subjetividade é o único fato dramático, uma vez que quatro atores representam, aproximadamente, diferentes vertentes do pensamento e da sensibilidade do autor. Há as considerações de ordem estética, a expressão da afetividade, as intuições de ordem metafísica e as apreensões da existência. Os fragmentos são compreendidos na sua diversidade, uma vez que há uma pausa entre eles e na sua unidade, porque cada intérprete se relaciona sutilmente com a fala precedente.

Na concepção do trabalho, a compreensão sobrepõe-se à emoção. Não são os intérpretes que nos comovem ou induzem a um sentimento, mas o texto que se impõe com a sua clara profundidade. A impressão é a de que os atores se orientaram pela análise sintática dos períodos porque mantêm um respeito absoluto pelo valor sonoro e significativo das palavras.

A cenografia, concebida pelo diretor, propõe uma atmosfera para o caráter insubstancial dos temas. Ao redor da cena há uma proliferação de livros e de papéis e, ao centro, a sóbria escrivaninha de onde se originaram os textos que viverão por intermédio do tempo, na velha máquina mecânica ou no computador. O espaço permite mobilidade das figuras que devem ter também a leveza das construções imaginárias. Uma associação simples e lógica entre a luz e os estados de ânimo é suficiente para dinamizar visualmente a cena. Alguma coisa da Lisboa provinciana e sufocante onde viveu o poeta subsiste na cor negra, mas há também, nas frestas e nos reflexos luminosos, a sugestão de uma indomável vastidão interior. Aprendizes que sabem pôr em cena, em toda a sua beleza e complexidade, o *Livro do desassossego* não se contentarão com pouco no futuro.

## O CARTEIRO E O POETA

De Antonio Skármeta
Direção de Aderbal Freire-Filho
23 de janeiro de 1998

Há uma espécie de arte que não ambiciona mudar o mundo, não faz afirmações originais sobre a história e sequer deseja estimular no público grandes paixões. Contenta-se em expressar os remansos da existência humana, os acontecimentos que nada têm de espetacular que, pela sua incidência, formam a maior parte da trama da vida. É dessa espécie a peça O *carteiro e o poeta*, de Antonio Skármeta.

As cenas historiam uma amizade que cresce e se aprofunda como um fenômeno da natureza, sem que nenhum incidente a estimule ou perturbe. Ao fim dessa narrativa, não sabemos mais do que já sabíamos sobre a tumultuada vida política do Chile, e se pode dizer que o mesmo acontece com a poesia de Pablo Neruda, personagem central desta relação de amizade.

Skármeta não deixa de intercalar à peça alguns dos poemas que celebrizaram seu herói e escolhe os mais francamente sentimentais, assim como as analogias poéticas cuja associação é mais evidente. Mas o que interessa realmente é caracterizar uma relação humana que começa de uma forma paternal e concessiva e acaba por se tornar igualitária. Habituado aos voos abstratos da arte, o homem mais velho se encanta com a simplicidade vital do jovem carteiro. Este, por sua vez, aprende a transcendência do procedimento poético. Essa permuta que acontece no cotidiano é, por assim dizer, todo o movimento dramático da peça.

Não se trata de uma obra de excepcional qualidade literária e, por vezes, seu autor sucumbe à pieguice, sobretudo na parte final, quando Neruda retorna ao seu país. Ainda assim, o que a peça tem de melhor, a transformação da admiração servil e da condescendência em verdadeiro afeto, está muito bem realizada no espetáculo dirigido por Aderbal Freire.

Toda a encenação é pautada pela delicadeza, e isso parece incomum, uma vez que o nosso teatro está cada vez mais enfático. Respeitando o caráter íntimo e o crescimento gradual da amizade, tudo se faz com gestos pequenos, com tonalidades de voz e expressões mais calorosas, mas sem grandes arroubos.

A área de representação é restrita, aproximando os personagens fisicamente e criando um espaço de convivência que funciona, metaforicamente, como uma ilha dentro da ilha. Os poucos objetos em cena, uma bicicleta, um baú e ainda o umbral da casa, sugerem a simplicidade que está tanto nos elementos concretos quanto na interioridade dos personagens.

Paulo Goulart faz bem o homem que envelhece prazerosamente, somando dias como se fossem um pecúlio. Dom Pablo, um tantinho vaidoso como convém a uma celebridade, parece em paz consigo mesmo e com a natureza, e a empatia do personagem se estabelece por intermédio desse bem-estar do corpo e da alma.

O ator Marcos Winter começa um pouco apalermado demais e faz supor por algum tempo que seu personagem padece de uma descoordenação congênita. Mas ganha estatura e controle à medida que a peça evolui, diminuindo os efeitos exteriores até tornar-se um interlocutor mais calmo e mais denso.

Quanto às personagens femininas, elas entram na peça porque, ao que parece, o autor teme a monotonia de presenças unicamente masculinas. Não acrescentam muito e, por isso, a encenação faz delas duas reminiscências poéticas estilizadas, tal como aparecem a ingênua e a virago nas comédias ibéricas.

Mãe e filha tornam-se, assim, vinhetas do espetáculo. São menos reais do que os homens e semelhantes, dramaticamente, às figuras de linguagem que eles evocam nas conversas que entretêm.

## MEMÓRIAS PÓSTUMAS DE BRÁS CUBAS

De Machado de Assis
Direção de Regina Galdino
20 de fevereiro de 1998

Com *Memórias póstumas de Brás Cubas*, em cartaz no Instituto Cultural Itaú, o romance de Machado de Assis assume a feição que se conservaria até sua derradeira criação. Há a presença de um narrador, nem sempre onisciente, contemplando o fluxo da vida e atribuindo aos fatos um valor de ordem moral. É a predominância dessa prosa reflexiva, comentando a ação em vez de enfatizá-la, que torna difícil a transposição da sua obra para o palco. A adaptação de Regina Galdino contorna o problema evitando a forma dialógica. Faz um simples monólogo e procura preservar ao máximo a integridade do texto original. Uma consciência unívoca, e, portanto, um só intérprete, revive em cena a narrativa dos episódios. Interessa mais captar, nesta adaptação, o percurso mental do narrador que se segue ao fato.

Monólogos, de um modo geral, não propiciam derivativos para a atenção do espectador. Ou o ator é bom ou o espetáculo não dá certo. Neste caso específico, Machado de Assis é bem servido por um dos bons intérpretes da cena paulistana. Cássio Scapin domina intelectualmente o texto, tem voz clara e forte, boa dicção e uma leveza corporal quase acrobática, com um desenho comum aos atores que, hoje em dia, se inspiram nas formalizações dos antigos cômicos italianos.

Com muito preparo técnico, Scapin se apoia menos no realismo – que o obrigaria a caracterizar um próspero sessentão do século XIX – e mais na indicação atemporal do espectro. O narrador é um fantasma e pode, assim, livrar-se das circunstâncias. Por intermédio dessa aproximação, o que se releva é o elemento simbólico do texto, associando o perfeito egoísmo do deputado já morto à condição humana. A circunscrição histórica e social do personagem não informa a representação.

Causa uma certa surpresa constatar que uma obra cujos elementos sociológicos são nítidos resiste bem a uma abordagem simbólica. Scapin imprime ao protagonista um caráter arlequinal, e faz muito sentido porque há realmente uma disposição perversa em um personagem que se ocupa em desvendar o traço de dubiedade moral oculto sob as ações.

O espetáculo sacrifica certos remansos melancólicos do caráter de Brás Cubas, talvez por serem mais adequados ao ritmo introspectivo da leitura. De qualquer forma, tal como se apresenta em cena, ebuliente, sarcástico e muito mais ativo do que foi em vida, Brás Cubas poderia ter nascido como uma figura teatral. Bastaria isso. Regina Galdino, entretanto, intercala à sua adaptação interlúdios musicais e coreográficos, talvez com o objetivo de quebrar a predominância do discurso. Essas intervenções são acessórias, sugerindo uma certa desconfiança no poder das palavras para atrair e reter o interesse do público.

No entanto, a inteligência com que o ator compreende e expressa o texto, a variedade de inflexões que confere aos episódios narrados e a leveza dos movimentos são mais do que suficientes para garantir ao espetáculo os atributos que o autor augura para o romance: "Mais do que passatempo e menos do que apostolado". Finalmente, é preciso advertir os machadianos fanáticos: este espetáculo não contém d. Plácida. É uma pena, mas nem tudo que está no livro coube no palco, e seria preciso, talvez, solicitar aos criadores deste trabalho uma continuidade, porque falta isto e falta aquilo, e ninguém pode renunciar, sem dor, a qualquer linha de *Memórias póstumas de Brás Cubas*.

## IRMÃS DO TEMPO

De William Shakespeare (inspirada na obra de)
Direção de Armando Sérgio e Regina Mendes
20 de fevereiro de 1998

Outrora, segundo nos transmitiram os autos das inquisições religiosas e a ficção, as bruxas viviam entre nós como dignas embaixadoras do reino das trevas. As de hoje têm menos *status*. Talvez por força da onipresente influência de Walt Disney, essas terríveis senhoras se acomodam agora muito bem entre as páginas das revistinhas infantis ou nos livros de culinária. De qualquer forma, é essa vertente contemporânea, a da brincadeira, que as atrizes Raquel Ornellas e Neca Zarvos escolheram para relacionar-se com as bruxas shakespearianas.

Em *Irmãs do tempo*, em cartaz no Teatro Brincante, as bruxas estão tão longe dos oragos, que advertem e incitam Macbeth, quanto a moderna psicologia se distancia do mal metafísico. Nessa reapropriação, as personagens em cena são manifestações de outra espécie de malignidade, aquela que se insinua na vida cotidiana como resultado das frustrações ou do desconforto da convivência. Não parecem capazes de anunciar reinados, sugerir crimes e aliciar almas para as hostes infernais. Conservam apenas, como reminiscência do arquétipo que lhes deu origem, a situação de marginalidade. Espreitam as ações humanas sem participar diretamente dos episódios que aparecem na narrativa.

Despir essas entidades da sua grave missão é um gesto que tem consequências dramatúrgicas. Ao exibir as diferentes facetas de personagens cujo aspecto pode ser cômico e interessante, mas cuja função é indefinida, as autoras se perdem em variados meandros narrativos. Os incidentes permitem que as atrizes-autoras exercitem uma grande variedade de estilos interpretativos, mas não deixam claro qual é o núcleo de cada cena. Ao todo, o espetáculo fica parecendo um jogo de caracterizações sucessivas, uma preparação para alguma coisa que não chega a acontecer.

Como forma narrativa, o espetáculo está ainda muito próximo da improvisação, uma etapa preparatória que beneficia imensamente o ator porque solicita ideias e formas expressivas individuais. Mas é parte do processo de criação, e não um modo de se comunicar eficazmente com o público.

A fluidez e a indefinição deste espetáculo correspondem a uma faceta introspectiva da criação artística. Por essa razão, há também momentos encantadores, pequenos achados de cena ou de diálogo em que se pode apreciar uma coisa realmente nova, original, executada com o capricho e a minúcia de quem não tem outro compromisso senão o de inventar alguma coisa bela. E, para quem aprecia o virtuosismo do intérprete, este trabalho tem muito a oferecer. As duas atrizes são ótimas, prontas para qualquer coisa que apareça como desafio interpretativo. Ambas têm corpos ágeis e expressivos, vozes preparadas para uma grande variedade de situações dramáticas e uma extraordinária capacidade para compor imagens belíssimas por intermédio do jogo corporal.

Há, enfim, seriedade na preparação das intérpretes, muito cuidado com os detalhes de composição sonora e visual, uma cenografia igualmente austera, com poucos elementos combinados harmoniosamente, e uma intenção de trilhar um caminho novo. Só as bruxas são, por enquanto, um tanto avoadas.

## VIDROS PARTIDOS

De Arthur Miller
Direção de Iacov Hillel
27 de fevereiro de 1998

Há muito tempo aceitamos o fato de que, no teatro, uma sala existe porque alguém no palco afirma estar nela. São tão elásticas as convenções do teatro contemporâneo que é muito provável que essa arte subsista por essa razão, ou seja, pela sua capacidade inesgotável de instaurar mundos a partir de escassa substância. É o lugar onde podemos dispensar as plantas para imaginar o jardim ou as panelas para imaginar a cozinha. A aventura de criar espaço e tempo em cumplicidade com os artistas é um dos grandes prazeres que a cena reserva aos espectadores.
É esse exercício criativo, de imaginar e propor ao público um fundo infinito para o que se vê em cena, que falta ao espetáculo *Vidros partidos*, sob a direção de Iacov Hillel. Arthur Miller propõe uma situação temporal e espacial definida: seus personagens pertencem à comunidade judaica americana, vivem no Brooklyn, e o ano é 1938. Essa localização precisa é, contudo, expandida no decorrer da peça, uma vez que essa reduzida amostragem de seis personagens deve sentir as ondas de choque do que se passa então na Alemanha hitlerista.
Não se trata de uma peça construída sobre alegorias, uma vez que o que interessa ao dramaturgo é a vida emocional que se agita sob o discurso consciente. No entanto, a opção estilística do autor é pela caracterização da vida interior, e a dramaticidade surge mais do conflito entre o consciente e o inconsciente do que dos fatos. Nesse sentido, a Alemanha e o Brooklyn são signos de uma negação, de uma distância que as personagens tentam manter entre a sua vida pessoal e a vida coletiva.
No espetáculo, as possibilidades analógicas sucumbem diante da preocupação de caracterizar naturalisticamente o espaço, o tempo e as personagens. Uma peça delicada, organizada para que, a cada cena, se acrescente ao problema um grão de consciência, é quase destruída pela movimentação cenográfica. Renato Scripilliti constrói cenograficamente cada ambiente, do móvel ao bibelô, utilizando pesados dispositivos deslocados pela contrarregragem do espetáculo. Além de perturbar a atmosfera que deve transferir-se de uma a outra cena, esses elementos provocam uma confusão no entendimento da peça. Não são realistas, porque o espaço não se fecha completamente, criando a ilusão de

uma quarta parede; e não parecem simbólicos, porque não é clara a relação entre o aspecto visual dos ambientes e o temperamento das personagens. Desnecessária como conceito – o realismo psicológico dispensa as paredes –, a cenografia é, neste caso, um enorme constrangimento para a movimentação dos atores em um palco pequeno.

É preciso um esforço de abstração para acompanhar a narrativa por intermédio das mudanças de cena. Chega-se assim às personagens, que recebem um tratamento também evidente e pouco sugestivo. Phillip Gellburg, interpretado por Francarlos Reis, tem como traço único uma rigidez aterrorizada, e as personagens femininas secundárias são, do começo ao fim, gaiatas. Muito além dos clichês estão as interpretações de Miriam Mehler e Luiz Serra, respectivamente paciente e médico.

Luiz Serra imprime à sua personagem um toque pessoal de modéstia, acentuando a sua função dramática de apoio. Deixa um espaço para a criação de Miriam Mehler, que é sensível, sem nenhum excesso, e torna, por isso mesmo, mais pungentes as frestas pelas quais Silvia Gellburg se identifica com o sofrimento do seu povo. Nesses momentos, entreouvimos o que a peça pode dizer por intermédio do que realmente se fala.

## NA SOLIDÃO DOS CAMPOS DE ALGODÃO

De Bernard-Marie Koltès
Direção de Gilberto Gawronski
9 de março de 1998

A cultura francesa preserva ainda, como um tesouro, o ideal humanista. Resiste firmemente à compartimentação do conhecimento. Seus pensadores proeminentes desconhecem a fronteira entre a arte e a ciência, exercitando em igual medida a beleza da escrita e a exatidão do conceito. Inversamente, os artistas aventuram-se pelos territórios da filosofia, da sociologia e da psicologia, conferindo ao imaginário a função de instrumentalizar o conhecimento. Em um e outro caso, pelo menos na intenção, beleza e verdade não se dissociam.

*Na solidão dos campos de algodão*, peça de Bernard-Marie Koltès, encenada agora entre nós, é um magnífico exemplar desse fértil cruzamento entre a poesia e o saber. Na base do texto subsiste a controvérsia utilizada na pedagogia grega: alguém propõe um tema e o defende com argumentos que deverão ser refutados por um outro debatedor. Não se trata, portanto, do diálogo realista em que a réplica ajuda a revelar a situação ou, muitas vezes, aponta um movimento interior oculto sob o aparente entendimento da conversa. Koltès recria a situação dialógica essencial que teria dado origem à representação dramática, ou seja, um antagonismo simétrico de conceitos. Pode-se dizer que o argumento que sua peça coloca é uma ilustração da dialética hegeliana do conhecimento: apenas por meio do outro posso conhecer-me.

Também as reduzidas imagens da peça têm a ascese das demonstrações acadêmicas. Dois homens encontram-se em um espaço deserto, na hora do crepúsculo, para tentar estabelecer uma relação de comércio. Estão em um espaço "não homologado", ou seja, livre das convenções. A tateante investigação entre o traficante e o cliente é organizada em contraponto. Ao traficante, homem da planície, correspondem a obscuridade, a lentidão, o peso e o calor do corpo. Enquanto isso, o cliente vai se caracterizar aos poucos como alguém que vem do alto, vive sob a luz, movimenta-se rapidamente em linha reta, é frio e vê a si mesmo como "um objeto minúsculo e solitário, atraído pela massa obscura e inerte que há na sombra".

Sem dúvida são metáforas que sugerem, de imediato, uma abordagem psicanalítica, porque não se pode deixar de reconhecer nessas oposições em confronto o conceito moderno de destino em que a coexistência da libido e do instinto de morte tomaram o lugar dos deuses. Entretanto, fosse uma dramatização da teoria freudiana, a peça apenas nos deixaria mais instruídos sobre o movimento oscilatório da psique.

Mas há mais do que isso nessa peça. Eliminando a subjetividade das personagens, reduzindo ao mínimo os acidentes da ação, Koltès põe em relevo o centro de toda a atividade dramática. Mostra-nos que há suspense na contra-argumentação e emoção nessa ânsia em estado puro que impulsiona um ser humano em direção ao outro. Pode-se dispensar os acessórios quando a própria linguagem é um jogo em que as oposições aparecem em perfeita simetria e depois se deslocam com um dinamismo e uma beleza próprios, independente da vontade de quem profere as palavras. A peça move-se porque duas personagens procuram a forma mais exata, mais sutil e também mais bela de se situar um diante do outro. É dessa aventura humana que nos fala a peça, e pode ser que todo o esforço humano, para Koltès, se resuma a isso, porque, pelo menos aqui, dar um nome e uma forma ao desejo significa o ponto-final do percurso.

## NA SOLIDÃO DOS CAMPOS DE ALGODÃO

De Bernard-Marie Koltès
Direção de Gilberto Gawronski
20 de março de 1998

Há uma perfeita sintonia entre o espaço real e o ficcional no espetáculo *Na solidão dos campos de algodão*. O público desce dois lances de escadas e é instalado nas entranhas do Centro Cultural São Paulo. Colunas e paredes exibem o concreto que suporta o prédio, há poças d'água no chão desnivelado e a atmosfera é impregnada pelo mofo e pelas emanações do trânsito pesado que se fazem ouvir durante o espetáculo. Tudo isso se ajusta como luva à peça de Bernard-Marie Koltès, ambientada em um lugar escuro que só pode ser alcançado depois de uma descida. Há ainda, no texto, frequentes referências a uma agitação urbana longínqua, configurando o espaço da ação como um intervalo vazio na malha urbana. Quando se aloja em torno de uma arena, o público pode entrever a multiplicação de nichos vazios pelos quais os confrontos humanos poderiam expandir-se.

Situar bem o lugar da ação é, neste caso, meio caminho andado, uma vez que o contraste entre a banalidade das circunstâncias e a elevação da linguagem é um efeito que o texto procura deliberadamente. Embora marcados pela marginalidade dos rótulos de traficante e cliente, os dois homens escapam, por meio de suas falas, de qualquer definição social. O comércio que entretêm é uma troca simbólica de argumentos existenciais e filosóficos e, quando entram em atrito, a violência dialógica permanece sempre no nível de um debate intelectual. Aos poucos descobrimos que o esforço do Traficante é o de procurar atribuir forma e peso a aspirações demasiadamente abstratas. A forma realista e densa que o espetáculo dá ao seu território funciona como lastro para uma matéria dramática pouco concreta.

Gilberto Gawronski, na direção, traduz o antagonismo das personagens por alto-contraste. O Traficante (interpretado pelo diretor) é recoberto de signos visuais da transgressão: tatuagens, roupas espalhafatosas, joias baratas. A forma de abordagem do outro é sinuosa, o tom de voz melífluo, sugerindo sedução e emboscada. Faz falta destacar os momentos da peça em que o comerciante não seduz ou ameaça, mas é sinceramente ofendido no seu orgulho profissional. É a única pitada de ironia da peça e seria bom não a perder porque mostra que, mesmo nos embates fatais, há sempre um traço das convenções do cotidiano.

Representado por Ricardo Blat, a personagem do Cliente tem, de início, a rigidez física da linha reta. É um homem vestido para a invisibilidade, mas com a agilidade nervosa da tensão extrema. É uma composição simples e sensata, que ganha força durante o espetáculo exatamente porque não há nenhum exagero. Apenas a voz do Cliente adquire mais volume e mais força à medida que extrai do seu opositor as revelações sobre si mesmo. Corporalmente Blat indica os movimentos de um animal de presa procurando uma fresta no limite da arena, mas coordena muito bem o movimento com a clareza do texto.

Bem delineado, ambíguo apenas no que diz respeito à peça que não se define entre a caça e o combate, o espetáculo criado por Gawronski ressente-se da excessiva rapidez. Os dois atores obedecem ao ritmo da respiração para que as palavras funcionem como golpes. Algumas vezes não há tempo suficiente para registrar as informações que cada fala acrescenta a essa trama de mútuas revelações. Mesmo respeitando a deliberada recusa das pausas, propostas pelo autor, um tempo mais longo permitiria usufruir das frases.

## DIÁRIO DE UM LOUCO

De Nikolai Gogol
Direção de Marcus Alvisi
27 de março de 1998

*Diário de um louco* é um sensato espetáculo sobre a loucura. Representa a excepcionalidade do estado mental alterado como se observasse um organismo em desenvolvimento, crescendo, adquirindo uma forma cada vez mais definida, porém de certa forma previsível. Não mostra explosões emocionais, rupturas bruscas, nem mesmo acentua os elementos grotescos que Nikolai Gogol mesclou ao sofrimento psíquico de sua personagem. Nesse sentido, talvez seja mais fiel ao espírito do que à letra de um autor que desejava captar "o que nos rodeia cotidianamente, o que sempre nos acompanha, o que é comum".

Sob a ficção – que desenha com traços grossos o aspecto pomposo e vazio da burocracia russa –, a encenação procura identificar a veracidade com que Gogol configura uma manifestação patológica. O espetáculo segue, portanto, o ritmo lento de uma razão desmoronando pelo constante atrito entre a mesquinhez da experiência e as ingênuas aspirações românticas do pequeno funcionário Popritchitchine.

Dirigido por Marcus Alvisi, a encenação dramatiza a loucura, dando relevo aos detalhes, procurando marcar as etapas evolutivas sugeridas pela novela original. A convenção realista é seguida à risca porque a personagem não se endereça jamais à plateia, mas fala em voz alta, como se se tratasse de um legítimo solilóquio. Afinal, são os loucos que se dirigem a si mesmos em voz alta.

Essa dimensão ensimesmada, de um homem que está perdendo a capacidade de dialogar, é em boa parte responsável pela comunicação do espetáculo. Embora as frases sejam perfeitamente audíveis, temos a impressão, por vezes, de que se trata de um murmúrio, de uma fala interior projetada sobre um espaço vazio. Além disso, quase todos os efeitos cênicos são dimensionados para criar uma atmosfera de escassez que é, ao mesmo tempo, a caracterização da pobreza material e uma ambientação simbólica da solidão. Embora a teatralização da loucura, e a sua mitificação, seja uma fascinante tentação artística, Alvisi parece ter optado pela austera representação de uma experiência dolorosa.

Na concepção geral, a interpretação de Diogo Vilela segue essa observação minuciosa da progressiva alteração de comportamento. Entretanto, nos momentos em que a imaginação do personagem cria situações e figuras agradáveis, o ator torna-se um pouco mais exagerado, exibindo um prazer quase infantil. Em nenhum momento esse distanciamento da realidade parece ridículo, e certas fantasias, como a narração do encontro com a cadelinha falante, provocam uma admiração pela astúcia da loucura, uma vez que as invenções aliviam e compensam a humilhação da vida real.

De qualquer forma, o tom sincero do intérprete e a medida calculada com que representa o desequilíbrio não permitem nenhuma associação entre a alienação mental e o cômico. Tem uma certa graça a inocência do funcionário, mas o ressentimento e a frustração social são motivos dolorosos, sempre visíveis na composição de Vilela.

Há nesse espetáculo um único acessório de impacto visual, a coroa análoga à coroa de espinhos do martírio. Ainda assim, não se trata de uma opção meramente estética, porque é uma formalização inspirada em artistas capazes de expressar com eloquência os tumultos do inconsciente. Considerando a corajosa austeridade do espetáculo, a única coisa estranha é a incidência de intervenções musicais marcando a transição do tempo. O silêncio parece combinar melhor com essa proposta.

## LADRÕES DE METÁFORAS

De Gustavo Kurlat
Direção de Gustavo Kurlat
7 de abril de 1998

A linguagem é um grande engodo, serve apenas para mascarar a angústia da incomunicabilidade. Essa ideia, permeando as grandes invenções dramatúrgicas dos anos 1950, não deu só frutos amargos. Desprovida de sentido, sem função dialógica, a linguagem encontrou certo alívio na gratuidade.
Considerada impotente para capturar a realidade, pode ser exercitada como um jogo de possibilidades combinatórias. Artistas que a viam como mera convenção brincavam com o aspecto cômico dessa ineficiência.
Muitos dramaturgos, sobretudo ingleses, percorreram a trilha sugerida por Beckett e Ionesco, mas sem partilhar com eles o sentimento trágico por esse divórcio entre a linguagem e o significado.
Por vários motivos, a dramaturgia brasileira não se interessou muito por essa vertente temática. Ela aparece agora na peça *Ladrões de metáforas*, escrita e dirigida por Gustavo Kurlat. Sob a aparente organização de teatro de variedades – cenas curtas dialogadas ou musicadas –, a peça tem um nítido fio condutor. Todas as cenas se referem ao desentendimento por meio da comunicação ou ao entendimento apesar dela.
A primeira cena dialogada é um inspirado preâmbulo aos objetivos do espetáculo. Nela um casal representa a cerimônia de arrufo doméstico sem recorrer a um único substantivo.
Briga e reconciliação realizam-se por meio de gestos, expressões faciais e entonações aplicadas a frases que nunca se completam. Pouco importa completar as sentenças e, na verdade, não tem a menor importância o fato concreto que deu origem ao conflito.
Os hábitos maritais, tal como as convenções linguísticas, progridem por automatismo. Com bom humor e um preciso repertório de termos adversativos, a cena serve também para anunciar a excelente qualidade do texto que caracteriza o espetáculo.
Sob vários ângulos, os episódios subsequentes inventariam discrepâncias entre a intenção e a fala, entre o gesto e a emoção. Um dueto de *A flauta mágica*, por exemplo, é executado sobre um libreto trocado e, no entanto, Mozart impõe-se e acaba provando que a beleza é capaz de superar o ridículo. Ou, inversamente, que há beleza no ridículo.

Como se trata de um trabalho que põe sob suspeita a comunicação linguística, mas, ao mesmo tempo, delicia-se com as possibilidades lúdicas das palavras, dos recursos cênicos e da música, tudo termina com uma bela louvação à arbitrariedade dos signos.

Uma vez que o autor do espetáculo é um dos mais competentes diretores musicais do teatro paulista, os atores cantam e falam muito bem. Apesar do espaço excêntrico e moderníssimo – o público acomoda-se no fundo de uma piscina –, o espetáculo acaba criando uma atmosfera de aconchego e intimidade.

Um dos encantos do teatro é, de vez em quando, oferecer a possibilidade de ver de perto o trabalho dos intérpretes.

## TIO VÂNIA

De Anton Tchekhov
Direção de Elcio Nogueira Seixas
24 de abril de 1998

Em *Tio Vânia* o protagonista é um homem que vê a si mesmo, e é visto pelos outros, como um ser secundário. Resta-lhe a condição de tio, um parentesco indireto, porque não se casou, não tem bens, não soube escolher um ideal ao qual pudesse permanecer fiel, não obteve amor ou reconhecimento pelo esforço que fez para sustentar o pequeno mundo familiar que o cerca.

Apresenta duas frágeis representações da esperança – o médico que planta árvores e a sobrinha que confia na salvação eterna – que iluminam, como um futuro remoto, esse universo familiar impregnado de desencanto. Entretanto, construída de um modo diverso ao das outras peças de Anton Tchekhov, não é a inatividade que caracteriza, por contraste, a necessidade da ação.

A peça começa no alto, em meio a uma crise emocional do protagonista compreendendo pela primeira vez, diante da miragem de uma mulher que não o ama, a extensão das suas perdas. Imerso na autopiedade, no limiar de uma velhice na qual não recolherá os frutos da serenidade e da sabedoria, é uma personagem com a inquietação e a fúria de um adolescente e, por essa razão, a um passo do ridículo.

Na encenação dirigida por Elcio Nogueira e protagonizada por Renato Borghi, a inquietação interna da peça, que pontua os rituais familiares do primeiro ato, torna-se uma força invisível e exteriorizada. Todos se mexem muito como se pressentissem a tempestade que, de forma real e simbólica, ocorrerá nos atos subsequentes.

Não há, no espetáculo, um tempo de decadência e desagregação, mas um incessante torvelinho que se torna quase frenético no segundo ato, quando os personagens parecem deslizar à noite pela casa, cada um imerso nos seus desejos irrealizados. Em vez da veracidade psicológica, que exigiria mais repouso e contenção, a linha adotada pelo diretor desenha com maior nitidez o aspecto simbólico do conjunto de personagens.

Pode-se dizer, com o devido perdão pelo lugar-comum, que Renato Borghi faz um tio Vânia surpreendente. Não há na sua interpretação o resquício de dignidade ferida que é habitualmente salientado nas exegeses da peça. Sua criação exibe com franqueza a baixa autoestima do personagem, o desânimo começando a atuar sobre a aparência física e a compostura.

Pela inflexão, fica saliente a agressividade e o cinismo de quem perdeu o respeito por si e pelos que o cercam. Paradoxalmente, o anti-herói tchekhoviano adquire, assim, uma força salutar. Borghi faz desse personagem que nega as próprias ilusões e as ilusões alheias uma espécie de pré-revolucionário, explodindo os fragmentos de um mundo que não valeria a pena consertar. Serve-se para isso de um grande vigor físico, proporcional à frustração. "Não durmo de cólera!", diz Vânia. E por essa trilha segue a composição de Borghi. Falta ainda a essa esplêndida e irada composição um elo para que possa chegar ao resignado fim conduzido pelas mãos da sobrinha Sônia. Leona Cavalli combina muito bem a doçura e a firmeza de Sônia, mas, nesse fim, tem dificuldade em fazer prevalecer a sua visão consoladora.

Uma peça de Tchekhov dilacerada, em alta voltagem, sugerindo mais a explosão do que o ponto-final, escapa certamente às concepções canônicas do mundo tchekhoviano. E é bom ver, neste espetáculo que exalta e poetiza o caos que se segue à desilusão, que há nessas magníficas peças, latentes, coisas inexploradas.

## IVANOV

De Anton Tchekhov
Direção de Eduardo Tolentino de Araújo
8 de maio de 1998

Em *Ivanov*, peça de Anton Tchekhov escrita em 1887, está ainda bem nítido o procedimento do drama realista tal como se consolidara no fim do século XIX. O drama reproduz a vida cotidiana por meio da construção de personagens individualizados, com desígnios próprios e, ao mesmo tempo, propõe situações em que a vontade individual é sujeita ao destino do grupo social integrado pelo personagem. É a caracterização do particular e do incidental que torna possível acreditar na coerência do universo ficcional e, por extensão, confere veracidade ao movimento geral da história.

Tchekhov realiza a operação nessa peça por meio da intensificação dos pequenos incidentes e da maior ressonância atribuída à memória de alguns personagens, memória mais de emoções e sensações do que de fatos. São traços que o autor desenvolverá nos seus dramas posteriores.

A encenação do Grupo Tapa, entretanto, observa com cuidado esse percurso do particular para o geral que organiza de forma modelar a representação realista. Seu espetáculo é fundado na constituição de subjetividade, no ponto em que o pensamento não se dissocia da instabilidade emocional.

O modo como os personagens se movem e falam das situações críticas parece a intensificação de um comportamento anunciado pelos curtos momentos de repouso que a peça propicia. Uma vez que o texto não lhes permite a consciência do elo entre a experiência pessoal e a coletiva, são impelidos pelo movimento da vida interior. Ivanov, interpretado por José Carlos Machado, tem a tensão física e mental das criaturas incapazes de fruir o momento presente. Denise Weinberg faz a esposa negligenciada com uma suave entonação de desespero, sugerindo o ritmo agônico de longas noites e dias de solidão. A delicada composição de Sacha por Clara Carvalho é feita menos de veemência e mais pelo olhar direto e pela naturalidade corporal – franqueada apenas a ela, única personagem que não se submete às convenções do meio.

Esses são apenas exemplos do modo como o espetáculo transforma em continuidade e atividade psíquica as delicadas sugestões do texto. Na verdade, não há, nesse espetáculo, composições mais ou menos bem-sucedidas, porque o Tapa atingiu há um bom tempo a integridade de um conjunto artístico. Nos pequenos papéis ou nos personagens centrais, há excelentes intérpretes e, por essa razão, a narrativa parece ser inteiramente construída pelos personagens.

Para evocar a continuidade histórica entre o destino desse grupo humano e o todo social, a encenação deixa de lado a reconstituição arqueológica de uma época e recorre aos recursos modernos. Da superposição de tempo e espaço.

Há uma oposição nítida entre a casa de Ivanov e a casa de Zinaída e Pavel. A primeira é desenhada por meio de objetos escassos e, no vazio, sugere-se a quietude e a frugalidade do velho mundo rural, antes da destruição das florestas.

A intervenção poética – e irreal – de um grupo de camponeses é acrescentada como uma espécie de nostálgico epitáfio feito a essa ordem econômica agonizante. No espaço da ordem emergente, submetido a uma administração pragmática, acumulam-se objetos, há ruídos e movimentos incessantes.

Reconhecemos aí, no ritmo e nas formas, a atmosfera da vida contemporânea, o ponto de origem da ótica materialista e francamente argentária que prevalecerá ao longo do século XX.

A superação de uma etapa econômica, a ascensão de uma nova classe social e as dores dessa passagem, em que são sacrificados vidas e valores, são temas recorrentes no repertório do Grupo Tapa, que vem examinando suas diferentes formalizações desde a comédia renascentista. Encenando Tchekhov, o grupo parece ter encontrado a sintonia perfeita entre a sua visão de mundo e a de um autor dramático em particular.

## O SENHOR PAUL

DE TANKRED DÖRST
DIREÇÃO DE SÉRGIO FERRARA
15 DE MAIO DE 1998

Antes de escrever para atores, o dramaturgo Tankred Dörst escrevia para um teatro de bonecos, uma tradicional e refinada tendência do teatro alemão que se aplica tanto a óperas quanto a expressões poéticas e filosóficas do drama. O conteúdo abstrato e o contorno exterior exagerado dessas máscaras irreais parecem ter se transferido para as peças que criou posteriormente.

A peça O *senhor Paul*, encenada agora pela Companhia de Arte Degenerada, guarda uma deliberada distância das situações precisas e da psicologia individual. As duas forças em conflito na peça manifestam-se como oposição primordial, da história ou da psique humana, mas sem circunstâncias que permitam circunscrever essa ação a indivíduos ou a uma determinada situação social.

Como protagonista, há um velho senhor (Luiz Damasceno) vivendo na companhia da irmã (Iara Jamra), em uma fábrica abandonada. Diante da pressão do locador para que desocupe o imóvel, o velho reage com uma energia insuspeita. Não há lugar para sentimentalismo na exposição do conflito.

Dörst faz-nos saber que esse representante de um mundo arcaico é uma promessa não cumprida, ao mesmo tempo um resistente e um desistente. Seria um sábio, é precedido por um respeito legendário que atemoriza seu adversário, mas, na verdade, o conhecimento conduziu-o à recusa.

Por outro lado, a ação produtiva do jovem tem a avidez retilínea do lucro. Configuram-se assim duas estratégias diversas, com uma limpidez didática. De um lado há a fruição vegetativa da existência e, de outro, um materialismo cujo único fim é a acumulação. No lugar do combate ideológico, a peça propõe o reconhecimento de um campo dramático movido mais pelo instinto de preservação do que pela consciência.

A direção de Sérgio Ferrara observa essa característica trans-histórica do texto. O espaço da fábrica, onde se acumulam detritos de toda ordem, não tem marcas de época ou origem. O desgaste que o tempo opera sobre os objetos é acentuado até a vizinhança com a miséria, associando esse universo a outras formas de marginalidade. É um ambiente ao mesmo tempo vago e familiar porque nele se sedimentam, como em todas as grandes metrópoles, os detritos arcaicos e modernos da sociedade industrial.

Ao aproximar os espectadores da área de representação, a encenação enfrenta um problema de escala. Uma vez que não se trata de uma representação naturalista – as personagens e a situação têm acentuadas funções simbólicas –, o desenho ficaria mais claro se fosse mais econômico nos gestos, nos movimentos e na tonalidade de voz.

Damasceno, como o senhor Paul, exagera nos olhares de soslaio e na frenética movimentação com que procura caracterizar a astúcia do seu personagem. Com exceção de Beatriz Tragtenberg, que se adapta bem à dimensão do espaço e à vizinhança com a plateia, todos os outros atores parecem ainda representar a partir da distância de um palco italiano. É provável que o ajuste se faça naturalmente, com a presença do público.

Fazendo um teatro de ideias, austero na intenção e na formalização, o grupo parece estar indicando o que seria, neste tempo e neste lugar, a "arte degenerada". Não seria talvez o experimentalismo de vanguarda, mas antes a expressão direta dos dilemas da civilização ocidental. Nada de ilusões, nada de enfeites.

## DEUS

De Woody Allen
Direção de Mauro Mendonça Filho
22 de maio de 1998

Quem aprecia uma história com começo, meio e fim ver-se-á em palpos de aranha ao tentar reconstruir a narrativa de *Deus*. A peça de Woody Allen não é exatamente o caos primordial, físico e metafísico, com que os dramaturgos de vanguarda propõem percepções inéditas do mundo. É antes a desordem irônica de um autor que confia tão pouco na renovação da linguagem quanto na dramaturgia aristotélica.

A tragédia clássica, o drama psicológico, o teatro didático e o próprio metateatro – expediente com que é feita essa peça – são tratados como farinha do mesmo saco. Seja qual for a inclinação do dramaturgo, por uma ou outra tendência, há angústia, confusão e acaso presidindo o processo criativo. Todos os clichês utilizados pelos ficcionistas para tentar explicar sua criação nas inevitáveis entrevistas promocionais são aceitos por Allen como verdadeiros, por mais contraditórios que sejam. Vejamos: é uma luta por um ponto-final numa história, os personagens têm vida própria, a invenção resulta tanto da imaginação quanto da experiência, o artista contemporâneo está sufocado sob o peso da herança cultural... E assim por diante.

É a intencional desordem narrativa que salva a peça de ser uma mera paródia de gêneros teatrais e situações criativas conhecidas. Allen imagina a invenção do texto como um conjunto de círculos concêntricos que podem expandir-se até o infinito. Nesse caso, o ponto de origem é um dramaturgo grego, da época clássica, tentando encenar uma peça para a qual ainda não encontrou um fim convincente. O ator interfere propondo soluções e rejeitando hipóteses do próprio dramaturgo (o protagonista que vaza os próprios olhos é considerado uma solução de péssimo gosto). Outro ator entra em cena criando uma plateia, e a esta se concede o direito da "interatividade". Não fica de fora Woody Allen, invocado a certa altura para contribuir na amplitude do direito autoral.

Brincadeira com o conceito de "obra aberta", sátira ao espírito democrático que anima as obras coletivas, como o teatro e o cinema, a peça é também a dessacralização do processo criativo. Comediante inteligente, Allen louva a bagunça e pretende torná-la igualmente agradável para os espectadores que se entregam à desordem.

O espetáculo, dirigido por Mauro Mendonça Filho, funciona mais ou menos como uma escola de samba: parece impossível, mas no fim dá certo. Cada ator segue uma forma de composição própria, que parece ter origem mais na experiência e na inclinação pessoal do que em uma concepção unitária de encenação. Amir Haddad representa o tragediógrafo grego com um esforço mínimo de composição, quase como quem passeia em cena. Murilo Benício, no papel do ator resmungão, adota uma postura física farsesca, mas fala como um moderado e desiludido ator saído de um drama realista. Cristina Aché é uma comediante sofisticada, ágil na ocupação do espaço cênico e cheia de recursos para fazer com que sua personagem evolua da perplexidade inicial para um considerável autoritarismo sobre a evolução da narrativa.

Ao todo, são bons intérpretes e a estrutura fragmentária da peça permite que todas as diferenças se ajustem de forma indolor, uma vez que se trata de mimetizar a situação caótica.

*Deus* conta com a cenografia imaginosa e competente de Lia Renha. O fundo do palco sugere o espaço cósmico, criado por meio da cor e do espelhamento.

Seria assim o espaço divino da criação. Em outro plano, mais à frente, estão os instrumentos da ilusão teatral: objetos leves, precários, que podem deslocar-se para qualquer lugar e fingir que são pedras, castelos, palácios e templos.

## VERMOUTH

De Aimar Labaki
Direção de Gianni Ratto
22 de maio de 1998

Há muitas cidades nesta cidade e é inútil guarnecer as fronteiras. *Vermouth* traz para o palco, com extraordinário impacto, uma dessas múltiplas configurações da pólis, aquela que nos atravessa por força, mas na qual, voluntariamente, poucos se atrevem a pôr os pés. Mostra-nos concidadãos, ou seja, gente que partilha conosco o mesmo território urbano, mas cujos suportes institucionais são de outra natureza.

As cenas passam-se em uma escola pública em algum lugar da zona leste. Em uma noite de horror, dois jovens, acuados por uma invasão policial, confinam uma professora e a diretora da instituição. Permeado por violências de toda ordem, física e emocional, o embate é a eloquente demonstração de um diálogo impossível.

Teatro-documento sobre a vida social, a peça de Aimar Labaki exorbita os procedimentos do teatro social de base ideológica. Ninguém tem dentro de si a semente da redenção, não há uma lição a ser aprendida e não se sabe, ao fim, qual o modo de solucionar um conflito em que cada participante é impermeável às razões ou à experiência do outro. Em boa parte, a força comunicativa da peça resulta desse esforço, quase etnográfico, de reproduzir com minúcias um discurso formativo – o da educação – e um comportamento do corpo discente que é, na verdade, outra língua.

Depois de configurada essa alteridade radical, não há nenhum recurso para dourar a pílula. Compete à ficção, ao que parece, obrigar-nos a ver esta outra cidade, e não propor alternativas que funcionem no plano da realidade. O autor não tem ilusões e não nos concede esse pequeno presente de despedida. Pelo contrário, a diretora acaba por desvendar no subconsciente um abismo entre a convicção e o ato. Uma mulher que se define como uma educadora acima de tudo e, de início, se refere aos alunos como "crianças crescidas" reconhecerá o seu lado da fronteira. O aluno será, depois, "esse animal".

Construída basicamente dentro da convenção do naturalismo – o tempo da ação coincide com o da representação –, a peça não é exatamente obediente à sua proposta. Na personagem da diretora há uma abundância discursiva que permanece em situações que fariam qualquer um perder a fala. Nesses momentos, a peça oscila entre a verossimilhança e o didatismo brechtiano, porque as propostas educacionais parecem desprender-se da situação e endereçar-se a um interlocutor imaginário.

É um problema menor diante da autenticidade das outras personagens. O rapaz desesperado e violento, o garoto que imagina poder comunicar-se por meio de um discurso poético criado em outro extrato linguístico e a professorinha ignorante que exerce seu ofício a contragosto, pressionada pela miséria, são personagens muito boas, à altura da violência da crise que se instala em cena. *Vermouth* é também um espetáculo dirigido com mão de mestre por Gianni Ratto. Um movimento único de tensão crescente, denso e sem pausas, produz um efeito aterrorizante. Não há bolsões de alívio para que se possa refletir sobre a ação nem qualquer tipo de enfeite pitoresco disfarçando os ásperos contornos da miséria física e espiritual dessa outra cidade.

## POIS É, VIZINHA...

De Dario Fo e Franca Rame
Direção de Deborah Finocchiaro
5 de junho de 1998

Sendo ao mesmo tempo dramaturgos, intérpretes e encenadores das suas criações, Dario Fo e Franca Rame formam uma dupla que concede ao intérprete um indiscutível protagonismo. Em parte, esse desafio ao ator é responsável pela constante reencenação de suas peças. São textos que podem viver em qualquer lugar, não exigem aparato cenotécnico ou soluções apoiadas na visualidade e se comunicam muito francamente por meio das ideias, e não dos sentimentos. Funcionam bem como uma espécie de prova de fogo para quem quer testar a sua maturidade técnica e intelectual.

Por essa prova passa muito bem a atriz Deborah Finocchiaro, intérprete e diretora de *Pois é, vizinha...* Seu trabalho de composição da personagem – uma mulher solitária dialogando através de uma janela – observa a estrutura linear e acumulativa do texto sem se preocupar com acréscimos originais. É uma forma de comunicação direta, que se impõe mais pela energia e pela convicção do que pelos detalhes.

Perplexa, desajeitada e fatalista, uma vez que se submete à multiplicidade de infortúnios da condição feminina, a personagem acaba por conquistar a simpatia que reservamos aos pobres de espírito.

Construída segundo o modelo das máscaras farsescas, a dona de casa imaginada por Fo e Rame é, com muita clareza, uma acumulação exemplar de todas as violências cometidas contra as mulheres. Cabem-lhe as tarefas domésticas, o cuidado dos filhos, a submissão aos avanços sexuais de um parente inválido e, como se não bastasse, é vítima de prisão domiciliar, voyeurismo, telefonemas obscenos... Enfim, tudo acontece com ela e, através desse elenco de incidentes oportunos para configurar a opressão feminina em estado puro, a personagem é maior do que as circunstâncias de uma época ou de uma classe social.

Nesse espetáculo, contudo, a concepção reforça, por meio da visualidade dos figurinos e do cenário e, sobretudo, nas inflexões estridentes e um pouco "italianizadas", a ideia de uma origem de classe. A mulher em cena é menos uma representação genérica e mais representante de uma classe subalterna, oprimida tanto pela ignorância quanto pela força. É uma ideia interessante porque permite à atriz brincar com o falso pudor que muitas vezes se associa às personagens populares.

Com a dupla tarefa de interpretar e dirigir, algumas possibilidades enriquecedoras do espetáculo talvez tenham escapado a Deborah Finocchiaro. Há situações irônicas pela sua dimensão, ou seja, são exageradas para atenuar a simpatia ou a piedade pela protagonista e configurar uma expectativa de reação. Assim, os fatores externos à sua experiência familiar, como os telefonemas de estranhos ou o vizinho incômodo, poderiam ter um tratamento mais pausado e reflexivo, sugerindo um acúmulo de pressão. E há também uma excessiva rapidez na explosão final. O alívio dramático da vingança fica sempre melhor quando temperado por uma dose de frieza.

Simples, feito com o prazer de quem explora um território interpretativo, mas sem o exagero de um exibicionismo pessoal, o espetáculo assinado por Deborah Finocchiaro é fiel à poética da dupla de autores: encantar e divertir por intermédio do intérprete, mas, antes de mais nada, lembrar ao público que essas situações risíveis são, na verdade, o pão de cada dia de muitas mulheres.

## À MARGEM DA VIDA

De Tennessee Williams
Direção de Beth Lopes
18 de setembro de 1998

Desde o início de sua carreira nos palcos paulistanos, a diretora Beth Lopes vem exercitando uma linguagem cênica divorciada da representação realista. Os espetáculos que encenou até agora entre nós trabalham com textos com fraturas narrativas de tempo e espaço e, sempre que possível, fazem com que a imagem impressione mais do que os outros elementos de composição do espetáculo.
Sob essa concepção filiada a uma vertente contemporânea que tem verdadeiro horror à obviedade do real e às emoções superficiais do drama, permanece uma temática de fundo psicológico. De um modo insistente, quase como uma assinatura, essas características estiveram presentes em *O cobrador*, *Os brutos também amam* e *Violeta Vita*. Nem sempre a estrutura fragmentária e o tratamento quase iconográfico dado aos atores favoreciam a expressão da continuidade psicológica que demanda, em geral, um certo repouso cênico para configurar-se.
Curiosamente essa diretora tão radicalmente avessa à mimese parece ter encontrado uma solução para seus dilemas expressivos em uma peça antiquíssima para os padrões de obsolescência da arte de hoje. Tennessee Williams escreveu *À margem da vida*, em cartaz no Teatro Faap, ainda na primeira metade deste século, antes que Beckett e Ionesco bombardeassem todas as nossas certezas sobre as virtudes da dramaturgia.
Entretanto, ao indicar uma ruptura entre o tempo "real" e o tempo narrativo, sem quebrar a unidade psicológica desses dois planos, o dramaturgo parece ter sugerido uma forma especialmente adequada para solucionar o impasse entre a fragmentação da estrutura narrativa (e do espetáculo) e a continuidade da vida psíquica.
Quando Tom rememora seu passado familiar, não o faz com a frieza analítica de um narrador, mas com a mesma perplexidade dos que ainda vivem no presente as emoções do passado. A mesma coisa atravessa o tempo, não tem origem e não terá fim e, portanto, não se pode recriá-la como se fosse uma narrativa convencional com causas, ápice e consequências. É a essa possibilidade de um tempo contínuo, que pode ser rompido na aparência porque é permanente na essência, que se atém o espetáculo dirigido por Beth Lopes.
A ambientação intemporal, mais trágica do que dramática, se traduz por elementos contemporâneos presentes na cenografia e em alguns detalhes do figurino. A domesticidade e a noção de elegância da mãe, por exemplo, se

configuram por intermédio de um vaso ao fundo da cena e por objetos transparentes e móveis. Não há a decadência física do ambiente, que a peça indica sem muita ênfase, mas um vazio que é o da irrealidade e o do desamparo.
Também os intérpretes ficam desobrigados de compor personagens característicos, ou seja, uma família sulista, de origem rural, espremida em um pobre apartamentozinho suburbano. Amanda é interpretada por Regina Braga com a corporeidade de uma figura materna contemporânea, à vontade, sem a rigidez física que se atribuiria a uma matriarca dos anos 1930. Os filhos, interpretados por Luah Guimarães e Gabriel Braga Nunes, permanecem em um estado de sofrimento latente, quase inalterado pelos acontecimentos da peça. Há, em todas as composições, o cuidado de evitar a exasperação do dramático. São três boas interpretações que compreendem o universo da peça e o recriam de uma forma contida, talvez mais adequada a uma sensibilidade contemporânea saturada pelos exageros emotivos do drama televisivo.
Quanto ao visitante, a quem o dramaturgo se refere como o personagem mais "real" da peça, a solução do espetáculo não é das melhores. Falsamente pautado por um ritmo mais ligeiro, cheio de velhíssimos clichês de enunciação e movimento em cena, o Jim interpretado por André Boll adquire uma tonalidade caricatural. Talvez seja essa a intenção – o moço tem mesmo um otimismo suspeito –, mas é uma composição que o desqualifica como objeto amoroso e torna pouco convincente o deslumbramento de Laura.
Cinzento, com o ritmo de um sofrimento endêmico que lembra as dores do crescimento, o bonito espetáculo criado por Beth Lopes torna irrelevante algumas informações do texto, mas preserva o seu sentido.

# Críticas 1999

## AGATHA

De Marguerite Duras
Direção de Roberto Lage
29 de janeiro de 1999

Na célebre e econômica definição de Lope de Vega, bastam duas tábuas e uma paixão para fazer teatro. Com tantos atavios intelectuais e materiais à disposição, são poucos os artistas que, hoje em dia, se arriscam a confiar apenas no mínimo. *Agatha* é um espetáculo feito com a ousadia e a seriedade de quem dispensa acessórios. Quer representar o ápice da voltagem amorosa com o mínimo de recursos materiais. Feito para um pequeno número de espectadores, com o objetivo de preservar a proximidade física entre o público e a encenação, usa pouco mais do que dois atores e uma história de amor.

A vaga sugestão de época feita pela cenografia (um passado recente) serve também para iluminar o ambiente partilhado entre o público e os intérpretes. Não há muita coisa além desses dois intérpretes para nos convencer da verdade de uma relação amorosa intensa, no seu momento de rompimento.

A maior virtude do espetáculo, dirigido por Roberto Lage, está na sobriedade com que recria o conflito amoroso. Mesmo no seu momento de crise – a iminência da separação –, os amantes dialogam em surdina, com intimidade, mas também com o medo dos que se habituaram ao segredo. Como os diálogos de Marguerite Duras nada têm de realistas ou coloquiais, essa delicadeza de tom não nos deixa esquecer que estamos diante de uma representação. Ou seja, não há a ilusão de que estamos espiando alguma coisa pelo buraco da fechadura, mas há, antes, a intenção de envolver-nos com a representação de uma emoção verdadeira. Sem a distância física entre o palco e a plateia, sem os adornos ilusionistas, a encenação convida a um pacto entre o público e os intérpretes para a aceitação de uma verdade artística.

Por mais agradável que seja essa proposta despojada e sincera, é preciso reconhecer que, no decorrer do espetáculo, se instala uma certa monotonia. Isabel Teixeira e Luciano Schwab são, por enquanto, duas promessas de bons intérpretes, com bom preparo técnico e muito empenho. São capazes de apreender bem o movimento ascendente do desejo entre os amantes e o sofrimento da separação próxima. Enfatizam, no modo como pronunciam suas falas, o erotismo reprimido que se manifesta, sobretudo na personagem feminina, por meio da respiração com um ritmo mais acelerado. Há bons momentos de composição também quando rememoram, de um modo mais agradável, a felicidade do passado. Fazem bem uma versão lírica do amor contrariado.

A monotonia, contudo, manifesta-se nos trechos em que há outros elementos no texto de Marguerite Duras. Seria preciso uma compreensão mais racional para transmitir as passagens em que há amargura e cinismo. As pausas e as repetições têm a função, muitas vezes, de encerrar cada um dos personagens no seu universo interior, como se fossem, em alguns momentos, narradores de uma experiência e não sujeitos dela.

Há nessa peça a incomunicabilidade do egoísmo, e a ameaça de ruptura não tem uma causa única. Pode ser que esses irmãos sejam incapazes de fazer da imaginação amorosa uma realidade. Em grande parte artificial, comprometida por clichês literários, a peça é, talvez, inadequada a uma perspectiva mais juvenil e confiante na energia da paixão.

Por enquanto, os dois jovens intérpretes em cena assumem um aspecto da experiência humana: o amor contrariado, que, como todo amor romântico, legitima a transgressão. Ainda não penetraram – sorte deles – no recanto da psique em que as paixões se extinguem por mero cansaço.

## VOLTAIRE – DEUS ME LIVRE E GUARDE

De Oswaldo Mendes
Direção de Marika Gidali
29 de janeiro de 1999

Nunca é demais alertar para os perigos do fanatismo e, infelizmente, é sempre necessário lembrar que as pessoas têm o direito de pensar livremente. Intelectuais e artistas jamais deixaram de combater pela liberdade de consciência e é isso que faz, uma vez mais, a peça *Voltaire – Deus me livre e guarde*, de Oswaldo Mendes. Escrita como um apólogo instrutivo, nos mesmos moldes combativos do século XVIII, a peça é mais denúncia do que análise. Seu alvo, definido com bastante clareza, é a manipulação das seitas religiosas exercida, sobretudo, sobre os mais pobres e indefesos. Sem dúvida, um tema oportuno diante da expansão de facções religiosas lideradas por espertos negociantes. A peça põe em ordem os fatores que propiciam o enraizamento do sectarismo religioso: de um lado a pobreza e a ignorância e, de outro, a cobiça e a vontade de poder. Bem no meio, espremido e solitário, há um camponês, menos bronco do que parece à primeira vista, tentando entender os argumentos do discurso religioso. É a razão, dom natural segundo o conceito iluminista, que lhe serve de arma de defesa, embora seja ainda uma razão teimosa, incipiente e desinformada. Como indica o título, o autor inspira-se diretamente no período histórico em que a filosofia combateu a intromissão de argumentos metafísicos na condução da vida pública e privada dos cidadãos.

Desde então, tornaram-se progressivamente mais complexos os instrumentos de análise do fanatismo religioso, procurando uma abordagem menos dualista do fenômeno. Basta lembrar o que fez entre nós Euclides da Cunha ao dissecar os acontecimentos de Canudos. Talvez por essa razão, a abordagem panfletária e simplista do autor dessa peça, reivindicando a racionalidade em estado puro, nos pareça uma demonstração pouco convincente da força do camponês. O velho Dondindac precisa, nessa peça, do auxílio de um verdadeiro *deus ex machina* para resolver os problemas ocasionados pela sua dúvida metódica. Faltam-lhe, na forma como o autor concebeu a intriga, o apoio elementar dos exemplos tirados da vida quotidiana e uma dose de realismo com que a comédia habilmente reveste os personagens populares. Com personagens de fábulas, exemplares e descarnadas, essa comédia chega em linha reta ao xis da questão. Demonstra bem os malefícios do fanatismo, mas faz-nos saudosos dos recursos cômicos da astúcia e da imaginação, dois elementos com que Voltaire revestia seu pensamento. Há quem lhe atribua até mesmo um gosto excessivo pela irrisão, o que teria perturbado a clareza do seu pensamento. Por amor à arte, faz-se agradável ou um pouco mais complicado o caminho do entendimento.

É mais ou menos esse procedimento corretivo que tem o espetáculo dirigido, e muito bem, por Marika Gidali. As excelentes coreografias de Décio Otero têm um sentido dramático, ou seja, conservam traços das personagens e ligam-se ao sentido da ação, mas são, ao mesmo tempo, formas bonitas e um exemplar aproveitamento do fundo de concreto do espaço cênico. Os personagens vivem, antes de entrar em cena, como vivem entre nós os pobres, em nichos de concreto, e saem dali para uma vivência coletiva áspera e frenética. Com boas músicas, criadas por Paulo Herculano, adequadas à capacidade vocal dos intérpretes, o espetáculo funciona como uma sugestão do que pode voltar a ser o bom musical brasileiro: nem imitação da Broadway nem reaproveitamento das tradições populares, mas uma formalização original de um tema contemporâneo.

## OMELETE

De José Roberto Torero e Marcus Aurelius Pimenta
Direção de Hamilton Vaz Pereira
5 de fevereiro de 1999

É próprio da comédia, sentencia uma recorrente definição, celebrar a vitória do homem sobre a adversidade. Catástrofes separam famílias, interesses pecuniários se interpõem entre amantes, vilões subtraem os bens dos virtuosos e, no entanto, tudo se resolve. Tudo chegará a um bom termo, mas é necessário antes o empenho, a astúcia e a bravura dos personagens.
Mais moderna, a concepção do cômico que inspira *Omelete* amesquinha a força da adversidade, poupando os personagens do sacrifício de construir um destino feliz. Os dois autores, iniciantes no teatro, mas provados no romance, têm mais afinidade com o caráter dos personagens do que com a intriga. Inspirados na comédia shakespeariana, na qual o caráter e as ações se equivalem como recursos dramáticos, optam por caprichar mais nos personagens do que no enredo. Os obstáculos enfrentados pelos amantes de Verona, pelo mouro de Veneza e pela megera de Pádua são os percalços da relação conjugal. Nada atrapalha tanto a felicidade quanto a falta de dinheiro, o temperamento e a disputa pelo comando do lar.
A bem da verdade, Shakespeare, tendo vivido no início da Idade Moderna, intuía em Otelo a exasperação a que hoje damos o nome de neurose, em Petruchio, o vício da acumulação capitalista, e em Romeu, uma temerária vocação para arriscar a pele. Capturados por José Roberto Torero e Marcus Aurelius Pimenta, esses indícios se tornam o campo de ação central da peça. Ridicularizam o ciúme, a fanfarronada machista e o idealismo romântico como se fossem esses os legítimos vilões no enredo universal da vida doméstica. Nenhum golpe do destino e nenhuma astúcia podem salvar o amoroso da própria personalidade.
Tem consequências estilísticas esse aburguesamento da narrativa. Fica diminuído o prazer lúdico dos enganos, das soluções retardadas, do sopro mágico que dá um empurrãozinho naquilo que os personagens não resolvem por meios sensatos. O Puck irritadiço e despeitado desta peça, por exemplo, perde o encanto amoral das entidades pagãs para tornar-se um burocrata da solução dramatúrgica. Da mesma forma, o comportamento dos amorosos, temperado por ingredientes farsescos (sexo, comida e funções excretoras), dispensa a fantasia e o lirismo. São elementos que contrariam o prosaísmo do matrimônio, mas proporcionam ao texto mais graça e beleza.

Como retrato de costumes, ou confronto entre duas visões da relação conjugal, a peça tem bons momentos de espirituosa ironia, sobretudo quando se afasta do seu modelo. As paródias são em geral pobres, e especialmente ruim a paródia inicial da cena de morte de *Romeu e Julieta*. Mas há também momentos inspirados, como o desenvolvimento dos personagens trágicos de Hamlet, Lear e Shylock, a quem os autores conferem, com maior liberdade, tratamento original.

Dirigido por Hamilton Vaz Pereira, o elenco funciona harmoniosamente, tratando com graça estilizada as intenções realistas do texto. Ou seja, são fiéis a uma sugestão de época que permanece na forma do texto e constroem personagens mais ou menos como se fossem máscaras renascentistas, graciosas e artificiais na composição. Como os movimentos são bonitos, as falas bem ritmadas e ágeis as mudanças de situação, o espetáculo disfarça bem a indigência da trama.

Também permanecem, nas composições das figuras femininas, tonalidades que lhes foram concedidas pelo seu criador. Julieta tem a inocência pueril das adolescentes, Catarina, a sensualidade compensando o temperamento varonil, e Desdêmona, a transparência dos inanimados objetos de desejo. Enfim, distraídos por bons atores e por soluções quase coreográficas, demoramos para perceber que a culinária leve que nos apresenta agora a companhia Gog Magog desafia pouco a nossa capacidade digestiva.

## AS VIÚVAS

De Artur Azevedo
Direção de Sandra Corveloni
5 de março de 1999

Indo na contracorrente das tendências teatrais hegemônicas durante os anos 1970, o Grupo Tapa, formado em 1979, elegeu o texto teatral o alicerce da sua proposta cênica. A razão dessa escolha, muitas vezes reafirmada em entrevistas e textos programáticos, era explicada pelo fato de que a dramaturgia proporcionava um nível para a formação intelectual e estética do grupo. De início não havia, portanto, a ideia de educar o público para apreciar o rico legado da dramaturgia ocidental. Eram antes os próprios participantes do grupo que procuravam suprir por conta própria uma lacuna que o teatro profissional não cuidava preencher.

Este autodidatismo, sugerindo que o artista tem a modéstia de reconhecer-se um aprendiz antes de tentar "civilizar" o seu público, é até hoje ativo e se deve a ele uma parcela do crédito pelas extraordinárias encenações do grupo. Embora tenha testado com inegável êxito as múltiplas linhagens textuais desde o Renascimento europeu até os autores brasileiros contemporâneos, as encenações do Tapa ainda abordam os textos como se fossem realidades inteiramente desconhecidas e surpreendentes. Mesmo as constantes das suas abordagens – como por exemplo, a ênfase no lugar de classe das personagens e na motivação social dos atos – se tornam variáveis estilísticas originais na combinação química entre a ideologia e os traços estilísticos próprios de cada texto.

Parece também surpreendentemente novo este espetáculo que, sob o título de *As viúvas*, enfeixa três peças curtas de Artur Azevedo. Em espírito pertencem ao século XIX, embora seu autor tenha atravessado a fronteira deste século. São três situações de corte amorosa feitas com traços leves e desembocando no casamento, único destino concebido para as mulheres. Essa atmosfera remota e fidedigna às convenções de um outro tempo é inteiramente preservada na encenação e, nesse sentido, o espetáculo dirigido por Sandra Corveloni, atriz experiente do grupo e diretora iniciante, cumpre a função informativa que se espera de um espetáculo baseado em um autor consagrado da historiografia teatral.

Há uma delicada cerimônia na corte entre os amorosos que nos induz gentilmente a um paralelismo com nosso comportamento atual mais abrupto, mas, nem por isso, mais eficaz. Ao mesmo tempo, o belo revestimento visual do espetáculo, apoiado quase unicamente nos figurinos de Lola Tolentino, sugere uma época mais nítida, com papéis sexuais bem definidos, em que compete ao sexo feminino atrair. Enfim, é o passado funcionando, sem a pátina romântica do desgaste ou da idealização.

Outro modo de contornar a reverência saudosista é por intermédio do reforço de um elemento perene do teatro e que – quase não nos damos conta na leitura – Artur Azevedo emprega com excepcional habilidade. Trata-se do jogo. Antes mesmo do início do espetáculo, um intérprete, circulando pela plateia como quem percorre a rua do Ouvidor, convida o público a integrar-se a essa ilusão que precisa, para viver, da concordância de quem assiste.

Nas três peças, o espetáculo enfatiza a relação ao mesmo tempo distanciada e lúdica do teatro cômico. Apartes, solilóquios, ocultações e marcações estilizadas funcionam admiravelmente para estabelecer uma cumplicidade com o público. Constatamos que não são recursos ingênuos para resolver problemas dramatúrgicos, mas, antes, uma consistente e bem arquitetada forma de comunicação que se estabelece além do texto como parte importante da linguagem teatral. Não basta esconder-se atrás de um biombo – prova-nos esta encenação –, mas é preciso fazê-lo como uma pontuação gestual ao movimento geral da cena, com graça e com uma intenção de aliciamento que permita ao espectador situar-se, ele também, em um dos lados do jogo. De preferência do lado de quem está bisbilhotando e entreouvindo.

Por último, este grupo, que não dá ponto sem nó, revela que há mais em Artur Azevedo além do retratista de costumes e do espirituoso parodista. É possível reconhecer outros dons lendo sua obra, mas é raro encontrarmos um encenador capaz de revelar também um arguto observador do espectro social e um escritor em constante evolução.

Aqui a primeira peça põe visível a olho nu o pragmatismo da classe trabalhadora trocando, em moeda conjugal, a gratificação sensual pela segurança econômica. Na segunda peça é nítida a relativa liberdade da classe média que pode entregar-se ao impulso porque não está premida pela necessidade e não tem um patrimônio a defender. Na última peça, os indícios de abastança são reforçados por um comportamento fisicamente mais artificial e posudo. É nesse meio, quase machadiano, que uma viuvinha aprenderá a hipocrisia.

## PRÊT-À-PORTER

Direção de Antunes Filho
5 de março de 1999

Há um ano, o Centro de Pesquisa Teatral (CPT) do Sesc vem exibindo ao público uma etapa do seu método de formação de atores. Sendo ao mesmo tempo uma escola e um núcleo de produção artística, o CPT faz, por meio da exposição dos procedimentos pedagógicos, uma espécie de manifesto da sua poética. O que está em cena sob o título de *Prêt-à-porter* é a dramatização de uma proposta teatral em que o intérprete deve responsabilizar-se por todas as etapas de criação cênica, desde a autoria intelectual até a formalização cênica dos conteúdos.

Segue-se à apresentação das cenas criadas pelos atores durante a aprendizagem uma conversa esclarecedora com o público. Trata-se de um bate-papo sem roteiro prévio, respondendo a questões sobre o modo como foi gestado o que está em cena e também a perguntas sobre o método criado por Antunes Filho para orientar a linha pedagógica desse centro de pesquisa.

As perguntas do público, pelo menos nas duas ocasiões em que estive presente, sugerem que se trata de uma plateia com interesse profissional pelo teatro, em parte compartilhando com os intérpretes do CPT a condição de aprendizes. São espectadores concentrados durante a encenação e inquisitoriais na conversa posterior. Alguns tomam notas em caderninhos. Enfim, conhecem a excelência das produções desse núcleo artístico e parecem decididos a extrair da encenação um resíduo duradouro de conhecimento.

Entre as várias perguntas, há uma recorrente: o que há de novo nisto que vocês estão fazendo? "Não sabemos o que há de novo nisso, porque estamos ocupados em descobrir o que é essencial", respondem os intérpretes-autores.

É a mesma atitude que, em resumo, tem impulsionado a vanguarda teatral desde o início do século. Quer finque raízes filosóficas no Oriente ou no Ocidente, o essencialismo procura, em todas as linguagens artísticas, desbastar a comunicação de elementos desgastados ou transitórios que se acumularam sobre a concepção e a veiculação da obra de arte.

Nesse sentido, as três cenas enfaixadas em *Prêt-à-porter* são uma eficiente comprovação de que o teatro se beneficia especialmente de uma limpeza profilática. Intimidado pelo culto ao novo, assustado pela concorrência dos meios de comunicação de massa, tem, é inegável, juntado muita tralha.

O CPT faz uma contraproposta. Dispensando o envoltório cenográfico interpretativo (embora conserve a função da localização espacial), os efeitos de luz e som e, nesse trabalho didático, dispensando até mesmo o texto teatral preconcebido, os intérpretes criam excelentes apreensões e formalizações a partir de elementos básicos da química teatral.

Em *BR-116*, *Um minuto de silêncio* e *Sopa de feijão* há, como base dramatúrgica, um antagonismo manifesto mais na caracterização dos personagens do que na situação. É a diferença entre dois modos de ser que impulsiona a atividade dialógica. Nessa concepção do conflito, mais aparentada à música do que à literatura, o silêncio e o ritmo desempenham uma importante função significativa. Tudo o que os personagens ignoram sobre si mesmos e, por essa razão, não pode manifestar-se no discurso constitui o território de investigação do ator.

Inscritos em um espaço quase desnudo, a tarefa dos intérpretes é também a de atribuir sentido ao espaço sem preenchê-lo com movimentos desnecessários ou de efeito meramente estético. Postura e expressão facial são suficientes para que, no primeiro momento da cena, o personagem nasça sob o olhar da plateia. A partir daí, não há um só movimento, de recuo ou de aproximação, que não seja necessário ao entendimento da relação entre personagens. Alguns espectadores manifestam perplexidade diante de tamanha candura. Em face da superabundância clamorosa da arte contemporânea, não é fácil perceber e aceitar apenas o que é necessário. E não terá sido fácil, certamente, o percurso que esses intérpretes cumpriram para chegar ao limite em que o silêncio e o vazio se somam harmoniosamente à sua criação sem aniquilá-la.

## ÁLBUM DE FAMÍLIA

De Nelson Rodrigues
Direção de José Rubens Siqueira
12 de março de 1999

Para as escolas de teatro, a obra de Nelson Rodrigues tornou-se uma exigência curricular. Ninguém pode considerar-se apto para a profissão de ator se não tiver medido forças, na prática ou na teoria, com esse inegável divisor de águas da dramaturgia brasileira. A Escola de Arte Dramática da Universidade de São Paulo (EAD-USP) cumpre agora essa tarefa de aperfeiçoamento dos seus alunos apresentando uma encenação de *Álbum de família*.
Tanto as virtudes deste espetáculo quanto alguns dos seus defeitos têm a ver com a sua condição básica de exigência pedagógica. Uma escola deve propor aos seus aprendizes as mais importantes matrizes dramatúrgicas e estas são, quase sempre, desproporcionais às habilidades técnicas e à vivência de jovens iniciantes.
Por outro lado, o fato de que é preciso facilitar a execução da peça para os intérpretes permite que também o público possa vê-la como um objeto de estudo, pelo lado de dentro, compreendendo melhor o modo como o autor obteve, por intermédio do processo construtivo, uma unidade que nos parece, à primeira vista, resultado de uma milagrosa intuição.
Dirigida por José Rubens Siqueira, esta versão da peça escrita em 1945 (que o crítico Sábato Magaldi considera realizada na sua plenitude no espetáculo dirigido, em 1981, por Antunes Filho) parece ter plena consciência de que o elenco ainda não é capaz de realizar, em uma chave adequada, a perigosa vizinhança entre a paixão trágica e o grotesco que a forma do texto sugere.
Os personagens se distinguem por um traço essencial, representado com clareza e imutável do começo ao fim do espetáculo, marcando mais as relações de poder do que os sentimentos de cada uma delas. O caráter funcional, de arquétipo, é mais notável do que as ações que executam individualmente.
O fato de que vários atores desempenham o mesmo papel – um recurso para avaliá-los – também contribui para simplificar o contorno dos personagens, uma vez que é preciso manter uma unidade que não se constitui apenas por meio do figurino.
Há, nessa passagem do bastão de um para outro ator, uma perda de variações dos personagens. Embora sejam arquetípicos e não singulares, têm matizes de efeito significativo e estético. É o caso, por exemplo, da tristeza digna que deve, por sugestão do autor, perpassar as falas de Senhorinha. Esse traço,

que é tarefa da atriz acrescentar às falas, é importante para que se explique o seu poder de sedução sobre todos os homens que a cercam.

Em um sistema de revezamento, as tonalidades vocais e as expressões faciais não se fixam e, de um modo geral, os personagens deste espetáculo se tornam simples, de contornos fortes, cumprindo a função de encarnar os polos do amor e da morte, mas sem a poética dimensão de humanidade sugerida por minúcias do texto.

No que diz respeito à dinâmica interior da peça, o espetáculo tem uma excelente resolução. Dois territórios equivalentes são delimitados e reservados para o poder masculino e para o feminino. Retilíneos, frontais, organizam-se como uma frente de batalha cuja estratégia é comandada pelo casal da mesma forma como se organizam racionalmente dois exércitos para a absoluta irracionalidade da guerra.

Em torno dessa área quadrangular há outro cerco, o da loucura, representado pelo filho, e o da morte, encarnado pela menina-moça agonizante e visível para o público. Ao incorporar ao palco elementos que, na leitura, permanecem fora de cena, José Rubens Siqueira nos mostra ao mesmo tempo como o texto é estruturado sobre a circularidade das pulsões e sobre a rigidez linear da norma.

## SOMOS IRMÃS

De Sandra Louzada
Direção de Ney Matogrosso e Cininha de Paula
19 de março de 1999

Nós, paulistas, temos de dar a mão à palmatória: a era do rádio foi muito mais divertida no Rio, com as suas emissoras potentes e programas de auditório que eram a um só tempo eventos musicais e cênicos. Além disso, os espetáculos musicais encenados nos cassinos e nas boates da capital federal estimularam o aperfeiçoamento de bailarinos, músicos e humoristas. Como se isso fosse pouco, há o fertilíssimo meio de cultura da escola de samba carioca, um território no qual a prudência recomenda não tentar comparações. Somando essa tradição e a persistência com que a cidade a mantém, se faz o teatro musical carioca. Diante dele, temos a impressão de estar diante da coisa autêntica (por mais suspeito que esse conceito seja quando aplicado à arte), tomados pela mesma reverência com que aceitamos a legitimidade do champanhe francês. Pois *Somos irmãs* tem exatamente essa aura de produto exportado do lugar certo, com a ousadia de reunir bons atores, bons bailarinos, músicas maravilhosas e figurinos elegantes em profusão em uma escala a que não estão habituadas as nossas produções. E usa tudo isso para relembrar o passado glorioso desse gênero teatral.

Tributário de uma tradição, *Somos irmãs* é, em boa parte, um teatro que repousa no apelo sensorial da música e da dança. Mas entrelaçada a isso a vertente dramatúrgica do melodrama para mobilizar também a empatia do público. Trata-se, enfim, do tema quase clássico do apogeu e da decadência de grandes artistas, neste caso de suas estrelas da era do rádio que a memória popular sepultou quando a televisão assumiu a hegemonia dos meios de comunicação de massa.

Os tempos gloriosos da vida artística das irmãs Linda e Dircinha Batista ocupam, na maior parte do tempo, o plano superior e a moldura do espaço cênico. No âmago dessa moldura estão as duas personagens vivendo no esquecimento, empobrecidas e emocionalmente instáveis, sem usufruir de reconhecimento dos que as idolatravam ou do dinheiro proporcionado pelo sucesso do passado. É uma estrutura dramática simples, de contraposição direta, organizada para que, à maneira da convenção trágica, sejamos movidos pelo trânsito entre a felicidade e o infortúnio.

A tristeza, também presente nas letras do cancioneiro popular, é contraponteada pelo prazer da execução musical, uma lembrança que se torna inesquecível e que permanece presente nos dois planos dramatúrgicos da peça. No espaço da reclusão e da doença ainda há lugar para a música.

Com um repertório musical de alta qualidade e uma forma de comunicação muito simples, reproduzindo o formato do programa radiofônico e intercalando coreografias de desenho linear, mas muito bem executadas, o espetáculo criado por Ney Matogrosso e Cininha de Paula trabalha com justaposições. Na moldura estão as duas cantoras no seu apogeu, enquanto no solo do palco as reações das duas mulheres envelhecidas têm os mesmos traços de comportamento das jovens. Em Linda, nervosa e impositiva na juventude, permanece, com o passar do tempo, uma mobilidade física excessiva, quase exasperada. Na irmã, mais elegante e comedida desde as primeiras aparições profissionais, a quietude torna-se depois apatia. São traços de personalidade que se transferem para a música por intermédio de uma interpretação mais dramática do que técnica.

Tanto quanto sabemos, o gênero musicado exigia dos seus intérpretes, antes de tudo, a habilidade para o canto e para a dança. Neste caso, o espetáculo exige mais dos seus intérpretes e este é um dos seus maiores trunfos. Bela música, bela cenografia, belos figurinos, bons dançarinos, mas também excelentes intérpretes dramáticos nos papéis centrais. Ainda que com uma proposta crítica modesta – a peça limita-se a lamentar que seja tão curta a nossa memória –, há um cuidado em definir a composição das personagens e reservar um espaço para elas no espetáculo.

Nicette Bruno, como Dircinha, e Suely Franco, no papel de Linda, trabalham com uma proposta realista, imprimindo tons e detalhes às personagens com a maior delicadeza, cuidando para não cruzar o limite do patético. As personagens das irmãs quando jovens são feitas por Beth Goulart e Cláudia Netto com o contorno mais marcado e fantástico dos mitos, embora cada uma delas conserve e marque um traço humano verídico e permanente, como a fragilidade de Dircinha e a coragem de Linda. Todo o elenco funciona muito bem diante das pequenas exigências que lhe impõe uma peça que é quase um roteiro para musical. Mas há em Nicette Bruno, Suely Franco e Beth Goulart o brilho da poeira estelar. A mesma que revestiu as aparições de Linda e Dircinha Batista.

## Ó ABRE ALAS

De Maria Adelaide Amaral
Direção de Charles Möeller
26 de março de 1999

A Chiquinha Gonzaga vista pela ótica de Maria Adelaide Amaral é, antes de tudo, uma personagem da vida pública. Pouco se sabe, por essa dramatização concebida para a interferência musical, dos conflitos íntimos ou da subjetividade da mulher.
Não se trata, pois, de uma abordagem naturalista que nos permitiria a identificação com uma mulher que, entre tantas outras, sofreu as agruras da submissão feminina. Nessa peça são de ordem histórica os contratempos que enfrenta e as causas que abraça.
Quando não se reservava ao seu sexo outro destino senão o da convivência marital, construiu para si mesma um lugar social de liberdade amorosa e realização profissional. Militante da causa abolicionista, da campanha republicana e da luta pelo reconhecimento do direito autoral, não poderia mesmo funcionar como um símbolo do inconformismo na vida privada.
Ó abre alas apreende-a, portanto, com a austera tonalidade reservada aos protagonistas da paisagem política. São escassos os indícios de uma personalidade feminina ferida pela opressão e, muito mais nítidos, seus efeitos artísticos e sua participação na vida pública do seu tempo.
Mas há, na estrutura da peça, um lugar reservado para o exercício da fantasia, da imaginação e dos outros atributos humanos que, na verdade, alimentam o impulso para a participação na vida coletiva. A artista, poética e sonhadora, se expressa por números musicais. Dividindo com nitidez um plano dramático

da militância, configurado nos diálogos, e o da criação, concentrado nos números musicais, o roteiro propõe uma complementaridade quase ideal para o gênero musical.

Nas cenas dialogadas estão as condições históricas de um período que ainda nos interessa pelo desproporcional esforço democrático que exigiu dos artistas, dos intelectuais e das lideranças populares. Nas músicas está a expressão lírica que se comunica com mais facilidade pelo tempo e que garantiu a perpetuidade da compositora. Os dois aspectos, lembra-nos a dramaturga, se equivalem e merecem a mesma admiração dos pósteros. Tivesse a mulher permanecido no aconchego do sarau doméstico, não teríamos a artista capaz de fundir e difundir novas fontes musicais.

No espetáculo concebido por Charles Möeller os efeitos de complementaridade funcionam muito bem. Interpretada por Rosamaria Murtinho, a protagonista é uma mulher que faz poucas concessões à proverbial faceirice da condição feminina. Serena nas cenas em que sofre perdas pessoais e firme na defesa das suas ideias, desperta, sem dúvida, mais admiração do que compaixão.

Nas falas em que explicitamente se refere ao interesse comum, a interpretação de Rosamaria Murtinho é quase distanciada, enfatizando a justiça dos argumentos e a clareza do raciocínio. Apenas quando transpõe o plano ficcional do drama e entra no número musical (como, por exemplo, na cena romântica com Carlos Gomes), a intérprete faz com que a figura da sua personagem se torne estilizada, leve e graciosa como a dos músicos e bailarinos que a circundam.

Sabemos que o gênero de teatro a que se dedicou a compositora não primava pela contenção. Mas, para realizar a sua exuberância plástica e auditiva, exigia o mais alto apuro técnico de todos os artistas envolvidos. É sobretudo a esse espírito de profusão de estímulos sensoriais e capricho na idealização e execução de cada elemento cênico que é fiel a encenação de Charles Möeller. Espetáculo com muitas formas e com algumas formas nada discretas, deleitando-se com a engenhosidade da cenotécnica e da iluminotécnica, com a habilidade vocal dos seus cantores e músicos, funciona também como a celebração de um gênero teatral que deixamos de cultivar.

É uma bela lembrança e seria provavelmente melhor se fosse um tanto mais arqueológica e deixasse de lado os microfones. Bons músicos e bons cantores como os que estão em cena nesta produção podem dispensar a ampliação (e o empastelamento) provocada por essa nefasta novidade.

## BONECA DO BARCO

De Delia Maunás
Direção de Delia Maunás
26 de março de 1999

O teatro contemporâneo aperfeiçoou e complicou de tal forma o espetáculo que quase nos esquecemos de que há também, na sua origem, um contador de histórias. *Boneca do barco*, encenação protagonizada por Magali Biff, recupera a situação da narrativa oral, proferida para uma pequena tribo de ouvintes. Poucos espectadores – não mais de quarenta – ocupam uma pequena sala no porão do Centro Cultural São Paulo (CCSP), face a face com a intérprete.
Para justificar esse encontro, há a singela oferta de dois elementos essenciais: a qualidade do texto e a habilidade do narrador. Sem contar com o apoio da cenografia ou mesmo do histrionismo do intérprete – uma vez que as personagens que aparecem são narradas, e não vividas –, não é pequena a situação de risco de um espetáculo desse tipo. Por sorte, neste caso, estamos diante de uma atriz excepcional e de ótimas histórias.
Nas narrativas compiladas e adaptadas pela autora argentina Delia Maunás, a vizinhança cordial entre o teatro e a literatura é evidente. Há uma personagem contando histórias testemunhadas ou reproduzindo narrativas alheias, mas, em nenhum momento, a intérprete procura trazer para um presente dramático esse esforço da memória. Uma vez que essas histórias não lhe pertencem como experiência de vida, cada uma delas pode manter um nível estilístico próprio, adequado à situação evocada pela memória da narradora.
Com esse procedimento, a autora argentina faz uma espécie de inventário de temas e tendências literárias modernas. Em uma das histórias, há o procedimento localista do realismo crítico, que capta e reproduz a língua e as situações da vida no cais portenho. Em outra há, por exemplo, o reconto de uma história de Somerset Maugham, na qual o acontecimento mais importante é de ordem psicológica. E não deixa de aparecer o tema do "duplo", misteriosamente recorrente na literatura argentina.
Todas essas diferenças não se aplainam por meio da voz ou da situação peculiar da narradora, mas, pelo contrário, permanecem muito marcadas para que o ouvinte possa transitar por atmosferas diversas e níveis linguísticos que vão desde o "lunfardo" (mais ou menos abrasileirado) até a economia verbal da fala provinciana.

Todas essas histórias têm como porta-voz uma prostituta que trabalha no cais. É essa situação de marginalidade social e geográfica que lhe permite testemunhar a experiência humana sem participar inteiramente do que observa. Magali Biff assume exatamente esse ângulo de observação, que é ao mesmo tempo enfático e distanciado. É uma mulher serena entre o tumulto, resignada ao ritual da sua profissão, que reconstitui sob os olhos do espectador, mas que, ao mesmo tempo, não perdeu a capacidade de admirar-se e, por vezes, a capacidade de compadecer-se.

Mas é, sobretudo, do modo como a apresenta a atriz, uma Sherazade cujo maior prazer é o de seduzir por meio do relato, conduzindo a sua interlocutora invisível para um posto de observação privilegiado. Não há, na criação de Magali Biff, os clichês da autopiedade ou da revolta social. Tampouco a exaltação ritualística da marginalidade. Quem sabe ver e sabe narrar o que viu está um pouco mais leve do peso da existência.

## AS TRÊS IRMÃS

De Anton Tchekhov
Direção de Enrique Diaz
26 de março de 1999

> *"Em 1917, depois da interrupção da nossa vida teatral em função dos acontecimentos políticos, a primeira peça que representamos foi* As três irmãs. *Todos sentíamos como se, antes, a tivéssemos representado irrefletidamente. Toda a peça começou a ressoar de outra forma, a revelar que não tratava de sonhos, mas de uma espécie de premonição [...] embora, com certeza, não fosse esta a tempestade com que havia sonhado a alma delicada de Tchekhov."*

Esse depoimento da atriz Olga Knipper, mulher do autor, que participara da primeira encenação da peça feita em 1901 pelo Teatro de Arte de Moscou, serve para elucidar as possibilidades de ressignificação dessa extraordinária peça, capaz de internalizar uma transformação da magnitude da Revolução Russa. Entre muitas outras coisas, estava presente, na sua tessitura, o mecanismo da história. E, de fato, a que se referem as vozes que se entrelaçam incansavelmente na casa da família Prosorov: ao tempo da história, ao tempo da subjetividade ou a ambos? Essa Moscou à qual aspiram retornar Olga, Macha e Irina seria o espaço irrecuperável da infância ou o espaço de uma nova ordem social emergente em que não há mais lugar para os fracos e para os aristocratas de espírito?

Sabemos apenas que, na medida de tempo estipulada por Anton Tchekhov nessa peça – quatro anos decorrem entre o primeiro e o último ato –, as irmãs perderão esse refúgio provinciano que desdenham, verão fenecer os sonhos de amor e deixarão de lado os refinamentos proporcionados pela educação paterna. Não irão a Moscou e nós as veremos, no fim, absorvidas pela vida provinciana. No entanto, não se sabe se o que lhes acontece corresponde ao fluxo inexorável de toda existência ou se haverá, para tantas perdas, uma causa ligada ao modo como agem. A ambiguidade é, por assim dizer, uma dimensão essencial da peça. Quem quer que se aproxime dela é incitado a uma redefinição histórica ou metafísica.

De qualquer forma, qualquer que seja o sentido privilegiado pela encenação há, no formato do texto, um núcleo sólido do qual podem partir as aventuras de simbolização. Os diálogos que ocorrem na casa onde vivem e convivem os Prosorov são um esforço transitivo em direção à clareza e à verdade. Desenvolvem-se na ociosidade, têm muitas vezes a obscuridade de uma reflexão que se faz no momento e, por isso, ainda não encontrou as palavras exatas, e são também inclusivos, porque interrompidos pelos incidentes do cotidiano. No entanto, não se pode negar a eles – sob pena de destruir o terreno onde se alicerça a reinterpretação – esse caráter de fala motivada por sentimentos e desejos genuínos.

Esse patamar simples, talvez de difícil execução, não se solidifica no espetáculo dirigido por Enrique Diaz. Todos os personagens, sem exceção, pronunciam suas frases com o andamento rápido da irreflexão, como se falassem por impulso, apenas para preencher o tempo de uma convivência infrutífera. Não se ouve bem o que dizem e, sobretudo, não sabemos a quem se dirigem os diálogos. Todos estão em movimento, raramente uma personagem fixa o outro, e temos sempre a impressão de que o que se inicia como diálogo torna-se uma espécie de monólogo interior, sem o objetivo na interlocução.

Como consequência, o sofrimento das criaturas em cena parece-nos também uma exasperação momentânea, um mero descompasso entre a situação dramática – o aprisionamento em um lugar "social" como a sala de estar – e o desejo de escapulir de um pequeno constrangimento. Há um único momento veraz e comovedor na interpretação que Julia Lemmertz imprime a Olga, no terceiro ato da peça. É mérito da atriz, que se desprende do ativismo físico do espetáculo e reserva um tempo maior para transmitir emoção.

Não por acaso Diaz nos lembra que a era do naturalismo já passou e essas figuras, sombras rodeadas de sono, podem recompor-se mesmo depois de o seu autor tê-las condenado à morte ou ao exílio. É um ponto de vista legítimo, mas dele podemos deduzir que não vale a pena lamentar o destino dessas três mulheres ou apiedar-se de seus amigos.

## UM CERTO OLHAR – PESSOA E LORCA

De Fernando Pessoa e Federico García Lorca
Direção de José Possi Neto
16 de abril de 1999

Raul Cortez dá ao espetáculo que alinhava poemas de Fernando Pessoa e García Lorca o título indefinido de *Um certo olhar – Pessoa e Lorca*. A indefinição indica, na verdade, um cuidado em precisar qual é a perspectiva adotada para amalgamar duas personalidades poéticas muito diferentes.
A austeridade conceitual, a economia sintática e a indiferença do poeta português pelo característico contrastam fortemente com a boa disposição de Lorca para fruir o mundo por meio dos sentidos e representar a particularidade cultural das paisagens que atravessou. Ambos são a expressão magna de duas vertentes paralelas da renovação modernista e seria preciso um considerável esforço didático para situar a sua complementaridade. Entretanto, o olhar subjetivo do leitor apaixonado tudo pode.
E é essa poção mágica que Raul Cortez utiliza para dar unidade ao seu trabalho, costurando a metafísica de um ao impressionismo de outro como se essa alternância correspondesse à vida íntima de um leitor que migra entre poetas movido pela necessidade pessoal.
Seria difícil expressar essa inquietação subjetiva sob a forma estática de um recital e, por essa razão, o espetáculo enfatiza em cada poema um movimento anímico, que é o do leitor-personagem. Há até mesmo sugestões de outros personagens nos poemas de Lorca em que a qualidade dialógica é evidente. Mas há também, sugeridas por meio da postura e dos movimentos, situações dramáticas cercando as reflexões existenciais de Pessoa. Cada poema tem uma dramatização particular, adequada à sua linguagem e ao seu tema, mas acabam por constituir uma unidade porque parecem corresponder a um estágio da vida interior do intérprete.
Em vez de procurar a similaridade formal e temática entre os dois autores (sugerida no programa do espetáculo por meio de uma referência à "nação ibérica"), o espetáculo preserva as diferenças e faz com que se tornem um sentido contínuo porque são manifestações de diferentes estados anímicos e preferências do intérprete.
Há outros caminhos possíveis, mas este, o de uma unidade criada pela empatia do leitor, parece especialmente adequado para expressar uma qualidade intrínseca e universal da poesia.

Dessa forma, o espetáculo comunica alguma coisa além de poemas inquestionavelmente belos. Transmite também o prazer da leitura. Vemos no intérprete uma apropriação pessoal e prazerosa dos textos, e o que faz em cena é um estímulo para reproduzir a experiência da leitura.

Só um leitor-intérprete, engajado, pode reconstituir no seu imaginário a paisagem e a temporalidade de um delicado poema como *Os encontros de um caracol aventureiro* ou ir criando aos poucos o silêncio para onde converge uma ode do heterônimo Ricardo Reis. O convite a uma participação cúmplice e entusiasta perpassa toda a concepção e realização do espetáculo.

Some-se a isso o fato de que Raul Cortez assimilou todas as transformações que foram propostas ao ator nestas últimas três décadas. Incorporou as novidades e, prudentemente, não jogou nada fora. Conservou do seu período de formação a ideia de que o ator é responsável pela concepção intelectual do seu trabalho, acrescentou o aperfeiçoamento corporal próprio de uma época que exigia do intérprete a primazia do corpo e recuperou, de um passado mais longínquo, a perfeição vocal do *diseur*. Com tudo isso, pode fazer um teatro que tem um sentido social – convida à reapropriação da poesia – e ao mesmo tempo provar, pela valorização de cada pausa, de cada consoante, de cada vogal, que a poesia é uma esplêndida proeza da língua. Vai do livro ao teatro para incitar o retorno ao livro.

## A DONA DA HISTÓRIA

De João Falcão
Direção de João Falcão
23 de abril de 1999

Se o teatro é o lugar onde um homem se posta em um plano elevado diante de muitas pessoas e, quase gritando, quer fazer crer que conversa com seus botões, pode muito bem ser o lugar em que duas pessoas representam um único personagem.

Os transtornos do tempo sequencial, a indeterminação do espaço e a fragmentação do personagem são evidências ficcionais intensamente exploradas pela dramaturgia contemporânea, ora para acomodar novos sentidos, ora para reafirmar que o teatro tem, sobre as outras linguagens artísticas, a indiscutível vantagem de poder instaurar novas convenções a partir de escassa matéria.

Ao que parece é essa vantagem que o autor e diretor João Falcão quer aproveitar no espetáculo *A dona da história*. Duas atrizes representam uma personagem que, embora tenha um corpo duplicado e um discurso diferente para cada etapa da vida, parece ter uma única motivação: viver uma vida tão interessante que mereça ser recontada. A moça de 20 anos tem a seu lado a mulher de 50 que será no futuro e, qualquer decisão que tome, determinará a existência da mulher com quem dialoga. Trata-se, assim, de uma verdade evidente – a vida se transforma tanto sob o influxo das circunstâncias quanto das decisões – e dela o autor não pretende extrair considerações filosóficas. Fossem os objetivos da peça algo mais do que lúdicos, teríamos, à maneira sartriana, uma investigação da liberdade possível diante das circunstâncias. Aqui, em vez de desdobrar hipóteses para uma reflexão posterior, a narrativa se concentra em uma solução binária, de assimilação fácil.

Se a jovem se casar com o seu amor de juventude, estará destinada a uma vida um tanto entediante, prolífera e monogâmica. Resistindo a esse ímpeto juvenil, conhecerá os amores múltiplos e o pressentimento da velhice intranquila. Como a peça é sobretudo um jogo rápido de exploração de variáveis, os julgamentos de valor ficam em suspenso e uma opção não parece melhor do que a outra.

Entretanto, uma vez que a hipótese é binária, as possibilidades de evolução da narrativa são reduzidas. A jovem e a mulher madura repetem-se e dizem a mesma coisa várias vezes, em uma superposição de paráfrases que o autor sabe arranjar com elegância, mas que a memória traduz como meras repetições.

Se essas repetições fossem um pouco mais mordazes, poderíamos talvez concluir uma espécie de fatalidade mais dramática, ou seja, por mais que a personagem pretenda alterar o rumo de sua vida, são escassas as veredas que poderá trilhar. No entanto, o texto segue leve, como um exercício de estilo, e a mesmice parece não ser fonte de inquietação em nenhum dos tempos da personagem.

A orientação do trabalho das atrizes é lúdica como a construção da peça. Devem variar formalizações e colorir à vontade frases diferentes com o mesmo sentido. Na verdade, o espetáculo é, quase todo, uma exibição das possibilidades histriônicas de duas excelentes intérpretes.

Criam movimentos de hesitação, manifestações de espanto, máscaras faciais de expectativa e exploram com muita imaginação o arsenal que a comédia oferece para provar que o mais interessante na arte é o como e não o que se representa. Marieta Severo e Andréa Beltrão são extraordinariamente hábeis nessas formalizações porque têm presença de espírito para modular frases de acordo com a reação da plateia, leveza para se movimentar criando desenhos no palco quase vazio e um distanciamento emocional, quase frieza, que serve como uma luva nesse texto frágil como bolha de sabão.

Não representam a universal condição feminina e tampouco as mulheres deste tempo. São antes duas belas mulheres, em traje de gala, prontas para o baile da vida. Poderão dançar apenas duas músicas, o que é pouco para uma vida, mas talvez o bastante para um teatro ligeiro.

## ACORDES CELESTINOS

De José Rubens Chachá
Direção de José Rubens Chachá e Ary França
30 de abril de 1999

À moda europeia do café-cantante, que chegou ao Rio na segunda metade do século XIX, logo responderam os cariocas com a versão mais proletária do chope-berrante. Essa história do percurso dos gêneros musicais e teatrais por diferentes estratos sociais e espaços urbanos é muito bem documentada por José Ramos Tinhorão na sua *História social da música popular brasileira*, e a linha crítica que adota dá margem a analogias.
Pode-se dizer que a última encarnação do chope-berrante é a gigantesca casa de *shows* onde, em meio ao tilintar de copos, se apresenta uma mistura variada de gêneros musicais e teatrais. A arte, nesse caso, não exige do público atenção exclusiva e forma, com a comida, a bebida e a conversa, uma diversão sem hierarquia.
*Acordes celestinos*, comédia musical de José Rubens Chachá que se apresenta agora em uma casa com essas características não tem, ao que parece, a pretensão de dar mais do que espera o público, que não pretende outra coisa além de diversão, mas, ao mesmo tempo, aproveita bem as circunstâncias de uma noite de lazer. Sem querer ganhar do chope e do sanduíche, relembra que essa situação teve um passado glorioso e permitiu que se formassem grandes intérpretes, grandes canções e uma vigorosa tradição musical cuja repercussão os meios de comunicação modernos se encarregaram de ampliar.
Foi no ambiente informal de uma choperia, por exemplo, que Vicente Celestino, personagem central dessa comédia, iniciou a carreira que alcançaria mais tarde a atmosfera mais refinada da opereta sem perder de vista o repertório original. É, enfim, essa história de migração, de amálgama de fontes musicais e de uma relação pessoal e calorosa com o público que a peça procura recuperar, aproximando-se, tanto quanto possível, das circunstâncias originais do teatro musical. Foram precisos o rádio e o disco para que bons intérpretes se tornassem figuras de projeção nacional e foi indispensável esse corpo a corpo com o público para que pudessem avaliar as possibilidades do repertório.
Salpicadas com leveza no texto para que não pareçam instrução para principiantes, essas informações permeiam os diálogos da peça. Sem melancolia, a narrativa começa pelo fim, ou seja, pelo circo-teatro onde se abrigaram, depois da perda de prestígio nos grandes centros urbanos, as cançonetas cômicas, os melodramas e a memória do grande Vicente Celestino.

Na primeira parte da peça, uma trupe circense, diante da deserção do galã, resolve montar uma obra original tendo como tema as experiências póstumas de grandes cantores.

Essa segunda parte, do teatro dentro do circo, é bem mais divertida porque livre da simplicidade do modelo circense. Passeando entre o céu e o inferno, muito à vontade, estão Vicente Celestino, Francisco Alves e Carmen Miranda. Dispensando o fio da coerência dramática, fazem o que sabem fazer melhor, ou seja, cantam canções muito bonitas e quase esquecidas.

Gerson de Abreu faz de Vicente Celestino outra coisa além do tenor retumbante. É antes um personagem cheio de delicadezas, tal como sugere o repertório do cantor. É boa também a interpretação de José Rubens Chachá, que enfatiza a graça nervosa de Francisco Alves, enquanto não poupa fôlego para reproduzir sua voz possante. Em vez da Carmen Miranda mitológica e sensual, Ângela Dip prefere a naturalidade e a alegria da fase inicial da cantora. Intérprete versátil, a atriz tem, sobre os seus colegas de cena, a vantagem da agilidade corporal, que lhe permite acrescentar ao espetáculo uma pequena dose do tempero coreográfico.

Talvez porque queiram fazer uma comédia, e não um espetáculo de variedades, os dois diretores do espetáculo deixaram quase invisíveis os músicos. No entanto, o espetáculo encaminha-se para um desfile de canções e em nada alteraria sua credibilidade se a cena incorporasse a presença dos músicos. A era tecnológica tornou abstrata a origem da música e, inversamente, tornou preciosa e quase mágica a oportunidade de assistir a uma execução musical. É uma pena perder essa chance.

## NIJINSKY – DIVINO BUFÃO

De Cláudia Scapira (adaptação dos Cadernos, de Nijinsky)
Direção de Rossella Terranova
14 de maio de 1999

Se fixarmos o detalhe de um quadro, perderemos a noção do conjunto. Entretanto, o teatro, arte no espaço e no tempo, permite às vezes apreensões do todo por meio da parte. *Nijinsky – divino bufão*, espetáculo idealizado e interpretado por Luís Melo, contém uma cena muito bonita cujo significado contamina toda a evolução da narrativa. Nela a personagem Vaslav Nijinsky, despojado da glória artística e confinado como doente mental, começa a escrever uma frase em seu diário. Enquanto escreve, pronuncia as palavras.

O som dos fonemas, o ritmo da pontuação e o desenho das letras são, aos poucos, transferidos do papel para o espaço livre ao redor da personagem. Impulsionado pelos significantes, o artista eleva-se, combina e experimenta a ampliação de movimentos e acaba transfigurando a escritura em dança.

Transubstanciação do conceito em símbolo, da reflexão em beleza, esse pequeno milagre que ocorre sob os olhos dos espectadores sintetiza a intenção e o efeito que o espetáculo deseja. Não veremos nele a reconstituição histórica de grandes feitos no domínio da dança, mas, antes, a representação de um movimento anímico que precede a obra de arte e que também sobrevive à sua manifestação mundana.

Vale a pena observar que o enfoque de Luís Melo e Cláudia Schapira não romantiza a loucura e não escamoteia o sofrimento psicológico. O homem que está em cena é atormentado pela solidão e ensaia, tanto quanto possível, lutar contra a obscuridade do pensamento. Em meio ao tumulto do pensamento e da emoção descontrolada, restam-lhe, contudo, coisas indestrutíveis, que a dramatização põe em relevo: a confiança na natureza divina do homem e o dom, também divino, de traduzir a experiência por meio da linguagem corporal.

Nesta concepção não interessam os nove anos que Nijinsky brilhou nos palcos europeus como um fenômeno até hoje inigualado. Vemos o homem doente, na véspera da internação em uma instituição para alienados, uma reclusão que só se encerraria com a sua morte. Não dança mais, não concebe coreografias para outros, mas não desistiu de compreender a si mesmo e de obedecer ao que considera um chamado divino.

Desenhado para acompanhar a instabilidade de um pensamento errante e às vezes circular, o roteiro mescla lembranças pessoais de malogros afetivos do artista ao terror e à hostilidade de um paciente que teme as práticas médicas do seu tempo. São informações históricas e sociais (os procedimentos terapêuticos não eram lá muito gentis) que configuram a realidade da existência do protagonista, mas não são os dados mais importantes dessa narrativa. O mais interessante são as interrupções desse plano "real", quando a vivência presente é permeada ou invadida pelo apoio pungente da música. Este Nijinsky se esqueceu do palco, dos aplausos, das adulações, mas é ainda dominado pelos acordes que chamam o fauno à floresta.

Luís Melo traduz com sensibilidade incomum os momentos patéticos em que a perda do sentido de realidade faz emergir uma dose de infantilismo, ameaçando a dignidade da figura em cena. Evita o ridículo e o transforma em inocência graças à suavidade da voz, à serenidade do rosto e à elegância dos movimentos. Os loucos, em geral, são um prato cheio para exageros e sentimentalismos e, ao que parece, o ator toma muito cuidado para não se exibir por intermédio do personagem. É uma interpretação sóbria que, em vez de considerar a loucura mística de Nijinsky, considera suas declarações como as de um homem consciente de que é feito à imagem e semelhança de Deus. Não exalta e tampouco humilha o objeto representado.

Coreógrafo e bailarino, Vaslav Nijinsky exercitou a dupla função de conceber e interpretar balés. Como sua fonte de inspiração, Luís Melo participa da dramaturgia do espetáculo e assume a representação do protagonista. É a primeira contribuição autoral de um dos nossos melhores intérpretes, e o mínimo que se pode dizer é que está à altura do ator.

## UM EQUILÍBRIO DELICADO

DE EDWARD ALBEE
DIREÇÃO DE EDUARDO WOTZIK
25 DE JUNHO DE 1999

Em um relato autobiográfico, *sir* John Gielgud, o mais aclamado ator inglês, menciona sua dificuldade em trabalhar com peças articuladas sobre "implicações abstratas, diálogos interrompidos e sem clímax dramático". Porém, quando teve coragem de enfrentá-las no palco, entusiasmou-se com o mistério e a originalidade da nova proposta dramatúrgica que passou a desafiar os intérpretes a partir da segunda metade dos anos 1950. Foi por isso que, em 1964, aceitou protagonizar uma das mais obscuras peças de Edward Albee, embora considerasse a experiência fascinante e difícil.

No entanto, talvez seja esse o tipo de ator ideal para as peças de Albee, pelo menos para algumas delas. Quem já aprendeu a projetar a escala grandiosa do drama renascentista, experimentou o delicado discurso introspectivo do drama tchekhoviano e treinou os mecanismos ágeis e estilizados do *boulevard* saberá reconhecer as interseções do teatro moderno que servem de base para a construção de *Um equilíbrio delicado*, em cartaz em São Paulo no Teatro Alfa. Nessa peça, escrita em 1966, há uma fusão entre o drama realista, com as suas motivações de ordem psicológica e histórica, e uma dramaturgia que evidencia a função simbólica da personagem e da situação. Durante um fim de semana, a sala de estar de uma família é invadida por um casal assolado por um terror súbito e sem motivo aparente.

Quebra-se, assim, no plano da definição estilística, a convenção do drama realista, em que as personagens seriam verossímeis e enfrentariam, de acordo com uma velha convenção, um conflito com começo, meio e fim. Diante do inexplicável intrometendo-se no âmago do serão familiar, essa forma, que é ao mesmo tempo convenção ficcional e social, sente-se ameaçada. "Estamos tornando-nos alegóricos", diz a matriarca da família.

O espetáculo, dirigido por Eduardo Wotzik, conta com o privilégio de um elenco que sabe compreender e realizar essa situação de transição entre o realismo e a alegoria. Bons intérpretes, treinados na diversidade que o teatro brasileiro já proporcionou aos atores, são perfeitamente capazes de manter-se sobre esse fio de navalha que a peça propõe. Fossem um pouco mais emotivas as interpretações, e seríamos tentados à compaixão. Fossem um pouco mais didáticas e cerebrais, e nos sentiríamos afastados, recebendo uma lição sobre a desumanidade do sistema capitalista. O espetáculo situa-se bem no fulcro da balança, ou seja, a convenção que enrijece as vidas é a mesma que rege a composição teatral, e a verdade humana que se transmite – desamparo e solidão dos indivíduos em meio ao agrupamento familiar – insinua-se em vez de manifestar-se claramente.

Um traço comum das interpretações é que ninguém perde a classe, ou melhor, perder a classe (como o faz a filha em um breve momento) é arriscar-se ao ridículo. Agnes, a mãe de família, tiraniza sem exaltar-se. Tônia Carrero apenas indica esse poder com a frieza da voz e a impassibilidade do rosto, e esse avesso do amor basta para esvaziar de sentido todas as suas falas sobre o dever materno.

Mais interiorizada, a interpretação de Walmor Chagas acrescenta às intervenções do patriarca o tom grave do desespero. Nenhum som ou gesto desprende-se da personagem sem esforço, mas o que percebemos, sobretudo, é a dolorosa mecanização dos rituais domésticos em que a forma guarda todo o sentido possível. Presidindo esse ritual de convivência, velando sobre o bar como quem mantém o fogo da tribo, o personagem criado por Walmor parece atento a tudo e a todos, como quem cumpre um dever, e isso torna mais eloquente a sua impotência.

São também muito boas as interpretações de Camila Amado, Ítala Nandi, Clarice Niskier e Luís de Lima. Em cada personagem, reconhecemos a rigidez da norma e um ponto frágil, cruzado com delicadeza, no qual se desenham as frustrações do presente e o terror do futuro. Esse "lado escuro da razão" é apenas a ameaça exorcizada de cena para não arriscar o colapso de uma forma. Vazia, estéril, mas ainda assim uma trilha conhecida.

## TURANDOT

De Bertolt Brecht
Direção de José Renato
2 de julho de 1999

A mimada princesinha Turandot veio ao mundo em uma lenda chinesa, foi personagem do teatro italiano do século XVIII, protagonizou uma ópera e é figura de proa de uma das peças de Bertolt Brecht. Nesta última encenação, simboliza o arbítrio e a crueldade do poder autocrático necessário para garantir a segurança da acumulação capitalista.

É singela a fábula brechtiana: uma farta colheita de algodão desaparece misteriosamente, e os trabalhadores chineses querem saber onde se esconde o fruto do seu trabalho. Em uma cena na corte do imperador, somos informados de que a produção está estocada nos armazéns do governo para que, pela escassez forjada, aumentem os lucros dos especuladores. Para acalmar a fúria popular, são convocados os sábios do reino que deverão conceber explicação convincente para o sumiço da mercadoria. Quem conseguir essa proeza receberá como prêmio o amor de Turandot, a bela princesa.

Brecht não chegou a pôr um ponto-final no seu texto, e a prova do palco permite compreender melhor os problemas que deve ter considerado na sua feitura. Logo no primeiro episódio, fica demonstrado o mecanismo da expropriação do trabalho, e o desenvolvimento posterior pouco acrescenta de instrutivo. A peça alonga-se além do seu objetivo, redundante do ponto de vista didático, embora muito divertida como caricatura dos costumes políticos. A ganância e a corrupção da corte e a sabujice dos intelectuais ultrapassam a função didática e inspiram situações de inegável vigor cômico.

Na adaptação feita por Denoy de Oliveira e Rubens Torres, o equilíbrio precário entre o caráter instrutivo e a sátira desmantela-se. Com bons motivos, os adaptadores consideram que o mecanismo da especulação se tornou tão óbvio e hiperbólico que o maior impacto da peça se transferiu para a caracterização crítica dos discursos mistificadores e demagógicos do poder. A adaptação, quase uma reescritura fiel ao espírito, mas não à letra brechtiana, cola à situação da peça comportamentos extraídos da vida política contemporânea. Atualizado, mas igualmente ferino, o texto brasileiro exerce a liberdade que, em vez do "respeito hipócrita", Brecht reivindicava para o tratamento dos clássicos.

*Turandot*, sob a direção de José Renato, exibe a marca do seu percurso histórico, desde a *Commedia dell'arte* até a salada da cultura brasileira. Como nas máscaras italianas, o desempenho do elenco tem desenho acrobático, com a função de produzir jogo de efeito estético. Mas sobre esse desenho se acrescenta, nas entonações, o tom mais histriônico e caricato da comédia e da revista, em que o ator se dirige à plateia para seduzi-la e aliciá-la com uma elocução frontal. Permanecem resquícios do disciplinado teatro europeu, das inovações que as encenações brasileiras dos anos 1960 trouxeram para o teatro musical e da farsa popular, um gênero ao qual o teatro político retorna incansavelmente.

São lindas as músicas de Marcus Vinicius Andrade, misturando ritmos e estilos, tal como o faz o diretor do espetáculo na sua harmoniosa superposição histórica. Mais malandra, mais sensual e, a nosso ver, mais engraçada do que a imaginou Brecht, esta versão de *Turandot* tem o mesmo efeito cáustico do original.

## A POMBA ENAMORADA

De Lygia Fagundes Telles
Direção de José Antonio Carnevale
2 de julho de 1999

Cabe no bolso o espetáculo *A pomba enamorada*. Cinco páginas de Lygia Fagundes Telles ganharam a voz e o corpo da atriz Maria Assunção e ocupam um pequeno espaço cênico com poucos objetos. É o que basta para acolher uma paixão imorredoura e também para mostrar uma vez mais que o amor não tem juízo, não tem vergonha e não tem pena de quem assola.

O trunfo da narrativa é a sua forma fulminante, similar à do sentimento amoroso. Não há ilusões, nem seduções e nenhuma espécie de preâmbulo. Uma mocinha dança uma única vez com um tipo cujo fraseado sucinto nada mais sugere além de indiferença e casualidade. Fulminante, instala-se a paixão, e todas as ações da personagem ao longo da narrativa perseguem esse objeto amoroso. Intensa como uma Medeia juvenil, a moça não recua diante de uma negativa, é capaz de iludir a si mesma contra todas as evidências e estará ainda, 25 anos depois daquela dança, esperando ansiosa pelo amado. Como na fatalidade trágica, o amor não tem causa e não teme consequências.

A ambientação suburbana do conto, com os seus trabalhadores cuja fala é curta e grossa e cujo imaginário beira o ridículo, tem o efeito de caracterizar o lado cômico de todo comportamento obsessivo. É verdade que a moça ama com o furor e a grandeza de uma princesa grega, mas é igualmente verdadeiro que o sublime e o ridículo são estados fronteiriços. É essa, pelo menos, a concepção que orienta o espetáculo dirigido por José Antonio Carnevale. Em um andamento rápido,

sugerindo o ritmo da paixão, o espetáculo é entrecortado por pequenos rompimentos, instantes de loucura ou de vulgaridade (não pode ser mais bruto o Antenor amado) em que se evidencia a insensatez de tudo isso.
Maria Assunção é uma atriz muito boa e tira o máximo proveito dessas diferentes perspectivas narrativas. Quando faz a moça enamorada, assume o tom de voz confidencial da primeira pessoa, embora o texto seja uma narrativa indireta.
É delicada e tímida, dirige-se a um interlocutor imaginário para envolvê-lo na sua emoção e angariar simpatia. Quando faz as outras figuras desse mundo quase anedótico, é capaz de indicar com uma rápida mudança de atitude e tom de voz o modo como a paixão é incongruente e grotesca se encarada pela perspectiva exterior.
O desenho nítido e rápido desses dois universos, o da paixão e o da vida cotidiana, é moldado sobre o pulso vertiginoso do conto. A isso a atriz acrescenta um toque pessoal que, uma vez apagadas as luzes do espetáculo, permanece na memória. É a inocência dos que, contra tudo e contra todos, ainda esperam.

## O ALTAR DO INCENSO

De Wilson Sayão
Direção de Moacir Chaves
9 de julho de 1999

Foi-se o tempo em que o casamento era destino. Hoje, quem não quiser casar não casa e quem errar de parceiro pode considerar isso um transtorno passageiro. Uma nova moralidade e uma nova legislação desfizeram a obrigatoriedade do vínculo matrimonial e, por essa razão, o tornaram especialmente interessante como representação simbólica da interação entre dois seres humanos. Como ato votivo, fundado apenas na promessa do amor e da solidariedade, o casamento põe à prova a força e a potência consoladora do laço afetivo.
*O altar do incenso*, peça de Wilson Sayão, examina uma união em que a perspectiva da liberdade religiosa e legal não é impossível. Não é preciso, portanto, invocar a convenção social ou o desajuste psicológico para justificar o deserto amoroso em que vive o casal da história. Isaac e Rebeca são, nas palavras da personagem feminina, criaturas "antigas e eternas". Não foram fiéis à promessa amorosa e esse fracasso se manifesta em todos os gestos da convivência. Em cada palavra o homem exprime repulsa pela companheira, enquanto as falas da mulher formam uma cantilena de desejos insatisfeitos. Atrito miúdo e infindável, os diálogos entre os dois perderam de vista a origem do desentendimento e não têm mais a perspectiva de um fim. Não é assim a forma restritiva

e concreta do casamento o que os incomoda, mas a degeneração do amor, que a peça parece considerar inevitável. "Com o tempo", diz o marido, "mesmo uma casa arrombada, uma mãe assassinada ou um filho sequestrado não são coisas que impeçam alguém de viver, nem de tomar um sorvete".

Sem invocar razões externas para o desajuste desse convívio, sejam de ordem social ou histórica, o texto pode dispensar o estilo coloquialista que seria quase obrigatório se a história se mantivesse em um nível realista. Sabemos que o marido é um funcionário público aposentado, mas esse dado não determina o seu universo intelectual. É capaz de sugerir à mulher, por exemplo, que adote um "ritual secreto" para mascarar sua constante ansiedade. Da mesma forma, a personagem feminina transcende a sua condição sociocultural (é uma dona de casa suburbana) por meio da ironia e de uma visão quase distanciada da situação dramática: "Se as nossas vigílias fossem uma peça de teatro, por exemplo, a plateia não nos perdoaria por estarmos tagarelando assim sem rumo".

A linguagem da peça não é a do ardente combate emocional, mas a de uma fábula pontuada por símbolos. Há a presença impositiva de um relógio, a ameaça de uma invasão externa e apelos de solidariedade rejeitados por esta moderna versão de Isaac e Rebeca. A direção de Moacir Chaves capta muito bem essa frieza intelectualizada – parente próxima do teatro do absurdo – e faz um espetáculo em ritmo de engrenagem lenta, sem sobressaltos emocionais. O efeito corrosivo surge da constância dos tons de vozes e dos movimentos, de uma exaustão progressiva da energia vital dos personagens. Há tumultos cósmicos do lado de fora, mas o interior da cena tem a rotina de uma profunda tristeza. Marília Pêra e Gracindo Júnior constroem figuras impressionantes pelo comedimento. Há apenas um resíduo de desejo em seus personagens quando mencionam o que poderiam ou desejariam ter sido. Mas os sinais de um conflito interior são mínimos e localizados nos solilóquios. Entre os dois o diálogo é quase brando, a agressão rotineira e, por essa razão, intensamente ferina. Desistentes, combalidos, não recorrem sequer ao emocionalismo da tentativa. São duas interpretações sóbrias, de contorno nítido, feitas por dois excelentes atores, capazes de, quando necessário, renunciar aos artifícios sedutores.

## MÁQUINAS II

*Performances* de Guto Lacaz
21 de julho de 1999

Um vagão em miniatura desliza sobre trilhos, estaca pouco antes do fim da linha ao comando aparente de uma luz, e retorna para preparar um novo percurso. Em torno há tomadas, fios elétricos, bancadas de trabalho e objetos com que convivemos no cotidiano. Modernos eletrodomésticos, como a furadeira e o aspirador de pó, e utilitários um tanto anacrônicos, como a vassoura e a máquina de escrever, povoam o palco. Em *Máquinas II*, o artista Guto Lacaz confere novas atribuições a coisas que nos habituamos a ver como instrumentos.

Não é novo esse procedimento porque, de fato, há décadas as várias linguagens artísticas desafiam a função racional dos artefatos. Há objetos rebelados nos filmes de Charlie Chaplin como há também a inesquecível transformação do banal em sublime nos dois pãezinhos que, acoplados a um garfo, dançam sobre a mesa. Mecanismos e objetos produzidos para um uso repetido são desviados da rota e tornam-se, além de objetos diferentes, um sinal de que a arte transtorna qualquer forma e qualquer hábito.

As possibilidades que se ocultam sob o hábito de usar a percepção limitada desdobram-se com mais graça do que ironia nas sequências de *Máquinas II*. Como um teatro de sombras, uma furadeira acopla-se ao perfil do artista e produz um inesperado recorte, enquanto uma vassoura revoluteia e uma bolinha de pingue-pongue dança suspensa no ar. Nada disso parece agressivo ou transgressor e, pelo contrário, ressaltam-se as possibilidades afirmativas dessas recombinações. Cada objeto usual vale pela sua forma e pelo seu desempenho surpreendente. Em cena estão a vulgar furadeira ou um brinquedo mecânico desses em que tropeçamos com um certo fastio, mas que, como estão sendo tratados por uma nova sensibilidade, parecem incrivelmente promissores. Enfim, baixada a poeira de um procedimento que, de início, tinha também uma intenção crítica, a reatribuição de funções pode incluir o jogo e sugerir que a mesma insuspeita beleza reside nas outras coisas que proliferam ao nosso redor apenas para nos servir.

Quem quiser extrair dessa apresentação prazer intelectual encontrará certamente isso inventariando as operações realizadas sobre os objetos. Além da mais evidente, o transtorno do uso, há recombinações por agrupamentos, interferências sutis ou escandalosas no formato original, ou uma relação dinâmica com fatores externos como a luz e o som. No entanto, quem se contenta em repousar na fluência reconhecerá uma espécie de roteiro dramático. As manipulações são delicadas, precisas; há uma aproximação respeitosa dos objetos e, no entanto, estes, porque têm o ritmo alterado e porque não fazem exatamente o que se prevê, são fontes de surpresa e desse tipo de alegria que sentimos quando alguém tem imaginação suficiente para extrair o novo do usual.

São dois senhores muito sérios atuando sobre as máquinas e obtendo delas respostas precisas, como soem ser as reações mecânicas. Guto Lacaz e seu aprendiz de feiticeiro concentram-se na coordenação de atos rigorosamente planejados, que não admitem deslizes, sob pena de pôr a perder a sequência e o sentido de cada atuação. E essa seriedade de oficiantes parece fundamental para a percepção do trabalho. São também sérias e intensas as crianças quando, ao brincar, constroem complexos universos paralelos.

## NAVALHA NA CARNE

De Plínio Marcos
Direção de Eduardo Tolentino de Araújo
13 de agosto de 1999

Em 1967, época em que foi escrita e proibida pela censura, *Navalha na carne* era uma peça insólita pela transcrição quase documental que fazia da linguagem e do comportamento da marginalidade. Feito como uma incisão no cotidiano de um prostíbulo, o tratamento engrandecia um incidente de convivência: uma prostituta, o cáften e o faxineiro de um bordel atritam-se porque o dinheiro da mulher foi surrupiado. O que ocorre aos personagens no tempo ficcional não é extraordinário, uma vez que não altera o modo como vivem ou a percepção dos indivíduos. É exatamente o caráter ordinário do conflito e o fato de que promete repetir-se indefinidamente, como único modo de vida possível, que tornam a peça de uma contundência única. Tivesse o autor Plínio Marcos sugerido um desenlace para o círculo vicioso de exploração entre as três personagens, sua peça se acomodaria com mais facilidade aos desígnios do teatro político que, sempre mais otimista, aposta na transformação das relações sociais. No entanto, é a frequência rotineira com que os seres humanos abusam uns dos outros que nos parece hoje o mais grave sintoma de fracasso político.

Na ocasião em que a peça foi escrita, o crítico Sábato Magaldi observou que a ideia de "ficção com forma de conhecimento" era o mais transitório atributo do texto. E, de fato, depois dessa ousadia inicial de explorar o submundo, o mesmo território tornou-se acessível a várias áreas de expressão, tolerável e tolerado. Essa peça, contudo, permanece inigualada no conjunto da literatura dramática brasileira não porque seja uma transcrição etnográfica, mas porque os seres humanos que nela se movem são tão despojados de bens materiais quanto de valores. Cada um deles sobrevive no momento, de expediente, querendo pouco e obtendo menos ainda. No limite da sobrevivência não cabem idealizações e nenhum personagem é solidário. Ainda assim, para Plínio Marcos, o ser humano não vira bicho: quer amar e teme a solidão.

A encenação do Grupo Tapa, dirigida por Eduardo Tolentino de Araújo, tem as mesmas qualidades de apuro técnico e valorização do texto dramático que caracterizam todas as montagens da companhia. Mas tem também a inteligência excepcional de compreender que essa peça, pelo menos hoje, funciona melhor quando encarada não como uma explosão, mas antes como uma violência de atrito, de engrenagem, contínua e exasperante. A tensão está presente, mas não se extravasa em gritaria. Há violência física, mas é econômica porque o explorador depende do explorado. Um rigoroso verismo psicológico faz com que o conflito se situe além ou aquém da situação socioeconômica. São enfim nossos semelhantes vivendo, embora mais desnudados, embates de exploração mútua que conhecemos bem.

O fato de que se trata de um universo contíguo, e não apartado do nosso, é enfatizado pela situação especial do espetáculo. Vistos bem de perto, sob a esquálida luz de um abajur, entre trastes apoiados sobre o fundo do palco, as personagens inquietam pela proximidade. Trata-se de teatro, sem dúvida, porque nada é tão artificial quanto estarmos colados aos atores, sem as ilusões da cenografia ou da distância entre o público e a área de representação. O que nos envolve não é, assim, a caracterização do submundo, mas o efeito do conflito sobre o íntimo das personagens que, aos poucos, vamos divisando no rosto de cada uma, nos pequenos gestos e nas mudanças de tonalidade dos diálogos.

Atriz versátil é aquela que faz qualquer papel bem, mas não esquecemos de quem se trata. Denise Weinberg, neste caso específico, nem aparece. É mesmo Neusa Sueli, em um desses mágicos ocultamentos que os atores fazem às vezes, quando encontram boas condições para dispensar os recursos mais habituais do ofício. Assim, não é talvez o que a atriz faz que instaura a personagem em cena, mas o que vai deixando de fazer, o modo como perde energia e submerge no pântano do desespero. É um desempenho que não domina a cena, uma vez que a personagem é em grande parte testemunha e vítima da atividade dos outros, mas que envolve todas as ações em uma atmosfera de cansaço e vácuo energético.

Também Vado, interpretado por Zécarlos Machado, economiza energia como fazem os que estão no limite da sobrevivência e os seus atos expressam mais o rancor monótono do que a violência dos que são uma ameaça real. Coube a

Guilherme Santana a criação do vértice energético do triângulo, o faxineiro Veludo. A inteligência maligna introduz-se nas pequenas pausas de observação e cálculo, e é aí que reconhecemos, além da necessidade, o livre-arbítrio de uma criatura que se compraz na humilhação dos outros.

Com um elenco excepcionalmente bem integrado para pôr em relevo a simbiose indispensável à sobrevivência, o Tapa acrescenta uma encenação impecável ao seu repertório de peças brasileiras. É a mais sintética de todas as suas criações, feita com a austera economia adequada ao mito sacrificial que permeia a obra de Plínio Marcos. Nosso modelo sublime é, afinal, um deus torturado e humilhado.

## O Ó DA VIAGEM

De Pedro Pires
Direção de Pedro Pires
10 de setembro de 1999

Um grupo teatral, a Companhia do Feijão, foi ao interior da Paraíba no início deste ano. Desta viagem retornou com uma caderneta de campo sob a forma de espetáculo. Observou o modo de vida da população do sertão, experimentou o convívio e registrou manifestações artísticas locais, sobretudo a música. E utiliza agora, no seu trabalho cênico, os textos com que Mário de Andrade expressou, em seu diário, as experiências de uma viagem ao Nordeste.

Nesse caso, o débito ao escritor paulistano não é só a apropriação literária, mas também da atitude científica que Mário de Andrade praticamente inaugurou entre nós. O modo como os intelectuais e os artistas sulistas contemplam o norte do país mudou de perspectiva dos anos 1930 até hoje. Para os artistas engajados dos anos 1960, por exemplo, as manifestações culturais do Norte e do Nordeste do país eram exemplos da resistência nacional à influência estrangeira, ao mesmo tempo que a estratificação social arcaica simbolizava, em altíssimo contraste, a exploração do trabalhador. Ao retomar os procedimentos e o tratamento estilístico de Mário de Andrade, o grupo parece querer reafirmar em O ó da viagem a validade da isenção científica.

O áspero e pobre sertão do Cariri não é, nesta dramatização, uma metáfora, mas uma realidade que obriga à reflexão porque se repete, ou seja, porque é possível recontá-la por intermédio de um observador situado nos anos 1920. A permanência tem um duplo sentido, trágico e heroico. Não mudou o sertão e passaram ao largo as benesses da ciência e da tecnologia. Não mudou o sertão, mas seus habitantes resistem à escassez, entesouram a sua cultura e sobrevivem.

Com essa perspectiva, a Companhia do Feijão elimina do seu horizonte de representação as cores fortes, os ditos perspicazes e as preciosas coreografias das festas populares que, com frequência, aparecem nos nossos palcos investindo o Nordeste de uma alteridade mítica. Esse trabalho tem o tom terroso da paisagem ressequida, a dissonância dos cantos pré-polifônicos e a austeridade visual da pobreza. Igualmente econômicas são as composições de personagens, que não utilizam nuances emocionais ou graça farsesca. Apenas indicam atitudes observadas nessa paisagem humana.

O caráter informativo desse espetáculo, fiel à atitude intelectual do fundador da nossa primeira sociedade etnográfica, talvez seja indicativo de uma nova e necessária forma de reaproximação entre as regiões do país. Sem o suporte ideológico da redenção social, o sertão é mais que um exemplo candente de arcaísmo. Torna-se alguma coisa verdadeiramente contemporânea, parte do que somos agora.

Nas músicas, recolhidas pelo grupo ou por Mário de Andrade, há sem dúvida um outro tipo de beleza, que agora nos parece ainda mais estrangeira, com o passar do tempo. Habituamo-nos à abundância, à variedade, a exagerados apelos emocionais e sensoriais. Na sua austeridade melódica e rítmica, as músicas desse espetáculo nos lembram que há uma outra possibilidade estética, a do rigor construtivo e da economia. É o mesmo caminho que, a contrapelo da exaltação, segue a poesia de João Cabral de Melo Neto.

## TILL EULENSPIEGEL

De Luís Alberto de Abreu
Direção de Ednaldo Freire
10 de setembro de 1999

Nem mesmo os produtores da Broadway conhecem a fórmula de ganhar dinheiro com o teatro. No entanto, a fórmula do bom teatro é, em tese, perfeitamente conhecida. Resta agregar, a um projeto artístico definido com clareza, um bom dramaturgo e um grupo estável de realizadores.

Com isso e um apoio financeiro para ancorar esses elementos em uma base material, se faz um bom teatro. A Fraternal Companhia de Artes e Malas-Artes reuniu todas essas condições e completa agora seu primeiro quinquênio fazendo algo mais do que bom teatro. Seu último espetáculo é um excepcional exemplar das possibilidades do cômico. Da farsa popular brasileira, que sempre fez bem, a companhia se expande agora em direção a uma comicidade mais universal.

Nos primeiros espetáculos a farsa greco-romana (e a sua ressonância ibérica) foi investigada e atualizada em peças que explicitavam seus pontos de contato com os costumes contemporâneos, sobretudo no plano da ética.

O estilo farsesco predominante nas encenações de Ednaldo Freire teve um aperfeiçoamento progressivo e, a cada espetáculo, os intérpretes melhoravam a expressão do texto. Tanto os atores quanto o dramaturgo Luís Alberto de Abreu se afinaram nesse percurso, aprendendo a combinar melhor e a equilibrar a graça física e a graça verbal.

Saindo agora da raiz romana e incursionando pelo imaginário medievo pela segunda vez, a companhia abandona certos traços característicos para perseguir uma comicidade transcendental, que diz respeito mais à condição humana do que à circunstância social.

O mesmo procedimento animava *Iepe*, encenação anterior do grupo. Mas, em *Till Eulenspiegel*, o desprendimento da farsa é mais radical. Ao lidar com o caráter a-histórico da comédia, tratando-a como uma categoria estética e não apenas como um gênero teatral, os artistas se sentem à vontade para trabalhar com uma paleta mais nuançada. Além do grotesco, há, neste espetáculo, alguns toques de lirismo, uma belíssima transcrição cenográfica da iconografia medieval e uma elegância quinhentista, emulando os autos sacramentais, na peroração final.

Dialogando desta vez com a alegoria medieval, e não só com a novela picaresca, a peça de Luís Alberto de Abreu se aventura por considerações filosóficas. Till não é um indivíduo, mas também não é materialmente circunscrito como a máscara farsesca. É um personagem no limiar da Idade Moderna, ensaiando a transição para a nova ordem moral do livre-arbítrio. A forma do texto e, com a mais absoluta coerência, a forma adotada pelo diretor Ednaldo Freire tendem para soluções abstratas.

Bem melhor do que no espetáculo anterior (*Iepe*), o elenco parece ter refinado a emissão do texto e contido a agitação corporal para poder expressar com maior clareza a função simbólica desses personagens. Mesmo com esse trabalho homogêneo, de bom nível, é notável a interpretação de Aiman Hammoud, um dos melhores atores da cena paulista incorporado pela Companhia de Arte e Malas-Artes.

Junte-se a isso um inteligente e sofisticado trato cenográfico, pertinentes e desafiadoras composições musicais, e teremos o modo como este grupo compreende o teatro popular. Teatro rico em referências culturais, francamente tributário da história das ideias, confiante na inteligência e na sensibilidade do público.

# Críticas 2000

## APOCALIPSE 1, 11

De Fernando Bonassi
Direção de Antonio Araújo
21 de janeiro de 2000

Na ordenação canônica dos textos evangélicos, coube ao Apocalipse o último lugar, e essa posição expressa o reconhecimento desses antigos editores de que se trata de uma obra bem diversa, na forma e no conteúdo, dos textos testemunhais e doutrinários. Nestes a divindade humanizada é amparada, literariamente, por descrições de pormenores da vida terrena, e esses detalhes contribuem para que o leitor, identificando-se, ligue à própria existência os conteúdos espirituais do cristianismo. Ao término do Novo Testamento, entretanto, restabelece-se o vínculo com a Bíblia hebraica por meio de um livro no qual se ouve uma vez mais a altissonante divindade sem corpo.

Como nos antigos livros proféticos, a narrativa se dá fora do tempo, as figuras são inteiramente simbólicas e, em lugar da doutrina, prevalecem os conteúdos normativos e judicativos. Retoma-se o estilo epifânico, que é, para Erich Auerbach, uma das vertentes da literatura ocidental: "As histórias das *Escrituras* não nos lisonjeiam com o intuito de seduzir e encantar – procuram subjugar-nos e, se nos recusamos a essa submissão, somos rebeldes".

O espetáculo criado agora pelo Teatro da Vertigem a partir de uma leitura do *Apocalipse* contém em si o duplo movimento da submissão e da rebeldia. Aceita em grande parte a formalização de uma obra revelada, recriando cenicamente suas hipérboles, os procedimentos formais que aterrorizam e agem sobretudo no campo da sensibilidade induzindo-nos a desejar, se não a crer, que deve haver alguma ordem ao fim desse tumulto de violência e desespero. Preserva, para construir esse efeito, a estrutura da narrativa em que se inspirou. João é convocado para registrar as visões, há uma caracterização dos erros e das punições das cidades terrenas e, por fim, o julgamento que põe fim ao tempo.

A rebeldia se manifesta na forma historicizada das figuras em cena. Não são inteiramente abstrações da iniquidade e do sofrimento que cabem aos pecadores, mas figuras do presente cometendo e sofrendo os atos cruéis sem discernimento. É uma dramatização que omite os arquétipos de bondade e justiça que deveriam impulsionar a revelação. Fiel ao espírito deste tempo, quando a extensão das injustiças e do sofrimento torna quase impossível distinguir a origem e contemplar um fim, a versão do Teatro da Vertigem se abstém de separar o bem do mal, os justos dos pecadores.

A primeira metáfora desse nó inextrincável é o presídio, lugar onde se aloja a encenação. Concreto e real, é também símbolo da Babilônia moderna, lugar onde silenciou a harpa, não se ouve mais o canto do moinho nem a voz do marido e da mulher. É onde desejaríamos circunscrever o mal e é, portanto, o lugar escolhido para mostrar como o que está dentro se parece com o que está fora.

O desacordo com a função judicativa do texto original está também visível nas falas das personagens. Em grande parte desorientam e escarnecem do sentido unívoco das afirmações. As mensagens que deveriam chegar de um mundo transcendente são, nesse espetáculo, ordenações burocráticas de autoridades terrenas que não sabem mais o que falar e o que fazer. Só as manifestações blasfemas das duas alegorias, a Besta e a Babilônia, têm a credibilidade indiscutível do mau gosto e do debauche dos meios de comunicação de massa.

Há muitas coisas intrigantes e belas nessa premeditada confusão de final de tudo. Os palhaços eximindo-se de participar, o melancólico e gigantesco coelho e a inocência personificada por uma mulher de branco sugerem o estado alucinatório que propicia as revelações. Mas há também cenas pungentes pelo tratamento hiper-realista, nas quais reconhecemos fragmentos da nossa experiência cotidiana. É extraordinária, nesse sentido, a cena em que um homem negro é humilhado.

Em *O livro de Jó*, realização anterior desse grupo, uma epifania final consolava a sofrida personagem bíblica. Neste espetáculo se expressam, nas falas ásperas ou sarcásticas escritas por Fernando Bonassi, o cansaço e a desesperança. Parece mais distante a Cidade de Deus.

## BOCA DE OURO

De Nelson Rodrigues
Direção de José Celso Martinez Corrêa
28 de janeiro de 2000

Há mais de trinta anos, o Teatro Oficina vem aumentando os pontos dos seus contos. Não faz nada ao pé da letra e exerce, sobre os textos que escolhe, diferentes operações atualizadoras. Traduz com extrema liberdade, enxerta referências a fatos recentes e altera a ordem narrativa quando convém à perspectiva da encenação. Agora, enfim, um procedimento quase hegemônico entre os encenadores contemporâneos, que é o de considerar o presente no qual se inscreve o espetáculo em vez do passado que deu origem ao texto. Desta vez, entretanto, parece ter encontrado um texto cuja atualidade é indiscutível e sobre o qual não é preciso intervir. *Boca de Ouro*, escrita por Nelson

Rodrigues, em 1959, parece ter adquirido, com o seu tema, a eternidade linguística dos clássicos. Embora a peça seja ambientada em subúrbio carioca, as peculiaridades do comportamento e da fala dos personagens servem, de um modo que hoje nos parece quase utilitário e seco, à investidura de um mito. Há, na verdade, um resíduo de pitoresco, do que se associa ao "suburbano", nos entreveros entre d. Guigui e seu marido Agenor. A parte mais significativa e impressionante das falas transcende o característico porque se atém ao modo como a imaginação popular (e d. Guigui é mulher do povo) reveste de significado a sua experiência. A forma é, assim, exata para expressar as preocupações do Oficina com as variações da figura do herói mítico e, sobretudo, com a necessidade da cultura de manter incessantemente renovado o despedaçamento dionisíaco.

Há, no espetáculo, ênfase nos símbolos que, pelas variáveis das três narrativas, permanecem como uma constante, facilitando a analogia com o universo mitológico. O nascimento na pia é representado como uma origem divina sem a marca da abjeção (não imaginaríamos assim uma pia de gafieira), o dourado sobre o rosto contorna a ironia do "deus asteca" e é realmente sedutor, e o sonho da morte gloriosa realiza-se no espetáculo enquanto Nelson Rodrigues nos deixa com um cadáver desdentado. A encenação de José Celso atenua assim, com liberdade poética, o poder dos meios de comunicação de domar o imaginário popular.

São sempre bonitas, energéticas e conceitualmente muito bem amarradas as encenações dirigidas por José Celso Martinez Corrêa. Mas, nesse caso, são também muito bem construídos os personagens. Como figuras de uma narrativa mítica, não podem ter coerência psicológica e, no entanto, todos os atores mantêm, nas três diferentes versões, um traço de individualidade que não se desfaz. Em d. Guigui, é a volubilidade de quem tem o coração maior que a cabeça; na interpretação de Celeste, mantém-se um núcleo de cupidez e ousadia; em Leleco, a fragilidade dos apaixonados. São, enfim, indícios de uma base para que o personagem possa transformar-se sem que se torne irreconhecível. A atuação de Marcelo Drummond como o protagonista é, ao contrário, desprovida de fixidez. Parece apenas flexível e atento às novas formas que deve assumir. Não nos parece o assassino impiedoso, mas tampouco a vítima das circunstâncias. Tem, enfim, a leveza e a transparência que permitem as diferentes investiduras e se deve à sua intervenção a sensação de agilidade que o espetáculo transmite.

Com esse elenco jovem e afiado, o Oficina prepara-se para enfrentar, com a encenação de *Cacilda!*, parte do repertório consagrado pelo Teatro Brasileiro de Comédia. Quem faz tão bem uma peça de Nelson Rodrigues, sendo ao mesmo tempo fiel à letra e ao espírito rebelde desse dramaturgo, fará bem muitas outras coisas.

## AMIGOS PARA SEMPRE

De vários autores
Direção de Luiz Arthur Nunes
28 de janeiro de 2000

Antes de se retirar de cena no espetáculo *Amigos para sempre*, Tônia Carrero faz uma brincadeirinha irônica: enverga com graça um xale brilhante para que a imagem final coincida com a sofisticação que lhe atribuem os meios de comunicação. Todo o seu depoimento durante o espetáculo vai, na verdade, na contracorrente dessa mitologia de brilho aparente, beleza eterna e futilidade.
É uma atriz que experimentou, a um tempo em que isso não era tão usual, a divergência entre a figura pública do intérprete e a realidade do seu trabalho sobre o palco.
Participou dos mais prestigiados conjuntos artísticos do país, fez personagens difíceis e ousadas, esteve sempre um passo à frente do comum e, como os da sua geração, deu maior importância ao teatro do que à televisão. Nada mais justo que queira ser lembrada pelas suas associações com o que há de melhor na cultura brasileira. A moça de extraordinária beleza e a linda senhora de hoje não a resumem.
Em grande parte, é esse o mote oculto de *Amigos para sempre*. Da convivência com intelectuais e escritores, narrada simplesmente e, ao que parece, com uma estrutura obediente aos volteios da memória pessoal, sobressaem-se belos textos que a atriz interpreta durante o espetáculo.
Não há muita coerência entre eles, ou seja, o roteiro não parece subordiná-los a nenhum princípio didático como, por exemplo, uma ordenação compreensiva da literatura moderna. Surgem porque são os preferidos da atriz e são pronunciados com um tom quase intimista, de apropriação pessoal e de colorido mais afetivo do que analítico.
O mesmo tom afetivo não é adequado a todos os textos. Casa-se admiravelmente com a mansidão de Rubem Braga e com a paixão contida de *Caso do vestido*, de Carlos Drummond de Andrade – este um momento maravilhoso do espetáculo. Mas talvez fosse preciso um pouco mais de rigor e clareza para expressar o formalismo intencional de um soneto de Vinicius de Moraes ou a economia vocabular de Manuel Bandeira.
Falta à direção de Luiz Arthur Nunes uma mão um pouco mais firme, interferindo para distinguir desse fluxo da memória componentes estilísticos que distinguem os poetas enfeixados pela memória da atriz como um conjunto amoroso.

Cativante e inteligente ao mesmo tempo – os bons intérpretes não separam a sedução do raciocínio –, o depoimento de Tônia Carrero é também testemunho de uma relação entre intérprete e texto que surgiu no teatro brasileiro nos anos 1940 e que tende a desvanecer-se.

Diante desses brilhantes escritores, que conheceu e amou como amigos fiéis e mestres, a atriz tem uma posição de deferência. Não será, portanto, a intérprete que se utiliza do texto, mas a que se coloca a seu serviço para revelá-lo. Seu texto agora é uma homenagem, e não um gesto de autoafirmação. Só essa candura e essa devoção sincera à musa alheia bastariam para fazer de *Amigos para sempre* uma experiência teatral encantadora.

Mas há também os bons momentos da intérprete, e o que vemos neles não é a atriz e tampouco o escritor, mas o poema retornando ao seu destino e à sua origem, que é a de deixar o papel e tornar-se voz.

## A SERPENTE

De Nelson Rodrigues
Direção de Eduardo Tolentino de Araújo
4 de fevereiro de 2000

O Grupo Tapa já apresentou ao público paulista duas encenações memoráveis de peças de Nelson Rodrigues. *Viúva, porém, honesta*, sem desdenhar a comicidade, destacava o que há de inteligência e leveza na farsa rodriguiana. O espetáculo tornava visíveis o cálculo, a intenção de provocar e surpreender e a reserva de criatividade oferecida aos intérpretes (de um modo geral a comicidade de Nelson Rodrigues é interpretada muito literalmente em cena). *Vestido de noiva* enveredou por um caminho também pouco explorado. A encenação organizava-se sobre o espaço-tempo contínuo das manifestações inconscientes. Não surpreendia dessa forma a arquitetura da peça, talvez porque os procedimentos de intersecção de planos tenham, no decorrer das décadas posteriores à escritura da peça, se tornado usuais. A direção de Eduardo Tolentino procurava um ritmo análogo ao da poesia, no qual uma imagem se desdobra da anterior porque há entre ambas uma afinidade estética. O resultado desse segundo espetáculo, recriando a unidade sob a fragmentação, foi de tão alta qualidade que nos parecia o ápice de uma relação com a obra de Nelson Rodrigues.

Pois não era. Aqui está uma vez mais o Tapa retornando a esse autor inesgotável. *A serpente*, última peça do autor e encenada entre nós anteriormente por Antônio Abujamra, entra no repertório do grupo como uma espécie de síntese das duas aproximações, a cerebral e a poética. A concepção intelectual do texto é ressaltada pelo espetáculo quando observa a extrema concentração de recursos cênicos, a pontuação das falas que não preveem um desenvolvimento emocional gradativo, mas são a manifestação do desvario amoroso em estado puro, e a ausência de qualquer indício característico.

O espetáculo reconhece, embora possa parecer paradoxal, um Nelson Rodrigues reducionista. Não se trata, está claro, de um reducionismo ao estilo de Samuel Beckett, procurando a essência da comunicação, mas de um reducionismo em que o autor carioca procura a essência da própria obra.

A direção de Eduardo Tolentino de Araújo torna nítida, por meio da luz e do uso do espaço, a técnica de composição. Os solilóquios, mais do que uma fala interior, são "árias" frontalmente endereçadas ao público. Não há circunstâncias cênicas amparando os diálogos. Desenvolvem-se como a peça os propõe, ou seja, sem causalidade, a partir de uma faísca que abre as comportas de alguma coisa que não será mais possível controlar. O tempo do espetáculo é curto, as falas e os movimentos são sempre intensos, porque o teatro é o lugar da emoção interna e pode dispensar o ilusionismo. A paixão é uma desordem, mas é preciso uma clareira para apreciar a combustão.

A deliberação, contudo, não é um truque de efeito. "Não conheço caso em que Nelson Rodrigues tenha falseado a psicologia em razão de um desígnio extraliterário", escreve o crítico Sábato Magaldi. E, de fato, o espetáculo do Tapa expõe os andaimes que suportam uma verdade psíquica que está além da mera verossimilhança. Para as duas irmãs, o laço de sangue tem a espessura de combinar Eros e Tânatos. Quando passam a disputar o amor de um homem, odeiam-se com a mesma intensidade com que se amaram. A cama é, assim, o centro físico do espetáculo, primeiro recoberta pelo brilho e pela cor do instinto amoroso e depois exibindo a sua contraface esquelética.

Os três intérpretes centrais perfazem, em torno desse centro sexual, uma coreografia amorosa de extraordinária beleza e sedução. Tomados pela paixão, os indivíduos tornam-se seres universais, matéria para o trágico e para o poético. É nesse topo de ar rarefeito que nos deixa esse novo espetáculo do Tapa.

## UM PASSEIO NO BOSQUE

De Lee Blessing
Direção de Emilio di Biasi
18 de fevereiro de 2000

Em um campeonato de desesperança caberia aos americanos a lanterninha. Mesmo nas peças de Eugene O'Neill, o mais niilista entre os grandes dramaturgos americanos, há uma cicatriz de origem no sofrimento dos personagens, e o drama, expondo-a, sugere uma redenção semelhante à que ocorre na tragédia modelar. *Um passeio no bosque*, peça de Lee Blessing, reflete sobre o significado político desse otimismo atávico. Confirma-o no fundo e na forma. Nela o norte-americano corresponde ao clichê de inocência e boa-fé. São os bons sentimentos que, na visão de Graham Greene, impelem à destruição de um país estrangeiro para salvá-lo. E ao mesmo tempo é esse traço de ingenuidade que impede o cidadão comum de render-se ao moto contínuo da *realpolitik*.
Seria simples, e provavelmente bem pouco eficaz, desenhar uma caricatura da ingenuidade e da confiança. Em vez disso, Blessing nos põe diante de dois antagonistas que, apesar do clichê colado às suas respectivas nacionalidades, têm um objetivo comum de inquestionável importância. São dois diplomatas, um russo e um norte-americano, encontrando-se na neutralidade de um bosque para negociar um acordo contra a proliferação de armas nucleares.
No jovem americano, o traço de composição mais forte é a proverbial retidão e, no russo, a proverbial malícia. Contra essa oposição consagrada, e, portanto, estática, investe o dinamismo da relação dialógica muito bem articulada no texto. O acordo não avança, mas os negociadores acabam por entender-se, enquanto se desentendem seus respectivos governos. Partilham um "trabalho sem esperança", embora o diplomata mais jovem se agarre a esta palavra, "esperança", até o fim da peça. O desalento os une como um afeto.
Como se vê, Blessing não difere da maior parte dos seus conterrâneos: não há harmonia entre impérios, mas tudo é possível entre indivíduos. Por outro lado, deixa claro o caráter transnacional e a neutralidade ideológica do armamentismo. Expõe com clareza a política rasteira solapando as negociações e tornando mera aparência planos que poderiam dificultar – se não impedir – uma guerra nuclear. São, contudo, explicações que chegam por meio dos personagens, aquecidos por um confronto humano. Enquanto o negociador mais jovem insiste em avançar, o diplomata russo vai, ao longo da peça, distanciando-se do objetivo que não conseguiu alcançar ao longo da vida.

Há laivos de comicidade criados pela justaposição entre a objetividade do americano e a aparente dispersão do russo. Mas não são enfeites nessa peça austera e, pelo contrário, servem à ideia de que estamos diante de peões manipulados por dois jogadores invisíveis.

Emilio Di Biasi dirige um espetáculo ressaltando simultaneamente a clareza do debate e a delicadeza com que se insinua o tema da amizade. Os dois intérpretes – Emilio Di Biasi como o diplomata russo e Beto Bellini no papel do norte-americano – constroem personagens com o mínimo, ou seja, com contenção de gestos e inflexões vocais. Não se excedem, como convém a dois funcionários públicos, e exatamente por essa razão tornam mais convincentes os acontecimentos de ordem emocional que ocorrem sob os diálogos.

Entendemos que, ao fim, o que acontece não é uma afinidade sentimental, mas uma identificação no desejo sincero de paz. Não há, portanto, na excelente composição dos intérpretes nenhum resquício de pieguice.

O ambiente para essa séria discussão sobre a corrida armamentista é um bosque suíço. A cenografia de Colmar Diniz expressa a artificialidade desse espaço aonde não chega o rumor da guerra. Árvores retas, domadas, cenário adequado para a ilusão das conferências pacifistas. Uma cenografia de verdade, das boas, porque interpreta o texto como o faz a direção e como o fazem os atores.

## PRÊT-À-PORTER 3

De vários autores
Direção de Antunes Filho
25 de fevereiro de 2000

As cenas que o Centro de Pesquisa Teatral (CPT) do Sesc apresenta sob o título de *Prêt-à-porter 3* são, segundo nos contam os autores-intérpretes, "resultados parciais" de um processo de formação. Há outras variáveis exploradas na pedagogia do núcleo, algumas delas endereçadas à encenação de peças de diferentes estilos. O que se mostra ao público por meio desses exercícios seria uma espécie de alicerce. Em uma etapa "naturalista", os atores imaginam situações, constroem personagens e exercitam a transposição dessas cenas para o palco. São estimulados a percorrer todas as etapas construtivas da cena ao assumir as funções do dramaturgo, do diretor e do intérprete simultaneamente.

Isso feito, dispõem-se a uma conversa com o público, depois da apresentação do trabalho. Devem, portanto, ter o domínio intelectual do processo para poder discorrer sobre ele e – não menos importante – um certo jogo de cintura para enfrentar dúvidas e críticas. Considerando o resultado cênico como parte da aprendizagem, o percurso é sensatíssimo. O ator que exercita todos os elementos de composição do espetáculo será, idealmente, capaz de se comunicar com o público com a mesma autonomia de um diretor ou de um dramaturgo. Será o autor da comunicação, e não apenas um intérprete das ideias alheias.

Uma vez que se trata de um centro de pesquisa, e não de um curso profissionalizante, a formalização desse espetáculo portátil torna visível uma determinada concepção de teatro. Em uma escola de outro tipo, a aprendizagem é, necessariamente, mais eclética. No caso de CPT, entretanto, é a teoria essencialista do diretor Antunes Filho que orienta a experimentação dos jovens intérpretes. Seu teatro deve ajustar-se ao mínimo de recursos materiais, circunscrever-se a um conflito nítido e dispensar, tanto quanto possível, circunstâncias que possam ter o valor de sedução dos sentidos ou o apelo da identificação emocional.

Sobre o tablado improvisado, as três cenas apresentadas são, por assim dizer, o osso do teatro. Em cada uma delas, definem-se apenas um conflito e personagens cuja dimensão se limita a esse conflito. Não saberemos mais do que o necessário para essa ação, e o desenlace não tem função narrativa, apenas confirma a situação. Enquanto as reviravoltas são, na tradição dramatúrgica que a novela perpetua, o grande atrativo, nessas dramatizações concisas é a minúcia da relação interpessoal o movimento dramático de maior interesse.

Apenas por acaso, explicam os autores-intérpretes, as três cenas tematizam uma dificuldade de entendimento afetivo. Mais do que um acaso, provavelmente. Ao cavar experimentalmente até a raiz do drama, os jovens do CPT chegam, como outras representações que estão à sua volta neste tempo, ao fatalismo psicológico. É o que está, pelo menos por enquanto, no lugar do destino.

Mas o fato é que, com essa exibição austera da base construtiva de um certo tipo de teatro, os intérpretes do CPT completam mais uma vez o circuito da comunicação teatral com uma economia exemplar. Essas narrativas singelas impõem-se à atenção, porque magnificam os detalhes de uma relação humana por meio da minúcia, com uma certa lentidão, organizando a ficção para que todos os gestos, sobretudo os movimentos de recuo e aproximação entre as personagens, sejam precisos. Trata-se de uma etapa da aprendizagem e não sabemos ainda qual será, no fim do processo, o intérprete idealizado pelo CPT. São capazes, desde já, de construir um silêncio em torno da representação para que nos concentremos atentamente no centro de onde emerge a oposição dramática.

## VISÃO CEGA

De Brian Fiel
Direção de José Renato
14 de abril de 2000

Uma das proezas do realismo é fazer crer que estamos diante de indivíduos em uma situação singular. Ficamos ali em repouso, espionando, tranquilos, até sermos apanhados em uma armadilha. Aquelas vidas não nos são inteiramente alheias ao fim de tudo.
Convergem para um fundo infinito, têm dilemas que nos dizem respeito, perturbam o estado contemplativo que, à primeira vista, prometiam. Talvez essa promessa de desinteresse, traída pelas boas obras de arte, explique a sobrevivência de um estilo que, apesar de velho como o telégrafo, convive com formalizações cujo caráter simbólico é imediatamente evidente.
*Visão cega*, peça do irlandês Brian Fiel, é uma dessas obras que seduzem pelo particular antes de enredar no universal. Apresenta-nos em primeiro plano uma mulher de meia-idade, cega desde a primeira infância, a quem o marido e um cirurgião pretendem restaurar a visão. Uma vez criado esse nó dramático digno de uma novela televisiva – será a operação bem-sucedida? –, desdobram-se sentimentos que ultrapassam o destino individual da personagem.
Com as melhores intenções, mas sem aceitar o universo peculiar da protagonista, o marido e o médico impõem um mundo novo. Não preveem as consequências porque são incapazes de valorizar ou sequer compreender como uma pessoa se estrutura para viver de uma forma excepcional. O conflito que se desenha pela narrativa é, assim, entre a normalidade, idealizada como um bem desejável, e uma realidade pessoal, laboriosamente construída pela experiência da cegueira.
Cega, Molly Sweeney foi impulsionada pelo afeto paterno a desenvolver outra sensibilidade. Restaurado o sentido da visão, sente-se forçada a renunciar não apenas à percepção tátil, mas também ao repertório afetivo associado às suas primeiras aventuras de conhecimento do mundo. A normalidade, enfim, cobra um pesado tributo sem oferecer recompensa proporcional.
Brian Fiel expressa a incomunicabilidade entre a norma e a diferença pelos paralelismos das falas das personagens. São solilóquios entrecortados em que as personagens narram seus desejos e suas percepções do outro.
O marido, representado por Francarlos Reis, engaja-se com mais facilidade em causas do que em relacionamentos. Mesmo capaz de admirar e compadecer-se

da paciente, o método é movido antes pela vaidade do profissional. Acabam por formar uma moldura de interesses mesquinhos cercando e aniquilando a misteriosa alteridade do universo sem visão.

A encenação, dirigida por José Renato, tem a contenção e o rigor de deixar essas falas paralelas em primeiro plano, sem ornamentos de luz, som ou uma cenografia exibida. Três cadeiras, três personagens e três discursos muito bem inflexionados são suficientes para o objetivo do espetáculo. O que talvez seja ainda um pouco excessivo é o desenho das emoções das personagens.

Miriam Mehler, por exemplo, começa bem caracterizando a sedução da aprendizagem tátil, mas sofre com um certo exagero no segundo ato. E esse é o exato momento em que é preciso não só solidarizar-se com a personagem, mas assimilar o sentido metafórico da "visão cega".

Francarlos Reis e Oswaldo Mendes, respectivamente o marido e o médico, funcionam em uma chave menos emotiva e, por isso mesmo, mais adequada a essa narrativa cujo centro é mais racional do que psicológico.

Tanto quanto sei, esta é a primeira peça de Brian Fiel encenada entre nós. Veterano nos palcos de língua inglesa, com a reputação de ser uma das vozes aguerridas de Ulster, é, a julgar por *Visão cega*, um autor capaz de se endereçar a todas as províncias.

## MAIS PERTO

De Patrick Marber
Direção de Hector Babenco
17 de abril de 2000

O adultério fez a fortuna dos dramaturgos do século XIX, mas foi posto de escanteio assim que Freud desmoralizou a monogamia. Mudam-se os tempos e as vontades e ao que parece há hoje quem se disponha a reconhecer que o instinto, como todas as outras inclinações humanas, merece ser reexaminado sob a ótica dos costumes. Depois da batalha pela liberdade amorosa que marcou a segunda metade deste século – saudável reivindicação da libido –, começam a emergir considerações sobre essa liberdade relativamente nova, uma liberdade que é filha do tempo. É o que faz o dramaturgo inglês Patrick Marber ao representar o desejo amoroso dissociado do compromisso. *Mais perto* é, por sorte, uma peça que se exime de sugerir uma forma melhor de viver. Não fecha portas e não nos manda de volta ao passado prescrevendo monogamia e castidade. No entanto, indica que a oscilação da vida ao sabor das inclinações amorosas produz um estado de inquietação e pode ferir na mesma proporção em que gratifica. Os dois casais da peça que se entregam a uma ciranda amorosa estão justificados pelos costumes de hoje. Não são transgressores, porque há agora um consenso autorizando-os a fazer o que manda o coração sem prever as consequências. Ainda assim, os três personagens da história traem. Furtivamente fazem coisas que só revelam quando se asseguram da estabilidade de uma nova relação.

Não por acaso, esses três personagens são bem ajustados na ordem social: um jornalista, uma fotógrafa e um médico. Ajustaram-se a um sistema e revelam as infidelidades quando convém. O quarto elo dessa cadeia é a jovenzinha apanhada na rua, e a essa o autor reserva o privilégio da integridade. A mocinha, que criou a própria identidade, é capaz de propor a certa altura uma ética para as relações amorosas. Não se trata, contudo, de uma pequena lição embutida no texto, mas de uma hipótese formulada em um contexto em que esse tipo de compromisso é já impossível. A organização em cenas curtas, transitando por espaços urbanos e domésticos e intercaladas por lapsos de tempo incertos, reproduz a instabilidade e a tensão das personagens. Não nos parecem más, egoístas e calculistas porque se deslocam por impulso, incapazes de meditar sobre a consequência dos atos. Provocam sofrimento sem deliberar e podemos empatizar com elas. Essa estrutura de flutuação e fragmentos de conversas não tem, contudo, um efeito dispersivo.

Em cada cena se desenha com nitidez uma nova bifurcação do desejo. Assim, a atração e o afastamento tornam-se acontecimentos dramáticos localizados e não é preciso intercalar relatos de peripécias fora de cena. Apenas a sexualidade é narrada, quase sempre em um contexto em que funciona como arma de combate invocada pelo ciúme.

Dirigido por Hector Babenco, o espetáculo conserva um certificado de origem: é britânico na sobriedade com que controla as emoções dos personagens e na economia dos movimentos em cena. Mas há também uma aculturação difícil de definir, porque se manifesta gradualmente nas vozes serenas dos intérpretes e nos gestos deliberadamente mais lentos do que exigiria uma representação naturalista de conflitos passionais. Sentimos no todo, e também em cada cena, uma intensa melancolia.

Além de mostrar como vai hoje o relacionamento amoroso – propósito de um bom drama de costumes –, a encenação introduz um subtema que interessa não só à nossa razão como também à nossa sensibilidade. Essas pessoas, sugere o espetáculo, depositaram tudo no afeto e obtêm como retorno um pequeno troco. Parece-nos triste essa promessa de amor não cumprida.

O desapontamento é mais sensível na personagem Anna, interpretada por Renata Sorrah sem exaltação, como uma mulher resignada a obedecer a um impulso que a obriga a derivar da fidelidade. É uma bela composição que mostra pouco e sugere muito.

José Mayer e Marco Ricca trabalham ao máximo as pequenas diferenças de caracterização dos personagens masculinos (o ponto fraco da peça de Marber é tratar os homens como se fossem todos iguais) e criam duas figuras vulneráveis sob a aparente combatividade. Guta Stresser, responsável pela esfuziante mocinha, realiza melhor os diálogos dramáticos do que os momentos agressivos da sua personagem, quando a voz se torna desnecessariamente estridente em meio à uniformidade de sons do espetáculo. O reparo é técnico – bastaria um pequeno ajuste de volume –, porque a compreensão da personagem não fica prejudicada. Reconhecemos logo, sob a aparência desenvolva e sensual, que a atriz confere à personagem a firmeza e a capacidade de se compadecer e perdoar.

## A QUE PONTO CHEGAMOS

De Bertolt Brecht
Direção de Oswaldo Mendes
28 de abril de 2000

A foto estampada no programa do espetáculo *A que ponto chegamos* exibe três risos alvares. De que riem os intérpretes? Uma representação prefaciada pela leitura de manchetes dos jornais do dia, enveredando a seguir por uma reflexão sobre a atual situação econômica e política do país, seria, pelo senso comum, anunciada por três cenhos franzidos.

Mas é que, na perspectiva desse grupo de criação, a melancolia não convém a Bertolt Brecht. E, de fato, com uma curiosidade inigualada neste século, Brecht experimentou sobre todas as formas tradicionais da dramaturgia, testando a conveniência de cada uma para representar as múltiplas contradições do capitalismo. Meditou sobre o trágico como categoria estética, desmontou o drama burguês, vasculhou as representações populares orientais e ocidentais e construiu sobre esses elementos formalizações originais. Nesse vasto percurso, pode localizar-se, em meio a formalizações radicalmente diversas, a constante da alegria de pensar. Para ele, o destino do homem é a felicidade. Quanto à exploração, tem origem na história e pode ser eliminada pela atuação do homem sobre a história.

É à vocação solar de Brecht que responde a concepção do espetáculo *A que ponto chegamos*. As coisas não vão bem, mas o que um homem faz outro homem pode corrigir. O roteiro tem, assim, como ponto de partida, o momento presente e alterna em seguida descrições da realidade com incitações à transformação.

São duas facetas do humor brechtiano intercaladas com inteligência. Há o escárnio reservado à arrogância e à cupidez dos que representam a ordem capitalista e há a graça que estimula o espectador a encontrar saídas pela crítica. É desse segundo tipo, por exemplo, uma breve cena de *A mãe*, em que uma velha camponesa encontra, com muita astúcia, soluções para uma situação dificílima.

Nem todos os textos do roteiro são extraídos da obra de Brecht. Algumas letras de canções foram escritas por Oswaldo Mendes sobre melodias compostas por Kurt Weill. E há também composições originais de Tato Fischer. Seguem ambas, letras e músicas, o estilo da dupla Brecht-Weill e acomodam-se bem na vizinhança ilustre. A função desses enxertos é tornar mais clara a ligação entre a experiência presente e o campo abrangente da vida social sob o capitalismo.

Com o tamanho de um musical de bolso, análogo ao dos espetáculos de cabaré, a encenação aproveita muito bem as possibilidades estéticas do transformismo. De início, os intérpretes assumem a autoria da representação, ou seja, são eles mesmos. A cada canção ou fragmento de cena, envergam um detalhe significativo de figurino, adotam uma atitude que indica o personagem e deixam transparecer a identidade inicial. Torna-se visível, assim, como recomenda a teoria brechtiana, a produtividade da cena.

No teatro há, com frequência, inexplicáveis incompatibilidades de contracena. Bons atores de igual talento e formação semelhante simplesmente não combinam em cena. Inversamente, há parcerias especialmente felizes e é esse o caso da dupla formada por Esther Góes e Walter Breda. São ambos experientes, talentosos, com um bom preparo técnico e intelectual, mas o fato é que, além dessas razões, a química é ótima.

## FILHOS DO BRASIL

De Regina Galdino e Andréa Bassit
Direção de Regina Galdino
9 de maio de 2000

É tempo de arejar os baús. Lembramos os povos autóctones, as levas migratórias, os tumultos institucionais e muitos outros feitos grandiosos e à altura deste marco que é o meio milênio. *Filhos do Brasil*, como uma gotinha nessa imensa onda, lembra-se das crianças brasileiras. Deslizando sobre essa linha do tempo, o espetáculo começa com os grumetes, órfãos lisboetas que serviram nas naus portuguesas. Seguem-se testemunhos da infância na época colonial, no império, nos primórdios republicanos e, finalmente, no Brasil contemporâneo.

De um modo geral, as peças documentais, ao transferirem-se para o palco, deixam visível o propósito instrutivo. Pois não é o que ocorre com o hábil roteiro de Regina Galdino e Andréa Bassit. Cumpre-se a função didática, mas de um modo tão delicado que só percebemos a advertência ao fim do espetáculo. Acrescidos de uma estrutura dialógica, entremeados por jogos que permeiam a expressão infantil, os depoimentos são apresentados com a vivacidade de acontecimentos atuais. Há um cuidado especial para que nas cenas não seja óbvia a reflexão da consciência adulta, sempre posterior e exterior aos acontecimentos. São personagens que falam com a simplicidade de vocabulário e com a sintaxe peculiar que associamos à primeira infância.

Se há uma verdade psicológica comum a todos esses depoimentos é a de que as crianças não julgam. Talvez por essa razão a matéria do espetáculo não é a rememoração da infância – haveria uma esplêndida literatura subsidiando essas lembranças –, mas o relato infantil com a sua insuficiência reflexiva e valorativa, mas com o impacto de um fato que exige de outros um julgamento. Cabe aos adultos proteger os filhotes da sua espécie.

Nesse espetáculo se trata especificamente de uma história social da infância. Os depoimentos selecionados referem-se ao modo como as crianças se encaixam no mundo do trabalho. Mão de obra barata, de fácil reposição, as crianças deste país serviram à navegação, à agricultura, à indústria e aos serviços urbanos. Resta-lhes agora, diante da superabundância de mão de obra adulta, a marginalidade.

A encenação dirigida por Regina Galdino não tem, assim, nenhum resquício de idealização da infância. E, no entanto, propõe, como um substrato para os acontecimentos dramáticos, crianças espertas, alegres ou tristes, mas sempre emocionadas, pulsando de curiosidade e interesse mesmo quando vivem sob condições dificílimas. As duas atrizes em cena indicam a energia dos seres jovens por meio dos jogos físicos e verbais que se misturam às informações. A reconstrução do comportamento infantil é delicada, sedutora e sugere uma empatia não só com o mal-estar da infância, mas também com a sua insensata esperança de felicidade.

Andréa Bassit e Deborah Serretiello representam, respectivamente, a inocência e a força das crianças, duas características que se mantêm em todas as personagens. São ótimas atrizes, inventivas e graciosas, mas, ao mesmo tempo, cuidadosas com a transmissão clara dos depoimentos.

No concerto grandioso dos quinhentos anos, *Filhos do Brasil* é uma delicada ária. Pungente, executada com inteligência e sensibilidade, mas também com o impecável acabamento de um trabalho feito por gente muito séria. Há uma solução cenográfica sintética e bonita indicando a linha do tempo e a escala do universo infantil e há ainda a raridade de uma boa execução musical ao vivo.

# HAPPY END

De Elizabeth Hauptmann, Bertolt Brecht e Kurt Weill
Direção de Marco Antonio Rodrigues
12 de maio de 2000

Passo a passo, o Folias d'Arte vem cumprindo as etapas de consolidação de um bom grupo de teatro. Definiu, em primeiro lugar, um programa artístico norteado pela crítica social e organizou um repertório que não se desvia desse propósito. Consolidou uma aliança entre artistas que, pelo fato de permanecerem juntos ao longo de diferentes produções, se harmonizam tecnicamente e se aperfeiçoam fazendo a crítica da experiência. E chega agora a um porto que, nas palavras dos seus participantes, "é o sonho de todos os coletivos teatrais". Tem um galpão para ser sede de seu trabalho em um ponto central da cidade, arquitetado para acolher a morfologia variável dos espetáculos contemporâneos.

*Happy End*, espetáculo inaugural desse novo espaço, exemplifica a proposta e põe à prova os meios de produção do grupo. É um musical brechtiano dos pés à cabeça, embora seja uma obra feita em colaboração pelo trio Elizabeth Hauptmann, Bertolt Brecht e Kurt Weill. Escrito em 1929, em um período em que a teoria brechtiana estava já bem encaminhada, o espetáculo musical seria, como diz Brecht, para mostrar "não a realidade, mas a verdade, o verdadeiro mecanismo da sociedade". Demonstra-se o mecanismo, neste caso, construindo um pacto caricatural entre o crime organizado, o proselitismo religioso e as corporações de defesa. Todos unidos para o progresso do capital especulativo.

Como se vê, os termos dessa associação não são novos, mas nem por isso deixam de corresponder aos avatares do capitalismo contemporâneo. O gangsterismo norte-americano, a seita salvacionista e a política são máscaras alargadas o suficiente para comportar os agentes de uma economia baseada no princípio do máximo de lucro e o mínimo de ética. A formalização histriônica da peça tem a dupla função de explicar como as coisas acontecem e, ao mesmo tempo, desopilar o fígado dos espectadores tornando risíveis esses perigosos aliados.

É possível que a peça seja muito engraçada no original, mas, por alguma razão, o humor alemão não se aclimata bem entre nós. A encenação de Marco Antonio Rodrigues resolve a diferença com o grão de sal do sarcasmo. As ações e, sobretudo, as ações físicas são agressivamente predatórias, com a energia e o caradurismo dos bandidos tupiniquins. Há uma graça corrosiva nas atitudes, nas tonalidades vocais, no arranjo espacial dos agrupamentos em cena.

Com um elenco coeso e tecnicamente impecável (o desempenho é tão bom que seria injusto comentar personagens isoladamente), o trabalho do Folias d'Arte tem a organicidade do *ensemble*. O mesmo princípio de composição das personagens – equilíbrio entre ironia e crítica – preside os figurinos criados por Lola Tolentino, a cenografia de Ulisses Cohn e a direção musical de Dagoberto Feliz. Tudo é bonito, mas trata-se de uma beleza feroz. O espetáculo não enfraquece ou ridiculariza essas forças que considera temíveis.

## SILÊNCIO

De Peter Handke
Direção de Beth Lopes
2 de junho de 2000

Não cabem mais de quarenta espectadores na sala de trabalho do Centro Cultural São Paulo onde se apresenta o espetáculo *Silêncio*. Em uma faixa delimitada no centro da sala, dois atores, um homem e uma mulher, desenvolvem uma meditação sobre a dupla potência da linguagem verbal. Sendo ao mesmo tempo instrumento de conhecimento e afirmação do ser, a linguagem é também uma ferramenta de dominação por intermédio da norma sintática. O texto de Peter Handke, uma deliberada contestação ao formato dialógico do drama, elimina as circunstâncias que poderiam distrair dessa funcionalidade essencial do discurso. Não propõe tempo definido, espaço, história individual e tampouco a mediação do personagem. O eu que fala – o texto é sempre na primeira pessoa e no pretérito – experimentou o mundo pela estruturação progressiva da linguagem. Percebe, fixa, aprende e se insurge contra esse aparato que procura ordenar os desejos e as formas indeterminadas da subjetividade.
Como outros dramaturgos da língua alemã, Handke trabalha sobre abstrações e raciocínios complexos. Os verbos que utiliza trazem, cada um, seu cortejo de determinações sobre o comportamento. Mover-se, ver, dizer, sair da passividade para a atividade são seguidos de complementos contraditórios, com os quais podemos concordar ou discordar em rápida sucessão. Cada enunciado, na organização do texto, termina em uma negação do livre-arbítrio ou em uma transgressão de conduta. Construído pela linguagem e punido pela autoridade intrínseca do discurso, o sujeito indeterminado da peça reconhece ao fim que escrever para o teatro é render-se, tornar-se cúmplice de uma espécie de crime, uma vez que toda escrita contribuiu para perpetuar a dominação.

Beth Lopes, diretora do espetáculo, procurou o sopro anímico desse discurso filosófico. Quando foi escrito, nos anos 1960, sob o título de *Autoacusação*, a peça contestava a eficácia das convenções dramáticas que perseguem uma síntese pelos diálogos. Sob o olhar contemporâneo, depois de algumas décadas de análise e desmistificação dos mecanismos ilusórios da dramaturgia, essa peça de perfeito raciocínio pode ser reinvestida de valor estético. É o que faz o espetáculo, transformando a autoacusação em um contraponto entre a norma e o desejo de transgressão. Pelo movimento de aproximação ou recusa entre os intérpretes, de entonações que "aquecem" emocionalmente as frases, o espetáculo recupera a ideia de conflito ou pelo menos de oposição dramática. É estranho para quem já viu outras encenações de peças de Handke encenadas sob uma ótica mais panfletária e irada. Mas o fato é que o resultado excelente dessa abordagem faz reconhecer que a indignação do autor com as convenções do teatro é apenas uma das possibilidades de leitura das peças.

O homem e a mulher em cena, representados por Matteo Bonfitto e Yedda Chaves, iniciam o espetáculo de um modo quase didático, encarnando os impulsos antagônicos diante das imposições da linguagem. O homem tem a doçura aparente dos dominados, e a mulher, a energia do autoritarismo e o prazer da transgressão. Aos poucos, esses dois movimentos formam um amálgama, as figuras se aproximam e exploram ambas a norma e a violação de forma prazerosa e angustiada. O mesmo discurso fragmentado em duas vozes parece, no espetáculo, restaurar o impulso passional que dá origem a toda escrita militante, porque os intérpretes somam ao caráter especulativo do texto uma enunciação sensível e às vezes amorosa do comportamento divergente. Indicam onde estaria a liberdade fora da linguagem. Falam de um modo irado, mas pronunciam também de forma sedutora e levemente emotiva as frases que indicam o rompimento da lógica.

Talvez não seja possível assimilar no tempo de um espetáculo a rigorosa derivação do texto de Handke, mas não esquecemos de certas frases em que o desejo de liberdade se refere não a uma ação específica, mas à concepção de realidade. "Eu incluí também os corpos celestiais no mundo", afirmará a voz, reivindicando uma cosmogonia insensata.

Nessa concepção, o caráter polêmico da peça – uma vez instruída argumentação sobre o autoritarismo – permanece claro, mas há também o valor poético do texto, multiplicando imagens que não são apenas de negação, mas também veredas para o imaginário. O trânsfuga que fala, denunciando a si mesmo por ter sido inadequado ao mundo, tem, no espetáculo, a beleza ingênua do *clown* expressa pelo personagem masculino e a violência da rebeldia romântica inscrita na figura feminina.

Idealizado para um pequeno público, bem concebido e muito bem desenhado visualmente por Beth Lopes (seus espetáculos têm sempre belas imagens), essa versão da peça de Handke privilegia o poeta que, pelo menos nas encenações feitas nos palcos brasileiros, parecia esconder-se sob o contestatário. *Silêncio* ocupa o palco como uma experiência dramatúrgica que ultrapassou os próprios limites. É mais do que negação, é a alteridade que escapou ao confinamento da linguagem.

## ANJO DURO

De Luiz Valcazaras
Direção de Luiz Valcazaras
16 de junho de 2000

Quem acompanha a história do teatro brasileiro terá lido e ouvido de espectadores saudosos evocações do legendário talento da atriz Berta Zemel. Pois agora a temos de volta em *Anjo duro*, saindo da lenda para entrar na realidade. O talento, esse misterioso sopro de Apolo, nem sempre garante a eficácia da comunicação do ator. É preciso estar em cena, sintonizando a representação com as intenções e os gestos da sociedade contemporânea. Muitos atores, ao "reentrar" depois de um prolongado afastamento da cena, veem-se diante de um admirável mundo novo, como paladinos de uma bela linguagem de outrora, inadequada, porém, ao estado presente do mundo.
A interpretação de Berta Zemel não procura reavivar a imagem de um teatro passado e tampouco preencher o hiato atualizando-se com os recursos destas duas últimas décadas em que o ator deixou de perseguir a verossimilhança e tornou visível a teatralidade da personagem. Sua recriação da dra. Nise da Silveira como personagem da nossa vida intelectual dispensa a densidade emocional das grandes figuras dramáticas (que sempre fazem acontecer coisas por meio de fortes movimentos anímicos) e abole em igual medida o desenho vocal e corporal forte das figuras deliberadamente teatrais da cena contemporânea.
É uma interpretação feita de traços leves, com voz e movimentos suaves, com um esboço que se impõe aos poucos pela sua delicadeza, pelo que exige de concentração do espectador. A intérprete não se exibe sobre a personagem, mas faz aparecer aos poucos o tom de um discurso intelectual indissociado da sensibilidade. A figura pequena, modesta, de voz mansa não se torna a nossos olhos a heroína de uma nova psiquiatria (e de uma outra concepção de cura), mas impõe-se como uma intelectual. Na interpretação de Berta Zemel, são as ideias que têm força dramática, e não uma personalidade excepcionalmente combativa.

São bem resumidas, no roteiro criado por Luiz Valcazaras, as informações biográficas sobre a vida da dra. Nise da Silveira. O espetáculo subordina os modestos dados biográficos de origem e as circunstâncias mais evidentemente dramáticas (como a luta incessante para propor e manter métodos alternativos de cura e reintegração dos pacientes à sociedade) à formulação de um novo conceito de sanidade.

O diálogo imaginário – e extremamente frutífero como aprendizagem – entre a médica e o filósofo Baruch Spinoza se faz como uma correspondência ativa em que a atriz molda a fala sobre o tom pausado e reflexivo do ato de escrever. É um recurso dramático excelente para a tonalidade quase minimalista de Berta Zemel. É possível falar de algo tão grave como a aspiração de totalidade sem sobrecarregar emocionalmente as cenas.

Com a mesma serena confiança, a atriz refaz o diálogo entre iguais que a dra. Nise travou com os escritos de Antonin Artaud. Há empatia com o sofrimento de um doente confinado e submetido ao crudelíssimo tratamento de eletrochoque, mas há, sobretudo, a valorização de um testemunho acurado, feito por um grande artista, sobre a inutilidade e violência de antigos métodos terapêuticos.

Quando evoca o martírio do teatrólogo francês, Berta Zemel nos lembra que a perspectiva da sua personagem não é apenas a da compaixão, mas também a de uma cientista mobilizando a própria vida psíquica para conceber e instaurar novos procedimentos terapêuticos. As inflexões que imprime às falas são apenas levemente sentimentais e mesmo esse delicado sentimentalismo soa como alguma coisa transitiva, um impulso para uma medida pragmática.

*Anjo duro*, dirigido por Luiz Valcazaras, tem a simplicidade das concepções cênicas cujo centro é o ator. Tudo é sóbrio, simples, útil para a indicação da personagem e reduzido em volume para ajustar-se ao estilo de filigrana da atriz.

Tem apenas dois cortes simbólicos bonitos e oportunos. Em um deles a personagem integra o público ao seu conceito de humanidade e em outro, no final, sobrepõe-se – como um emblema da aliança entre artistas e visionários – um precioso documento do teatro brasileiro. Berta Zemel, Nise da Silveira, Antonin Artaud e Rubens Corrêa podem entrar e sair de cena quando bem entenderem. Enxergaram longe, sabem falar ao tempo futuro.

## A CELA

De Michel Azama
Direção de Jean-Jacques Mutin
23 de junho de 2000

No programa do espetáculo *A cela*, o diretor Jean-Jacques Mutin refere-se a uma intenção contida no seu trabalho: "Além de apresentar esse espetáculo em teatros comuns, o meu desejo é de apresentá-lo também nas penitenciárias femininas, com a proposta de provocar um debate com as prisioneiras". Seu objetivo é, portanto, o de fazer arte que não só alerte sobre o universo carcerário como, de alguma forma, use a representação como um meio de atuar sobre essa experiência circunscrita.

O endereçamento duplo, aos que estão dentro e aos que estão fora, está, aliás, claramente definido na escrita de Michel Azama. A mulher que se prepara para deixar a prisão, isolada em uma dependência que funciona como uma espécie de espaço de descompressão entre uma e outra situação – o confinamento e a liberdade –, ocupa uma zona limítrofe em que escapou ao olhar vigilante do sistema penitenciário, mas não está ainda sob as regras do convívio social.

O espaço dramático é, assim, um limbo onde se cruzam memórias do passado anterior ao confinamento, a experiência invariavelmente humilhante da sujeição à administração carcerária e, paradoxalmente, a segurança proveniente da irresponsabilidade dos detentos (não são donos da sua vida) e dos laços afetivos entre os iguais. A escritura nítida de Azama não sobrecarrega nenhum desses componentes, mas faz com que todos se cruzem quase com leveza, libertados pelo fluxo da memória sob a pressão de uma situação nova. É nova, quase como um nascimento doloroso, a perspectiva da liberdade e talvez seja isso o que torna a peça tão estimulante para uma reflexão por dois públicos diferentes. Quem contempla a situação carcerária como uma alteridade radical, algo que não nos diz respeito, a não ser abstratamente, verá o absurdo de um sistema judiciário que investe um esforço imenso na punição do criminoso sem considerar a recuperação. Por outro lado, visto pelo público do lado de dentro (não é preciso informar a população carcerária sobre as suas condições de vida), é provável que o espetáculo mobilize essa aterradora vertigem da liberdade.

Sobre isso há muito o que discutir porque diz respeito não a um crime cuja punição se completou, mas a um devir sob a sombra do crime. Culpa irremissível e uma pena que jamais prescreve são o alicerce sobre o qual o ex-prisioneiro construirá uma nova vida fora dos muros. O texto induz à generalização porque descreve os efeitos da disciplina carcerária sobre a subjetividade.

Fosse uma peça-denúncia, irada, apontando responsáveis, talvez o efeito fosse menos comovedor. No entanto, a protagonista só reflete sobre a sua experiência pessoal, incapaz de percorrer ela mesma o caminho da totalização. Trata-se, antes de tudo, de uma mulher singular imersa na situação presente. Conta suas perdas afetivas no período de encarceramento, dá vazão aos seus pequenos rancores pela dureza das carcereiras, rememora vagamente o julgamento sumário reservado aos pobres e a perda da família. A mágoa de quem foi surpreendida pelo destino parece-nos proporcionalmente muito maior do que o ressentimento.

Essa linha da candura e da feminilidade, condizente com o crime passional, orienta a construção da personagem feita por Angela Barros. Sua personagem permanece durante todo o espetáculo com uma inflexão de espanto. A situação de confinamento infantilizou-a, e mesmo a memória da convivência esporádica e dolorosa com os filhos durante os anos de prisão não é feita com a maturidade de uma mãe, mas antes com a insegurança de uma inválida.

Na mulher madura, cuja juventude decorreu no isolamento da prisão, permanece a fragilidade da jovem. Há apenas uma lassidão corporal, indicando a espinha dorsal curvada pelas regras do confinamento, mas nenhuma dureza. Entendemos logo que essa mulher, ao cruzar a fronteira em direção à liberdade, estará indefesa como uma criancinha.

## VISITANDO O SENHOR GREEN

De Jeff Baron
Direção de Elias Andreato
7 de julho de 2000

O Sr. Green é um velho encastelado em um apartamento. Malcuidado, mal-humorado, parece ter feito tudo para merecer a solidão. Seu visitante é um jovem tímido, obrigado por lei a visitar esse hostil anfitrião por um período de seis meses. Já conhecemos de sobra esse modelo de comédia sentimental-psicológica em que dois opostos se atritam, extraem graça das escaramuças e acabam por chegar a um entendimento porque o choque abre uma fresta na carapaça de cada personalidade em cena.

A peça de Jeff Baron, *Visitando o senhor Green*, em cartaz em São Paulo, não ambiciona mais do que dar continuidade a esse gênero de entretenimento sem subentendidos, com oposições nítidas e uma pequena lição final que, se não é nova, cultiva a nossa esperança no poder regenerador do afeto.

Exatamente pelo fato de que a fórmula nos parece antiga, ainda que aviada com ingredientes frescos, sentimos o prazer de quem visita uma bem conservada botica. É agradável e cada vez mais raro poder rir com inocência porque dois seres humanos, mesmo que seja no mundo da ficção, se tornam um pouco melhores do que eram no começo da história.

A simplicidade da peça encobre um tipo de cálculo, que é o do espetáculo premeditado para um determinado intérprete, ou seja, a peça-veículo. Precisa de atores muito bons porque sustenta-se mais sobre os papéis do que sobre o alicerce dos argumentos. E é o que faz a graça realmente superior da encenação de *Visitando o senhor Green*.

Um grande ator é capaz de superar a simplicidade da máscara – neste caso a de um velhinho ranzinza tenazmente apegado aos preceitos da Lei Mosaica – e recriar alguma coisa comum a todos os seres humanos, enquanto mantém, ao mesmo tempo, os traços necessários para a credibilidade da história que representa. Estão minuciosamente materializados por Paulo Autran os contornos tradicionais do humor judaico: a lógica implacável do raciocínio que abomina os sentidos figurados da linguagem, a desconfiança, a aspereza dos que sobreviveram às perseguições e viveram em meio ao preconceito, o apego às tradições confundindo-se, com o passar do tempo, com hábitos consolidados.

Mas há, além disso, no interstício desses traços evidentemente cômicos, a insinuação da perplexidade dos velhos, da imensa dificuldade de se adaptar a um mundo em transformação. Os breves silêncios com que o ator recebe a informação de que seu jovem visitante é homossexual, o modo sutil com que desvia o olhar do que não tem forças para compreender e aceitar, os pequenos prazeres da convivência que começam a perturbar o estático mundinho solitário são insinuações feitas de detalhes, pausas, pequenas mudanças de atitudes corporais, e tudo isso vai, aos poucos, extravasando a máscara cômica e instaurando uma inquietação de qualidade dramática.

Este velhinho que deverá, no decorrer da peça, desviar-se da lei para trilhar o caminho do coração pode ser solucionado cenicamente com o hábil arsenal de traços característicos que Paulo Autran dominou ao longo de sua carreira. A situação existencial de descompasso de um indivíduo com o ritmo do mundo exige algo além da habilidade para a comunicação, uma intenção intelectual que o intérprete acrescenta à peça para que seu alcance seja maior.

Cássio Scapin ficou, neste espetáculo, com a missão nada fácil de funcionar como apoio. Seu personagem foi criado, assim, como a "escada" dos números circenses que subsidia a exibição do cômico principal. Dentro disso, faz tudo corretamente, mas talvez com zelo excessivo. Se fizesse um pouco menos, fosse um tantinho mais relaxado no seu bom-mocismo, acreditaríamos mais nas humilhações e nas amarguras que diz ter sofrido. Falta na composição de seu personagem a pitada de resignação que seria preciso combater para evitar um futuro semelhando ao do velho amigo.

## O REI DA VELA

De Oswald de Andrade
Direção de Enrique Diaz
21 de julho de 2000

Encenada pela primeira vez no Teatro Oficina, em 1967, a peça O rei da vela era definida pelo diretor José Celso Martinez Corrêa como "uma revolução de forma e conteúdo para exprimir uma não revolução". De fato, a rocambolesca representação que Oswald de Andrade fizera, em 1933, das peculiaridades do capitalismo tupiniquim conservava no epílogo uma sugestão de que as massas oprimidas poderiam assumir o protagonismo histórico.

Revividos no palco pelo Oficina, sob um regime ditatorial ferozmente anticomunista, os componentes utópicos do texto ficavam sensivelmente diminuídos na sua força significativa pela realidade que cercava o espetáculo. Permanecia em cena, de qualquer forma, como uma homenagem, se não como uma esperança, a fábula do cachorro Jujuba, que preferiu passar fome com seus companheiros da classe canina a aceitar privilégios.

Para retomar com correspondente eficiência uma peça quase septuagenária, a Cia. dos Atores renunciou à solidariedade de classe. Deu ênfase ao que a peça tem de mais atual, ou seja, a implacável lucidez com que descreve mecanismos primários de acumulação e o terreno fértil que esse mecanismo encontra para se propagar em um país onde a elite reconhece como único valor "o chamado da nota" e a massa permanece no estágio arcaico da iluminação à vela. Neste momento, é preciso reconhecer, não é nada fácil divisar a tênue esperança dos Jujubas futuros.

Sendo assim, a montagem do grupo carioca em cartaz no TBC vai direto ao ponto, ou seja, enfrenta a peça como um desafio a um só tempo estético e ideológico, uma vez que a permanência da mesma situação reforça formal e ideologicamente o espetáculo. Na sua origem, o texto debochava francamente dos clichês de representação predominantes nas realizações do teatro brasileiro, enquanto justificava a permanência dessas formas pela subserviência cultural e econômica do capitalismo nacional.

Algumas coisas passaram. Deixamos para trás as contrafações do drama burguês, habituamo-nos à variedade estilística dentro de um mesmo espetáculo, aceitamos a evidência da representação e o exagero crítico corporificado pelo grotesco. A encenação dirigida por Enrique Diaz pode dispensar, portanto, as novidades propriamente estilísticas da peça de Oswald de Andrade. Concentra-se, assim, em recriar o seu mecanismo interno, que é essencialmente libertário. Não é a novidade formal do texto que inspira o espetáculo, mas a vontade de inventar dentro dos tipos e das situações propostos pela peça.

Nesta versão, *O rei da vela* é, além de uma farsa instrutiva sobre a capacidade de recomposição do capitalismo, um desfile de personagens compostos com excepcional habilidade pelo grupo de intérpretes. Cada tipo recriado por esse grupo carioca torna-se emblemático, digno de integrar uma galeria de personagens imortais do imaginário cômico brasileiro, com a mesma estatura exemplar de um Jeca Tatu ou de um Macunaíma.

Dez anos de estrada como um grupo estável, com excelente repertório e ousadas investigações formais, consolidaram um instrumental técnico e intelectual que, ao que parece, é utilizado agora pela Cia. dos Atores para ampliar e enriquecer as refrações dos personagens transformados em máscaras cômicas tão brasileiras como universais. Serão compreensíveis em qualquer lugar onde a economia se paute pelas oscilações do capital especulativo.

Marcelo Olinto, como Abelardo I, é certamente quem carrega a peça nas costas, carga pesada que o próprio autor atribuiu ao personagem. Ao desdenhar a estrutura do drama burguês, Oswald de Andrade sacrificou, de passagem, o bom senso que poupava a força dos protagonistas para os ápices dramáticos. Pôs o seu Abelardo I em cena por três atos consecutivos, sem nenhuma consideração pelo ator que deveria encarná-lo.

Pois, apesar do esforço evidente, o desempenho neste espetáculo é sempre inteligente, ou seja, distinguimos cada raciocínio desse lúcido personagem que deve ter também a desenvoltura física para impulsionar todos os episódios, comentá-los e organizar didaticamente os movimentos significativos da peça.

É em grande parte uma caprichada construção corporal, mas, no terceiro ato, o personagem adquire, para a cena da "agonia alinhada", uma elegância trágica, excelente para ironizar cenicamente suas altas pretensões à dignidade histórica.

Seu fim, por um determinismo histórico, dá lugar ao mais ávido competidor, e a interpretação de Marcelo Olinto sugere com muita propriedade a fragilização de Abelardo I, amolecido pelo contato com a velha burguesia. Um ponto acima do grotesco, despede-se como herói de um drama antigo no exato momento em que o capitalismo engendra um sucessor dotado de vilania necessária para dar continuidade ao sistema.

Todas as construções de personagens são inspiradíssimas, cheias de detalhes de composição originais e, em alguns casos (como o Joãozinho dos Divás interpretado por Malu Galli), contribuições dos intérpretes a figuras que o texto apresenta como incidentais e incompletas. Drica Moraes, no papel de Heloisa de Lesbos, é uma bela figura ao mesmo tempo lânguida e mordaz. Não é sensual (Heloisa é apenas um ornamento), mas tem aquele atributo misterioso que se chama presença cênica. É o que vale a personagem como despojo da luta de classes, e a interpretação desenha exatamente a força de um continente sem conteúdo.

São todos muito bons e é um prazer adicional do espetáculo usufruir das minúcias utilizadas na composição de cada personagem. Sob os detalhes, sob essa exuberância criativa, ecoa implacável e nítida a sentença de Abelardo I: "Se todos fossem como o oportunista cínico que sou eu, a revolução social nunca se faria!".

# Críticas 2001

## O JARDIM DAS CEREJEIRAS

De Anton Tchekhov
Direção de Elcio Nogueira Seixas
19 de janeiro de 2001

Na história do teatro brasileiro, as encenações de peças de Anton Tchekhov são mais escassas do que as de tragédias gregas ou dos textos clássicos de outros períodos da história. Há nessas peças, talvez, uma dificuldade suplementar, inerente ao seu plano de composição, exigindo uma delicada interação entre todos os personagens que nem sempre se resolve nas interlocuções entre eles. Sob o que efetivamente se fala em cena há um rio corrente de densidade significativa que só pode expressar-se pela organização espacial do espetáculo, pela sua progressão temporal, nas entonações que se atribuem às palavras que são também musicais na medida em que se ecoam sem produzir uma reação imediata no plano dos acontecimentos.

Enfim, o espaço, o tempo e as evasivas com que o discurso procura um sentido ainda não configurado na consciência dos personagens sugerem, para que os espetáculos sejam bem-sucedidos, uma minuciosa orquestração entre a colocação das figuras em cena, o tempo de evolução dos acontecimentos e as frases que permeiam muitas vezes sem atingir um alvo que possamos reconhecer. Ao mesmo tempo, é preciso crer, como observou Jean-Louis Barrault, "que esta família existe, que esta casa existe, que estamos dentro da vida".

Da encenação de Elcio Nogueira Seixas, pode-se dizer que estão muito bem resolvidos os desafios de solucionar o tempo, o espaço e essa tonalidade especial dos discursos ao dizer alguma coisa além de si mesmos, no seu contínuo deslocamento para o tempo futuro ou para o passado. E também que a família de proprietários rurais, agregados e amigos tem no espetáculo esse tipo de existência ficcional que é a realidade possível. O primeiro ato, no qual se aguarda a chegada da dona da casa com a ansiedade e a expectativa de uma solução que diz respeito a todos – a provável perda da propriedade familiar por dívidas –, tem a vivacidade e o ritmo ágil da esperança, embora de uma esperança insensata. Há ainda o tom emotivo do reencontro e as memórias da infância que os dois irmãos partilham com ternura e sobrepõem à rememoração das perdas. Ao tratamento veraz da situação psicológica inicial corresponde um alicerce para situar o espectador no nível do realismo poético – começamos a conhecer essas pessoas, a saber como vivem, a compreender que seus movimentos nesse espaço mítico da casa, o quarto das crianças,

significam um regresso ao casulo do passado. O espetáculo nos prepara assim para o adensamento simbólico do segundo ato, o ato que, nesse espetáculo, corresponde a uma intenção mais claramente autoral da direção e também ao ponto alto da concepção de O *jardim das cerejeiras*.
Convencidos primeiro da verdade desses personagens e da sua situação, podemos adentrar em seguida a atmosfera mais rarefeita do que os ultrapassa como criaturas singulares. Quase todo esse segundo ato é pautado por devaneios, como se os personagens se endereçassem mais a si mesmos do que aos interlocutores. Os criados aparecem antes dos donos da casa e o espetáculo acentua a sua estranheza e o seu deslocamento histórico. Não são servos, mas não encontraram outro lugar social e perfazem a mímica vazia das ocupações dos aristocratas. O solilóquio de Charlotta, feito como um lamento por Dirce Migliaccio, é um bonito prólogo para todas as outras falas que, neste ato, remetem os personagens a questionar suas origens. O espaço é amplo, há a sugestão do rio onde se afogou outrora uma das crianças da família, e estão visíveis no início as pedras tumulares e, depois, uma passagem elevada no fundo da cena em que a jovem Ania será embalada pela promessa de um futuro em que as pessoas começarão a "viver no presente". O tom é de irrealidade, de suspensão temporária das exigências da verossimilhança porque, na concepção do espetáculo, trata-se de um instante entre o passado e o futuro. Duas referências à precariedade desse estado sonhador são bem-marcadas: o grito angustiado de Varia, lembrando à mãe que, enquanto ela despende com um mendigo uma moeda de ouro, seus criados passam fome na cozinha, e um brusco corte de luz interrompendo a relativa letargia da cena como uma advertência de finitude.
Em um tratamento que harmoniza tipos diferentes de solidão, parece intrusiva (talvez pelo exagero) a criação singular de Denise Assunção como uma figura do imaginário teatral contemporâneo. É uma interpretação que não contribui para chamá-la à realidade, como o protesto de Varia, ou para o plano simbólico, como a interrupção do ato. Em um espetáculo tão ponderado, sem efeitos gratuitos, a irrupção de alguma coisa que não se sustenta no próprio texto dissolve-se logo sem deixar marcas.
Cada um dos dois atos subsequentes tem uma concepção estilisticamente diferente, justificada pelo comportamento dos personagens. A festa, simultânea ao leilão da propriedade, é uma espécie de mascarada tragicômica em que as personagens consomem rapidamente suas emoções e fantasias. A magia, o excesso de cores e música sugerem a persistente "Ásia" que impregna a cultura russa e a que o estudante Trofimov se refere desdenhosamente como um sinal de atraso. O último ato, da partida, é lento, solene, amparando-se na duplicidade

dos sentimentos, de alívio pelo desfecho e lamento pela perda. Sensatamente, a direção deixa intocado o final que Tchekhov deu à sua narrativa.

Este O *jardim das cerejeiras* é, assim, um espetáculo bem concebido, com produção bem cuidada, esplêndida cenografia de Hélio Eichbauer e um bom elenco. Em alguns momentos, faz falta o desalinho passional (e também fundamentado no texto) que Elcio Nogueira Seixas imprimiu à sua comovente encenação de *Tio Vânia*. Liuba, interpretada por Tônia Carrero, é uma doce criatura, mas parece não ter disposição para a futilidade e energia para seduzir. O irmão Gaiev, interpretado por Renato Borghi, responde a esse comedimento com delicadeza submissa e mal deixa entrever o infantilismo cômico, que é o que o torna próximo das "crianças" da casa. Tratados com um pouco menos de elegância, esses dois personagens centrais nos permitiriam compreender o anacronismo social que efetivamente representam em um momento histórico em que, diz-nos a peça, tudo se encaminha para a transformação. Abrahão Farc, responsável pelo velho vizinho endividado, é quem se sustenta melhor sobre essa fina linha entre a delicadeza e o cômico.

São em geral boas as interpretações das personagens mais jovens, mas é excepcional a criação de Varia por Beth Goulart. Todas as marcas da sua personagem estão gravadas no rosto e nos gestos. Tem a elegância de uma aristocracia ideal (é uma filha adotiva), a energia de uma trabalhadora, ao mover-se por todo o espaço para organizar uma casa que começa a desmoronar, e um olhar que pousa com afeto sobre cada um dos que considera como seus. É simbolicamente uma força desse mundo precário e, na realidade do espetáculo, um suporte atento para tudo o que acontece ao seu redor. É uma composição que prova, no mundo restrito do teatro, a potência do silêncio em qualquer forma de comunicação.

## SUBURBIA

De Eric Bogosian
Direção de Francisco Medeiros
2 de fevereiro de 2001

A competição econômica como um fenômeno natural que põe à prova o valor do indivíduo para recompensá-lo, ao fim da jornada, com a felicidade suprema da abundância foi o grande tema da dramaturgia norte-americana do pós-guerra. De Arthur Miller a Edward Albee, centrando-se sobre os aspectos morais ou psicológicos dessa filosofia embutida no sistema capitalista, o teatro fez a vivissecção do "sonho americano". Está agora, ao que parece, ocupando-se do exame póstumo dessa crença otimista.

*Suburbia*, peça de Eric Bogosian encenada sob a direção de Francisco Medeiros, funciona como um recorte de observação sobre uma parcela da população norte-americana que nasceu depois da falência da utopia. O grupo de jovens que gravita em uma esquina suburbana não tem onde pôr sua esperança porque não deseja mais "subir na vida". São jovens que têm abrigo na casa paterna, comida de péssima qualidade, mas que os satisfaz (consomem incessantemente), acesso à universidade, drogas funcionando como um anestésico para as dores da existência e o tipo de lazer adequado para os que não têm nenhuma inquietação intelectual. Estão roendo as sobras da riqueza produzida pelos seus antepassados. Cumpriu-se afinal a parte da promessa capitalista de dar a cada um abrigo e pão. O que mais poderiam desejar esses jovens?

Em grande parte, a eficácia da peça se apoia na negação de uma resposta. Bogosian segue uma tendência que a dramaturgia norte-americana desenvolveu em alto grau: a de obter o máximo de efeito com a ilusão de que estamos diante de uma "fatia de vida". As personagens expressam-se por um vocabulário pobre, mal conseguem reagir umas às outras, desenvolvem ações circulares e são definidas por um traço psicológico fixo que, com duas exceções, se avizinha da apatia mórbida.

Há o bêbado, cuja frustração se expressa pela agressividade constante e pelo racismo, o pusilânime com vagas simpatias democráticas, o consumidor compulsivo, a moça deprimida. Mas não são simples tipos porque a linguagem forjada sobre a observação do coloquial, com as suas digressões, impede que se tornem caricaturais. São realmente monomaníacos, limitados pela pequenez do seu projeto de vida. Até a mocinha que quer ser artista é mal-informada e convencional nos *slogans* contestatários da sua *performance*.

Não há sinais de uma imaginação mais vívida ou de objetivos nobres nos dois jovens paquistaneses que, dentro da mercearia, trabalham incessantemente. Funcionam como antagonistas naturais desse estrato da classe média porque ainda não se integraram ao *american way of life* contemporâneo. Estão abrindo caminho para a abundância por meio do trabalho duro. Mas também a esses personagens a peça não atribui ilusões: querem prosperar e nada indica que tenham depositado na riqueza a esperança de felicidade. São os pioneiros de uma nova era, vão direto ao ponto.

A excelente caracterização desse universo restrito, sem ilusões de qualquer espécie e sem vislumbre de redenção, resume as qualidades da peça. Aqui e lá o grande dilema das duas últimas décadas do século XX é o reconhecimento de uma configuração social que parece ter retrocedido ao fatalismo da fisiologia. *Suburbia* atinge o alvo pela negação da vontade, do progresso material, das aspirações de natureza espiritual. E se desvia desse alvo nos momentos em que o autor, sucumbindo ao ativismo da tradição dramatúrgica do seu país, recheia a conversa da esquina com agressões explícitas à mão armada e algumas revelações previsíveis e patéticas de ordem psicológica.

É desnecessário, dentro do padrão de escritura proposto pela peça, acrescentar a história pregressa da mocinha deprimida ou "finalizar" a negação existencial do alcoólatra com frases de niilismo explícito. Há enfim algumas soluções desse tipo, previsíveis, impregnando de psicologismo cenas cujo objetivo é antes impactar do que comover.

De qualquer forma, as concessões ao patético são pequenas e o espetáculo se encarrega de esfriar um pouco a temperatura emocional de algumas cenas dando mais ênfase ao corporal do que à tonalidade das falas. Bogosian passa pela prova dos noves dos dramaturgos, a de fazer com que alguma coisa que observou no seu entorno cultural e social se transfira com poder analógico para outra cultura, porque a direção de Francisco Medeiros trata esse grupo juvenil como um arquétipo da energia humana dispersa. É uma turma da esquina que, dentro do seu estreito limite existencial, tem a mobilidade física dos jogos da infância. São rapazes e moças capazes de sugerir a potência da juventude apesar deles mesmos, apesar do que dizem e fazem como personagens, porque há entre eles uma comunhão física compensando a fragilidade da troca de ideias. A exigência de uma interpretação naturalista, necessária para que os jovens sejam todos os jovens de todas as esquinas, é respeitada na emissão dos diálogos, mas, ao mesmo tempo, há uma coreografia em volta, e também entre os atos, que torna poética a condição juvenil. Subsiste enfim alguma coisa *West Side Story* ao fundo da esquina suburbana dos anos 1990.

O elenco, tal como as personagens, está ainda tateando a passagem entre a adolescência e a idade adulta, e a inexperiência aparece em algumas tonalidades exageradas, sobretudo na primeira e na última cena do espetáculo. Mas são atores que sabem de que se trata a peça, compreendem a concepção do espetáculo e estão tateando o volume e a intensidade das composições. *Suburbia* é, sobretudo, uma encenação em que não há fios soltos, em que nenhum elemento de composição está lá por acaso ou para ornamentar. A trilha musical e as composições de Zero Freitas são esplêndidas, mas lembram-nos de que há no território do *pop* uma qualidade artística superior provando a inutilidade dos clichês sob a cultura de massa. Da mesma forma, o cenário de J. C. Serroni, inspirado em Edward Hopper, reconhece a pungência da paisagem urbana degradada, desrespeitada, mas ainda assim um lugar onde se deposita, junto com o lixo, a memória afetiva dos que nela vivem. Tem, enfim, a qualidade ideal de uma cenografia, que é a de localizar perfeitamente a ação e, ao mesmo tempo, estimular visualmente a imaginação do espectador para que atribua à imagem outros sentidos.

## ESPLÊNDIDOS

De Jean Genet
Direção de Daniel Herz
11 de maio de 2001

*Esplêndidos*, a peça de Jean Genet encenada agora por um grupo carioca, é um pouco mais econômica na proliferação de imagens do que as peças extensas como *O balcão*, *Os negros* e *Os biombos*. Com um universo dramático propositadamente restrito, semelhante à situação de clausura das peças escritas no início de sua carreira de dramaturgo (*Alta vigilância* e *As criadas*), Genet põe em cena bandidos reagindo sob a pressão do cerco policial. As informações sobre a ação exterior chegam à cena através de um meio "frio" de comunicação, a voz dos noticiários radiofônicos. Está ausente do palco o outro lado da sociedade, ou seja, o modo como a marginalidade é representada e compreendida pelo sistema. Nenhuma negociação é possível porque a refém – uma rica americana – foi assassinada. Resta ao bando ganhar tempo criando uma ficção de emergência. Nas imagens entrevistas pelas janelas do hotel podem, por um curto espaço de tempo, sugerir que a refém ainda estaria viva e a situação sob controle dos sequestradores. Não há ilusões quanto à possibilidade de escapar.

O espaço é único, o tempo concentrado pelo prazo determinado para rendição, uma vez que a invasão pela polícia é iminente e a ação dramática é condensada pela polarização entre rendição pacífica ou resistência até a morte. A direção do espetáculo, feita por Daniel Herz, segue de perto essa estrutura de proporção clássica marcando as unidades de tempo, espaço e ação. Não há atrativos fora do texto, e mesmo a ideia dos reflexos, sugestiva de espelhamentos na cenografia e nos figurinos, se contém nessa encenação dentro dos diálogos. Vale mais neste caso o jogo pelo poder dentro do grupo desencadeado pelo dilema da rendição. Os reflexos da imagem do bando e da reputação de cada membro, o modo como esses personagens são entrevistos pelo lado de fora, a representação dentro da representação (um dos bandidos deverá assumir a figura da mulher morta) são tratados de um modo quase austero para que a visualidade não se sobreponha ao impacto da argumentação. A imagem que o grupo faz e refaz de si mesmo durante a representação deve construir-se antes de mais nada por meio das palavras. Todos os outros recursos do espetáculo são secundários e parcimoniosos.

A dramaturgia de Genet inspirou, entre nós e nos palcos de outros países, encenações enfáticas na visualidade e, de um modo geral, incisivas na formalização do conceito de aparência, fundamental tanto para o teatro quanto para o desempenho social. Chega a ser novidade um tratamento cênico despojado de uma de suas peças, apoiado mais sobre o desempenho dos atores do que sobre os outros recursos do espetáculo. De qualquer forma, a deferência à narrativa, o cuidado em não reduzir o conflito a mero embate psicológico entre indivíduos são mais do que suficientes para evidenciar uma situação em que a necessidade de construir imagens é internalizada pelas personagens. Trata-se de um trabalho despojado sobre um relevo ambíguo e tortuoso.

Nesta concepção há uma unidade física entre as personagens. Movem-se em bloco, todos os membros do grupo submetidos a um mesmo grau de tensão e uniformizados pelo figurino. Têm (excetuando-se o pragmático Scott) estampada no corpo uma atitude exibicionista, próxima da caricatura da valentia. O espetáculo torna-se, assim, um desenho nítido da intenção de atuar, de representar a bandidagem para um público ausente em cena, mas sempre visado pelo grupo. Não é preciso mais do que isso para significar a coincidência que a peça postula entre o ser e o parecer. Uma vez travestido, o chefe do bando assumirá a personalidade da vítima. Do mesmo modo, o policial, ao identificar-se com os sequestradores, é capaz de adotar imediatamente os valores de outro estrato da sociedade. Só na traição, que é também renúncia à aparência, os personagens relaxam a postura, adquirem uma certa naturalidade corporal. São mecanismos enunciados com interna clareza pelo modo como o espetáculo se organiza.

Por breves momentos, especialmente nas intervenções lideradas pelo Policial (Ângelo Paes Leme) e por Pierrot (Rodrigo Penna), a exaltação emocional do elenco sai dos trilhos e se aproxima de uma atuação ao estilo naturalista. A linha do espetáculo, no entanto, é a de exibir em primeiro plano a representação da violência. Para o bando, trata-se de um valor, um código de ética invertido a que se deve obedecer do mesmo modo que a outra sociedade, a dos homens bons, exige dos seus membros mansidão e suavidade. Quando os intérpretes se exaltam "de verdade", desequilibram por algum tempo a convenção da violência representada. É bem verdade que essa peça de Genet, como todas as outras, joga com a confusão entre o sentimento fingido e o sentimento real, mas, de alguma forma, essa confusão deve explicitar-se através da atuação.

*Esplêndidos* é um trabalho sem efeitos fáceis, preciso na formalização das ideias do texto e com um elenco que, sem ser excepcional, tem a sabedoria de pôr em primeiro plano a atuação em grupo.

## PRÊT-À-PORTER 4

De Grupo de Teatro Macunaíma | Centro de Pesquisa Teatral
Direção de Antunes Filho
11 de maio de 2001

Não há uma só frase memorável no terceiro espetáculo que o Centro de Pesquisa Teatral (CPT) do Sesc apresenta sob o título de *Prêt-à-porter 4*. As três histórias escritas e encenadas pelo grupo de pesquisa, que trabalha sob orientação de Antunes Filho, são estruturalmente vinculadas ao estado da palavra em cena. O que falam os intérpretes, as frases que pronunciam e a forma como o fazem só são sugestivas quando as ouvimos em cena, coladas a uma narrativa que se completa como comunicação através da inflexão, do gesto, da posição que os intérpretes ocupam no reduzido e ascético espaço reservado à representação. As palavras em cena não podem, assim, ser memorizadas como expressão literária, não se descolam do fundo dramático, que é, sobretudo, no caso dessas três peças, uma ação psicológica.

Os temas e as situações surgiram da imaginação dos intérpretes e foram desenvolvidos por eles até o ponto de caracterizar personagens e uma forma de interação entre elas. Poderiam ser outros os assuntos, uma vez que os intérpretes do CPT trabalham, como nos informa o texto introdutório ao espetáculo, com absoluta liberdade de propor o motivo e a formalização das cenas. É interessante observar que nessa quarta coletânea de exercícios de dramaturgia, o motivo do embate psicológico entre personalidades com algum componente mórbido permanece constante. É possível que os jovens de hoje não tenham interesse nas idealizações que historicamente se agregaram à ideia de pólis. Mas pode ser também que o desenho de personalidades, a exploração da psique individual, seja um recurso estratégico para facilitar o trabalho de dramaturgos aprendizes. Na tradição da dramaturgia ocidental, as inquietações psíquicas acomodaram-se no âmbito concentrado do drama, enquanto os antagonismos em que um dos termos diz respeito à vida em sociedade apelam com frequência para generalizações, investigação de causalidade e solicitam desenvolvimento conclusivo que o teatro moderno resolveu através de recursos épicos. Uma vez que os intérpretes do CPT trabalham sobre os elementos fundamentais da comunicação teatral, sentem-se mais à vontade, ao que parece, focalizando as áreas mais próximas da experiência cotidiana. As três histórias têm em comum duas personagens interagindo. A primeira privilegia na estrutura dramática um problema construtivo básico: ação e reação.

Na segunda, ensaiam o rompimento das respectivas clausuras, sem conseguir desembaraçar-se do constrangimento que impede a comunicação afetiva. Na terceira, aparece tematizado o caráter móvel e elusivo das proposições verbais: o que se diz pode ou não corresponder à realidade, uma vez que a atribuição de sentido às palavras se faz de acordo com o desígnio interior de cada uma das interlocutoras. Enfim, de um modo minucioso, na escala reduzida de um breve encontro entre dois indivíduos, as narrativas exploram particularidades específicas da escrita cênica e trabalham sobre pontos habitualmente problemáticos para os dramaturgos. As palavras, na escrita cênica, são parte da representação. Não são de todo dispensáveis, mas não dão conta da comunicação teatral. O texto deve conter, ou pelo menos prever, o indizível, os momentos em que o gesto contraria a elocução, a sugestão de que há por trás das histórias um resíduo misterioso que a expressão verbal não pode abarcar inteiramente.

Nesta versão, *Prêt-à-porter* continua se apresentando como resultado do treinamento de intérpretes. É a apresentação pública de um trabalho em que os atores se aperfeiçoam, criando não só os papéis, mas toda a matéria ficcional. Responsabilizam-se pela totalidade da escrita cênica ao inventar personagens, situações, diálogos, composições físicas e a visualidade da cena. Tudo deve ser, e é, muito simples. Sob iluminação fixa, que torna tudo muito nítido, os intérpretes-autores conseguem dar às suas expressões a aparência de credibilidade, aquilo que o programa, ao apresentar a proposta do trabalho, define como "artifício do naturalismo".

Estão, portanto, exercitando elementos básicos: a transposição do real (e do imaginado) para a representação, a interdependência entre a palavra, o gesto, o tempo e o espaço da manifestação cênica. E vão muito bem por esse caminho, porque esse quarto conjunto de exercícios dramatúrgicos estabelece com o público exatamente o nível de comunicação que deseja: uma atenção concentrada e silenciosa sobre os pormenores. Não há frases feitas, não há expectativas forjadas, não há finais conclusivos. Mas é tão interessante o que ocorre em cena que não nos sentimos tentados a especular sobre a pré-história das personagens, a projetar um devir para as situações dramáticas. São narrativas que se circunscrevem ao presente cênico e se realizam completamente nele. Nos espetáculos para palco produzidos pelo CPT são mobilizadas outras potencialidades do teatro: textos consagrados, temas de significação coletiva, relações analógicas com a sociedade e a história. Mas, através desses exercícios, os intérpretes reforçam a aprendizagem de um ponto básico da comunicação teatral: o tempo do palco é o mesmo do público. Não é fácil chegar a essa sincronia.

## CAMBAIO

De João Falcão e Adriana Falcão
Direção de João Falcão
25 de maio de 2001

Há uma tendência da arte contemporânea para tratar a narrativa como uma sucessão descontínua de elementos, de modo que se torne um percurso inconclusivo, uma espécie de jogo em que os lances se alternam entre o público e a obra. *Cambaio* é um espetáculo musical desse naipe, que procura estimular a agilidade perceptiva do público estruturando-se sobre uma narrativa que desmonta a cada passo os frágeis pressupostos que acaba de colocar. Há um jovenzinho sonhando com uma musa; a musa, por sua vez sonhadora, não identifica quem ama no sonho; e um terceiro jovem, também sonhando e sonhador que...
Bem, é tudo um pouco complicado e pode ser que os mais espertos extraiam desse novelo uma inquietação metafísica equivalente ao efeito que provoca nos leitores pacientes a leitura de uma narrativa de Jorge Luis Borges. Para tanto, talvez seja preciso ser muito, muito veloz, considerando que cada nova proposição é secundada imediatamente por zabumbas, cordas e teclado. No entanto, mesmo os lerdos têm o que apreciar nesse musical.
A rapidez, o fragmento, a eliminação da perspectiva temporal e espacial não são, na verdade, propostas originais do musical criado por Adriana e João Falcão com músicas de Edu Lobo e Chico Buarque. São características da comunicação contemporânea e estão presentes tanto nas linguagens artísticas quanto nos meios de comunicação de massa.
Os jovens criados e treinados nesse código serão talvez mais ágeis na assimilação desse energético espetáculo em que os lances da ação são representados por personagens literalmente dependuradas no espaço. O fato é que, para o público que não tem a mesma desenvoltura na percepção da narrativa, o trato do espaço e a visualidade do musical conferem verdade e beleza ao universo juvenil como um todo. Pode-se não compreender a linguagem, mas é claro o sentido.
As personagens da peça são aqueles jovens que se comprimem na porta dos estádios para participar da celebração coletiva que é o *show*. Vão às danceterias, aos bailes, a qualquer lugar onde possam estar juntos e celebrar alguma coisa. Não têm, neste momento, uma afirmação dramática para trazer a esta assembleia contemporânea que é o evento "de massa". Estão, pelo menos por enquanto, existindo, cumprindo essa espécie de fatalidade biológica que se manifesta pelo

instinto de agrupamento (antes que a divisão social do trabalho os isole em nichos) e da paixão (antes que o afeto se institucionalize em compromisso).

Edu Lobo e Chico Buarque lideraram, nos anos 1960 e 1970, um ressurgimento do teatro musical brasileiro sob novas bases, associando a dramatizações da vida social um cancioneiro que era ao mesmo tempo lírico e racional. Para *Cambaio*, criaram canções em que o impulso lírico é, na maior parte das vezes, associado às batidas aceleradas da música "para dançar".

São músicas sobre jovens com a inclinação romântica de todos os jovens, e as letras de Chico Buarque expressam a delicadeza e os tormentos do amor nos termos contraditórios dos sonetos barrocos. As melodias e o tratamento dado a elas pela direção musical de Lenine dissociam sem pena a condição amorosa dos ritmos lentos e das interpretações plangentes. O amor sob essa ótica é um estado de ebulição que permite no máximo alguns momentos contemplativos. E esse é o ponto de ligação entre o espetáculo e a sociedade tal como a veem agora os autores do espetáculo. Há beleza, vigor e capacidade amorosa nessa horda juvenil. Merece respeito e ingresso no repertório da produção simbólica contemporânea pelo que é e pelo que pode vir a ser (e não apenas como reflexo de graves problemas sociais).

O espetáculo dirigido por João Falcão será mais legível para quem se alfabetizou na pluralidade de signos dos videoclipes, dos *fanzines*, da ótima revista *Trip* (que faz suar os leitores viciados na linearidade da escrita). Para quem não tem essa aprendizagem e não consegue ver tudo o que está acontecendo, resta o prazer mais contemplativo do arranjo visual do conjunto. A base cenográfica em que se aloja o espetáculo é um corte frontal feito na largura do palco, e os intérpretes se movimentam continuamente entre casulos, encaixando-se nos quadros formados pela estrutura. A simultaneidade provoca um efeito de inquietação, de energia vital impulsionando as canções.

Ao mesmo tempo não é visível no espetáculo o artifício da coreografia, ou seja, os movimentos são acrobáticos, mas feitos com leveza e tão bem ajustados a cada intérprete que parecem exprimir personalidades individuais dentro de um conjunto. Aliás, uma das coisas mais bonitas do espetáculo é o fato de que, ao mesmo tempo que se refere a um coletivo, não submete a um padrão rígido a expressão corporal e musical dos intérpretes. Funcionam bem quando cantam juntos e quando dialogam corporalmente, mas cada um conserva um timbre singular, um corpo que ainda não foi padronizado por técnicas de dança. Dá certo, mas cada um é um. É o mesmo princípio da escola de samba revivido nas dimensões mais modestas do palco.

## ANTIGO 1850

De Cia. do Feijão
Direção de Pedro Pires
1º de junho de 2001

Os grupos teatrais se definem em geral por algumas constantes: contam com um núcleo fixo de artistas desempenhando várias funções do espetáculo, defendem uma determinada ideia de teatro e procuram montar um repertório de acordo com esse projeto artístico mantendo, ao longo de diferentes trabalhos, uma certa homogeneidade estilística que se preserva em encenações diferentes. A Companhia do Feijão, um grupo que completa três anos de existência apresentando três espetáculos no Centro Cultural São Paulo, tem, além disso, uma espécie de patrono fixo. Elegeu Mário de Andrade como santo protetor. Isso quer dizer que baseia seu projeto de trabalho em algo mais do que os esplêndidos escritos ficcionais de Mário de Andrade ou o pioneirismo das suas observações sobre as estratégias da cultura brasileira.

Incorporou ao seu trabalho a cativante simpatia do "guru" da rua Lopes Chaves, um intelectual capaz de amar o que criticava e um artista capaz de fazer do anticonvencionalismo modernista um instrumento eficaz de registro da experiência humana. A Companhia do Feijão deixou-se contaminar pelo espírito de Mário de Andrade tanto quanto recorreu conscientemente aos seus métodos investigativos da cultura. Dois espetáculos do repertório, *O ó da viagem* e *Antigo 1850* têm em comum a marca de adesão emotiva às experiências do outro. Seus temas são alteridades: a cultura de outras regiões, a experiência da pobreza observada às margens da malha urbana, a alteridade radical – quando um adulto fala da infância, ela é já um território perdido – da criança desvalida.

Em parte, *Antigo 1850* chega ao seu objetivo por meio do método confuso. Os atores narradores preparam retrospectivamente a situação de uma infância particular passeando pela história da injustiça social. A dramaturgia do espetáculo nos obriga a atravessar rapidamente a senzala e a avançar até os cortiços onde, depois da libertação, se abrigaram em consórcio miserável os negros libertos e os trabalhadores imigrantes. Enfim, uma breve história da marginalização geográfica e econômica que começa no período colonial e avança até o presente sem se modificar muito no que diz respeito à condição de vida dos mais pobres. Depois desse prólogo, o espetáculo detém-se em uma narrativa que, metaforicamente, recobre o trajeto histórico. O ponto de chegada é a adaptação de *Piá não sofre? Sofre*, conto escrito por Mário de Andrade em 1926 e incluído na edição *Os contos de Belazarte*.

A primeira parte do espetáculo, breve viagem pelas formas históricas da exclusão social, funciona assim como uma espécie de prólogo explicativo ligando o particular ao geral. Um grupo de comediantes, um tanto quanto parecidos aos estereótipos da bufonaria italiana, imprime um estilo cômico-grotesco aos modelos históricos de exploração do trabalho. É redundante porque, na narrativa original que o espetáculo dramatiza, já estão contidos indícios suficientes de historicidade. É a miséria da condição social que condena o menino Paulino ao sofrimento físico e afetivo. Estão aí visíveis os determinismos de ordem econômica acarretando os sofrimentos físicos e psicológicos. Os golpes que ferem o corpo e a alma do piá são os mesmos que se abatem incessantemente sobre as crianças pobres que nos rodeiam hoje.

Expandidos e agravados pelo crescimento da população – mas também essa possibilidade está implícita na causalidade da história original em que a crueldade é involuntária –, são fruto natural da miséria e da ignorância.

De qualquer forma, ao passar à narrativa de Mário de Andrade, a encenação muda também de estilo e ganha densidade à medida que perde enfeites graciosos. O que a Companhia do Feijão faz melhor é, a julgar por dois espetáculos que vi até o momento, dar relevo ao sentimento das situações que observa e representa. Os atores se revezam para fazer os diferentes personagens, e esse sistema "coringa" se ajusta à perfeição ao intuito universalizante do grupo. Não se vê apenas aquele menino, mas, com delicadeza e nitidez, todas as crianças que, como ele, sobrevivem em desesperadora carência. Alguns gestos se mantêm para conservar a indicação de que se trata do mesmo personagem assumido por outro intérprete, e o resultado dessa despersonificação é que a narrativa fica em primeiro plano, mais importante estilisticamente do que a habilidade do ator.

O fato de que esses personagens possam ser retomados por diferentes intérpretes é também um sinal de que sua situação é exemplar e recorrente. É inteligente e funcional a organização das cenas; são simples os recursos de caracterização; e pungentes, pela beleza e pela capacidade de síntese, os poucos objetos utilizados para simbolizar a estreiteza material do mundo das crianças maltratadas. Mas é, sobretudo, um espetáculo afinado com a sensibilidade do conto, no qual, em estado de humilhação extrema o protagonista se mistura à terra, aos insetos rastejantes, à massa da natureza da qual só se distingue pelo sofrimento.

## COPENHAGEN

De Michael Frayn
Direção de Marco Antonio Rodrigues
1º de junho de 2001

No dia 7 de agosto de 1945, o comando militar norte-americano lançou sobre a cidade de Hiroshima a primeira bomba atômica. Três dias depois, a segunda bomba era lançada sobre Nagasaki. Esse intervalo de tempo entre os bombardeios foi necessário para que os cientistas avaliassem o efeito dessa novidade bélica, para que os militares considerassem suas vantagens estratégicas e para que o governo norte-americano tomasse por fim uma decisão política. Foi um tempo profícuo, utilizado para conhecer e impulsionar um ato baseado no conhecimento. Não é de se admirar que o conteúdo latente desse acontecimento tenha se tornado um tema privilegiado das ciências humanas e da arte do século XX. O conhecimento – esses três dias o provaram – não tinha nada a ver com o aperfeiçoamento moral do ser humano.
*Copenhagen* retorna uma vez mais ao assunto da responsabilidade moral da ciência. Trata-se de um truísmo, mas a reproposição de problemas éticos, ao que parece, ainda interessa aos artistas. O que a peça de Michael Frayn pretende fazer é, no entanto, um pouco mais do que estabelecer um vínculo de necessidade ideal entre o progresso científico e as ponderações éticas. Da física atômica teria resultado algo mais do que a bomba de hidrogênio, uma espécie de subproduto filosófico que nos obriga a reexaminar o comportamento humano sob variáveis em constante mutação. Alterando-se a posição do observador, o fenômeno se alteraria substancialmente.
A ideia é provocativa e encontra uma expressão dramática igualmente desestabilizadora. Os protagonistas, duas figuras de relevo no desenvolvimento da física teórica, são figuras históricas: o dinamarquês Niels Bohr e o alemão Werner Heisenberg, dois eminentes investigadores no campo da física. Juntos, viveram a fase heroica da investigação teórica dos anos 1930 e, separados pela guerra em campos adversários, refletem durante a peça sobre as aplicações práticas das pesquisas nucleares. Ambos estão "mortos" na peça, falam fora do tempo da história para poder tornar dramaticamente simultâneas as etapas evolutivas que vão da descrição teórica às aplicações concretas da fissão atômica. Entrelaçam-se três períodos históricos definidos por encontros entre os dois amigos e colaboradores: 1927, época de amigável colaboração; 1941, quando ambos trabalham em campos

politicamente adversários; e o pós-guerra, em 1947, depois do bombardeio atômico sobre o Japão.

Argumentativa e em grande parte despojada de elementos psicológicos, a peça de Frayn desenha as escolhas possíveis dentro das condições que se apresentavam aos dois cientistas. Nenhum dos dois homens é inteiramente determinado pelas circunstâncias. Bohr acabou juntando-se à equipe norte-americana em Los Alamos, e Heisenberg escolheu permanecer no *Reich* até a derrota. Mas não foram opções fáceis e é, sobretudo, esse meandro de veredas, em que só é possível ver uma coisa de cada vez, que o texto captura, procurando solapar as certezas do público. Em 1941, Bohr fizera a "escolha certa" reforçando o contingente de cientistas dos Aliados? Na peça, pelo menos, cabe ao personagem de Heisenberg essa pergunta: "Um físico teria o direito moral de fazer experimentos práticos de energia atômica?".

O espetáculo é dirigido por Marco Antonio Rodrigues com a simplicidade e a energia de uma contenda de ideias. Não há quase atrativos de outra ordem, e pode-se dizer que a única liberdade cênica do espetáculo consiste em estilizar e poetizar a declaração de amor que a personagem Werner Heisenberg faz à sua terra natal. Mais do que um nacionalista, Heisenberg professa um afeto nativista pelo lugar onde nasceu. É a única concessão do espetáculo ao sentimentalismo e funciona bem porque permite entrever sob os argumentos o fundo irracional sobre o qual os regimes totalitários erigem o mito do nacionalismo.

As personagens dos cientistas fazem coincidir o pensamento e a palavra. Não têm subtextos, e o que não compreendem bem é porque, no decorrer do espetáculo, ainda não lhes foi concedido examinar outro aspecto do problema. O único traço psicológico comum é a vaidade do saber, atenuada para que se torne apenas um dado explicativo, sem transbordar para o terreno do caricato. Há em ambos um componente humano realista, que é o prazer de descobrir alguma coisa, um requisito indispensável à curiosidade investigativa da ciência. Frayn introduz na sua peça uma personagem-testemunha para tornar plausível a linguagem que os cientistas adotam, procurando tornar compreensível a todos o léxico peculiar da ciência. Não faria falta.

As interpretações de Oswaldo Mendes, no papel de Niels Bohr, e Carlos Palma (Werner Heisenberg) são pautadas por uma clareza de inspiração brechtiana. Dirigem-se ao público, articulam bem os argumentos, marcam as diferenças temporais e concentram a paixão sobre o mecanismo do debate, e não sobre abstrações mensuráveis. Teatro de ideias, parte do Projeto Arte Ciência no Palco, o espetáculo atinge o alvo porque abre uma discussão, e não porque põe um ponto-final no debate.

## ABAJUR LILÁS

De Plínio Marcos
Direção de Sérgio Ferrara
8 de junho de 2001

Dos sinistros anos 60 do século XX até hoje, algumas coisas, é preciso reconhecer, melhoraram. A liberdade de expressão institucionalizou-se. Custou esforço e sacrifício a muita gente essa liberdade, e de vez em quando, somos lembrados de que é preciso manter sobre ela eterna vigilância. De qualquer forma, o acesso aos cantos escuros da vida social ampliou-se, a arte e os meios de comunicação de massa se empenham cada vez mais em mostrar tudo a todos. Hoje, fecha os olhos aquele que não quer ver. A arte engajada na crítica social pode dispensar agora a observação direta da realidade, a transcrição de comportamentos com o intuito de trazer à luz uma experiência inacessível e lançar mão de outros mecanismos para atravessar as aparências e ir direto ao ponto que interessa discutir.
Fosse apenas uma peça de circunstância, *Abajur lilás* empalideceria no confronto com uma nova configuração social. Plínio Marcos escreveu-a durante a ditadura militar e há, na situação dramática criada por ele, uma nítida possibilidade analógica com os métodos utilizados pelo regime para desmantelar a oposição. Superada essa sinistra etapa histórica, a peça poderia ter se tornado, a exemplo de outras obras pontuais, o testemunho um pouco esmaecido do passado que é preciso lembrar para não repetir. Também a linguagem da marginalidade não é a mesma que a peça capturava com precisão etnográfica – o jargão se transforma com incrível rapidez e é provável que as relações comerciais, a julgar pela divulgação pública das ofertas de serviços sexuais, tenham se modernizado também na esfera da prostituição, subtraindo-lhe parte do mistério. Assim, como resultado de observação direta da realidade, a peça teria perdido parte do seu impacto.
No entanto, a encenação dirigida por Sérgio Ferrara torna evidente o modo como Plínio Marcos ultrapassa em larga medida a função de metáfora de uma situação política particularizada e de denúncia de violência típica dentro de um determinado estrato social. O sentido maior de pólis – como o homem se organiza para viver em sociedade – e imediato da violência – cada vez mais presente entre nós – se impõem por meio de um espetáculo direto, quase singelo no seu respeito à economia do texto. E esse talvez seja o componente estético e estilístico mais resistente da peça, uma vez que, pelo menos neste

espetáculo, percebemos que o mecanismo de manutenção do poder é um desenho essencial sobre o qual se bordam variações contingentes. A estratégia do cáften para explorar as mulheres é, fazendo-se as mudanças devidas, a do capital explorando o trabalho em qualquer setor produtivo. Inversamente, suas trabalhadoras têm dificuldade para conceber e pôr em prática uma estratégia de resistência. Mas, mais do que explicar uma vez mais esse mecanismo que se repõe com extraordinária flexibilidade (eis porque ainda falamos dele como se fosse eterno), a peça dramatiza o investimento e o desgaste de atributos humanos nesse combate entre seres humanos que se trava a partir de uma relação econômica.

A concepção do espetáculo, por essa razão, fica um grau acima da caracterização realista. Não se trata mais de fazer uma excursão turística ao estranho universo dos marginais. O extremo cansaço, a revolta e a indiferença, traços que distinguem as três prostitutas, não têm, assim, a maturação lenta do verismo psicológico, recurso que seria necessário se o espetáculo desejasse nos convencer da existência de um universo social exótico. As moças já se apresentam no ápice da crise, sem pré-história e sem futuro, reagindo ao exercício do poder de um modo proporcional à pressão.

São criações extraordinárias das atrizes Esther Góes, Magali Biff e Lavínia Pannunzio, exatamente porque falam com a linguagem do submundo, adotam a postura física do trabalhador esgotado e, ao mesmo tempo, expressam com plena consciência os imperativos morais que se impõem, na visão de Plínio Marcos, a qualquer ser humano, por mais miserável que seja sua condição existencial. Interpretado com ênfase nesse dilema, o espetáculo torna possível uma identificação imediata. Não deixa margem ao distanciamento que poderíamos guardar diante de um documentário ou mesmo diante da vida paralela que segue seu curso ao nosso lado.

Francarlos Reis, no papel de explorador das mulheres, trabalha sobre um personagem ao mesmo tempo risível e terrível. É sempre igual o objetivo do cáften: aumentar o lucro do capital investido. Esse propósito inabalável sugere a dimensão de uma máscara grotesca, e o ator desenha esse traço até o limite do cômico, mas não permite o riso porque, a um trejeito ou a uma queixa, segue-se a inflexão fria e a tonalidade assustadora da voz de comando. É um desempenho excelente, porque deixa claro para o público o autocontrole do dono do negócio, embora pareça mais emotivo para as personagens em cena. Quem acha graça na gesticulação dos travestis e no vocabulário explícito dos bordéis talvez ria de Giro por um minuto. Dura pouco tempo o riso, logo se vê quem manda no "mocó".

## A MANCHA ROXA

De Plínio Marcos
Direção de Roberto Lage
15 de junho de 2001

Michel Foucault, em um estudo sobre a evolução histórica da legislação punitiva, distingue duas atitudes recorrentes diante da peste: a dos ficcionistas e a dos políticos. Os primeiros são capazes de vê-la como metáfora da desorganização libertadora: "As leis suspensas, os interditos levantados, os corpos se misturando...". Para os que querem deter o poder político, a peste é exatamente o contrário: uma oportunidade para impor regulamentos até aos "mais finos detalhes da existência", para forjar dispositivos disciplinares duradouros contra qualquer tipo de desordem. Assim, na história, mecanismos de controle da sociedade ocidental, "para ver funcionar suas disciplinas perfeitas, os governantes sonhavam com o estado da peste".
Plínio Marcos, tendo escrito *A mancha roxa* por volta de 1980, época em que a expansão da aids no sistema carcerário atingiu um ponto crítico, não precisou recorrer a documentos históricos para chegar a uma dialética semelhante à descrita por Foucault. O que observou nas prisões serviu-lhe de matéria para retomar a situação carcerária, que já havia examinado em peças anteriores, sob o ângulo da metaforização da ordem e da desordem. Mas não deixa de ser curioso observar que, estilisticamente, a construção da sua peça registra as duas atitudes identificadas pelo filósofo francês no curso histórico dos mecanismos sociais de vigilância e punição.
Seis mulheres confinadas em uma cela, partilhando uma única agulha de injeção para a comunhão cotidiana da droga, são protagonistas de um drama que é ao mesmo tempo a metáfora da peste desorganizadora e a realidade do sistema carcerário, tentando ampliar as formas de controle. O modo como a peça se organiza faz com que as duas perspectivas se intercalem: entre diálogos realistas são introduzidas reflexões gerais sobre a expansão do sofrimento e da exclusão por toda a paisagem social. Há, assim, por um lado, a celebração da desordem, uma quase festiva exaltação dos desígnios da natureza (que são também divinos, como sugere a leitura do texto bíblico que abre a peça), impondo-se sobre a disciplina social. Por essa razão, a caracterização da doença é poetizada em uma cantilena que aumenta a força simbólica dos sintomas e dos meios de transmissão: manchas invasivas, excreções e fluidos corporais repetem-se como uma pulsação sonora sob os fatos. Dramaticamente, as referências à doença funcionam como o coro da

tragédia, rememorando o vínculo entre a fatalidade individual e o destino coletivo. Por outro lado, as possibilidades políticas, de aumento do controle do sistema sobre os presos, são representadas pela carcereira. Acomodadas na carceragem, as presas reproduzem de início o anverso da sociedade que as excluiu: distribuem bens, mantêm a hierarquia, aplicam uma legislação própria. Mas ainda temem e pagam tributos ao poder que as confinou.

A iminência da morte liberta-as dessa contrafação do sistema legal. Tornam-se capazes de uma rude solidariedade, planejam uma estratégia de vingança e aplicam a lei pela última vez ao contaminar a "santa" delatora. Nesses episódios, de reorganização sob o impacto da fatalidade, os diálogos tomam feição naturalista. Com o vocabulário restrito da gíria, as presas vão aos poucos definindo a consciência de um novo poder: "A roxa apareceu e as coisas mudaram".

Na encenação dirigida por Roberto Lage, o aspecto metafórico da doença (expressa pelo simbolismo da cor roxa da iluminação de determinadas cenas, pelos poemas e pelas repetições de palavras) tem um relevo menor do que o das relações dialógicas que fazem progredir a situação dramática em moldes realistas. O espetáculo privilegia dessa forma a progressiva conscientização das personagens e a sua confrontação com o sistema em que se anuncia um grão de consciência do significado político da exclusão. O crime e a doença, tal como sugere a peça, são uma coisa só, produtos da mesma injustiça social. Mas são também, se prestarmos atenção no simbolismo da expansão da doença, de dentro para fora, do pequeno para o grande, manifestações de um mal-estar de ordem espiritual. O fato de que o espetáculo se concentra sobre a ampliação de consciência das personagens (e não sobre as visões pestilenciais) tem como consequência estética o reforço do universo concreto, de reordenação do poder entre os excluídos.

É uma opção possível. As mulheres nesse espetáculo não se tornam sacerdotisas da revolta como sugere o final da peça. Adquirem serenidade, então resolutas, cumprirão uma tarefa como militantes, denunciando a irresponsabilidade do Estado. De um modo geral, o tom do espetáculo, a não ser nas brigas, é o de intensidade sem exaltação. Nem por isso são menos terríveis as ameaças das prisioneiras. Também o contágio é uma operação silenciosa, feita na sombra e embalada por murmúrios. É tarefa da arte, insinua esse espetáculo, iluminar esse canto escuro.

## BIBI VIVE AMÁLIA

De Tiago Torres da Silva
Direção de Tiago Torres da Silva
19 de junho de 2001

Bibi Ferreira é, com certeza, mais de trezentas, mas ainda não temos a história detalhada dessa multiplicação porque não adquirimos o hábito de incorporar à história da arte a contribuição dos atores. Trabalhou na companhia de seu pai, Procópio Ferreira, capitaneou nos anos 1940 uma importante companhia de teatro de prosa, escreveu peças, fez cinema e televisão e, nos anos 1960, foi centro absoluto de espetáculos musicais encenados com um modo de produção tão impecável que até hoje provoca suspiros de admiração em quem deseja repetir o feito, restaurando o prestígio desse gênero teatral.
Quem a viu assumindo o protagonismo dos grandes musicais, tanto dos americanos como *My Fair Lady* e *O homem de La Mancha* quanto do brasileiro *Gota d'água*, compreendeu, sem que fosse preciso explicar, o que significa no âmbito da representação a palavra "estrela". Todos os elementos dos espetáculos percorriam uma órbita em torno de uma caracterização marcante e de uma competência musical ímpar. Mesmo os grandes atores, que com ela contracenaram nos musicais, não puderam igualar seu preparo técnico para cantar, definir personagens e manter-se no controle da evolução dramática dos espetáculos.
Nos anos 1980, as condições econômicas para a produção de espetáculos musicais com grandes elencos tornaram-se ainda mais difíceis, interrompendo a formação e o treino de intérpretes que, mal ou bem, se desenvolveram nos anos 1960 e 1970 com decisiva participação de Bibi Ferreira, dirigindo e produzindo espetáculos inovadores em parceria com Paulo Pontes.
Em 1983, assumindo as múltiplas tarefas de conceber, interpretar e produzir um outro gênero de espetáculo, menos dependente das complicadas condições de produção da época, Bibi cria *Piaf*, moldado sobre o formato de um recital. Não precisou liderar um elenco e sustentar o brilho de um grande espetáculo e pôde, talvez por essa razão, assumir outra linha interpretativa.
Adotou a mesma forma de atuação que, nas duas primeiras décadas do século XX, procurava substituir o comediante estelar por um intérprete que tornasse mais visível o significado do trabalho do que sua atuação. Fez um trabalho em que Edith Piaf encobria Bibi Ferreira e parecia reviver por meio dela como pessoa e como artista. Tornou-se para isso "disponível, acessível, vazia, habitável", como recomendava o ator francês Louis Jouvet a si mesmo e aos seus

companheiros de cena. E o fez com tal profundidade que alguns comentários se referiram ao seu trabalho como "encarnação".

*Bibi vive Amália* pertence a essa segunda linhagem, um espetáculo criado sobre a figura da grande artista portuguesa, irmão gêmeo de *Piaf* no propósito de render culto a uma artista de existência histórica. O título serve como luva ao espetáculo. Sem auxílio das palavras, sem nenhuma facilidade melodramática como as que se intrometem nos espetáculos de cunho biográfico, Bibi Ferreira constrói uma personagem por meio do canto.

Com densidade psicológica, expressa mais pelas atitudes do que pelas falas, com ressonância histórica (porque nos lembramos do significado do repertório de Amália na cultura musical brasileira) e com a mesma capacidade de seduzir musicalmente o seu público. A plateia do espetáculo, aliás, expressa durante a apresentação um curioso estado de perplexidade diante dessa ficção tão persuasiva. Estão presentes saudosos admiradores de Amália Rodrigues, alguns entoando em uníssono as canções prediletas, revivendo a emoção de ouvir a cantora portuguesa. Por um tempo, parecem se esquecer de que quem está diante deles é uma atriz representando uma personagem. Amantes do fado e fiéis admiradores de Bibi são misturados e irmanados na contemplação de uma afinidade anímica, mais evidente do que o aspecto de uma recriação feita com engenho e arte.

Não são de Bibi Ferreira os gestos de ajeitar o xale, apoiar as mãos delicadamente sobre o broche, mover-se solenemente naquele trajeto em diagonal característico dos fadistas e que nos faz imaginar que estão prestes a protagonizar uma tragédia. E é próprio do repertório cênico da cultura portuguesa a expressão facial serena e resignada, que nada tem a ver com a vivacidade da atriz em outras criações.

No entanto, a voz e o entendimento das canções são interpretação, e não imitação. A voz é uma assinatura, a pronúncia intermediária entre o sotaque português e o brasileiro para que os versos se tornem claros e a conotação poética pessoal, de ressonância e memória do cancioneiro do fado, e não só de Amália Rodrigues.

Enfim, há a ilusão de outra pessoa evocada por uma escolha de elementos e de uma ênfase no sentimento e na compreensão pessoais que a atriz tem do repertório e da significação do trabalho da fadista portuguesa. Trabalho de ourivesaria em escala pequena, cheio de minúcias para reproduzir um efeito cênico contrário, ou seja, a dramaticidade e o sentimentalismo do fado. De dentro para fora, da introversão à extroversão, o espetáculo é uma comovida vênia a outra estrela do firmamento musical.

## UM PORTO PARA ELIZABETH BISHOP

De Marta Góes
Direção de José Possi Neto
29 de junho de 2001

O modo como as pessoas se cumprimentam, as roupas que vestem, a forma como organizam o espaço público e o privado, os gestos e as palavras por meio dos quais exprimem seus afetos são, mais do que um estilo de vida, a substância de uma cultura. As diferenças entre uma e outra cultura se manifestam no grande e no pequeno, nas formalizações institucionais e na vida miúda do cotidiano.
Por essa razão, o olhar estrangeiro é tão interessante – porque, ao prestar atenção nos traços distintivos, ao comparar formalizações e significados, define a si mesmo e desenha um retrato possível da cultura estranha.
É essa a perspectiva que Marta Góes adotou para construir o monólogo *Um porto para Elizabeth Bishop*, em cartaz no Teatro Anchieta. Baseando-se nos escritos da poetisa norte-americana Elizabeth Bishop (1911-79), recorrendo a cartas, depoimentos e poemas, o texto recupera as imagens do país usando uma andarilha que aportou no Brasil por acaso e aqui permaneceu durante quinze anos.
Há relatos amenos de convivência, experiências boas e más indicando uma adaptação gradual aos costumes e às pessoas, algumas reflexões de ordem geral comuns nos relatos dos viajantes que tendem a tomar a parte pelo todo. Elizabeth Bishop escreveu poemas no país que a hospedava, viveu aqui um prolongado caso amoroso e testemunhou, na esquiva posição de coadjuvante, episódios decisivos da nossa vida cultural e institucional. Olhou de longe o suicídio de Getúlio e o golpe militar de 1964 e seguiu de perto, por circunstâncias de vida, os planos para a remodelação urbanística do Rio de Janeiro, que culminariam no espetacular aterro do Flamengo. Mantendo distância prudente do dramalhão, a peça evita dar ênfase a episódios biográficos de empatia fácil, como o alcoolismo da escritora, ou aos percalços da vida amorosa. São dados informativos tratados de forma discreta, dramaticamente secundários.
Regina Braga imprime à voz dessa personagem um persistente tom de inocência e espanto. Como artista, Elizabeth Bishop passou fatos e paisagens pelo filtro da sensibilidade. Como estrangeira, comparou nossos costumes com os de seu país de origem, relutou em aceitar hábitos, desfrutou da cordialidade das relações interpessoais e da beleza das celebrações coletivas dos cariocas. Alguns julgamentos apressados se dissolvem no fluxo das percepções; a experiência do novo vai se sobrepondo aos preconceitos; o afeto e os conflitos

com a companheira brasileira tornam-se um fulcro de aclimatação nos primeiros tempos e de desagregação no período final da estadia.

No espetáculo, contudo, só vemos a maturação da experiência nos poemas intercalados à prosa narrativa. A interpretação procura antes definir uma personalidade, conferir um lastro humano comum a essa estrangeira. Não há, na verdade, nada de especialmente agudo na reflexão de Bishop sobre os contrastes culturais. Há uma mulher de bons sentimentos e expressão delicada, um tanto quanto infantil, despida da presunção de compreender de um modo original o país que a acolhe.

Essa simplicidade orienta a composição da personagem criada pela atriz. Talvez seja essa a interpretação sugerida pelas fontes utilizadas na criação da peça, mas, de qualquer forma, faz falta ao espetáculo um componente mais complexo, uma certa exaltação que permita entrever a artista rigorosa na personalidade representada. Sobre essa linha interpretativa, moldada sobre o verismo psicológico, é difícil alicerçar o caráter extraordinário da poesia e a dimensão, também extraordinária, dos fatos históricos que cercaram a vida sentimental da protagonista.

Dirigida por José Possi Neto, a encenação é pontuada por alguns ornamentos de efeito plástico. Pequenas intervenções, como a presença da água, as helicônias entrelaçadas à geometria da arquitetura modernista, as projeções de documentos sobre o fundo do palco (pouco nítidas e mais evocativas do que informativas), funcionam para enriquecer visualmente a franciscana simplicidade do monólogo. As tonalidades do figurino e da cenografia são suaves transições entre o branco e o bege, traduzindo não só o esbatimento da memória como um discurso que observa, mas não se rende de todo, ao forte contraste da cultura exótica. Só há um momento de exaltação, quando a personagem esvoaça com um xale, mas é um voo um tanto quanto desajeitado, e não sabemos bem se expressa a incapacidade de Elizabeth de entregar-se às emoções ou a vontade do espetáculo de contaminá-la com o vitalismo tropical.

Na cenografia de Jean-Pierre Tortil estão sugeridos os límpidos ambientes modernistas em que circulou a escritora norte-americana. São ótimas as soluções espaciais para indicar o estilo da casa serrana e bonitos os revestimentos que constroem o apartamento do Rio. Também aí não há nada de ousado em termos formais.

O bom gosto, os bons sentimentos, um comprometimento moderado com a alteridade (sempre há o hiato carnavalesco) parecem ser os traços predominantes que o espetáculo reconhece na imagem do país fixada pela retina de Elizabeth Bishop. Deste espetáculo permanece a impressão de que as normas de polidez devem presidir ao diálogo intercultural.

## UM TREM CHAMADO DESEJO

De Luís Alberto de Abreu
Direção de Chico Pelúcio
24 de agosto de 2001

Em 1995, quando o grupo mineiro trouxe a São Paulo o espetáculo *Rua da amargura*, o aspecto mais evidente do trabalho era a referência ao modo como o imaginário barroco impregnou as tradições culturais mineiras. Também nessa encenação que traz agora a São Paulo transparece a vocação do grupo para enraizar as criações no solo do seu estado.
*Um trem chamado desejo* é uma ficção metateatral em que se embute um dos paradoxos da mineiridade: muito modernos, antenados nas vanguardas artísticas, os mineiros, ao que parece, prezam e cultivam com carinho o rótulo de provincianos. O provincianismo é uma aparência, uma forma de se aproximar sem alarde de um núcleo onde fervilham as questões contemporâneas.
No espetáculo do Galpão, pelo menos, só a aparência é passadista. O protagonista desse espetáculo é, assim, não uma personagem individual ou tema, mas um coletivo denominado Companhia Alcantil das Alterosas. Tenaz, sobrevivendo a duras penas com um repertório musical um tanto quanto desatualizado, essa companhia dos anos 20 do século passado enfrenta, no decorrer do espetáculo, o duro embate com a novidade do cinema.
É preciso mudar, e as opções que se apresentam não diferem muito das do teatro contemporâneo tentando enfrentar a concorrência dos outros meios de comunicação de massa. Com uma graça melancólica, os personagens da peça experimentam, nem sempre com inteiro conhecimento de causa, várias alternativas artísticas. Há um utópico defensor da arte pela arte, há populistas e há pragmáticos defensores de um teatro mais erotizado e, portanto, mais comercial.
De qualquer forma, o teor das discussões importa menos na narrativa do que o fato de que cada um desses artistas personifica um dos aspectos da arte do teatro. Nesse sentido, os atritos provam o caráter multifacetado da linguagem cênica. Todos os pontos de vista parecem no espetáculo igualmente atraentes porque encontram defensores apaixonados.
Quanto ao público, a história é bem diferente. Há projetos estéticos que se mantêm em cena porque exprimem a vocação do artista e se ajustam aos seus recursos, mas que se tornaram obsoletos, incapazes de corresponder às aspirações do público.
Sobre esse roteiro simples, com personagens desenhados para evocar um período da história em que o teatro brasileiro quase foi derrotado pelo cinema,

o espetáculo do grupo mineiro propõe o dilema que, sob outra roupagem, continua a inquietar os artistas de teatro. Os ventos do progresso tecnológico sopram também sobre os recursos da comunicação artística. E o que fará, em meio a esse vendaval, uma forma de comunicação artesanal, que se baseia sobretudo no contato interpessoal?

Uma das respostas possíveis está implícita na formalização do espetáculo. A veneranda trupe do passado se mostra, na encenação dirigida por Chico Pelúcio, capaz de saquear o arsenal contemporâneo em benefício das próprias aspirações. Não tem nada de passadista, por exemplo, o modo de representar os ingênuos artistas de outrora. Os intérpretes do Galpão delineiam personagens-tipo, com delicados toques de comicidade que permanecem à prudente distância da farsa ao mesmo tempo que deixam claro que se trata de criaturas ficcionais, sem pretensão de veracidade.

São interpretações decididamente teatrais e, por esse motivo, contrapõem-se à habilidade ilusionista das representações da era tecnológica. E mesmo o cinema, vilão da peça-dentro-da-peça, é apropriado pelo espetáculo para uma função auxiliar. Ou seja, o teatro que não ilude a precariedade dos seus meios expressivos é capaz, se for esperto, de engolir seus rivais.

Também na cenografia e na música, o Galpão é decididamente sintonizado com o presente. O cenário de Márcio Medina consegue, a um só tempo, sugerir o arcaísmo da arte do teatro e adotar a forma contemporânea nas soluções plásticas. As ilusões de ótica dos telões são poeticamente distorcidas, há frestas para comentários visuais e um arranjo por *assemblage* dos objetos de cena. Seguem a mesma linha os figurinos, ampliando e distorcendo a uma proporção de exagero poético os papéis fixos do teatro antigo. Examinados em detalhes, o cenário e o figurino recuperam uma história da visualidade do teatro no século XX, somando convenções de várias décadas.

Na música composta por Tim Rescala, há tanto harmonias quanto dissonâncias, canções apropriadas à competência moderada de uma companhia decadente e uma lembrança de que as execuções musicais acontecem no tempo presente. O texto de Luís Alberto de Abreu, escrito a partir de situações dramáticas propostas pelo grupo, tem uma precisa correspondência histórica com o vocabulário teatral dos anos 1920 e a economia da boa escrita. Os atores do Galpão lançam, assim, um olhar amoroso sobre o passado enquanto põem as mãos na massa do contemporâneo.

## EM ALGUM LUGAR DO PASSADO – O FOTÓGRAFO

De Caixa de Imagens
Direção de Caixa de Imagens
24 de agosto de 2001

É, sem dúvida, original o sistema de contabilidade adotado pelo grupo Caixa de Imagens para avaliar a dimensão dos seus feitos. Em seis anos de existência, atendeu a "sete quilômetros de fila". Um a um, os espectadores aguardaram em fila, pacientemente, a sua vez de assistir ao espetáculo. Por alguns minutos, foram separados do convívio com a massa do público e viram algumas coisas acontecendo dentro de uma caixa. O paradigma para medir a ressonância do espetáculo também é diferente.
Não são os aplausos de uma plateia irmanada pela vivência comum que ressoam ao fim do espetáculo. Em vez disso, os espectadores saem da caixa silenciosos, sorridentes, um tanto perplexos, com a sensação de constrangimento provocada pelo *voyeurismo*. Pelo menos no espetáculo *Em algum lugar do passado – o fotógrafo*, há uma delicada brincadeira insinuada pela situação dramática. Enquanto o espectador "espia" dentro da caixinha, um personagem olha-o francamente, examina, avalia, corrige a proximidade e se prepara para capturar a imagem de quem olha. Enfim, sai tosquiado aquele que foi buscar lã. E com a sensação de ter sido apanhado pelo que pretendia apenas observar.
Entre nós, o teatro de formas animadas não é um gênero homogêneo no que diz respeito às técnicas e aos objetivos. Há grupos com figuras, meios de manipulação e dramaturgia tradicionais, com um público cativo no Norte e no Nordeste do país. Mas há, também, formalizações ousadas e afinadas com a linguagem contemporânea das artes plásticas, que trabalham sobre escalas variadas, muitas vezes com imagens abstratas e uma dramaturgia específica, completamente desligada do realismo. A opção desse grupo, a julgar pelo trabalho apresentado agora, é a de manter a dimensão antropomórfica do teatro de bonecos tanto no trato das imagens quanto na narrativa.
Sendo assim, a escolha do grupo determina a manutenção da narrativa em desenvolvimento, com possibilidade de engajar a empatia do público. Também o tema – evocação de um comportamento e de um ofício do passado – é uma opção autoral, e não filiação a um modo tradicional de se expressar por meio de bonecos. No entanto, mais do que o tema, são as dimensões de espaço e tempo os elementos de maior peso significativo para a proposta desse espetáculo. A caixa, construída em uma escala que impõe a situação do isolamento e a atenção

concentrada sobre o pequeno, contrasta com a abrangência do espaço urbano, com a dispersão da atenção sobre paisagens monumentais, e se opõe à fricção do convívio do indivíduo em meio à multidão. Por outro lado, a duração do espetáculo, breves três minutos, corresponde à velocidade da vida contemporânea, ao escasso tempo dedicado às atividades contemplativas.

O que interessa ao grupo é, combinando essas duas variáveis, criar alguma coisa que torne esse tempo substancialmente diferente. O alvo e o modelo são o tempo da memória e da fantasia. Bastam poucos minutos de atenção concentrada para que o tempo do cotidiano se transubstancie no tempo imemorial, para que o passado histórico se torne fabuloso.

Nesse caso, a cena se detém sobre um modo de produção que já não existe. A minúcia, a paciência e a galanteria exigidas pela arte do retrato foram substituídas pela eficiência de mecanismos acionados a distância. Lembrar que foram outrora muito diversas as relações entre o cliente e o profissional é um modo de nos fazer revisitar um passado em que o uso do tempo propiciava algo mais além do produto. Mas, além disso, a impressão que o espetáculo deixa é a de que, fosse outro o tema, o efeito seria semelhante.

O desejo desse trabalho feito de detalhes e silêncios é o de subtrair o espectador às circunstâncias ambientais e temporais da vida metropolitana. A escala diminuta do campo destinado à representação e a exigência da fruição individual constroem um refúgio.

Por um breve tempo, no ateliê do velho fotógrafo, escapamos da abrangência da paisagem urbana, da velocidade e da simultaneidade de estímulos que a vida moderna impõe à sensibilidade. Quem vive em meio a muita gente, acotovelando-se no território comum, torna-se, por meio desse espetáculo, destinatário singular de uma mensagem inscrita em baixo-relevo dramático, quase sussurrada. Essas já são práticas de outro tempo e de outro imaginário.

## BIEDERMANN E OS INCENDIÁRIOS

De Max Frisch
Direção de Georgette Fadel
12 de outubro de 2001

Em um dos esplêndidos ensaios em que desbasta o caminho para o acesso do leitor brasileiro à literatura alemã, o crítico Anatol Rosenfeld assinala a inclinação de dois dramaturgos suíços exponenciais, Friedrich Dürrenmatt e Max Frisch, para "experimentar e adaptar as pesquisas universais". Como resultado, observa: "O seu teatro é acolhedor como os hotéis suíços, que recebem turistas de toda parte".

Abertas aos experimentos, sensível às influências da dramaturgia de outras culturas e línguas, as peças desses dramaturgos compensariam o insulamento e o provincianismo um tanto quanto envergonhado de um país historicamente situado à margem dos grandes tumultos europeus. Inversamente, graças a essa abertura para as contribuições de outras culturas, a dramaturgia desses dois autores acabou por responder aos dilemas e às preocupações estilísticas do teatro internacional.

O fato é que *Biedermann e os incendiários*, peça de Max Frisch encenada agora pela Companhia São Jorge de Variedades, embora tenha estreado em 1958, tem a permeabilidade das parábolas que em qualquer tempo e lugar preservam a abertura para a atualização. O confuso senhor Biedermann, protagonista dessa narrativa, não se circunscreve a um lugar ou tempo histórico. É um cidadão com traços tanto quanto possível neutros. Sabemos que é afável e timorato dentro de casa, porque não ousa desrespeitar os hóspedes e não tem energia suficiente para se defender.

Ao mesmo tempo é vagamente ligado a um lugar de classe, que é a sua personalidade pública. Patrão inclemente e desonesto (apropriou-se de uma patente), é responsável pelo suicídio de um empregado cuja viúva, ao longo da peça, tenta sem sucesso invocar sua compaixão. Enquanto a cidade é destruída por incêndios, acolhe em sua casa duas personagens que, de acordo com indicações evidentes aos olhos do público, se preparam para incendiar seu lar. O senhor Biedermann, contudo, não se rende às evidências. Certas coisas só acontecem aos outros.

Não é difícil de reconhecer, na organização dessa fábula, o cruzamento de duas vertentes da dramaturgia do século XX. Enquanto figura neutra, sujeita a ameaças imponderáveis e simbólicas como o fogo, Biedermann é parente do homem comum da civilização ocidental imaginado por Eugène Ionesco. A indeterminação histórica e social dos personagens e das circunstâncias da ameaça (que atinge toda a cidade) dá margem a uma interpretação alegórica sobre a condição do homem moderno, incapaz de reagir e mudar o universo cuja forma reflete a passividade dos cidadãos.

Ao mesmo tempo, os personagens no entorno do protagonista, como o coro de bombeiros, intervêm na função de narradores, advertindo sobre o fato de que nem tudo é destino ou condição humana: "Não atribuam aos erros humanos o nome de Fatalidade", recita o coro de bombeiros. Os mesmos bombeiros que, diga-se de passagem, declaram sua impotência para proteger a cidade.

A peça entrelaça dessa forma duas perspectivas da dramaturgia do pós-guerra europeu: a que acredita que as circunstâncias políticas e sociais forjam a subjetividade (neste caso, a passividade de Biedermann é resultado) e a que acredita que a organização social e política é obra de patetas desse calibre.

Diante dessa ambiguidade, própria da peça, mas que poderia conduzir a um outro tipo de espetáculo, a encenação dirigida por Georgette Fadel tem clara preferência pela linha didática inspirada na teoria brechtiana, que abre, através do grotesco e da ironia, a possibilidade de reconhecimento de uma alternativa para a insensata obstinação dos que não querem tomar conhecimento da realidade. Biedermann se recusa a ver o perigo que está literalmente sob o seu nariz: a gasolina tem cheiro. Isso, contudo, pode e deve ser mudado. Para o público deve ficar evidente não só o perigo como também o que há de ridículo nessa atitude. O espetáculo trata, assim, todas as figuras como formas paródicas cuja graça é acentuada nas entonações, nos figurinos, por meio de características de movimentos dos personagens. Aos hóspedes incendiários reserva-se a tonalidade mais sutil da ironia, insinuando que, pelo menos nestes, há uma consciência clara do motivo que os impele à tarefa da destruição.

O mérito desse espetáculo está em não dissociar graça de inteligência e em não confundir a comicidade de fundo crítico com a farsa. Há uma medida justa nas distorções, todos os intérpretes se submetem a essa unidade de estilo e, sobretudo, entendemos muito bem as situações e o sentido das falas. Não há sequer um procedimento cênico que não esteja enraizado nos argumentos da peça.

São notáveis a vivacidade das interpretações, os detalhes de composição de personagens e o entusiasmo da comunicação, mas há também disciplina na direção de Georgette Fadel, garantindo a harmonia da atuação conjunta. Esta é a quarta encenação da Companhia São Jorge de Variedades, mas a integração em cena e a habilidade técnica dos atores para atuar, mover-se e cantar equivalem a de veteranos do palco.

# Críticas 2002

## NAU DE LOUCOS

De Luís Alberto de Abreu
Direção de Ednaldo Freire
18 de janeiro de 2002

Shakespeare, na primeira etapa de *Henrique V*, roga aos espectadores que contribuam para o espetáculo imaginando o que não cabe no palco: dois reinos, o oceano entre eles e dois exércitos com as respectivas montarias. Além disso, será também tarefa do público "saltar sobre o tempo", comprimindo em pouco mais de uma hora acontecimentos de muitos anos.
Não deixa por menos Luís Alberto de Abreu ao propor uma narrativa em que se cruzam três navios, em que os personagens se originam de dois hemisférios e o tempo da ação cobre um período aproximado de cinco séculos. *Nau dos loucos*, peça acrescida do subtítulo *Stultifera Navis* é, em mais de um aspecto, obediente ao princípio econômico enunciado na tragédia shakespeariana. Todo esse vasto universo temporal e espacial deve ser proposto e animado por um contingente de cinco operosos intérpretes.
Há muitas ideias formuladas claramente ou implícitas nessa fábula, mas há também, em igual proporção, jogos de escárnio com os clichês tropicalistas, imagens poéticas e uma deliberada exploração estética da desordem física e intelectual da civilização na Idade Moderna. Na alegoria da nau dos loucos, figura central da peça, encontram-se três obsessões constantes pelos mitos fundadores da nossa cultura. O nórdico Peter Askalander é o conquistador branco "superior" aspirando ao domínio e à exploração lucrativa das terras ensolaradas do Sul. Seu companheiro acidental é o mestiço Pedro Lacrau, selvagem desmemoriado que vive para a gratificação instantânea do corpo. Figura complementar, mas não menos importante nesse amálgama primordial, é a do português Joaquim, representação do bom senso espremido entre um e outro tipo de loucura. Se a peça fosse um tratado de moral ou de política, cada um desses personagens se acomodaria em uma hierarquia de dominação: o nórdico tomando o poder, o selvagem perdendo seu direito natural e o homem comum sofrendo as consequências. No entanto, na perspectiva irônica do autor, todos se equivalem. São igualmente movidos por um grão de loucura e moléculas de geleia geral da história moderna.
Seguindo a formalização teatral épica, que não se interessa pelos estados de alma ou pela complexidade de caráter dos indivíduos, os personagens são tipos desenhados com contorno forte e motivação única. "Sempre falta

alguma coisa na cabeça ou no coração desse tipo de personagem", afirma um narrador. A voracidade de Lacrau, a frieza de Peter e a covardia do pacato náufrago português encontram-se em uma caravela pirata do século XVI e acabam por abrigar-se na nau que acolhe desajustados de todas as épocas e lugares. No interior da alegoria medieval da nau dos insensatos, que recolhe insanos e estranhos e lança ao mar os escolhos humanos, desdobram-se outras tradições narrativas. Há episódios picarescos, como a prisão do índio pela tríplice ofensa de assalto ao pudor, roubo e desacato à autoridade; há a comédia de costumes contemporâneos, como a tentativa de Peter de conseguir financiamento estatal para um empreendimento industrial. A certa altura, intromete-se o absurdo: um personagem de Beckett tentando a recuperação da esperança perdida em um instante de enlace poético de todos os fracassos. Também o drama litúrgico, marco do renascimento do teatro ocidental, é relembrado em um episódio em que Deus é submetido a um tribunal revolucionário e julgado pelas acusações de "apostasia, excessiva misericórdia e desobediência aos preceitos da fé...".

Há dez anos, Luís Alberto de Abreu escrevia as peças encenadas pela Fraternal Cia. de Arte e Malas-Artes, participando como articulador de um projeto artístico de longa duração. As primeiras peças estruturavam-se sobre os personagens cômicas tradicionais da cultura brasileira e refletiam a origem ibérica. Nesta peça, que dá continuidade ao projeto de comédia popular, o campo explorado alarga-se. *Nau dos loucos* trama, em uma complexa e erudita estrutura, elementos das representações do medievo, do teatro humanista do renascimento e das reformulações modernas do teatro épico.

Quem gosta de apreciar detalhes, de olhar as costuras pelo avesso, encontrará na peça uma síntese da história da arte teatral, feita de impurezas e contaminações frequentes entre o vulgar e o sublime. Mas, para o espectador desavisado, o que aparece em primeiro plano é simples, cristalino, a um só tempo bonito e engraçado. O conhecimento é decantado em graça e revestido pela ferocidade que nunca abandona inteiramente o cômico.

Quanto ao espetáculo, dirigido por Ednaldo Freire, pode-se dizer que realiza com eficiência a proposta de expandir ao máximo cada recurso da cena, fazendo com que o pequeno simbolize o grande, a unidade represente o múltiplo. Compreendemos logo as peripécias grandiosas, como naufrágios, localizações complexas, como a metrópole ou o mar revolto, e a relação entre a narrativa e a ação dramática. É o jogo dos intérpretes que indica e realiza as dimensões espaciais e temporais do espetáculo. Todos os desafios técnicos que o texto propõe, e não são poucos, são muito bem resolvidos.

Os intérpretes do grupo, ao longo do tempo, se tornaram mais desenvoltos e inventivos e formam agora um elenco de coesão excepcional. Se a participação de Haiman Hammoud no papel de Joaquim é um polo de atração do espetáculo, isso se deve não ao descompasso entre o grupo e o intérprete, mas ao inevitável magnetismo de um ator que sabe variar tons dentro da escala estreita do tipo. O pobre náufrago português é, nessa história, nosso próximo. E só aceitamos de bom grado o ridículo quando nos permitem uma pequena dose de autocomiseração.

**NOVAS DIRETRIZES EM TEMPO DE PAZ**

De Bosco Brasil
Direção de Ariela Goldmann
8 de fevereiro de 2002

Há um bom tempo, a arte de vanguarda renunciou à pretensão de expressar a integridade da experiência humana. Desde o fim da Segunda Grande Guerra, quando se tornou conhecida a extensão dos crimes contra a humanidade praticados nos campos de extermínio, a sombra de desesperança baixou sobre a literatura, e em especial sobre o teatro, sob a forma de situações de paralisia da ação dramática e do próprio diálogo. Aquilo era indizível.

Não por acaso, a peça que Bosco Brasil denominou de "fábula" estabelece uma analogia com esse período crítico para o pensamento ocidental. Os dois personagens que se encontram em um posto aduaneiro na peça *Novas diretrizes em tempo de paz* são um funcionário da polícia política do Estado Novo e um refugiado polonês tentando obter a permanência no país. A analogia histórica é cândida e instrutiva.

Nos estados policiais, os métodos de controle não se distinguem pela criatividade. Em escala menor, as mesmas violências foram cometidas de um e outro lado do Atlântico, pelo nazi-fascismo e pelo seu ambíguo espelho tupiniquim. Na posição de vítima e de carrasco, os dois homens são, no contexto da peça, representações recorrentes e universais da ultrapassagem de uma fronteira humanamente insuportável.

Um deles foi torturador obediente, como foram oficiais e soldados alemães. O outro sofreu as perdas. Perdeu o mestre querido, a família, os amigos, a profissão e o país. Não há mais lugar para ambos no tempo do pós-guerra. Ainda assim, diz-nos o autor, não há razão para depor as armas da linguagem. Enquanto há vida, há narrativa.

Bem a propósito, no limiar do século XXI, o assunto da inutilidade do esforço humano diante do mal volta à tona. A peça de Bosco Brasil, ao que parece, é uma resposta imediata a acontecimentos recentes, embora sua formalização mencione explicitamente a época do Estado Novo.

De qualquer forma, não se trata de uma obra experimental, avançando no território da linguagem, mas um texto com alguma coisa a dizer, procurando o modo mais eficiente de dizê-la e, por essa razão, confiando em uma forma dramática legada pelo passado.

A prova da utilidade da arte é dada, em certa medida, pela resistência dos seus instrumentos ao assalto da insânia destrutiva. Pelo menos nessa peça, os dois interlocutores se constituem, como nos bons dramas do século XIX, através dos argumentos e das transformações que provocam um no outro.

Para o torturador, que imagina ter se tornado impermeável ao sofrimento alheio, o confronto guarda uma surpresa. E ao homem que acredita ter perdido tudo, ao artista que acha que a arte não poderá dar conta do terrível, o embate restitui um bem precioso soterrado nos escombros da guerra. Um oferece ao outro motivo da transformação.

Dessa forma, a restauração de um novo patamar de crença é, por si só, a prova dos noves da potência da comunicação artística. Pelo método direto, com a simples técnica de só aceitar dramaticamente a alteração provocada pela contra-argumentação, impõe-se uma ideia que não é exatamente nova, mas que merece ser relembrada.

O Ágora é um teatrinho de bolso, onde não há folga para o ocultamento de elementos cenográficos. O forte da casa é mesmo o trabalho dos intérpretes e a escolha de bons textos que possam sustentar-se sem o auxílio do aparato espetacular. É uma simplicidade que põe à prova os intérpretes e a concepção do espetáculo.

Ariela Goldmann dirige a peça com um especial cuidado pela atmosfera melancólica que deve ser criada pelos intérpretes. Para as duas personagens, o terror é um fato do passado, experiência gravada na carne e na memória. São duas figuras lassas, com o registro vocal suave da lamúria.

O espetáculo enfatiza, assim, a ressonância, a mágoa, o ritmo lento dos desistentes. Todo o trabalho é delicado, entrecortado por silêncios, e o golpe teatral que altera qualitativamente a situação tem um crescendo suave para não quebrar bruscamente a verossimilhança. Dan Stulbach, como o imigrante polonês, e Jairo Mattos, no papel do policial, têm ambos uma definição corporal precisa dos papéis e um perfeito controle sobre as pequenas alterações dramáticas da narrativa.

Nada parece demais ou de menos na concepção dos intérpretes, mas a clareza de algumas frases do personagem do policial é turvada pela postura encurvada de Jairo Mattos, talvez pelo cuidado de não deixar explícita a violência. Mas trata-se de um detalhe que diz respeito ao volume vocal da interpretação, e não ao desenho. É teatro para quem gosta de presenciar uma história bem contada, por gente que tem o que dizer e cujo alvo é o coração do espectador.

## EM MOEDA CORRENTE DO PAÍS

De Abílio Pereira de Almeida
Direção de Silnei Siqueira
22 de fevereiro de 2002

Guimarães, funcionário público do setor tributário, não é homem de excessos. Vai do trabalho para casa em linha reta, suporta uma esposa impertinente, tolera a liberdade da irmã, põe panos quentes na luta de classes travada entre a esposa e a empregada doméstica. O entorno doméstico em que se move é materialmente "digno", um tanto quanto aviltado pelas disputas conjugais. Enfim, nem acima nem abaixo das circunstâncias econômicas e psicológicas de milhões de cidadãos da classe média. E é essa mediania, tão bem configurada na peça *Em moeda corrente do país*, o atributo distintivo das melhores obras de Abílio Pereira de Almeida. Vista à distância, a literatura dramática brasileira se desenvolve como uma espécie de montanha-russa: vai rápido aos píncaros da originalidade, privilegia contrastes radicais, deleita-se com reviravoltas formais e temáticas. Não se trata de um defeito, mas de uma característica alicerçada, talvez, na tradição alegórica da cultura ibérica.
Também o que há de melhor no cinema brasileiro desdenha o miúdo. O resultado é que raramente o homem sem qualidades excepcionais recebe, no teatro, tratamento dramático. A classe dominante e os extremos de borda social são, sob a perspectiva de projetos artísticos radicais, mais atraentes.
Uma peça que tem como protagonista um funcionário modesto e incorruptível poderia, nas mãos de outro autor, assumir a proporção de um drama ibseniano. No entanto, a singularidade se deve ao fato de que não ultrapassa a dimensão da modéstia. Hoje, não é novidade para ninguém, e tampouco era inédito para os espectadores dos anos 1960, o tema da corrupção no setor público. Alertar e conscientizar são tarefas desempenhadas pelos meios de comunicação de massa, mas resta a esse tipo de drama abrir o foco sobre o foro íntimo em que se alicerça a moral pública. E nesse território, na perspectiva de Abílio

Pereira de Almeida, não há grandeza. Há pessoas, como a irascível Floripes, que não conseguem sequer compreender o interesse coletivo.
Seu círculo de interesse abarca, no máximo, o desejo de conforto doméstico. Há ainda os que compreendem bem o jogo, como o futuro cunhado, e aceitam as regras. E há no centro o singelo Guimarães, que não compreende a si mesmo, mas que tem introjetada a retidão. Não se pretende exemplo regenerador porque não consegue sequer enxergar a dimensão coletiva do dilema que enfrenta. É honesto, honestíssimo, mas sem grandes rastros de convicção, como é honesta a peça de uma engrenagem.
Estavam certos, portanto, os grupos ideológicos que, a partir dos anos 1960, perderam o interesse pelas obras de Abílio Pereira de Almeida. Era outra a sua preocupação, ou seja, o modo como viam os males sociais podia ser explicado pelo lado de fora, pelas condições históricas, e saneado por alternativas igualmente concretas. Mais de quatro décadas depois da sua escritura – foi encenada pela primeira vez em 1960 –, essa pungente representação dos "barnabés" pesa como um argumento a favor da pluralidade da expressão artística.
Se a economia do nosso teatro tivesse sido robusta para prestigiar simultaneamente diferentes perspectivas, a dramaturgia realista (e pessimista) de Abílio poderia ter convivido com o teatro de esquerda. A resistência passiva à corrupção, apolítica à primeira vista, encontrou expressão institucional no populismo. No microcosmo dramático de *Em moeda corrente do país*, ainda pisca um alerta sobre as consequências históricas da humilhação do homem comum. Precisaríamos contemplar cada coisa por muitos ângulos.
Dirigido por Silnei Siqueira, o espetáculo é respeitoso tributo ao texto. No plano da interpretação, não há nenhum esforço para modernizar a representação. Conservam-se os traços farsescos da dona de casa, da empregada e do cunhado, mas a tonalidade muda em transição suave quando os diálogos exigem sinceridade e emoção dessas personagens. Esse trânsito por diferentes estilos é garantido por elenco com excelente formação técnica, que controla bem a movimentação cênica, a altura da voz, a ênfase sobre o cômico e o patético. Formam bom conjunto, mas os momentos excepcionais do espetáculo estão na chave naturalista.
Quando Floripes (interpretada por Eliana Rocha) abre uma fresta na carapaça de megera "perdoando" os deslizes da empregada, compreende-se o drama sob o ridículo. A severa melancolia que Francarlos Reis imprime ao protagonista ultrapassa a superfície do conflito particular e da época. Guimarães é o homem da casa ao lado e é também parente próximo dos "severinos" e da extensa galeria de humilhados da literatura russa.

A cenografia e figurinos de Laura Carone e Telumie Hellen são a parte mais fraca do espetáculo. Há exagero e talvez um comentário irônico sobre o gosto da família Guimarães expresso através dos vestidos esfuziantes e dos móveis "pé de palito". Tudo, na peça, indica outra direção: o conservadorismo, a ignorância do *design* contemporâneo, a modéstia dos trajes observada nas repartições públicas.

## OS SOLITÁRIOS

De Nicky Silver
Direção de Felipe Hirsch
22 de março de 2002

Basta um arranhão na superfície civilizada, e pronto: lá está o bicho. Há uma era indomável pulsando sob o frágil verniz das interdições. Esse ovo de Colombo que Freud pôs em pé alimentou boa parte dos projetos artísticos renovadores do século XX e, ao que parece, ainda tem substância nutritiva para a imaginação contemporânea. *Os solitários*, espetáculo que reúne dois textos do dramaturgo norte-americano Nicky Silver, é um exemplar vigoroso dessa vertente surreal que a Sutil Companhia de Arte desencavou da Off Broadway.

São duas narrativas em que a família nuclear aparece como a célula exemplar das relações humanas. Sempre de modo ilustrativo, grandiloquente e grotesco, dispersando por completo a superfície realista. Nas duas histórias o núcleo familiar é tomado como suporte para a trama das pulsões. Aquilo que seria inconfessável, e que o drama psicológico arranca com dificuldade através de incidentes propiciatórios, as peças escancaram com despudor nas primeiras falas. Ninguém se conhece, o amor e a solidariedade são apenas pressentidos como carências, e a única coisa que mantém aglomeradas as pessoas é o instinto sexual.

Na primeira história (*Homens gordos de saia*) os pais nem sequer recordam o nome que deram aos filhos. Na segunda (*Pterodátilos*), um menino, preso com a mãe em uma ilha deserta, torna-se um macho primordial, antropófago e incestuoso. Em ambas, os mais frágeis – os jovens – são objeto útil para as projeções dos adultos; e a eles cabe corporificar o instinto de morte.

Uma vez que a ninguém é dado ignorar a insalubridade potencial da família, fica claro que o autor não está fazendo denúncia ou uma crítica social consistente. Tennessee Williams e Edward Albee já cumpriram essa função no âmbito da dramaturgia norte-americana. Nicky Silver dá isso por sabido e se ocupa da arquitetura de um jogo que equilibra o terror e a diversão.

Taras, doenças e abusos tornaram-se matéria usual da representação e podem integrar-se, estilisticamente, à esfera niilista do humor negro. Uma mãe alcóolatra e erotômana, um pai ausente e filhos que reproduzem o modelo parental são, por direito de antiguidade, os "graciosos" da cena moderna.

No entanto, a encenação feita pela Sutil Companhia de Teatro e dirigida por Felipe Hirsch contorna esse caminho mais fácil ao desencavar e dar força cênica ao conteúdo arquetípico dos textos. Em vez da comédia de humor negro, faz uma versão contemporânea do teatro da crueldade.

São sinistras e ao mesmo tempo sedutoras as projeções associadas à narrativa como figurações do tecido vivo sob a pele. Com o mesmo peso das palavras e das situações, as imagens propõem uma incisão sobre a superfície do comportamento. O que está dentro é viscoso e repulsivo ao primeiro olhar, mas, passado o primeiro impacto, exerce a atração magnética dos seres vivos, pulsantes. Entrelaçados pela gramática peculiar das associações inconscientes, os signos do espetáculo impregnam as histórias, têm o mesmo peso significativo das situações dramáticas e falas das personagens.

Também as interpretações são desenhadas com a dimensão amplificada das imagens do inconsciente, uma vez que nenhuma das figuras se resume ao estereótipo social. Personagens da célula familiar primordial, desenhadas com gestos largos e uma tonalidade vocal de espanto e distanciamento, parecem rodeadas por um círculo de isolamento que neutraliza todo o esforço dialógico.

Mesmo coisas engraçadas – trata-se de criaturas maníacas – aparecem em cena como signos da irracionalidade, revelações de uma repetição insana da atividade psíquica. A adolescente Emma, nesse contexto, pode ser interpretada pelo ator Marco Nanini porque o alvo do espetáculo é a representação de um dos componentes do jogo das relações humanas.

Reuniram-se para este espetáculo duas turmas diferentes. Marieta Severo e Marco Nanini pertencem a uma geração eclética que experimenta diferentes estilos e modos de produção, enquanto o diretor do espetáculo e os outros intérpretes fazem parte de um grupo de investigação da escrita cênica que privilegia a ambiguidade poética. São perceptíveis as diferenças de formação, mas o resultado está longe de ser desarmônico.

Os dois atores mais experientes lançam mão do seu arsenal, construindo personagens verossímeis e ultrapassando esse plano de composição por meio da ênfase a determinados traços. A menina interpretada por Nanini na primeira parte do espetáculo, por exemplo, dispensa a imitação da feminilidade e do infantilismo. É construída por meio da ênfase na fragilidade, na inapetência pela vida, traços que determinam a extinção de qualquer indivíduo preso ao mecanismo da seleção natural.

Do mesmo modo, Marieta Severo ultrapassa as superfícies caricatas da "perua" e da "dona de casa", partindo do clichê em direção a uma desmontagem da caricatura. Convivem bem com o estilo da Sutil Companhia de Teatro, que desnaturaliza as personagens desde a primeira aparição em cena e indica, desse modo, a dissolução gradual das convenções veristas realizadas gradualmente pelos dois intérpretes de outra geração. É um encontro bem-sucedido entre artistas que, neste espetáculo, parecem dispostos a restaurar no palco a "força viva, idêntica à da fome" sonhada por Antonin Artaud.

## PASSATEMPO

De Renata Melo e José Rubens Siqueira
Direção de Renata Melo
24 de abril de 2002

Um grupo de pessoas concentra o olhar sobre alguma coisa distante. Nos gestos e nas expressões faciais desenha-se a variedade de sentimentos projetados sobre o que estão vendo. Não sabemos o que essas pessoas vêm, e o que seria, para cada uma delas, um acontecimento bem-vindo ou uma catástrofe. No entanto, é tão bem configurada a reação, são tão precisas e delicadas as indicações do universo afetivo mobilizado pela experiência de testemunhar alguma coisa, que nos comovemos com o terror e a piedade impressos no rosto e no corpo dos intérpretes.

Logo depois, um homem comum, sem as ferramentas da física e da filosofia, discorre com inquietação sobre o enigma dos tempos simultâneos. No plano frontal do palco está esse sujeito perplexo, arquitetando uma fábula simples para expressar um enigma. Enquanto isso, no plano de fundo, desliza o cortejo de figuras de uma era remota. São suficientes a imaginação e o desejo para nos projetar na quarta dimensão. *Passatempo*, espetáculo concebido e dirigido por Renata Melo, em cartaz só mais três dias (sexta, sábado e domingo próximos), é uma costura sutil das intuições, percepções e sentimentos do tempo que impregnam a vida cotidiana.

Há o tempo biológico representado pela infância, pela maturidade da idade reprodutiva e pela velhice. Aqui e ali, a metáfora do "fio do tempo" sequencial se desmonta em uma brincadeira nova, a da curva temporal ou do tempo circular mítico, em que todas as coisas poderiam vir a ser outra vez. São pequenas narrativas que se intercalam de um modo que, a princípio, nos parece aleatório, mas que ao fim acabam por compor um inventário da experiência humana. Na trama narrativa está implícita a ideia de fluidez.

Mas o maior encanto desse trabalho é o modo como parte da observação precisa dos gestos cotidianos e os transforma em outra coisa, mais leve, mais poética, indicativa da condição humana, e não da experiência contingente. É extraordinária a limpeza com que os intérpretes, tão hábeis e competentes nos trechos coreográficos quanto na dramatização das diferentes narrativas, indicam a densidade de significados possíveis nos comportamentos aparentemente usuais. Basta uma postura física para introduzir em cena o universo infantil; um pequeno gesto de mão de uma velha senhora sobre o braço do companheiro é suficiente para que o espectador complete com a sua imaginação uma história de vida. As invenções lúdicas com um fio, o velho jogo do "passatempo", se ampliam até uma construção alegórica da trama temporal. E há também espaço para o lugar-comum, para a conversa fiada com que se distrai a identificação entre o tempo decorrido e a vizinhança da morte. Em cada uma das cenas há elementos como esses, mínimos, sintéticos, abstraídos da observação direta e revestidos de um sentido maior.

Nenhum desses pequenos dramas ou comédias tem um ponto-final. Dissolvem-se em um movimento coreográfico e se reconstituem como refrações da mesma substância. Além de toda a causalidade, há a ideia do tempo bíblico de crescer, amar e morrer impulsionando a transição entre os movimentos dramáticos. Mesmo os pontos de interrogação do espetáculo – cenas em que as personagens se referem a determinadas concepções do tempo – têm a linguagem despretensiosa da reflexão interior e se misturam com naturalidade às experiências vitais de outras personagens. Quer pensando ou apenas reagindo à experiência, todas as situações dramáticas são transfigurações poéticas da observação direta.

A feição dúctil da ideia, da sensação e do sentimento do tempo se traduz, na cenografia de Daniela Thomas, pela flexibilidade, pela transparência e pela capacidade de refração à luz dos fios que revestem o palco. São elementos vazados, que permitem ver a articulação das cenas nos bastidores, e, ao mesmo tempo, singularmente receptivos às transformações que a imaginação artística imprime aos materiais e às formas.

Terceiro espetáculo teatral de Renata Melo (os outros dois são *Bonita Lampião* e *Domésticas*), uma artista em trânsito pelo teatro-dança, este trabalho parece beneficiar-se da disciplina um tanto quanto ascética dos conjuntos de dança. Em todos os intérpretes transparece o mesmo nível de competência, a atuação conjunta é impecável, e a sintonia com a música, perfeita, estendendo-se ao valor musical das palavras pronunciadas em cena.

Criar personagens engraçadas de modo econômico, com uma perfeita noção do valor das pausas é, por exemplo, uma virtude rara no nosso teatro de prosa. São excepcionais, nesse sentido, os intérpretes de *Passatempo*, talvez pela consistência que adquiriram da eficácia comunicativa de cada movimento humano. No palco, como na poesia, o pouco vale muito.

## AUTO DOS BONS TRATOS

De Sérgio de Carvalho e Márcio Marciano
Direção de Sérgio de Carvalho e Márcio Marciano
10 de maio de 2002

Com perseverança e uma boa dose de talento, a Companhia do Latão vem, através de sucessivos espetáculos, dedicando-se ao mais ingrato dos temas: como o Brasil deu no que deu. Diga-se de passagem que o tema é ingrato não porque o país não tenha dado certo (a discussão do que é "dar certo" é parte da tarefa da arte), mas em razão de uma maré estética que, de um modo geral, privilegia os assuntos à margem do tempo histórico e além das fronteiras políticas. O trajeto pode ser direto ou analógico – passando por autores como Georg Büchner e Bertolt Brecht – e, em qualquer dos casos, o espectador saberá reconhecer que há no centro dos espetáculos criados pelo grupo um problema que diz respeito à ordenação política e social do presente.

No *Auto dos bons tratos*, uma criação coletiva baseada em um episódio da história colonial, são os fundamentos históricos das nossas instituições que aparecem dramatizados no espetáculo. Foi assim, afirma a trama, e é possível que ainda seja assim, concluem as intervenções narrativas do texto. De verídico, extraído da crônica colonial do século XVI, há a história do donatário da Capitania de Porto Seguro, Pero Fernandes Tourinho, processado pela Inquisição em virtude de seu comportamento blasfemo. Homem sem freio por temperamento, protagonizou um dos inúmeros confrontos com os jesuítas ao arrancar do culto as "peças" de sua propriedade, ou seja, indígenas já batizados ou em processo de catequese.

O mais interessante no trabalho da Companhia do Latão é que a perspectiva do passado, dramatizada com toda sua complexidade, não funciona para resolver, como uma panaceia, os dilemas do presente. Nesse auto – ao mesmo tempo portador das conotações de peça didática e peça de instrução judicial –, as funções analógicas só podem ser exercidas se respeitarmos a complexidade do passado. Os índios, vítimas incapazes de protagonizar a ação dramática, embora sejam as primeiras vigas do projeto colonizador baseado na exploração da mão de obra, são objetos passivos. O que interessa ao auto é o modo como são vistos pelas forças em embate no projeto de dominação. Para a Igreja, são almas, rebeldes e frágeis, mas ainda assim dignas de resgate. Para donatário e colonos, bestas de carga e materiais disputadíssimos. Em um e outro caso, a identidade do escravo é uma construção sem suporte real, idealização negativa ou positiva de uma realidade que tanto o colonizador quanto o catequista não têm instrumentos para compreender.

Entre o mar e a rocha há o zé-povinho, o degredado que prefere o autoritarismo do donatário porque, sem um "tipo como Tourinho, capaz de arrancar a cabeça de um índio na faca", estaria sujeito à rebelião dos índios ou à intervenção armada do reino. Está aí, em germe, a "cordialidade" do pequeno burguês escolhendo o mal menor e forjando, pela primeira vez, um tipo de contrato social baseado na compra – a preço alto – da segurança individual.

Se a situação institucional da colônia é traçada com linhas nítidas, o mesmo não se pode dizer das personagens. Desta vez, a escrita conjunta de Sérgio de Carvalho e Márcio Marciano explora, além da alegoria política, a dimensão dramática de algumas personagens. São especialmente bem construídas, pelo que revelam e pelo enigma que propõem, as personagens do vigário do aldeamento e da menina, filha de Tourinho, cuja identidade se dissolve no contato com os indígenas. Além das funções que desempenham na trama, há, nessas duas figuras, uma dimensão simbólica da confusão ideológica, da sedução que o novo mundo exerce sobre os que se dispõem a domá-lo e que constituirá também o meio de cultura de uma história original. Também o pantagruélico Tourinho, devorando vidas e acumulando riquezas, supera em larga medida a caracterização do empreendedor colonial exemplar. É uma figuração cômica da crueldade natural, algo mais do que a condenação moral do projeto colonizador.

No espetáculo, dirigido pelos autores, a clareza se sobrepõe aos outros atributos. A narrativa é privilegiada, todas as cenas são organizadas pela inteligibilidade e compreende-se muito bem o mecanismo que leva ao processo e à expulsão de Tourinho, embora a cena trafegue entre a igreja, o engenho e a corte portuguesa, dispensando, para localizar-se, o auxílio da iluminação e da mutação cenográfica. Com a combinação engenhosa de arranjos de praticáveis e auxílio de personagens que desempenham funções corais, tudo se resolve com rapidez e eficiência.

O que faz falta desta vez ao trabalho da Companhia do Latão é somar a essa inteligibilidade uma dose de humor e aceitar, na composição dos caracteres, certos traços psicológicos que estão presentes no texto. Ser engraçado, está claro, não é uma obrigação, mas o próprio texto criado pelo grupo sugere nuances cômicas e dramáticas, ignoradas pelo espetáculo. Como peça de instrução, um verdadeiro "auto" contemporâneo, a encenação é competente; o texto, de excelente qualidade no trato ao mesmo tempo irônico e informativo do vocabulário seiscentista; e os intérpretes, homogêneos na complexa tarefa de ambientar, criar personagens e desempenhar funções narrativas e corais. O que falta ainda é uma certa maturidade, desenvoltura para brincar um pouco com as personagens e, em alguns casos, o despudor de reconhecer que há um componente irracional e patético nos fracassados dos grandes projetos, sejam eles de dominação ou de assimilação.

## MÃE CORAGEM

De Bertolt Brecht
Direção de Sérgio Ferrara
24 de maio de 2002

A provocação feita por Bertolt Brecht à teoria teatral e à dramaturgia do teatro ocidental no século XX foi respondida por alguns de seus críticos com argumentos que, descontadas variáveis, fazem soar uma tecla única. Suas teses seriam perecíveis, o aspecto instrutivo das peças superado pela alteração das condições históricas. Ao fim e ao cabo, o lento moinho do tempo refinaria o que há de realmente valioso em sua obra: a imaginação fantástica para criar situações dramáticas, o fundo humanista e libertário de alguns de seus personagens, a inegável inteligência da sua argumentação e, por último, o fulgor do humor sarcástico.

Por enquanto, as peças, subindo ao palco, têm decepcionado as previsões até dos mais cautelosos adversários ideológicos do dramaturgo alemão. *Mãe Coragem*, por exemplo, peça escrita sob a densa atmosfera que precedeu a tormenta da Segunda Grande Guerra, tem hoje o mesmo impacto da verdade proclamada sem consideração pela delicadeza dos bons sentimentos.

A protagonista que defende com garra o pão da sua prole, alheada do sofrimento coletivo e da significação ética da sua empresa pessoal, é hoje o retrato impiedoso e oportuno da neutralidade interesseira. Negocia com os exércitos litigantes para manter a pequena família e acabará por conservar a mercadoria e perder os filhos. "Somos gente de paz", afirma. Não há território pacífico em meio à convulsão coletiva, reza a moral brechtiana. Dificilmente alguém poderia contestar a transitoriedade dessa tese invocando como exemplo a concórdia que reina entre as nações e a segurança em que vivem os habitantes das mais prósperas cidades do século XXI. Somando tudo, o que é bom para os negócios não parece bom para as pessoas.

A encenação dirigida por Sérgio Ferrara e protagonizada por Maria Alice Vergueiro adota, como norte da concepção cênica, a impassibilidade demonstrativa da peça. Não há preocupação de acrescentar ou intercalar analogias evidentes com a experiência contemporânea.

Ferrara se alinha à interpretação que Jean-Paul Sartre dá ao teatro brechtiano, considerando-o um clássico que, à maneira de Racine, nos mostra as coisas "a frio, separadas de nós, inacessíveis e terríveis, coisas que acreditávamos governar, mas que se desenvolvem fora do nosso controle". Em cada cena do espetáculo, o recurso da ironia, que Brecht constrói por meio da oposição entre os acontecimentos e a indiferença dos personagens sobre as possíveis consequências dos seus atos, se sobrepõe ao patético. Esse freio imposto à piedade põe em evidência a competência narrativa do texto. Vale a pena ver esse espetáculo porque está em cena uma fábula extraordinariamente bem construída para funcionar em cena. Não há lugar melhor do que o palco para mostrar o modo como o ato contraria o discurso.

A clareza, contudo, não resume a potência dramática do texto, e seria preciso, porque são uma só coisa, incorporar aquelas qualidades que os opositores de Brecht consideram "morredouras", mas que são, na verdade, essenciais ao comprometimento histórico das suas peças. Nessa encenação lenta, solene e talvez demasiadamente respeitosa, a ironia se apoia unicamente sobre a emissão do texto. No entanto, o ritmo do tempo é uma informação qualitativa, e não apenas quantitativa, na proposta do teatro épico.

Os personagens vivem no imediato, no tempo miúdo do comércio e da sobrevivência, mas é indispensável que se torne compreensível, de modo enfático, o ciclo maior do tempo histórico. Quando um general conduz seus homens sobre uma plantação de trigo, por exemplo, sacrifica, em nome de uma estratégia momentânea, a alimentação futura dos seus comandados. A indicação desse agravamento não é só exterior, através de letreiros, mas impregna a fala dos personagens, ilustrando a diferença entre tomar conhecimento de um fato e "ter consciência".

Nessa encenação, o componente dramático da exasperação das forças históricas é quase nulo. Nem sequer percebemos que a vigorosa comerciante da primeira cena é, ao final, uma vontade sem objeto, comerciante que não reconhece a ruína material do seu "estabelecimento" e sobrevivente de si mesma. Maria Alice Vergueiro carrega literalmente o espetáculo como, no final, puxa a célebre carroça.

Articula as falas da protagonista com uma noção perfeita de ritmo, distinguindo a ironia da explicação, valorizando as intervenções musicais e cumprindo a função narrativa da personagem com excepcional clareza. Mas, por alguma razão, não incorpora os sinais da passagem do tempo, e o vigor da personagem se conserva no mesmo nível. Só o último apelo às tropas em retirada expressa, na totalidade alquebrada da voz, os elementos contraditórios da perda e da exigência da continuidade. Quanto aos outros intérpretes, a impressão é a de que navegam à deriva. Cada ator constrói o seu personagem em um estilo particular. A composição farsesca é o caminho de José Rubens Chachá, enquanto o grotesco inspira a composição do filho interpretado por Rubens Caribé. Ficam na sombra, quase como pano de fundo, os outros personagens compostos de modo menos enfático.

Brecht escreveu uma peça em que a consciência de seus personagens não se modifica e a representação da impermeabilidade à evidência histórica é uma lição oportuna. Por outro lado, as coisas acontecem, seguem este ou outro rumo dependendo da ação das figuras em cena. Um espetáculo que não se detém na qualidade específica de cada personagem e no significado singular das ações cumpre a exigência da veracidade, mas aplaina a dimensão do possível.

## A CASA ANTIGA

DE EDUARDO RUIZ
DIREÇÃO DE RUY CORTEZ
14 DE JUNHO DE 2002

Em *A casa antiga*, em cartaz só até domingo na Oficina da Palavra – Casa Mário de Andrade, as virtudes e as falhas têm a mesma causa. Eduardo Ruiz se refere a um mundo anacrônico e faz uso, para estruturar sua narrativa, da memória teatral. Na sua peça, seis mulheres vivem apartadas do mundo dos homens, atormentadas pela castidade forçada, subjugadas por uma matriarca dominadora. Uma das filhas é a que não nasceu, fantasmagoria simbólica da esterilidade de todas.

A lembrança das espanholas de García Lorca e das criaturas abortadas de Nelson Rodrigues, todas elas significando uma crise histórica de revolta contra a negação da libido, parece-nos agora um tanto fora de moda. Foram gritos oportunos e consequentes em sociedades fechadas, cuja hipocrisia moral ancorava, a um só tempo, a rigidez dos costumes e a manutenção da propriedade.

Ao retomar esse assunto, sob um ângulo quase idêntico, a peça remete inevitavelmente a essas matrizes. E é preciso convir que a comparação não é favorável.

Há mais maturidade na expressão poética de García Lorca e mais violência cênica nas imagens grotescas de Nelson Rodrigues. E já sabemos que o protesto contra as normas que regem a vida corporal das mulheres não foi em vão, que o rio da História as deixou mais livres para o amor físico e tão subjugadas à cadeia do trabalho quanto os seus companheiros do sexo oposto.

E, no entanto, é por estar à margem do tempo histórico que o espetáculo resulta tão envolvente. Ser antiquado tem o seu encanto. Essas criaturas que sofrem com empenho lamentam-se quase todo o tempo pelas alegrias perdidas, são capazes de entrever, pela negação, os prazeres que lhes foram proibidos. Há no discurso de cada uma o tempo anterior ao do sofrimento, o tempo em que ainda não tinham consciência da privação do amor e da opressão.

Para a matriarca, essa lembrança edênica se expressa pela rememoração do amor físico ardente e inesquecível. Nas filhas, são as memórias da infância, quando havia a integração com a natureza e o solo firme de proteção materna. Para esses mundos interiores remotos e inatingíveis, o texto de Ruiz encontra uma expressão ao mesmo tempo de alta qualidade literária e de tensão dramática.

Há autenticidade nessa expressão da memória afetiva e uma afirmação – ousada para o teatro de hoje – no valor universal e atemporal do lirismo. Pode-se duvidar hoje de uma casa estéril, povoada por solteironas, mas a ideia do impulso vital sempre contrariado, das promessas da infância malogradas na idade adulta, vai se corporificando ao longo do espetáculo como uma atmosfera onde podem ressoar as perdas de todas as infâncias por motivos muito diversos. Tudo o que se refere ao insubstancial, ao tempo anímico e que independe da inspiração em outros modelos dramatúrgicos é bonito e pungente. Os efeitos deliberadamente dramáticos, como as cartas falsas, o romance secreto com final trágico, parecem artifícios emprestados a uma convenção desgastada de soluções narrativas.

No espetáculo dirigido por Ruy Cortez, os recursos passadistas da peça ficam submersos, quase invisíveis. Os impulsos dramáticos mais evidentes das personagens, como o rancor e a autopiedade, são domados, freados por uma contenção rigorosa.

O ritmo do espetáculo é lento, permeado por silêncios e movimentações furtivas. Em vez dos ápices da explosão emocional, o espetáculo privilegia o desgaste lento, a tonalidade emocional da contenção e o pudor. Na perspectiva adotada pela encenação, não é o reprimido que prevalece como ponto de atração do espetáculo, mas a capacidade das personagens de imprimir um toque de beleza e feminilidade a tudo o que fazem, mesmo às tarefas rotineiras da piedade forçada e do trabalho de cultivo das flores.

Lamentamos mais a clausura em que vivem exatamente porque se desprende delas uma beleza silvestre, fenecida, mas não desprovida de poder de sedução. Nas ceias com a mãe, sobretudo, o silêncio e a escuridão têm a força teatral de um mundo sugerido e não pronunciado, de acontecimentos que não podemos ver, mas que pressentimos correr como uma energia subterrânea. Trata-se, enfim, de uma linguagem cênica que extrai parte da sua comunicabilidade da supressão e do ocultamento.

Com essa orientação, o trabalho das seis atrizes, lideradas por Wanda Stefânia no papel da matriarca, extrai o efeito dramático da contenção. São todas muito boas porque trabalham em uma chave homogênea e procuram construir as personagens com detalhes econômicos e precisos.

Salvam-se, por essa sobriedade, dos exageros implícitos no desenlace folhetinesco da peça. É tão bom o desempenho das moças que não se pode deixar de sonhar com um elenco masculino do mesmo quilate.

O mesmo procedimento orienta a bela cenografia de Márcio Medina, que dá à casa onde se abriga o espetáculo um tratamento inspirado nas antigas moradias rurais brasileiras. Nada é óbvio ou literal, e todos os ícones desse modo de vida são estetizados, embelezados por uma visão idealizada do arcaico. Os oratórios não são apenas lugar de penitência e devoção, mas nichos onde se realiza o desejo de beleza (e de poder, no caso da mãe) dessas criaturas que vivem entre a enxada e a cozinha.

Por extensão, a cenografia nos remete à função da religiosidade nas comunidades agrárias. É uma cenografia que faz justiça ao real – lembra o passado histórico da família brasileira – e ao surreal, porque nela as plantas farfalham, os baldes refletem, as portas são pontos de uma fuga possível. Um lugar para poucos, não mais do que quinze espectadores por noite, que merece ser visitado.

## AUTO DA PAIXÃO E DA ALEGRIA

De Luís Alberto de Abreu
Direção de Ednaldo Freire
31 de agosto de 2002

O sonho recorrente dos artistas de teatro é integrar um grupo estável e fazer com que cada espetáculo seja um desdobramento ou um avanço em relação à obra anterior. Não é fácil conseguir condições materiais para essa estabilidade, e a Fraternal Companhia de Arte e Malas-Artes, que começou seu trabalho em 1994, com o apoio de uma empresa, criando espetáculos para um público cativo, já não dispõe desse modesto privilégio. No entanto, prova uma vez mais que, sejam quais forem as condições de produção, a estabilidade se garante quando há densidade no projeto artístico e disciplina na investigação dos meios expressivos. Em oito anos de trabalho, o grupo permaneceu ancorado na ideia de criar um repertório inspirado na tradição da comédia popular brasileira e mobilizou, para a formalização desse projeto, um vasto repertório de temas míticos e históricos, tradições cênicas, plásticas e musicais. Isso não quer dizer que tenha se contentado com o resgate ou com o inventário desse patrimônio cultural. Os espetáculos, com textos escritos por Luís Alberto de Abreu e sempre sob a direção de Ednaldo Freire, combinaram estratos temporais como a farsa romana, o fabulário medieval e o romanceiro popular contemporâneo, extraindo de cada fonte traços estilísticos diferentes e uma constante na representação popular de todas essas épocas; a faina diária pela sobrevivência é o componente heroico das dramatizações. A utopia que move a ardente imaginação cômica das tramas e das personagens dessas encenações é sempre a harmonia entre o espírito livre e o corpo satisfeito.

Ao longo dessas investigações minuciosas, as soluções cênicas variaram entre a sedutora proliferação de formas e cores moldadas sobre as danças dramáticas, as farsas circenses e festividades religiosas ou sobre o imaginário do teatro barroco, com seu gosto pela máscara e pelos anteparos. De qualquer forma, sempre à margem dos recursos ilusionistas da cena italiana. No *Auto da paixão e da alegria*, o texto de Abreu propõe de início uma ascese cênica. Desta vez, há apenas quatro personagens em cena, com uma função preponderantemente narrativa. Cabe-lhes reviver, nos moldes de uma celebração profana, alguns episódios do ministério e do sacrifício de Cristo. Há uma ausência quase completa de cenografia, as personagens são "investiduras" compostas sob o olhar do público por meio de acessórios do figurino, e a transição entre os episódios tem um encadeamento aleatório, nem sempre obediente ao esquema evolutivo dos evangelhos. Como os autos da paixão, que permanecem até hoje no repertório dramático ibérico associado à liturgia, o auto criado pela Companhia de Arte e Malas-Artes reproduz a escassez de recursos materiais e a abundância imaginativa com que os leigos, desde o século XIII da era cristã, reformularam os textos canônicos, aproximando-os da sua experiência cotidiana.

Essa é, aliás, a tese graciosamente embutida no texto de Luís Alberto de Abreu, de modo tão sutil que só ao fim percebemos ter aprendido alguma coisa. Cristo permanece presença viva entre os homens, em primeiro lugar porque os evangelhos traduzem fielmente a integridade da sua semelhança conosco. Na seleção dos episódios extraídos dos escritos testemunhais, como, por exemplo, as bodas de Canaã ou a expulsão dos vendilhões do templo, torna-se clara a intenção de revelar o que "um dia aproximou Deus do sabor da experiência humana". Na alegria da festa e na ira justa, manifestaram-se brevemente os traços das emoções humanas ligados à figura divina, e isso, diga-se de passagem, é tolerado pelo rigor canônico. Por outro lado, a escritura sagrada se aviva porque sugere e permite uma constante atualização. A imaginação dos fiéis não cessa. Prolonga as histórias, intercala, acrescenta detalhes, imagina milagres sob medida para novos desejos e necessidades e garante, enfim, que a presença divina permeie o presente e seja mais do que rememoração. As personagens dos narradores podem, portanto, enveredar por digressões no tempo e no espaço, acrescentar detalhes convincentes e impregnar de realismo o relato transcendente da salvação do homem. Entre as fábulas de diversos estratos, uma delas jura e garante que há testemunha da peregrinação de Cristo pelo sertão nordestino. Entre a história sagrada e a mítica são difusos os contornos, e é perfeitamente possível mesclar aos episódios bíblicos a fábula do homem que vendeu a alma ao diabo a troco de uma boa refeição. Enfim, onde se fizer necessária a esperança da redenção terrena ou eterna, a narrativa se revigora, se adapta, se enriquece com o sal do contingente. Serão mais celebrados entre os pobres os milagres do alimento repartido e do corpo saudável, mas o que este auto propõe é que a fabulação é, por si só, um modo de manter viva a mensagem das sagradas escrituras. O sopro do imaginário profano, irreverente só no modo de expressão, respeita a ética cristã mesmo quando não alcança o seu sentido místico.

A experiência do grupo com diferentes estilos interpretativos, uma vez que ao longo destes anos investigou o repertório cômico do teatro ocidental, frutifica neste espetáculo, que exige dos intérpretes ritmo e sensibilidade para mesclar rapidamente o poético, o caricato e a tonalidade serena e explicativa dos trechos situativos. Aiman Hammoud, Edgar Campos, Mirtes Nogueira e Luti Angelelli formam uma trupe de comediantes extraordinários, tão seguros na expressão do delicado cancioneiro (austero, disciplinado e homenageando respeitosamente o metro do auto quinhentista) quanto ágeis e espirituosos nos trechos farsescos. São composições na mesma medida intelectuais e sensoriais, alterando a tonalidade para as diferentes personagens e narrativas. Talvez em função do despojamento visual do espetáculo, que conta com um elenco reduzido, e da intenção narrativa acentuada, as atuações do grupo tornaram-se mais detalhadas e próximas da elocução confidencial. Não há dúvida de que todos sabem que estão lidando com um texto de primeira grandeza, que exige tanto a representação convincente da "fome de carne, de lasanha, de compotas" quanto da "fome infinita da palavra e do espírito".

## A BESTA NA LUA

De Richard Kalinoski
Direção de Maria Thaís
13 de setembro de 2002

Há certas coisas que o teatro contemporâneo deixou de fazer porque, em parte, se rendeu à supremacia da concorrência. Deixou de lado, por exemplo, a ambição de iludir reproduzindo a aparência sensível da vida cotidiana. Abandonou os enredos organizados sobre o esquema de causas e consequências, que caminhavam disciplinadamente em direção ao desenlace apaziguador. Tornou-se, tanto por vocação quanto por necessidade, o lugar da ambiguidade e da experiência radical. Conservou as mãos e perdeu alguns anéis que, de vez em quando, um dramaturgo norte-americano recupera do oceano da cultura de massas. *A besta na Lua*, peça de Richard Kalinoski, é uma peça obediente ao realismo psicológico e à tradição da narrativa aristotélica, recursos hoje mais frequentes no cinema comercial do que na literatura dramática.

A história é ordenada à moda antiga: tem começo, meio e fim e parece-nos, se não verdadeira, provável. Fortalece o nosso otimismo vacilante (o otimismo da cultura norte-americana é sempre mais robusto) porque fecha feridas sem esconder as cicatrizes. E oferece, ainda, a satisfação perversa de podermos imaginar que, com esses elementos, o cinema teria feito um mingau sentimentaloide, ensopado de lágrimas e atrocidades explícitas para, ao final, sepultar essas proezas sob uma solução cosmética. Na química da arte, ao que parece, o que importa é a medida.

A virtude maior da peça de Kalinoski está no rigor com que se atém à caracterização psicológica, contornando com delicadeza a evidência patética dos acontecimentos históricos que moldaram a vida de seus personagens. Seu tema é a cura, e os incidentes dramáticos devem convergir para esse alvo, respeitando os meandros da vida inconsciente, o tempo lento da cicatrização emocional, o modo gradual como algumas pessoas concebem estratégias para superar traumas.

Tal como na tragédia, as coisas terríveis aconteceram fora de cena, e os personagens centrais são sobreviventes do massacre do povo armênio pelos turcos durante a Primeira Grande Guerra. Sem querer nos advertir uma vez mais sobre os horrores da "limpeza étnica", a peça contempla o modo como duas criaturas feridas pelo genocídio se adaptam para usufruir a vida, único dom que as famílias exterminadas no país de origem puderam legar. Tanto o homem quanto a mulher estão vivos porque alguém se sacrificou por eles. Cada um deles, no entanto, tem uma perspectiva diferente sobre a melhor forma de reconstruir a vida. Dessas duas perspectivas opostas surge o conflito que move a narrativa. Outro trunfo dramático eficaz resulta também da obediência à convenção realista. Pobres e ignorantes, vivendo em uma comunidade interiorana, o casal de armênios não tem repertório cultural para recorrer a meios terapêuticos sofisticados. Marido e mulher precisam resolver com os instrumentos da intuição, da vontade e do afeto os complexos nós simbólicos com que revestiram a experiência do desenraizamento. A intromissão de um narrador supre as informações circunstanciais, mas não quebra a veracidade desse diálogo entre duas pessoas incapazes de manejar com destreza a linguagem verbal.

Dirigido por Maria Thaís, o espetáculo tem, em quase todos os momentos, a virtude da simplicidade. Chegar à simplicidade no teatro é uma batalha árdua, que exige do encenador desprendimento para renunciar à exaltação emocional, à sedução dos efeitos visuais, à ocupação engenhosa do espaço da cena e aos mil e um enfeites sedutores. Nesse espetáculo estão em primeiro plano os personagens e a evolução da narrativa. Partindo dessa perspectiva, a direção se ocupa em delimitar e manter sob controle o tempo e o ritmo de cada cena, em definir com sutileza a evolução gradual dos personagens, para que se tornem perceptíveis as alterações qualitativas dos sentimentos. São pequenos movimentos, tonalidades de voz, detalhes de postura que vão, aos poucos, construindo o movimento interior, o que acontece sob os fatos e sob a consciência dos protagonistas.

Sendo uma construção que tem um ponto de fuga, a peça realista exige um acordo estilístico entre os intérpretes, e qualquer divergência compromete a credibilidade da narrativa. O trabalho homogêneo de um elenco muito bom, que sabe o que está fazendo, é atento ao contracenar e sugere, em vez de tornar evidentes, os contornos exteriores das ações e dos personagens, faz de *A besta na Lua* uma experiência incomum na vida dos espectadores de hoje. Exatamente porque não procuram nos seduzir, porque parecem inteiramente absorvidos na narrativa e nos personagens, os intérpretes diluem a separação entre o palco e a plateia. Como tantas outras criaturas que só vemos de relance, as personagens parecem estar vivendo em surdina, trocando confidências e fazendo imaginar que nenhuma experiência humana é ordinária, que tudo o que se entrevê tem importância. Pode-se admirar, depois do espetáculo, a excepcional mescla de graça infantil e maturidade de Beatriz Sayad, uma jovem atriz em que não se nota sequer um traço de artifício. Mas são subprodutos da memória, porque o que realmente nos arrasta para o centro da narrativa é o desempenho do conjunto.

## VARIAÇÕES ENIGMÁTICAS

De Eric-Emmanuel Schmitt
Direção de José Possi Neto
8 de outubro de 2002

Paulo Autran é agora Abel Zorko, um célebre escritor que escolheu viver em olímpica solidão perto do polo Norte, em um lugar onde até a natureza permanece imutável. No espetáculo que fez anteriormente, representou um velho senhor enclausurado em um apartamento e em suas convicções. Em ambas as peças a situação dramática força o casmurro protagonista a admitir em seu círculo afetivo a presença vital e perturbadora de um estranho.
*Variações enigmáticas*, peça de Eric-Emmanuel Schmitt, dificilmente poderia ser considerada um desafio estilístico para esse intérprete excepcional que já percorreu, com notória competência, o compêndio de obras fundamentais e escolas estéticas da dramaturgia ocidental. A peça que escolheu agora é uma espécie de remanso que lhe permite estar em cena, comunicar-se com o fidelíssimo público. Não surpreende, não exige muito das nossas emoções ou da nossa inteligência, não nos convida a levantar o véu de alguma coisa maior que talvez se esconda sob o que o palco apresenta.
A bem da verdade, a simplicidade, a ausência de mistério e de pretensão de conduzir a um voo mais alto são as modestas virtudes desta narrativa. Tudo o que o autor pretende é circunscrever com precisão o momento em que, através do embate dramático, um ser humano perde um pouco da sua arrogância para ganhar, em contrapartida, um pouco de compaixão e companheirismo. Esses embates sentimentais, travados nas diminutas arenas da personalidade, não se transferem, não convidam a analogias e não podem constituir-se em lição. Por isso mesmo, são terrenos explorados metodicamente pelo teatro e pelo cinema. Têm o atrativo da proximidade, imitam a vida emocional e as transformações em uma escala suportável. Não prometem muito, mas cumprem o que prometem.
Assim, desde o início do diálogo entre o escritor e o visitante Eric Larsen, que se apresenta como jornalista, percebemos que o intruso está dramaticamente destinado a converter o seu anfitrião ao credo do sentimentalismo. Trata-se de uma conspiração para quebrar a couraça de um casmurro e levá-lo ao bom porto da comunhão com outros seres humanos. Os detalhes da trama, que espectadores habituais do teatro conseguem adivinhar, não precisariam ser muito engenhosos. Fazendo-se as mudanças devidas, essas histórias se parecem muito entre si.

De qualquer modo, o centro da atração desse tipo de peça não é a trama, mas o que oferece como suporte para o trabalho dos intérpretes. E os traços que caracterizam Abel Zorko são os mesmos que a comédia dos anos 1940 oferecia como base para a evolução do protagonista: uma personagem ácida, espirituosa, capaz de aliar ao sarcasmo indícios de uma inteligência sempre pronta para notar paradoxos, farejar o ridículo. É preciso levar ao riso pela inteligência, sem apelar para a comicidade farsesca. São recursos que Schmitt maneja com habilidade e os atores administram com proveito.

Acostumado a brilhar nos papéis de homem autoritário, que se mantém na liderança da ação dramática até que um incidente o obrigue a perder o controle, Paulo Autran reafirma neste espetáculo a firmeza corporal, o modo claro de compor as variações sentimentais e a calculada tonalidade com que ressalta o humor na articulação das frases. Enfim, habilidade, competência e um empenho econômico ao construir uma personagem que não pede mais do que isso.

Cecil Thiré é um bom interlocutor para Abel Zorko e, no que diz respeito ao modo de composição, um intérprete com as mesmas características de Paulo Autran. Tem a noção exata do teor da inflexão, sabe valorizar o aspecto informativo das frases e capricha nos detalhes que são o tempero da verossimilhança. Talvez por ter aptidões semelhantes às do seu companheiro de cena – é um ator que se sai muito bem em papéis que exigem força, brilho intelectual e mordacidade –, atenua em demasia o componente astuto da sua personagem. O marido complacente e o homem solidário por natureza se destacam como traços enfáticos de uma personalidade potencialmente mais complexa. Falta realçar o cálculo, a sensualidade expressa pelas cartas embaraçosas e uma vocação para a artimanha que beira o farsesco. O velhíssimo triângulo amoroso que subjaz na narrativa permite um marido um pouco menos adocicado.

*Variações enigmáticas* tem esses bons intérpretes fazendo personagens esquecíveis, em um enredo que não peca pela originalidade. Poderia perfeitamente, tendo em vista esses objetivos, contentar-se com uma cenografia que desse relevo ao que realmente importa: os atores. Jean-Pierre Tortil, no entanto, faz-se notar através de uma cenografia de elementos tão díspares que temos a impressão de estar diante de um catálogo de materiais. Na perspectiva desse cenógrafo, a rusticidade de uma residência isolada só encontra expressão em toras gigantescas, que atrapalham a visibilidade e o desenho intimista das cenas. Esses pesados elementos têm ao fundo um telão onde se projeta um crepúsculo boreal de gosto duvidoso. No único canto onde sobraria algum espaço, há uma anêmica estante de livros, que só serviria a quem não lê, e uma cortina de veludo vermelho cujas dimensões escandalosas paralisam qualquer operação simbólica. Uma imensa cortina de veludo vermelho é uma cortina de veludo vermelho.

## CÃOCOISA E A COISA HOMEM

De Aderbal Freire-Filho
Direção de Aderbal Freire-Filho
5 de novembro de 2002

A uma certa altura do espetáculo *Cãocoisa e a coisa homem*, presumindo a perplexidade do público, o ator Luís Melo faz uma brincadeira metateatral: de que trata afinal essa narrativa sem pé nem cabeça? Estão bem caracterizados no palco as patas e os rabos de cães imaginários atados aos seus companheiros humanos. Mas o que fazem exatamente e, sobretudo, para onde impulsionam um ao outro? O comentário de Melo é uma brincadeira, mas também provocação dirigida ao hábito de acomodar a experiência da arte a um modelo lógico de interpretação. De fato, só começamos a usufruir a criação do grupo curitibano quando deixamos de lado a pretensão de desvendar o simbolismo das cenas. Transtornar a percepção, desenraizar as experiências da segurança e apresentá-las de um modo que se tornem estranhas faz parte da atribuição da arte. E o Ateliê de Criação Teatral, um novo e promissor núcleo de arte com sede em Curitiba, parece ter elegido esse corolário para amparar o seu primeiro trabalho. Elaborado em um processo de criação coletiva, o espetáculo que o grupo traz agora a São Paulo serve para ilustrar a proposta artística do conjunto. O que serve como ponto de partida para a criação é o corriqueiro, um acontecimento que se desenha na paisagem de todas as épocas e lugares: um ser humano e seu companheiro animal. Qualquer outra coisa poderia servir de gatilho à invenção do teatro, sugere esse espetáculo. A transformação que, por meio da arte, se opera na relação entre os objetos e os seres humanos não tem limites, e pode-se operar com a mesma radicalidade sobre o fato comum e o acontecimento excepcional. Isso posto, podemos nos considerar preparados para as vertiginosas mutações do espetáculo. A sintaxe é a da transformação incessante de uma coisa em outra, do objeto em animal, do intérprete em personagens variadas, do espaço em lugar concreto ou subjetivo. Um objeto emblemático que serve de lastro a uma personagem pode, a uma certa altura, reassumir a função utilitária original. Há uma jaula que, ao sabor da situação dramática, protege ou constrange. Sem subordinações nítidas, o espetáculo abre uma perspectiva privilegiada sobre a mutação. Estão todos, seres e coisas, em movimento, em direção a alguma coisa que não sabemos bem o que é.

Ao longo do percurso, a rede do processo criativo apanhou, e exibe como lampejo, experiências pessoais e aprendizados grupais. O imaginário da cultura paranaense se insinua pela poesia de Paulo Leminski e por breves referências à sombra tutelar de Dalton Trevisan. Para o mito da busca utópica, nada mais justo do que rememorar o ideário anarquista da Colônia Cecília. É a matéria histórica próxima, acessível e familiar aos moradores da cidade. E há também, extraídos do patrimônio literário universal, a inserção de poemas entrelaçados a esse impulso básico de transubstanciação que anima o espetáculo. São enxertos literários que parecem perfeitamente integrados ao universo dos criadores do espetáculo. Não soam como citações ou legendas explicativas. É assim que entra em cena, por exemplo, a inesquecível cachorra Baleia.

Responsável a um só tempo pela dramaturgia e pela direção do espetáculo, Aderbal Freire-Filho organiza, brilhantemente, o carnaval das metamorfoses. Os movimentos grupais têm ao mesmo tempo efeito dramático e a qualidade rarefeita da estilização coreográfica. São muito bonitos como desenho, sem que pareçam efeitos plásticos ou ornamentais. Uma orientação semelhante se aplica à interpretação dos atores. Há caracterizações feitas com pequenos traços, quase abstratas, mas que ainda assim não se resumem aos traços exteriores. Alguma coisa na voz e no rosto dos intérpretes indica que são os autores das imagens, que há sinceridade, e não apenas artifício, na ficção que apresentam. É uma direção que consegue descobrir e revelar o tom da verdade emocional em um trabalho construído sobre a rápida mutação dos personagens e situações.

Luís Melo, idealizador do centro de pesquisa teatral que concebeu e produziu o espetáculo, desempenha a função de condutor do jogo. Continua sendo uma presença cênica de estatura excepcional, com indubitável vocação para o protagonismo, que exercitou durante anos no Centro de Pesquisa Teatral do Sesc. No entanto há, no modo como lidera a cena, uma suavidade paternal. Seus movimentos são de acolhida ao grupo de intérpretes e há marcações em que se limita a observar, com o prazer da surpresa, as revelações proporcionadas pelas cenas. Talvez por se ter formado em um centro de investigação da arte cênica, talvez pelo feitio da personalidade, é um ator que se impõe mais pelo magnetismo do que pela autoridade.

Tem uma beleza sóbria o figurino de Fernando Marés, uma espécie de base em tonalidades neutras que permite transformações rápidas com o auxílio de acessórios. Há, no entanto, alguma coisa estranha na sua concepção de roupas sem marcas de época e lugar definidos. Os sobretudos, os cachecóis, os chapéus são, pelo menos para nós, paulistas, associados à paisagem europeia.

Visualmente, as roupas funcionam bem, mas, em um compartimento mental recôndito, ambientamos as cenas em uma cidadezinha qualquer da Europa central. Ou, quem sabe, faz mesmo muito frio em Curitiba, e evocamos o além-mar porque o que está lá é, para nós, mais familiar do que o que está ao sul desta cidade. Pelo menos ficamos sabendo que, ao sul, pulsa uma estrela nova no firmamento teatral.

## SACRA FOLIA

De Luís Alberto de Abreu
Direção de Ednaldo Freire
13 de novembro de 2002

Ao celebrar o tempo litúrgico do Advento, a Fraternal Companhia de Arte e Malas-Artes desembrulha o seu presépio teatral no Teatro Paulo Eiró. A peça *Sacra folia*, apresentada pela primeira vez em 1996, retorna ao palco em uma condensação feita pelo autor. Adaptando-a para um elenco de cinco intérpretes, metade das figuras mobilizadas na encenação do texto original, Luís Alberto de Abreu compensou a perda de personagens com uma hierarquização racional das funções narrativas e representativas. Dos cinco narradores, três representam as testemunhas históricas da vida terrena do Messias: alegam ser descendentes de judeus, árabes e romanos. Cabe aos dois outros simbolizar a vigência contemporânea e universal da presença cristã: são os capiaus Tião Cirilo, um mineirinho, e o paraibano Wellington Severiano. A estes compete somar à história sagrada o cabedal do romanceiro popular. São as versões abrasileiradas dos pastores que o Evangelho incorporou à cena do Natal como sinal de redenção dos humildes da Terra. Esses narradores, dotados de identidade alegórica, se encarregam de assumir os outros personagens da narrativa: a mulher de Herodes, os soldados romanos, José, Maria e os dois "guias" disputando os clientes estrangeiros recém-chegados ao sertão.

Não é a plácida cena do nascimento de Jesus, contudo, que fornece a matéria para essa reescritura moldada sobre o mistério medieval. Abreu escolheu os episódios da Matança dos Inocentes e da Fuga para o Egito. O primeiro desses episódios, contido no prólogo, tem a função de portal para a travessia do tempo histórico. Vivemos ainda no tempo em que se massacram crianças, e a peça nos devolve à memória as execuções sumárias no portal da igreja da Candelária. Tal como as outras figuras da história sagrada, Herodes tem muitas faces. Isso relembrado, as atribulações da fuga dos santos personagens se desdobram em peripécias do sertão nordestino à fronteira do Paraguai.

As artimanhas da farsa picaresca, o linguajar bruto dos vilões e o tom a um só tempo singelo e sublime das cantigas de louvação mesclam-se nos episódios de perseguição, sequestro e resgate do Menino. O sentido da "folia", ou seja, da festa popular derivada das representações de assuntos sacros, impregna a forma ágil da narrativa, cheia de peripécias, e o tom familiar com que todos tratam o tema sublime. O mesmo tratamento, enfim, a que os folguedos e o romanceiro popular submeteram os temas extraídos do Antigo e do Novo Testamento. Com inteira liberdade poética, intrometem-se na narrativa anacronismos, estilos híbridos (o Anjo Gabriel percorre uma gama expressiva que vai do poético ao palavrão), a tradição metateatral (um dos personagens recorre a uma adaptação de um prólogo shakespeariano) e a solene reivindicação, feita pelo nordestino Teité, do cumprimento da promessa da justiça cristã. É, aliás, a mesma ânsia de redenção terrena, de alimento abundante e paz corporal que se manifesta nas falas dos pastores dos primeiros autos natalinos. Também eles deram voz, pela primeira vez na história do teatro ocidental, aos que viviam sob o jugo da corveia.

Sob a direção de Ednaldo Freire, o elenco da Fraternal Companhia destrincha com a maior clareza as sucessivas camadas de personagens. Um jogo que precisa de habilidade e traços concisos para ser compreensível é feito mais de interpretação do que de acessórios de figurinos. Em uma peça em que cada ator faz várias personagens, em que há cenas interrompidas para que se intercalem narrativas paralelas sugerindo "personalidades" para os narradores que conflitam com características das figuras bíblicas, há oportunidade para o exercício de vozes e atitudes corporais diferentes. Sem exagerar no tom cômico, com uma leveza ao que parece inspirada na celebração natalina, o travestimento se organiza de modo sereno, endereçando-se ao público em uma tonalidade de congraçamento.

Singelos, os elementos cenográficos se referem aos materiais e formalizações da iconografia católica, com panos de cores primárias e acessórios que, por terem se fixado de forma emblemática nas representações populares, não devem impressionar pela novidade. Há o manto azul de Maria recobrindo o burrico moldado sobre a forma de "bumba", os uniformes dos soldados romanos tal como se apresentam até hoje nos circos e nos ciclos de festejos onde se dramatizam episódios da história sagrada e um fundo cenográfico recortado sobre um pano azul como o dos inumeráveis presépios que, nas casas brasileiras e nas igrejas, se erigem por ocasião do Natal. A familiaridade dessas imagens, sua ligação com o recorrente e com o improvisado estão em cena para evocar a permanência de uma forma ritual de teatro. As crianças que, da plateia, torcem pelo resgate do Menino, zombam da vilã e vibram com as narrativas e artimanhas dos pícaros estão se iniciando na esperança de redenção, que é o fim último de todos os autos da Natividade.

## OS SERTÕES

De Euclides da Cunha
Direção de José Celso Martinez Corrêa
20 de novembro de 2002

O Teatro Oficina faz coincidir a "encenação teatral" da primeira parte de Os sertões com a comemoração do centenário da publicação da obra. Em vez de sobrepor palavras sobre palavras, a encenação torna presente – e é marca do Oficina enfatizar o caráter de presentificação do teatro – as palavras de Euclides da Cunha. Leitores que "atravessam correndo ou desistem no caminho da leitura do livro" terão a oportunidade de ouvir e sentir a potência escultórica da escrita dessa primeira parte da obra. São trechos do livro, às vezes em uníssono, musicados ou assumidos por personagens singulares que amparam solidamente as camadas geológicas de significado histórico, sociológico e estético que a interpretação dos criadores do espetáculo erigiu sobre esse alicerce monumental. As atualizações e adaptações a que o grupo habitualmente submete os textos clássicos com o intuito de evidenciar possibilidades analógicas cederam lugar, desta vez, ao resgate oral de uma escritura por natureza tão íntegra que talvez não suportasse a exploração de hiatos entre significante e significado. É uma decisão sábia, porque quem não conhece o livro sairá do espetáculo seduzido pela força e pela beleza do texto.
Além disso, um extraordinário esforço de transliteração dramatiza a morfologia do território abarcado pela obra, desde a forma capilar dos veios aquáticos até o relevo, a vegetação e as variações climáticas. Uma das operações fundamentais do texto, que é a de nos fazer ver, prender o leitor por meio do estímulo sensorial, é reassumida pelo espetáculo, que encontra signos teatrais concisos, impactantes e sedutores em cada etapa do percurso.
Quem quiser se aproximar desse espetáculo pela vereda marginal e serena da fruição passiva terá com que se ocupar por um breve tempo. Nos seus mais de quarenta anos de trabalho, esse grupo liderado por José Celso Martinez Corrêa aprendeu a dominar como nenhum outro a plasticidade do espaço teatral exterior à caixa italiana, a organizar e tornar dramáticos os materiais mais simples e a tirar partido do valor alegórico da figura humana. Tudo é bonito

nessa encenação, com aquela qualidade peculiar e pungente do efeito estético arrancado, pela força da imaginação, às substâncias elementares como a água, o fogo, o espaço aéreo e a própria paisagem urbana que divisamos através das aberturas do edifício para a cidade. Nada se perde; nem o sol poente nem o céu nublado do Bixiga. O entorno faz parte de uma rigorosa logística espetacular que associa o texto centenário ao meio ambiente desse tempo e desse lugar. A ordem de grandeza que Euclides conferiu ao sertão por meio da escrita é ressignificada pela grandeza do nicho onde se encrava, fisicamente comprimido, o Teatro Oficina, mas de onde se pode entrever a vastidão da cidade. Dura pouco a placidez contemplativa. Uma vez estruturada essa representação da morfologia da cena, propondo uma relação permanente entre dentro e fora, entre o passado e o presente, a dramaturgia criada pelo diretor se liga, também com impecável lógica, ao procedimento construtivo adotado pelo autor de Os sertões. É no prólogo de "O homem" e "A luta" – tendo antes nos advertido de que se trata da denúncia de um crime – que Euclides da Cunha pega pela mão seu leitor e o instrui e seduz para enfrentar a dimensão terrível do episódio que vai reconstruir. Do mesmo modo, os intérpretes envolvem o público, amaciam o contato por meio de um convite ao relaxamento e vão exibindo um pouco dos seus instrumentos de criação. São o vocabulário e a sintaxe do teatro que se tornam instrumentos familiares por meio desse introito: a preparação corporal, as vocalizações humanas que se tornam aos poucos simbólicas, passando a indicar os ruídos dos animais, da vegetação, da água, do dinamismo dos elementos que atuam sobre o clima. A convivência pacífica, tornada afetuosa pela presença de crianças no elenco, funciona, por assim dizer, como glossário do léxico teatral e convite para prosseguir em direção ao território inóspito do sertão e ao morticínio de Canudos. Figura sobre figura, a recepção que o espetáculo dá ao público também se ampara no significado do texto original: "Acredita-se que a região incipiente ainda está preparando-se para a vida: o líquen ainda ataca a pedra, fecundando a terra". Sobre essa suspensão de juízo contida no "acredita-se", a encenação vai sobrepondo imagens da aridez e da esterilidade violada alternadamente pela ação modulatória dos fatores externos como a chuva e o vento, pela estratégia das raízes, pelo modo como o sertanejo resiste e aprende a reconhecer e a aproveitar o que há de propício à sobrevivência. Os cantos e os momentos de confraternização do elenco com o público celebram essas vitórias esporádicas da vida sobre a morte. Depois de um desses momentos, circula entre o espaço cênico e a plateia uma cuia de chá de jurema, trânsito simbólico do projeto de imersão ritual que o Oficina retoma em todos os seus espetáculos.

A violação da terra pela economia extrativista, e a correspondente dos espaços de germinação cultural pelos macroempresários da comunicação são exemplos dos sentidos entrelaçados, anulando a sequência cronológica e tornando presentes a denúncia desses métodos de desertificação e o apelo feito por Euclides da Cunha à consciência dos cientistas e governantes. Falando do aqui e do agora, o Oficina apela à consciência de cada um de nós. A ideia de pólis que se desenha ao final desse espetáculo parece não ter centro. Estamos, assim, preparados para o protagonismo coletivo de "O homem".

# Críticas 2003

## EXECUTIVOS

De Daniel Basse
Direção de Eduardo Tolentino de Araújo
21 de fevereiro de 2003

Em parte, o prestígio do Tapa no panorama do teatro brasileiro deve-se à alta definição do projeto artístico do grupo. Trabalhando sobre textos dramáticos de qualidade excepcional e explorando as conexões entre estilos consagrados e formalizações contemporâneas, o repertório do grupo, visto em perspectiva, converge para um núcleo ideológico em que o tema central é a responsabilidade do indivíduo na ordenação social. No tratamento cênico dado à literatura dramática do passado, o grupo tem procurado evidenciar não só a beleza das obras que permanecem como um patrimônio venerável, mas também o modo como registram condições de vida que não conseguimos superar, ainda que os autores do passado as tivessem considerado, no tempo da escritura, estados contingentes da sociedade e da história.

Com a encenação de *Executivos*, peça de um autor francês contemporâneo, a perspectiva histórica cede lugar à radiografia do presente e é, nesse sentido, uma novidade no projeto artístico do grupo. Não há no texto de Daniel Basse nenhuma possibilidade analógica. De um modo cru, seco, sem dar margem à reflexão, está em cena o comportamento cotidiano dos funcionários de uma grande corporação de artefatos bélicos. Nenhuma inquietação moral abala as personagens no que diz respeito ao produto que fabricam e estão tentando vender. Todos são, na acepção original da palavra, executivos, ou seja, homens e mulheres que agem sem questionar ordens, sem investigar princípios e com absoluto desdém pelas finalidades. São os verdadeiros soldados na batalha do capital pela conquista do lucro. Há um macroterritório dramático, que é o de uma concorrência internacional a ser vencida e, como um reflexo, a luta interna na corporação pela ascensão na carreira. A concorrência e a disputa por cargos se desenvolvem no mesmo ritmo, como duas esferas girando a partir de um único eixo. No âmbito menor, das relações de trabalho, comete-se o crime de extermínio que o comércio de armamentos promete em escala maior para um futuro próximo.

Talvez se deva à tradição cartesiana da cultura francesa a explícita declaração de motivos da situação e das personagens. Em vez de lidar com subjetividades em conflito ou com insinuações de uma ética que rodeia e transcende o universo representado, a tática do autor é fazer coincidir pensamento e ação. O homem derrotado pelas maquinações de um executivo que aspira a seu cargo, por exemplo, não pode conceber a existência fora do mundo do trabalho. Embora o texto conceda a essa figura um resquício de vida pessoal e a esperança de uma gratificação efetiva (a chegada de uma filhinha), atribui-lhe, mais do que a qualquer outra personagem, a função de peça frágil na engrenagem da sobrevivência na selva empresarial. Todos são o que fazem.

Essa restrição do campo dramático, uma vez que não há possibilidade de existir sem agir e estão ausentes as hipóteses de outros universos éticos, sugere uma transposição cênica calcada sobre a agilidade, a clareza dos objetivos de cada cena e a ausência quase ostensiva de sentimentalismo na visualidade e no tom das interpretações. Eduardo Tolentino de Araújo dirige o espetáculo tendo em vista a estratégia do texto. Quase todos os embates são frontais e em cada diálogo o jogo de conquistar posições e ampliar ou garantir o poder adquirido deixam marcas visíveis nos vencedores e nos vencidos. O que se vê em primeiro plano não é, entretanto, o processo de vitimização, mas uma energia crescente que se repõe mesmo com a derrota de alguns combatentes. Os que manipulam com maior competência as regras do jogo absorvem a força dos derrotados de tal forma que a tensão, o ritmo de engrenagem veloz e, de um modo geral, o funcionamento da máquina da corporação permanecem estabilizados.

É a encenação que, com determinação superior à proposta do autor, não permite que nos apiedemos das vítimas. Diante de cada golpe, a atenção é imediatamente atraída pelos sintomas de reforço sutil na posição do atacante. São personagens que vigiam a si mesmas enquanto vigiam os outros; e mesmo os instantes de descontrole emocional dos que se sentem ameaçados são contidos no espetáculo, tendo em vista que a exposição da fraqueza aumenta a vulnerabilidade. Ficamos, assim, preparados para o impacto – este sim verdadeiramente melodramático, grotesco e espetacular – da cena final. A ironia eficaz do procedimento alegórico atinge a proporção desejada, de exagero e ênfase, exatamente porque o espetáculo observa uma austera economia de efeitos.

*Executivos* reúne um elenco de extraordinária competência, o que, em se tratando de uma encenação do Tapa, é a regra. Estão em cena Cacá Amaral, Chris Couto, Hélio Cícero, Norival Rizzo, Riba Carlovich e Zécarlos Machado como diretores da empresa e, em um papel menor desempenhado com competência, Waleska Pontes (Igor Zuvela tem a exata dose de afetação que o papel sugere). Mas o que é mais importante, e também habitual nas encenações do grupo, é que desse grupo de excelentes intérpretes ninguém merece ser destacado. Atores experientes, que trabalham há muito tempo nesse conjunto estável, e intérpretes com origem e formação diferentes se harmonizam para contracenar em equivalência, todos com composições impressionantes, mas impecável obediência ao realismo crítico que a encenação propõe. Tornam evidente o caráter típico das personagens sem apelar para os recursos fáceis da caricatura. São também verdadeiros na expressão da crueldade e do terror dessa interminável batalha por mais poder e mais dinheiro.

## PRÊT-À-PORTER 5

Vários autores
Direção de Antunes Filho
7 de março de 2003

Na quinta rodada de apresentações públicas dos exercícios para atores do Centro de Pesquisa Teatral (CPT) do Sesc, a postura pedagógica do núcleo se reafirma nos mesmos termos. Para poder interpretar é preciso que o ator domine o mecanismo de construção da obra dramática com os seus problemas de estrutura, de organização verbal, de disposição temporal e espacial. Ao mesmo tempo que se instrumentalizam para integrar elencos de grandes espetáculos, os atores exercitam internamente o mecanismo de construção de peças. A dramaturgia criada pelos intérpretes é assim um primeiro passo para o resgate do lugar central que o ator, de acordo com a filosofia do diretor Antunes Filho, deve desempenhar na construção do espetáculo. O ator virtuose, aquele que expressa com habilidade o desígnio alheio, seja o do diretor ou o do dramaturgo, não poderia corresponder às exigências maiores de uma obra de arte coletiva. Com esse objetivo em vista, os exercícios apresentados são resultado do trabalho dos intérpretes para forjar personagens e travar o primeiro embate que, em uma perspectiva clássica, dá origem à criação dramatúrgica.

Tal como nas versões anteriores, o atrativo peculiar dessa comunicação pública de um método de aprendizagem é a ascese da encenação que dispensa os recursos cenográficos, a iluminação matizada e os diversionismos que permitem a fuga para outros tempos e espaços imaginários. As três histórias são só isto: narrativas concentradas em um presente cênico, circunscritas pelo embate entre duas personagens à procura de um contato eficaz. Três peças curtas, apresentadas em sequência, se referem a uma única situação em que uma das figuras em cena procura eludir a solidão através de uma tentativa dialógica. O que interessa mais nessas cenas não é, portanto, o núcleo temático, que se repropõe de um modo semelhante nas diferentes histórias, mas a densidade dos confrontos e a pureza cênica com que se apresentam. Uma vez mais os frequentadores da série de exercícios apresentada pelo centro de pesquisas silenciam sob o magnetismo da representação densa, feita em vozes que não se exaltam, restritas a um espaço diminuto e, ainda assim, capazes de criar no seu entorno uma concentrada expectativa.

É uma expectativa que não se apazigua no tempo da representação. Toda a tensão projetada nas narrativas se encaminha para uma faísca de interação, um breve momento em que se rompe o abismo da solidão, sem que se possa saber das consequências desse contato momentâneo. O esforço repetido, o malogro do diálogo, as fugas intermediárias para o território defendido dos hábitos constituem a maior parte da matéria dramática e funcionam como elementos de propulsão das cenas. Em grande parte, o inatingível, aquilo que não se consegue apesar da vontade e da ação, constitui a ferramenta expressiva que substitui a peripécia da organização clássica do drama. Nas três narrativas há um ritmo polarizado: alguém que fala muito enquanto outra figura, no seu resistente mutismo, parece obstruir ou neutralizar o fluxo do entendimento.

Como todos os artistas que refletem sobre a sua vocação e o seu ofício, os intérpretes do CPT exprimem, pela constância com que se referem ao assunto, a preocupação com a eficácia dos recursos do teatro para romper a incomunicabilidade e chegar ao outro. E o público é, no sentido figurado, a alteridade radical. Há, assim, um componente metafórico que se desprende do conjunto de cenas representadas desde o primeiro *Prêt-à-porter* até este, 5. Não basta ao intérprete equipar-se tecnicamente, mas é preciso deslindar internamente, no âmbito da personalidade, o nó da essência dialógica. Em resumo, na formação do intérprete não são suficientes as competências técnica e intelectual para a expressão. O alvo, como em toda relação interpessoal, é a interação eficaz que produz mutações simultâneas no artista e no público. É o caráter transitivo da arte do teatro que parece assombrar os participantes desse grupo de pesquisa. Entreter ou mesmo esclarecer são, ao que parece, objetivos desdenhados por esse propósito essencialista.

Por ter a ousadia de expor, com franqueza e de modo ascético, esse âmago angustiado que afeta toda a aspiração ao diálogo, as criações dos atores do CPT provocam também a incômoda sensação de que nós, os espectadores, sentados passivamente na outra ponta do circuito, não os alegramos com a nossa presença expectante. Eles não nos lisonjeiam, e a formalização das cenas não admite sedução. Alguma coisa deveríamos ter feito além de estar ali. Cumpre, por dever de delicadeza, dar uma resposta a esses jovens tão graves e exigentes consigo mesmos. Sentimos que a reação mecânica dos aplausos não basta. Mas o que fazer? Somos os outros, a porta fechada contra a qual se esfolam os nós dos dedos dos artistas.

# ÂNSIA

De Sarah Kane
Direção de Rubens Rusche
28 de março de 2003

Foram eficazes os repetidos golpes desfechados pelos artistas da segunda metade do século XX contra o enrijecimento da linguagem e as falsidades das convenções da representação. A geração que cresceu respirando a atmosfera de desencantamento com a eficácia da arte para capturar o real assumiu, ao que parece, a tarefa árdua de extrair o grão de verdade retido sob os escombros das convenções desgastadas dos ritos sociais e das frases ocas que pontuam as relações dialógicas. Sob a montanha descartável de frases ocas, haverá, talvez, um foco de expressão real desgastando-se e perdendo energia vital no trajeto da comunicação. Em um lugar interior, onde se situam os impulsos de amor e morte, em que se alojam brevemente as memórias, desenrola-se um outro tipo de teatro, de intensa atividade e no qual a eficácia dialógica é, em vez de realidade, aspiração. Não é de hoje essa ideia, e Aragon, um jovem rebelde do começo do século XX, já brincava com ela: "Entenda-se bem que, quando eu digo teatro, o teatro é o nome que dou ao meu lugar interior, onde situo meus sonhos e mentiras".

De qualquer forma, há diferenças consideráveis e uma delas é que a dramaturgia contemporânea não está para brincadeiras e desdenha, ao que parece, a sedução da fantasia. É ainda desse lugar interior que partem as quatro vozes da peça *Ânsia*, escrita pela dramaturga inglesa Sarah Kane. As quatro vozes – não podemos chamá-las personagens porque não se constituem em desenhos ficcionais de sujeitos – se expressam através de fragmentos de discursos descarnados de circunstâncias. Aquilo que foi pronunciado, talvez em uma conversa casual, se desprende da situação da fala e flutua como um sentido autônomo, indicando um desejo, relatando uma experiência inconclusa, expressando um sentimento sem objeto definido. São quatro discursos articulados sem sequência causal que acabam por formar um fluxo denso de expressões, na sua maior parte interrogativas e dubitativas. "E se isso não faz sentido, então você está entendendo perfeitamente", afirma, em um breve lampejo de ironia, uma das vozes.

No caso de Sarah Kane (e há outros dramaturgos da safra contemporânea que percorrem um caminho semelhante), os sedutores enigmas inconscientes perderam o seu encanto como meio de investigação do mundo e matéria para arte. Aquilo que está além ou aquém da linguagem não é mais o mistério fascinante. Bem ao contrário, é um hiato de silêncio e mal-estar que os discursos procuram vencer. Esse texto, pelo menos, é uma tentativa de chegar à verdade que se oculta sob a representação verbal, sob a conversa fiada, sob os desejos que fazem parte do enunciado, mas que, no contexto da peça, não chegam a se transformar em ações. O discurso amoroso, sobretudo, só se manifesta plenamente no futuro do pretérito por alguém que idealiza a convivência com o ser amado. "Mas a verdade" – sentencia uma das vozes em cena – "tem muito pouco a ver com a realidade, e a questão (*se é que há alguma*) é gravar a verdade."

Na encenação dirigida por Rubens Rusche, a obsessão quase puritana com a verdade absoluta parece sobrepor-se ao tema da veracidade emocional. O que prevalece na tonalidade e no ritmo do espetáculo é, no lugar do hesitante percurso da comunicação frustrada, a determinação retilínea de aclarar a expressão dos quatro discursos. As figuras em cena privilegiam a clareza das frases, enfatizam a interdependência dos solilóquios e, pela redobrada atenção ao valor sonoro dos vocábulos, desnaturalizam o coloquialismo superficial das frases. Não há pausas ou espaços vazios. Organizados espacialmente em uma linha de nichos contíguos, sempre em estado de alerta, os intérpretes não estão em situação de exercitar a autocomiseração ou de expressar desorientação emocional. Falam de modo duro e rápido, encadeando os diferentes discursos quase sem recuperar o fôlego. O desespero, ameaça implícita em alguns momentos do texto, se manifesta por uma emissão estranha, artificial, denunciando uma fissura entre o significante e o significado. Sempre distanciada do realismo, a encenação procura evitar o valor de face das frases. Elas só fazem sentido em conjunto, porque recusam o sentido singular das frases isoladas e se associam musicalmente para obter um efeito estético. A essa mesma disciplina formal se submetem o austero cenário de Sylvia Moreira e a bela iluminação de Marcelo Gonzalez propondo a multiplicidade de ângulos de observação.

Para essa concepção cênica, a verdade que o texto da autora inglesa investiga não é alguma coisa que jorra da psique para a cena, com a sinceridade do ímpeto romântico. Antes da expressividade, está o cálculo para tentar formalizar o desejo.

## TARSILA

De Maria Adelaide Amaral
Direção de Sérgio Ferrara
4 de abril de 2003

Além do impacto das suas obras e ideias, ocorreu com as figuras exponenciais do modernismo paulista uma espécie de dessacralização. Antes deles, os grandes artistas viviam, pelo menos no que diz respeito à imaginação pública, como seres austeros, um tanto acima da medida do comum dos mortais. Por terem praticado todos os tipos de ação cultural, desde a propaganda explícita das poéticas até a reforma institucional dos meios de divulgação da cultura, os modernistas imiscuíram-se na vida cotidiana do país de um modo original, provocativo, que tornou impossível aos contemporâneos e aos pósteros fincar coroas de louro sobre suas irreverentes cabeças. Avançaram em grupo, polemizaram, publicaram suas contradições e, não menos importante, deixaram um legado epistolar em que, em meio às ponderações excelsas de estetas, transparecem os afetos, as contradições e as miudezas que tornam menos rarefeita e mais propícia à vida a atmosfera dos cenáculos. Tudo isso contribuiu para que, mais de setenta anos após a sua entrada em cena, ainda nos pareçam juvenis, ardentes e familiares.
*Tarsila* põe em cena, de um modo particularmente feliz, esse sentimento de camaradagem com o modo de ser e com as ideias de quatro artistas do panorama modernista. As duas coisas são, na perspectiva da peça de Maria Adelaide Amaral, uma coisa só. Tarsila do Amaral, Oswald de Andrade, Mário de Andrade e Anita Malfatti são personagens construídas a partir de um legado documental. Todos os episódios estão ancorados na pesquisa histórica, e as falas das personagens reproduzem a linguagem e as ideias registradas na correspondência e em depoimentos públicos. Apesar disso, não nos sentimos diante de uma dramatização de documentos destinada a ampliar nosso conhecimento sobre a história da arte brasileira. Com especial delicadeza, atenta aos detalhes que expressam a personalidade tanto quanto a opção artística, a peça desenha para cada um dos artistas evocados traços da personalidade que conferem ao documento a terceira dimensão da realidade ficcional. A suscetibilidade de Mário de Andrade, assim como a honestidade que o impeliu a incontáveis autocríticas ao longo da vida, pode ser comprovada pela sua produção intelectual. Na peça, contudo, esses traços impregnam o relacionamento afetivo com a mesma força com que agem sobre as ideias sobre a arte e a cultura. É o homem capaz de tomar partido

da amiga Anita e, ao mesmo tempo, reconhecer a alta estatura do autor de *Urupês*, Monteiro Lobato.

Esse comportamento novo, não sectário, que tenta, embora nem sempre tenha êxito, estabelecer coerência entre a vida e o ideal artístico, orienta a concepção das situações e das personagens. Também as rendições se tornam explícitas na peça: "Por que não vive a vida como vive a arte?!". É uma das perguntas que Oswald faz à ex-esposa Tarsila. O modo como essas figuras reagem ao embate com as circunstâncias – o empobrecimento, a perda de prestígio, os atritos entre diferentes temperamentos – converge dramaticamente para acentuar o sentimento de contiguidade histórica. Esses artistas que recusaram com altivez o Parnaso viveram a vida miúda da planície, onde a cotação do café despenca, os maridos traem e a solidão aperta. Mas é isso, insinua Maria Adelaide Amaral, que permite a Tarsila resgatar a beleza da procissão e a Mário de Andrade engrandecer a prosaica paisagem paulistana. E é também em razão desse deliberado compromisso com a existência que os quatro amigos podem se influenciar mutuamente. Sendo assim, as perdas inelutáveis da vida – a peça rememora fatos ocorridos entre 1922 e 1969 – não se sobrepõem ao significado de continuidade dos feitos modernistas.

Esse aspecto de celebração a um legado vivo é a qualidade mais evidente do espetáculo dirigido por Sérgio Ferrara. Os quatro amigos desempenham com a inconsciência do realismo os ritos da amizade, e o mesmo tom envolve as manifestações de afeto, as querelas e os debates consequentes sobre projetos estéticos e obras de arte singulares. Há, no entanto, uma certa estilização, aparente nos trajes belíssimos de Beth Filipecki e no modo de falar, que permanece fiel à época em que se formaram. A historicidade está inscrita nos gestos, na postura, em resquícios de formalismos de convivência que os distinguem da liberdade corporal dos nossos contemporâneos. O resultado é que as ideias e os personagens parecem próximos, mas não caímos no engodo populista de que faziam arte para milhões. Foram a vanguarda e estavam começando um movimento.

Bons atores, bem o sabemos, fazem qualquer coisa bem. Mas é um fato que fazem melhor quando encontram personagens que se ajustam aos seus recursos. Esther Góes, representando Tarsila do Amaral, tem um desses momentos excepcionais de sintonia entre atriz e personagem. Traços pessoais da atriz, uma intérprete que submete as personagens à análise intelectual e privilegia a clareza do desenho e a nitidez da enunciação, são aplicados a uma criatura ficcional igualmente inteligente, que é emotiva, sem ser passional, e franca, sem sacrificar a gentileza. A impressão é a de sobreposição do espírito de

Tarsila ao corpo da intérprete. Trabalho sem fraturas, sem esforço aparente, realiza aquele fenômeno rarefeito que tem o nome de identificação. Quando Oswald, no finalzinho da história, diz à Tarsila: "Você sempre transgrediu com muita classe", está avaliando a um só tempo a atriz e a personagem.

Têm a medida certa o nervosismo e a fragilidade que Vera Mancini confere à personagem de Anita Malfatti. Não estão tão bem os intérpretes masculinos. Oswald de Andrade, tal como o apresenta o texto, é menos tímido do que a composição de José Rubens Chachá. Quanto ao papel de Mário de Andrade, representado por Luciano Chirolli, parece mais apoiado nos retratos falados do que no texto. Abusa do "pernosticismo" que Sérgio Milliet carinhosamente atribuiu ao escritor paulista, mas que não encontra eco nas falas selecionadas para compor o texto. Talvez por fidelidade à sugestão da autora, a cenografia de Maria Bonomi permite a entrada em cena de contrafações de quadros. É uma opção de outro modo inexplicável, porque há um espaço que permite projeções que, aos olhos do público, serviriam como referência para situar as obras. A simples indicação de uma linha, de uma tonalidade ou de um desenho bastaria para evitar o constrangimento de entrever horrendas simplificações da linguagem pictórica.

## A PAIXÃO SEGUNDO G. H.

De Clarice Lispector, com adaptação de Fauzi Arap
Direção de Enrique Diaz
9 de maio de 2003

Qualquer coisa pode aspirar ao palco. A imobilidade, o silêncio, o informe e o indizível tornaram-se fenômenos cênicos por meio de decididos golpes aplicados sobre as convenções dramáticas. Ainda assim, há certos empreendimentos expressivos que, em razão do seu caráter abstrato, recorrem ao singelo andaime da narrativa para não se dissolver antes de impressionar a memória do público. *A paixão segundo G. H.*, uma adaptação para o palco do livro homônimo de Clarice Lispector, feita por Fauzi Arap, dramatiza o relato de uma forma de ascese. Há uma personagem narrando o percurso de um a outro estágio de conhecimento de si e do mundo até que se realize, no plano do texto, uma transmutação da personalidade. Uma mulher aparentemente serena, cuja vida corre sobre trilhos suaves, sai da sua monotonia matinal para a aventura da comunhão com a "parte coisa" do ser. Tema de eleição de místicos, teólogos e filósofos, a superação da individualidade poderia, à primeira vista, solicitar meios de expressão igualmente insubstanciais.

Na encenação dirigida por Enrique Diaz, entretanto, há a ênfase no desenho sequencial da prova a que se submete a protagonista. Sob o trajeto de G. H., de modo explícito e implícito, está o modelo dos autos medievais. A forma do espetáculo é, como a das peças de instrução religiosa que reproduzem o caminho de Cristo até o Gólgota, processional. Cada etapa da experiência sensível é um sinal, convidando a narradora a se despir de camadas ornamentais do ser. O contraste entre a penumbra atulhada da área social do apartamento e a claridade e o vazio, que despertam a surpresa e desestabilizam a percepção da mulher, dá início a uma percepção aguda e nova do tempo e do espaço. As impressões sobre os sentidos tornam-se ocorrências dramáticas tanto no plano retrospectivo da narrativa literária quanto no presente concreto do espetáculo. Também o público se situa na clausura abafada e tranquila da sala de estar e desloca-se, com a personagem, para a surpresa de um vazio provocador. Desse modo, o espetáculo reproduz um procedimento usual da obra de Clarice Lispector, que é o de focar em primeiro plano os objetos cotidianos e neles reconhecer a fresta ou o detalhe que incitam a ultrapassagem do campo da experiência para o da reflexão.

Ao público cabe seguir o percurso da protagonista e extrair, de cada passo, um entendimento parcial que lhe permita seguir o gradual desprendimento das circunstâncias e da subjetividade. Da sala de uma casa, repleta de objetos e signos de uma vida "concreta", dentro do tempo histórico, o espetáculo desloca-se por um corredor onde os contornos se alargam, a cor se atenua, até chegar ao espaço expandido e irreal do quarto de empregada, onde se dá o confronto da personagem "com o inferno da vida crua". Cenograficamente, o quarto torna-se caverna, onde os objetos perdem a proporção utilitária para assumir o contorno de signos de ocultamento e revelação, da sombra e da luz intermitentes no discurso da protagonista. Percebe-se com clareza que a forma inusual corresponde à ótica da personagem que nos convida, tal como o faz a mulher do livro, a percorrer com ela esse caminho de estranhamento da experiência cotidiana. Não se trata de alucinação ou de perda de consciência, mas, ao contrário, de uma hiperconsciência que constrói os elementos necessários para poder comunicar "o indizível". É a organização lógica e o ritmo quase sereno do espetáculo que asseguram o entendimento possível (ou a aceitação) dessa via-sacra.

Na realização desse extenso monólogo, a responsabilidade maior recai sobre a atriz Mariana Lima. Também na interpretação há um componente circunstancial, quase realista, orientando a primeira parte do espetáculo. Não é exatamente a G. H. "limpa e correta" que impera sobre a sala de estar, mas uma figura titubeante e um pouco sonâmbula, criatura tímida que convida os espectadores para o percurso até o quarto da empregada.

Transforma-se, à medida que enfrenta os "passos" da sua paixão pessoal, em uma figura progressivamente nítida e segura, partilhando frontalmente com o público a ciência adquirida com a aceitação da realidade. Enquanto interpreta de um modo quase didático, procurando tornar alguma coisa compreensível ao mesmo tempo para si mesma e para os outros, a atriz trabalha para conseguir o nosso engajamento na aventura de G. H.

Seduz porque representa a coragem vacilante dos tímidos e dos fracos, sempre mais simpática do que a dos grandes heróis. É delicada a voz, suave a expressão facial e, apesar da coragem intelectual de elaborar o relato, a personagem parece ter pudor em exibir a angústia. É uma tonalidade que se dissolve no momento em que a protagonista se identifica com a matéria cósmica e percorre o território que denomina "deserto nu". A exaltação com que se expressa essa passagem, a desumanização da voz e do corpo da intérprete, ao que parece "tomada" pela configuração física do inseto, ocorrem como uma surpresa.

Há um deslocamento do estilo até então confessional para o estilo fantástico. É um momento intencionalmente "representado", que pretende reconstruir a grandiosidade espetacular do imaginário arcaico, mas que, no contexto lúcido (e por essa razão envolvente) deste espetáculo, acaba funcionando como uma digressão cansativa para a atriz e para o seu público. A troca de figurino e, sobretudo, o turbante de conotação oriental tornam difícil a retomada de uma filosofia existencial em que a mulher recusa a dramaticidade do "máximo" e aceita a vida da sua própria espécie. Uma interpretação bonita em que ainda há sobras. "... quanto menos sou mais viva", diria G. H.

## A PROVA

De David Auburn
Direção de Aderbal Freire-Filho
28 de maio de 2003

A maior ousadia de *A prova* consiste em exibir com absoluto despudor personagens que consideram a aptidão para a matemática um talento inato. Se o leitor está entre aqueles que foram humilhados por simples equações de segundo grau poderá exercitar sua admiração por criaturas que não apenas compreendem o universo complexo da matemática como também são capazes de acrescentar algo a esse cabedal. São, por direito de nascimento, matemáticos e podem, por essa razão, eximir de culpa aqueles que não partilham esse sangue azul. Mas é preciso reconhecer com honestidade que, fazendo-se as mudanças devidas, o mesmo vale para a culinária.

Para qualquer área do conhecimento, pode-se invocar a necessidade de um dom, da vocação que o simples empenho não é capaz de suprir. É uma tese duvidosa e rios de tinta têm corrido para tentar distinguir a aprendizagem da herança genética. De qualquer modo, a peça do norte-americano David Auburn parte dessa pequena provocação e escorre em seguida por um veio familiar à literatura dramática norte-americana. Sob a sombra tutelar de Tennessee Williams, o drama das pessoas que não correspondem ao mito da saúde perfeita e cujo vigor não é suficiente para encetar a corrida da competitividade tornou-se quase uma especialidade do teatro daquele país. Tanto a sociologia quanto a história fornecem bons argumentos para justificar a preocupação dos artistas por esses temas.

A peça de Auburn é, assim, mais um apelo – e nessa repetição manifesta-se a necessidade real da sociedade em que vive – feito ao espírito de tolerância à diferença. A mocinha que viveu uma vida isolada, cuidando de um pai genial e maluco, tornou-se diferente ou seria, por força da filiação, diferente dos "profissionais do ramo". Trabalha sozinha pelo prazer da descoberta, e nenhuma instituição acadêmica a apoia ou incentiva. O mérito desse texto que nada tem de inovador na estrutura e na hipótese é o tratamento lírico que consegue imprimir à excepcionalidade.

Capaz de fertilizar o isolamento com a imaginação, a personagem central tem o poder de evocar a figura paterna, consegue dar vida ao seu imaginário e, por meio de memória emotiva, reveste de afeto e prazer a convivência perturbadora com um louco. É dotada, enfim, do encanto e da integridade do "bom selvagem", e a peça surpreende-a em um momento em que as circunstâncias poderiam obrigá-la a perder essas características, submetendo-se ao processo civilizatório. Em situação de antagonismo, os discursos pragmáticos do jovem acadêmico que a corteja e da irmã que vem para tomar conta dela funcionam, na peça, como representações de um sistema incapaz de atribuir credibilidade ao que se situa fora da norma.

Sob a direção de Aderbal Freire-Filho, os aspectos mais sombrios do texto prevalecem sobre o desenlace bem arrumadinho e apaziguador. As cenas se organizam visualmente como se fossem projeções da protagonista, ou seja, há sempre um aspecto equívoco na sua conformação que nos faz duvidar da consistência dos outros personagens em cena. A tonalidade dos objetos é escura, as zonas de sombra não se desvanecem e a melancolia do isolamento se instala em cena como uma atmosfera que os personagens "realistas" fazem força para dissipar. É um espetáculo emotivo, de tempos ralentados, que delineia com ênfase maior as deformações psíquicas a que a realidade é submetida do que os acontecimentos que fazem caminhar a narrativa. A mecânica previsível da peça bem-feita, com as suas articulações de expectativas e desvendamentos, tem, nas perspectivas da direção, menos importância do que o fluir das experiências imaginárias.

Catherine, com seu fantasma opressivo e, apesar disso, amado, é a figura mais verídica no equilíbrio dramático do espetáculo, e a interpretação de Andréa Beltrão é construída sobre essa suposição de autenticidade. Há em primeiro lugar uma economia de recursos que só os bons intérpretes sabem administrar. Desde a projeção da voz até a extensão dos movimentos, a construção da personagem sugere recato, interiorização e renúncia ao domínio das cenas. Quando é preciso que a personagem expresse humor, inteligência e vontade própria, a atriz mescla às ações afirmativas a tonalidade de voz e a expressão facial de timidez e insegurança. Faz com que Catherine se afirme pela via negativa, exatamente porque não quer dominar os acontecimentos dramáticos ou prevalecer sobre seus interlocutores. Além disso, sendo uma experiente atriz de comédias, controla com mão de ferro a graça inocente da moça. Não sublinha as ironias para que sejam uma arma de defesa tão surpreendente para a personagem quanto para o público.

Em contraposição a essa chave minimalista, há a excelente composição de Gisele Fróes, com artifícios de vilania muito bem dosados, na fronteira do caricato. O bom senso autoritário e a praticidade estão inscritos na movimentação retilínea, transparecem na tonalidade metálica da voz e na desatenção com que a personagem contempla as circunstâncias. José de Abreu faz bem, mas um tanto altissonante em demasia, as indicações de alienação mental do gênio matemático que representa. Quanto a Emílio de Mello, a quem coube o papel ingrato do jovem enamorado, falta descobrir um modo de expressar com maior convicção os traços negativos do papel. Nessa peça, ao que parece, não basta saltitar e dar vazão ao ímpeto erótico e ao entusiasmo declarado pelas proezas intelectuais. Seria preciso expressar, de modo convincente, a glória de mandar e a vil cobiça que se escondem, além de em muitos outros lugares, nos cenáculos da ciência matemática.

# MIRE VEJA

De Pedro Pires e Zernesto Pessoa
Direção de Pedro Pires e Zernesto Pessoa
20 de junho de 2003

Tem poucos anos a Companhia do Feijão, mas a maturidade artística tem seu próprio ritmo. Fez o seu primeiro espetáculo em 1999 e, desde então, tem mostrado a determinação de propor, através dos seus espetáculos, que prestemos atenção nas pessoas, nos objetos e nas relações entre eles. Parece óbvio, mas um dos paradoxos da modernidade é o de nos forçar a totalizações. Diante da experiência fragmentada ou da ilimitada abertura para o cosmo, a cultura se esforça para abarcar as coisas por meio de abstrações. Com uma paciência verdadeiramente filosófica, esse grupo teatral vem mostrando que, para reconstituir um todo, é preciso atravessar a experiência prática do despedaçamento e da separação. Na perspectiva adotada até agora pelo grupo, a matéria da arte é o que nos acontece. O subjetivismo e a metafísica, dois dos instrumentos que a arte contemporânea maneja para expressar a inacessibilidade do mundo, não fazem parte do arsenal mobilizado para a criação dos seus espetáculos.

*Mire veja* tem a duplicidade do título, a um só tempo autoritário e convidativo. Convida a olhar a metrópole em que vivemos, impõe a obrigação de olhar. Inspirado no livro *Eles eram muitos cavalos*, de Luiz Ruffato, o espetáculo dirigido por Pedro Pires e Zernesto Pessoa procura tornar visível um cotidiano que, antes de tudo, é feito de pessoas. Dentro da geografia urbana imensa e degradada, em meio ao ruído e ao movimento incessante, o espetáculo destaca trajetórias individuais. E há outras coisas além de conclusões estatísticas, quando se enfrenta a geografia humana.

A primeira delas, e que deriva da obra em que se inspira a encenação, é que não há tipos para quem aceita a existência do mundo exterior. Todas as figuras humanas apreendidas pela narrativa partilham certas condições comuns: vieram de algum lugar para procurar aqui condições melhores de existência, estão sempre em situação de ansiedade e precariedade material e quase todas sonham com a superação desse momento. No prólogo do espetáculo, essa circunstância universal do deslocamento e da continuidade histórica é devidamente explicitada por uma imagem de onde homem e natureza se harmonizam. A nostalgia de um sertão mítico (ou de um pós-sertão igualmente mítico) vive em todos os personagens. Nenhum deles, no entanto, serviria de índice para explicar uma categoria sociológica ou econômica. São focalizadas exatamente no que têm de singular, de insubstituível, em um momento dramático ou em uma formulação especial de linguagem que as torna particulares.

Se a língua é a mesma, cada ser humano a maneja de modo único, e a sedução do espetáculo para a sua proposta está na excepcional acuidade com que combina os elementos da linguagem teatral para reproduzir experiências cotidianas (ou que deveriam ser cotidianas para os desatentos habitantes desse conglomerado). Em cada narrativa há um aspecto de reconstrução baseado, sem dúvida, na observação. O corpo da mulher idosa, os movimentos de uma criança, a torcida peculiar do taxista que só pode utilizar o tronco para se exprimir, a ginga do adolescente desocupado e a acuidade nervosa do bandido não são inteiramente imaginários. São contornos familiares que os intérpretes utilizam para imprimir veracidade aos personagens.

Mas isso é apenas parte da composição, uma vez que a essa reconstituição se somam elementos narrativos ou simbólicos. Enquanto desenha um gestual verista, o intérprete indica o espaço da ação, os sons do ambiente e um traço emocional, transmitido pela entonação. Em um trabalho de extraordinária beleza, em que todos os atores têm um domínio homogêneo do corpo, da voz e da composição visual das cenas, o espetáculo conduz a lugares onde nunca estivemos ou raramente estivemos. A sedução – convenhamos – é necessária. A Companhia do Feijão tem a vencer a crosta da indiferença e da covardia.

Não se trata, contudo, de cenas apenas testemunhadas e transfiguradas, mas de cenas possíveis. Apenas um dos quadros (o dos operários sobre o andaime) tem desfecho. Todos os outros se apresentam como instantâneos sugerindo pré-história, continuidade e desenlace. É essa tarefa que, ao que tudo indica, o espetáculo deixa sob a responsabilidade do público. Vivemos em meio a histórias que não são exatamente como essas, mas que são tão instigantes como essas. Pessoas se acotovelam conosco todos os dias: fazem a cidade. São, na verdade, nossa própria história. Signos da essência humana, diriam os metafísicos. Impressões indeléveis sobre o nosso íntimo, diriam os subjetivistas. De qualquer forma, se não as virmos, não haverá como saber.

## WOYZECK, O BRASILEIRO

De Georg Büchner
Direção de Cibele Forjaz
27 de junho de 2003

O século XX descobriu em *Woyzeck*, obra inconclusa de um jovem dramaturgo alemão escrita em 1836, a prefiguração dos temas e das soluções estilísticas centrais para expressar cenicamente a modernidade. Ao reconhecimento do caráter inaugural da peça seguiu-se um inesgotável fluxo de investigação filológica, pesquisa histórica e reinterpretações motivadas por espetáculos.

Deve-se também ao fascínio da peça um dos mais belos ensaios da literatura teatral brasileira, escrito por Sábato Magaldi em 1963, para o *Estado*, com o título de "*Woyzeck*, Büchner e a condição humana". Não seria o caso de parafrasear aqui um estudo modelar acessível aos leitores de *O texto no teatro* (Perspectiva, 1989), mas vale citar o parágrafo conclusivo pelo modo como expressa o entendimento e o sentimento de uma obra: "Admiramos muitas peças e muitos personagens. Reconhecemos intelectualmente a genialidade de muitas obras. A *Woyzeck*, ama-se, como a um semelhante. Sem ser profeta, pode-se imaginar que, no futuro, ele encarará uma nova mitologia – a mitologia do nosso tempo".

E é exatamente o sentimento de identificação, de que estamos diante de uma obra contemporânea, que se impõe como primeira sensação no espetáculo *Woyzeck, o brasileiro*, dirigido por Cibele Forjaz. As interferências sobre o texto original – creditadas à diretora, ao ator Matheus Nachtergaele e ao dramaturgo Fernando Bonassi – reorganizaram as cenas, atualizaram a linguagem e substituíram por referências ao imaginário da cultura popular brasileira os ritos de convivência do proletariado alemão do século XIX. É uma adaptação em parte pragmática, feita com o objetivo de universalizar a caracterização da classe trabalhadora.

Mais do que isso, a adaptação é também uma delicada operação para evidenciar uma interpretação do texto a um só tempo mítica e histórica. São duas coisas que, na perspectiva dos criadores desse espetáculo, não se excluem mutuamente. Em vez dos alojamentos militares e das cantinas onde convivem soldados e proletários, as personagens são oleiros e administradores. Integram, por essa razão, um ciclo produtivo pré-industrial, arcaico e persistente. Terra, água e fogo são elementos primordiais sobre os quais se aplica o esforço do trabalho de Woyzeck e de seus companheiros trabalhadores. A alegoria da transformação penosa da matéria indica a vertente mítica da narrativa. Reduzido ao elementar, o trabalho da olaria aniquila o corpo e humilha o espírito pelo simples fato de exigir sempre a mesma coisa e resultar em um produto que mal se distingue da natureza.

Nessa adaptação, o elemento contingente se manifesta no "controle de produtividade". Em um nicho localizado em um patamar superior do cenário, descortinando toda a cena, a personagem do "Capitão" regula a velocidade e a quantidade da produção e marca o ritmo sempre frenético da movimentação da olaria. Sobre o trabalho organizado de modo arcaico, que demanda destreza, rapidez e força muscular, imperam normas "administrativas" modernas, ou seja, formalizações atuais de velhos instrumentos de controle. Estamos em casa, ou seja, em uma situação histórica em que se justapõem o modo de produção escravagista e a racionalidade tecnocrata. O espaço circular em que se movimentam os trabalhadores, girando em torno do eixo de preparação da argila, é subordinado aos nichos onde se alojam os dois representantes de uma classe social superior, o Capitão e o Médico. Woyzeck é um servidor em todos esses lugares, porque se desdobra em vários ofícios para sustentar sua pequena família, e é em razão dessa diversidade de experiência que se torna, na perspectiva desse espetáculo, um protagonista trágico.

Na interpretação excepcional de Matheus Nachtergaele, a fadiga não obscurece a inteligência do personagem. Ao mesmo tempo que está preso ao determinismo da sua condição social, cada transposição de "fronteira" se manifesta como um esforço do protagonista para compreender alguma coisa e, desse modo, individualizar-se. Nos momentos de "alucinação", quando o personagem divaga sobre os sinais da natureza e a configuração do cosmo, permanece na interpretação a firmeza de quem concebe um signo para exprimir a vacuidade da existência. Ainda que permaneça humilde na atitude e na expressão verbal, os diálogos com os patrões conservam uma pitada de duplicidade maliciosa. Ao responder, a personagem reflete, indicando desse modo que alguma coisa é poupada do círculo infernal da fadiga e da humilhação. Woyzeck invoca ainda mais o sentimento de fraternidade, porque a atuação não solicita piedade. Trata-se de um homem forjando a si mesmo no tempo dramático, tentando alçar-se um milímetro acima das condições terríveis em que vive.

Tem um ótimo elenco essa encenação de Cibele Forjaz, cenografia perfeitamente ajustada ao conceito, e a música e a iluminação são tão boas que nos esquecemos delas. Ou seja, plantado com inteligência e sensibilidade em uma visão própria de *Woyzeck*, o espetáculo é universo íntegro, bem mais do que a soma das partes.

# OTELO

De William Shakespeare
Direção de Marco Antonio Rodrigues
4 de julho de 2003

Podemos deixar de lado a evocação da alta patente militar, a fama de estrategista, o exótico sedutor e o ciumento que grita e ruge. Visto pelo grupo Folias D'Arte, o marido de Desdêmona escapa a todos esses arquétipos extraídos, com boa fundamentação, da peça de Shakespeare. Há, contudo, outras características no protagonista dessa tragédia que não são o valor de face e que a encenação dirigida por Marco Antonio Rodrigues toma como base da construção do espetáculo. Otelo, neste espetáculo, é, sobretudo, o homem cordial, competente no desempenho das funções públicas, uma vez que respeita a hierarquia, mostrando-se um perfeito cortesão na presença dos superiores e uma autoridade indiscutível no trato com os subordinados. Desdêmona ama-o porque sofreu, e ele a ama porque soube compadecer-se. E bastam esses singelos argumentos para justificar a paixão. Acreditamos nisso porque a suavidade e o bom-mocismo são elementos cuidadosamente valorizados pela interpretação de Ailton Graça. Nos colóquios da vida privada, antes que se insinue a suspeita da traição da mulher, este Otelo nem sequer permite entrever a rigidez marcial ou a vaidade dos aventureiros bem-sucedidos.
Trata-se de uma concepção em total desacordo com a recomendação de Bernard Shaw, que acreditava que o papel só poderia ser assumido por um ator com "dotes orquestrais", que soubesse explorar as qualidades musicais dos versos. Ao que parece, pelo menos para este tempo e este lugar, convém mais o gemido angustiado do que o trovejar da paixão. A ruptura que interessa a esta concepção não é da película "civilizada" que, ao romper-se, traz à tona um bárbaro, mas a fratura de uma autoconfiança frágil. Ao supor a traição da mulher, o homem, aparentemente integrado, o funcionário exemplar de Veneza, vê a si mesmo pelo olhar dos outros e não se considera mais digno de ser amado.
É em torno dessa condição psíquica extraordinária, porém não essencialmente trágica (uma vez que não se trata da queda de um homem superior) que se organizam as forças dramáticas do espetáculo. Há uma atividade racional, quase um mecanismo, se movimentando para destituir o mouro da sua posição de relevo na sociedade. Iago, interpretado por Francisco Brêtas, permanece aquele vilão exemplar, repulsivo, deslizante como um ofídio, babando ressentimento e revestindo de duplo sentido mesmo as falas mais sensatas (é o filósofo cínico da peça).

Mas há em todos os seus gestos e tons a contenção de um artífice, de um homem que não se deixa conduzir pela emoção. Tudo o que faz tem o duplo objetivo do lucro e da ascensão social, e a sua arma nesse universo, certamente mais eficaz do que a destreza bélica da sua vítima, é a loquacidade.

O espetáculo, aliás, administra com extraordinária maestria o confronto entre a verbalização profusa de Iago e o mutismo de Otelo. Os silêncios do mouro, as pausas prolongadas entre a provocação e a resposta, indicam o dinamismo interior que, neste caso, interessa mais do que a ira manifesta. A contenção da emotividade e dos sons é também uma estratégia preparatória para a cena do assassinato de Desdêmona, um ato de julgamento sumário tornado mais pungente pelo fato de que o protagonista não sabe falar e perdeu a capacidade de ouvir. Realizada em um tom de intimidade, dentro de um casulo transparente bem próximo do público, o desfecho ganha a ambiguidade de sacrifício que Shakespeare conferiu à cena escrita, mas os realizadores, de um modo geral, evitam. Não há sombra de dúvida de que, neste espetáculo, Desdêmona morre amando e que as últimas palavras que profere pretendem salvar o seu carrasco.

Concebido não como um primitivo, mas como um bom sujeito que a engrenagem cospe depois de ter sugado, Otelo se iguala à inocência da esposa. Ambos têm a marca da bondade impossível. No seu entorno, há uma máquina social movendo-se com desígnio próprio. Iago, o porta-voz perverso desse universo utilitário, pode ser repulsivo, mas as suas manifestações coletivas têm a beleza sedutora das sociedades que acumulam. Em torno da prosperidade veneziana, há o cortejo dos que vivem dos restos da riqueza: a bufonaria, o grã-finismo entediado, os inocentes úteis de todo tipo. Ao descortinar-se a praça militar em Chipre, é a vida da caserna, com seu rumor de festa popular e desordem, que serve de pano de fundo para a intriga. São imagens que superpõem camadas de épocas, sugerindo a analogia entre a república veneziana e os tempos modernos. Mudam-se os tempos, não mudam as vontades. *Otelo* tem a energia comunicativa que é quase uma marca do grupo Folias D'Arte. Há um uso generoso da imaginação para tramar laços entre a história do passado e a história social contemporânea e, ao mesmo tempo que as relações se tornam compreensíveis, há uma margem gratuita de jogo, de puro prazer em nos mostrar que certas coisas de outrora são iguaizinhas às de hoje, quando deveriam ser bem diferentes. Tem ótimos atores, aos quais só faríamos justiça comentando cada interpretação. E conta ainda com a cenografia de Ulisses Cohn, que alia ao rigor lógico, aplicado ao uso do espaço, a noção do valor plástico das superfícies, dos deslocamentos e da transformação dos objetos sob o efeito da luz. É tudo muito bonito, mas os elementos cenográficos fazem parte do sentido da obra.

## O SANTO E A PORCA

De Ariano Suassuna
Direção de Ricardo Karman
25 de julho de 2003

Na história recente do teatro paulistano, a Kompanhia de Teatro Multimídia celebrizou-se por meio de dois empreendimentos de dimensão incomum. *Viagem ao centro da Terra*, encenado em 1992, percorria, em uma organização processional, a escavação do túnel sob o rio Pinheiros. Outro espetáculo, *A grande viagem de Merlin*, começava em São Paulo e desenrolava-se ao longo de uma rodovia até a cidade de Jundiaí. Ambos os espetáculos eram criações de impacto visual e sensorial sustentadas sobre fragmentos de obras-primas da literatura ocidental.

Tendo sentado praça no bairro do Sumaré, o grupo dirigido por Ricardo Karman associou-se a outros artistas para criar e exibir os resultados de projetos de investigação no campo da arte cênica. *O santo e a porca*, espetáculo desse grupo em cartaz agora no Centro Cultural São Paulo, estreou no espaço da sede, o Teatro do Centro da Terra, e sugere a extensão do registro das ambições artísticas do grupo e do centro de pesquisa. Do mesmo modo como combinou nos espetáculos anteriores a mitologia ocidental à tecnologia audiovisual, a orientação artística do centro procura agora aliar às investigações no terreno de espetáculo a valorização da dramaturgia brasileira.

Para essa consagrada farsa de Ariano Suassuna, os signos visuais e sonoros do espetáculo se submetem à evolução da narrativa. Na direção de Ricardo Karman, fica evidente que a intenção é acrescentar ao trabalho de prospecção do seu grupo o lastro de obras já consagradas. Para essas, a julgar por este exemplo, vale a respeitosa deferência às personagens, à exatidão dos diálogos e ao mecanismo de construção da peça. Diante de uma estrutura fechada, cujo encadeamento é calculado e necessário para produzir um desfecho, as interferências para a atualização se limitam à transliteração de alguns signos, operações realizadas por meio da música e dos figurinos.

O que há de melhor nesse procedimento comedido é a cuidadosa restauração das camadas sedimentares que Suassuna utilizou na construção da sua peça. Inspirada na fonte greco-romana, a farsa extrai sua graça de personagens com funções bem definidas na trama; e a aspiração primária, da gratificação do corpo. As personagens que na peça se explicam por esse modelo são máscaras animadas e ágeis. A criada Caroba, o namorado Pinhão, a solteirona carente e os enamorados são cromos da tradição farsesca que se prolonga, sem grandes alterações, do repertório erudito ao popular, da comédia do Renascimento ao circo-teatro moderno. Neste espetáculo, conserva-se a graça sem que seja preciso nenhum exagero por parte dos intérpretes. O fundo cenográfico de Otávio Donasci, sugerindo as instáveis telas do palco armado nas praças, reforça o aspecto de rememoração e de antiguidade dessas artimanhas. É o visível "andaime de papel, teatro e cola" a que se refere o autor. Ao mesmo tempo que se exibem a artificialidade das entradas e saídas e a ingenuidade dos jogos de ocultamento articulados pela criada Caroba, a cenografia restringe o espaço de atuação para que o desempenho seja nítido, sem trejeitos ornamentais. Trata-se, pelo menos desta vez, de espetáculo que não confunde a comicidade ibérica com a italiana.

A outra linha de força na composição do texto que o espetáculo revela é a da comédia de caracteres, em que as personagens dos dois velhos têm a atribuição de conferir um sentido às artimanhas picarescas. O avarento Euricão Engole-Cobra e seu futuro cunhado, Eudoro, são mais do que os velhos enganados das farsas romanas e medievais. São as personagens do mundo moderno que, a partir de Molière, tomam consciência do erro e da decepção. Euricão, interpretado por Francisco Carvalho, é construído mais sobre a amargura do que sobre o tom autoritário, e a ênfase nesse traço da personagem (lembramo-nos do que passou a acumular depois de ter sido abandonado) faz com que a narrativa se encaminhe sem percalços para a reflexão moral da última fala. Quanto à figura do velho enamorado, representado por Yunes Chami, a encenação assume a complacência do autor. Isento do ridículo que a tradição cômica reserva aos velhos que cortejam jovenzinhas, esta é a personagem menos estilizada da peça e igualmente do espetáculo. Tem direito à suavidade, ao bom senso e à tentativa compassiva de procurar reintegrar o outro velho aos pares amorosos formados por força das maquinações da história. A representação dos velhos se apoia, assim, na veracidade de reflexões e sentimentos. O componente grotesco da avareza fica restrito às cenas em que o protagonista se endereça à sua amada porca-cofre. Fora disso, é um pobre homem equivocado e atormentado pela monomania, e essa dimensão destaca-se contra o fundo farsesco construído pelas personagens dos criados e dos amorosos.

Falta ainda a este espetáculo dominar a dimensão maior do espaço, onde se apresenta, no Centro Cultural São Paulo. Concebido em um teatro menor, conserva a escala do seu lugar de origem e perde comunicabilidade – nem tudo se ouve bem – nos vazios que rodeiam o cenário e na distância entre boca de cena e plateia. Falta aproveitar bem uma proposta contida na gênese do espetáculo: um palquinho mambembe fincado na vastidão de uma praça pública.

## BORANDÁ

De Luís Alberto de Abreu
Direção de Ednaldo Freire
22 de agosto de 2003

O tema da migração, tão frequente na arte brasileira, dispensaria justificativa. Ainda assim, como introdução à narrativa do seu espetáculo, a Fraternal Companhia de Arte e Malas-Artes explica de modo neutro e sereno o motivo da persistência desse assunto: "O brasileiro é um povo em movimento. Sempre foi. As razões podem ser muitas, mas existe uma principal. Na vastidão territorial do Brasil a regra geral é que o povo brasileiro nunca teve terra sua. E se teve seu pequeno pedaço de chão, não teve meios para dele tirar sua subsistência, nem meios para defendê-lo".

Isto posto, a tarefa a que se propõe o grupo é a de se comunicar com o público sem insistir nos procedimentos que já foram recorrentes e eficientes no trato com a questão migratória: a denúncia do problema; o apelo à consciência social dos espectadores para que se mobilizem no sentido de construir um país onde as pessoas possam viver, se o desejarem, no lugar onde nasceram; e a exortação ao migrante – ou aos pobres de um modo geral – para que se tornem agentes em vez de vítimas da história. A literatura, a música, o teatro e o cinema fizeram e fazem, há um século, uma mistura em doses diferentes de todas essas estratégias.

A forma narrativa que o grupo domina com excepcional habilidade permitiu, neste espetáculo, uma combinação original entre o documental e o dramático. Os narradores, ao assumir as personagens de três diferentes "sagas" migratórias, controlam a densidade emocional das cenas. Além de informar sobre os conflitos que, desde a migração até o assentamento no lugar de destino, afetam a vida das personagens em movimento, o mestre Abu, autoridade maior em cena, restringe as exibições de afetividade. O recurso é, na verdade, desenhar de modo indireto um caráter coletivo que vai se definindo ao longo das três narrativas do espetáculo. Do mesmo modo que o sertanejo de Euclides da Cunha, o migrante dessas histórias é "um forte".

Não se trata, contudo, da força peculiar aos indivíduos sobrevivendo a catástrofes que dizimam a maioria da espécie. São antes fortes porque resistem à perda da memória da origem, porque não recalcam o sentimento do desterro e, sobretudo, porque mantêm a noção crítica da diferença entre os dois mundos, o que deixou e aquele em que vive para o trabalho. Utilizando como parte da matéria ficcional depoimentos desses paulistanos à força, o texto de Luís Alberto de Abreu, na primeira e na última história, imita a tonalidade cerimoniosa dos depoentes. Discreto ao exprimir sentimentos pessoais, e cheio de recursos de estilo ao rememorar episódios e paisagens da memória, o protagonista da primeira narrativa é um homem "sem segredo guardado". Pode-se dizer que a mesma sugestão de realismo, de observação neutra, preside à narrativa da terceira e última saga do espetáculo.

Entre os dois relatos de experiências transfigurados pelo trabalho de dramaturgia intercala-se uma saga grotesca, capitaneada por um parente próximo de Macunaíma. É feita com verve, presença de espírito dos intérpretes, que transitam entre a narração e a "encarnação" das figuras grotescas, e ajusta-se certamente à reivindicação dos comediantes-personagens de que, de vez em quando, é preciso alegrar o público com alegorias e outras figuras usuais na trama de arte popular. Mas, na economia geral do espetáculo, a fábula cria uma espécie de hiato, interrompendo a ligação necessária (na medida em que recria a experiência masculina e a feminina) entre as histórias de Tião e Maria Deia. O "alívio cômico" é uma prezada tradição do teatro épico, porque permite a intromissão da crítica e da autocrítica. Mas, neste caso, esses elementos já estão presentes ao longo do espetáculo, veiculados pela voz dos narradores que intercalam entre os episódios de cada saga o humor e a crítica. Nesse sentido, com a função de alívio cômico, a história da Galatea parece-nos redundante. É muito boa a saga do pícaro tolo, mas talvez não seja esse o modo ideal de apresentá-la, entremeando narrativas que nos parecem contíguas.

Ao longo dos anos, a Fraternal vem diminuindo o contingente e emagrecendo o material cenográfico. Em compensação, refinou e sintetizou a potência dos recursos de que dispõe. Desta vez, a direção de Ednaldo Freire embeleza as cenas por meio de agrupamentos, de nuances de luz, de uma atenção formalista aos objetos e aos movimentos dos intérpretes. O espetáculo é sedutor, sem que por isso se sacrifique a crítica ou a intelecção. Na complexa trama do teatro épico, em que é preciso que os atores saibam filosofar com clareza, indicar espaço e tempo, transitar por várias personagens e estilos, o desempenho de Aiman Hammoud, Edgar Campos, Luti Angelelli, Mirtes Nogueira e Ali Saleh é de talentosos veteranos na arte de fingir que fingem.

## TIO VÂNIA

DE ANTON TCHEKHOV
DIREÇÃO DE ADERBAL FREIRE-FILHO
29 DE AGOSTO DE 2003

Há pouco mais de um século, em 1899, *Tio Vânia* estreava sob a direção de Stanislavski, no Teatro de Arte de Moscou, depois de ter circulado pelas províncias russas no repertório de companhias itinerantes. As soluções que o encenador encontrou para o desafio da escritura inovadora de Anton Tchekhov foram o ponto inicial de uma crise dos códigos teatrais que atravessou todo o século XX. Nosso teatro, que aproveitou muito bem as vertentes abertas por esse sopro de renovação da linguagem teatral, foi tímido no enfrentamento da provocação dos textos e, durante um bom tempo, as peças de Tchekhov permaneceram modestamente no repertório das escolas, como uma espécie de Everest que os atores tinham a obrigação de galgar antes da diplomação. Talvez se deva a uma encenação de *As três irmãs*, feita pelo Teatro Oficina em 1973, a percepção de que essa escrita situada na intersecção entre o naturalismo e a abstração poética poderia realizar-se cenicamente por meio de uma interpretação evidentemente teatral, recortada por elementos narrativos que facilitassem a analogia entre o simbolismo tchekhoviano e o tempo histórico em que se inscrevia o espetáculo. De qualquer modo, desde então, outros espetáculos se desvencilharam, com maior ou menor êxito, do delicado verismo psicológico da concepção de Stanislavski. Quem sabe com um suspiro de alívio dos realizadores, uma vez que a contenção, a minúcia e os meios-tons da vida anímica são, para a nossa cultura teatral, mais difíceis de exprimir do que os contornos amplos das imagens simbólicas.

Também a encenação de *Tio Vânia* dirigida por Aderbal Freire-Filho não se pauta pela trama, invisível à primeira vista, que reside sob a expressão consciente das personagens. De um modo direto, tornando todas as falas claras e explícitas, fazendo com que cada personagem evolua independentemente das outras, o espetáculo se concentra em provar a atualidade da observação do autor, ou seja, na validade histórica e, sobretudo, social das teses implícitas no texto. Em vez de um pequeno círculo provinciano, enclausurado em si mesmo e de cuja representação se deduz um sentido universal, o espetáculo desdobra-se em uma sucessão horizontal. Cada personagem apresenta a sua perspectiva da crise, e é pela soma final que se constitui o grupo social e o tempo histórico a que se referem.

Uma luz clara expande-se sobre os movimentos e sobre as ideias, e a cor branca, metáfora dessa luminosidade intencionada, prevalece na coloração do espetáculo. Em vez da mágoa, do atrito permanente que corrói a paciência e a esperança das personagens, ficamos diante de um universo de exasperação afetiva e intelectual de alta voltagem, que já se declara conflagrado na primeira cena. E é no passado anterior ao do presente cênico, parece-nos, que surgiram e se desenvolveram em gradação suave o amor dos homens pela bela Helena e o da jovem Sônia pelo médico, o cansaço do trabalho improfícuo e a consciência da fatuidade do professor a quem a família se dedicou.

O fato é que, passado o impacto de uma expectativa contrariada – as obras importantes chegam transfiguradas pelas leituras dos que se aproximaram delas antes de nós –, é possível reconhecer que a emoção própria desse texto resiste a uma encenação franca, direta, que identifica e aprecia, mais do que aos outros componentes do texto, a crítica histórica. No entanto, há um choque desagradável, diga-se de passagem, na primeira intervenção de Astrov, o médico e ambientalista de primeira hora que sintetiza a aspiração de mudança social e a preocupação com o extermínio das florestas russas. Concebido como um inegável arauto de problemas contemporâneos, é interpretado por Luciano Chirolli de modo direto e vigoroso, como um conferencista endereçando à plateia um relato sobre a situação sanitária do país. É uma composição que ignora a interlocução com a velha ama e rompe a convenção do diálogo entre personagens. Trata-se de um exagero do qual o espetáculo logo se desvencilha, mas que faz temer o engodo de um herói romântico contrabandeado para o interior de uma trama cujo destino dramático seria o desencanto. Felizmente o ímpeto de Astrov é domado nas cenas subsequentes, em benefício do equilíbrio do espetáculo e de uma verdade artística que, neste caso, não concede a ninguém o trunfo da vitória moral.

O elenco deste *Tio Vânia* é ideal para essa concepção translúcida, centrada nas ideias e na qualidade literária do texto. Diogo Vilela, ainda que imerso nas lágrimas de autocomiseração que evidenciam a tonalidade patética do protagonista, não deixa escapar a inteligência com que tio Vânia associa seu destino ao da classe a que pertence. Com um toque de distanciamento, Débora Bloch salpica uma pitada de burrice sobre a beleza de Helena, e o resultado, embora não atinja a voltagem cômica, tem um ótimo efeito na evolução dramática, porque nos faz perceber que a irrupção da beleza nesse universo amesquinhado é mais importante do que a futilidade que atribuem à invasora. Com participação quantitativamente menor de Ida Gomes, Rogério Fróes e Suzana Faini, fica provado uma vez mais que não há pequenos papéis. São excelentes veteranos que constroem, por meio da intervenção das suas personagens, os alicerces de onde parte a narrativa: o mundo servil, o círculo intelectual e a esnobe (e falida) classe dos proprietários rurais. Cabe a Bel Kutner a elusiva personagem de Sônia, que deve impressionar a cena como um baixo-relevo, mais pela ausência do que pela presença. É uma atriz delicada, de voz suave e olhar tão expressivo que faz crer na presença da alma.

## A VISITA DA VELHA SENHORA

De Friedrich Dürrenmatt
Direção de Moacyr Góes
19 de setembro de 2003

A velha senhora que a imaginação de Friedrich Dürrenmatt faz desembarcar do trem seguida por um cortejo de aleijões, uma pantera e um caixão de defunto ganhou, com o passar do tempo, sentidos imprevistos. Contém hoje, além da alegoria da vingança, um mito do teatro moderno. Em 1956, quando estreou, a Europa terminara de cerzir os colarinhos puídos pela guerra e começava a cortar os ternos novos da prosperidade. A figura grotesca, dotada de poder absoluto, que vem propor aos cidadãos empobrecidos um crime em troca de dinheiro tinha, portanto, o pano de fundo do passado recente. Ocorrera há pouco um crime coletivo e, no entanto, os edifícios se reerguiam, as cicatrizes estavam sendo encobertas, o bálsamo do esquecimento cicatrizava feridas e, a um só tempo, a memória do mal. Poderia uma coletividade, pela segunda vez, oferecer em holocausto um dos seus membros em troca do bem-estar coletivo? É a pergunta que a história, na sua aparente neutralidade ao descrever a vida coletiva, faz a cada indivíduo e a que o autor responde no posfácio da peça afirmando "que não tem muita certeza de que procederia de modo diferente" dos habitantes da cidadezinha de Güllen. "Nada mais monstruoso do que a pobreza", conclui a intervenção coral da última cena.
Depois disso, grandes atrizes do teatro mundial – Cacilda Becker entre nós – foram seduzidas por essa imagem ampliada de poder absoluto e crueldade; e, talvez por força dessas representações, a trama da peça revestiu-se, na recepção crítica, do alto contraste e da causalidade precisa da fábula. Dissolveu-se a memória das circunstâncias europeias, e o enredo, que Décio de Almeida Prado considerou "paradigmático", contribuiu para que se tornassem salientes a engenhosidade e o efeito espetacular da protagonista. Mesmo quem não a viu representada associa à figura de Clara Zahanassian o "ídolo de pedra",

de mandíbulas abertas à espera de sacrifícios humanos. Essa protagonista onipotente seria, no contexto da peça, uma formalização exacerbada do simbólico invadindo e vencendo a dimensão mesquinha da realidade cotidiana. Não é desse modo, no entanto, que o diretor Moacyr Góes se aproxima desse texto clássico do século XX. Tônia Carrero, representando a magnata, contraria a expectativa de irrealidade e ameaça. Entra em cena vestida de branco, com movimentos deslizantes, antes se insinuando do que invadindo. As referências que a personagem faz às devastações que o tempo e as aventuras operaram sobre a antiga beleza são, sem sombra de dúvida, simbolizações de deformação de caráter, porque a figura em cena é fisicamente íntegra e em grande parte serena. Mesmo no tom com que faz a sua infame proposta nota-se o verniz adquirido no trato com as altas esferas sociais. Quando Clara, falando da altitude de quem pode dispensar a hipocrisia, se refere publicamente à sordidez da juventude miserável, à sexualidade e à humilhação, a intenção de escandalizar se dissolve na compostura digna do presente da cena. O rancor parece-nos ter sido superado. Ao conceder uma estratégia para obter justiça, ao concretizar todos os meios para esse fim, Clara, na interpretação de Tônia Carrero, transmite a impressão do sentimento decantado pela vontade. Nesta concepção, prevalece sobre a vingança (não podemos aceitar que se trate de justiça) o desejo da velha senhora de possuir para sempre o objeto do seu amor. Assim, a grosseria e o escárnio com que recobre os habitantes do seu próprio círculo, composto de maridos e asseclas escravizados, não se estendem ao trato com os habitantes da cidade. Destes, quer extrair a sentença de morte do ex--amante. Pode corresponder ao estereótipo da "grande dama", porque seu alvo não é arranhar as convenções sociais da cidadezinha. Quer muito mais.

Esta tonalidade mais sombria do que grotesca, mais cínica do que feroz, é a que corresponde melhor ao temperamento da atriz que se encarrega da protagonista. A encenação, desse modo, considera o mito teatral que se calcificou em torno da peça e destaca o papel dos outros valores do texto. Nada disso contraria o suporte da obra dramática. Há efetivamente no texto de Dürrenmatt esse tema pungente do amor abortado do qual um dos amantes não consegue se livrar. Basta lembrar que, no último encontro entre Clara e Schill, ela ainda se esforça para restaurar a memória do tempo feliz. A morte vai devolvê-lo: "Está outra vez como era antes". Tônia Carrero tem experiência, inteligência e recursos de inflexão para expressar a nostalgia da pureza imbricada em determinadas formas de crueldade. No lugar do terror e da ameaça, seduz para o apaziguamento do jardim da morte.

Moacyr Góes organiza bem o tempo, a tonalidade vocal e os movimentos que se desenvolvem no entorno da velha senhora. O fato de que há um conflito progredindo em etapas não se define muito bem. Os que são corruptos, em vez de cruéis, parecem sentir falta de antagonismo. No conjunto formado pelos cidadãos de Güllen, aos quais o autor não presenteou com firmeza de caráter, a iminência de uma reviravolta da fortuna precisaria de alguma forma estar presente em cena. São todos muito frágeis, quase desanimados, oscilando entre o realismo (que o estilo do texto não justifica) e delicados traços cômicos, que o espetáculo evita acentuar para não encobrir a gravidade funérea do casal de ex-amantes. Também em Schill, interpretado por Edney Giovenazzi, não se distingue a evolução da personagem. Falta o despudor de acentuar a vileza do primeiro momento, a covardia e, por fim, essa espécie de grandeza que consiste no reconhecimento da culpa e na aceitação do destino.

O movimento dramático da vida coletiva está presente no dinamismo da cenografia de Hélio Eichbauer. A pequena cidade suspensa ao fundo da cena funciona como um arquétipo da cidade solidária, preservada do tumulto da história. Os outros elementos, por meio da mobilidade e da incompletude, realizam cenicamente a ideia da nova e próspera cidade alicerçada sobre o crime. Enfim, o cromo idílico é ironizado pelo desgaste dos objetos cotidianos e do campo que rodeia a cidade. Mas não só isso. Eichbauer soluciona também, de modo belo e surpreendente, a dimensão alegórica da peça. Ver é, neste caso, entender.

## A MORTE DE UM CAIXEIRO-VIAJANTE

De Arthur Miller
Direção de Felipe Hirsch
10 de outubro de 2003

Nas tragédias gregas, os heróis chegavam ao desenlace conhecendo o motivo da catástrofe. Mais tarde, no limiar da Idade Moderna, os protagonistas trágicos passaram a investigar ao mesmo tempo o mundo e a própria consciência, ponderando o erro e o acerto, o mal em si mesmos e o mal na ordem do mundo. Não sabiam tudo, mas algumas coisas aprendiam nessa investigação, de modo que a morte não os encontrava de mãos vazias. Willy Loman, herói e vítima do nosso tempo, se encaminha para o fim sem saber o que lhe ocorreu. Outras personagens de A *morte de um caixeiro-viajante* chegam a conhecer alguma coisa e, por meio delas, compreendemos a natureza do mal que enlouquece o protagonista. Mas esse homem que trabalhou muito, amou de modo insensato a sua pequena família e "teve todos os sonhos errados" é um inocente.

Ser inocente não o torna bom, justo ou simpático. Merece compaixão porque é um ser humano em situação de extremo sofrimento. Mas Arthur Miller se esmera na construção de diferentes esferas onde seu protagonista destila subprodutos desagradáveis do "sonho americano". Os filhos, em quem deposita todas as esperanças, são desde a infância pressionados em direção à vereda estreita do sucesso financeiro e social. Sobre a mulher que o ama, serve e compreende com inteira lucidez, o caixeiro despeja o ressentimento e o impulso autoritário que não pode exercer em outros lugares. Inveja o sucesso do vizinho e amigo e desdenha, por vaidade, o trabalho sem prestígio. Por último, regido pela distorção laica da ética protestante, acredita que o sucesso redime. Pode, portanto, induzir os filhos a atos desonestos porque, sendo os mais belos e brilhantes garotos do universo, têm direitos excepcionais.

Essa dupla condição de inocência individual e irresponsabilidade em relação à vida coletiva é, na perspectiva da peça, fundamental para a compreensão da espécie de imaginário que Willy Loman representa. Trata-se de um homem que acredita poder vencer pelas qualidades individuais e que, por essa razão, perde a dimensão do outro.

Dirigida por Felipe Hirsch, a encenação privilegia a inocência patética do protagonista. É o ponto de vista interior que prevalece na dinâmica das cenas. Desde o início, quando a música altissonante abafa o diálogo da personagem consigo mesma, prevalece a tonalidade delirante. Alquebrado, visivelmente perplexo diante dos elementos "reais" da cena, o caixeiro, interpretado por Marco Nanini, exibe a fragilidade, a doença, o caráter terminal da aventura interior de Loman. Mesmo quando invoca as cenas idílicas da infância dos filhos, em que figura aos olhos das crianças como um pai benevolente, todo-poderoso e amado, a tinta da melancolia impregna as projeções. Enraizando o espetáculo na psique da personagem, espaço simultâneo sem tempo e materialidade, a direção ameniza as características negativas. Representada por meio do *flashback*, a autoestima do passado nos parece já contaminada pelo fracasso da situação presente na peça. Comovente, quase bondoso, derrotado antes da batalha, o Loman de Nanini impressiona como uma vítima do sistema, que lhe vendeu caro um pacote vazio embrulhado em laços coloridos. Nesta concepção que privilegia a vida interior e ameniza os atos mesquinhos do protagonista (afinal, ele não sabe o que faz), há implícita uma poetização do fracasso. Temos pena do homem, e muita. Ainda mais porque vive através da sutileza da interpretação de Nanini, um ator que sabe atingir o limite do patético sem a ultrapassagem para o mau gosto. Fracassar tem a sua grandeza. Na última cena, bem composta em contraluz, com uma impecável organização

visual, a mulher de Loman ostenta um elegante arranjo floral, quase um emblema de homenagem prestada a um herói imortal. Mal nos lembramos das fraudes, das prestações atrasadas, do subúrbio degradado, do cotidiano em que é preciso remendar, esfregar e fazer contas sem cessar.
Fazendo justiça à concepção de Hirsch, não há como não reconhecer que se trata de um espetáculo bonito, bem executado e inteiramente coerente. Considerando o entrelaçamento de planos do texto, o diretor optou por dar ênfase à ótica do protagonista e deixar em segundo plano os elementos realistas da peça; e todas as personagens mostram, em maior ou menor grau, a indeterminação das projeções ilusórias. Um elenco excepcional compreende e trabalha bem sobre essa ideia. Juliana Carneiro da Cunha, no papel de Linda Loman, é a consciência explícita da situação dramática e, por essa razão, a personagem mais "realista". Uma vez que o amor incondicional é o dado mais evidente, o desempenho sublinha o controle e a inteligência da personagem, mas não deixa de sugerir o contágio do sonho do marido, expresso em alguns momentos por tonalidades suaves de entusiasmo e admiração. Bem-feita e exata para a proposta do espetáculo é a composição de Biff, feita por Guilherme Weber. Happy, figura secundária no elenco afetivo do protagonista, pode ser interpretado por Gabriel Braga Nunes com um toque de cafajestismo, e o efeito é ótimo. Permite-nos entrever o resultado provável do sucesso segundo Willy Loman.
Francisco Milani é quem tira o maior proveito da opção simbolista do espetáculo. Representa não só o vizinho Charley, mas a memória de uma sabedoria mais antiga, pré-capitalista, com que Arthur Miller pontilha algumas das suas peças mais importantes. Interpretado desse modo, como um homem manso, envelhecido e sem ilusões, cuja solidariedade é cem por cento pragmática, Charley torna-se o sábio da aldeia, perfeito contraponto para o infantilismo do sonho de "vencer na vida".

## OS SERTÕES – O HOMEM

De Euclides da Cunha
Direção de José Celso Martinez Corrêa
25 de outubro de 2003

Trata-se de um livro, e não de teatro. Feita a uma certa altura do espetáculo encenado agora no Teatro Oficina, a afirmação, em tom jocoso, brinca com as refrações da tarefa a que se propôs. Centenário, glorificado e ainda inacessível para a maior parte dos brasileiros, o livro de Euclides da Cunha é, do mesmo modo que outras obras emblemáticas da cultura universal, um monumento. Como todas as exegeses contemporâneas feitas no âmbito dos estudos acadêmicos, a teatralização tem implícito o objetivo de popularizar Os sertões. Ainda que fora de moda, o termo popularizar – no qual se embosca a ideia de que o povo são os outros – sugere a ambição de dividir alguma coisa que só os privilegiados possuem. E esse livro tem sido, como tantas outras coisas belas que a cultura brasileira produziu, privilégio dos letrados. Atravessemo-lo, provoca o Oficina. É nosso.

Pertence-nos e não é um monumento cuja finalidade se esgota na contemplação. O modo como o espetáculo se aproxima da segunda parte do livro, "O homem", é o da sedução. Envolvido por uma roda, acomodado carinhosamente no entorno da cena e animado pela música, o público ingressa no espaço cênico em estado de relaxamento. A proposta inicial é de convívio e identificação. Grande parte do texto se expressa por um canto coral, e os resíduos da música regional, transfigurada e modernizada, evocam a experiência do espectador com a diversidade do país. Um instrumento, uma certa linha melódica repetida, ritmos familiares vão funcionando para a introdução do tema da formação étnica das diferentes regiões do país.

De um modo que só o teatro pode fazer, convidando à participação, o espetáculo evoca a memória comum para subsidiar uma narrativa cujo cerne é o destino da coletividade. E essa é uma operação crítica deliberada sobre o fetiche do livro ou do livro como fetiche. Enquanto investigação pioneira, ousada, profundamente erudita, quase um compêndio do conhecimento do século XIX, a obra literária abriu caminho a outras que a negaram, confirmaram, dialogaram com ela e fizeram avançar, por força desse confronto, o conhecimento sobre o país. Há coisas que sabemos por efeito dessa instigação primeira, e é esse saber que o espetáculo evoca para consubstanciar a dramatização do estudo. Com a sua extraordinária competência para o aliciamento, o elenco convoca a participação dessa presciência coletiva sobre a morfologia, as etnias e as etapas históricas da formação da nacionalidade. Alguma coisa sabemos sobre o gaúcho e o paulista, a paisagem dos gerais, o efeito dos contrafortes montanhosos sobre o clima, as regiões pantanosas e as florestas tropicais. Tudo o que de algum modo a cultura de massas e o ensino regular tornaram familiar é reaproveitado para a "instalação" de uma atmosfera de saber compartilhado. Com a sua experiência de mais de quarenta anos, o Oficina não presume a ignorância dos espectadores.

Só então o espetáculo vai quebrando, aos poucos, nozes mais duras da precisão e da beleza literária com que Euclides da Cunha reveste suas descobertas e intuições. Também ele foi manipulador da "metaquímica sonhadora", que produziu alguns "precipitados fictícios", e esse caráter de experimentalismo, fascínio pelo objeto de estudo e resultados incertos é aproveitado para enfatizar o aspecto poético de Os sertões. A constituição histórica e étnica de cada região, as interações entre a geofísica e a cultura são, em primeiro lugar, planos gerais. Arma-se a paisagem por meio das palavras e dos movimentos; insinuam-se os processos de aculturação por meio da música; e promove-se a síntese com a figuração de um rito peculiar da região a que o texto se refere. E o espetáculo traduz também, como não poderia deixar de fazê-lo, o fascínio pela imagética que contamina até os leitores deliberadamente "científicos". A bromélia incrustada no chapéu sertanejo nas raras ocasiões festivas, o jogo da argolinha como reminiscência dos combates das gestas medievais, as caracterizações diversas do modo de cavalgar do Sul e do Nordeste, o aboio e o estouro são, na perspectiva do espetáculo, representações da beleza desafiadora do meio de cada região e da inventividade das populações. Cenas celebrizadas pela sua competência técnica, como a do "estouro da boiada", são teatralizadas como ilustrações criativas e bem-feitas. Em outras, o espetáculo desprende-se do suporte literário e envereda por uma significação contemporânea autônoma. Do mesmo modo como se liberta, às vezes com ironia, de afirmações etnocêntricas, a encenação se subordina mansamente aos trechos que considera insuperáveis. A letra rigorosa e o espírito especulativo de Euclides da Cunha são igualmente bem servidos.

Nessa segunda parte de uma saga teatral em capítulos, o Oficina percorre a primeira parte de "O homem". Estão delineadas nesse espetáculo as duas forças para o embate da última parte do livro. Norte e Sul, com suas diferenças explicitadas no campo da história e da antropologia, aprontam-se dramaticamente. Desenhou-se também "como um palimpsesto, a consciência imperfeita dos matutos...". O espetáculo abre alas para a entrada de Antônio Conselheiro, única personagem individualizada do espetáculo, uma vez que Euclides da Cunha (representado por Marcelo Drummond) exerce a função de condutor do jogo e de observador neutro do universo que criou. José Martinez Corrêa representa essa figura central da comunidade de Canudos.

Com certeza, há uma preocupação logística justificando essa aparição, considerando-se que o espetáculo é cuidadosamente organizado em aproximações panorâmicas, recortes sobre particularidades e acúmulo gradual de tensões, tal como o plano da obra literária. Por isso, a entrada do Conselheiro parece-nos uma antecipação de outro espetáculo.

## MELANIE KLEIN

De Nicholas Wright
Direção de Eduardo Tolentino de Araújo
7 de novembro de 2003

Há um sofá no meio do palco, xícaras e copos que habitualmente se intrometem nas conversas na sala de estar são depositados sobre mesas de apoio, e três mulheres conversam durante uma noite de vigília. Tudo deve parecer possível e, nesse sentido, verdadeiro. A encenação de *Melanie Klein* segue, desse modo, as unidades de tempo e lugar do modelo naturalista. O que ocorre com as pessoas em cena poderia ter ocorrido um dia na vida de uma das mais importantes discípulas de Freud. Apoiando-se em fatos da biografia da psicanalista austríaca, o dramaturgo inglês Nicholas Wright não deixa de contar com o benefício da vulgarização do léxico da psicanálise. Mesmo quem não distingue a discípula do mestre sabe que as personagens em cena usam o vocabulário técnico da sua especialização para viver o cotidiano, como o fariam membros de uma confraria íntima. Os instrumentos do ofício exercitados na vida pessoal são, nesse caso, um componente a mais de credibilidade. Essa espécie de vício profissional, que faz com que a vida se torne uma ilustração da teoria, é o motivo central do texto e uma questão que a peça de Wright deixa em aberto, sem atribuir juízo de valor. A noite desse encontro é, na peça, uma noite de luto. A senhora Klein preparou-se para enfrentar a mais dolorosa experiência humana, o enterro de um filho. Seria uma viagem terrível. Não conseguiu partir. Na casa londrina estão a filha e uma assistente recém-contratada com a missão de revisar a edição de um livro. Também esta é uma analista iniciante, animada pela esperança de se tornar paciente da concorrida clínica de Klein. A filha, mais uma profissional do ramo, vive, ao que parece, em permanente litígio com a mãe. Vem resgatar uma carta enviada por impulso, sob o impacto dos acontecimentos. Há nela uma informação sobre as circunstâncias da morte do irmão que pode ferir ainda mais a mãe. O mistério, a contraexpectativa, as revelações surpreendentes que normalmente pontuam as peças remotamente moldadas sobre o ideário romântico são desde o início desqualificados pelo texto. Sabe-se o que contém a carta e quais os motivos da remetente. É o embate psicológico que centra o texto. A única realidade que interessa à protagonista é a da vida emocional, e os fatos, sob essa ótica, têm pouca importância. Desmontar aparências, encontrar significados ocultos sob os atos são práticas cotidianas das três personagens em cena. Para elas, a psique humana se apresenta como um território cheio de possibilidades de descoberta. Podem se deparar com coisas terríveis, mas se aventuram.

Ainda assim, vivem do modo contraditório, como todos os mortais, tropeçando na vaidade, experimentando confusões dolorosas e ferindo com o saber do mesmo modo que outros ferem por ignorar. E é essa duplicidade que o espetáculo dirigido por Eduardo Tolentino de Araújo procura instaurar em todos os momentos da ação. É preciso que as personagens apresentem em cena a veracidade dos anímicos contraditórios e, ao mesmo tempo, impedir, como fazem essas criaturas impiedosas consigo mesmas, a empatia melodramática. Cabe à protagonista liderar esse movimento de atrair e rejeitar a comiseração dos outros. Nathalia Timberg, no papel de Melanie Klein, investiga a singularidade absoluta. Não há nenhum gesto ou tonalidade vocal que permita associá-la aos estereótipos das personalidades dominantes ou a caricaturas de analistas. Trata-se de uma velha senhora sem resquícios de preocupação com a aparência física, um tanto alquebrada, mas não o bastante para concluirmos que está sob o impacto de uma dor profunda. Quando irrompe o sentimento de perda, a surpresa pela sua intensidade parece atingir ao mesmo tempo a mãe enlutada e os espectadores. É por força do que diz e faz que se impõem a autoridade, a fuga da autocomplacência, as defesas contra a dor que arma e desmonta ao longo da ação dramática. Mudam os recursos da atriz na mesma medida em que se alteram os estados anímicos da mulher. Nada é previsível na interpretação, não há sequer um gesto convencional para a irritação, para a amargura ou para a manifestação da agressiva defesa do seu método de trabalho. A única cena que parece composta, estilizada e "teatral" é, no contexto da peça, a relação final entre paciente e analista, momento em que a personagem assume o seu "papel" dentro da convenção profissional.

Em um espetáculo pautado pela delicadeza, pela minúcia, pela atenção dada ao verismo das situações e das personagens, Carla Marins, no papel da filha, exagera um pouco o infantilismo da personagem. Em franca oposição à mãe, é uma moça que construiu uma "aparência" sedutora de mulher adulta (expressa em cena pelo figurino de Lola Tolentino), e seria útil ao desenvolvimento dramático se a atriz nos permitisse confiar nessa máscara antes de expor a fragilidade da construção. A avidez contida da assistente Paula é um contraste bem delineado para a exaltação do conflito emocional. Com um perfil recalcado, quase um baixo-relevo na cena, a testemunha desse embate final espera na sombra o momento de ocupar um lugar na constelação que admira. Deslizar, esperar, estar atento, intervir reagindo (e não propondo) são tarefas dificílimas para atores, e Rita Elmôr cumpre-as com muita competência.

## PEQUENO SONHO EM VERMELHO

De Fernando Bonassi e Lucienne Guedes
Direção de Francisco Medeiros e Lucienne Guedes
21 de novembro de 2003

O gênio tutelar do espetáculo *Pequeno sonho em vermelho*, informa o grupo de criação, é Wassily Kandinsky. Há certamente um longo itinerário percorrido entre a fonte de inspiração nas artes plásticas e o resultado cênico. Só quem partilhou a intimidade do processo criativo poderia detalhar quais as obras plásticas ou teóricas do artista russo em que se baseia o trabalho. São muitas, há fases diferentes e também formulações teóricas nem sempre coerentes entre si. Tal como se manifesta em cena, o sonho da Companhia Linhas Aéreas tem em comum com os procedimentos das vanguardas estéticas do começo do século passado, e não só com Kandinsky, a desconfiança nos objetos tal como são apreendidos pelos sentidos. Nas artes plásticas, a dúvida metódica sobre o "real" deu origem à deformação, ao reconhecimento de estruturas e materiais, a tentativas de traduzir visualmente forças cósmicas ou intuições de natureza espiritual. Foi uma espantosa aventura que libertou todas as outras artes da fidelidade às coisas observadas.

Esquecer a natureza, perder a memória do referente é, no entanto, uma tarefa mais complicada para os atores. Por mais que o intérprete se esforce, deformando contornos e enfatizando relações abstratas com o espaço e o tempo, o corpo humano será a inevitável memória da natureza intrometendo-se na invenção abstrata. Esse é um paradoxo que o grupo teve a inteligência de considerar ao conceber esse espetáculo. Em vez de apresentar linhas, pontos, cores e formas em movimento, ou imagens decididamente surreais (com a conexão ilógica dos sonhos), o que se apresenta em uma sucessão de cenas é a experiência desvencilhada do dramático. O que ocorre em cena não produz antagonismos, não se apoia em situações, não se desenvolve até um ponto-final. Fragmentos da vida cotidiana são invocados, parecem provir do mundo real, mas se encadeiam em reticências, são secundados por formas corporais simbólicas e pelo transtorno do uso do corpo como objeto cênico. É, enfim, o processo de simbolizar, de afastar-se gradualmente da experiência, que constitui o tema do espetáculo.

Há dois alvos singelos na arquitetura do espetáculo. O primeiro é o reconhecimento de que todas as coisas significam, mesmo as que parecem muito insignificantes. O homem que lê os classificados no tumulto da metrópole procura alguma coisa importante para ele e, enquanto o faz, constata, estarrecido, outras buscas. O segundo é a riqueza dos modos de sonhar pequenas coisas. São os estilos. Há o lirismo do amante nostálgico contemplando fotos, o patético da comunicação telefônica frustrada, o grotesco da mercantilização dos seres humanos, a crueldade do trabalho alienado e o terror da devoração amorosa.

Trabalhar os estilos sem afetação (dispensando a armadilha fácil da paródia) é um dos grandes méritos da direção de Francisco Medeiros. Apesar da grande habilidade corporal dos intérpretes, não há sequer uma manifestação desnecessária de virtuosismo. As cenas são trabalhadas exatamente até o ponto em que o significado se adensa, com uma exata noção do tempo que devem durar e sem concessões feitas ao patético ou ao risível. Sóbrias, bem desenhadas, delicadas nos detalhes interpretativos e no uso dos objetos de cena, as variações da comicidade, do lirismo, do patético e do grotesco não correspondem a nenhum clichê. Ao mesmo tempo, não parecem propositadamente originais. São soluções normais que podem corresponder a um desígnio informativo (a animalização do homem) ou a uma liberdade onírica (a mulher embebida em vermelho oscilando no fundo da cena), mas que nos parecem parte integrante daquele fragmento de experiência. Em um espetáculo em que o signo corporal desempenha também a função poética de sugerir, o controle das imagens e a sobriedade dos movimentos se subordinam – e nesse ponto relembramos Kandinsky – a uma necessidade interior da encenação. Trata-se de um pequeno mundo concebido a partir da libertação dos objetos, mas é íntegro e coerente na orquestração dos elementos que emprega.

*Pequeno sonho em vermelho* é, como outros trabalhos importantes do teatro contemporâneo, um espetáculo inventado por todos que dele participam. A direção, o texto de Fernando Bonassi, a dramaturgia de Lucienne Guedes e os intérpretes dividem os créditos autorais dessa criação inteligente e muito bonita. Podem dividir também, no futuro, a tarefa de aperfeiçoar a expressão verbal do elenco. Não há dúvida de que tudo está muito bem compreendido e assimilado. Há uma inegável inteligência corporal, ou seja, os intérpretes sabem muito bem a articulação entre o movimento e o significado global de cada cena. Mas o fato é que não falam tão bem. É preciso perseguir as palavras para poder reconhecer, depois de algum esforço, os méritos da secura, da exatidão, e a habilidade de raspar os adjetivos para expor a pulsação dos atos sob a sintaxe do pensamento. É também um belo texto exatamente porque se liga aos outros elementos da cena. Valeria a pena poder ouvi-lo melhor.

# Críticas 2004

## AGRESTE

De Newton Moreno
Direção de Marcio Aurelio
23 de janeiro de 2004

Há mais de meio século, o teatro brasileiro elegeu a região do semiárido nordestino como a paisagem predileta para ambientar o sentido do trágico. Lugar posto à margem da História, onde condições hostis à sobrevivência consomem a força vital da população, é, por essa razão, o cenário escolhido por artistas para sediar conflitos humanos universais e atemporais. Sob a aparente imobilidade da vida social regida por noções arcaicas de honra e dever, agitam-se paixões exemplares. Em meio à escassez material é possível desenhar, em alto-contraste, a aniquilação do homem por forças inelutáveis. *Agreste* trilha essa vereda pavimentada por grandes autores como Ariano Suassuna e Joaquim Cardozo e por dramaturgos de ressonância menor. Tal como seus ilustres predecessores, Newton Moreno faz com que sua narrativa seja uma condenação implícita ao atraso e ao exílio a que foram condenados os sertanejos. Suas personagens estão fora do tempo porque foram esquecidas. Estão à mercê do obscurantismo porque vivem da mão para a boca, sem recursos para aprender alternativas, ponderar, decidir e transformar os valores que regem o comportamento da comunidade. No entanto, embora parte da circunstância, a ignorância e a miséria não resumem, nesta peça, o interesse dramático.

Sendo um hábil contador de histórias, o autor lega ao público a tarefa de distinguir o essencial do contingente. A narrativa, feita ao modo indireto do teatro épico, se inicia por meio de uma descrição cheia de detalhes sedutores da corte amorosa. Um casal de lavradores namora à distância, desenha lentamente os rituais silenciosos de mútua aceitação e, por fim, empreende uma fuga para formar, em uma zona rural remota, um lar pacífico e isolado. Toda a primeira parte da trama, precedendo o conflito trágico, é arquitetada com deliberada simplicidade de vocabulário e sintaxe. Há o ritmo da hesitação, a magnetização lenta que ocorre entre os amantes, os percalços da fuga e, por fim, o recatado início da vida conjugal sob um teto comum. Em nada o casal se distingue de outros pares amorosos, exceto talvez pelo pudor dos que amam sem saber falar dos sentimentos. São essenciais, para essa primeira parte da narrativa, a serenidade das imagens invocadas pela voz dos atores, a sugestão de rotina e a atmosfera que não é a explicitamente sensual, mas antes de aconchego satisfatório, que mantém o casal apartado dos vizinhos. Trata-se de uma reserva condizente com a história do par, que não se manifesta como ocultamento. Até que a morte os separe, depois de mais de duas décadas de convivência, marido e mulher vivem – tal é a perspectiva dos moradores – na boa paz dos que não fazem a si mesmos muitas perguntas.

A morte e os incidentes reveladores que a cercam transferem o protagonismo para a comunidade. Diante da diferença, acende-se o estopim de uma fúria punitiva, que o texto apresenta como uma espécie de fogo lento à espera de uma brisa propícia para se expandir. Desdobrando-se em personagens de traços caricatos, como carpideiras e um capataz que representa a sentença do coronel, os atores têm a tarefa de configurar a histeria coletiva impulsionada em parte pela ignorância, mas também pela crueldade. Sem complacência, sem atenuar a caracterização por respeito à indigência material e espiritual dos envolvidos, o texto enfrenta a questão mais complexa da intolerância como um componente obscuro e recalcado de qualquer agrupamento social.

Esse talvez seja o aspecto mais perturbador dessa peça superficialmente ancorada na representação de uma sociedade arcaica. Por contágio, de um modo quase inconsciente, o grupo se define contra a alteridade. Mobiliza-se para extirpá-la, cresce em dinamismo e energia quando encontra um pretexto para reafirmar um antigo código de conduta. Só quando vigia e pune, a comunidade se fortalece e se torna sujeito da ação. Fora disso, é vítima excluída do processo civilizatório. O auto de fé promovido pelos vizinhos do casal é, portanto, o seu momento afirmativo.

Sob a direção de Marcio Aurelio, o espetáculo reforça o componente trágico que não depende de uma caracterização localista para se constituir em cena. As vozes dos atores narradores são sóbrias e complementares. Há o tom mais grave e mais agudo, indicando o formato de cantata. As repetições e ressonâncias da primeira parte do texto são extraordinariamente bem-feitas, controladas como se obedecessem a uma partitura. Ecoam sugerindo uma espécie de fundo infinito, e quase vemos a paisagem vasta, a perambulação solitária dos amantes e a mansidão com que se estabelecem e criam a sua rotina conjugal. Na segunda parte prevalece o grotesco e, por essa razão, o espetáculo inclui algumas intervenções caricatas. Mesmo as caricaturas são sóbrias, dosadas para sugerir a aliança produtiva entre malícia e crueldade.

Com uma composição bem articulada e dois intérpretes (Paulo Marcello e João Carlos Andreazza) capazes de realizar a sugestão musical do texto, não fariam falta os violinos da trilha sonora sublinhando o lirismo e a tragicidade.

## OS SERTÕES – O HOMEM

De Euclides da Cunha
Direção de José Celso Martinez Corrêa
13 de fevereiro de 2004

O Teatro Oficina apresenta agora o terceiro espetáculo baseado em *Os sertões*. Seguindo de perto a estrutura narrativa do livro, o grupo transpõe para a cena a segunda parte de "O homem". É o trecho em que, no texto, depois de esclarecidas as variáveis étnicas e históricas que confluem para a constituição da população brasileira, Euclides da Cunha aborda o episódio histórico do Arraial de Canudos. Precede à luta a biografia de Antônio Vicente Mendes Maciel e a sua transformação em líder religioso dos sertões nordestinos. Recorrendo a documentos e relatando com astúcia narrativa ímpar a multiplicação lendária de incidentes singulares, essa fusão do indivíduo no meio – e inversamente a multidão projetando em um homem seus desejos e carências –, a estratégia da obra literária coincide ponto por ponto com a poética teatral do grupo.

Desde os anos 70 do século passado, esse veterano conjunto teatral dirigido por José Celso Martinez Corrêa vem trabalhando com a ideia do protagonismo do coro. Outros movimentos teatrais, inspirados em Nietzsche ou no coletivismo marxista, percorreram a mesma trilha durante o século XX. Regendo-se pela primeira dessas cartilhas, o Teatro Oficina regressaria ao lugar de origem sagrado da cena. Canudos tornar-se-ia, desse modo, a celebração de um mistério trans-histórico de exaltação e sacrifício. Se, em vez disso, o coro, adotando-se um viés histórico-crítico, simbolizasse apenas a vitimização dos desvalidos, ficaria desqualificado o espantoso empreendimento social da comunidade de Monte Santo. Foram massacrados os conselheiristas e, sob a perspectiva da crítica histórica, prevaleceria o martírio como elemento dramático fundamental.

Com mão de gato, a transposição cênica do livro extrai desses dois braseiros as fagulhas que interessam para acender a "felicidade guerreira". O protagonismo coral, ou a "farândola" que peregrina pelo sertão atrás do Conselheiro e funda a comunidade em Monte Santo, emerge no espetáculo a partir da história da representação, incorporando como uma força as diferentes formalizações que o teatro engendrou ao longo do tempo. A primeira formalização a ser superada é a do drama, já ameaçado por ressonâncias épicas. Encena-se a luta familiar de dois clãs, um episódio moldado sobre a peça de vingança do período elisabetano. Antônio Maciel, menino introspectivo e delicado, surge de um dos clãs e recebe a investidura de outras reminiscências históricas, como a ambiguidade sentimental e erótica do teatro poético do final do século XIX. Seguem-se outras cerimônias de iniciação: o melodrama circense, análogo às lendas que circulavam sobre a história pregressa do Conselheiro e, finalmente, a fusão do psiquismo individual na aspiração coletiva de bem-estar. O protagonismo coral torna-se, assim, um processo histórico de sublimação, em vez de um retrocesso indiferenciado à origem. Antes de ser vitimado, o povo de Canudos criou, com alegria e inteligência, a cidade nova.

Todas essas operações encontram suporte em *Os sertões*, e há lugar tanto para o antagonismo real e baseado em documentos das ações da Igreja e do governo da Primeira República quanto para as interpretações que Euclides da Cunha dá às celebrações religiosas, considerando-as "desvairamento irreprimível". A valoração cênica, está claro, não é a mesma.

Na semântica do espetáculo, a "farândola" retoma sua acepção original de dança alegre. Não há a histeria dos nervos distendidos, mas o relaxamento alegre da comunhão dos corpos e da partilha das coisas materiais. O impulso erótico de juntar-se, procriar, ter paz e comida governa a coletividade de Canudos e impulsiona-a para o estabelecimento de uma ordem cujo objetivo é, mais do que a transcendência, a fruição. É esse grupo harmonizado que transpõe em determinado momento a moldura do livro e inicia um avanço para a terra "improduzida" que circunda o teatro. Atores e crianças que moram no bairro e integram o espetáculo propõem, desse modo, fundamentar a representação em uma analogia. Canudos teve uma fundação mítica, foi sonhada como a Cidade de Deus do sertão. Também o sonho da expressão artística pode conduzir à fundação mítica de "um teatro de estádio para multidões".

Enquanto a comunidade sertaneja se organiza teatralmente sob os olhos do público, a "conselheira" da modernidade, encarnada na arquiteta Lina Bo Bardi, lidera o cortejo das projeções contemporâneas do desejo da "farândola". Todo o espetáculo é, aliás, permeado por procedimentos analógicos entre o contemporâneo e o histórico.

Com a urgência de quem se dispõe a uma tarefa monumental, o Teatro Oficina pôs nesse espetáculo muitas maravilhas. Há uma inteligência extraordinária na dramatização dos episódios e nos signos visuais que se referem ao passado e ao presente. Nesse sentido, o espetáculo solicita tanto a queima de fosfato cerebral – é preciso estar atento – quanto poros abertos para se deixar seduzir pela energia vital do coro. Diante dessa dupla exigência, é preciso confessar que os momentos de interação com o público se prolongam demais no segundo ato. O mito edênico, a beijação e o "hetairismo infrene" são significativos da aliança que o coro representa exemplarmente, mas prolongam-se em demasia em uma narrativa que não quer perder o fio da meada.

Por último, o mais importante: as crianças do Bixigão que fazem parte do elenco. Em todas é visível a coordenação e a disciplina para desempenhar as funções que o espetáculo reserva a elas. Ao mesmo tempo, o significado do desempenho se apoia no conhecimento e na experiência da infância. O corpo ágil e leve, a curiosidade real pela plateia, a interpretação compreendida como jogo – nas crianças, estratégia simultânea de adquirir conhecimento e sentir prazer – são alguns dos maiores encantos das três etapas de *Os sertões* já percorridas pelo Oficina.

## RUMO A CARDIFF

De Eugene O'Neill
Direção de André Garolli
23 de março de 2004

Em 1916, um grupo experimental norte-americano, o Provincetown Players, encenou *Rumo a Cardiff*, peça em um ato do dramaturgo estreante Eugene O'Neill. Só então – escreve o crítico John Gassner – "a América descobriu que o teatro era uma arte e não uma indústria, e o drama tornou-se um de seus mais ricos recursos naturais". Sempre firme no rumo de levar à cena os autores e peças mais importantes da dramaturgia universal, o Grupo Tapa encena agora, a título de apresentação pública de um trabalho de formação de intérpretes, esse marco inicial da moderna dramaturgia norte-americana. O intuito escolar finalizado na prova do palco costuma ser uma experiência recomendada a familiares dos novatos e especialistas em arte e educação. Às vezes, só às vezes, o resultado final dos cursos de formação de intérpretes é também o momento em que se ousa mais, em que tanto o encenador quanto os intérpretes aproveitam para voar sem rede porque sabem de antemão que o profissionalismo, sujeito às leis madrastas da economia, restringe o número dos elencos. Neste caso, o modo de produção adotado pelo grupo é um meio-termo entre o saudável desregramento do voluntarismo radical e a disciplinada exigência da produção profissional. Os atores menos experientes contracenam com parte do elenco da companhia estável. Em situação de equivalência cênica, exibem o que talvez seja o aspecto mais consequente da dramaturgia de O'Neill: não há primeiros papéis, e se esta peça ainda nos parece tão boa é porque se apresenta como um universo íntegro revelado na dinâmica do espetáculo.
Ao mesmo tempo, a encenação dirigida por André Garolli, que permite a todos os participantes exercitar o aspecto inovador da encenação contemporânea, ignora o valor de face da peça realista e compreende *Rumo a Cardiff* sob a ótica

dos experimentos posteriores do dramaturgo norte-americano. Os marinheiros que impelem um navio em condições atmosféricas hostis enquanto velam à cabeceira de um companheiro agonizante são também a metáfora da precariedade de outros modos de vida. É a situação-limite da proximidade da morte e da impotência diante do sofrimento alheio que orienta o desenho do espetáculo.

Quando entrou em cena no início do século XX, a peça tornou-se notável também pela revelação do modo de vida dos trabalhadores do mar. Era um registro fiel da linguagem e dos hábitos dos marinheiros e, sem dúvida, uma novidade bem-vinda porque transgredia os limites estreitos da sala de estar, onde estavam confinadas as personagens do teatro comercial. Além disso, abria a porta para a variedade dialetal a que o próprio O'Neill daria continuidade captando, nas peças posteriores, a fala peculiar dos negros, dos trabalhadores do campo e das diferentes etnias. Essa qualidade surpreendente a seu tempo perdeu a pátina que lhe conferia o ineditismo. Em contrapartida, o núcleo significativo do texto, que torna simbólicos o isolamento e a precariedade de quem vive ao léu, sob uma superfície instável, e ainda assim consegue forjar laços duradouros de afeto e solidariedade, é o que orienta a formalização do espetáculo.

A estratégia da encenação para contornar a apreciação passiva de uma "fatia de vida" consiste, de início, em seduzir o público por meio de imagens que não dissociam o perigo e a beleza do mar. Entrevista por um recorte na parte frontal do palco, a tempestade é uma extraordinária prova de engenhosidade cênica. Fragmentos de movimentos, volume de voz e o uso inteligente da luz são suficientes para indicar ao público a ambiguidade do universo marítimo como figura do inconsciente. É o que basta para nos situar na categoria do belo horrível. O próximo movimento é absorver a plateia e convidá-la ao percurso do tombadilho ao porão do navio. Confinar, criar a sensação de proximidade e partilha de uma experiência que não renuncia a seu aspecto ficcional é um empreendimento dificílimo e só raras vezes bem-sucedido. Quando somos arrastados para fora da cadeira e forçados a transitar por ambientes insólitos, o caráter de jogo desse percurso é tão estimulante que deixa em segundo plano os elementos dramáticos. Em geral, os espetáculos procuram interromper esse interlúdio lúdico por meio de impactos sensoriais.

Não é o que acontece com o espetáculo do Tapa. Composições de personagens densas, sempre atentas à situação central da agonia do marinheiro ferido, cercam a inquietação natural da plateia em movimento. O percurso é em direção a uma certa qualidade de silêncio. As fanfarronices, as brincadeiras rudes, as tentativas ineptas de oferecer alívio ao sofrimento são todas pautadas por uma tonalidade de voz comum ao elenco. É a nota grave de medo. O sentimento da peça está sob controle, e é essa unidade densa que se transmite aos espectadores. Representada por um coletivo – hoje diríamos uma atuação coral –, a morte de Yank não tem o sentido de morte individual. Todas as coisas e criaturas no seu entorno se equilibram sobre um chão instável, sonham com o porto e podem tomar e assumir a forma que lhes atribui o delírio do agonizante. Esse homem não é só "o outro". Viaja conosco.

## BORGHI EM REVISTA

De Renato Borghi
Direção de Renato Borghi
21 de maio de 2004

Renato Borghi fez sua estreia profissional em uma companhia estável dos anos 1950, sob a direção do astro Sérgio Cardoso, contracenando com Nydia Licia em uma peça ao estilo do realismo psicológico. Foi um começo de jovem galã. Depois disso, fez parte do grupo de estudantes da Faculdade de Direito da Universidade de São Paulo que fundou, em 1958, o sempre vivo Teatro Oficina de São Paulo. Percorreu com esse grupo uma trajetória progressiva do teatro realista ao teatro de inspiração brechtiana. Integrava a caravana que, nos anos 1970, acossada pelas perseguições da censura e da polícia, atravessou o país à procura de uma forma nova para expressar-se teatralmente. Deixou o grupo que ajudara a fundar em 1973, enveredou pela dramaturgia, participou como ator de produções isoladas, formou novos grupos e é agora o ativíssimo impulsionador do Teatro Promíscuo.
É uma trajetória longa, de 45 anos de atuação nos palcos brasileiros em funções múltiplas. Interpretar, escrever, dirigir e, além disso, organizar os meios de produção de cada trabalho acaba sendo, por força das circunstâncias, a rotina dos nossos artistas de teatro. No caso de Borghi, no entanto, essa rotina tem um significado emblemático porque percorre, como uma espécie de superação, etapas históricas decisivas do teatro da segunda metade do século XX. Um ator, que começou interpretando personagens em uma companhia estável sob a orientação de um grande ator, integrou em seguida um coletivo em que se responsabilizava pela orientação ideológica e estética do repertório. Foi protagonista da crise dos anos 1970 que jogou para o alto, para ver o que sobrava, os conceitos de peça, personagem, direção, interpretação e lugar da cena. Na aventura radical empreendida pelo grupo Oficina entre 1970 e 1972, dissolveram-se, como projeto e como prática, os meios de representação

do teatro e a relação com o público. As múltiplas funções que desempenhou ao longo desse tempo são mais do que competências no exercício de uma profissão. São estratégias de autonomia artística. Com seu grupo atual, o Teatro Promíscuo, Borghi vem estimulando a consolidação de uma escrita dramática inovadora e acolhendo experimentos no campo da encenação.

Essa história de uma vida na arte é rememorada em *Borghi em revista*. Na dupla condição de agente e testemunha das transformações do país e da arte ao longo de quase meio século, o ator sério da *ensemble*, o ativista da vanguarda política e ideológica e o alegre entusiasta da profissão são máscaras superpostas que se referem não apenas a um indivíduo, mas às tendências hegemônicas da nossa vida cultural ao longo desse tempo. O simples fato de relatá-las no tom despretensioso do depoimento torna o espetáculo interessante. Quem partilhou essa história na condição de público se sentirá estimulado a contrapor à perspectiva crítica do autor as suas próprias interpretações. Quem não conhece o passado recente encontrará, na sequência desenhada pelo roteiro, uma espécie de súmula dos acontecimentos mais importantes no campo das artes cênicas.

Há, contudo, além desse caráter informativo, a dimensão da memória pessoal do narrador desses episódios. A memória, chamada ao palco, não é apenas um antes. Torna-se o momento presente, filtrada pelos sentimentos, pelo esquecimento, modificada pelo simples fato de que a história reconstituída se endereça ao público de hoje. E o modo como Borghi organiza essa memória contradiz a poética dos movimentos de renovação da cena brasileira desde a segunda metade do século passado. Contradiz, na verdade – e isso é surpreendente –, a atuação de um artista sempre integrado na fila da vanguarda.

Já na denominação do espetáculo, em que se explicita o formato revista, antigo gênero de teatro cômico que prosperava no Rio de Janeiro antes da modernização do nosso teatro, nota-se o apego nostálgico ao nosso passado teatral. A exaltação do divismo dos grandes intérpretes da música popular brasileira, a saudade dos cômicos do teatro ligeiro, a reprodução do mecanismo de endereçar-se à plateia e improvisar são indícios de adesão a um passado teatral no qual havia, para o intérprete, um lugar de maior relevo. E há ainda um poderoso elemento de identificação com a vida teatral de outrora. Em cena, o autor-intérprete é coadjuvado por Ariel Borghi, apoio técnico e afetivo das improvisações. Lembranças, talvez, de um tempo em que a vida teatral se confundia com a vida familiar, a presença de pai e filho no mesmo palco parece também um modo de contrariar as associações regradas pela identificação ideológica.

De qualquer modo, a revista é, por direito de nascimento, o formato ideal para o exercício das invenções do intérprete. Ao endossá-la, o espetáculo

*Borghi em revista* não consegue expressar de modo convincente a dialética do movimento grupal que procurava e procura ainda a expressão igualitária, dando a todos os participantes da criação a mesma importância.

## O QUE MORREU MAS NÃO DEITOU?

De Marcos Damigo
Direção de Francisco Medeiros
28 de maio de 2004

Estar à deriva, em geral, não é coisa boa. Ficam à deriva os barcos sem leme, as pessoas e os projetos que não sabem aonde chegar. São negações da deriva os trajetos retilíneos de porto a porto, os objetivos alcançados, os artefatos finalizados. No entanto, o grupo de criação do espetáculo *O que morreu mas não deitou?* adota o percurso errante como meta. Para criar um espetáculo apoiado nas inquietações de artistas que têm mais perguntas do que certezas, o projeto Pode Entrar Que a Casa é Sua procurou pôr em cena situações abertas, sem fecho aparente, cuja unidade temática é dada pelo modo inquisitivo. Cinco narrativas se sucedem, e em cada uma delas é visível a aproximação tateante; estão nítidas as marcas do processo que os intérpretes utilizaram para eleger alguma coisa e dar-lhe a forma de teatro. A matéria literária que inspirou cada uma das narrativas é reorganizada, recortada por reflexões dos leitores, acrescida de vínculos entre a experiência pessoal do intérprete e o lugar onde o espetáculo foi produzido.

À deriva é, nesse caso, uma metáfora da função social do lugar. Produzido e encenado nas dependências do Arquivo Histórico Municipal, o trabalho incorpora à linguagem, além das questões metafísicas da produção artística, o aspecto material da fatura. No espaço onde se guarda a memória da cidade é onde, potencialmente, a memória coletiva deve ser reativada. As narrativas são, por essa razão, estruturadas sobre o modo como o processo mnemônico opera sobre textos literários, experiências de vida e sobre o imaginário de um modo geral.

Também os espectadores convidados a percorrer o belíssimo edifício Ramos de Azevedo reproduzem o circuito inconstante da lembrança. Enquanto persegue as cenas atravessando galerias antigas, salas de aula, o anfiteatro e o galpão semiarruinado (característico da dificuldade institucional do país para preservar a memória coletiva), o público associa as imagens do trajeto às cenas. A solidez do edifício destinado a guardar coisas é subvertida pelo uso teatral do mesmo modo que o documento arquivado é subvertido pelos que o acessam.

Em paralelo, o dado do presente – o universo cotidiano que se imiscui no imaginário – é dado pela moldura de um grupo de trabalhadores da limpeza a quem, em qualquer lugar, cumpre manter a rotina. Como moldura das cenas, há a representação do concreto e do histórico cercando os meandros do inconsciente. Enfim, alternam-se como polos dramáticos a fluidez dos processos psíquicos e a imobilidade tenaz do universo do trabalho.

Por mais inteligente que seja um esquema abstrato como esse, perfeitamente legível nas suas intenções, só atinge o objetivo por meio de recursos próprios do teatro. E a conjunção de signos teatrais na encenação ultrapassa em larga medida o plano conceitual. Sob a orientação do diretor Francisco Medeiros, cada elemento de composição é ampliado para significar, ao mesmo tempo, um conceito e a transfiguração em alguma coisa de múltiplos sentidos. O efeito tem a mesma ressonância poética embutida na concepção do processo mnemônico. Compreende-se tudo muito bem, mas a percepção acaba por privilegiar as sensações e os sentimentos que se produzem a partir das cenas. Para começar, há a batida dos tamancos ressoando no espaço, as figuras silenciosas entrevistas como a população noturna do prédio, o uso inteligente das luzes de serviço e o desenho do percurso. Tudo isso inquieta, desestabiliza a noção de espaço e tempo. Em seguida vêm as cenas, ao que parece formalizadas nos espaços onde são apresentadas. Dependem inteiramente da habilidade dos intérpretes e diferem estilisticamente de acordo com a personalidade de cada ator. Em comum, há a evidência de uma subjetividade interferindo sobre a matéria literária, intercalando a textos de outros autores um fundo lírico. São mínimos, quase ascéticos, os recursos visuais, e a proximidade entre o ator e o pequeno grupo de espectadores não dá margem a recursos ilusionistas. A simplicidade, a limpidez dos gestos e da emissão vocal é que dão a medida de um grupo de treino homogêneo, que domina ao mesmo tempo a técnica e a concepção intelectual do espetáculo.

Nesse caso, o todo é maior que as partes, e o propósito do espetáculo se cumpre plenamente. Em se tratando de um processo de trabalho que acolhe as preferências de cada participante, no entanto, há cenas que funcionam melhor em razão da base textual em que se inspiram. São excelentes as cenas protagonizadas por Tânia Ripardo e Bel Kowarick, apoiadas respectivamente na autobiografia de Marilena Ansaldi e em uma peça de Plínio Marcos. A teatralidade da fonte de inspiração foi, nessas duas cenas, meio caminho andado. Inversamente, a cena protagonizada por Plínio Soares é boa exatamente porque se enraíza na situação arquivística, dispensando o repertório literário. Simples, direta ao explicitar a relação causal entre o documento histórico e a memória pessoal, realiza ao mesmo tempo a mais comovente figura da correnteza mnemônica.

Marcos Damigo elegeu uma peripécia textual que escapa de nomear objetos de um modo quase sempre artificial e obriga-se, por essa razão, a uma ênfase interpretativa, definindo em demasia os movimentos, os olhares, as inflexões. É uma cena que se beneficiaria com uma redução do texto e dos recursos interpretativos para integrar-se melhor à ideia de obra aberta que orienta o espetáculo. Rodrigo Bolzan, em uma espécie de elegia endereçada aos mortos prematuros, permanece colado ao sentimento imediato da perda, no estágio anterior ao da evocação.

## OS SETE AFLUENTES DO RIO OTA

De Robert Lepage
Direção de Monique Gardenberg
9 de julho de 2004

Como suporte da narrativa de *Os sete afluentes do rio Ota*, há um acontecimento de ressonância planetária, desdobrando-se ao longo do século XX: a bomba atômica lançada pelos americanos sobre Hiroshima em 1945. Por duas gerações, a peça segue personagens que, de modo direto ou indireto, foram afetadas por esse gesto extremo do poderio bélico. O modo como essa história criada por um grupo canadense, sob a orientação do diretor Robert Lepage, trata da catástrofe nuclear é, talvez, indício de deposição das armas do combate intelectual. Até hoje, o pensamento crítico – expresso tanto pela arte quanto pela história – tenta se aproximar desse limite analisando causas e consequências, alertando e formulando condensações morais que, em tese, ninguém contesta.

Recriada em 1996 pela imaginação de jovens artistas, os julgamentos éticos e a análise das circunstâncias históricas da bomba não fazem parte da ação dramática. No final do século XX, imbuídos da convicção de que o conhecimento e a ética não foram suficientes para coibir a agressividade dos belicistas, o grupo de teatro canadense escolhe a vertente oposta. Cria uma espécie de fábula, exaltando a capacidade dos seres humanos de sobreviver e regenerar o que a própria espécie destruiu. Uma vez que os sistemas filosóficos, as instituições e as religiões comprovaram sua impotência para coibir o impulso homicida dos impérios, resta aos homens comuns refazer laços entre nações, improvisar métodos de cura e, na reduzida esfera das relações interpessoais, restaurar pequenas porções de universos destroçados.

Partindo da intuição da rede amorosa entre indivíduos, a narrativa da peça adquire amplitude espacial e temporal. O início da ação situa-se em Hiroshima, e o primeiro marco temporal é o último ano da guerra. Na cidade devastada há um militar cuja missão é documentar os efeitos da bomba sobre as edificações de Hiroshima. Da relação com uma jovem senhora japonesa desfigurada pela explosão, tem início a linhagem dos filhos dos sobreviventes. Em várias partes do planeta, os sobreviventes da guerra e seus descendentes se entrecruzam em um convívio que atravessa décadas e vários continentes. Nessa trama, o ponto de partida ficcional é uma casa assentada sobre a intersecção dos afluentes do rio Ota, e para esse mesmo lugar, seis décadas depois, convergem ao final os personagens cujo sofrimento é, de algum modo, decantado. Por meio de um esforço amoroso dos habitantes e talvez pela persistente virtude da esperança, a cidade renasceu. O mesmo ocorreu com as pessoas submetidas a danos físicos e psíquicos.

Em grande parte, o encanto da criação do grupo de Robert Lepage decorre da fluidez da narrativa. Os acontecimentos cênicos não parecem conduzir a um fim determinado. São, antes de tudo, encontros entre pessoas, em que não se permite vislumbrar momentos de introspecção ou extrair do que ocorre pensamentos conclusivos. Em cada cena, há personagens absortos na ação ou no diálogo, sem intenção aparente de demonstrar alguma coisa. Apenas um dos personagens se completa em um *flashback*, rememorando a experiência da vida em um campo de concentração nazista. Na maior parte das cenas, o que se vê é a transfiguração de um ato aparentemente cotidiano em uma figura clarificada pela cadeia dos eventos. Vários símbolos recorrentes auxiliam o espectador nessa travessia: a fotografia, a imagem de um quimono em que se concentra de modo poderoso outra possibilidade de beleza, a contraposição dos diferentes ritmos de elocução do Oriente e do Ocidente. Cabe ao espectador compreender o que o personagem não compreende e generalizar, por meio do encadeamento das diferentes épocas, o que se apresenta como instantâneo e singular.

Como uma concessão ao verismo, os personagens são nômades e poliglotas porque participam de diferentes maneiras da linguagem universal da criação artística. Há músicos, artistas plásticos, atores e uma tradutora, e isso torna crível o trânsito incessante pelo planeta. Fora disso, são indivíduos apanhados na rede de um evento traumático para toda a humanidade. Dessa gente desprovida de estatura heroica depende, na perspectiva da peça, a restauração da confiança entre os seres humanos. No entanto, a fotografia, a música, o teatro e a dança são, na trama metafórica que cerca a história, poderosos recursos de superação do trauma.

Cabe ao espetáculo, portanto, a tarefa de manejar os mesmos instrumentos que as personagens utilizam para quebrar a cadeia do ressentimento. E a encenação dirigida por Monique Gardenberg e apoiada solidamente na cenografia de Hélio

Eichbauer parte do princípio (legitimado pela história das cidades japonesas) de que a beleza é o norte para o renascimento. É o ritmo da arte japonesa, com seus tempos lentos propícios à reflexão, que orienta a dinâmica do espetáculo. O frenesi "ocidental" é emoldurado em uma visualidade que privilegia linhas nítidas, espaços vazios e silêncio. Também o trabalho dos intérpretes se orienta por essa linha de estilização nítida, e as composições de personagens têm, de um modo geral, a expressão afetiva atenuada para permitir o relevo do gesto poético e da função figurada que cada personagem desempenha no conjunto. É um trabalho difícil, porque tem a intenção de seduzir esteticamente sem omitir os horrores da doença, da deformidade e da pura crueldade. O elenco de Os sete afluentes do rio Ota executa com maestria essa proeza de tornar complementares o belo e o horrível.

## A MANDRÁGORA

De Nicolau Maquiavel
Direção de Eduardo Tolentino de Araújo
30 de julho de 2004

Não é a primeira vez que o Grupo Tapa se aproxima dessa comédia imortal que é A mandrágora. Em 1988, também sob a direção de Eduardo Tolentino de Araújo, a peça de Maquiavel, montada com excepcional beleza e apuro técnico, apoiava-se, antes de tudo, na lucidez da crítica. A memória dos espectadores é duvidosa, mas, de algum modo, a impressão que se sobrepõe ao relembrar o espetáculo é a de que a encenação situava a narrativa no mundo próspero e organizado da burguesia. Mesmo sem o auxílio do fundo cenográfico, as cenas tinham profundidade e organizavam-se em perspectiva. E a perspectiva é, do ponto de vista da história das ideias estéticas, o formato consagrado pelo realismo. No primeiro quartel do século XVI (entre 1513 e 1515), ao escrever uma peça cuja escala abolia a dimensão da eternidade, e cujas personagens imitavam seus concidadãos, Maquiavel solidificava a base para a representação da historicidade.

No espetáculo anterior do Tapa, esta comédia, em que a família, a Igreja e as instituições sociais laicas se aliam para seduzir uma senhora virtuosa, era encenada tendo como perspectiva um momento inicial, e por isso mesmo triunfante, de uma nova ordem em que o interesse supera a ideologia. Nesse sentido, o espetáculo era fiel ao realismo maquiavélico cuja deslumbrante novidade consiste em desmascarar, no nascedouro, o pragmatismo em que se fundam a prosperidade e a satisfação de uma nova classe social. Ao tomar como objeto de representação o cidadão da república italiana, Maquiavel traçava o esboço da amoralidade vitoriosa, e todos, ao fim da comédia, obtinham o que desejavam. Mais do que uma década depois, é bem diversa a ótica do grupo. Com outro elenco, mas sob a mesma orientação artística, a peça é reinterpretada como uma narrativa em que, em estado de tensão, representam-se a um só tempo o apogeu e a decadência implícitos na estratégia política da satisfação a qualquer preço. Neste espetáculo, o espaço onde se situam as cenas perdeu a profundidade e a camada brilhante da prosperidade recente dos burgueses florentinos. Em lugar da perspectiva, há agora uma disposição frontal de personagens e espaços, tal como ocorria nos tablados onde se encenavam as primeiras comédias dos autores renascentistas. Em conformidade com a disposição simultânea de figuras e ambientes, a caracterização visual das personagens é mais arcaica, ou seja, acentua traços farsescos que a argumentação realista do autor torna quase invisíveis na leitura do texto. Reconhecemos logo, por meio da disposição cênica, as "máscaras", ou seja, o traço incisivo de cada personagem indicando a função que desempenha na narrativa.

Assim, o religioso hipócrita, a matrona lasciva, o rábula pretensioso, o parasita e o servo, figuras do gênero cômico que em perspectiva temporal precedem a comédia humanista, são reforçadas neste espetáculo como signos de apetites primários. Quando são convocadas à ação, comportam-se de modo sensato, uma vez que a estratégia para a satisfação dos desejos exige planejamento e lógica. No entanto, nenhum personagem se desprende inteiramente da natureza brutal. A sujeira, a lascívia, a cobiça e a brutalidade estão sempre presentes nas atitudes corporais, nos figurinos, na tonalidade das interpretações. O objetivo logrado que a todos satisfaz não chega a consolidar-se como um triunfo porque há, no espetáculo, a sugestão de uma barbárie indomável. É um modo de exibir a contraface selvagem do pragmatismo. Maquiavel testemunhou e representou sob a forma cômica o início de uma era liberta da ética medieval em que a piedade e a retidão são ornamentos vazios de sentido, ostentados por pura hipocrisia. Há na sua peça, para encanto dos seus contemporâneos e das gerações seguintes que a mantiveram em cartaz, a alegria de dar nome às coisas com a maior liberdade, de examinar, pela primeira vez no teatro da civilização cristã, o desejo sem culpa. Além disso, na leitura de hoje, o Tapa contempla também o fim de um longo percurso histórico e inclui, na representação, os sinais da necrose. Compreende-se desse modo que, na origem do pragmatismo moderno, está presente o elemento desagregador do individualismo. Alguma coisa que só indiretamente se manifesta no texto é parte importante desta encenação e se expressa também por linhas sinuosas, por uma alternância entre claros e escuros, pela gestualidade que, em alguns casos, ultrapassa a farsa e se aproxima do grotesco.

No Tapa, um grupo em que a ideia de conjunto harmonizado para pôr em relevo a peça é um programa, todos se saem bem porque sabem o que estão fazendo. As filigranas cômicas, invenções peculiares de cada intérprete, jamais se sobrepõem ao sentido da cena e à dinâmica da ação. Ainda assim, obediente a essa moldura de significado, o trabalho de Guilherme Sant'Anna, interpretando o marido enganado e contente, tem o poder de atração próprio – e inevitável – dos talentos extraordinários. Sua composição de Messer Nicia combina com graça e sutileza a ingenuidade, a prepotência dos pequenos tiranos domésticos, valentes em casa e humildes na rua, e um arsenal de truques farsescos engraçadíssimos, que nos parecem inspirados na sofisticação da tradição cômica italiana.

### EH, TURTUVIA!

De Luís Alberto de Abreu
Direção de Ednaldo Freire
13 de agosto de 2004

Na extensa investigação que a Fraternal Companhia de Arte e Malas-Artes vem fazendo das nossas tradições culturais, o componente nostálgico, que tanto desagrada aos que justamente desejam franquear aos brasileiros empobrecidos e isolados das áreas rurais os benefícios da modernidade, é ao mesmo tempo confessado e recalcado. Assistimos a *Eh, Turtuvia!* com o prazer de quem contempla um modo de viver em que a distância entre o homem e a natureza nos parece menor. E somos ao mesmo tempo aguilhoados por uma certa tristeza, porque o que se vê em cena é irrecuperável. Há em cena quatro narradores reconstituindo a maneira de viver e pensar dos caipiras que, na segunda metade do século XX, foram alcançados pelas estradas e pelos meios de comunicação de massa. Sobre essa população, escreveu Antonio Candido de Mello e Souza: "Era espoliado e miserável na absoluta maioria dos casos, porque, com o passar do tempo e do progresso, quem permaneceu caipira foi a parte da velha população rural sujeita às formas mais drásticas de expropriação econômica, confinada e quase compelida a ser o que fora, quando a lei do mundo a levaria a querer uma vida mais aberta e farta, teoricamente possível".

No texto de Luís Alberto de Abreu há uma estratégia para equilibrar a contradição implícita nas rememorações. Em primeiro lugar, reconhece que o acesso ao imaginário das comunidades rurais de outrora exige um recuo temporal feito de eliminação. Só depois de fazer desaparecer a metrópole contemporânea por um método redutivo, o público é incitado a reconstruir a paisagem e a vivência à margem da expansão urbana. O universo representado em cena não é, desse modo, apenas vazio e carente por exclusão. É também um lugar povoado, mas de um modo diferente. E é, aliás, de antanho a palavra escolhida para título do espetáculo, garimpada no léxico português entre outras que as comunidades rurais mantiveram como de uso corrente enquanto a língua da cidade grande tomava outro rumo.

No entanto, a nostalgia – e disso o grupo tem plena consciência – está longe de ser um sentimento inocente. As visões da Arcádia e a mitificação das origens já nos causaram problemas suficientes ao longo de todo o século XX. Por essa razão, embutido no modo como se celebra o universo caipira, está o contraveneno do suspirar saudoso. "É para que não morra a força coletiva", diz o texto, que o grupo se ocupa da reconstituição do que havia de melhor nesse modo de vida. E o que havia de melhor, nessa perspectiva, é exatamente a habilidade de produzir as narrativas. Alguma coisa que as comunidades aprendem, desenvolvem e aperfeiçoam para poder transformar a contingência em substância transcendente, ou, se quisermos, a natureza em cultura.

São os contadores de histórias os protagonistas do espetáculo. O modo como surgem as narrativas, a habilidade empregada para recontá-las e o fato de que, a partir de um repertório comum de experiência e tradição, surgem "artistas" com uma assinatura própria sugerem a riqueza do imaginário e a complexidade das estratégias narrativas elaboradas em meio à escassez. Mesmo fora do universo letrado, exilados da rede de informações sobre o mundo moderno, os contadores conhecem e manejam bem a narrativa épica, a lírica e a crônica de costumes. Fusão de heranças étnicas, transfiguração do fato em lenda, vinculação simbólica entre os ciclos da natureza e a cosmogonia cristã, há, em todas as histórias do espetáculo, o elemento comum do humor. Na ótica desse espetáculo, há, sem dúvida, uma alegria que provém da ligação íntima entre os personagens e o tempo cíclico da natureza.

No teatro, contudo, vive-se no tempo racional da técnica, e os quatro intérpretes da Companhia de Arte e Malas-Artes trabalham com essa superposição de tempos. Sob a direção de Ednaldo Freire, distingue-se com nitidez o viés contemporâneo que escolhe, distingue planos e opera transformações rápidas, sob as vistas dos espectadores, sem submergir nos personagens dos narradores rurais. Mirtes Nogueira, Aiman Hammoud, Luti Angelelli e Kalil Jabbour investem com extraordinária agilidade os múltiplos personagens e

desempenham ao mesmo tempo as funções de localização temporal e espacial do espetáculo. Os breves momentos de interação com o público que o
formato épico prevê são feitos de um modo cordial, provocações delicadas e
inteligentes, para que não se perca de vista o caráter de produção de teatro.
O universo a que refere o espetáculo é constituído por força da invocação
de criadores modernos e, portanto, uma metamorfose artística de signos de
outra cultura. Em consonância com esse propósito, a cenografia, os figurinos
e a movimentação estilizam formas e cores da iconografia das festividades
rurais e das práticas cotidianas. Imita-se o procedimento da população a que
o espetáculo se refere, ou seja, materiais simples reelaborados em arranjos
altamente complexos, que entrelaçavam originalmente a herança indígena, a
portuguesa e a africana. Sob a direção de Murilo Alvarenga, a trupe da Malas-
-Artes tem o melhor desempenho musical da sua história.

## O CANTO DE GREGÓRIO

De Paulo Santoro
Direção de Antunes Filho
27 de agosto de 2004

Com modéstia tática, o Centro de Pesquisa Teatral (CPT) do Sesc vem cultivando
o campo da dramaturgia. Na moderna concepção de dramaturgia, aliás, cabem também os intérpretes e o formato visual do espetáculo. Ou seja, todos os elementos
que, combinados, constituem a comunicação teatral. Sendo assim, os atos curtos de-
nominados *Prêt-à-porter*, apresentando-se agora pela sexta vez, resultam de experimentos liderados por intérpretes que se responsabilizam pela criação das histórias e
ao mesmo tempo pela transposição, para o palco, dessas ficções dramáticas. Quanto
ao Círculo de Dramaturgia, a operação é complementar, e o procedimento, inverso.
Ou seja, os autores desse grupo não precisam ser intérpretes, mas suas obras são
produzidas e submetidas ao crivo dos instrumentos técnicos amealhados pelo trabalho do grupo. De qualquer forma, nos dois modos de atuação, é evidente que o
centro liderado por Antunes Filho tem feito um esforço para estimular novidades
e assinaturas originais no domínio do texto.
É possível que os motivos para esse investimento em duas frentes se enraí-
zem em um diagnóstico acurado – e impiedoso – do estado atual da produção
literária e dramática. Não por acaso, ao pôr em cena um repertório de espetáculos com uma formalização cênica radicalmente inovadora, o CPT tem
recorrido a clássicos da dramaturgia ocidental, adaptações de obras literárias

ou a autores nacionais consagrados. É inevitável que chegue a hora de variar, para esse e para outros grupos de vida longa. Nelson Rodrigues, Jorge Andrade, Oduvaldo Vianna Filho, Ariano Suassuna, Plínio Marcos e Luís Alberto de Abreu estão merecida e permanentemente em cartaz. São grandes dramaturgos e entram em cena porque a linguagem e os temas que mobilizam interessam artistas e público, mas bastam esses advérbios para provocar uma certa inquietação entre os pesquisadores de qualquer área.

O que o CPT apresenta agora, sob a direção de Antunes Filho, é a primeira prova pública desse investimento no texto dramático. A ideia, se observarmos bem a proporção discreta e quase minimalista do espetáculo, não é a de lançar um novo dramaturgo no panorama teatral, mas exteriorizar um trabalho constante de estímulo e maturação de peças. Ainda assim, O canto de Gregório é manifestação contemporânea, indício daquilo que o novo autor Paulo Santoro privilegia entre os temas e formas de expressão vigentes na rede da comunicação contemporânea. E é curioso observar que, no meio de tudo o que há em voga, do que se fala e do que se vê nas linguagens artísticas e nos meios de comunicação de massa, a escolha tenha recaído sobre o tema abstrato da bondade e a formalização se inspirado nas alegorias salvacionistas do medievo. Fazendo uma espécie de transliteração dos motivos religiosos dos autos, a peça de Santoro é, antes de tudo, o diálogo que se processa no interior da consciência quando procura legitimar a ética no foro íntimo.

A natureza do embate, crucial para a filosofia, está na gênese do drama ocidental. Contudo, o foro íntimo, essa arena secreta onde a consciência é capaz de distinguir sabiamente o bem do mal, perdeu credibilidade desde o tempo em que Shakespeare, por meio de Hamlet, reconheceu esse atributo individual. Se as coisas só são boas ou más porque as julgamos assim, estamos na corda bamba. Já era isso o humanismo renascentista, e da mesma dor sofre Gregório. Sobre o dilema dos princípios do bem e do mal se desenvolvem diálogos à maneira socrática (por desqualificação de um dos termos) e à maneira da prédica filosófica oriental (fazendo equivaler os termos da proposição). Teatro de ideias, escrito em bom português, porque só recorre a vocábulos precisos e frases que fazem avançar o argumento, a saga de Gregório desenha uma situação intelectual e afirma que se trata de matéria para o palco, como eram matéria cênica os autos devocionais impregnados de questões teológicas.

São ótimos os enunciados do protagonista, mas não são igualmente boas as réplicas das alegorias do saber. As figuras de Cristo, Buda ou Sócrates são, por algum motivo que a peça não esclarece, impregnadas de um realismo cru, um tanto satírico, que faz baixar o estilo neutro e formal das falas. Fica estranho porque não há, nos argumentos, indicações de que se pretenda a derrisão dessas personagens históricas.

Antunes Filho reconhece, sob essa formulação contemporânea, o parentesco com os artistas e pensadores da Europa oriental e faz um espetáculo de estilo dostoievskiano. Predomina o negro, a iluminação de velas faz vacilar o espaço, as vozes são graves e a presença de duplos – multiplicações inanimadas de um indivíduo – relembra a metáfora do ser humano como marionete inanimada, abandonada pelo manipulador. Nessa semiobscuridade, a fagulha da insatisfação, do desejo de perfeição, brilha por meio da intérprete. Arieta Corrêa corporifica essa ânsia com energia vocal e física e, ao mesmo tempo, realiza com admirável domínio intelectual a dialética das proposições. Pode-se concordar ou não com as questões de Gregório (há inteligentes provocações ao cientificismo), mas Arieta torna impossível confundir os raciocínios.

## ARENA CONTA DANTON

De Georg Büchner
Direção de Cibele Forjaz
1º de outubro de 2004

Qualquer obra dramática, uma vez sobre o palco, é contemporânea. E pode-se dizer o mesmo da história: "É com a vivência de hoje que reconstruímos o passado e toda geração reconstrói seu passado para fins práticos de compreensão e libertação" – sentenciou o historiador José Honório Rodrigues em uma conferência pronunciada em outubro de 1965, ano especialmente difícil para os intelectuais do Brasil. Alguns meses antes, reagindo ao impacto do golpe militar, o Teatro Oficina encenara uma peça cujo tema era o conformismo da classe média diante do avanço de um regime autoritário. Também em 1965, o Teatro Arena de São Paulo exaltava, em um espetáculo musical de ressonância sobre todas as manifestações culturais da época, o movimento de resistência dos quilombos. História combatente e arte combatente começavam a contestar, no teatro das ideias, por meio de óticas diferentes, a pseudo-história triunfalista que só registra os passos dos vencedores. Voltando ao assunto neste primeiro quinquênio do século XXI, a Companhia Livre, sediada no mesmo teatrinho da rua Teodoro Baima, convoca os espectros da luta política da segunda metade do século passado para uma nova confrontação. *A morte de Danton*, peça de um jovem dramaturgo alemão escrita em 1835, é moldada ao desígnio do grupo de expressar, neste momento e neste lugar, o abalo sísmico que turvou a nitidez da militância revolucionária, desencadeada em nome do povo e em seu nome exercendo o poder. Georg Büchner, ao reviver dramaticamente o período do Terror, baseara-se na sua própria experiência frustrada de ativista político, denunciado às autoridades pela população que desejava conscientizar. *Arena conta Danton*, espetáculo dirigido por Cibele Forjaz, baseando-se em *A morte de Danton*, é, assim, um questionamento às lideranças que ainda hoje falam em nome do povo. Imersos na solidão magnífica da sociedade ideal, os "cabeças" da Revolução perdem de vista o risco da insurreição permanente. Enfim, para salvar a liberdade, matam-se os que discordam.

Na concepção desse espetáculo está presente, como referência, a linguagem dos dois grupos ideológicos mais importantes dos anos 70 do século XX. A forma narrativa do Teatro de Arena de São Paulo, que despersonalizava as personagens evidenciando seu caráter da representação de força histórica, e o corte analógico que o Teatro Oficina operava (e ainda opera) sobre a massa dos acontecimentos se entrelaçam em todos os episódios. Quem acompanha a história desses dois grupos – um extinto e outro ainda atuante – poderá reconhecer a síntese entre procedimentos emblemáticos. Era vocação do Arena focalizar o desempenho social dos agentes históricos. Ao Teatro Oficina interessava, e ainda interessa, observar as transformações de ordem íntima e comportamental necessárias para que cada geração reconheça ou produza uma nova consciência social.

A síntese entre os recursos para representar a um só tempo os dilemas interiores e a cadeia de forças impessoais da vida coletiva é resolvida de modo excepcionalmente arguto neste espetáculo. Tudo é bem pensado: o esquema de apresentação das cenas, as interações com o público, o modo como os atores representam e a visualidade rigorosamente simbólica do espetáculo. Não é preciso estar familiarizado com a história do nosso teatro, no entanto, para compreender o formato desse jogo cênico. Danton e Robespierre, antagonistas no plano da ação, podem ter desempenhos alternados por dois intérpretes porque, de modo idêntico ao das outras figuras em cena, seus destinos são definidos pelos caprichos de uma roleta. Ambos lideraram "faxinas" sangrentas para conservar a pureza dos ideais revolucionários, ambos puseram em marcha o mecanismo autofágico do Terror.

Büchner destaca da história da Revolução Francesa o momento em que Danton se cansa da carnificina, tomado por um enjoo que contamina a própria ideia da Revolução, enquanto Robespierre mantém, a maior parte do tempo, a firmeza dos idealistas. Na adaptação do grupo, um componente de espanto e cansaço de Robespierre, que a sensibilidade do autor alemão registrou de um modo delicado (hesita ao condenar um amigo querido), vem à superfície de modo indireto. Há uma identificação pungente entre os antagonistas na cena em que se encontram em um contato pessoal. Cara a cara, expressando-se em uma tonalidade quase realista, os intérpretes constroem um momento de complementaridade entre vítima e carrasco. Perderam ambos o impulso do período heroico. Delicadamente, apenas audível, o comentário musical da "dança eslava" rememora outra revolução perdida, no século XX. Em breve, Napoleão despejará sobre o ardor dos puritanos a pá de cal. E "é dessa revolução, revista e corrigida pelo Consulado, que somos herdeiros", resume um historiador francês.

Para decepções de tal porte, representações à altura, e, por essa razão, as alegorias da Liberdade, da Igualdade e da Fraternidade pontuam a cena como figuras prostituídas. Compreende-se que não podemos sonhá-las dessa forma, como abstrações iniciadas por maiúsculas. Mas, então...

## A LEVE, O PRÓXIMO NOME DA TERRA

De Hamilton Vaz Pereira
Direção de Hamilton Vaz Pereira
23 de outubro de 2004

Em meados dos anos 70 do século passado, a literatura e o teatro da vanguarda consumaram um divórcio anunciado. Em vez de escrever para o teatro, os dramaturgos começaram a escrever no teatro, ou seja, passaram a conceber narrativas, personagens e movimentos cênicos a partir da personalidade dos intérpretes, das situações vividas no decorrer da criação do espetáculo, e a considerar como elemento significativo importante o ambiente onde se alojava o grupo. Desde então, uma vigorosa linhagem de grupos teatrais adotou esse modo de trabalho, e alguns dos nossos melhores espetáculos pautaram-se por esse conceito de escrita cênica em que o dramaturgo é uma das vozes do coro teatral. Em vez do autor soberano, ao qual se subordinam todos os outros elementos da cena, definiu-se, nesses grupos de vanguarda, um novo tipo de dramaturgo cuja função é harmonizar a expressão de individualidades. Hamilton Vaz Pereira começou a sua carreira de dramaturgo, ator e diretor no grupo Asdrúbal Trouxe o Trombone, um dos mais bem-sucedidos empreendimentos de criação coletiva do teatro brasileiro dos anos 1970. A vida produtiva dos grupos é, no entanto, mais curta do que a dos criadores solitários, e, em 1984, desfeito o grupo, a escrita cênica adotada para um conjunto de criadores transformou-se em instrumento auxiliar da produção individual de

Hamilton Vaz Pereira. Seus textos têm em mira um determinado tipo de intérprete que não perde a individualidade quando representa, as tramas que desenvolve são ainda ritmadas pela ação descontínua e pela fragmentação do espaço e do tempo, uma vez que esses são recursos necessários para abrir clareiras onde se manifestam personalidades individuais. Permanece nas peças, como marca de origem, a celebração do momento presente da existência, algo que habitualmente associamos aos jovens.

Nem todo mundo é jovem em *A leve, o próximo nome da Terra*, mas estão visíveis as constantes dessa forma de escritura que não tem muito interesse pela pré-história das personagens. Seis figuras sem passado definido, aparentemente desprovidas de movimento interior (são aquilo que fazem) e sem nenhuma conexão lógica com as amarras materiais da existência cotidiana se encontram em diferentes cidades. Seguem, ao sabor do impulso, uma movimentação incessante pelo planeta. Vão do Rio a Nova York e daí à Europa, percorrendo distâncias, atando e desatando alianças afetivas, em geral detendo-se em um lugar ficcional apenas o tempo suficiente para criar em cena um jogo expressivo da urgência de mobilidade. Amáveis e graciosas criaturas portadoras do resíduo mitológico, são inteiramente abertas a diferentes interpretações. Sob a aparência descolada de turistas, inscrevem-se os arquétipos do guerreiro, do mago-sacerdote, do andrógino primordial e do asceta. Andarilhos, aeronautas, alpinistas e passageiros de trem na duração do espetáculo, estão sempre atentos às trilhas disponíveis para deslocamentos planetários. Ao todo, essas personagens formam um imaginário que, sob diferentes formas físicas, se une no repúdio à estagnação. Alguma coisa, talvez o mero acaso, as colocou em movimento, e a fluidez é uma espécie de valor em si, metáfora de uma ocorrência capital para a sanidade contemporânea.

Uma vez que se trata de uma forma de escritura em que se inscrevem simultaneamente as palavras e a partitura das ações físicas desenvolvidas pelos atores – dramaturgo e diretor são uma só pessoa –, a formalização do espetáculo tem um detalhamento coreográfico. De um modo intencionalmente distanciado da caracterização realista, os intérpretes expressam corporalmente a leveza, o trânsito incessante, a volubilidade dos lugares e das expressões verbais que são, sobretudo, de ressonância poética. Quase dançarinos, emprestando traços da antiga arte dos andarilhos narradores (trata-se de uma história deflagrada pelo canto homérico), os intérpretes aliam a esses traços arcaicos a força muscular precisa e combativa dos tempos modernos. São, por assim dizer, híbridos dos ginastas das academias cariocas, onde a classe média se mantém em forma, e oficiantes de antigos ritos iniciáticos. Reconhecemos, assim, o fundo mítico ainda na inquietação contemporânea.

Há graça, inteligência e desafio à atividade interpretativa do espectador em todos os elementos desse espetáculo, em que se configuram as formas mais variadas do desejo de aventura. A curiosidade imorredoura é, a meu ver, a força que Hamilton Vaz Pereira contrapõe ao niilismo apocalíptico. Outros espectadores, instigados pela transparência e abertura dessa criação, verão outras coisas. Ainda assim, os que preferem as estruturas firmes e a reafirmação de valores consagrados da arte do teatro terão com que se divertir. Lena Brito, intérprete constante do dramaturgo desde a época do Asdrúbal, resume no seu trabalho todas as possibilidades de uma escritura que depende da plasticidade física, da inteligência, do bom humor e da sensibilidade do ator para salientar nas frases a intenção poética.

## ESPÍRITO DA TERRA

De Frank Wedekind
Direção de Marcio Aurelio
29 de outubro de 2004

Por força de tanto uso, o qualificativo "poético" ficou um tanto rombudo. Designa em geral obras de arte pouco substantivas, identificadas mais com uma atmosfera do que com a experiência. Não importa muito para esse emprego usual o fato de que a poesia moderna seja, por um ato de vontade de seus criadores, também uma forma de expressão que pode ocupar-se das duras arestas da experiência sensível, lançar mão da filosofia e, se achar necessário, investir contra todas as coisas que desgostam os poetas. De qualquer modo, uma definição sumária de *Espírito da Terra*, encenação protagonizada por Débora Duboc, escapa de acepção desgastada do termo. Trata-se de um espetáculo poético, porque estão em cena as poesias musicadas de Frank Wedekind, mas filia-se, sob todos os aspectos, a essa vertente literária e dramática que observa mais as coisas do que os estados de espírito, que examina, critica e amplia até a deformação a matéria bruta do cotidiano.

Dramaturgo, ensaísta, poeta, ator e cantor nos cabarés alemães das duas primeiras décadas do século XX, Frank Wedekind (1864-1918) fez parte de uma geração de intelectuais que, por vários caminhos, investiu contra o idealismo e, sobretudo, contra a ideia imperativa do belo artístico. Suas peças, assim como as canções que integram esse espetáculo, se apoiam sobre a temática da energia sexual, das restrições que a sociedade, de um modo geral, impõe às pulsões e também sobre a mesmice da expressão estética focada nos salões burgueses. Nas suas representações entram, como contrapartida a esse universo rejeitado por ele, a linguagem livre dos cômicos populares, a música dos cabarés e as imagens dos ambientes onde circulam os mendigos, os criminosos, as criaturas da noite e, de um modo geral, os trânsfugas dos bons costumes. O cômico e o grotesco se entrelaçam, e no teatro, sobretudo, suas personagens são destroçadas pela inadequação entre o impulso vital e as normas de convivência do meio em que circulam.

O espetáculo dirigido por Marcio Aurelio tem a notável sabedoria de sublimar a ira do autor e transformá-la em ironia. Nosso teatro tende, de um modo geral, a expandir-se em rugidos e contorções quando trabalha com rebeldes consagrados, e o resultado é que apreciamos melhor o inconformismo dos intérpretes do que dos autores. Nesse caso, a concepção do diretor segura o touro pelos chifres e organiza, ordena e estiliza ao máximo a fúria obscena, a legítima ânsia de libertação que anima esses poemas construídos por paradoxos, figuras insólitas e vocábulos provocativos.

É um tratamento destinado mais a provocar um combate de ideias do que a despertar no público um sentimento empático. A interpretação de Débora Duboc é pautada por esse controle. Com uma voz suavíssima e uma postura de início angelical, secundada por uma cenografia límpida – apenas um espaço circular que se prolonga sugerindo uma faixa vertical – e pelo piano de Lincoln Antonio. Estaríamos dentro de um teatro íntimo, de bom gosto, quase universal e neutro na sua inocente aparência equilibrada. Dura pouco essa elegância. Trata-se, na verdade, de um suporte que a interpretação subverte. A voz melodiosa quebra-se em graves e agudos surpreendentes; os acessórios, sugerindo pureza ou o seu inverso, desprendem-se do figurino e chegam a uma austeridade essencialista. Cada poema-canção tem um nó dramático, uma surpresa que desestabiliza a aspiração de lógica do espectador para relevar, em vez de um único sentido, ambiguidade. O elemento enigmático, sempre presente nas criações de Wedekind, é, aliás, uma das características que o faz tão apreciado na França. Seja por ter considerado esse aspecto ou por tê-lo identificado na apreciação dos textos, a atuação de Débora Duboc é mais aparentada com a estética surrealista do que com as formas expandidas do expressionismo.

É igualmente surpreendente, insólito e inteiramente desvinculado da função ilustrativa, o repertório de gestos utilizados pela atriz. Há apenas uma leve indicação de que as canções contêm sugestão de personagem e ação. Depois de um pequeno gesto desenhado com a economia de um contorno, o desempenho se liberta de qualquer ponto de referência real. São movimentos precisos, mas sem lógica aparente, e o efeito que provocam é de evidenciar a autonomia do imaginário.

Atualizam a rejeição à beleza ideal e à consequente adesão à simetria. São apelos estéticos de outra ordem os gestos inventados por Débora Duboc.

## VISÕES SIAMESAS

De Sérgio de Carvalho, Márcio Marciano e Helena Albergaria
Direção de Sérgio de Carvalho e Márcio Marciano
26 de novembro de 2004

Em sete anos de trabalho, a Companhia do Latão definiu um perfil singular no panorama teatral brasileiro. Todos os espetáculos que produziu até hoje são explorações analíticas das forças sociais em movimento. Em uma visão retrospectiva, poderíamos dizer que o drama, na acepção vulgar, está fora de cena, porque o que as encenações contemplam é o modo como os indivíduos ou os movimentos coletivos são afetados pelo regime capitalista. Dramático propriamente é o que se conclui dessas representações. Ao todo, rememoram para o público o sentimento de opressão de um sistema que sabemos ser uma produção histórica, mas que sentimos como um determinismo. E é exatamente nesse interstício, entre o conhecimento e o sentimento das coisas, que a arte pode intervir. São, portanto, espetáculos sintonizados com um fenômeno contemporâneo que afeta a um só tempo a vida cotidiana e a intelectual: as coisas que precisam ser transformadas nos parecem, pela sua dimensão e durabilidade, irremediavelmente eternas. É contra os sintomas da rendição incondicional que impregnam de modo tão evidente as instituições que se aparelha essa modalidade de teatro crítico.

*Visões siamesas*, a mais recente criação, apresentada agora em um sistema de repertório em que se incluem espetáculos anteriores do grupo, apoia-se mais no espírito do que na letra de um conto de Machado de Assis. A referência a um só tempo legitima e ironiza o legado crítico dos intelectuais brasileiros. Salva-se o patrono do espetáculo, sabidamente um dos mais argutos observadores da sociedade do século XIX. Da sua narrativa, o espetáculo utiliza a ideia da duplicidade da escrava e do rei e a jocosa imagem dos acadêmicos produzindo cosmogonias ajustadas às suas próprias necessidades. Há um "céu econômico" decifrado por esses sábios, ou seja, está tudo escrito nas estrelas. Cabe a esses sábios justificar um modo de produção cuja consequência é a marginalização de imensos contingentes populacionais de qualquer forma de riqueza.

Quanto à protagonista, a jovem Kinara, seu percurso é emblemático dos sucessivos deslocamentos que afetam as populações do planeta. É a camponesa expulsa da terra convertida em especulação financeira, é a trabalhadora sem salário na cidade, a catadora dos restos urbanos e, em uma sucessão conhecida, a peregrina caminhando para o deserto de expectativas e possibilidades. Mas é, além disso, uma figura tentando reinventar a si mesma com o auxílio do mito do rei que tudo pode. Por meio da transmigração imaginária em que assume a coroa real, a moça questiona, investiga e ousa gestos de rebeldia. Aprende que todos os que oprimem e exploram isentam a si mesmos de responsabilidade por essa cadeia de exploração. "Em um mundo ideal...", diz uma das personagens.

São de uma ironia machadiana as consequências ambíguas dessa duplicidade entre o rei e a mendiga. É, aliás, uma qualificação positiva do espetáculo o valor cambiante da ficção. Kinara teve um único livro e desse estímulo extrairá diferentes proveitos. É estranho, por essa razão, que o texto criado em conjunto pelo grupo tenha alguns pontos de excessiva definição, explicando direitinho, com todas as letras, a necessidade de enfrentar um "presente incompreensível". Há outras frases conclusivas salpicadas ao longo do texto que poderiam estar implícitas na estrutura narrativa. Sendo um espetáculo de inspiração brechtiana, o coro desempenha com muita eficiência as sínteses de cada episódio, e parecem desnecessárias afirmações de reforço intercaladas nos diálogos. Aliás, são excepcionalmente espirituosas as intervenções corais, indicando um talento especial dos autores do texto para a versificação. De um modo geral, os textos produzidos por um coletivo dispensam vestígios artesanais e se limitam à prosa. Neste caso, houve o cuidado minucioso com o vocabulário e o ritmo das partes musicais, com um evidente desígnio de aliciar esteticamente. Embora o significado seja derrisório, a execução musical (orientada por Martin Eikmeir) tem a sedução das teorias aliciatórias que disfarçam sob bela aparência conteúdos intragáveis.

No trato do espetáculo, a sugestão oriental do texto machadiano casa-se perfeitamente com a recorrência às práticas brechtianas. O Oriente é para nós uma alteridade fantasiosa e, portanto, um fator de distanciamento. Por outro lado, o valor metafórico da narrativa estilizada, feita à moda oriental, torna-se mais evidente. Esta fábula permite analogia com mecanismos de alcance planetário. As referências aos gestos, ao comportamento, aos recursos narrativos tradicionais do teatro oriental são um modo de expandir o trajeto dessa protagonista, que vive do mesmo modo sob diferentes bandeiras.

"Quebrar o sortilégio" é, assim, o derradeiro incitamento desse espetáculo do Latão.

# Críticas 2005

## CINEMA ÉDEN

De Marguerite Duras
Direção de Emilio Di Biasi
11 de fevereiro de 2005

Antes que o conceito de espetáculo como uma obra de arte em que todos os elementos têm o mesmo peso significativo se impusesse como uma bandeira do teatro moderno, os atores eram o supremo atrativo para o público. Peças clássicas, ou apenas muito conhecidas, ainda que não apresentassem virtudes e prestígio literário, voltavam à cena para que o público pudesse apreciar o desempenho de grandes atores em determinados trechos. Fazendo-se as mudanças devidas, é o que ocorre até hoje com as mais famosas árias operísticas. No entanto, há mais de um século esse apreço pelo virtuosismo do intérprete deixou de ser o foco central do teatro. É possível restaurar imaginariamente esse magnetismo assistindo à interpretação de Cleyde Yáconis em *Cinema Éden*. Mesmo sem conhecer a tradição do *morceau de bravoure* (o correspondente teatral do dó de peito), a plateia da sala do Centro Cultural Banco do Brasil aplaude em cena aberta um feito artístico excepcional. Talvez a mesma coisa tenha ocorrido por ocasião da estreia, em 1977, com a participação de Madeleine Renaud, consagrada dama do teatro francês. Mas nosso público não é dado a essas expansões. Quase sempre reprime o entusiasmo e aplaude com mais vigor quando o espetáculo termina.

De qualquer modo, ainda hoje, a carta que uma viúva desvalida endereça aos administradores coloniais franceses, que roubaram suas economias e frustraram a esperança de sobrevivência financeira da família, é ao mesmo tempo um momento privilegiado da peça de Marguerite Duras e apogeu da construção de uma personagem pela intérprete.

Nesse caso, os méritos não são equitativos. Sem dúvida, a carta é o ponto alto de uma peça confusa, indecisa entre a revolta existencial gratuita e a caracterização da vida dos colonos franceses na antiga Indochina. A mãe de família interpretada por Cleyde Yáconis é ponto de referência para uma protagonista-narradora, em grande parte absoluta na sua própria vida emotiva. Na organização tumultuada da peça, acaba se tornando um pretexto, mais do que uma figura com importância cênica decisiva. Há menções ao fato de que teria se solidarizado com a população nativa, partilhando as agruras dos vizinhos e tentando assumir a defesa de todos os camponeses. Não há, entretanto, atos que comprovem essas intenções generosas. Vemos a jovem narradora declarando suas opiniões sobre os outros personagens, mas sem permitir que façam muita coisa no tempo do espetáculo. São, antes de tudo, ilustrações de uma memória egocêntrica.

É, na verdade, a atriz, formada e experimentada no teatro de conjunto, que constrói minuciosamente um percurso para a sua personagem, a partir de pequenos indícios factuais e psicológicos. É um modo de trabalhar que amalgama matérias dispersas e forja ligações entre situações desconexas do texto. Desde a primeira cena, a autoridade sobre os filhos e a energia para tentar salvar a propriedade são coisas do passado que irrompem fugazmente na tonalidade de determinadas frases. O que vemos progredir em cena é um alheamento, uma introspecção que se manifesta no olhar, nos gestos cada vez mais pausados e rígidos, sugerindo obsessão e perda do princípio de realidade. Na concepção de Cleyde Yáconis, a mãe torna-se a protagonista que se impõe por meio da ausência. Quando chega à carta, trecho em que o rancor se organiza em incitamento à revolta coletiva, percebemos a expressão gestada no silêncio, longamente elaborada e, por essa razão, mais potente. Frieza no projeto de vingança e lucidez na exposição de motivos são o produto de uma caracterização minuciosa preparada pelo desempenho ao longo da peça.

Não fosse esse lastro, que é uma colaboração da intérprete à continuidade dramática, não haveria nada muito interessante nessa encenação. A copiosa exploração do fluxo mnemônico que se seguiu a Proust deu seus melhores resultados no cinema do que na literatura francesa, onde parece ter instigado o retorno ao beletrismo. De um modo geral, é preciso um palavreamento abundante para restaurar a um só tempo as sensações e o valor emotivo da experiência, e esse procedimento devolveu ao texto literário tarefas descritivas.

No caso de *Cinema Éden*, trata-se de uma obra literária adaptada para o palco. Ao que parece, a economia necessária para essa transposição impôs cortes drásticos. Em primeiro plano, sobrevivem a narradora e seus sentimentos, sem que saibamos bem por que o irmão sofre tanto e quem é o cavalheiro que corteja a mocinha. Uma vez que a jovem sente muito e pensa pouco, enquanto os outros personagens não têm oportunidade nem de pensar nem de sentir, não há pontos de apoio para os outros atores. Como não há informações consistentes, prevalece um tom lamentoso, monótono, de um fracasso que poderia ter ocorrido em qualquer lugar ou época. Se a Indochina sob o domínio francês é uma paisagem como qualquer outra para ambientar a injustiça e a infelicidade, deveríamos saber por que razão esses personagens singulares e intemporais merecem que nos apiedemos deles tanto quanto se apiedam de si mesmas.

## DILÚVIO EM TEMPOS DE SECA

De Marcelo Pedreira
Direção de Aderbal Freire-Filho
18 de fevereiro de 2005

Nenhum rinoceronte atravessa o palco, mas não seria surpresa se o fizesse. *Dilúvio em tempos de seca*, peça de Marcelo Pedreira dirigida por Aderbal Freire-Filho, progride dramaticamente sobre a mesma plataforma estética e filosófica que sustentou a vanguarda europeia nos anos 50 do século XX. Dois personagens, nomeados sucintamente Mulher e Homem, se refugiam em um banheiro enquanto o dilúvio submerge o mundo exterior. Há a menção de um acordo prévio em que a mulher deveria ser o modelo ou musa para a escritura de um livro. Este seria, talvez, o último casal sobre a Terra e, enquanto dura a clausura, a única esperança que os anima é a probabilidade da chegada de um editor. Que talvez venha, talvez não. "Nunca se sabe." Está aqui a esperança beckettiana na sua formulação mais límpida.

Indeterminação de tempo, de lugar e de motivos, o caráter alógico dos incidentes dramáticos e das falas dos personagens, e a redução da cultura ao mito (a moça carrega consigo uma *Bíblia* em que só importam o primeiro e o último capítulo) são signos de uma deriva existencial e filosófica. O tema, aliás, está presente na gênese do teatro ocidental, mas essa formalização que exila da cena a um só tempo a reflexão filosófica, a mimese psicológica e o desenvolvimento causal da ação é um achado dos dramaturgos enfeixados sob o rótulo de "teatro do absurdo". Diante de situações em que não se divisa no horizonte histórico nenhuma perspectiva utópica, a recorrência a essa vertente estilística é mais do que compreensível. Não interessa descrever uma realidade cuja aparência supera a dos horrores imaginários.

Retomar propostas estéticas oportunas para a expressão de uma experiência atual é com frequência mais salutar do que tentar surpreender pela novidade e, de qualquer modo, a imagética e os impulsos de autoaviltamento das figuras em cena são uma roupagem contemporânea de impacto. Estão confinados no espaço da escatologia no duplo sentido da palavra: físico e metafísico. Excreção corporal e fim do tempo. A angústia existencial saiu da sala de estar, deixou de ser discurso e contamina agora os sonhos e a afetividade. Não há nessa peça personagens emblemáticos de funções sociais como rei, *clown* ou o cidadão mediano. Trata-se de criaturas de hoje, que já exploram os limites do corpo e tentaram ultrapassá-los com o auxílio usual dos "elementos químicos".

Essa transmutação do pensamento coletivo para o corpo individual é o traço mais pertinente da peça, e a direção de Aderbal Freire-Filho sublinha o teor simbólico das manifestações físicas. Todos os movimentos e entonações do espetáculo são precisos e desenhados para sugerir um embate metafórico de alta voltagem, que nada tem a ver com os embates amorosos do cotidiano. Trata-se de figuras em estado de exaltação, sempre no ápice de um instante trágico, que não é preparado por momentos de repouso e que tampouco experimenta alívio. Quando há alguma invocação ao companheirismo – momentos em que um dos personagens apela para a solidariedade do outro –, o tom é de extremo cansaço e a atitude física é de dissolução da força muscular.

Embate cênico difícil é levado a cabo por dois excelentes intérpretes. Giulia Gam, a bem da verdade, entra em cena um tanto assustada com a alta voltagem da sua personagem, mas cresce em vigor físico e firmeza vocal à medida que o texto lhe permite combinar o escárnio sexual com uma dose de pudor sentimental. Wagner Moura, ator de muito talento e técnica equivalente, cumpre um trajeto oposto ao de sua companheira de cena. Tem de começar de modo apático e enrijecer gradualmente o contorno da figura que representa.

Cabe-lhe expressar a angústia do criador, e faz isso sem nenhum traço patético e sem recorrer à ironia. A elocução é quase solene, bem articulada, e pode-se dizer que, às vezes, salva da banalidade algumas frases feitas que pontuam o texto. "Pedaços de vida que tento, em vão, imortalizar" não pode ser considerado um grande feito literário, mas mal nos damos conta dos chavões porque há um ator sugerindo todo o tempo uma vida intelectual complexa e impotente a um só tempo.

Há casos em que a encenação compreende melhor a peça do que o próprio autor. *Dilúvio em tempos de seca* se beneficia muito da contribuição de um diretor que analisa e soluciona certas contradições do texto. Uma composição cuja estrutura é niilista – afinal o mundo está acabando e ninguém o explicou – não absorve pacificamente uma "mensagem" humanista. Do ponto de vista do espetáculo, não interessa um livro de amor endereçado às gerações futuras. Cenicamente, o que vale é mesmo a refrega em meio à sujeira, o impulso que o desespero dá aos protagonistas de uma situação terminal e, como único valor, os estremecimentos vitais que precedem a aniquilação. É o fato de que o teatro tem a coragem de mostrar isso sem a hipocrisia de prometer um consolo em que não acredita.

Fernando Mello da Costa, um cenógrafo em geral melhor do que a encomenda, desta vez foi vítima de uma boa ideia. Desnudar encanamentos de um banheiro tem excelente efeito plástico, mas há uma pia se intrometendo entre o rosto dos atores e a perspectiva visual da plateia.

# REGURGITOFAGIA

De Michel Melamed
Direção de Michel Melamed
12 de março de 2005

Abaixo as metáforas! Michel Melamed substitui pela coisa-em-si a insistente figura da comunicação interpessoal do teatro. Em *Regurgitofagia*, em vez de hipotéticos neurônios dentro da cabeça do espectador – que podem estar estimulados ou não pelo que o ator faz em cena –, há a prova dos nove extraída da captura das relações sonoras da plateia. Segundo a explicação oferecida no início do espetáculo, às ondas sonoras emitidas pela plateia correspondem choques elétricos de maior ou menor intensidade no corpo do ator. Uma vez que os choques são, pelo menos para os não masoquistas, um estímulo desagradável, o espectador fica advertido do seu poder. Qualquer manifestação ruidosa, de prazer ou desgosto, tem o poder de incomodar ou ferir concretamente o ator. É uma advertência que constrange os bonzinhos e incita os sádicos, produzindo uma espécie de revelação tautológica: todo agrupamento humano serve de amostragem dos vícios e virtudes da espécie. Se considerarmos que se trata de um trabalho de pesquisa abrigado sob o rótulo "arte e tecnologia", *Regurgitofagia* envereda pelo acesso ingênuo ao tópico em discussão. Um homem conectado a fios, cujo objetivo é medir, processar e retransmitir impulsos sonoros, não chega a superar o telégrafo. No entanto, o desejo de fazer um teatro aliado à evolução tecnológica é, por si só, um sintoma da confiança abalada no caráter artesanal do teatro, angústia centenária que assola os artistas do palco desde que inventaram o cinema. Não há dúvida de que todas as linguagens artísticas dialogam com o estado atual da cultura, em que se inscreve a invenção tecnológica com o duplo estatuto de fato e de problema. De qualquer modo, a aliança só dá certo quando recursos tecnológicos são expressivos de uma relação significativa entre o artista e a tecnologia, seja ela de adesão ou repulsa. Simples extensões, como a cenografia projetada ou os microfones que ampliam a voz do ator, são usos utilitários que não expressam a magnitude da questão.
No caso deste espetáculo, os impulsos elétricos são o que menos interessa, exatamente porque não passam de extensões do contato usual entre palco e plateia. Com um par de olhos e um par de orelhas, qualquer ator sabe muito bem avaliar a reação da plateia. Na tomada ou desligado da tomada, o que Michel Melamed apresenta é, em resumo, um texto impregnado de humor e inteligência, escrito por um autor habituado a ler muito, a ler bem e a devolver criticamente essa massa literária a que só têm acesso os jovens artistas estudiosos. O formato se assemelha

ao do *show* de comediantes que se tornou uma tradição norte-americana defendida em palcos de casas noturnas por grandes nomes como Zero Mostel, Lenny Bruce e Woody Allen. No teatro brasileiro, Ary Toledo e Plínio Marcos se apresentaram como autores-intérpretes de uma visão de mundo ácida, combativa e risonha a um só tempo. Talvez por ter se associado ao confronto político direto, esse gênero de espetáculo saiu de moda, e os *one-man show* que ainda subsistem não são aventuras autorais, mas coleções de piadas requentadas, em geral gracinhas apimentadas, sobre costumes políticos e sexuais.

No caso deste espetáculo, o alvo não é o combate político ou a reedição da comédia de costumes. Para outro tempo, outra coisa. Dedicado a um combate essencialmente textocêntrico, o espetáculo criado por Michel Melamed estripa a borboleta azul dos emblemas culturais. Vícios de linguagem, hábitos de ver, experiências de comunicação de massas se alinhavam de um modo que nos parece, à primeira vista, suportado por associações inconscientes. Em cada sequência, contudo, descobre-se um núcleo alcançado por meio de um processo de eliminação de palavras e expressões desgastadas. A desmontagem conduz a surpresas, enclaves de boa literatura que o movimento de jogar palavras para o alto desenterra e expõe como uma surpresa para o espectador desavisado. Trabalhando sobre a ideia do excesso, do superestímulo e da irrelevância da comunicação cotidiana, quer seja interpessoal ou mediada, o espetáculo acaba desembocando em uma das vertentes da transformação do lixo cultural. Com fragmentos do que não pode absorver inteiramente, por meio de superposições e misturas, tirando proveito da ausência de lógica e reinventando novos paradoxos, os bons artistas fazem coisas novas capazes de conter em si a ausência mais dolorida e o sentimento da superabundância opressiva que parece ser o sintoma da era eletrônica. Provando que as metáforas abundam, ousamos dizer que *Regurgitofagia* se encerra com uma chave de ouro.

## AVENIDA DROPSIE

De Will Eisner
Direção de Felipe Hirsch
1º de abril de 2005

Há muita coisa para ver em *Avenida Dropsie*. Na verdade, há tanta coisa visível que, em alguns momentos, tem-se a impressão de abundância excessiva. Tudo chama a atenção, mobiliza e exige o engajamento do olhar nesse espetáculo inspirado na obra do artista gráfico norte-americano Will Eisner. Sempre de modo sedutor, por meio de detalhes, desenhos bem-feitos de grupos ou personagens isoladas, mudanças de foco dramático anunciadas pela iluminação e executadas com o auxílio de poucos objetos, a Sutil Companhia de Teatro procura recriar o impacto silencioso da narrativa gráfica. Há som, palavras e, de modo inevitável, o tempo – componente de imenso potencial significativo no teatro –, mas são todos elementos subordinados à composição visual.

Obediente ao meio expressivo da obra a que se refere, o espetáculo expressa também a admiração de um grupo teatral por outra linguagem, a das histórias em quadrinhos, um tipo de entretenimento que a indústria cultural do século XX expandiu por todo o planeta. Nesse, como em outros meios de comunicação de massa, trabalharam grandes criadores e também desenhistas sem ambições artísticas. Uns e outros contribuíram para definir convenções de leitura antes que os mais ousados começassem a subverter a moldura das "tiras". Como resultado, gerações de leitores de periódicos aprenderam a "ler" imagens, e os quadrinhos se tornaram, além de obras autônomas, um ponto de cruzamento entre a narrativa icônica e a narrativa verbal.

É esse potencial comunicativo da imagem estilizada da história em quadrinhos que o roteiro de Felipe Hirsch enfatiza. Ao transpor os signos visuais para a expressão animada dos atores, o espetáculo preserva com cuidado as referências históricas contidas nas recordações pessoais do artista americano. São narrativas situadas em outra época, protagonizadas por figuras emblemáticas da combinação migratória peculiar de Nova York na primeira metade do século XX. Na sequência de desenhos, Eisner rememora o entorno, o modo de vida, a linguagem e os pequenos acidentes dramáticos que pontuam a vida de um bloco de apartamentos ocupado pelos que chegam de outros países para integrar a paisagem multicultural da metrópole.

Fazendo-se as mudanças devidas, estamos diante do mesmo cenário que Antônio de Alcântara Machado reconstruiu com palavras nas suas *Novelas paulistanas*. Em ambos os autores, há a captação rápida da crônica, que isola uma personagem ou um detalhe para sugerir um fundo dramático. E é comum a esses dois panoramas o fascínio estético pelas peculiaridades étnicas que a inevitável fusão cultural tende a amalgamar.

Nas imagens do espetáculo, essenciais para fundar a relação entre o trabalho gráfico e a expressão cênica, as informações históricas são cuidadosamente reconstituídas. O cenário é a face externa de uma habitação coletiva de vários andares, onde as personagens são enquadradas pela moldura das janelas. A calçada fronteira é inóspita como são as de todas as grandes selvas de pedra, mas a vestimenta que caracteriza as personagens é datada e localizada. São habitantes de vizinhança pobre, surpreendidos em flagrantes públicos de vida.

Uma vez que se trata de ícones animados, a representação não as torna inteiramente verazes. Movem-se com a precisão de desenhos, e o vínculo de empatia se realiza através dos atos e das falas. São estrangeiros, figuras temporalmente remotas, antepassados da padronização cultural do presente e só o que lhes ocorre sugere analogias com outros lugares e experiências.

É possível que as mesmas imagens tenham, para os americanos, uma carga afetiva diversa, associada à materialidade dos lugares. Para nós, paulistanos (exceto para aqueles cujo bordão é: "Eu me sinto em casa quando estou em Nova York"), a iconografia do espetáculo parece fabulosa, filtrada por uma membrana que a torna ligeiramente opaca. Reconhecemos a fonte porque os diversos produtos da indústria cultural norte-americana transformaram em monumentos universais a arquitetura nova-iorquina. Há um afastamento indicando a deformação afetiva da paisagem feita por meio da descoloração, da supressão do fundo tridimensional da cena e da projeção de legendas e intertítulos. Estamos como que diante de um postal antigo em que as artes gráfica e fotográfica nos parecem mais interessantes do que o valor documental do objeto.

Além desse aspecto de transmigração bem-sucedida, tributo endereçado ao artista norte-americano, a encenação exibe o trunfo próprio da arte cênica. Um elenco extraordinariamente talentoso empresta forma tridimensional às figuras dos desenhos. São construções frontais, em que o contorno dos gestos tem a mesma importância das falas, e cada personagem – as mutações são rápidas e numerosas – exige dos intérpretes precisão milimétrica de composição visual e vocal. Versão cênica da narrativa gráfica, *Avenida Dropsie* exibe ainda o trunfo teatral de intérpretes tecnicamente preparados para se comunicar a partir de um palco amplo sem perder de vista a minúcia e a delicadeza de figuras que foram originalmente destinadas ao campo flexível e diminuto do papel.

**UM HOMEM INDIGNADO**

De Walmor Chagas
Direção de Djalma Limongi Batista
29 de abril de 2005

Walmor Chagas é o autor de um texto que afirma, com todas as letras e repetidas vezes, a impotência do teatro no mundo onde prevalecem as imagens cinéticas. Walmor Chagas é o intérprete desse texto que, posto em cena, conjuga com uma sabedoria pouco comum nos nossos palcos a força presencial e a projeção de imagens. Fosse a arte mera soma de fatores, o resultado seria zero. Teríamos o discurso desmentindo o espetáculo e vice-versa. No entanto, sendo o teatro um conjunto de signos verbais, visuais e espaciais em que se insinuam o indizível sob o que é dito, a glorificação da imagem sob a crítica feita ao seu utilitarismo e a sedução da proximidade física sob a frase em que se declara o desejo de solidão, este espetáculo acaba por ser, com a sua formalização sedutora e comovente, um exercício de cooperação produtiva entre a linguagem milenar do teatro e o que há de novo no espaço etéreo das representações mediadas pelo impulso elétrico. O ponto de partida de *Um homem indignado* é, no entanto, a recusa de um velho ator em participar dos pactos sociais da comunicação contemporânea. A idade afasta-o das paixões sensuais, a experiência o faz descrer da política e o estágio da arte no presente parece conflitar com suas qualificações históricas de intérprete treinado na época em que "era o teatro de mãos dadas com a literatura que mostrava o caminho". Apoiado sob essa plataforma de nostalgia e descrença, fingindo estar quase morto como um velho leão de circo, o autor-intérprete abre um olho, abre outro e exibe a garra.

Da experiência de décadas com a literatura dramática adquiriu, além da arte sutil da elocução, o instrumento auxiliar da boa escritura. Seu texto, fundamentalmente utilitário para a sistematização de determinadas ideias, é econômico e sagaz. Situando a personagem em um estúdio onde se filma um *reality show*, a peça torna crível a convocação de interlocutores reais e fictícios para escapar ao recurso cansativo da divagação monológica. Ao mesmo tempo, esses interlocutores são, no espetáculo, indícios de uma invasão simbólica poderosa, temível, mas não desprovida de sedução. Obrigado a conviver com elas, cabe ao ator aproveitá-las, ou seja, distingui-las e qualificá-las. Há imagens verdadeiramente belas e sedutoras, há projeções com estatura das antigas tragédias gregas, há abstrações irônicas e há também transmissões diretas da vulgaridade inócua pautadas pelo modelo das empresas de comunicação de massa.

Desse modo, as figuras que cercam ou estimulam a fala propõem variedade estilística a uma atuação que se mantém dentro dos cânones da escola em que se formou o intérprete. Discreto na exibição dos recursos interpretativos, contido pela pauta do seu próprio texto, o ator reage às provocações desse circuito externo com precisas variações de estados anímicos e diferentes pontos de vista narrativos. Uma vez que o formato do discurso é o de um ajuste de contas final de um artista consigo mesmo (a velhice o libertou de outros compromissos), é o valor afetivo das evocações ou o teor racional do confronto em "tempo real" que a interpretação modula. De início temos a impressão de uma pessoa muito próxima, esquecemos a personagem, quase acreditamos na coincidência biográfica entre o autor e a figura em cena, porque a voz é suave, a postura não denota esforço, as marcações sugerem uma aproximação gradual de intimidade. É a falsa intimidade do realismo entrecortada por outro instrumento do teatro moderno, a lucidez de uma reflexão articulada, ainda que muito pessoal, sobre o estado atual da cultura. Há o concurso do teatro psicológico, o do teatro épico, a evocação deliberada da matriz trágica emblemática do poder destrutivo de todos os imperialismos e, por último, mas não menos importante, o simbolismo descarnado das figuras trágico-cômicas do teatro do absurdo. Com uma maestria difícil de igualar, Walmor Chagas exercita no tempo breve do seu espetáculo as categorias do trágico, do lírico e do satírico. Esse saber acumulado, refinado e intransferível – os grandes atores tornam-se legendários porque não se parecem com ninguém – é o centro da atração desse espetáculo-depoimento.

Levando a sério a ameaça de desistência da arte e da vida reiterada ao longo da encenação, poderíamos dizer que se trata de um espetáculo-testamento. De qualquer modo, um testamento de fênix, porque, ao mesmo tempo em que se proclama a apatia, o resultado cênico de confronto entre o teatro de texto e o de imagens é singularmente vital. Quem dirige o espetáculo é o cineasta Djalma Limongi Batista, um artista que raras vezes tangencia o teatro. Coube-lhe resolver o paradoxo contido em um discurso em que se manifestam a um só tempo repúdio pela imagem televisiva e fascínio pelo cinema. A direção do espetáculo opta pela beleza, pela fluidez e, está claro, por uma valoração afirmativa da imagem. Projeções de conteúdo crítico são também tratadas com grandeza, de um modo que não nos parece irrisório ou cômico, por exemplo, o cenário da imprensa que se alimenta de fofocas. São lugares desumanizados, frios e um tanto cruéis, como seriam as fábricas da revolução industrial. Inversamente, as seduções eróticas são caleidoscópicas, o rosto amigo é um cândido *close* e as evocações da infância são transcritas nas delicadas variações de branco e preto. Só a política, tal como é exercida institucionalmente, merece o tratamento de charge.

Também fiéis à partitura do texto, as imagens que o cercam são, contudo, invenções singulares e tensas, a que Walmor reage com o ânimo de quem está enfrentando o desafio inaugural de um tempo novo. E, pensando bem, é melhor tomar cuidado com os septuagenários de fala mansa que, em tom avuncular, dizem que o seu tempo já passou. Há muitos deles na linha de frente da arte, armados de muita ciência e movidos por uma inquietação que iguala o seu saber.

## UM CIRCO DE RINS E FÍGADOS

De Gerald Thomas
Direção de Gerald Thomas
3 de junho de 2005

Se o espectador fizer mesmo questão de identificar uma história com começo, meio e fim, a experiência de *Um circo de rins e fígados* o deixará decepcionado. Falta prática, mas, antes de tudo, falta vocação ao autor do espetáculo para a ficção apoiada em personagens verossímeis, sequências causais e tempo linear. De qualquer modo, são convenções que deixaram de ser virtudes há mais de um século, e quem ainda suspira por elas tem maior probabilidade de gratificar-se assistindo à televisão. Essa nova invenção de Gerald Thomas é, tanto quanto a de outros empreendimentos autorais que apresentou entre nós, uma deriva entre imagens pessoais, referências culturais herdadas e arranjos visuais apoiados na potencialidade plástica do corpo humano em cena. O tênue roteiro, em que se apresenta formalmente um personagem que procura alguma coisa em meio à desordem e ao acaso, serve como permissão para a entrada em cena, na condição de único núcleo temático possível, da atividade do criador. Sem saber ao certo se sonha ou vigia, ignorando a origem do enigma que entra em cena sob a forma de volumes invasivos, ora livre, ora sob restrições, situado no tempo presente ou no da memória, o ator-personagem tem de construir a sua trajetória pela via negativa. É do que não consegue compreender, daquilo que se manifesta de modo acidental e da tentativa de comunicar que se constitui a comunicação cênica. Trata-se, enfim, da matéria do sonho. Ou da matéria do inconsciente, diríamos em um mundo pós-freudiano. Agitação, pressões, cumplicidades – as figuras que rodeiam o protagonista são constantemente ressignificadas – formam uma espécie de solo instável para a interpretação.
E a mobilidade é, por excelência, o que distingue o intérprete Marco Nanini. Não se trata de um ator versátil, ou seja, aquele que desempenha com tanta maestria que desaparece sob a personagem. E tampouco de ator performático, distanciado da personagem para que se possa distinguir na representação as técnicas construtivas. Sem desaparecer sob a personagem ou evidenciar habilidades, Nanini se move, com uma rapidez excepcional, entre diferentes tonalidades e estilos. Orienta-se, ao que parece, pela atribuição de uma racionalidade estética a cada cena diferente, ainda que a matéria dramática não seja lógica aos nossos olhos. Identifica um sentido primordial, organiza-se e não erra uma nota dessa partitura.
Há uma cena em uma morgue, por exemplo, em que o personagem relata em

um tom de voz reminiscente, quase nostálgico, práticas de necrofilia. É uma intromissão de tonalidade naturalista em um espetáculo pautado pela liberdade onírica. Saindo de uma zona escura e silenciosa, essa espécie de erotismo que se satisfaz com a morte se manifesta como um alheamento. Não provoca empatia, porque o ator não o reveste dos recursos do terror e da piedade. Trata-se de um acontecimento misterioso e radical como são todas as transgressões de tabus. Não pertence inteiramente à esfera do personagem individual nem do ator que a representa e, por essa razão, não é contaminada por sugestões moralistas.

Ainda que de modo não muito cândido, o espetáculo permite também brincadeiras de desmontagem. São muitas e muito engraçadas, uma vez que permitem jogos corporais e verbais sobrepostos ou independentes. Partes do corpo que deixam de funcionar, por exemplo, são um prato cheio para palhaços circenses e para um intérprete que se delicia com essas homenagens a formas tradicionais de comicidade. Há espaços no espetáculo para que Nanini possa exercitar a máscara cômica que cultua quando pode: a do personagem sem jeito, mais trapalhona do que maliciosa. Picadinhos de texto proporcionam um interlúdio de graça inteligente e também põem sob suspeita toda a armação espetacular. Tudo pode ser invertido, misturado, destruído por acaso e reconstruído com um sopro novo de invenção ou com um gesto voluntário. A belíssima dança que se intromete no espetáculo é o melhor exemplo da ironia criativa.

Em volta do protagonista há também imagens supérfluas, enfeites inspirados em experiências culturais que parecem extraídas de um baú onde se conservam os afetos pessoais do diretor-autor. Homens de preto, em geral personagens mutáveis que se encarregam da maior parte dessas referências inúteis, preenchem um palco amplo e, por vezes, fazem-nos desejar a economia minimalista. Em meio à leveza desse trajeto errático, podemos esquecer facilmente os ornamentos. É mais difícil esquecer o tom artificial, falsamente lúgubre, com que a voz de Gerald Thomas faz desfilar um cortejo de nomes de pessoas que, a nosso ver, não são feitas da matéria dos sonhos. Ninguém faz isso por fazer e, portanto, deve ter havido uma razão de ordem íntima, que o espetáculo não descortina.

## OS SERTÕES – A LUTA

De Euclides da Cunha
Direção de José Celso Martinez Corrêa
18 de junho de 2005

A navegação de longo curso que o Teatro Oficina vem fazendo sobre a obra capital de Euclides da Cunha chega agora à *Luta*, terceira parte do livro e quarto espetáculo do grupo. Estão compreendidos nesse espetáculo os episódios relativos à segunda e à terceira investidas militares contra a cidade fundada por Antônio Conselheiro. Desta vez, seguindo a vertente sugerida por Machado de Assis em uma crônica que o programa oportunamente reproduz, "os direitos da imaginação e da poesia" se sobrepõem a todos os outros compromissos de adaptação. À medida que se aproxima do desenlace fatal, conhecido e incontornável, os procedimentos de transfiguração da literatura em teatro parecem se alçar a uma altitude maior em relação ao seu ponto de referência. *A luta*, primeira parte, explode até a vertigem as metáforas originais do texto de Euclides da Cunha.
No entanto, impregnado do espírito brechtiano que sopra sobre todas as suas criações, o Oficina preserva na estrutura do espetáculo o movimento da dialética histórica. Todos os episódios, ou seja, o que há de factual no relato euclidiano, estão representados com uma minúcia espantosa para os leitores da obra. Nada se perde, desde os inábeis jogos políticos tramados por governantes que se apoiam em boatos até a esfera mesquinha das disputas municipais que precedem a expedição Febrônio de Brito. O macrocosmo da politicagem republicana e a ressonância no aldeamento conselheirista são desenhados teatralmente seguindo a mesma sequência com que se apresentam no relato euclidiano. As etapas estratégicas dos confrontos das duas expedições são esclarecidas quanto ao percurso, tempo, formas de liderança, e até a linguagem mistificadora das súmulas estatísticas, que ontem e hoje tanto agradam aos representantes de vários poderes, é reproduzida em projeções. Enfim, o aspecto documental é uma orientação narrativa da qual o espetáculo não se desvia.
A partir dessa base, o caminho associativo em direção à contemporaneidade é vertiginoso, embora sempre obediente à lógica das analogias rigorosas. Os materiais de construção da igreja nova de Canudos, por exemplo, constituem o motivo da discórdia local que incita a expedição Febrônio. Na transposição cênica desse "incidente desvalioso" se sobrepõem várias camadas de significação. Centro de todas as aldeias sagradas, o templo em construção no final do século XIX é figuração

de outros projetos construtivos de significado cultural: ocas indígenas, a arquitetura ainda utópica dos teatros totais, circos e estádios. Por meio de imagens projetadas, partes narrativas entoadas pelo coro e figuras alegóricas, o espetáculo expande, de modo crítico ou sedutor, as possibilidades interpretativas dos episódios não só da guerra sertaneja, mas dos entreatos que o livro registra com intenções a um só tempo estéticas e antropológicas.

Algumas dessas associações são dramáticas na sua proposição inicial e, por essa razão, se ligam diretamente ao repertório teatral. À figura da "Troia de taipa" correspondem inovações da Ilíada; no destrato do comércio de madeiras intervém uma personagem de Brecht; ao retrato físico e moral do chefe da terceira expedição, as cenas da investidura de Ricardo III no poder. Outros mitos teatrais se manifestam nas imagens e nas citações musicais. Proporcionalmente mais abundantes, os signos da transformação da experiência histórica em novas práticas contemporâneas pontilham todas as falas do coro. São novas cidadelas conflagradas os morros que cercam a zona sul carioca, indícios de uma insurgência de outra ordem à qual os governantes reagem com a mesma obtusidade dos líderes civis e militares que atacaram Canudos. Ligam-se aos meninos do rancho do Nunca os soldadinhos infantes que Moreira César arrebanhou às pressas para a terceira expedição. Explode em vários pontos da trama a energia recalcada dos fundamentalismos. Para quase todas as proposições históricas, há um correspondente atual, em curso, que nos afeta como coletividade. Nem tudo é de captação imediata, uma vez que é preciso dividir a atenção entre as partes musicadas e as imagens que as reforçam. De qualquer forma, o que se imprime como marca indelével na percepção é o ativismo crítico de uma forma de representação que, de modo contínuo, absorve a experiência do presente.

Ao lado disso, há o humanismo peculiar das criações do Teatro Oficina que exalta, sobre valores intelectuais ou morais, o impulso vitalista. É o que inspira cenas extraordinárias na eficácia e na beleza, porque livre de maniqueísmo, atitude que, aliás, corresponde também às intenções do credo positivista professadas por Euclides da Cunha. Aos soldados expedicionários, títeres dos seus chefes incompetentes, é dedicada uma das cenas mais belas do espetáculo, de tratamento lírico. Inocentes porque mal-avisados, os comandados da terceira expedição marcham imbuídos da "felicidade guerreira", em um companheirismo alegre e infantil. Presos à "corneta de ritmo careta sem mito", têm, introjetado, o arquétipo do guerreiro audaz e solitário. Do outro lado, armam-se os sertanejos, pondo nessa tarefa sombria uma energia de ordem sexual. Cria-se desse modo uma irmandade entre os combatentes de ambos os lados. É uma dramatização situada no polo oposto ao dos embates melodramáticos entre mocinhos e bandidos oferecidos a granel pela indústria do entretenimento. Seu modelo estético mais antigo e inegavelmente superior é a *Ilíada*.

Há décadas, José Celso Martinez Corrêa mobiliza a ideia de um teatro total, em que elementos presentes, ou seja, o tempo, o espaço e a figura do ator, sejam equivalentes à verbalização. As metáforas visuais, em que permanecem elementos narrativos, são de grande importância no seu trabalho. Há muitas delas nesse espetáculo e é uma tarefa do espectador deslindá-las, porque sob o seu impacto sensorial se escondem uma ou muitas ideias. Na verdade, seria preciso um volumoso compêndio para passear com vagar sobre essas figuras. Entre tantas, está a formalização espantosa da cidadela que, em vez de resistir, esboroa-se, envolve e absorve o invasor. Só vendo.

## BAQUE

De Neil Labute
Direção de Monique Gardenberg
5 de agosto de 2005

Na história do teatro moderno, aproximadamente desde o fim do século XIX, a narrativa foi perdendo gradualmente o prestígio para ceder lugar ao diálogo produtivo, em que as informações sobre fatos importantes da trama entravam em cena de modo indireto, fragmentado e descontínuo. Nas experiências dramáticas mais radicais do século XX, desaparecem inteiramente, talvez como sintoma da suspeita que contaminou a veracidade da consciência individual. Uma vez descoberto o país do inconsciente, a literatura dramática investigou recursos para expressar no palco a ignorância dos indivíduos sobre suas motivações e desejos ocultos. Como consequência, a psique tornou-se uma espécie de destino, e as personagens, isentas de julgamento moral, porque, diante do determinismo da compulsão, não poderiam agir de outro modo. Essa dúvida sistemática sobre a validade dos fatos teve consequências formais de ordem extremamente variada e seria preciso um tratado para enumerá-las. É possível que tenha garantido ao teatro uma sobrevida, permitindo-lhe enfrentar a concorrência com as artes cinéticas. Entre outras coisas, eximiu-o da tarefa de oferecer ao espectador, em uma bandeja, sensatas lições de moral. Emergindo do claro-escuro da vida pulsional, os relatos das personagens sobre fatos passados viriam à cena contaminados por emoções e interpretações distorcidas.

Entretanto, nos centros teatrais menos novidadeiros, em que convivem estratos históricos diferentes e a vertente contemporânea entra em cena paralelamente com a dramaturgia do passado, as personagens que se exprimem por meio de narrativas ainda têm um lugar. Sob vários aspectos, o espetáculo *Baque*, dirigido por Monique Gardenberg, aparece como o resgate de uma vertente teatral que o nosso teatro deixou de praticar há algum tempo. A peça de Neil Labute apresenta três narrativas, feitas na primeira pessoa por personagens que sabem exatamente o que fizeram e por que agiram desse modo. No contexto da peça não é possível ignorar a veracidade dos relatos. Na verdade, há um mecanismo nas três histórias que funciona de modo idêntico: consiste em limpar a área das distorções emocionais, das hesitações e das interpretações possíveis dos atos. Embora as personagens se expliquem de início pelas circunstâncias, justifiquem-se em busca da simpatia dos ouvintes, todas acabam chegando a um núcleo de decisão. Fizeram alguma coisa que não pode ser negada dramaticamente e tampouco moralmente desculpada. Eles sabem, nós sabemos. A ficção, neste caso, refere-se a uma verdade, e é esse o resíduo simbólico da criação de Labute. Chega-se ao inconcebível para garantir um posto de trabalho, para ocultar uma inclinação, para desforrar-se da humilhação amorosa. Nos dois primeiros casos há uma pressão social interiorizada pelas personagens. Para a mulher que relata a última história, o dramaturgo recorre a Medeia, um dos mais poderosos arquétipos do feminino mobilizados pelo repertório da cultura ocidental.

Relatos feitos com habilidade, permeados por informações que retardam o desfecho e que se inspiram na composição dramática tradicional do século XIX; as histórias demandam a atenção para o discurso dos intérpretes. Dependem de uma composição minuciosa dos tipos, uma inflexão cuidadosa, para que se possa distinguir o autoengano das personagens dos fatos relatados e, sobretudo, de uma construção progressiva, já que todas chegam a um final de impacto. Sobre essa matéria, a direção se afirma em primeiro lugar pela face interna, ou seja, ocupa-se do ritmo de construção das personagens, das atitudes físicas dos intérpretes e das movimentações que dão relevo à verossimilhança. São excelentes as atuações e em nenhum momento é notável o controle ou o exibicionismo da direção do espetáculo. É inevitável, nesse tipo de trabalho, em que os atores se apresentam como protagonistas em sequência, que se destaquem características individuais. Embora o espetáculo seja uniforme e coerente, o trabalho de Emílio de Mello tem estatura excepcional porque beira o maneirismo na profusão de detalhes e ao mesmo tempo o ultrapassa ao se apoiar firmemente em indicações sutis do texto. Trata-se, enfim, de um ator que sabe a importância da vírgula. Uma raridade nos palcos contemporâneos.

Espetáculo dirigido com pulso firme sobre o desenvolvimento e a tensão da narrativa, feito com um genuíno respeito pelo texto e sem efeitos ornamentais, *Baque* poderia dispensar a grandiosidade cenográfica. Homens comuns praticando atos outrora atribuídos a reis distinguem-se desses pela banalidade das circunstâncias materiais que os circundam. Por essa razão, são desnecessários, ou excessivos, os cenários com mutações à vista, a interferência de um candelabro para sugerir o hotel ou a indicação exata de uma delegacia de polícia. Os artefatos concebidos por Isay Weinfeld exibem engenhosidade e bom gosto, dois atributos inconvenientes para a ambientação das confissões de um colarinho-branco, um moleque endinheirado e uma mocinha destituída de tudo.

## A DANÇA DO UNIVERSO

De Oswaldo Mendes
Direção de Soledad Yunge
13 de agosto de 2005

Os cientistas são gente como todo mundo. Têm mãe, contas a pagar, dor de dente, variações de humor inexplicáveis e vaidades infantis. Manifestam, alguns deles, caráter rancoroso. A certa altura do espetáculo *A dança do Universo*, mais precisamente quando ocupam o centro da cena as figuras veneradas de Galileu Galilei e Johannes Kepler, à soma desses detalhes de humanização realista das personagens há uma sobrecarga encobrindo o assunto dos diálogos. Temos a impressão de que já ouvimos isso antes, em parte graças aos espetáculos que o conjunto Arte Ciência no Palco vem apresentando desde 1988. Em meio a organizações dramáticas circunstanciadas, tramas que ligavam a produção científica a vivências pessoais e fatos históricos, esse grupo, original pela sua militância situada na fronteira entre a popularização da ciência e a novidade artística, apresentou anteriormente as grandes descobertas no campo da física teórica.

Em espetáculos anteriores, as personalidades eram um meio de chegar, de modo suave, aos axiomas científicos e ao campo intrincado da ética que cerca os avanços do conhecimento. Desta vez, fazendo uma espécie de súmula que é, a um só tempo, inventário de um percurso histórico que começa na Antiguidade e apresentação sucinta dos protagonistas da aventura científica, o espetáculo se abriga sob uma ideia geral e abstrata de que em qualquer época histórica há, com um vigor proporcional ao avanço do pensamento científico, uma resistência conservadora.

No texto escrito por Oswaldo Mendes, ao prólogo da criação mítica do Universo sucedem logo os controles religiosos e a vigilância institucional como obstáculos impostos aos avanços da pesquisa e à divulgação do conhecimento. Em resumo: o pensamento científico tem como protagonistas sujeitos comuns que, apesar de oprimidos, conseguem desvendar evidências irrefutáveis. Fora de cena, uma massa amorfa, estão os mandões de todo tipo, desde os fundamentalistas religiosos até a vigilante ditadura militar brasileira perseguindo um físico do calibre de Mário Schenberg.

Valendo mais como um tributo amoroso aos que pensam com ousadia e originalidade do que como divulgação dos postulados da física teórica, o espetáculo convida a uma adesão emocional. Assemelha-se, nesse sentido, a outras criações artísticas que nos incitam a ter um ânimo generoso. Devemos ser compassivos com os pobres, tolerantes com as diferenças e solidários com os que querem mudar o mundo, e a tarefa da arte, nestes casos, é soprar as cinzas da indiferença depositadas sobre virtudes inegáveis. Do mesmo modo, *A dança do Universo* trabalha para estimular nossa admiração pela ciência e simpatia pelos frágeis indivíduos que a fazem avançar.

Há mérito em celebrações bem-intencionadas. Sobretudo quando são, como este espetáculo dirigido por Soledad Yunge, oficiadas por um elenco em que todos os intérpretes parecem dotados de simpatia pessoal e elasticidade para cumprir as tarefas de desdobrar-se por personagens e cantar agradavelmente. Estão em cena falando frases de efeito, extraídas em geral do patrimônio literário que vem, na qualidade de valor agregado, da obra de homens que pensavam bem e se expressavam com rigor por meio de palavras. O resultado geral é a disseminação de um ânimo festivo em relação a um tema que nada tem de controverso. Em sã consciência e em termos abstratos, ninguém tem nada contra o progresso da ciência. E é pouco provável que fanáticos religiosos ou líderes políticos autoritários mudem de lado mobilizados por uma encenação cujo forte não é argumentar.

De diferentes modos, em encenações anteriores, o grupo Arte Ciência no Palco tornou compreensível para o público certos conceitos e princípios gerais da física teórica. Também, de um modo dramático, no sentido convencional da palavra, expôs opções de natureza ética com que se defrontam aqueles que transformam as hipóteses em ciência aplicada. Neste espetáculo, recorrendo à forma narrativa, abstraindo os conflitos por meio de proposições genéricas, em que são valorizadas a intuição e a criatividade, e reprovando o conservadorismo que se opõe a esses atributos, o espetáculo se esquiva da explicitação de conteúdos. Dá outro tipo de lição. No entanto, para quem acha a física teórica um osso duro de roer, é um prazer compreender uma ideia por intermédio do teatro.

## ADIVINHE QUEM VEM PARA REZAR

De Dib Carneiro Neto
Direção de Elias Andreato
2 de setembro de 2005

Imaginem Paulo Autran em dose tripla em uma única noite. Pois é esse o centro gravitacional de *Adivinhe quem vem para rezar,* e em torno dele se comprime uma plateia numerosa, disposta a admirar, uma vez mais, a versatilidade desse intérprete exponencial do nosso teatro. E eis aqui o fio da narrativa: em uma igreja, antes da cerimônia religiosa, um homem dialoga com três interlocutores, todos encarnados por esse intérprete habilíssimo na construção de personagens. Basta uma calculada modificação na postura, uma alteração na tonalidade de voz, mais branda ou mais decidida, para que se imponha sobre o palco uma personalidade diferente. Apenas a terceira e derradeira personagem se apoia sobre caracterizações exteriorizadas, e sobre essa figura menos veraz, afastada (pela concepção do espetáculo) do estilo realista, aplicam-se tintas suaves das comédias de costumes. O que distingue as duas primeiras é a matéria não visível a olho nu, essa coerência interior que permite que um indivíduo seja tão diferente do outro quanto duas folhas da mesma árvore. Trabalhando sobre um patamar mínimo, construindo diferenças sutis por meio de gestos e expressões faciais, o ator exercita o arsenal técnico acumulado ao longo da carreira.

Não é apenas a versatilidade, contudo, que justifica a atração dos grandes intérpretes. Há sempre um dom pessoal e intransferível justificando o magnetismo. Neste, como em outros trabalhos recentes, Paulo Autran vem definindo uma espécie de núcleo temático com o qual, ao que parece, se identifica e que confere às suas interpretações a magnitude de um legado pessoal, alguma coisa selecionada de uma vida pródiga em aventuras pelo imaginário do teatro. Ao artista, esteja ele no palco ou em qualquer outra área da criação, cabe a tarefa de alargar horizontes, promover a aceitação mútua entre os seres humanos separados pelas fronteiras mesquinhas das convenções de qualquer ordem. Esta peça de Dib Carneiro Neto permite-lhe explorar outra vertente de um campo inesgotável, sobretudo porque as personagens que representa atingiram um alto patamar de tolerância, sem ter para isso as armas teóricas da geração instruída nas teorias libertárias. Homens que viveram em um ânimo social mesquinho, que nunca leram filósofos libertários, para quem a aliança entre política e sexualidade pareceria mistura de alhos e bugalhos, são, ainda assim, capazes de ultrapassar a pequenez da moralidade sexual vigente.

Há duas gerações dialogando em cena, e o homem jovem, sempre em posição filial, vive um momento de confronto com diferentes imagens paternais. Sabe mais do que seus interlocutores, porque somou à memória da geração que o precede sua própria experiência de vida. E, no entanto, esse saber é fundado sobre a recusa dos "erros" dos progenitores. Por ter julgado, deveria saber viver de modo diferente e melhor. No momento em que se sente frágil em razão da perda do pai, ao mesmo tempo livre e desprotegido, o filtro da avaliação consciente se desfaz. Sob a forma bruta de presenças com autonomia de pensamento e fala, seus antepassados manifestam outro tipo de saber. Porque foram movidos um pelo impulso egoísta da satisfação erótica e outro pelo afeto incondicional, resolveram de modo sábio e tolerante acidentes em que os mais jovens, com toda sua ciência, tropeçam e quebram a cara. Pelo avesso, exibindo motivos e comportamentos de personagens que, durante os tumultuados anos 60 do século XX, mal sabiam o que ocorria no macrocosmo da história, a peça celebra a grandeza de seres humanos que nada têm de excepcional ou heroico, mas que são capazes de proteger o diminuto território da afeição familiar.

Na composição dessa narrativa em que personagens se projetam a partir de uma consciência – é o homem mais jovem que medita e invoca diferentes versões parentais –, a técnica de fusão é um dos valores positivos da peça. Há traços e maneirismos verbais que migram entre as figuras projetadas, e essa ambiguidade, que nos mantém inseguros no que diz respeito aos fatos, aclara o dinamismo da psique do homem jovem. É a sua transformação possível, estimulada pelo impacto da orfandade, que estrutura a curva dramática da peça. Como latência, como alguma coisa que pode vir a ser, o movimento da peça não é causal, mas sinuoso, enganador, fora da contabilidade de perdas e ganhos que caracterizaria uma dramaturgia convencional.

Por essa razão, é estranho o fecho conclusivo que o texto propõe e o espetáculo enfatiza. O tom triunfante – e não apenas apaziguado – da última exclamação do filho parece-nos um golpe de teatro, uma cortina simbólica onde se escreveu *happy end* com tinta invisível.

Tudo o mais neste sóbrio espetáculo dirigido por Elias Andreato contradiz o ponto-final, desde o cenário especializado de Ulisses Cohn, definido apenas por um semicírculo e escassas formas geométricas, até o molde do embate entre os interlocutores. A direção controla o volume emocional da personagem interpretada por Claudio Fontana, restringe o contato a um nível quase cerimonioso e só permite o humor como presença de espírito, ou seja, manifestação da inteligência das personagens parentais. É o bastante porque, de um jeito ou de outro, vai-se para a vida.

## ASSOMBRAÇÕES DO RECIFE VELHO

De Newton Moreno
Direção de Newton Moreno
17 de setembro de 2005

As ciências sociais foram para Gilberto Freyre área privilegiada de estudo. Mas há na sua obra, além das interpretações analíticas, o registro de uma fruição estética da cultura de um modo geral, e pernambucana em particular, a que deu o nome de "empatia". Em texto sobre a capital do seu estado, referiu-se "ao Recife das revoluções, dos crimes, das assombrações, dos cadáveres de padres ideólogos rolando pelo chão, dos fantasmas de moças nuas aparecendo a frades devassos, dos papa-figos pegando meninos, dos maridos ciumentos esfaqueando mulheres, das serenatas de rapazes pelo Capibaribe nas noites de lua – todo esse Recife romântico, dramático, mal-assombrado, passa despercebido ao turista". É essa espécie de admiração pelo exaltado imaginário recifense que anima a adaptação feita por Newton Moreno das crônicas enfeixadas sob o título de *Assombrações do Recife velho*.
Histórias variadas, recolhidas da tradição oral e, portanto, sem data de nascimento, mesclam-se a um fio dramático contemporâneo. Para o pesquisador de hoje, personagem desta adaptação, a fonte é cada vez mais inacessível. Quem sabe, quem ainda poderia transmitir esse patrimônio imaterial, está perdendo a memória. O fascínio dos meios de comunicação de massa, instaurando de modo dominador outras narrativas, prevalece sobre os temas e formalizações da transmissão oral.
Mas essa é uma constatação do presente que o espetáculo apresentado pelo grupo Os Fofos Encenam registra sem se deixar contaminar pela melancolia saudosista. O que interessa ao grupo dirigido pelo autor é a categoria de "romântico", com a sua dupla mensagem de distorção e emotividade. Sob as histórias de fantasmas há um fundo histórico que a imaginação coletiva enfeita e deforma e, por essa razão, os narradores populares são os verdadeiros heróis do espetáculo. São os homens pobres da cidade recebendo os espectadores, envolvendo-os fisicamente e seduzindo para que se tornem permeáveis aos encantos de uma narrativa supra-histórica. O desenho do espetáculo repousa sobre a capacidade de sedução das personagens e, em seguida, sobre o poder de transformar o ambiente em um espaço dotado de atmosfera dramática. Cada história, tendo um narrador com características diferentes, tem o seu próprio estilo. A menina-moça que interpela os passantes fincada na janela

de casa é a narradora de uma manifestação benigna e afetuosa de fantasmagoria materna. Cabe-lhe atrair e convidar os espectadores para ingressar no território das histórias mais cabeludas. Assombrações maliciosas e erotizadas adquirem ritmo farsesco, e reserva-se o grotesco e o horripilante para revestir narrativas cujo ponto de origem é a crueldade dos senhores de escravos.
Em cada cena dessa antologia há um sentimento dominante, alguma coisa que permanece simbolizada na narrativa como expressão da experiência coletiva do presente. Há, sem dúvida, a nostalgia do passado, característica das cidades antigas cuja arquitetura ainda não foi inteiramente destruída e permite, portanto, o conhecimento de diferentes etapas históricas. Também transparecem como motivos inconscientes o ressentimento racial e de classe e a reivindicação de uma sensualidade pagã secularmente reprimida pelo catolicismo. Não falta nessa recolha o ânimo literário que os pernambucanos manifestaram por meio de revoltas contra diferentes formas de opressão. Frei Caneca é a um só tempo realidade e mito do inconformismo, e a essa figura exemplar é dedicada uma cena em que se dispensam as tintas evocativas. Nesse caso, a formalização da cena tem o compasso ágil e o ritmo surdo da música contemporânea. Trata-se de um "valor em movimento" ressoando nas agitações ousadas e inteligentíssimas do *mangue beat*. A figuração do narrador original, eliminada na adaptação de Newton Moreno, é sublimada na utilização da metodologia de Gilberto Freyre.
Quase todo o espetáculo se beneficia do lugar de exibição, uma antiga moradia restaurada no ponto certo, ou seja, sem que a intervenção apague inteiramente as marcas do tempo sobre o prédio. Desse modo, as assombrações se deslocam por um edifício vagamente antigo, com sinais de desgaste, mas encravado entre arranha-céus e viadutos. É um espaço que conjuga duas fronteiras temporais, e o sentido dessa justaposição é também o alvo do trabalho cênico. Único episódio sem resolução adequada é aquele em que a família migrante dialoga com o patriarca. Como dramaturgia, a cena é excepcional: econômica, sutil e empática, exatamente porque realiza o sentimento de desterro dos que não sabem falar muito. No entanto, tem um tratamento brumoso, em tom sentimental e mal definido, porque as duas pontas da interlocução são igualmente arcaicas. Falta a esse episódio a tradução cênica desse objeto impositivo que é o vulgaríssimo orelhão.

## A VIDA NA PRAÇA ROOSEVELT

De Dea Loher
Direção de Rodolfo García Vázquez
30 de setembro de 2005

A memória suaviza acontecimentos traumáticos e embeleza paisagens desaparecidas, bem o sabemos. Sendo assim, quem se recorda da praça Roosevelt antes que se erguesse o maciço de concreto atual acha que era melhor o que passou. No entanto, o grupo Os Satyros fincou suas raízes ao lado desse monumento escuro, deteriorado, cheio de frestas onde se abrigam pessoas e seres vivos e, ao que parece, deposita aí não só energia criativa como afetividade. O espetáculo que apresenta agora, singelamente intitulado *A vida na praça Roosevelt*, é a segunda parte de uma trilogia dedicada a esse desprestigiado recanto da cidade.

São as mesmas razões invocadas para justificar o anátema que pesa sobre esse lugar que justificam o interesse do grupo. Os recôncavos escuros, os vãos das bandejas de concreto, a falta de vegetação e a artificialidade do projeto afastaram os transeuntes ocasionais e atraíram, em contrapartida, viciados de todo tipo, o comércio diuturno de sexo e drogas e habitantes paupérrimos desta cidade, pessoas cujo único teto é o desvão dos espaços públicos. Sobre essas criaturas, Dea Loher, uma dramaturga alemã trabalhando em estreita colaboração com os participantes do grupo, construiu uma narrativa focada na população que cruza ou habita o lugar. Recorte dramático do presente, o texto ignora as visões idílicas de ágoras anteriores e tampouco se aventura pelo território das utopias. Tanto quanto possível, captura a fluência cotidiana, com suas variações típicas de situações e personagens. Trata-se, enfim, da praça como ela é hoje.

É uma representação do entorno dos Satyros, mas certamente não uma contemplação do próprio umbigo. Pelo contrário, os materiais e situações que convergem para a cena podem referir-se a qualquer metrópole do planeta. Aqueles que perderam seu lugar no mundo do trabalho, pessoas segregadas em razão do comportamento sexual, bandidos e os desmoralizados mantenedores da lei são figuras que o conceito moderno de cidade exila sem afastar. Isola-se o indivíduo em meio à multidão. O movimento da peça é, por essa razão, duplo. Caracteriza o exílio social e econômico e a solidão extrema para, em seguida, representar as novas formas de agrupamento e auxílio mútuo construídas de modo original.

Como prólogo e epílogo, há uma situação de extrema crueldade, usual em um território de tráfico de drogas. Entre os extremos há um percurso que, embora não seja de superação, registra um traço igualmente verídico dos agrupamentos cuja base de sustentação é a identidade marginal. Nenhum peru de Natal disfarça a solidão dessas pessoas sem família e sem lugar social, ou seja, estão fora dos rituais civis, familiares e religiosos. Constroem, ainda assim, ritos de convivência, laços de afeto e normas de conduta.

Se a peça fosse apenas uma observação respeitosa de um modo invertido de suprir proteção social sem o apoio de uma ética convencional, seria, ainda assim, uma observação de interesse antropológico. Dea Loher, no entanto, não se limita a descrever a alteridade. Personagens e situações, de um modo bastante delicado, propõem uma transcendência em um plano imaginário análogo ao mundo da arte. Quase imóvel, amalgamado aos detritos, está o homem que ouve narrativas e as transcreve. Em paralelismo, uma mulher de meia-idade e um travesti se aliam para construir uma poética cerimônia fúnebre a desconhecidos, uma jovem inventa um duplo capaz de, no plano virtual, vingar-se da mesmice e se compensa por intermédio da voz. Não estão apenas sobrevivendo e se protegendo por meio de alianças defensivas. São criadores regidos por outras normas e, por essa razão, teatrais. Operando como metáfora visual dessas transfigurações a um só tempo humanas e artísticas, há a figura muito bonita de uma criança vestida à marinheira, representada por Phedra D. Córdoba. Não tem época, idade ou sexo definidos, mas a leveza dessa indeterminação contraponteia a densidade inevitável da experiência na praça.

Sob a direção de Rodolfo García Vázquez, o espetáculo suprime radicalmente os indícios realistas e adota a sugestão de teatralidade poética como matriz das interpretações, da visualidade e da disposição espacial das cenas. O formato é o da parada circense em que as personagens se exibem e cedem lugar ao protagonista do próximo número. É uma estilização que serve bem ao transformismo essencial dessas figuras, mas não é adequada aos interlúdios veristas da trama. Ficam pesados e lentos os trechos de reconstituição da história pregressa de algumas personagens. Também a narrativa do assassinato, por sua contundência e precisão documental, poderia dispensar a exaltação trágica.

## QUERIDA HELENA

De Ludmila Razoumovskaya
Direção de Iacov Hillel
10 de novembro de 2005

Ainda sabemos pouco sobre as consequências que o desmoronamento do regime soviético teve sobre a vida dos russos. As batalhas pela autonomia dos diferentes povos agrupados sob a hegemonia russa monopolizaram o interesse dos meios de comunicação e deixaram à sombra, pelo menos para o público brasileiro, a paisagem social se reorganizando sob uma nova ordem política. *Querida Helena*, peça da dramaturga russa Ludmila Razoumovskaya, encenada de sexta a domingo no Teatro Aliança Francesa, tem, entre outros méritos, o de nos trazer uma nova e inquietante informação. Escrita durante a fase do "degelo", como uma avaliação corajosa do período agônico do sistema soviético, a peça prenuncia a nova era que se avizinhava. Ruíram as fortalezas que separavam o mundo comunista do capitalista e pode-se agora ver com clareza a fisionomia desse território unificado sob a égide da livre empresa.
É da mente e do coração dos jovens que a peça se ocupa. Serão eles os protagonistas de um novo período histórico. Vistos na perspectiva romântica, são a esperança das nações. Invocados pelo discurso político progressista, são as vítimas de uma ordem social injusta a quem é preciso dar o que foi negado. Duas óticas que não atraem a autora russa. Seus garotos, um grupo de quatro alunos no último ano do colegial, não prometem boas coisas e tampouco tiveram o caráter forjado pela necessidade. São moços saudáveis, intelectualmente bem preparados, transbordando de energia e habilidade para atingir seus objetivos na vida. E, no entanto, os meios para atingir seus objetivos são espúrios, os sonhos para o futuro são mesquinhos e a convivência entre os membros do grupo é a de uma cadeia alimentar em que cada um tira proveito do ponto frágil do outro.
Como antagonista de proporções clássicas a esse oportunismo, há a professora Helena. Em perfeita simetria, a mestra confronta essa ausência de escrúpulos com manifestações de carinho, piedade pelos mais fracos e exortações sinceras ao altruísmo, à honestidade, à decência comum. Sem se curvar às tentativas de sedução, suborno, ameaças, constrangimento físico e humilhações, essa valente senhora resiste a uma noite de assédio dos alunos, cujo alvo é o acesso ao arquivo da escola.
A excepcional qualidade da peça deve-se, em parte, à ultrapassagem do universo maniqueísta que se desenha através de assaltos vigorosos, impregnados tanto de violência quanto de inteligência argumentativa. Não se trata somente de valores

positivos opondo-se frontalmente ao niilismo, mas de um discurso desmentido pela prática. Volodia, sagaz líder desses joviais delinquentes, diagnostica na professora Helena o "complexo de Antígona". É uma personagem isolada do contingente, firme na fé, vulnerável em razão de sua crença na inocência e na bondade naturais. Ao contrário, seus pupilos experimentam diariamente a contradição entre o programa pedagógico e a prática social. Vivem em um sistema em que a aprovação de todos os alunos é uma estatística desejável, em que filhos de figuras proeminentes têm lugar garantido nos melhores cursos universitários e em que alguns felizardos têm acesso ao conforto e às quinquilharias capitalistas. Para eles, a honestidade é letra morta. Nessa conformação da pólis onde a desigualdade é camuflada, a hipocrisia é maior. Em suma, o fracasso do ideal coletivista é absoluto, embora os meninos tenham usufruído do sistema algumas vantagens que não sabem apreciar. Mais inclinada ao terror do que à piedade, a peça não se satisfaz com o tema – demasiadamente batido – do determinismo social e cultural. Não se trata aqui de um sistema corrupto deformando almas juvenis. Ainda que se comportem como uma horda selvagem, cada personagem do grupo de alunos exibe, em algum momento da peça, um atributo pessoal que o qualificaria para, se assim o desejasse, ser bem-sucedido em alguma profissão ou nos relacionamentos pessoais. A faixa de manobra pode ser estreita, mas existe. Quanto a isso, por ter olhado para cada aluno como indivíduo, a professora Helena não se engana. Sabe o que cada um poderia ser, está certa ao julgar como uma escolha os atos perversos.

Nesse sentido, a peça é, além de uma fresta aberta sobre uma realidade distante, uma forma pertinente de enfocar o tema das novas gerações. Encarados de perto, sem paternalismo, os jovens de Ludmila Razoumovskaya são também sujeitos, e não meros produtos de uma promessa traída. Iacov Hillel dirige o espetáculo considerando particularidades que, para o mal ou para o bem, distinguem o indivíduo de um estrato coletivo. Preserva na apresentação de cada personagem um resquício de graça juvenil que, ao longo da ação, é corroído por atos sórdidos. Arrogância totalitária, vaidade boba, cupidez e vícios aparecem aos poucos e, antes que se dissolvam em cinismo e violência, permitem visualizar potências irrealizadas.

O que ainda não está bom nesse espetáculo é quase um detalhe diante da importância da comunicação que se estabelece. Em um palco muito pequeno, o vigor físico e a altura da voz dos intérpretes parecem-nos excessivos. Feito em tom menor, diminuído o espetáculo no volume e na intensidade, ficaríamos convencidos com mais facilidade de que essas crianças perversas ainda agem às escondidas, em surdina. Seu tempo de dominação, quando poderão exibir-se e governar de acordo com suas convicções, está para chegar.

# Críticas 2006

# ESPERANDO GODOT

De Samuel Beckett
Direção de Gabriel Villela
3 de março de 2006

Há quase seis décadas, Samuel Beckett aplicou o golpe de misericórdia no mais resistente elemento da dramaturgia, a ação dramática. Foi precedido nessa tarefa destrutiva por outros escritores que, desde o fim do século XIX, puseram sob suspeita o hábito de produzir algum acontecimento ficcional de relevo a partir da atividade das personagens. *Esperando Godot*, contudo, eliminou do cenário teatral os últimos resíduos da causalidade, psicologia, circunstâncias temporais ou espaciais com que a ficção cercava o tema do niilismo. De toda a redução restou a fala de personagens irremissivelmente tagarelas. Sendo assim, a peça é ao mesmo tempo a negação e o triunfo do dramaturgo sobre todos os outros elementos de composição do teatro. Para afirmar a impotência do ato, negar a importância do circunstancial e, de modo geral, de todas as aparências sensoriais que compõem a cena, Beckett construiu um texto não dialógico no sentido estrito, uma vez que nas conversas entre personagens não há a partição do saber sobre a qual repousa a controvérsia teatral.

As falas desta peça são, ao contrário, modos de evadir a ausência de comunicação eficaz e o modo aleatório dos acontecimentos humanos. E, exatamente por representar uma tentativa de afugentar o vazio existencial, os passos da evasão são minuciosamente arquitetados para desapontar/frustrar o espectador. Desejo, memória e instinto são, sucessivamente, impulsos fracos e sem objeto nas personagens de Wladimir e Estragon. Vaidade, desejo de poder e submissão são igualmente fracos nas personagens do senhor e do escravo que cruzam o palco em direção a um lugar incerto. Tudo está contido em um texto que se refere à anulação de propósitos. Não há brechas para a interpretação porque o teatro, como a vida, não contém atos possíveis. Potência e devir são eliminados através de signos deliberadamente opacos. O que se vê é o que se deve ver, e este é, na verdade, um momento de autoridade suprema do dramaturgo sobre o palco. Isso não quer dizer que leitores e artistas do palco de todo o mundo não continuem tentando "decifrar" a peça de Beckett. Mas é difícil encontrar análises que contrariem ou enriqueçam o que qualquer leitor pode compreender sem o auxílio de exegetas.

Por essa razão, quem aceita a peça e não tenta se sobrepor a ela tem meio caminho andado. É o caso do espetáculo dirigido por Gabriel Villela, em que o viés interpretativo se resume a sugerir uma ligação projecional entre Wladimir e Estragon e a outra dupla formada pelo amo e pelo servidor. Quanto ao mais, há uma preocupação em preservar a audibilidade desse extraordinário sistema verbal que ataca a expectativa de sentido, coerência e finalidade da existência com as armas da coerência lógica, determinação de ajustar significantes e a convicção de que a finalidade do mundo é não ter finalidade. São limites que a peça impõe e o espetáculo respeita de modo grave e pausado, sem explorar muito as graças de *music-hall* que salpicam a peça. Aliás, não são mesmo muito cômicas para o nosso paladar habituado ao humor literal.

E é também sóbrio até a gravidade o desempenho do elenco. As quatro atrizes reunidas para este trabalho têm em comum presenças fortíssimas, aquela qualidade difícil de definir que faz com que sejam notáveis mesmo quando contempladas através das máscaras das personagens. Unem a esse atributo preparo técnico e maturidade intelectual. Entendem cada vírgula e cada problema desdobrado dos textos de suas personagens.

Em geral, os espetáculos que contam uma só dessas intérpretes em cena já se dão por satisfeitos. Gabriel Villela teve o engenho e também a boa sorte de contar com Bete Coelho, Magali Biff, Lavínia Pannunzio e Vera Zimmermann para representar respectivamente Estragon, Wladimir, Pozzo e Lucky. Com bastante força corporal e vocal para dominar o espaço em arena do Sesc Belenzinho, as atrizes não precisam acentuar os traços exteriores da composição. Um tremor facial e vocal basta para indicar, na primeira cena do espetáculo, a feição delicada do derrotismo, simbolizada por Estragon. Ter sido no passado um poeta é um mote que a atriz desenvolve ao ritmar as falas e movimentos da figura. No trabalho de Magali Biff, o plano de frente é a inteligência arquitetando expedientes de evasão. Cabe-lhe também a comunicação direta com o público, a quem deve transmitir a notícia terrível. Essa dubiedade de aproximação e recuo – condução do jogo e desânimo fundo – é poderoso atrativo do espetáculo. Somos conduzidos a refletir junto com Wladimir e depois desdenhados por esse pensador sem fé: "Será que dormi enquanto os outros sofriam?".

Como um espelho invertido da dupla Didi e Gogo, os viajantes que já estão no caminho têm um componente grotesco, e Lavínia Pannunzio parte dessa máscara para enfatizar o aspecto amedrontador da sua personagem. Enche o poço onde abriga o espetáculo de tonalidades graves e, na qualidade de projeção, evoca a obscuridade de culturas longínquas e estranhas. Vera Zimmermann demole a retórica dos intelectuais (de qualquer tempo e lugar) por meio de uma sonorização alienada do sentido e, ao fazê-lo, entoa a partitura escrita para Lucky de um modo absolutamente original. Além da irrisão, os restos da cultura tornam-se música nostálgica e, na composição de Vera Zimmermann, doem na lembrança.

## A NOITE ANTES DA FLORESTA

De Bernard-Marie Koltès
Direção de Francisco Medeiros
17 de março de 2006

Monólogos raramente são apresentados como tal. Gênero desmoralizado por ter socorrido, através da história, intérpretes em apuros financeiros ou dramaturgos em plena crise de inspiração, esse formato fez por merecer o desprestígio. Em 1977, no entanto, ao escrever *A noite antes da floresta*, o dramaturgo francês Bernard-Marie Koltès partilhava com outros artistas do teatro europeu um interesse renovado pela "língua falada" no palco. Depois de uma década de hegemonia dos encenadores-autores, senhores do palco de vanguarda em todo o mundo, talvez não fosse preciso "inventar coisas, mas recontá-las". E um homem que fala para um interlocutor que jamais responde é, antes de tudo, o modo "mais simples, mais compreensível" de recortar as coisas, diria Koltès sobre seu primeiro texto encenado profissionalmente.

Indo no sentido contrário ao da tendência dramatúrgica que desqualificava o poder de comunicação de toda linguagem e que, por essa razão, transformava a fala em tagarelice, o trabalho de Koltès, ainda que considerando a ironia de uma fala impotente para transformar a realidade, atribui valor ao discurso porque é assim, ao manifestar-se através da fala, que a existência se constitui. O homem que fala a outro nesta peça, ainda que não obtenha resposta ou sequer seja ouvido –, é uma criatura íntegra porque, enquanto procura conversa, forja um liame temporário com todas as coisas que o recusaram ou das quais se apartou. Nesse teatro, emissão e ação são consubstanciais.

Grande parte do poder de comunicação deste texto vertiginoso, em que se sucedem reflexões, imagens, memórias e desejos, provém do aspecto substantivo da fala que não se reporta a causas fora de cena, não invoca o passado como justificativa para o desamparo do presente e tampouco metaforiza de modo mais ou menos complexo a situação de solidão. O protagonista é só aquilo que consegue comunicar, um homem inculto, oprimido e desamparado. E, no entanto, por meio de frases alinhavadas sem quebra para reflexão, constrói-se um espaço para reverberação do som, instaura-se a paisagem noturna e úmida, e os sucessivos ganchos para capturar a atenção de um ouvinte sugerem um movimento de perseguição tenaz. Sem ter um substrato oculto, uma terceira dimensão a ser deduzida ou imaginada, o homem dessa noite molhada segue um desconhecido – a quem chama "amigo" – para contar alguma coisa importante e expressar desejos, e isso deve ser feito com a limpidez de um colóquio produtivo.

O espetáculo protagonizado por Otávio Martins e dirigido por Francisco Medeiros preserva esse intuito coloquial. Esse homem que aborda outro na noite quer alguma coisa, e seus motivos, obscuros na origem, se alternam em uma cambiante escala de prioridades. Pode desejar a segurança de um quarto, amizade, sexo ou atenção. Tanto faz e, por essa razão, o espetáculo dissolve os apelos em um movimento genérico dirigido a vários pontos e a um interlocutor universal e ubíquo. A fala errante na qual os motivos se atropelam é pronunciada com sobriedade porque há a consciência de que é necessário cautela. Sem razões metafísicas, sem boas argumentações sociológicas, o ressentimento torna-se o traço mais visível da personalidade do solitário, e o esforço para atenuar a tonalidade rancorosa é o único traço de malícia da interpretação de Otávio Martins. De algum modo, a personagem tem a cautela necessária para não assustar alguém que lhe parece "um anjo" em meio à sordidez do bordel.

Talvez o único traço ainda pouco visível nesta concepção seja a fragilidade dos que não têm raízes, estrangeiros a quem qualquer sopro de vento faz decolar. Atento à tarefa de um texto complexo e bem mapeado do ponto de vista intelectual, Otávio Martins exibe significados precisos e deixa perceber o esforço interpretativo. Com um pouco mais de tempo, coisa que esta interpretação exige e merece, é provável que se desenhem com mais nitidez a leveza e a imaginação deste caçador noturno.

## UM HOMEM É UM HOMEM

De Bertolt Brecht
Direção de Paulo José
31 de março de 2006

Encerrada a contabilidade do século XX, coube a Bertolt Brecht a distinção de dramaturgo mais influente. Sua obra e em igual medida a teoria teatral inspiraram dramaturgos, estudiosos das técnicas teatrais e outros teóricos que procuram dar seguimento ao teatro épico brechtiano. Toda essa azáfama intelectual e artística em torno desse esplêndido dramaturgo terminou por sacralizar o autor. Não é incomum que espetáculos criados sob a luz de suas sugestões teóricas ou a partir de suas peças sejam impregnados de um respeito que beira o fundamentalismo. No caso das peças, a seriedade se justifica pela temática. São textos em que, sem exceção, se exibem modos de exploração do homem pelo homem. Não vivemos no melhor dos mundos e o assunto é, sem dúvida, grave. Quanto aos espetáculos, a exegese minuciosa das práticas do encenador Brecht leva muita gente a execuções ao pé da letra, com resultados estranhos, calcados no teatro alemão dos anos 30 do século passado.

Desses perigos está livre a versão mineira de *Um homem é um homem*. A vocação do Grupo Galpão é para a leveza, e é essa marca do grupo que se sobrepõe a todos os outros elementos da encenação. Operando cortes, reforçando analogias e atualizando referências históricas, o espetáculo dirigido por Paulo José faz pender a balança para a face solar do teatro brechtiano. O que pode ser simplificado e atualizado sofre as intervenções necessárias para a obra de um autor que valoriza imensamente a clareza. Galy Gay, o paupérrimo estivador oriental que protagoniza a peça, cumpre sua trajetória exemplar de ser metamorfoseado em soldado com uma mescla de inocência e calculismo. As pequenas vantagens prometidas pela soldadesca o seduzem, e a composição de Antonio Edson mesclando laivos de astúcia à ingenuidade de um homem habituado à servidão sinaliza a orientação do espetáculo. Parente do caipira do nosso anedotário rural, a languidez que o intérprete atribui à personagem é já um comentário feito à relativa inocência do "herói socialmente negativo".

Como cidadão comum apanhado na rede de um exército invasor, Galy Gay transforma-se em outro homem, de invadido passa a ser invasor, de civil a militar, de marido que vai buscar peixe a autômato que não reconhece a mulher ou o lugar de onde partiu. Neste espetáculo a personagem brechtiana escapa da vitimização graças ao estilo, ou seja, pelo caminho da opção estética. Quem se transforma em outra coisa sob o influxo dos acontecimentos é um homem que demonstra, em primeiro plano, a maleabilidade para se adaptar. Quer em benefício próprio, quer em sinal de aquiescência à conformação da sociedade que o exército invasor representa na peça, há níveis de colaboração em paralelismo com o exercício da força.

Do mesmo modo, todos os episódios em que se definem as etapas de transformação do trabalhador em soldado são animados por variações estilísticas em que as formas são nítidas, engraçadas e a uma distância decorosa do grotesco. Também isso não é um acaso. O grotesco é uma categoria estética que o teatro alemão domina com maestria, e a nossa graça (e talvez a graça mineira) se afirma por meio da velocidade e da malícia dos subentendidos. Até o pesado sargento Fairchild ganha um toque de patetismo nesta concepção. É um elenco brilhante no que diz respeito a esses detalhes inventivos de composição que fazem rir e são, ao mesmo tempo, significativos.

No capítulo das correspondências históricas, até o mais burrinho dos espectadores saberá que o exército colonial a que esta peça se refere originalmente (foi escrita no final dos anos 20 do século passado) não difere em objetivos e moral da força de ocupação que, neste momento, assola o Iraque. Não é necessário fazer esforço nesse sentido e, por essa razão, na visualidade, na música e no estilo de composição das personagens, mesclam-se épocas, materiais, linguagens e formas orientais e ocidentais. O que importa é mostrar não uma guerra, mas como esta guerra de conquista, a de hoje, forja seus guerreiros e ganha força. Para tanto, é preciso mostrar militares pouco canônicos. Arruaceiros e covardes, tal como foram construídos por Brecht, os soldados deste espetáculo têm também uma forma de ginga, um traço de falsa familiaridade que os torna semelhantes aos "soldados" de fancaria do tráfico.

A julgar pelo repertório que apresentou até agora nos palcos paulistanos, o Grupo Galpão tem inscrito no seu projeto artístico o diálogo com grandes dramaturgos. Trabalhando com Shakespeare ou com Molière, o filtro narrativo do grupo é sempre evidente, como uma moldura que permite reconhecer a um só tempo os leitores e a obra lida. Nesse sentido, Brecht é quase uma inclinação natural. A recriação de uma personalidade segundo o viés da contingência histórica é uma brincadeira paródica que os artistas do grupo têm realizado por prazer nos seus vários exercícios de metateatro. Estão habituados a nos fazer pensar sem franzir a nossa testa.

## BR-3

De Bernardo Carvalho
Direção de Antonio Araújo
15 de abril de 2006

BR-3 é a sigla de uma rota imaginária traçada de um ponto situado na encosta da Cantareira até outro ponto no norte do país. É também convite a um percurso que nos leva ao lugar onde, por conta própria, não teríamos ido. Desse modo literal, o novo trabalho do Teatro da Vertigem cumpre um desígnio artístico previsto pela teoria aristotélica: a representação nos permite conhecer aquilo que, por medo ou repugnância, não ousaríamos contemplar. Para um grupo que já levou seu público ao hospital e à prisão, a excursão teatral pelo leito do Tietê significa a continuidade de um projeto estético. Nos dois trabalhos anteriores, no entanto, o grupo trabalhava a partir de atribuições históricas, sociais e antropológicas dos edifícios onde se alojavam os espetáculos. Tanto no hospital quanto na prisão, o teatro restaurava, por meio da ficção, experiências humanas que poderiam ter ocorrido nesses equipamentos desativados. Esse elemento hipotético, aceno do possível que não é exatamente cópia da realidade, anima toda criação artística e é a um só tempo o que nos permite conhecer e escapar com vida do perigoso e do desagradável.

Mas o Tietê é algo que, por enquanto, não se pode desativar. Talvez, quem sabe, continuar a soterrá-lo. De qualquer modo, quem aceita o convite dessa trupe de valentes excursionistas do terrível entra a um só tempo no rio da realidade e nos rios fabulosos. Neste espetáculo, a experiência ficcional tem de conviver e igualar-se, na sensibilidade e na memória do espectador, à vivência espantosa de navegar sobre um rio que a modernidade transformou em esgoto.

É esse o desafio que, sem dúvida, de modo inteiramente consciente, o Teatro da Vertigem impôs a si mesmo. E é essa a provocação feita aos seus espectadores. Quem conseguir respirar os miasmas químicos e orgânicos exalados pela água, quem superar a visão estarrecedora de uma massa compacta de plástico deslizando sobre a superfície da correnteza, quem suportar com estoicismo a visão dos barracos onde crescem brasileirinhos nutridos por essa atmosfera envenenada e fétida terá, por assim dizer, conquistado o direito de tramar o vivido e simbólico.

De qualquer modo, o percurso pelo traçado ficcional – estrada, via de acesso, cruzamento e fim último de todos os dejetos de uma civilização infeliz – transcende tanto a geografia do rio paulistano quanto a história imediata da cultura que o margeia. A narrativa de *BR-3*, parente em primeiro grau da tragédia grega na estrutura e no desígnio universalizante, tem exatamente a formalização altissonante que lhe permite manter em equivalência o estímulo estético e o experimento perturbador da viagem pelo rio. Na condução da história há uma família cujo destino é assinalado, ou seja, inelutável. Brasília é o ponto de origem do trajeto; a periferia paulistana, o lugar de exílio e sobrevivência na economia do tráfico de drogas; e o extremo norte do país, o ponto-final, onde a terceira geração se extingue. Por onde quer que trafeguem, esses personagens encontram, em cada etapa do percurso, oráculos significando, entre outras coisas, a tentação do alívio místico. Igrejas evangélicas na periferia paulistana, seitas esotéricas no Planalto Central do país, cultos indígenas revividos e reformados por caboclos do Norte aparecem intercalados entre as peripécias decisivas do espetáculo.

O complemento coral dessa saga familiar – uma pregadora que testemunha ou sonha os episódios – está no barco, com o público-congregação. Divergindo da função canônica do coro trágico ou do moderno coreuta épico, cabe a essa personagem a tarefa de confundir os tempos para que se tornem analógicos, interferir na trama e, por fim, reforçar a moldura ficcional com a tintura da ambiguidade: "Achei que fosse um rio". Os que aceitaram a experiência não poderão mais ver o Tietê como uma faixa de prata e a Cantareira como uma longínqua cortina verdejante. Fim dos clichês.

Há neste espetáculo, em dose maior do que nas criações anteriores do grupo, um componente lúdico. Talvez em razão dos prodígios de logística necessários para fazer um espetáculo que acontece ao mesmo tempo em um barco e ao longo das duas margens do rio, o processo de criação recobre e incorpora todos os elementos visuais do entorno. São cenografias os elementos construídos nas margens como lugares definidos, mas são também parte da significação visual do trabalho as favelas próximas, os luminosos publicitários nos edifícios das avenidas marginais, os pilares das pontes e as massas de cimento retilíneas que delimitam o curso. Também é perceptível o prazer da evolução das cenas sobre a água, mesmo que a navegação se faça sobre lixo em estado líquido. A execução deste trabalho difícil é um modo de agir que não se desvincula, neste caso, da experiência estética. Esta paisagem-signo da esterilidade, da podridão, de um sistema econômico que exaure e destrói a natureza enquanto compromete o futuro é, para um coletivo teatral, matéria de sonho e suporte para uma transubstanciação metafórica.

## A DESCOBERTA DAS AMÉRICAS

DE DARIO FO
DIREÇÃO DE ALESSANDRA VANNUCCI
12 DE MAIO DE 2006

Se estivéssemos ainda sob a vigência de uma disciplina teatral que subordina o ator ao diretor e este ao dramaturgo, poderíamos dizer que o grupo Leões de Circo apresenta-se como um coletivo em que abundam caciques e escasseiam índios. Dois dramaturgos, três diretores e um único ator parecem fatores desproporcionais na conta de uma companhia de teatro. Mas hoje a história é outra. Para o teatro, a história é outra. Para o teatro contemporâneo, a hierarquia de esferas autorais perdeu completamente a importância. Sendo assim, situação criativa ideal é aquela em que ninguém manda ou obedece, e o ator, instrumento obediente no teatro de *ensemble* dos anos 40 e 50 do século passado, não só é o centro da cena do ponto de vista físico – é sempre dele o palco – como também são dele as ideias que determinam a formalização. Diretor e dramaturgo ombreiam com o intérprete e, em certos casos, ocupam funções subalternas ajudando a viabilizar tecnicamente as propostas dos atores. Esse projeto estético que reduz a arte ao mínimo denominador, uma vez que não há teatro sem a presença humana, está na base do programa expresso no espetáculo *A descoberta das Américas*, que o grupo carioca traz agora a São Paulo. Julio Adrião, ainda que interpretando um texto do italiano Dario Fo, é o inventor e o executor de uma partitura cênica em que o ator se encarrega do texto, da cenografia, da sonoplastia e, de um modo geral, de todos os elementos que o teatro usa tradicionalmente para se comunicar com os espectadores.

A inspiração do trabalho em Dario Fo, aliás, engloba a dramaturgia, mas não se resume a isso. Nas teorizações desse influente homem de teatro, as funções autorais, mescladas pelos primeiros atores profissionais do teatro europeu durante o Renascimento, são instrumentos críticos porque permitem aos criadores uma constante atualização, ou seja, sintonia renovada com as exigências textuais, que derivam as peças e o método de composição de suas máscaras cênicas.

É uma teoria elaborada sob medida para uma personalidade de vocação insurrecional, em guerra permanente com a hipocrisia dos costumes e a prepotência do pensamento conservador. De qualquer modo, é potência crítica o elemento privilegiado pelo dramaturgo nos textos que escreve para si mesmo ou para outros atores. Ao abordar o tema da colonização das Américas, rema, como é do seu feitio, na contracorrente das epopeias historicistas. Elege como narrador protagonista um marinheiro que acompanha Colombo na terceira expedição e que, por acidente ou escolha, não voltará ao continente de origem.

Tramada a partir de várias fontes em que crônica histórica e fantasia se confundem, Fo realça nesta peça os traços picarescos da crônica de viagem. Grandes sofrimentos dos marinheiros europeus e atos violentos perpetrados pelos conquistadores contra as populações nativas são relatados por essa testemunha ocular com a falsa ingenuidade dos bufões. A sedução das culturas nativas, sentimento comum nos relatos de navegadores, mas um dado de pouca importância nas obras historiográficas, torna-se o subtexto nas aventuras do trânsfuga europeu. Por meio dessa inversão que faz aparecer na superfície a visão ingênua da trama – e esconde na contraface a identificação entre o pária e os povos nativos –, a peça abre campo para o exercício da inventividade do intérprete. Os sons e os movimentos das navegações, as paisagens dos continentes desconhecidos, o comportamento do povo autóctone tal como parece à compreensão dos europeus e tal como se revela na "realidade" – há um hiato entre as duas percepções – devem ser transmitidos pelo ator por meio de expressões faciais, gestos e vocalizações. Há uma ênfase cômica na reprodução dos incidentes naturais e nas caricaturas das populações nativas. Postos em sequência, contudo, o gestual e as onomatopeias tornam-se uma convenção linguística entre o ator e o público e ganham sentidos novos ao mesmo tempo que perdem o acento cômico. Acidentes naturais, catástrofes e combates sangrentos são frequentes para os desbravadores do século das navegações, e o espetáculo emula, por meio de repetições, a transformação do acontecimento excepcional em rotina. Esses momentos de transição entre o plano do maravilhoso e o da existência corrente são pautados com rigor na interpretação de Julio Adrião. Um incidente ou uma informação sonora repetem-se em ritmos e volumes variados, cada vez com maior velocidade e leveza. Em síntese, o maravilhoso torna-se natural, indicando a assimilação inconsciente do europeu. A fábula da transmutação do pária em herói do novo mundo, inversão usual nas narrativas populares, adquire neste espetáculo o estatuto de um acontecimento de ordem íntima, como uma conversão. Afinal não são as habilidades guerreiras que salvam o viajante, mas o talento no manejo da linha e da agulha. Por essa razão, neste ótimo espetáculo, em que se equivalem inteligência e técnica, valeria a pena eliminar algumas repetições para poupar o fôlego do intérprete. Julio Adrião parece-nos capaz de vencer com a manha de um pícaro algumas cenas em que se esfalfa com ímpeto militar.

## OS SERTÕES

De Euclides da Cunha
Direção de José Celso Martinez Corrêa
23 de junho de 2006

Há seis anos, o Teatro Oficina vem encenando *Os sertões*. Chega agora à última parte do livro de Euclides da Cunha, escrita por uma testemunha ocular da destruição da cidadela. Graças ao livro, até brasileiros iletrados sabem alguma coisa: "Canudos não se rendeu". Resistência ímpar, no entender do seu relator, o arraial sitiado só não desapareceu da história e da mitologia porque se salvou a memória em uma obra que é a um só tempo ousada no entendimento dos fatos e grande literatura. Funções duplas, em que a utilidade e a noção de cometimento artístico convergem na arquitetura da obra, o projeto que funda o livro é o mesmo da obra cênica. Recontados pelo coletivo do Teatro Oficina, os últimos meses de combate são alegorizados na resistência cultural que o teatro opõe a um gigantesco *shopping*. A beleza extraordinária da articulação de signos visuais e sonoros e a abertura poética para significados múltiplos reafirmam um intuito que é também enigmático e provocador, como o de toda obra de arte. O Oficina fala de antes e de hoje, do imaginado e da realidade que a outros pareceria banal (mais um *shopping*? Mais um delito contra o direito à cultura?) com uma linguagem que tem a grandeza de uma catedral e a competência estética dos gênios da arte do teatro.

Neste último ato e quinto espetáculo, o grupo abstrai em grande parte os procedimentos narrativos da quarta expedição para articular de modo inequívoco uma aliança simbólica entre esse teatro singular e o arraial conselheirista. Também o Oficina não se rende ao prolongado sítio que lhe impõem os mercadores de cultura, de bens móveis e imóveis. Quase soterrado sob um viaduto, espremido entre prédios, ainda assim o grupo empreende a conquista espiritual do entorno. Fazem parte das suas criações, na dupla condição de públicos e atuadores, os moradores desse bairro pobre que, neste momento, os especuladores cobiçam.

Com toda justiça, o Teatro Oficina quer romper o cerco e expandir-se, como prevê o seu projeto arquitetônico, até o formato de ágora, estádio e terreiro, camadas históricas sedimentadas na linguagem teatral que utiliza. Seu teatro a um só tempo político, sagrado e lúdico renunciou à clausura do palco italiano porque precisa, incessantemente, travar um combate corpo a corpo com as figuras que elege como antagonistas e aliar-se também corporalmente aos participantes do rito ou do jogo que propõe. Neste último espetáculo da epopeia de Canudos, a identificação absoluta com a "Troia de taipa" tem a ver com as circunstâncias em que o grupo se vê envolvido neste momento. Aproxima-se o tempo marcado para a "quarta expedição" e não há sinais de rendição. Não parece também que o grupo se ampare em uma "crença consoladora", como constata Euclides sobre os conselheiristas. Com uma tonalidade de aflição e urgência, com o coração na boca, este último espetáculo é o menos sedutor do conjunto. O desmassacre que o texto de abertura escrito pelo diretor José Celso Martinez Corrêa invoca é difícil de aceitar. Quem não tem a resignação de crenças orientais se sentirá tentado a fazer o que o Oficina faz: o desmassacre será também luta brava.

Em parte, e apenas em parte, a forma disciplinada, retilínea e sóbria deste espetáculo-epílogo reproduz as táticas militares desastradas a que se refere minuciosamente o livro. É sobretudo à incompetência estratégica e à absoluta ausência de raciocínio do governo e dos chefes militares que se dirigem a crítica e a ironia de Euclides da Cunha na última parte do livro. Os sertanejos, suas circunstâncias ambientais e históricas e o modo como se preparam para o enfrentamento militar já haviam se transfigurado em ação nos espetáculos precedentes. São agora uma presença difusa na cena, na maior parte do tempo uma força oculta, colocando em primeiro plano a perspectiva dos batalhões invasores. Soldados maltratados por chefes ineptos, ignorantes, mal preparados e em imobilidade forçada avizinham-se de um inimigo cuja presença é sensível – ouve-se o burburinho cotidiano do povoado, rezas e cânticos espraiam-se além da zona sitiada –, porém com recursos incalculáveis. A esta indicação da narrativa, o espetáculo adota a linha correspondente de imprimir à resistência sertaneja o "caráter misterioso que nunca perderia inteiramente". No lugar da astúcia e da felicidade guerreira celebradas nos primeiros espetáculos, os combatentes sertanejos expressam o ânimo insurrecional, último movimento dos que se sabem derrotados. Boa parte da poética do espetáculo refere-se aos resistentes como figuras de passagem entre o universo histórico e o mítico. Cenicamente se tornam o fundo móvel contra o qual se agitam os militares republicanos. São estes os protagonistas deste derradeiro lance, e a vitória sem glória, o alto preço pago em sofrimento e o ridículo com que se recobre primeiro o livro e em seguida o espetáculo – ambos com um genuíno toque de piedade – testemunham um partidarismo ao qual o Oficina não se furta. É curioso, mas não imprevisível, levando-se em conta a trajetória do Oficina, que, ao fim desta longa história, uma aura empática envolva os soldadinhos protagonistas dessa soturna "página sem brilho". Os vencidos experimentaram uma crença consoladora antes de perder sua cidade santa. Mas esses "mercenários inconscientes" que avançam sobre o território sagrado cumprindo ordens, animados pela promessa de um benefício volátil (promoção, medalha ou emprego), são também – é o que o espetáculo nos recorda – lamentáveis vítimas desse massacre. Serão os vencidos em qualquer nova batalha em que se oponham de modo tacanho o mundo laico e "progressista" e o sagrado "retrógrado".

## CENTRO NERVOSO

De Fernando Bonassi
Direção de Fernando Bonassi
7 de julho de 2006

Um dos mitos de origem da arte do teatro supõe a aglomeração noturna dos indivíduos de uma tribo ao redor de uma fogueira entretendo-se com um narrador recontando as aventuras do dia. Suprimida a fogueira e fazendo-se outras mudanças devidas, a voz humana – modulando palavras – seria considerada, a partir do Renascimento, a pedra fundamental do teatro. É uma fundação que perdeu prestígio intelectual na segunda metade do século XX, quando outros elementos de composição da cena foram alçados a uma dignidade em alguns casos superior à da peça escrita. De um modo geral, a fortuna variável dos elementos tramados pela encenação corresponde à hipertrofia deste ou daquele signo em determinada época. O lugar e a proeminência do texto são, agora, temas de maior interesse para quem reflete sobre teatro. Um dos motivos desse interesse renovado é de ordem histórica: por duas décadas, encenadores e atores importantes assumiram a autoria dos textos pronunciados em cena – e da fusão de habilidades cênicas diferentes resultou uma linguagem em que se equilibram os signos visuais e verbais. Nessa perspectiva não haveria lugar para muito falatório.

Como consequência, há em curso agora, e não só no teatro brasileiro, uma nova reivindicação da oralidade. Isso não quer dizer que os dramaturgos desejem um retorno às formalizações textuais do século XIX e tampouco que preguem a prevalência do texto sobre os outros signos da linguagem teatral. Autores contemporâneos – temos entre nós uma turma ativíssima – abandonaram a noção aristotélica que vincula a palavra à ação. Trabalham agora sobre um campo textual sem compromisso com personagem ou incidentes dramáticos que exijam desenlace, mas, tal como os poetas, estão atentos ao efeito sonoro das palavras e frases. Cadência, volume, ritmo e timbre, atributos da elocução que até há pouco constituíam preocupação técnica do ator, impregnam agora o momento de concepção do texto.

Por esse parâmetro de oralidade, rege-se o espetáculo *Centro nervoso*. A dupla função exercida por Fernando Bonassi, a um só tempo dramaturgo e encenador, mantém o rumo firme. Treze monólogos enfileirados, embora não encadeados por alguma relação lógica, se sucedem pronunciados por quatro atores. Quase todos os textos são emitidos por sujeitos deliberadamente indistintos (a exceção é a cena intitulada "Feijão adorado"). São discursos neutros, alguns na terceira pessoa e outros dotados de ambiguidade pronominal, sugerindo a duplicidade ou multiplicidade de personalidade em uma única fila. Esse ponto de emissão vago, mais mental do que ancorado na emotividade, sugere uma forma de interpretação distanciada de características realistas. Cada intérprete lida com um campo abstrato, com uma matéria volátil que não prevê imagens ou entonações ancoradas no psiquismo ou na memória individual. Ao todo, o trabalho de atuação deve configurar processos mentais, visualizações e sonorizações de uma consciência em processo, fazendo um percurso em que a reticência ocupa o lugar do ponto de chegada.

Sobre esses textos, os quatro atores do espetáculo exercitam malabarismos sem rede, procurando o cerne e o tom apropriado para distinguir as cenas. Na maior parte, as soluções funcionam bem, tanto do ponto de vista dos movimentos quanto das entonações. Duas cenas, não por coincidência aquelas mais ligadas às circunstâncias imediatas do país e da cidade, referem-se à corrupção e à violência e, nesses dois casos, a interpretação não ultrapassa a indignação de fachada, pouco original, que reveste o relato ou o comentário desses episódios no círculo cotidiano ou nos meios de comunicação de massa. Nesses dois casos não são tanto as soluções interpretativas que pecam pela mesmice, mas os próprios textos, que, por não terem nada a acrescentar ao moralismo do cidadão comum, são versões sofisticadas de comentários banais. A mimese realista não é a vocação do dramaturgo e tampouco do encenador estreante.

Em compensação, são esplêndidas, em razão da liberdade com que são executadas, as cenas "Vende-se um grito", "Lugarzinho pequeno" e "Entre paredes". São cenas em que o sentido das frases soa misterioso porque nos parece que os intérpretes estão descobrindo significados enquanto falam, e temos a impressão de que, até o fim, tateiam à procura do estilo. Essa abertura para o desconhecido, esses sons que se organizam em frases e períodos para se desorganizar em reticências finais, em encadeamentos que não se completam, são a virtualidade da fala que é, antes de tudo, pura dinâmica, ar e sopro. Palavras gravadas sobre o papel são já minerais. Talvez por querer evitar a calcificação, o diretor Bonassi acelera a emissão dos textos e a passagem entre as cenas. Fosse um tanto mais lento o espetáculo, seriam mais apreciadas as surpresas dos textos.

## A PEDRA DO REINO

De Ariano Suassuna
Direção de Antunes Filho
21 de agosto de 2006

Herdeiro do trono legítimo do Brasil, rei prometido do Quinto Império dos sebastianistas, Dom Pedro Dinis Quaderna é, além disso, o sucessor literoteatral de Macunaíma. Vivendo desde os anos 70 do século passado nas páginas dos romances de Ariano Suassuna, era, há muito tempo, O Desejado do Centro de Pesquisa Teatral (CPT) do Sesc. Agora sob a direção de Antunes Filho, o herói paraibano erige sobre o palco o Castelo e Fortaleza do seu império sertanejo.

Baseando-se nos dois romances protagonizados por Quaderna, a adaptação assinada pelo diretor do espetáculo entra em cena com o título de *A pedra do reino* (em cartaz no Sesc-Anchieta). Nos livros, todos os gêneros almejados e nomeados pelo criador do herói puderam exercitar-se em liberdade. Misturas esplêndidas da memorialística, da tragédia, da oratória barroca, da novela romântica, das narrativas de cordel, da mitologia sertaneja, do repertório da poesia romântica e até, em raros momentos, de técnicas da ficção realista, constituem uma estratégia por meio da qual o protagonista afirma a identidade do seu reino, onde se mesclam todas as culturas do hemisfério ocidental. Citação, apropriação, paródia ou, inversamente, elevação do banal à categoria do sublime intercalam-se no formato "epopeico", parente próximo do folhetim e, tal como seu enobrecido antecessor, gênero dotado de ganchos para cativar seus leitores por muito tempo.

Não podendo ser na mesma medida generosa "epopeico" e folhetinesco, o Quaderna apresentado no espetáculo do CPT é, antes de tudo, o memorialista. Chamado por um corregedor para prestar esclarecimentos, participa de um processo que é, no tempo sintético do teatro, um ajuste de contas feito no tribunal da consciência. Elementos circunstanciais da história do país, que nos romances de Suassuna são embelezados pelas tinturas da emoção e do mito, entram em cena resumidos, quase como legendas necessárias para esclarecer cisões ideológicas persistentes na história contemporânea. São minimizados ou excluídos da adaptação aportes sociológicos e a crônica histórica que Ariano Suassuna mobiliza para lembrar ao leitor de hoje as convulsões que o sertão e as cidades nordestinas litorâneas atravessaram desde o final do século XIX até o golpe que instituiu o Estado Novo.

Situado no plano da memória, colocado na posição frontal de narrador, o protagonista da encenação desvencilha-se em parte da missão de caracterizar e reproduzir a imensa riqueza cultural do seu cenário natal. Os cantares de todos os gêneros que a personagem recolhe (como o príncipe português de quem empresta o nome) são exemplificados de modo sucinto no espetáculo. Há contornos límpidos feitos com resquícios das cores fortes e das formas abruptas da paisagem. O trato visual traduz a exuberância nordestina para outra linguagem, quase abstrata, mais plástica do que dramática, expurgada dos traços barrocos da escrita original.

Sem a pretensão de mimetizar a paisagem, os tipos e conflitos da cidade e do sertão paraibanos, o espetáculo emula o procedimento dos romances ao extrair o encantamento estético do que é "bruto, despojado e pobre". Materiais submetidos a um trato artesanal, exibindo a marca das operações que os transformam em instrumentos simbólicos, são arranjados para imitar as operações do Palhaço-Rei sobre a feiura do real. É assim, por exemplo, que as cavalgadas belicosas, em que se misturam em bandos aguerridos "coronéis", cangaceiros, frades, fazendeiros, vaqueiros e políticos de renome, avançam em tropel cavalgando a mais ordinária peça do mobiliário doméstico. Quem viu não poderá esquecer o sertanejo sem nome e seu rebanho comprimidos no desfiladeiro imaginário e tampouco a metamorfose dessa figura na multidão que, em todos os tempos e lugares, é obrigada a ceder passagem para as cavalgadas de poderosos.

No espetáculo o componente lírico, o belo-horrível e as representações da mitologia híbrida de Quaderna deslizam em trajetos paralelos, mais ou menos distantes do narrador, como ilustrações de uma fala ininterrupta que preenche o espaço. Como signo e sonoridade, as palavras são o fulcro da encenação. Atraem, provocam e procuram manter o espectador atrelado à oralidade emulando os cantadores e "epopeieitas" a que se refere continuamente o protagonista. A galhofa, o "riso a cavalo, grosseiro e macho" não encontram correspondente nas imagens que atravessam o palco. Manifestam-se no modo de narrar, na voz do intérprete, na progressiva segurança com que o depoente, engolfado pela memória emotiva, esquece os perigos do inquérito e deixa de lado etiqueta e pudor. Ao transpor para o teatro os dois romances, Antunes Filho optou por um formato em que a personagem-autor da história se sobrepõe aos episódios que testemunha. Em parte, essa escolha é determinada pela empatia absoluta com a perspectiva existencial que resume a finalidade do inquérito de Quaderna. Chamado a prestar contas, preparando-se para o encontro com a "Morte que me imortalizará", o herói bufão deve resumir, à guisa de defesa, o credo estético em que se alicerça a obra artística. Talvez em razão da brancura simbólica do final, o espetáculo se afasta da religiosidade belicosa e insurgente de Quaderna (que associa o sertão conflagrado à Judeia) e parece encaminhar-se para a resignação ao real. A tarefa difícil de alternar o delírio criador e profético com o desencanto espiritual cabe, na encenação, ao ator incumbido de representar o narrador. Lee Thaylor é um intérprete excepcional, pelo fôlego digno de um cantador experiente, pela inteligência com que modula as tonalidades e intenções do texto e, sobretudo, pela capacidade de revestir a personagem de maturidade atemporal.

## CAMARADAGEM

De August Strindberg
Direção de Eduardo Tolentino de Araújo
16 de outubro de 2006

Quase balzaquiano, excepcionalmente longevo, se o confrontarmos com a média de vida dos conjuntos teatrais, o Grupo Tapa não tem inscrito em seu currículo, até hoje, nem sequer uma produção que possa ser considerada menor, de circunstância, executada com acabamento apressado ou fora do esquadro do seu programa artístico. Ainda assim, os grupos, tal como os artistas solitários, têm seus ápices de intensidade luminosa. *Camaradagem*, encenação de uma peça de August Strindberg escrita nos anos 80 do século XIX, eleva-se um ponto acima desse repertório notável por muitos motivos e – como ocorre com toda a arte – também por razões inexplicáveis.

Visto pelo viés analítico, o espetáculo corresponde, ponto por ponto, tanto nas razões por que integra o repertório quanto no modo de execução, a um programa artístico que, pela sua constância, parece gravado em tábuas de pedra. Porém, ao contrário dos preceitos mosaicos cuja fonte é onisciente, a poética do Tapa presume um estado de inocência selvagem. Argumentando sobre a escassez de encenações brasileiras de obras consagradas da dramaturgia brasileira e universal, cada espetáculo se propõe a ser um exercício de aprendizagem, preparado para o enfrentamento de uma obra "maior" e mais exigente. Por essa estratégia, a inclusão de *Camaradagem* seria (e esta é uma hipótese e um desejo) um preâmbulo camerístico para a expansão verdadeiramente orquestral da obra maior de Strindberg, que é *O sonho*.

Deixando de lado a motivação psicológica dessa autoimagem, a ênfase no viés da aprendizagem abre, particularmente nesta encenação de Strindberg, um leque perspectivista de imensa riqueza. Em vez de reconhecer na peça um motivo predominante – já que a tese é óbvia e formatar o espetáculo como demonstração seria, no mínimo, monótono –, o trabalho de direção de Eduardo Tolentino de Araújo dispõe, no tempo e no espaço, no modo de cenas simultâneas, as múltiplas linhas de pensamento que o texto provoca e permite. Como uma investigação apoiada na presunção de ignorância, a direção do espetáculo não distingue ou impõe um recorte para a leitura do texto. Ao contrário, a assinatura do encenador se afirma na identificação e exploração de veredas que partem desse texto e se projetam no teatro do século XX.

A metáfora mais nítida dessa multiplicação de pontos de vista e estilos correlatos relaciona-se com a profissão dos dois pintores que protagonizam a peça. Cada moldura enquadra o tema por um determinado ângulo e seleciona do panorama aquilo que interessa a um indivíduo. Também a arte moderna, anunciada por Strindberg e por outros artistas que duvidaram das verdades unívocas do idealismo e da fé positivista no real, procurará captar refrações e fragmentos do todo. Dispostas como elemento cenográfico e utilizadas ao mesmo tempo como instrumentos operados pelas personagens, as molduras anunciam a investigação da subjetividade, motivo central da filosofia, das ciências humanas e da arte do século XX.

Em posição de contracanto, há a disposição panorâmica do espetáculo, que torna visíveis e, portanto, simultâneas etapas históricas. As mulheres que reivindicam uma posição de igualdade com os homens apresentam-se com a vestimenta masculina semelhante ao figurino contemporâneo, com máscaras faciais em que os planos e linhas se destacam sugerindo a vivissecção cubista.

No entanto, há em cena a presença constante da mulher oprimida e servil, cuja referência iconográfica é o passado. Era então, e é hoje, o par da mulher liberada. É invisível, como gênero, para quem discute a equiparação dos sexos, porque é invisível como classe social.

Tal como ocorre com a personagem da criada, elevada de uma função subalterna na dramaturgia à altura de uma função importante do espetáculo - uma vez que indica o substrato social e histórico ignorado na tese defendida pela protagonista -, o espetáculo enfatiza a potência de outros elementos que, no texto, aparecem abreviados. No casal formado por um militar e sua obediente esposa, que Strindberg introduz com o intuito de mimetizar o paralelismo das comédias clássicas, o espetáculo identifica e amplia o componente grotesco de uma união consensualmente apoiada na relação escravo-senhor. Se a divisão igualitária de poder é impossível para Berta e Axel, o estágio histórico anterior de subserviência pertence à esfera do risível. Cabe à dinâmica do espetáculo, ao situar o conflito conjugal contra o pano de fundo do panorama histórico das artes e dos costumes, indicar o motivo econômico implícito no texto. Das verdades reveladas pelo século pragmático em que nasceu, Strindberg aceita, nesta e em outras peças, o fundamento econômico dos costumes. Não basta que Berta clame por seus direitos e que Axel os reconheça se persistirem no casamento o parasitismo emocional e a dependência econômica. Por essa razão, o contador, aquele movelzinho onde nossas avós guardavam a contabilidade e o dinheiro da casa, eleva-se, neste tratamento, sobre a cama do casal.

Mas, além desse mapeamento de temas evidentes e em surdina, expressos por modos de interpretação estilizados, em que prevalecem as significações alegóricas das personagens e das ações – a neutralidade vocal de Berta e Axel e as posturas construídas e quase mecânicas, por exemplo –, a encenação do Tapa realiza uma imersão profunda no substrato pulsional do texto. Nesse fundo de atração e repulsa que não se explica, não justifica coisa alguma e só pode ser simbolizado aproximadamente pela desordem, finca-se a insensatez do combate entre os sexos.

Por essa razão, quase todas as personagens têm, como elemento de composição, uma forma sedutora, que se expressa pela beleza do figurino, às vezes por uma pose estatuária e, quando a situação dialógica permite, pela insinuação de flerte. Sinais de tensão sexual e também de uma forma mais avassaladora de desejo, em que não se separam do instinto as aspirações de domínio, acumulação e renome, não são apenas índices negativos do mau-caráter de Berta. Formam uma atmosfera compartilhada como a fumaça das cigarrilhas e charutos. Sobra inteligência neste espetáculo que realiza em cena o dito e o não dito do texto com uma sabedoria concretizada em todos os seus signos: nas interpretações de um elenco jovem e de primeiro time, na maturidade do trabalho de um veterano do grupo como Tony Giusti, na cenografia e nos figurinos de Lola Tolentino, na ocupação do espaço cênico de um modo que inclui o espectador e quase o coloca dentro de cena sorrateiramente, sem contato físico.

Mais raro, e por essa razão admirável em um diretor tão culto e inteligente como Eduardo Tolentino de Araújo, é saber renunciar ao pensamento. O colóquio dos ex-cônjuges envelhecidos, interpretados por Clara Carvalho e Brian Penido, é, no corpo da peça, a melodia sem tempo que pode ser executada com o ritmo do passado ou do futuro. O fatalismo da atração sexual acorrentando seres incomparáveis está além ou aquém do intelecto, e o interlúdio amargo, quase sussurrado, entre esses amantes fracassados, tem a emotividade contida do realismo psicológico. Não há o que refletir diante da constatação de que é possível ter nostalgia do sofrimento. E é assim, sem permitir que pensemos, que essa cena fica impressa como uma pirogravura naquela parte do ser a que, por pudor, chamamos de memória emotiva.

## ZONA DE GUERRA

De Eugene O'Neill
Direção de André Garolli
7 de novembro de 2006

A marinha alemã assombrava os mares do hemisfério norte quando Eugene O'Neill escreveu *Zona de guerra*, em 1916. Os elementos circunstanciais verídicos – havia então uma guerra em curso e era frequente a participação de navios mercantes apoiando a frota de guerra dos litigantes – contribuíram para dar à narrativa uma superfície verista. Por outro lado, o fascínio do dramaturgo, nesta fase de sua carreira, pela caracterização dos diferentes agrupamentos étnicos, sociais e profissionais impressionava os textos com soluções estilizadas, de alto-contraste, que pareceriam maneiristas no teatro contemporâneo se fossem tratadas com o metro do naturalismo cênico.

*Zona de guerra* inscreve-se entre as chamadas "peças do mar", conjunto de sete narrativas protagonizadas por marinheiros ou por habitantes de zona portuária. Em todas elas há registros da Babel linguística que reina no convés e no porão dos navios e que é, para O'Neill, signo de um substrato humano ligando indivíduos de diferentes culturas.

Arquitetado sob a perspectiva desse entendimento comum, processando-se sob a linguagem entre indivíduos cuja vida cotidiana é reduzida ao mínimo, o espetáculo dirigido por André Garolli dispensa, desde o primeiro momento, as possibilidades veristas da peça. Desenhada em escala comprimida para um espaço em que as personagens se atritam fisicamente do mesmo modo que se atritam no plano simbólico, a movimentação dos marujos funciona como uma coreografia. Um prólogo de formato ritualista desvenda a ação da peça, ou seja, anuncia um sacrifício alegórico. O que se segue é o movimento crescente de medo e tensão coordenado com uma espécie de sístole. Imobilizados no interior do navio, impotentes para resistir ao possível assalto de navios de guerra, os marujos elegem, de modo inconsciente, um bode expiatório. Traços de composição particularizados atenuam-se e se fundem nesse movimento coletivo irracional de assinalar e punir uma vítima sacrificial.

Produzido por um grupo de estudos – Garolli trabalha desde 1993 com esse conjunto de peças marítimas –, o espetáculo é o segundo de uma série de quatro encenações profissionais (*Luar sobre o Caribe* foi matéria de uma oficina de aprendizagem), e o domínio dos desafios técnicos da peça, facilitado pelo tempo de estudo e pela homogeneidade do grupo de pesquisa, deixou um campo aberto à inventividade. Nada, com exceção do pretexto monomotivado, é simples neste espetáculo. Imersos em uma obscuridade sepulcral, os marujos são figuras indistintas, iluminadas parcialmente ou por lampejos, instáveis como imagens, do mesmo modo como são instáveis no plano emocional. Mas não há acaso nos contrastes de claro e escuro inspirados, ao que parece, em técnicas de gravura. Em vez de exibir a balbúrdia provocada pelo medo, o espetáculo enfatiza o controle crescente. Dominados pelo sentimento do medo, os marinheiros criam, desenvolvem e aperfeiçoam a sua fábula de traição. Estão contagiados pelo terror e agem em perfeita harmonia. Vozes que entram em uníssono, movimentos que partem do *frenesi* inicial para um entendimento corporal que lembra a eficiência da alcateia indicam a tática instintiva de defesa grupal. Aplainam-se as diferenças individuais, e todos os fatos observados concorrem para confirmar a hipótese da espionagem e o desejo de punir.

Há muitas qualidades neste trabalho feito por um grupo que destaca com sensibilidade incomum o ponto de contato entre esse texto e a experiência contemporânea. Mais do que os perigos reais, a propaganda aterrorizante incita e promove a organização das milícias punitivas – e esta analogia que a peça permite não seria evidente para leitores menos perspicazes. Além da percepção inteligente de um tema, há, neste segundo trabalho profissional do grupo com peças de O'Neill, a confirmação de uma assinatura original.

Antes de testemunhar sobre as condições dos trabalhadores, as "peças do mar" têm, quase em surdina, ainda envergonhadas, a pulsação da vontade artística. A essa vontade de beleza, de transfiguração do rude em primordial, o trabalho do projeto "Homens ao mar" corresponde alegremente. É generoso ao oferecer composições estatuárias, uma iluminação a um só tempo bonita e tenebrosa e, ao todo, a sugestão verdadeiramente dramática de que estamos no cais vendo, bem de perto, a passagem de um navio.

## OUTONO E INVERNO

De Lars Norén
Direção de Eduardo Tolentino de Araújo
15 de novembro de 2006

A era freudiana comprovou e abasteceu de argumentos uma hipótese que a arte formulara com alguns séculos de antecedência: os discursos mentem. Quando não mentem deliberadamente, enganam, porque são insuficientes para representar o pensamento e, de um modo geral, as ocorrências voláteis da psique. Uma vez difundida e assimilada pelo senso comum, essa ideia foi fatal para um certo tipo de dramaturgia. Aquelas peças baseadas no incidente oculto que, uma vez revelado em cena, muda a natureza das relações entre as personagens e resolve vários problemas perderam credibilidade e prestígio. Os escritores que insistem em resolver sérios problemas através de conversas em que se transmitem verdades que salvam encontraram refúgio nos melodramas televisionados ou na Broadway, onde ainda fazem muito sucesso.

Para compensar a perda do diálogo conclusivo, instrumento utilíssimo na estruturação da narrativa, o teatro de vanguarda logo encontrou saídas que, mais do que consolo, foram o motivo da sua sobrevida em meio às linguagens artísticas do século XX. Se os discursos mentem, o corpo revela, ou melhor, da fratura entre o que se fala e o que significam os gestos, a expressão facial, a entonação e o ritmo de emissão das palavras emerge um sentido que o discurso verbal não contém, mas indica. E isso é uma coisa que só se pode fazer bem no teatro. Entre outras coisas, portanto, o desengano filosófico com a potência do verbo ajudou a reforçar a potência significativa do espetáculo. Essa afirmação de que as atitudes corporais e a elocução podem contradizer, complementar ou reforçar as falas concede ao intérprete um vasto campo de exercício. É no que se baseia a encenação de *Outono e inverno*, peça do dramaturgo sueco Lars Norén dirigida por Eduardo Tolentino de Araújo.

O tema da família nuclear como um cadinho onde se comprimem e remoem as células doentias da personalidade de cada membro é recorrente, assim como a incapacidade de transformar o afeto em bálsamo curativo. Nessa peça, em que se faz constantes referências ao ciclo das estações, o autor, com bons motivos, se considerarmos a situação geográfica do seu lugar de origem, associa a família nuclear às paisagens estéreis das estações sem frutos. Durante um jantar congregando mãe, pai e duas filhas emancipadas, próximas da meia-idade, a conversa é, da parte dos pais, uma tentativa malograda de entendimento, enquanto as filhas, de modos diferentes, permanecem enclausuradas nas dores e traumas infantis. Todos falam o tempo todo, mas permanecem incapazes de ouvir, mesmo quando se referem a questões concretas e banais.

Ressentimentos por negligência dos pais, ciúme, componentes edipianos mal disfarçados fazem parte da superfície dos embates verbais. No espetáculo, contudo, as relações físicas entre os intérpretes e a postura individual de cada personagem indicam uma terceira dimensão mais dolorosa do que agressiva. Como uma espécie de inversão da *Santa Ceia*, de Da Vinci, as personagens modernas também têm uma postura icônica na cerimônia do jantar pequeno-burguês. A partitura da direção do espetáculo define para cada uma um campo estreito de expressão individual, de contorno muito nítido porque, em conjunto, não podem violar as convenções banais da mesa que permanecerá bem-posta, como último bastião de uma civilização agonizante.

É dentro desse limite, sem transtornar o arranjo da refeição, que Ann, a filha mais saliente e rebelde, desdenha a acolhida dos pais, provoca a irmã e, por último, desfralda uma lista de traumas infantis que, reais ou imaginários, se consolidaram como uma aparência e uma posição na constelação familiar. Interpretada por Denise Weinberg, a criança terrível da família é também o foco ainda ardente de vida afetiva. Posturas falsamente desleixadas, reproduzindo um clichê adolescente, fazem parte de um teatro para manter interessante o encontro e interessados os outros membros da família. Sem essa teatralidade física, de tom e gestos, composta para a ocasião, temos a impressão de que a cena seria invadida por um silêncio mortal. Como contrapartida a essa representação bem-sucedida do drama familiar, há *mater dolorosa*, papel que Sueli Franco reveste simultaneamente de uma entonação tolerante e de gestos miúdos de aflição permanente. A mãe que sabe tudo, que esteve atenta à prole e está perplexa com a infelicidade das filhas está no discurso, enquanto os gestos e as pausas sugerem que, antes da mãe, há a mulher frustrada e egoísta.

São também lapidadas como imagem e som as personagens do pai, interpretado por Sergio Britto, e de Ewa, a filha comportada. A polidez, a serenidade e as intervenções dialógicas apaziguadoras do dono da casa adquirem, ao longo do encontro, aos poucos a lentidão do cansaço e da embriaguez, e é nesse desempenho que transparece, com maior nitidez, a solidão dentro da família. Quanto ao desempenho de Emilia Rey, personagem mais "legível", da peça na medida em que o enunciado da vida regrada e satisfeita é desmentido pelo entorno desde o início, o contorno visual predominante é o da rigidez, mas é nessa figura que se insinua a aspiração de proximidade e um ideal de convívio afetuoso. São, enfim, quatro desempenhos extraordinários orquestrados para compor, por meio do artifício da linguagem verbal e da revelação dos movimentos e das inflexões, a natureza contraditória da célula primordial desta sociedade.

# Críticas 2007

## DOROTEIA

De Nelson Rodrigues
Direção de Brian Penido Ross
24 de fevereiro de 2007

Julgada pelos padrões de obsolescência usuais no nosso teatro, *Doroteia* é uma peça velhíssima. Estreou no Rio de Janeiro em 1950 e fez menos sucesso na imprensa diária do que as peças anteriores de Nelson Rodrigues, embora apreciações críticas posteriores tenham corrigido generosamente as primeiras impressões desfavoráveis. Pois ainda hoje, neste século em que todas as inovações parecem ter se tornado usuais, é de uma audácia incomum. Mudou bastante a conduta sexual a que a peça faz referências explícitas, e um dos encantos de ter vivido no século XX é ter acompanhado, pelo menos na esfera laica, sucessivas derrotas do puritanismo. Não nos assusta tanto a franca negação da libido.

Em face dessa mudança comportamental, que tornou mais compreensíveis (e, portanto, toleráveis) os mecanismos psíquicos orquestrados pelo embate entre Eros e Tânatos, o tema central da narrativa tornou-se menos escandaloso. Há na peça, entretanto, uma rede de reflexões paralelas e conceitos originalíssimos sobre o modo como os confrontos míticos embutem-se nas práticas cotidianas – e a pertinência dessas percepções antropológicas se expressa no palco com maior impacto do que por meio da leitura. Passado o susto da surpresa, a inventividade formal que se manifesta ao longo da peça, em cada cena, prova-se necessária.

"Em nenhuma outra obra Nelson levou tão longe a liberdade criadora", afirma Sábato Magaldi. Figuras femininas habitando um lugar onde se vive a negação jubilosa do instinto – trata-se do lugar onde não ver o outro é uma virtude apreciável – personificam outra coisa além das normas repressivas. Tornou-se talvez mais nítida, na leitura contemporânea feita por Brian Penido Ross, a negação absoluta, a um só tempo filosófica e linguística, da alegria fácil e das seduções epidérmicas da existência.

De fato, a forma coral do credo professado pelas viúvas repudia, além da beleza e da promiscuidade da "parente", qualquer manifestação vital. O simbolismo verbal e visual é prolixo, inusitado e, do ponto de vista estilístico, muito variado. Convivem, tramadas às vezes na mesma fala, figurações pungentes da morte, do desejo de pureza e de solidão e metáforas que ridicularizam a fisiologia humana. Diante dessa composição que mistura de modo deliberado o grotesco ao sublime, há tantas opções para o diretor que não se pode descartar o fato de que, entre outras coisas, a peça foi escrita como uma provocação estética. Será triste ou trágico o episódio rememorado de um velório em que a mãe compra vários maços de vela para prolongar o convívio com o filhinho morto? Que tratamento merece o jarro que, nos prostíbulos antigos, continha a água da higiene corporal?

É mais séria do que grotesca, mais lírica do que propriamente trágica a encenação dirigida por Brian Penido Ross para o grupo Das Dores. Nesta concepção, a peça tem como núcleo significativo a negação do ser, movimento profundo, real e doloroso no plano psíquico. Por essa razão, os aspectos farsescos e grotescos são atenuados e o espetáculo atribui sedução estética inclusive à simbologia da repressão. Não há valores na sintaxe do inconsciente e, por isso, não são inteiramente repulsivos os espaços da morte. A casa sem quartos tem a sua beleza fúnebre, acena com a paz do jazigo. E este é um pensamento que a cultura contemporânea invoca com frequência. Tendo-se libertado de normas de conduta sexual repressivas, ouve-se, ainda que em liberdade, o canto de sereia do impulso de morte.

São muito evidentes, e por certo atraentes para uma interpretação de viés histórico e sociológico, os traços cômicos das personagens e situações. Não servem, contudo, para esta concepção elegíaca de peça. Sem ter abandonado os ritos de convivência, essas mulheres em permanente estado de vigília preservam a cerimônia e invertem os signos, e há graça nesse paradoxo. Neste espetáculo, a comicidade é leve, convida ao sorriso ocasional. Nas atitudes da matriarca d. Flávia, por exemplo, a castidade estéril não precisa de grandiloquência. Paloma Galasso preserva a autoridade dessa corifeia dos mortos, fazendo-a polida, quase elegante nos gestos de afastamento e desdém. Entende-se o poder de atração que exerce sobre a bela antagonista Doroteia.

Quanto a Das Dores, a menina cujo casamento é, no campo da simbologia teatral, um acontecimento ímpar, é tratada com todo o cuidado, como uma espécie de exemplo do objetivo estetizante do espetáculo. Semioculta por uma névoa de cabelos e tecidos, lânguida, subserviente na espera do seu momento de negação, é um espectro comovente da morte em vida, da fragilidade juvenil e, por fim, do despertar de um débil apetite pela existência que a trama se encarregará de sepultar de um modo insólito. Cada uma das personagens simbólicas é tratada, em primeiro lugar, como um conceito de desenho nítido e, depois, recamada por traços suaves e muito oportunos. O único cabelinho na suave fulguração desse ovo é a música, excessiva e destinada a somar gravidade, beleza e o rigor a uma encenação que, com os recursos próprios do teatro, já tem todas essas qualidades.

## ANDAIME

De Sérgio Roveri
Direção de Elias Andreato
17 de março de 2007

Justiça não é coisa deste mundo, pregam os cristãos. De qualquer modo, o teatro, inconformado em protelar até a eternidade uma das mais ardentes aspirações humanas, não desiste do exercício da justiça simbólica. Experimenta no campo da linguagem, flerta com o cinismo, renuncia com frequência ao significado, mas, volta e meia, deixa aflorar o tema recalcado da justiça social. Mesmo quando não quer ou não sabe dar a esse tema um tratamento político, a arte do teatro, ao que parece, tem uma dificuldade maior do que a das outras linguagens em abdicar da dimensão concreta. Situações de abandono e marginalidade, ofícios penosos e mal remunerados, agruras da infância e da velhice desprotegidas sempre encontram um lugarzinho nas salas de espetáculo, mesmo quando estão fora de moda na literatura ou nos meios de comunicação de massa. Sérgio Roveri, com a sua peça *Andaime*, junta-se a essa insistente minoria que se mantém em cartaz obedecendo ao protocolo secreto do teatro social.

E essa insistência em uma tecla antiga é, sem dúvida, o traçado simpático desta peça protagonizada por dois limpadores de vidros. Nesta época particularmente sinistra para a articulação de movimentos de defesa do trabalhador, tornar visível o invisível é alguma coisa. É o que faz Roveri propondo ao público uma espécie de torcicolo imaginário. Todos os edifícios grandiosos e reluzentes desta metrópole – e de todas as outras, porque a mesma arquitetura sem imaginação ergue-se em Xangai e na marginal do rio Pinheiros – têm os seus lavadores de janelas dependurados do lado de fora. E há mais quando se olha para cima: pedreiros, operadores de máquina, faxineiras valentemente debruçadas com vassouras e panos.

Com modéstia tática, a peça não pretende ir muito além da exposição de uma realidade. Não dramatiza no sentido convencional do termo, ou seja, não acrescenta ao tema elementos de apelo intelectual ou emocional. Recortados do tempo e das circunstâncias históricas, os dois homens estão, na estrutura concebida por Roveri, ilustrando uma "fatia de vida". Cumprem a rotina, conversam sem grandes intimidades, divagam um pouco e são atraídos, ou têm a conversa entrecortada, por ocorrências que entreveem no interior do prédio. Nada ocorre para alterar o fluxo da conversa, nenhum incidente convida a intercalar narrativas de outras vivências. Pelo contrário, o escasso repertório de fatos entremeados ao diálogo sugere um universo mental tão resumido quanto o do trabalho cotidiano. Refletir e extrair conclusões são, para ambas as personagens, exercícios mentais exaustivos.

De substancial na peça, além do aspecto mecânico e repetitivo do trabalho braçal, há a expressão de dois temperamentos suavemente contrastados. Claudionor é ligeiramente mais exaltado, com uma mágoa residual aflorando sob a irritação: "Às vezes a gente fica uma hora inteirinha limpando um andar e ninguém dá uma olhada pra gente. Parece que a gente nem existe". Seu companheiro, na superfície mais cordato e sossegado, é quase a mesma figura em baixo-relevo. Na perspectiva das personagens, trata-se de um dia de trabalho comum e de um ofício entre outros.

Quanto à vertigem, à dimensão do perigo e à consciência de uma situação de confinamento, são elementos de composição que ficam de fora da situação dialógica. O esforço para equilibrar-se, a observação do interior do edifício, do solo distante e do espaço vazio solicitam dos intérpretes manobras corporais precisas e, ao mesmo tempo, inventivas para contornar a monotonia.

Cássio Scapin, no papel do limpador mais impulsivo e ranzinza, tem gestos e entonações que parecem contidos à força para não extravasar o espaço do andaime. Sem nenhum exagero, indica a proximidade de uma crise. No trabalho de Claudio Fontana, o humor, condizente com a personalidade bonacheirona da personagem, parece um recurso para aliviar a tensão. Falando de modo mais pausado e sereno, quase paternal, o ator acentua o contraste entre as personagens. A contribuição do diretor Elias Andreato, aliás, tem a mesma preocupação de contrastar as personagens que, na peça, se assemelham. E são muito bons os movimentos de coordenação do trabalho porque expressam, de um modo simples e concreto, a solidariedade construída pela necessidade de proteção mútua. Enfim, o espetáculo cria algumas ondas a partir de um texto cuja característica predominante é a fluência sem sobressaltos.

Bem, nós os vimos. E até sabemos que veem os que estão dentro dos prédios e abaixo deles. E, no entanto, a justiça poética será sempre mais poesia que justiça.

## QUEM NUNCA

De Núcleo Experimental do Teatro Popular do Sesi
Direção de Renata Melo
23 de março de 2007

Renata Melo propôs aos jovens participantes do Núcleo Experimental do Teatro Popular do Sesi a criação de um trabalho baseado no vocábulo "ética". O assunto é comprido e complicado, porque o que é bom para todos durante um certo tempo pode deixar de ser quando se alteram as circunstâncias. Enfim, cada cultura elabora um conjunto de valores positivos e negativos que, de um modo geral, visa a proteger o agrupamento humano circunscrito por ela. Lembremos, por exemplo, que o atual presidente dos Estados Unidos identifica e aponta os países habitados pelo Mal. É provável que a população civil dos países invadidos tenha outra opinião sobre a distribuição geográfica do Bem e do Mal, mas, neste exato momento, não tem tido tempo para se pronunciar sobre o tema.

E é exatamente em razão do relativismo histórico que a conduta ética exige a consciência crítica alerta. "Tudo passa, as coisas mudam, o que era ruim ontem será bom amanhã", argumentam os malandros. "Chega de complacência! Estamos certos e todos os outros errados", proclamam os tiranos. Com a candura própria de quem pensa no assunto pela primeira vez, os jovens do grupo Etho reconheceram a armadilha implícita nas generalizações sistemáticas.

Uma vez que se trata de um trabalho cênico, os questionamentos abstratos e atemporais ficaram oportunamente de fora. Com precisão admirável em um grupo tão jovem, o trabalho contorna as divagações metafísicas ou românticas que se associam habitualmente aos dilemas morais, sobretudo nos melodramas televisivos. Ao que parece, a dramaturgia de *Quem nunca* foi elaborada segundo a perspectiva de que as tábuas da lei e o aparato institucional se tornam mera retórica quando a conduta transgressora é praticada e tolerada pela coletividade. Sendo assim, o espetáculo disseca atitudes cotidianas, acontecimentos banais e práticas sociais em que os protagonistas da ação podem fazer uma escolha. Pela via negativa, vão se encadeando, em ritmo ligeiro, situações em que foram cometidos atos vis cujas consequências não são gravíssimas. Neste caso, não importam as consequências, porque é na esfera da subjetividade que se decide o que é certo e o que é errado. Uma pequena grosseria aqui, um furto ocasional ali, uma vantagem indevida, uma vingança mesquinha, uma traição conjugal e assim por diante.

Moldado sobre o formato coral, o espetáculo não individualiza personagens. São as ações que interessam e, por essa razão, o encadeamento veloz dos episódios funciona para demonstrar a banalização da conduta individualista. Como não há personagens – são todos narradores de memórias –, a tonalidade emocional das escolhas é atenuada ou inteiramente expurgada dos relatos. Embora as escolhas a que se referem os textos sejam possíveis e individualizadas, a encenação dirigida por Renata Melo propõe um movimento coletivo, quase um organismo social que multiplica a atitude viciosa evidente em cada narrativa. A sarabanda do egoísmo, da indiferença e do cinismo não tem a face grotesca da vilania que será merecidamente punida no final da história. Pelo contrário, tem a movimentação harmoniosa e a elegância um pouco *blasé* da classe privilegiada. São crimes e pecados cometidos pelos que sabem o que fazem, e a atuação grupal é, nesse sentido, suavemente invasiva. Estão bem próximos do público os atores, quase confundidos no mesmo espaço, e o que dizem e fazem sugere intimidade, proximidade e, sobretudo, identificação. É uma proximidade que reconhece no espectador um cúmplice.

Do ponto de vista técnico, *Quem nunca* é um trabalho sem falhas. Vozes claras, enunciado em harmonia com os movimentos corporais do grupo, e uma sincronia excepcional para o espaço destinado ao espetáculo. Espremido em um corredor, o elenco sugere, através da disposição precisa no espaço, ambientações em alto contraste para dinamizar a sequência narrativa. Visto como um núcleo de aperfeiçoamento de intérpretes, este trabalho pretende, ao que parece, um voo mais alto: estes atores bem preparados são aqueles que vão, em breve, reivindicar personagens e escolher qual o tipo de teatro que querem fazer.

## O PÚCARO BÚLGARO

De Campos de Carvalho
Direção de Aderbal Freire-Filho
26 de maio de 2007

Foi-se o tempo em que o teatro esperneava contra os que julgavam seus méritos e deméritos segundo os valores literários do texto. Há mais de um século, os signos verbais vêm sendo tratados como um elemento de composição entre outros, valendo tanto quanto a inflexão com que os atores modulam as frases e as imagens que a elas se associam. Enfim, a qualidade espacial e temporal da arte cênica foi ganhando um estatuto cada vez mais proeminente, a ponto de, em algumas cartilhas estéticas do século passado, eclipsar inteiramente o uso do texto. Teatro visual, sonoro, de movimento, teatro em que o desempenho do ator se divorcia do significado das palavras para enfatizar a melodia são procedimentos de uso corrente, e um espectador, hoje em dia, está perfeitamente familiarizado com essa sintaxe da cena. Espanta-se, na verdade, quando encontra pela frente um espetáculo cujo efeito depende do significado das falas.

Pois é para esse público, treinado nas artimanhas da cena contemporânea, que Aderbal Freire-Filho oferece livros quase inteiros: palavrório descritivo, intersecções reflexivas, diálogos, vírgulas, pontos (até a raridade do ponto e vírgula) e o intervalo cheio de expectativa que separa um de outro parágrafo. O *púcaro búlgaro*, livro de Campos de Carvalho publicado em 1964, é o suporte do terceiro espetáculo denominado "romance em cena" que o diretor carioca traz a São Paulo. Como os dois apresentados anteriormente (*A mulher carioca aos 22 anos* e *O que diz Molero*), este espetáculo não promete e, portanto, não cumpre a briosa função de restaurar no palco o prestígio da literatura. Bem ao contrário, o empreendimento cênico, pelo menos no caso da novela de Campos de Carvalho, celebra com uma alegria exultante a habilidade de um teatro capaz de recriar no palco a expedição aventurosa dos leitores. Trata-se, enfim, de uma criação que desafia o estimado livrinho por meio de recursos que se pretendem à altura da expressão literária.

Sem dúvida, há um limite para a interpretação que, neste caso, consiste em reconhecer e aproveitar uma estrutura narrativa que progride por desagregação. Senhor absoluto do projeto expedicionário, dono da casa, das provisões, dos recursos financeiros e da empregada solícita na mesa e na cama do patrão, o autor do "diário" põe e dispõe a seu gosto as características dos personagens. Do mesmo modo, os intérpretes desta encenação podem deslocar-se por diferentes personagens. São figuras que surgem para desempenhar funções variáveis apenas na superfície. Todas contribuem, ao fim e ao cabo, para entreter a imaginação de uma figura central que "não quer dizer absolutamente nada". É o jogo que as move e, na acepção teatral, o jogo tem o duplo sentido de representação e de brincadeira. Uma vez que se convencionou que o traço comum é o interesse (ou desinteresse) pela Bulgária, essa convenção unifica a narrativa e faz com que o palco não se desagregue inteiramente. Estão jogando o jogo búlgaro, as regras foram ditadas pelo narrador e há, assim, uma sugestão de movimento expedicionário no *frenesi* com que se operam as transições entre personagens e na constância da metáfora marítima que emoldura as ações. Afinal, há um comando na gávea.

Em outro sentido, a acepção de jogo é de grande importância nesta invenção teatral. Ao contrário do escritor-narrador que domina todos os elementos de composição do livro, os atores são senhores dos personagens. Mesmo aceitando a convenção – no episódio em que, por exemplo, o professor Radamés ministra uma conferência –, sente-se o risco iminente de uma vontade criadora que pode pôr a pique aquela história e, talvez, substituí-la por outra. Cumprindo alternadamente as tarefas da narrativa e dos personagens, organizando os espaços, os figurinos e os objetos que distinguem as situações, os intérpretes fazem acontecer o livro, tal como um leitor o faria. Representam a um só tempo o ativismo lúdico e a que as obras de arte convidam o público e a resposta específica do teatro.

É excepcional o elenco de cinco atores, capazes de reproduzir ao mesmo tempo, e com excelente dicção, a matéria literária e o dinamismo de uma narrativa que se acelera até a dissolução em um caos aparente. E não se pode deixar de admirar, entre outras coisas, a competência técnica de uma direção que, deixando aflorar a inventividade dos intérpretes, controla o volume, a progressão e a harmonia visual de uma história que também se compreende pelo modo como é desenhada no palco. Mais difícil de reconhecer, mas também presente nesta encenação inteligentíssima, é a pitada de sóbria poesia que Campos de Carvalho não conseguiu exonerar do seu opúsculo. Na brincadeira ágil, na velocidade das transformações, por meio da graça picante e picaresca, se insinua uma ideia de malandragem carioca que não é de hoje. Como a palavra Copacabana, que, pensando bem, existe tanto quanto a Bulgária.

## GRANDE IMPRECAÇÃO DIANTE DOS MUROS DA CIDADE

De Tankred Dörst
Direção de Celso Frateschi
8 de junho de 2007

O herói que ergue o punho para o céu e esbraveja porque não está contente com a sua sorte é um antiquíssimo personagem literário. No teatro moderno, sobretudo no teatro épico do século XX, não é preciso a estatura heroica para perder a paciência com quem quer que seja responsável pela inclemência da vida. Aqueles que vivem mal e sofrem em razão de uma ordem social injusta, e que são, do ponto de vista do poder, vozes inaudíveis, são protagonistas por excelência do teatro de instrução política. Para estes, contudo, não basta esbravejar. Estão no centro da representação moderna porque se pode ver de que forma são oprimidos e o modo como reagem ou, inversamente, se deixam dominar.

De qualquer modo, o inconformismo é o que impulsiona a ação, e a camponesa que ergue a voz sob as muralhas é, em *Grande imprecação diante dos muros da cidade*, uma reafirmação do "homem comum" tentando sobrepujar forças que o superam.

Tankred Dörst, dramaturgo de língua alemã, escreveu a peça no limiar dos anos 60 do século XX, breve período de esperança democrática partilhada entre a Europa e as Américas. Parábola da resistência, sem margem para o exercício da dúvida, a peça revive em cena apoiada em um sentido que pareceria secundário na época da sua escritura. Encenada por Celso Frateschi e animada pela interpretação extraordinariamente matizada de Renata Zhaneta, a face dianteira do prisma é a do teatro dentro do teatro. A jovem que, do lado de fora da fortaleza, vem suplicar ao imperador a devolução do marido, precisa de astúcia e grande capacidade ficcional para convencer os oficiais de que o homem que apontou entre muitos é o mesmo que lhe foi subtraído pelo recrutamento.

É um viés oportuno. Algumas muralhas de pedra e cimento foram demolidas desde então. No seu lugar se erigiram partições simbólicas em todas as regiões do planeta. Formas de opressão nítidas – grandes exércitos servindo ditaduras – foram substituídas por conflitos étnicos e religiosos insuflados por agentes semiocultos ou pelo atrito permanente entre muitas pessoas paupérrimas e poucas pessoas riquíssimas. A reconquista do usufruto pacífico da vida parece ainda mais difícil quando não se identifica a cabeça dourada do império. Pode haver em cada esquina um agente recrutador, e disso estão bem cientes e temerosas as mulheres dos bairros distantes dos centros metropolitanos quando saem para trabalhar.

Há profusão de exércitos e guerras e, por essa razão, a inteligência e o autocontrole da chinesinha são, neste espetáculo, mais importantes do que a valentia. Mereceria ganhar de volta um marido e o sossego porque é capaz de enganar, seduzir e, antes de tudo, de experimentar diferentes estratégias à medida que novos obstáculos são colocados como desafio. No trabalho de Renata Zhaneta, a tenacidade dos lutadores, que é um componente da personagem, aparece raramente, de modo inequívoco, em apartes pronunciados com uma tonalidade grave e firme de voz. Sabe-se, desse modo, que há uma consciência madura e corajosa no comando do jogo, e não se desvanece a ciência de que se trata de um combate vital. Mas, durante a invenção de novos estratagemas para ludibriar os guardas e no processo de instruir o seu cúmplice reticente, a composição da atriz enfatiza o aspecto sedutor de uma mulher capaz de recriar com palavras a beleza da existência pacífica. Trocando em miúdos, está em cena, resumida nessa personagem, a potência da cultura. Mesmo perdida a batalha, a figura central do espetáculo conserva, do início ao fim, o indício de uma inesgotável capacidade de regeneração. É por essa razão, parece-nos, que o desenho do espetáculo recorre aos dourados, à lembrança da arte chinesa sofisticada de outrora e às máscaras orientais. Não se trata da China nem de chineses, mas da pura beleza a que quase toda arte aspira, não sabemos bem se por vício ou necessidade.

## ORESTEIA: O CANTO DO BODE

De Ésquilo
Direção de Marco Antonio Rodrigues
28 de junho de 2007

O Folias D'Arte faz dez anos e celebra essa proeza com um espetáculo e um número especial da publicação *Caderno de Folias*. Atribuir peso quase igual às balanças da prática e da teoria é um traço comum entre os grupos teatrais que imprimem uma marca forte na cultura desta cidade. Neste quesito, o Folias não difere de outras boas trupes. Há, no entanto, nos textos assinados pelos participantes do grupo e inscritos na sua publicação periódica, um tom aguerrido, às vezes apenas mal-humorado, revestindo os agrupamentos com que os autores criticam a arte que não querem fazer e defender a sua própria poética. Em parte, essa exasperação se traduz, na formalização cênica, por meio da ironia, da paródia e da recorrência a uma forma metateatral que permite entrever a face "real" da cidade como contraponto ao ilusionismo cênico. Até o galpão onde o grupo de instalou é um indício físico inescapável: quem está lá dentro não pode esquecer o lado de fora. E a paisagem exterior – lembremos – é a do centro paupérrimo da metrópole.

Artistas que não esquecem onde estão e não nos deixam esquecer, os participantes do Folias são, a julgar pela concepção da *Oresteia: o canto do bode*, sujeitos às perturbações fisiológicas do crescimento. Antes de entrar no espaço cênico, os espectadores desta versão especialíssima da trilogia de Ésquilo são recepcionados por um palhaço amável e melancólico advertindo sobre a complexidade da história e sugerindo a leitura de um pequeno folheto introdutório onde estão explicitadas as intenções da direção do espetáculo. Tomada ao pé da letra, a sugestão é desanimadora, porque, entre outras coisas, interfere na atividade intelectual do público. Quem já conhece as intenções do espetáculo não precisa pensar, só conferir. Felizmente, este surto de autoritarismo explícito expressa-se de modo contraditório, e o palhaço interpretado por Dagoberto Feliz cumpre a sua tarefa como quem se desculpa, manifesta genuíno pesar pelo sofrimento das personagens trágicas e, sobretudo, prefigura na interpretação o sentimento de melancolia que os folhetos não podem (e tampouco os prólogos épicos) explicar. O modo como a concepção de Reinaldo Maia e Marco Antonio Rodrigues se apropria das peças de Ésquilo não reza por nenhuma cartilha e dispensa justificativa. Não é preciso recorrer a exegeses seculares para compreender que um dos sentidos manifestos desta tragédia é (e há incontáveis outros) celebrar a institucionalização do tribunal ateniense. Em um momento histórico, sempre louvado na história da civilização ocidental, o tribunal substitui a tradição de vendeta. Pois é desta celebração final que o espetáculo se recusa a participar. O percurso histórico que, no espetáculo, entrelaça, por meio de documentos textuais ou referências visuais, nossa história recente à narrativa grega é, tal como o das três peças, a promessa da pólis alicerçada no direito comum.

No entanto, é esse triunfo que, na perspectiva do espetáculo, não se concretiza na nossa história. Tal como a figura de Agamêmnon, na primeira peça da trilogia, a aparição final da deusa da justiça e da sabedoria é uma versão atualizada e pasteurizada da retórica populista. Feitas as contas, o resultado é nulo. Por essa razão, progride-se em direção à desmontagem do aparato cênico, ao silêncio e à escuridão. Resta ao palhaço-corifeu encerrar uma função que duvida da sua eficácia tanto quanto põe sob suspeita o modo como a civilização ocidental arquitetou a prática da Justiça.

Sobre essa ideia, e com uma linguagem entusiástica, entremeada por achados brilhantes de analogias entre a história contemporânea e o texto trágico, o espetáculo tem um desenvolvimento sempre tensionado entre afirmação e negação. A crença progressista de Ésquilo (e da filosofia idealista) confia na transformação das Erínias em entidades benfazejas e prevê, para a história, um final apaziguado. Mas, no espetáculo, não há sossego nem formalizações duradouras. As coisas mudam de sinal e de lugar, o próprio cenário se faz por meio da recomposição de restos, e o ponto mais alto e fixo da cena é marcado por meio de materiais precários que parecem sobras de figurinos de trupe. Enfim, a instabilidade de significados, a deambulação e dúvida sistemática se expressam por meio de imagens que contrariam a moderação advogada nas tragédias esquilianas.

Por sorte, há ocorrências sonoras e visuais simultâneas e, em parte em razão dessa abundância criativa, nem tudo é decifrável, contrariando o desígnio manifesto do espetáculo. Surpreendente, sem um nexo visível para esta espectadora em particular, é o modo como Orestes se põe, na sua última intervenção em cena, a recitar a carta de São Paulo sobre a virtude teologal da caridade. Se a proposta é ironizar a mansidão do período democrático, cujo discurso amoroso nunca se cumpre, o resultado é um sinal invertido. De qualquer modo, nesta versão impetuosa da *Oresteia*, a razão cívica permanece no domínio da fantasia propiciatória e, talvez aí, possa colidir ou conviver com outras utopias. Do lado de fora do pensamento utópico, há tumulto e frustração, e é esse canto do bode que o Folias D'Arte entoa muito bem. Mas não é isso. Na esplêndida composição do corifeu moderno, Dagoberto Feliz sugere que a maturidade de um grupo é também perda. Menos poder de fogo, uma certa lassidão contemplativa e o grão corrosivo da descrença corroem a sabedoria das reflexões corais. Foi-se, talvez para sempre, o tempo arlequinal.

## A GAIVOTA

De Anton Tchekhov
Direção de Enrique Diaz
11 de julho de 2007

Repetidas vezes, ao longo de seus escritos, Clarice Lispector definiu sua obra como uma espécie de resíduo, sobra inevitável de uma busca malograda. Não por acaso, ela é uma das musas protetoras da Cia. dos Atores. Desde que se apresentaram em São Paulo pela primeira vez, há quase duas décadas, esses artistas cariocas liderados por Enrique Diaz têm trabalhado sobre uma constante que, sob o rótulo um tanto pedante de "desconstrução", encobre uma poética dedicada a celebrar operações simbólicas. A coisa pronta, o ponto-final e a procura do sentido unívoco são, ao que parece, fantasmagorias de uma etapa da história da arte que o grupo contesta por meio de espetáculos em que se sobrepõem efeitos visuais e sonoros, afirmações filosóficas e elocuções impregnadas de emotividade. De um modo geral, seus trabalhos enfatizam a pluralidade de sentidos contidos nos signos teatrais.

E é sobre essa linha mestra, exteriorizada com frequência suficiente para caracterizar a identidade estética do grupo, que se organiza a encenação de *A gaivota*. Diante da peça-símbolo do Teatro de Arte de Moscou e marco fundador da modernidade teatral, o coletivo carioca exercita um trabalho de investigação e faz desse estudo um espetáculo. E o que chega à cena é não a peça de Anton Tchekhov, mas o resultado de uma aproximação que cerca o objeto por vários lados. Ou, para usar um mote de Jorge Luis Borges, outro gênio protetor do grupo, o espetáculo seria uma promessa que não se cumpre, revelação iminente "que não se produz".

A aventura da busca e a agonia da dúvida são estados anímicos antagônicos nos processos de criação artística, e o espetáculo explora intensidades e variações desse pêndulo energético por meio das personagens tchekhovianas. Há intérpretes-criadores questionando o texto e experimentando personagens, cenas e arranjos espaciais sem que isso se estabilize em uma narrativa sequencial. Há perguntas, inclusive, que poderiam ser endereçadas a qualquer outra peça. Estão em relação de simetria com os temas da peça, mas não é indispensável recorrer à narrativa original para compreender as vertentes artísticas que se abrem em leque por meio dessa proposta pluralista. O escritor Trigorin, por exemplo, pode não ser tão grande quanto Tolstói, mas é representado no espetáculo como algo mais do que o homem vaidoso e egótico que a trama indica.

Isolado da continuidade narrativa (uma vez que o episódio da sedução não interessa ao recorte do espetáculo), torna-se antes de tudo o criador obcecado para quem a vida interessa apenas como matéria para a ficção. Cada personagem, enfim, insinua um prisma da arte contemporânea e, a um só tempo, um movimento psíquico comum às mais diferentes tendências artísticas e etapas históricas. E não é preciso rememorar a evolução da arte no final do século XIX porque o diálogo travado entre personagens tchekhovianas e atores-personagens, ambos situados em um esquema narrativo fragmentado, expõe o mecanismo analógico que associa os diferentes tempos. Ou seja, a correspondência que o espetáculo põe em relevo é a da filosofia da criação, com seu caráter especulativo e abstrato.

Enquanto personagens do autor russo, os quatro artistas têm limites impostos pela verossimilhança e cada um se identifica com uma tendência artística. Examinados em sobrevoo por intérpretes do século XXI, as duas atrizes e os dois escritores da história se amalgamam em uma discussão estética que interessa a todos exatamente porque não pode mais afirmar valores com segurança ou permanecer em uma única trincheira.

É a flutuação sobre um espaço amplo, branco e de início desguarnecido que sintetiza a concepção intelectual do espetáculo. Afonso Tostes faz aquela cenografia sutil que tem até zona de ocultamento, mas não se percebe. Aos atores compete – por meio da figura que nos faz tomar a parte pelo todo – trazer ao palco a mansão rural, o lago, o bosque, a lua. Sob esta ótica é também tarefa dos intérpretes desmanchar o encanto e devolver o material usado em cena à inércia significativa. Constantemente fazendo, desfazendo, transportando, vestindo e desvestindo, esta *Gaivota* transfigura em teatro um sentimento da arte contemporânea, que é o de estar em absoluta liberdade, exultante e à deriva.

## AOS QUE VIRÃO DEPOIS DE NÓS: KASSANDRA IN PROCESS

De Christa Wolf
Direção de Ói Nóis Aqui Traveiz
23 de agosto de 2007

Quem adota por nome de batismo um verso entoado pelos Demônios da Garoa não está pensando em Londres ou Nova York. Apesar da carteira de identidade verde-amarela, os gaúchos do grupo Ói Nóis Aqui Traveiz trazem a São Paulo a sua leitura mítica da Guerra de Troia com um título parcialmente grafado em inglês e pitadas de outras línguas no recheio. Em sintonia com as formalizações lendárias, a criação coletiva *Aos que virão depois de nós: Kassandra in process* não tem pátria de origem nem se submete à circunscrição temporal. Pode, por essa razão, recorrer à diversidade linguística, à superposição de estilos de diferentes épocas, ao entrelaçamento de representações culturais arcaicas e contemporâneas de todos os recantos do globo. No centro do espetáculo está o mito da princesa e profetisa troiana, cujo destino é advertir aqueles que não acreditam. Também por essa razão – os artistas-profetas de hoje são igualmente vãos –, as referências históricas contidas na encenação tornam-se, em vez de advertência, lamento pungente endereçado às gerações futuras.

Nesta visão apocalíptica do impulso guerreiro das civilizações, pouco sobra da esperança implícita no poema brechtiano que o grupo emprestou para dar o subtítulo do espetáculo. A julgar por essa criação, o grupo sulista confia pouco ou nada no advento da época em que o homem será amigo do homem.

De qualquer modo, a ordem mundial do tempo presente empresta substância às profecias beligerantes de todas as épocas anteriores. Estruturada como uma antologia de escritos poéticos e filosóficos sobre a catástrofe da violência internacional, a encenação refere-se mais ao sentido filosófico e ao impacto psíquico do que aos fatos. Cidades destruídas e populações exterminadas são documentadas de modo verista pelos meios de comunicação e pelo cinema. No teatro feito pelo grupo gaúcho, a memória da protagonista é o espaço onde se desenvolvem em desordem cronológica as evocações dos episódios da Guerra de Troia, a reflexão sobre a futilidade do conflito e a evocação breve da existência pacífica anterior. Emprestados de autores clássicos e contemporâneos, recortados com precisão e muito bem alinhavados, os textos utilizados no espetáculo são genéricos quando tratam da pulsão de morte e líricos quando se referem ao sofrimento individual dos guerreiros e dos habitantes da cidade sitiada. A alternância entre a reflexão e o plano íntimo da afetividade tem grande importância na formalização do espetáculo porque atribui

significados complementares aos ambientes reclusos ou amplos que os espectadores percorrem no decorrer do espetáculo. Enquanto rememora combates, saques, cortejos bélicos e atos violentos, de um modo geral, a sacerdotisa Cassandra projeta voz para ocupar espaços amplos, figuração da planície arenosa no entorno da cidade sitiada ou da vastidão do palácio onde os priamidas confabulam para sustentar uma guerra com motivos falsificados. Ao reviver as alegrias do noviciado no templo de Apolo, as lembranças da família, amigos e amores, a protagonista tem uma projeção de voz mais contida e movimentos proporcionais ao espaço tratado com revestimentos aconchegantes para que se mesclem sentimento e sensação.
Professando o credo do teatro ambiental, em que o intérprete partilha com o público os estímulos físicos do espaço, e as áreas de atuação e recepção se alternam ou coincidem ao longo do espetáculo, o elenco do Ói Nóis Aqui Traveiz assume os riscos da opção pela mobilidade e pelo convite à participação. Nem todos os espectadores reagem com a mesma rapidez a um convite para mudar de lugar, e a hesitação imprime ao espetáculo um ritmo mais lento, por vezes em desacordo com o vigor das cenas de debate ou confronto corporal. Em outros momentos, os intérpretes se demoram em um achado a que, de modo evidente, atribuem valor estético, e a imagem perdura depois que o impacto se esgotou. Quase todas as evocações de um passado tribal, idílico, em que se fundem os mitos agrários do Oriente e do Ocidente, são formalizadas de um modo ingênuo, que nos parece debilitado pelo uso frequente das mesmas composições e materiais repetindo-se no teatro desde os anos 60 do século XX. Em compensação, há nesta visão nada idílica dos homens cenas de extraordinário poder de síntese que só poderiam ocorrer no teatro, porque dependem do engajamento físico do público. É necessário peregrinar, pisar em superfícies insólitas, galgar, descer e adaptar-se a graus diferentes de luminosidade para se tornar sensível ao conforto do repouso e atento aos elementos próximos e, por vezes, diminutos que o espetáculo mobiliza. Não há dúvida de que o grupo conhece a técnica de estimular e distender os nervos do público. No entanto, mais do que isso, tem a experiência da relação dialógica que depende, em igual medida, das palavras, dos estímulos visuais e sonoros e do ambiente compartilhado.
Há muitas coisas memoráveis na encenação, mas a recriação da atmosfera do regime nazista é um dos ápices. Nessa cena, o macrocosmo é simbolizado por coisas de aparência delicada e pungente. De uma pequena caixa, com um fio de linha manipulado por um coro juvenil, vai se desenhando um signo infame. Todas as cenas subsequentes, depois que a memória se resigna a enfrentar a queda da cidade, a tortura dos combatentes capturados e o estupro e sequestro das mulheres - infâmia recorrente nos relatos de todas as guerras em todas as épocas -, formam uma

espécie de composição mural gravada em alta definição com aquele selo do belo horrível que não nos permite esquecer o que perturba.

As criações coletivas são fruto de uma postura ética que divide os créditos com toda a justiça, porque teatro é sempre produção coletiva. Nesse grupo, contudo, seria uma falsificação galante ignorar o imenso talento, a maestria técnica, a doação absoluta de Tânia Farias ao espetáculo. Quanto ao talento, não há o que dizer, porque há pessoas assinaladas para o palco que, para nossa sorte, não fogem ao destino. No que diz respeito à técnica, a solidez do grupo é um excelente meio de cultura, e o desafio estilístico desse espetáculo, com seus variados autores, um campo de prova adequado. Por fim, há a dádiva inscrita na carta de intenções dos projetos coletivos e que, muitas vezes, se resume a exaurir os intérpretes e deixá-los suados e resfolegantes. A Cassandra feita por Tânia Farias não parece suar ou perder o fôlego. Está fazendo um mundo e, talvez, descanse no sétimo dia.

## A FESTA DE ABIGAIU

De Mike Leigh
Direção de Mauro Baptista Védia
14 de setembro de 2007

O teatro não é exatamente o lugar ideal para mimetizar a vida cotidiana e há um bom tempo a naturalidade deixou de ser virtude apreciável nos espetáculos. Em vez disso, predominam as abstrações, tramas cujo simbolismo prescinde da lógica e modelos de atuação inteiramente desvinculados da experiência comum. Essas práticas e teorias bem fundamentadas em argumentos, uma vez que outros meios de expressão imitam melhor a superfície do real, acabaram por dar um novo tipo de impulso ao modo naturalista de representação. A simples tentativa de imitar em cena coisas que acontecem, ou seja, comportamentos rotineiros e geralmente tediosos que preenchem o tempo e esbanjam a energia vital da maior parte da humanidade, funciona agora como recurso cômico. Personagens desempenhando ritos desgastados de convivência social tornam-se duplamente falsos quando encurralados pelas três paredes do palco italiano.

Sem dúvida, o ridículo do coquetel organizado por uma dona de casa na peça do autor inglês Mike Leigh depende em grande parte do efeito de cópia ligeiramente distorcida dos hábitos de uma classe superior à da protagonista. Recepcionar novos vizinhos é uma oportunidade para se exibir, delimitar o território e, se possível, ganhar uma posição de superioridade na hierarquia suburbana. Desprovida de poder econômico e cultura, a classe média esquematizada em *A festa de Abigaiu* decalca o contorno da vida social da classe dominante e preenche-o com bebida barata e bazófia.

Malhar trabalhadores de colarinho branco foi uma prática comum da dramaturgia ocidental dos anos 70 e 80 do século XX, período em que esse prolífico estrato social ajudou a consolidar, em todo o mundo, variações de regimes de direita conservadores e fundamentalmente antitrabalhistas. Nesse sentido, a peça de Mike Leigh é uma entre muitas, exemplar competente de uma vertente de crítica social. Seria possível fazer uma lista enorme com propostas textuais semelhantes, mais ou menos bem-sucedidas.

De qualquer forma, o aspecto de maior relevo estético na construção da peça, que é exatamente a exploração do clichê como viés estilístico, oferece uma excelente base para a concepção de Mauro Baptista Védia. A ambientação do espetáculo é precisa e ao mesmo tempo econômica, ou seja, a vulgarização do modelo abastado não se expressa por volume ou quantidade, mas pela dose errada dos elementos do cenário, do figurino, da luz e da música. Com uma duração que emula o tempo real da conversa de sala de estar, as frases e os comportamentos se repetem, e cabe à direção do espetáculo orquestrar a gradação para que a mesma coisa, repetida, signifique a pobreza de recursos intelectuais do grupo sem que a linguagem da cena sofra indigência semelhante.

Aos poucos, sob o efeito do álcool que a anfitriã insiste em prodigalizar, as personagens se tornam mais parecidas consigo mesmas. Trata-se, talvez, de progressão paródica porque, em vez de se revelar como nos dramas psicológicos, as figuras perdem a medida e se tornam afirmações enfáticas do autoritarismo, da ingenuidade, do recalque ou da grossura. Por meio dos detalhes, sem que os atores se desloquem muito pelo palco, a tensão dramática vai crescendo independentemente de novas circunstâncias. Entonação e volume de voz, postura e um progressivo embrutecimento que se manifesta nas expressões faciais vão criando suspense por acumulação. Chega-se por fim a acreditar piamente nessa espécie de verismo que, se não copia ponto por ponto uma noitada doméstica na casa de um corretor de imóveis suburbano, reproduz com fidelidade a progressão do tédio e da exasperação de todos os convívios forçados.

Bem pensada e bem-feita do ponto de vista técnico, a encenação conta com um excelente trio de atrizes. Ester Laccava interpreta a desagradável anfitriã Beverly, combinando com o ímpeto dominador uma espécie de feiura expressa pelo timbre metálico da voz e por posturas corporais desajeitadas. Ângela, vizinha nova e convidada de honra, ficou a cargo de Ana Andreatta, que compõe, desde a entrada em cena, a figura característica da moça ingênua e burrinha que, na tradição cômica, fala em voz alta o que deveria ficar subentendido. É um ótimo trabalho de tempo e entonação porque, uma vez que a personagem tem um repertório mental estreito, é o modo de dizer que garante o seu interesse. Quase muda e silenciosa, a vizinha representada por Fernanda Couto é construída por indicações precisas de rigidez e, mais sutis, de alheamento e mágoa e fundamental passividade. A parte masculina do elenco, formada por Eduardo Estrela e Marcos Cesana, tem menos tarimba, mas é sobre os ombros das mulheres que Mike Leigh deposita a maior parte do fardo.

## RASGA CORAÇÃO

De Oduvaldo Vianna Filho
Direção de Dudu Sandroni
2 de novembro de 2007

Quando Oduvaldo Vianna Filho deu por terminada a peça *Rasga coração*, em 1974, a América do Sul vivia ainda o pesadelo das ditaduras militares. Correndo risco de vida, temerosos, os artistas e, de modo amplo, todos os combatentes da resistência intelectual faziam o possível e o impossível para protestar e mal conseguiam manter atualizado o inventário dos males causados às instituições e às pessoas. Dramaturgo e militante político situado na linha de frente desse combate que, no Brasil, prolongou-se por mais de uma década, Vianna Filho escreveu um texto que, tanto quanto sei, é o primeiro a registrar o movimento sísmico subterrâneo que poria fim a um determinado sentido da palavra "revolução".
Peneirado pela experiência de uma geração mais jovem, o embate semântico que a peça anuncia parece ter se equilibrado. Custódio Manhães Júnior (vulgo Manguary Pistolão), o protagonista que recusa de modo deliberado as possibilidades de ascensão social para se solidarizar com os injustiçados de toda ordem – nós o vemos em cena como combatente de movimentos sociais –, carrega ainda, sob a direção de Dudu Sandroni, a amargura do fracasso. As promessas de igualdade não se cumpriram. Além disso, é a esperança revolucionária que foi corroída pela longa espera e por sucessivas vitórias das classes abastadas na luta pela manutenção dos privilégios. Por isso, há imensa tristeza, desapontamentos e decadência em todos os elementos desta encenação. São melancólicas as composições das personagens da geração mais velha. Até quando dançam brevemente, com o intuito de sugerir a atmosfera da época, os brasileiros que sonharam um país justo nos anos 1950 relembram que sofreram o diabo. Não é intenção do espetáculo dourar a pílula e exaltar o ânimo insurgente dos perdedores e, nesse sentido, é fiel às entrelinhas do texto.

Embora seja um hábil argumentador treinado na retórica proselitista, capaz de demolir os argumentos do filho que, neste caso, corporifica outro sentido de revolução, Custódio Manhães Júnior, militante solidário com o outro de classe, é desatencioso nas relações afetivas, sexualmente frustrado e incapaz de usufruir o momento presente. Prisioneiro de um corpo dolorido e insatisfeito, salva-se dramaticamente porque é ultrapassado não só no plano concreto da história, mas também no plano amoroso. O espetáculo não permite que admiremos este "herói humilde" que está sempre ao lado dos mais fracos, mas convida a uma empatia mais profunda com uma personagem que procura, sem encontrar, os liames entre a sua ideologia e a realidade do filho.

É o reconhecimento que o espetáculo dá a essa potência do pensamento de esquerda que equilibra os dois conceitos "revolucionários" postos em antagonismo. O tempo decorrido entre a escritura da peça e esta versão cênica parece ter reforçado a tese do filho de que a felicidade dos homens depende da recuperação de valores e bens que a civilização destruiu. Visto simplesmente como um combate de ideias, sem mostrar as consequências no plano da existência individual, o texto daria uma vitória fácil às teses conservacionistas. No entanto, o pai que tenta compreender e não consegue, que procura frestas para compatibilizar dois projetos e não as encontra, não tem a pureza do vencedor solitário do teatro ibseniano. Tateia a arte e tateiam os pensadores, enfim, todos os que partilham a convicção de que a igualdade e a justiça não são um destino futuro, mas um direito de todos vivido no presente, e esse esforço de compreender o mesquinho dia de hoje não é tão gratificante quanto a certeza inabalável da revolução socialista.

Sob todos os aspectos, da conceituação aos detalhes visuais e sonoros que a revelam, o espetáculo dirigido por Dudu Sandroni faz justiça a um dos mais estimados dramaturgos brasileiros. Só não estão mais bem realizadas as cenas que se referem a "Lord Bundinha", avatar da revolução comportamental. Sentimentais e melodramáticas na origem, poderiam ser amenizadas pelo espetáculo para emparelhar-se com o pudor das outras personagens avessas à autopiedade.

Há um bom elenco, mas, como estrutura dramática, *Rasga coração* se apoia na personagem central. Neste caso, a encenação se organiza em torno da interpretação de Zécarlos Machado, um ator que tem a rara ciência de interpretar com perfeição o protagonista sem se exibir. Notamos as funções: pai, filho, marido, amigo, militante político, mas todas se desenham através de um desempenho que coloca em primeiro plano a atividade dialógica. Sempre alerta ao entorno, às presenças e à memória de personagens ausentes, Zécarlos Machado molda os tons da sua personagem de acordo com esse movimento das relações em cena. Seu Manguary é também um Próspero criando um pequeno mundo e em breve se despedindo dele.

## SANTIDADE

De José Vicente
Direção de Marcelo Drummond
23 de novembro de 2007

Em 1968, sob a ditadura militar, a peça *Santidade* foi censurada com um veto absoluto pelo general que ocupava a Presidência da República. Ficava proibido encenar a primeira obra dramática de José Vicente (1945-2007), promover leituras dramáticas, publicá-la ou sequer falar dela sob a forma de paráfrases que permitissem compreender a estrutura narrativa e os temas contidos na peça. Anatol Rosenfeld, um dos mais lúcidos e respeitados pensadores da cultura brasileira, teve a coragem de defender a obra e o autor em um artigo publicado no Suplemento Literário do jornal *O Estado de S. Paulo* em 6 de abril de 1968. A defesa da peça, lastreada em argumentos estéticos, invocava em primeiro lugar a liberdade de expressão e secundariamente – embora lhe atribuindo idêntica importância – a qualidade ética de um drama em que via a "expressão de uma profunda e torturada experiência religiosa e nesse nexo mesmo a blasfêmia tem mais significado religioso que os sinais automáticos e exteriores de uma piedade rasa que, segundo a palavra de Kierkegaard, transforma mesmo o Deus verdadeiro em ídolo, da mesma forma como o medo da verdade transforma a moral em hipocrisia".
Nas quatro décadas que se interpõem entre esse artigo citado e a encenação dirigida por Marcelo Drummond este ano no Teatro Oficina, as refrações do prisma giratório da cultura iluminaram de diferentes modos o problema da religiosidade na vida contemporânea. Os dois irmãos que, em conflito dialógico, debatem dicotomias como ascese e engajamento na vida secular e a Igreja católica como instituição ou como fraternidade mística ainda refletem o movimento pendular entre duas perspectivas apostólicas em plena vigência. Sem considerar as oscilações históricas do mundo moderno, que ora dão a condução da Igreja no mundo a um ora a outro desses antagonistas ideológicos, a peça de José Vicente abstrai as divergências doutrinárias e internaliza em cada personagem as duas vocações. E é isso que a análise de Anatol Rosenfeld compreende de modo superior. "A ficção permite a vivência, felizmente apenas imaginária, do pecado. Sem essa vivência mental nem sequer se pode chamar um ser humano de moralmente maduro."
Por ser ficção e, portanto, imaginação, fantasia, suposição e experiência vicária, a noção de "pecado" na peça de José Vicente, eixo organizador das

oposições dramáticas, convida a novos investimentos de significação. Tanto a religião quanto a sociedade estigmatizam comportamentos e pessoas de forma mutável, de acordo com processos culturais imprevisíveis e, sendo assim, só navega impávida o mar do tempo a ficção cujo grau de abertura comporta novas nuances. Jovens de hoje cuja inclinação sexual e amorosa contempla o mesmo sexo podem compreender, mas não sentir a intensidade da rejeição que sofreram os homossexuais antes dos anos 60 do século passado. Da mesma forma, a geração que amadureceu sob o pontificado luminoso de João XXIII mal pode conceber o catolicismo retrógrado e socialmente conservador que o antecedeu, cepa amarga que nos estertores finais se identificou com a ditadura militar. A força obscurantista que povoa de demônios vingativos o coração das crianças e alicerça no medo as autoridades cúmplices da Igreja e do Estado é algo a que o catolicismo parece ter renunciado durante dois longos pontificados.

Por essa razão, o sentimento da exclusão, tão pungente na leitura da peça ao tempo em que foi escrita e ainda muito forte no espetáculo dirigido por Fauzi Arap em 1997, dilui-se, dez anos depois, em um espetáculo concebido sob o emblema da forja anárquica do Teatro Oficina. A autoconfiança quase orgulhosa de Nicolau, o irmão que abandonou o seminário e vive à custa de um homem velho e razoavelmente abonado, deixou de ser, no tratamento de Marcelo Drummond à personagem, uma provocação ao pudor do que se prepara para o sacerdócio. Do mesmo modo, a prostituição, implícita na vagabundagem do moço, adquire uma feição quase virtuosa quando comparada à carnificina provocada pela competição no mundo do trabalho.

O impulso dramático do espetáculo, e o que de certo modo marca a inserção no universo contemporâneo, não é tanto a transgressão intencional, que se compraz no avesso das convenções, mas a reivindicação de uma moral renovada em que a própria noção de pecado fica sob exame, sujeita a nova avaliação. Por esse motivo, a inocência fundada no idealismo romântico, na ignorância e, de um modo geral, mantida a uma distância profilática das coisas humanas que a vida conventual proporciona é golpeada por sucessivos testemunhos de aventuras "reais". O jovem teólogo Nicolau está no mundo para aprender o mal que só conhece em teoria e, durante uma noite de aprendizagem, é convidado a pôr o dedo na chaga. Arthur oferece relatos impudicos de aproximações sexuais perversas, vívidas descrições da sintomatologia das doenças venéreas, memórias pungentes de abandono infantil e humilhações. No espetáculo, a "realidade" tem a entonação e o refinamento gestual cerimonioso que a circunscreve ao plano simbólico. Sob esse estilo flui o contracanto – seguramente inspirado em Jean Genet – de uma personagem capaz de faiscar a bondade nas lavras mais improváveis. Será melhor e mais forte o sacerdote que conhece o que deve amar. Se tiver aprendido a lição, seguirá pela vereda bem definida nos sermões de Antônio Vieira: "Logo os homens não amam o que cuidam. Donde também se segue que amam o que verdadeiramente não há; porque amam as cousas, não como são, senão como as imaginam; e o que se imagina, e não é, não o há no Mundo. Não é assim o amor de Cristo, sábio sem engano". E este é, pelo menos por ora, o ânimo religioso capaz de enfrentar a carranca belicosa dos fundamentalismos.

# Críticas 2008

## BESOURO CORDÃO DE OURO

De Paulo César Pinheiro
Direção de João das Neves
8 de março de 2008

Para os ouvidos da geração que cresceu no rescaldo da Segunda Guerra, não há pregação mais antipática do que aquela que defende a preservação da pureza, seja ela racial, cultural ou nacional. No entanto, desde que não se apresente como pregação política, credo ou sob o disfarce de ciência, a louvação das "raízes" pode ser sedutora. Há uma beleza de outrora, que é bela exatamente porque desgastou e revestiu de musgo um objeto familiar. Quando o sentimento dominante da época é o da velocidade e da urgência de atualização tecnológica, não é estranho que a representação exalte, para compensar por meio do imaginário, o batimento ritmado pela pulsação humana.
*Besouro Cordão de Ouro*, peça musical escrita por Paulo César Pinheiro, é, em parte, a evocação de uma figura que o romanceiro popular reelabora e mantém em circulação no sistema da cultura contemporânea. Transformado em herói picaresco, protagonista de episódios de valentia que se propagam e acrescentam em diferentes narrativas, o capoeirista deste espetáculo funciona como um pretexto para ingressarmos no universo estetizado de uma prática que, na perspectiva do autor, é bem mais do que uma arte marcial entre outras.
E é em torno do reconhecimento da beleza e do poder de sedução desse jogo antigo e persistente que se organiza a encenação. Convidado a ocupar um espaço circular, tal como o das rodas que cercam a arena do jogo-dança dos capoeiristas, o público é envolvido pela representação, uma vez que os atores se misturam com frequência aos espectadores. Forma espetacular privilegiada no teatro musical brasileiro – que o diretor João das Neves ajudou a criar e aperfeiçoou ao longo de sua carreira –, o teatro épico cujos narradores se colocam na mesma posição do público tem implícita a ideia de que a arte apenas formaliza um conhecimento que é de todos os presentes. Por extensão, dá voz ao desejo e à necessidade daquele coletivo.
Muito mais simpático do que o formato em que um sabe-tudo faz as vezes do narrador onisciente, o recurso de irmanar-se ao público, assumindo a mesma estatura, o mesmo volume de voz e uma aparente disposição ao diálogo entre iguais, cria um outro plano ficcional implícito. Por meio dessa expansão horizontal do espaço de cena, a narrativa se difunde do mesmo modo que os mitos se produzem na cultura. Recontadas no ambiente familiar, no trabalho

ou nas cerimônias sociais, as histórias que se referem à trajetória do herói se modificam, se sobrepõem, contradizem-se nos detalhes e acabam por formar uma massa de significados ambíguos, que cada "reconto" precisa ordenar de modo singular. A ideia é a de que só ficam eternizadas no panteão da memória coletiva as sagas que estimulam e permitem a contribuição dos narradores individuais. Há um momento no espetáculo em que os intérpretes, simultaneamente, narram diferentes episódios da vida do mestre capoeira, e os fragmentos, superpondo-se em aparente cacofonia, ilustram o modo como se constituem as epopeias. É uma solução tão boa e bem realizada pelos intérpretes – cujo tom é a um só tempo coloquial e entusiástico – que dispensa uma aula teórica sobre gêneros ficcionais.

Musicais, está claro, não se sustentam apenas sobre ideias, mas, antes, sobre a execução musical e coreográfica. Luciana Rabello, diretora musical desta produção, harmoniza um grupo de intérpretes e músicos em que ninguém perde a individualidade, ou seja, a música aproveita a voz natural do ator e capricha-se na elocução para que não se perca, além da poesia das letras, o componente narrativo. Também as composições de Paulo César Pinheiro evitam a curva dramática da canção popular mais em voga. São melodias e ritmos hipnóticos, crescendo por meio da repetição e da aceleração, tal como os cantos que estimulam os jogadores nas rodas de capoeira. O efeito é envolvente e progressivo, e parece natural que, ao fim do espetáculo, a plateia contribua, ecoando as palmas ritmadas de estímulo aos intérpretes-jogadores que habitualmente cercam as rodas de capoeiras. Como um herói do romanceiro popular, Besouro Cordão de Ouro vive em outro mito de origem, a Luanda sonhada pelos desterrados, como a Jerusalém do povo hebreu. Em grande parte, a beleza desta encenação se inspira nessas reminiscências. A esse lugar nenhum da utopia contrapõem-se, como outra possibilidade histórica, as célebres fotos de Pierre Verger: há uma capoeira que, mesmo sem a memória da origem, é arte e defesa contra os golpes do tempo presente.

## A MORATÓRIA

De Jorge Andrade
Direção de Eduardo Tolentino de Araújo
14 de março de 2008

A literatura teatral brasileira é mais inconstante do que as outras linguagens artísticas. Sobrevive de raras erupções de talentos vulcânicos que não se explicam pelas circunstâncias do meio e da época. O próprio Martins Pena, estimado como precursor, é, quando relido, um fenômeno sem par até que, na segunda metade do século XX, o igualasse o paraibano Ariano Suassuna. Oswald de Andrade e Nelson Rodrigues emergiram em uma planície onde nada havia para sombreá-los, e a originalidade das respectivas dramaturgias deve-se em igual medida ao talento e à solidão de um entorno teatral sem recursos intelectuais para se relacionar com a ousadia no campo das ideias e da linguagem. É outro o caso do dramaturgo paulista Jorge Andrade. Seu teatro, inspirado na poética realista que fez avançar a galope a literatura brasileira nos anos 30 e 40 do século passado, é ao mesmo tempo uma resposta prática ao estado da arte ao tempo que escreveu e um projeto estético assertivo contrariando a mitificação da genialidade sem solo firme e sem descendência.
E é sob essa ótica, que não é apenas de uma peça em particular, mas de um conjunto de peças que constituem um ciclo organizado em perspectiva histórica, que o Grupo Tapa encena agora *A moratória*. Trata-se de um espetáculo em que nada pode destacar-se da trama dialógica e das ações programadas pelo texto. As tentações exibicionistas dos palcos contemporâneos, que encorajam a visibilidade da atuação ou evidenciam malabarismos cenotécnicos, são sumariamente descartadas. Por outro lado, são tão escassas as oportunidades de trabalhar com personagens dotadas de fundo psicológico, atmosferas partilhadas de preocupações ou tristezas, tempos entrecortados ou superpostos e espaços simultâneos definidos por convenções precisas, que a direção de Eduardo Tolentino de Araújo permite-se o exercício de um outro tipo de preciosismo. No modo de representar, por meio da cenografia e dos figurinos e mesmo nas soluções técnicas que organizam espacialmente as convenções de espaço e tempo, manifesta-se uma fidelidade quase arqueológica à historicidade do texto. Não é, neste caso, fidelidade ao tempo histórico a que a peça se refere (alternam-se os anos de 1929 e 1932) ou aos lugares convencionados para a ação (fazenda e cidade interiorana). Todos esses elementos são, no espetáculo, sutilmente transtornados para indicar a vigência

intemporal e simbólica do drama, e não é outra a intenção de Jorge Andrade ao pontilhar a peça de signos recorrentes. O que a encenação se esmera em reconstituir é um tipo de espetáculo que, por vários motivos, tornou-se uma raridade no panorama teatral.

No plano frontal desse tipo de composição, o elemento analítico é secundário, e só depois, quando a peça termina, o público é tentado a isolar falas, comportamentos ou imagens. Em cena, há um funcionamento conjunto, aparentemente orgânico, de personagens que não poderiam viver apartadas do seu drama e que, portanto, não se destacam umas das outras. Um fundo cenográfico de tonalidade terrosa, meio de cultura de gente que não saberá como viver fora da sociedade agrária, serve ao passado e ao presente da ação dramática. É a técnica construtiva do texto, uma arquitetura complexa que o dramaturgo exercitava como uma novidade nos anos 50 do século XX, que se sobressai com esse tratamento que depende muito pouco dos elementos cenográficos ou da iluminação. O tema de cada diálogo e também a entonação subjacente vão indicando a curva do tempo e a tragicidade própria da dramaturgia moderna consumada mais pelo acúmulo da frustração do que pela ruptura. Essa trama feita de tempos respeitosamente observados, por vezes de lentidão exasperante e repetições quando as cenas transcorrem na cidade, é preservada com rigor em quase todo o andamento do espetáculo. Por sugestão do texto – e um diretor tem todo o direito de recusar sugestões que não são muito boas –, há indulgência com o exagero emocional nas duas cenas em que o filho Marcelo (interpretado por Augusto Zacchi) exagera na bebida. Não parece indispensável que exagere também no volume de voz, na choramingação e no balanço. Há bêbados de todos os tipos e talvez conviesse ao desenho desse espetáculo uma caracterização que não transbordasse o molde sóbrio das outras manifestações de sofrimento.

Jorge Andrade e o Tapa são farinha do mesmo saco. Um dramaturgo que construiu sua obra tendo como norte a perspectiva histórica da civilização brasileira, que estudou e aplicou às suas intuições e obsessões compasso de técnicas e formalizações inovadoras é matéria ideal para um grupo igualmente aferrado a um programa artístico que avança sem perder de vista o lugar de origem.

## O CAMINHO PARA MECA

De Athol Fugard
Direção de Yara de Novaes
25 de abril de 2008

Cleyde Yáconis escolheu a profissão que exerce há mais de cinco décadas, quando entrou em contato com o Teatro Brasileiro de Comédia, um conjunto teatral cujo programa artístico disciplinava o ator para integrá-lo ao trabalho coletivo. Depois disso, a linguagem teatral foi atingida por incontáveis ondas de renovação e em cada uma delas a função do ator na economia do espetáculo foi repensada. Em uma visão retrospectiva, Cleyde Yáconis percorreu quase todas as trilhas da estética teatral que sucederam o modelo centrado no texto que o TBC inaugurou entre nós. Gêneros, estilos, práticas de criação e técnicas diferentes foram experimentados por essa atriz, cujo desempenho merece o apreço da crítica e do público desde o início da carreira. Ao que parece, a única poética que rejeita, entre as disponíveis, é aquela que distingue um ator da totalidade da representação elevando-o à altitude estelar. *O caminho para Meca* é um espetáculo incomum no nosso panorama teatral porque depende, para constituir-se, da atuação de uma protagonista que se distingue não pelo divismo, mas, ao contrário, pela insistência em um comportamento ligeiramente diferente. Tímida e isolada da comunidade em razão da estranheza da sua obra, a personagem é o centro e a razão de ser desta delicada peça do dramaturgo sul-africano Athol Fugard.
O fio da narrativa é tênue, pretexto mal disfarçado para a dramatização do discurso interior da artista e, por extensão, desvendamento de um processo criativo peculiar em que a arte se impõe como uma revelação, e não como um projeto deliberado. Não é difícil imaginar, portanto, um tipo de encenação em que os dois interlocutores de "Miss Helen" funcionem em cena como suportes de um centro dramático incandescente. Dirigido por Yara de Novaes e contando com o desempenho de uma atriz que define sua personagem por meio da interlocução com os outros papéis, o espetáculo distribui a tensão dramática harmoniosamente entre as três personagens. Justificada pelas características da sua personagem, Cleyde Yáconis desliza pela cena como se procurasse ocultar-se, abrindo espaço para a emotiva amiga da artista (interpretada por Lúcia Romano), atuando como se estivesse apenas reagindo às provocações e estímulos do entorno. Diante do zelo caridoso do pastor – que só entra em cena na segunda metade da narrativa –, torna-se ainda mais temerosa e frágil. Entretanto, são tão bem sugeridos o respeito e a

gratidão de Miss Helen que a figura do religioso se engrandece e torna-se simpática, porque recoberta pela afetividade que a atriz endereça ao personagem do intrometido líder da aldeia. Sem esse traço, que está mais no desempenho do que na dramaturgia, o autoritarismo do amigo prevaleceria sobre os outros traços psicológicos e significados estéticos.

Ao trabalhar minuciosamente uma relação afetiva que pulsa sob os embates entre percepções e vontades opostas, a encenação permite que os dois intérpretes que dialogam com Miss Helen sejam parte de uma composição cujo significado ultrapassa a esfera da verossimilhança. A amiga Elza, por meio da sua adesão a uma arte que fascina, embora não a compreenda, indica a face solar dos experimentos ousados no terreno da linguagem. No entanto, é o pastor que, rejeitando a criação, compreende melhor o que há de "monstruoso" em uma arte que brota do fundo da personalidade sem negociar com os códigos vigentes. Interpretadas como figuras sérias, enérgicas e lúcidas por Lúcia Romano e Cacá Amaral, as duas personagens adquirem altitude suficiente para enfrentar o núcleo ardente, espécie de magma informe, que é a personalidade da artista que ambos querem proteger.

Para pavimentar um destino transparente – Meca, Jerusalém ou Nirvana –, a artista da peça de Athol Fugard adorna, deforma e ocupa com objetos a casa e o quintal. A cenografia de André Cortez reproduz esse procedimento de modo literal, preenchendo o espaço cênico com objetos tridimensionais, apliques de superfície e efeitos luminosos. Resulta desse excesso uma decoração indecisa entre a acumulação empoeirada do brechó e a vivacidade das árvores de Natal dos centros comerciais. Seria melhor se pudéssemos apenas imaginar uma obra insólita, capaz de incitar a um só tempo o deslumbramento estético e o medo da impiedade.

## CABARÉ DA SANTA

De Reinaldo Maia e Jorge Louraço
Direção de Dagoberto Feliz
9 de maio de 2008

No passado, as divas do palco celebravam as despedidas da carreira com sucessivas récitas em que prometiam despedir-se para sempre dos seus fãs. Eram celebrações oportunistas com finalidades publicitárias, mas, mais do que isso, festejava-se o convívio cada vez mais íntimo entre pessoas que envelheciam juntas. Carreiras longas significavam a identificação estética e também afetiva entre o artista e um grupo de pessoas que testemunhou a maturação de um talento. Pois os coletivos teatrais paulistanos estão começando a celebrar a primeira década de existência como se fosse coisa simples manter por tanto tempo um agrupamento pautado pela mesma orientação artística e, em grande parte, integrado pelas mesmas pessoas. Pode estar se tornando rotineiro, mas não é nada fácil quando ficamos cientes das condições de produção do teatro. De qualquer forma, essa longevidade relativa tem permitido a manutenção de uma plateia cativa. Cúmplice às vezes, igualmente satisfeita com a familiaridade quando os espetáculos não são igualmente bons, tem o privilégio de testemunhar o aperfeiçoamento técnico e a progressiva amplitude de horizontes intelectuais que, invariavelmente, recompensam a assiduidade do estudo no campo da arte.

Antes de tudo, é a memória da persistência do agrupamento e o reconhecimento da competência para o teatro musical que, além da familiaridade com um estilo peculiar, fazem valer *Cabaré da Santa*, espetáculo que comemora a primeira década do grupo Folias D'Arte. Sob a proteção de um gênero que se consolidou na história sob o rótulo de "ligeiro" e cuja estrutura tradicional é de "variedades", o musical escrito a quatro mãos por Reinaldo Maia e Jorge Louraço é uma versão simplificada de procedimentos que o grupo já exercitou em musicais anteriormente.

Sempre recorrente, a lembrança do teatro de Bertolt Brecht não recomenda um cabaré de humor picante ou de mera crítica de costumes. Fiel ao seu próprio mito fundador, o grupo propõe uma fantasia política em que revisita, por meio de rápidos esquetes dialogados, figuras e episódios emblemáticos da dependência política, econômica e – consequência inevitável – cultural do país. Há assuntos correlatos tramados ao desfile das figuras mal-intencionadas, dos aproveitadores e dos ingênuos que de um modo ou de outro contribuíram para a geleia geral do presente. Brincadeira com nossos áulicos, inversão das promessas ufanistas, o espetáculo segue a linha cômica privilegiada pelo grupo desde as primeiras criações: não há graça que não tenha no seu inverso, como contrapeso, um grão de amargura pela alegria impossível do bem-estar coletivo.

Talvez por força do hábito, as referências à história se sucedem com velocidade adequada a uma conversa entre amigos, aquele encontro informal em que interlocutores que partilham o mesmo referencial misturam personagens históricas de diferentes períodos. Rápido, embrulhado e, no fundo, querendo dizer sempre a mesma coisa, o roteiro tem a inflexão monótona de um resmungo irado. Embora o cabaré, visto como gênero, não aspire à reflexão profunda, seja ela política ou existencial, seu passaporte para a qualificação estética é a presença de espírito. O que ainda se admira em uma revista de Artur Azevedo, por exemplo, não é a argúcia da crítica política, mas o emprego hábil das figuras de linguagem que fazem o vínculo entre o fato histórico e a interpretação.

Essa clareza associativa faz falta em *Cabaré da Santa*. Associações, que deveriam ser rápidas e fáceis para provocar o riso, se processam com lentidão, porque as frases são pouco trabalhadas e não permitem tempo para a formação de um vínculo analógico. Mesmo que seja para invectivar as mazelas do país, o teatro musical, nos seus intervalos proseados, tem direito ao luxo que são as pausas, as insinuações prolongadas e os esclarecimentos maliciosos do duplo sentido. Os referentes nesse texto não estão nítidos e talvez valha a pena lembrar que a moçada de hoje pensa que nossa literatura tem como marco inicial o ano de 1922. Literatura portuguesa? Bento Teixeira?

Nem tudo é cantado, nem tudo é dançado, mas as partes musicais do espetáculo são verdadeiro motivo de congraçamento para esse público que acompanha há dez anos a trajetória do Folias D'Arte. Trata-se de um coletivo muito bem-dotado para a execução de musicais. Sob a direção de Dagoberto Feliz, os intérpretes mesclam de modo excepcionalmente hábil a sedução melódica e a inflexão irônica das letras. É um elenco vigoroso e com grande domínio sobre a máscara grotesca, estilo usual do grupo que permeia os mais diferentes espetáculos. Os espetáculos de variedades, contudo, desdenham o igualitarismo e, por fatalidade, premiam certos desempenhos. Neste caso, o premiado é Bruno Perillo no papel de uma fatalíssima loira.

## NÃO SOBRE O AMOR

De Felipe Hirsch e Murilo Hauser
Direção de Felipe Hirsch
21 de junho de 2008

Desde que se tornou uma presença constante nos palcos paulistanos, a Sutil Companhia de Teatro faz o possível para se distanciar da vertente narrativa cujo propósito é satisfazer vicariamente o desejo de concluir e apaziguar. Tema recorrente do grupo é a fluidez da memória, exatamente em razão das características ambíguas de um processo mental que não cessa de ressignificar a experiência. Aquilo que não resulta de uma causa, que não tem solução de continuidade e tampouco um resultado lógico seria o modelo da organização dramática fiel ao acaso que preside à dinâmica da vida psíquica. Sob a orientação dessa perspectiva filosófica, o grupo encenou um repertório bastante diversificado do ponto de vista estilístico.

Mas talvez a Sutil Companhia tenha encontrado agora a matéria literária perfeita para uma escrita cênica que, além de ter como tema a rememoração, tende à

expansão, à abertura e também à provocação endereçada tanto aos hábitos de perceber quanto à expectativa de gratificação sentimental do público. *Não sobre o amor*, encenação concebida a partir de textos de autores que formaram a linha de frente da arte russa nas duas primeiras décadas do século passado, interrompe de modo radical a relação por vezes crítica e por vezes ácida e simultaneamente amorosa com a sintaxe aristotélica. Abrindo aqui uma espécie de parênteses, vale lembrar que a trama com começo, meio e fim, tudo permeado por causas e consequências lógicas, é o esquema que preside à narrativa da cultura de massa, e com essa vulgaridade fascinante a Sutil Companhia de Teatro mantém uma relação tão respeitosa quanto manda a etiqueta. Trata-se de uma companhia que vestiria com inegável justiça o rótulo de "erudita", se a classificação estivesse em voga. Mesmo quando faz espetáculos para plateias imensas, não facilita ou barateia.
Pois nada tem de singelo o espetáculo em cartaz no Centro Cultural Banco do Brasil. Apresentada na ficha técnica como uma peça de Felipe Hirsch e Murilo Hauser "sobre a obra de Victor Shklovsky, Elsa Triolet, Vladimir Maiakovski e Lili Brik", a obra cênica tem um tipo de integridade que independe das circunstâncias em que viveu e se relacionou essa célebre turma de amigos. Não se notam fraturas de estilo ou as características pessoais de cada um desses escritores distinguindo os trechos pronunciados pelas duas personagens em cena. A única divisão que permanece é a da transitividade implícita na corte amorosa. Há um amante e uma amada, aquele que corteja e a que se deixa cortejar. Quanto ao mais, exibindo a informalidade da relação epistolar entre pessoas íntimas para que se desvaneçam as informações de tempo, espaço e ação, o discurso deste espetáculo é arquitetado para impulsionar aventuras associativas.
O homem apaixonado que se endereça à amada deve, em obediência ao comando da destinatária, evitar a reivindicação amorosa. Essa fala que contorna alguma coisa instiga a invenções de ardis, porque o que não pode ser nomeado é a razão da escritura e permeará as aparentes derivas do escritor, contaminará as entrelinhas e acabará por se impor com a força centrífuga de um vazio rodeado de texto. Por não ser *sobre* o amor, a escritura endereçada à personagem Anya é alguma coisa de valor estético que contém e supera a negação, enquanto procura seduzir pela beleza.
Essa intenção criadora que se esforça para invocar um tema sem se referir a ele – embora mencione com frequência a interdição – projeta-se sobre as paredes, cria imagens que não são reproduções do cotidiano, e transtorna, por um ato de vontade, os lugares de emissão do texto. Objetos usuais são situados de modo insólito, subtraídos à gravidade e tornados irreais por meio da luz e das imagens projetadas sobre eles. Tal como ocorre com a linguagem

literária, a escrita cênica faz mais do que se referir ao que está fora dela e não se limita, tampouco, a conferir a terceira dimensão ao signo literário. Palavras são, além de sonoridades moduladas pelos atores, imagens. Inversamente, as imagens são suportes da literatura, e o espetáculo trama de modo cerimonioso, quase reverente, essa equivalência própria da cena.

Tudo é muito bonito e muito refletido em um trabalho ancorado (com muita propriedade) nas proposições da crítica formalista. As "cartas", textos em que os conceitos são intercalados ou revestidos por uma poesia sóbria, formam um diálogo despido de exaltação emotiva, mas impregnados de nostalgia por uma potência que não se realiza porque, ao que parece, a irrealização é uma propriedade desta trama ficcional. Fazer com que essa dança de imagens insufladas de sentidos possíveis seja ao mesmo tempo exercício intelectual e aventura humana é tarefa de dois intérpretes excepcionais. Arieta Corrêa e Leonardo Medeiros formam uma parceria teatral de ajuste impecável. Felipe Hirsch reuniu uma dessas duplas míticas em um espetáculo de sedução incomum.

## O ENSAIO

De Jean Anouilh
Direção de Eduardo Tolentino de Araújo
25 de julho de 2008

Depois de ter renunciado ao ilusionismo, o teatro moderno partiu a todo vapor para a exploração de vertentes ficcionais que dispensavam a referência ao universo da experiência comum. Sob essa bandeira libertária, em que o maravilhoso e todos os absurdos têm direito à vigência em cena, retornaram ao sono das estantes as imitações verazes da fala e do gesto cotidianos e, por extensão, marcharam na retaguarda os textos teatrais em que a palavra ocupava a função de signo predominante. Ainda hoje são raros os encenadores, grupos e companhias que se interessam por aquela dramaturgia cujo valor de face é a palavra. Até mesmo os clássicos da dramaturgia ocidental, a exemplo de Shakespeare, tornam-se espetáculos em que o texto iguala (e algumas vezes secunda) a visualidade e as peripécias físicas e vocais dos intérpretes. Pois o Grupo Tapa tem sido uma exceção nessa prática de esquecimento coletivo, porque vem enfrentando com maestria crescente não só os clássicos – outros grupos também os encenam com frequência –, mas um tipo de literatura dramática em que o texto não pode tornar-se coadjuvante dos outros elementos de composição do espetáculo, sob pena de perder o sentido.

*O ensaio*, peça de Jean Anouilh encenada agora pelo grupo, é uma espécie de máquina verbal com o mecanismo à mostra. Artificial, feita para encantar primeiro os ouvidos, e a inteligência em seguida, a peça ilustra de certo modo o aforismo do protagonista: "O natural, o verdadeiro do teatro é a coisa menos natural do mundo. Em primeiro lugar, na vida, o texto é sempre tão ruim! [...] A vida é muito bonita, mas não tem forma. A arte tem exatamente a missão de dar-lhe uma forma e de fazer isso por meio de todos os artifícios à sua disposição – mais verdadeira que a verdade".

Discursos galantes em que imperam as estruturas e os revestimentos ornamentais da retórica são direito de quase todas as personagens da peça. Mas há outra ocorrência de ordem prioritariamente dramática imiscuída aos argumentos: toda a ação da peça é impulsionada por diálogos em que subsiste, de modo integral, a função cognitiva dos embates verbais. A ação só progride por meio dessas conversas estilizadas: caracterizam-se funções e movimentos psíquicos, mudam as personagens e são, por fim, as conversas que determinam o percurso da narrativa. Falar e ser são uma só coisa. Por força das convenções da classe social a que pertencem os castelões e seu pequeno grupo de convidados, não se concedem exibições sentimentais ou gestos e movimentos fora da medida prescrita aos de sua estirpe. Mas são os herdeiros da língua e os guardiães da forma e, por essa razão, se esmeram nos raciocínios e na composição das frases. No entanto, é a personagem que fala menos, que ainda titubeia na prática da comunicação verbal e que ignora quase tudo da noção de beleza dos seus patrões, que é a única capaz de despertar sentimentos verdadeiros, sejam de amor ou ódio. A essa mocinha, Anouilh reserva o papel de vítima sacrificial de uma cerimônia de gente rica e ociosa. Será seduzida e esquecida, porque o "verdadeiro" é privilégio de outra classe social e não deve contaminar o salão de um castelo.

Há aí uma moralidade simplista que a encenação de Eduardo Tolentino de Araújo descarta com um agudo sentido de oportunidade. O grupo aristocrático pode ser cínico na aparência e malvado na essência, mas seu poder de atração não pode ser ignorado e a esse fascínio sucumbiu o autor e deve sucumbir o diretor do teatro de hoje. São brilhantes excursionistas da mesmice, ou seja, refletem em diferentes espelhos os temas de prazer imediato, do desprezo ao mau gosto e da afinidade entre as pessoas da mesma classe, mas dominam uma gama extensa de tonalidades, evoluem em cena com a graça de animais bem treinados dentro de um repertório limitado de posições e não deixam de exibir o urdimento intelectual que sustenta as falas. Também a mocinha, "mulher do povo" e trabalhadora, escapa ao clichê romântico da ingênua, embora seja esse o tratamento que lhe dá o autor, invocando a tradição do bulevar. Neste espetáculo, a mocinha Lucile, interpretada por Anna Cecília Junqueira, tem a serenidade física realçada pela atriz. É perfeitamente capaz de representar, tão bem quanto seus comparsas, a peça de Marivaux que o grupo de aristocratas ensaia no castelo. Fora "de cena", seu silêncio tem, por contraste, uma força proporcional à tagarelice dos que desejam aniquilá-la. É um tratamento que põe em crise a matéria de que a peça é feita e compreende tanto a beleza da eloquência quanto seu iminente desaparecimento do palco e da arte de um modo geral.

Clara Carvalho no papel da condessa e Zé Carlos Machado representando o conde formam uma dupla extraordinária, porque os sentimentos sob as palavras e os conflitos que não se reconhecem como tais são formalizados por nuances, máscaras delicadas revestindo composições pautadas pelo raciocínio. Todos os atores do elenco têm a mesma compreensão da peça e uma unidade estilística que os torna, na formalização visual, semelhantes aos grupos de porcelana, aos bonecos mecânicos e à iconografia das cortes absolutistas. À margem, talvez destacado do mecanismo e da imobilidade pela memória de uma perda verdadeira, está Herói, amigo de juventude do conde. Walter Breda representa-o como fragmento, peça danificada do conjunto, e faz dele uma espécie de ponto de fuga sinistro que sustenta a percepção de todo o quadro. Nós o notamos toda vez que está em cena, porque sua compostura ameaça deteriorar-se, a fala é permeada pela hesitação e pela emissão pastosa do alcoolismo e a ameaça que representa vai além do cinismo das outras figuras em cena. Os que sofrem de verdade, ou já sofreram, não sabem manter a pose e têm no olhar uma notícia terrível.

## A ALMA BOA DE SETSUAN

De Bertolt Brecht
Direção de Marco Antonio Braz
22 de agosto de 2008

Na acepção usual, o qualificativo "clássico" serve aos objetos e obras de arte que podem ser apropriados por qualquer pessoa, em qualquer tempo e lugar. Nesse sentido, são clássicas as peças de Sófocles como são clássicas as de Shakespeare. Embora a deriva interpretativa da encenação contemporânea não reconheça fronteiras, essa acepção de clássico não se ajusta muito bem às obras de Bertolt Brecht. Quem quiser moldá-las a seu gosto para servir a propósitos

estéticos ou éticos opostos aos que seu autor imaginou, encontrará um material rígido. São peças que podem relacionar-se por analogia com diferentes épocas e lugares, mas cujo desígnio não pode satisfazer às categorias do intemporal e do universal. Antes de tudo, refere-se a um modo de agir, e não a um modo de ser.
E é exatamente porque resistem à abertura ilimitada e ao hábito mental da idealização que as peças convidam à identificação dos artistas que a encenam e, por extensão, ao reconhecimento das circunstâncias em que vivem. *A alma boa de Setsuan*, dirigida por Marco Antonio Braz, tem a leveza das fábulas adaptadas para o entendimento das crianças e há nessa tonalidade vivaz uma contraposição à gravidade usual do teatro de vocação instrutiva.
Mas há também no desenho do espetáculo, em meio à variedade estilística sugerida pelos episódios, a ênfase na aspiração de bondade. Chen Tê, representada por Denise Fraga, tem a sua face Chui Ta gaguejante e insegura. Tal como a imaginou seu criador, a prostituta é uma alma generosa em uma sociedade em que a virtude da compaixão tornou-se impraticável, e a esse impulso "natural" devem apresentar-se, como obstáculo ao exercício da virtude, os predadores da aldeia. No assédio dos exploradores, contudo, em que seria possível e até provável uma representação caricata da cupidez dos aldeões miseráveis, o tratamento dado pelo espetáculo às diferentes personagens se detém no limite do gracioso. Ninguém parece muito terrível ou cruel e conserva-se, em quase todas as interpretações, uma pitada de entendimento malicioso que permite distinguir a artificialidade da composição. Nada é muito exagerado, mas, em alguns momentos, as interpretações dos atores fazem lembrar os graciosos da tradição europeia.
Enfim, o teatro brasileiro já teve a sua fase de Brechts alemães (preto, branco e cinza), Brechts carnavalizados (ruidosos, coloridos e sensuais) e há agora, neste espetáculo, vestígios das refinadas fantasias italianas.
Pobreza que não provoca piedade, violência que não assusta e cobiça que não desperta repulsa imediata são, evidentemente, formalizações necessárias para que o espectador pondere sem a distorção emocional do terror e da piedade e, nesse sentido, a direção de Marco Antonio Braz realiza a estilização exata para contornar as adesões superficiais. O baixo-relevo dos traços farsescos tem, além disso, a função de abrir clareira para a expressão da afetividade da protagonista. Uma vez que, na perspectiva brechtiana, as personagens não são más por natureza (apenas vivem em um meio onde o egoísmo é a norma), o desejo de solidariedade e o amor não devem ser ofuscados em cena. Por essa razão, a criação de Denise Fraga é moldada sobre a ingenuidade e, aparentemente, é da conduta que surgem os expedientes de sobrevivência.

Chui Ta, o primo realista, emerge da perplexidade, aos poucos, invadindo a moça gentil de modo menos incisivo do que o texto sugere.

Composição cheia de encanto na medida certa – a ironia brechtiana não permite a bondade adocicada e corta a pieguice no momento certo –, a interpretação de Chen Tê roça o sublime e o contorna com sucesso em uma das mais celebradas cenas de amor do teatro do século XX. Iluminação suave, gotas brilhantes de chuva e uma paixão que não faz andar nas nuvens, mas torna leve o andar sobre "a terra áspera e o cimento duro".

O camarim do artista como parte do cenário não é exatamente uma novidade, mas Márcio Medina solucionou essa cenografia de desvendamento da máquina ficcional com uma preocupação de tornar atraente a exibição das estruturas e dos materiais. A geometria é exibida como beleza, os deslocamentos são a um só tempo funcionais e rítmicos, coniventes com a ideia de sucessão consequente que preside o formato épico. Trata-se, enfim, de um espetáculo em que a nostalgia da bondade e da harmonia se opõe à exibição escandalosa da violência e da crueldade que brotam da escassez. Por essa razão, esse excelente elenco poderia gritar menos em cena.

## AS TRÊS GRAÇAS

De Luís Alberto de Abreu
Direção de Ednaldo Freire
12 de setembro de 2008

Em meio a uma ninhada de personalidades fortes, Zeus teve também três filhinhas de perfil mais delicado, cuja presença concedia aos mortais os dotes de sedução, beleza e felicidade. A Igreja católica, exímia na arte de tramar sincretismos, vinculou esse trio harmonioso, porém portador de benesses mundanas, ao ideário místico. Desse modo, as Graças deixaram de ser divindades mitológicas e passaram a representar dons espirituais outorgados para tornar menos áspero o caminho da salvação cristã. Herdeiras dessa dupla atribuição de significados, as personagens do espetáculo *As três Graças* partilham ainda a posição modesta que as figuras originais ocuparam no panteão grego. A Fraternal Companhia de Arte e Malas-Artes foi buscá-las no território onde vive a população pobre, em geral migrante, que constitui a maioria desta metrópole.

A fonte sociocultural do texto escrito por Luís Alberto de Abreu a partir de uma pesquisa do grupo não parece, contudo, substrato dominante da composição ficcional. Seguindo uma vereda diferente da comédia popular da sua primeira década, o grupo, sempre dirigido por Ednaldo Freire, investiga neste trabalho campos abstratos que dão origem às formalizações tradicionais da cultura, seja ela popular ou erudita, nascida da pobreza ou da afluência. A reflexão engloba também o processo de criação deste espetáculo apresentado ao público sob a forma de um registro documental dos ensaios, e há, de um modo geral, na narrativa e na composição do espetáculo, a memória da superposição de fontes, traços visíveis da costura de diferentes estilos e a alternância deliberada de estados anímicos dissolvendo as categorias do trágico e do cômico.

Embora os incidentes concretos que pontuam a rememoração das três personagens da peça sejam comumente associados ao desvalimento das mulheres pobres, o que prevalece na representação é a ressonância afetiva dos episódios. O pai ameaçador ou indiferente, o amante volúvel e, de um modo geral, o sentimento de pertencer a um gênero vulnerável aos caprichos do sexo oposto são, nesta perspectiva, uma contestação feita às cosmogonias fálicas. Ainda que visto e recontado pela ótica feminina, o mundo continua sendo um lugar onde os homens avultam por meio da dominação ou da ausência.

Suaves, quase pura nostalgia na sua função de divindades benéficas, as três protagonistas se completam porque aspiram, de diferentes formas e a partir de experiências prazerosas ou terríveis, à integridade da união entre o masculino e o feminino.

De qualquer forma, ainda que não ganhem a parada da queda de braço entre os sexos, as mulheres do espetáculo ganham o domínio temporário do palco. O elemento masculino faz figuração, apoio e personagens característicos que, de um modo geral, funcionam como animação e ornamento. A maior responsabilidade da ala masculina é de assumir as tarefas metateatrais. Teorizar a arte cênica tornou-se, aliás, uma das marcas distintivas deste grupo batizado na religião do épico. Aiman Hammoud, sempre um ator superlativo porque capricha na variedade de intenções e é capaz de entonações sutis, disfarça bem a parte menos interessante do texto, que é o trecho em que se justifica a substituição do pênis pela vagina nos mitos de origem. É uma explicação simplória e esticada para aproveitar o aspecto farsesco da substituição e há mais graça no ator do que no texto.

Veterana fundadora do conjunto e por muito tempo minoria feminina em um grupo estável em que os homens foram mais perseverantes, Mirtes Nogueira trabalha desta vez com mais três atrizes, incorporadas ao grupo para a criação deste espetáculo. Anos de trabalho contínuo, aperfeiçoamento técnico e uma vocação para traduzir na dimensão exata sentimentos e percepções delicadas em meio ao tratamento cômico distinguem sua personagem e a tornam figura central do espetáculo. No plano da composição, no entanto, as três narrativas se equivalem como uma sequência épica, sem hierarquia prevista de temas ou densidade dramática. Com matéria de peso equivalente, as outras atrizes fazem bem suas personagens e contracenas e indicam, pela homogeneidade do preparo e dos resultados, a maturidade do grupo como núcleo de preparação de intérpretes.

Luiz Augusto dos Santos responsabiliza-se pelo cenário, figurinos e adereços e faz tão bem seu trabalho que mal notamos sua laboriosa intervenção. Espetáculos criados por um coletivo funcionam melhor quando a visualidade parece emergir dos ensaios, concebida e resolvida enquanto se inventam a história, as personagens e se solucionam os problemas técnicos. Cenografia, roupas e adereços têm aqui virtudes da funcionalidade da economia e da beleza sóbria que não têm a intenção de sobrepor-se a outros apelos da cena. A bem da verdade, a Fraternal Companhia de Arte e Malas-Artes está mais velhinha e, talvez por essa razão, menos espalhafatosa. Cai-lhe bem uma pitada de discrição.

## DOIS IRMÃOS

De Milton Hatoum
Direção de Roberto Lage
18 de setembro de 2008

A foto de um grupo familiar em que as pessoas se apresentam com suas melhores roupas e melhores intenções abre a narrativa de *Dois irmãos*, espetáculo adaptado do romance homônimo de Milton Hatoum. Literatura e teatro são grandezas incomparáveis e, em grande parte, o espetáculo baseado na adaptação de Jucca Rodrigues é um esforço bem-sucedido para transmitir de outro modo, por meio da síntese, o movimento fluido de uma escrita que imita o percurso detalhista da memória. Desse modo, a imagem estática de um casal acompanhado dos filhos e serviçais, evocada no início e no fim do espetáculo, é primeiro um enigma e por último a idealização da harmonia doméstica. Entre essas duas representações estende-se um fio narrativo sustentado pelo desempenho preciso e detalhado das personagens. No lugar da espetacular geografia física e humana de Manaus, estão introjetados nas personagens os movimentos do vigor passional. As paixões que grassam na estreiteza da família nuclear teriam como paralelo a província isolada, essa Eldorado moderna que atrai movimentos migratórios e funde no isolamento todas as diferenças de origem.

Nesta adaptação são as personagens, expressando-se de modo hesitante ou volúvel, como se não fossem produzidas pela onisciência do narrador, que vão gradualmente construindo um emaranhado de afetos excessivos, rancores sem motivo aparente, omissão deliberada e fidelidades, em que a pulsão erótica, quase sempre de modo inconsciente, atiça combates e resulta em ferimentos insanáveis na alma de todos e no corpo dos jovens irmãos que protagonizam a história. Uma vez que as ocorrências na vida emocional emulam a vitalidade do entorno, o trabalho do narrador é manter em posição estável e equidistante o foco sobre cada um dos membros da constelação familiar.

A decisão de criar uma espécie de prumo manipulado pelo narrador está na base da direção de Roberto Lage. Desde o início do espetáculo, o homem que rememora, embora tenha na maior parte do tempo uma aparente neutralidade em relação aos fatos testemunhados, funciona como um maestro. É a sua voz suave, contida, reflexiva que impera sobre o tom de todas as conversas e episódios evocados. A excelente composição de Rodrigo Ramos cria esse efeito de atrair para a história sem se deixar engolfar pelos sentimentos revividos. Quase distanciado pelo tempo e pela carapaça de defesa que a personagem por vezes enverga quando relembra sua posição subalterna na hierarquia social e amorosa da casa, o professor Nael do espetáculo inverte a condição servil quando se impõe a tarefa de reconstruir. Em meio aos embates entre os irmãos beligerantes, aos arroubos da matriarca, cuja preferência por um dos filhos desencadeia o conflito de proporções bíblicas, a batuta do narrador permanece impondo concisão e um volume discreto às manifestações de amor e ódio.

Sob esse domínio, a matriarca impulsiva e autoritária é revestida de um tipo de veludo que esconde o gume. É desse modo que Imara Reis compõe essa personagem central no conflito edipiano da narrativa. Com a voz pausada, pronúncia exata de todas as sílabas e o ímpeto físico contido pela orientação de que se trata de uma sedutora que não pode perder as estribeiras sob pena de prejudicar a beleza dos gestos, a atriz evita os clichês que se associam habitualmente à representação dos imigrantes levantinos. Um pouco menos contido, uma vez que na dimensão realista sua personagem imigrou na idade adulta, Luiz Damasceno trabalha com sotaque, acrescenta uma pitada de trapalhada fonética e antecipa traços característicos da idade provecta para associar a pureza da sua personagem a essa espécie de santificação em vida que é a velhice. Também neste caso, a orientação do espetáculo, ao todo sóbria, é uma exceção que compensa a figura solene da mulher. Compreende-se que a graça de um certo exagero libanês é necessária para atrair para a rede uma mulher cuja memória de origem é significada pelos cedros e pelas montanhas nevadas. Na verdade, o espetáculo detecta e as interpretações do casal realizam muito bem a complementaridade das personagens e das paisagens de origem.

Álbum de família sem ironias rodriguianas, mas igualmente impiedoso ao desnudar a crueza da vida pulsional vibrando bem perto da superfície civilizada, a encenação de *Dois irmãos* põe em relevo, quase que por obediência às condições essenciais da representação teatral, o tema da servidão. Não é um modo de narrar que progride até que se solucione a busca da origem anunciada por Nael. Quem preside à cena, como onipresença e potência, é aquele que nasce na servidão e para servir.

## O QUE EU GOSTARIA DE DIZER

De Gonçalo M. Tavares
Direção de Márcio Abreu
3 de outubro de 2008

Está cada vez mais fácil para o teatro contemporâneo desvencilhar-se da figura singular do dramaturgo. É essa a ideia que prevalece ao fim e ao cabo da representação de *O que eu gostaria de dizer*. Criado por um grupo de origem paranaense em um modo de produção associativo, cada vez mais frequente entre nós, o espetáculo se define como resultado de uma escrita coletiva, ou seja, trabalho feito a partir de um texto escrito pelos atores e pelo diretor do espetáculo. Um dos traços comuns entre essas obras feitas em colaboração é a descontinuidade narrativa, coisa a que já nos havíamos habituado desde que a modernidade elegeu o tumulto da psique um assunto mais interessante do que as ocorrências fatais no entorno das personagens. Estruturas partidas e fragmentos são, portanto, usuais na organização da cena moderna. Menos comum, mas de qualquer forma uma prática que os criadores trabalhando no regime colaborativo começam a exercitar com maior frequência, é a associação compensatória entre a descontinuidade narrativa e a limpidez quase clássica da matéria verbal que apoia o espetáculo. Sem dispor da isca da sucessão causal e, de um modo geral, sem constituir personagens definidas como indivíduos, as escritas coletivas também precisam recorrer a mecanismos de sedução que não são propriamente literários, uma vez que seu destino imediato é o palco, mas que ponderam de modo rigoroso as propriedades sintáticas e sonoras da fala.

E é exatamente a beleza da fala que se exercita com capricho sedutor em *O que eu gostaria de dizer*. Embora associando a concepção do espetáculo a um livro do poeta português Gonçalo M. Tavares, nenhum gênero literário convém à invenção do grupo paranaense. No lugar da transcrição cênica da poesia, o texto em cena tem a valoração sonora da comunicação interpessoal intimamente associada ao corpo dos intérpretes e ao espaço de emissão. Pronunciado, o texto é menos aberto do que o devaneio poético e, ainda que a ideia seja a do diálogo frustrado, tem a nitidez, o esforço reflexivo e a substancialidade da fala que procura ser transitiva. Em resumo, as três figuras em cena explicam-se, procuram esclarecer-se mutuamente e, às vezes, se endereçam aos ouvintes da plateia para comunicar algo que desejam, pensam ou sentem. Antes de sujeitos com uma história pessoal, são manifestação abstrata do desejo de chegar ao outro, que impulsiona toda a fala e, por extensão, a atividade cênica.

Há o homem cujo diálogo é reiterativo e fundado no sentimento amoroso. Porque não duvida e ama sem considerar a característica peculiar do ser amado, sua fala é impregnada da impaciência diante das imprecisões, das hesitações, do tempo vago e do ritmo inconstante que pautam as divagações da sua interlocutora. Dramático e autorreferente, o discurso dessa figura resistente chega ao limite da incomunicabilidade porque está lastreado em certezas incontestáveis. Seu contraponto é dado por uma visão às vezes clássica e às vezes puramente estereotipada do feminino. Permeado por imagens surreais e ancorado mais em sensações do que em argumentos, o discurso feminino abre-se em muitas direções, apontando estratégias de fuga experimentais. Esse quer-e-não-quer, vai-e-não-vai, espécie de negaceio associado à inconstância própria das mulheres, é o aspecto mais superficial da concepção do espetáculo. Mas é também na fala da mulher que se manifesta com maior apuro o peso estético da língua. Por ter se perdido da situação dentro do casal, por ter pouco apreço à exatidão conceitual e à tarefa do convencimento, a conversa feminina se detém sobre pequenos achados imagéticos.

Terceira figura nesse inventário, o homem que renuncia ao movimento de um lugar a outro e que tenta (embora não o consiga) viver unicamente no tempo presente desempenha a um só tempo a função de abertura e coda do esforço dialógico que o teatro não cessa de fazer ainda quando desacredita da eficácia de toda e qualquer comunicação. Enclausurado, deliberadamente despojado de relações, circunstâncias e equipamento, esse homem ainda assim sai de si para negar. A inércia da linguagem é uma espécie de fundo escuro e silencioso contra o qual se destacam suas frases bem articuladas, entrecortadas por pausas regulares e secundadas por sorrisos de malícia ou amargura contradizendo o enunciado que se manifesta a favor da solidão altiva e tranquila.

No modo como esses diferentes discursos se articulam em cena para formar uma espécie de triangulação do circuito essencial do contato entre pessoas

– desejo, posse e fuga – se manifesta a integridade dos signos mobilizados por um trabalho em equipe. Assim como não convém separar o nariz de *Monalisa* da totalidade do quadro, não funciona muito bem neste caso destacar a direção do todo do espetáculo. Autor, tanto quanto são dramaturgos os atores Luís Melo, Bianca Ramoneda e Márcio Vito, o encenador Márcio Abreu participa de um trabalho em que os termos estão entre si tão bem concertados que não se sabe quem fez isso e quem fez aquilo. A Companhia Brasileira de Teatro realiza, enfim, a utopia do coletivismo, enquanto corteja a virtude passadista das belas frases.

## LONGA VIAGEM DE VOLTA PARA CASA

DE EUGENE O'NEILL
DIREÇÃO DE ANDRÉ GAROLLI
26 DE NOVEMBRO DE 2008

Um elenco que se mantém coeso há cinco anos remoendo peças de um único dramaturgo é um acontecimento raro na vida teatral paulistana. Em 2003, sob a direção de André Garolli, um grupo de jovens atores associado ao elenco do Tapa encenou *Rumo a Cardiff*, umas das "peças do mar" de Eugene O'Neill. Desde então o grupo, com o nome de Companhia Triptal, vem encenando outras peças desse conjunto e esforçando-se para manter em repertório o projeto Homens ao Mar. Escritas e encenadas nas duas primeiras décadas do século XX, apreciadas como esteios da dramaturgia norte-americana e, de um modo geral, influências poderosas sobre a modernização do teatro ocidental, as peças curtas sobre a vida dos marinheiros teriam cumprido a missão e adormecido no cânone se fossem compreendidas apenas como registro naturalista desses trabalhadores do mar. Como tudo o mais, mudou a navegação, mudaram os marinheiros e, sobretudo, quebrou-se o prolongado isolamento que tornava tão peculiares os laços entre a tripulação confinada durante meses no espaço instável dos navios.

Por essa razão, o aspecto etnográfico das peças, de considerável impacto sobre o panorama teatral norte-americano no período em que foram escritas, é um elemento recalcado nesse conjunto de encenações. *Longa viagem de volta para casa*, a mais recente (mas não a derradeira) produção do grupo, é como os anteriores, um espetáculo que amplia os simbolismos do texto e acentua o caráter de representação para se afastar deliberadamente da fidelidade documental. Na tradução de Fernando Paz, a algaravia multinacional dos marinheiros se uniformiza em uma linguagem de pobreza vocabular e sintática. Não há dúvida de que se perde, desse modo, a singela melodia dos sotaques e o sal das expressões idiomáticas, mas, em compensação, o espetáculo livra-se igualmente da armadilha do pitoresco. Esses homens expressam de modo uniforme a condição semiafásica dos que vivem confinados a uma experiência restrita. Suas vidas se resumem, enfim, ao trabalho duro e a pequenos intervalos de dissipação nos cais de passagem. Há somente ações repetitivas e escassos substantivos nesse universo.

O que a encenação dramatiza com maior ênfase é, portanto, o desamparo, a fragilidade de seres à deriva ainda quando estão fora do mar. Enquanto a dura vida no convés e nos porões cria um amálgama humano, a taverna do porto londrino é um ambiente onde cada um luta por si. A dimensão sinistra e sedutora do barzinho de cais é sugerida em primeiro lugar pela situação do espaço cênico. Chega-se a ele atravessando a obscuridade de um porão onde reverberações da vida noturna se acomodam em nichos. Todo o entorno está na penumbra, sem contornos definidos, e no interior da taverna o colorido das luzes faz brilhar frascos e copos, disfarça o estado lastimável das mulheres e oculta a tramoia dos gatunos especializados na arte de ludibriar marujos embriagados. O desempenho acentuadamente grotesco dos malandros deslizando como uma massa viscosa em meio aos objetos de cena sugere a atmosfera estranha que vai a um só tempo seduzir e tornar indefeso o grupo de marinheiros.

É importante, nesse panorama desenhado pelo espetáculo, que os marujos entrem em cena como um conjunto solidário, aproveitando a folga de acordo com a sua compreensão de prazer. Ao acrescentar um prólogo com Olson para explicar melhor o ponto de vista da encenação, a entrada surpreendente de um coletivo ingênuo e quase infantil ameaçado por uma conspiração malévola perde impacto, porque um dos homens já apareceu sozinho no interior da taverna. Na verdade, a tonalidade pausada e quase funérea do espetáculo já indica de modo satisfatório que o sonho do marujo que quer rever a mãe e tornar-se lavrador não é factível e tampouco singular. O chamado do mar e a atração terrestre são uma dualidade perene que a peça e o espetáculo esclarecem muito bem.

Dividido em dois blocos para representar o embate desigual entre os trabalhadores do mar e os malandros da terra, o elenco tem um excelente desempenho conjunto. Não são as personagens que impressionam pelo desamparo ou pela agressividade, mas, sobretudo, a interação entre vítimas e predadores igualmente lastimáveis. Além desse entendimento que vem do estudo aplicado do texto, o espetáculo da Companhia Triptal tem essa qualidade misteriosa que, por falta de palavras, chamamos de poesia cênica. Esses marinheiros parecem instáveis como se estivessem ainda sobre o tombadilho, há uma lembrança de sal e maresia impregnando tecidos e madeira e o mar que nem vemos nem ouvimos é o ponto de fuga imaginário.

## RAINHA(S) – DUAS ATRIZES EM BUSCA DE UM CORAÇÃO

De Friedrich Schiller
Direção de Cibele Forjaz
29 de novembro de 2008

No território da arte, no qual o imaginado e o possível se confundem, a hierarquia entre as etapas da criação se define apenas para ser desrespeitada. Cada novo receituário, por mais sensato na aparência, contraria o impulso para a liberdade criativa ou para a franca e deslavada desordem. De um modo geral, a marcha da vanguarda, não obstante o referente militarista, é um tropel de ritmo irregular e direção incerta. Para os atores, a dissolução das funções específicas outorga o direito de imaginar histórias, escrevê-las, organizá-las como signos espaciais e temporais e, ainda por cima, interpretar personagens.

Essa abertura vertiginosa, própria do teatro e explorada de modo intensivo, inclusive por artistas contemporâneos formados em outras linguagens (músicos, artistas plásticos, escritores), ameaça tornar-se recorrente e, por esse motivo, já incita rebeldias. As moças que conceberam o texto, a encenação e, por fim, atuam em *Rainha(s) – Duas atrizes em busca de um coração* estão trilhando uma vereda alternativa.

Em primeiro lugar, a "livre recriação" da peça *Mary Stuart*, de Friedrich Schiller, é um exercício de admiração pelo trabalho e, a julgar pelas citações, pela versão inspiradíssima de Manuel Bandeira. O abandono de antigas competências, como as do dramaturgo, do diretor e do cenógrafo, pode ter ampliado o espaço do intérprete, mas há um repertório do passado em que cintilam, de modo singular e também como um patrimônio do teatro, personagens sedutoras e relações dialógicas ancoradas na linguagem literária. A admiração, contudo, é parte de um projeto cênico que não dispõe de instrumentos para submeter-se ao desígnio do texto e "revelá-lo", como o faziam as grandes companhias estáveis do século passado. Intérpretes de hoje, como as atrizes-dramaturgas Georgette Fadel e Isabel Teixeira e a diretora Cibele Forjaz, fazem da aproximação dessa obra do passado o tema da sua dramaturgia. A ambição de realizar no palco o desígnio contido na literatura dramática supõe um modelo ideal de espetáculo, e esta é uma crença que os dramaturgos do romantismo ajudaram a demolir. A ideia mestra dessa recriação é, portanto, examinar os pontos de contato entre a experiência e a sensibilidade de artistas contemporâneos e a de criaturas imaginárias nascidas no final do século XVIII.

Vivendo agora na cena desmistificada, sem o concurso do ilusionismo, mas também sem o apoio da cena italiana, que pode esconder a feitura e exibir apenas o valor de face da representação, as duas rainhas históricas (século XVI) impõem-se como figuras dignas de terror e piedade a partir de um mote oferecido pelo próprio Schiller: "Os ardis da razão sempre levaram o homem ao erro". Sendo assim, é o conteúdo passional das argumentações, a busca do "coração", entendido como motivo central, que orienta o desenho das personagens em cena. Duas atrizes que chegam envergando simbolicamente a "máscara de atriz" devem preparar-se em cena para o momento em que colocarão as máscaras das soberanas Stuart e Tudor.

Em alguns momentos do espetáculo, a ideia parece melhor do que a solução. A aproximação reverente, lenta, quase uma invocação religiosa para que não se perca o momento teatral e para que se faça justiça à fonte de inspiração, é pronunciada na linguagem contemporânea mesclada a poemas e citações da mitologia cênica e é, em geral, bonita e expressiva, impregnada de uma emotividade sem exagero. Os movimentos de apresentação e investidura solene das personagens reais estão em paralelismo com a alta poesia de Schiller. Há, no entanto, inserções coloquiais extraídas do cotidiano fictício de atores atribulados, correndo atrás da sobrevivência ou atrapalhados pelo trivial. Nesses trechos, certamente destinados a forjar uma ligação com o presente do espectador, as ironias aplicadas ao ofício e às agruras da vida urbana são banais além da medida. Para um espetáculo que lida com poesia de diferentes épocas e cuja sobriedade, quando precisa informar o público, é de uma secura brechtiana, a intromissão de crônicas é uma ruptura estranha. No andamento privilegiado pela direção, em que se alternam grandezas próprias de duas épocas, o tempo agitado da representação naturalista parece um truque para retardar os acontecimentos realmente importantes. Além disso, o lirismo, a ênfase passional e a solenidade ritualística são os traços estilísticos que as atrizes dominam. Nenhuma das duas se sai bem quando os diálogos exigem inflexões irônicas.

Sendo, entre outras coisas, um exercício que põe à prova a potência dos recursos de hoje para formalizar o sublime, essa recriação de cenas da peça de Schiller funciona como um triunfo exemplar. Com um gesto preciso, a exibição de um vestido indica a instauração de um espaço imaginário e a transformação de personagens, um coração faz-se de quase nada e um utilitário transmuda-se em coroa real. Todas essas mutações são bem-sucedidas porque enraizadas nessa nova crença fundada no reflexo das coisas, e não mais no sentido único. Diz a ama de Maria Stuart: "Enquanto a sua imagem ela puder rever, não cessará de esperar e de ousar".

# Críticas 2009

## O ZOOLÓGICO DE VIDRO

De Tennessee Williams
Direção de Ulysses Cruz
31 de janeiro de 2009

O silêncio, tanto quanto o som, é um eficiente meio de comunicação, e a arte tem recorrido a ele para compensar o ruído excessivo da civilização ou, nos experimentos mais radicais, para negar o valor das palavras nas relações dialógicas. Silenciar é, assim, um modo de repudiar a tagarelice. Mais raro, porque talvez mais difícil de compreender fora do âmbito da linguagem musical, é a manipulação do silêncio como um tempo de gestação de significados que não encontraram ainda a sua forma definitiva de expressão. É essa qualidade de potência e prefiguração de sentidos incrustada na quietude que o diretor Ulysses Cruz valoriza na encenação de O zoológico de vidro.
Antes que se instalem no palco as personagens de Tennessee Williams, a evolução silenciosa de um ator convida a focalizar espaços ainda inabitados do palco, e há neles elementos cenográficos que sugerem ou prometem significar. A lentidão, as pausas, e o tempo consumido por essa espécie de vagabundagem iniciam com o público um tipo de interlocução muda, pautada pelo ritmo caprichoso da evocação. Depois disso, a história rememorada por Tom, testemunha e narrador das vicissitudes de sua pequena família, mobiliza todos os componentes tradicionais da curva dramática: a mãe pobre e solitária lutando por um futuro melhor para seus filhos, a expectativa de salvação pelo casamento e, por fim, o fracasso determinado por uma espécie de fatalidade. Mas não é essa a curva privilegiada pelo espetáculo que, em alguns momentos, parece caminhar à contracorrente dos acontecimentos da peça para poder realçar a perspectiva "real", ou seja, o entendimento que o narrador só pode adquirir depois que se distanciou, no tempo e no espaço, da mãe aparentemente dominadora e da frágil irmã.
Estruturado sobre a metáfora da vida afetiva, o desenho do espetáculo acompanha a pulsação contínua do mesmo sentimento sob as diferentes ações e imagens. Ao comandar o seu lar, a matriarca Amanda Wingfield tem o sinal duplo do admirável e do ridículo, tal como a concebeu o autor, mas esses dois componentes se fundam, na interpretação de Cássia Kiss, em uma gravidade silenciosa que transparece nos gestos e em uma espécie de elegância sem afetação. É uma decisão do espetáculo contornar os traços grotescos que estão bem nítidos na composição de Tennessee Williams (embora não sejam as

únicas características da personagem). Por vezes, essa mãe nos parece risível, porque é antiquada e tem a marca geracional dos velhos idealizando um passado mais bonito e perfeito. Não há, contudo, na ótica desse espetáculo, o toque de crueldade ou mesmo autoritarismo quando a mãe pretende impor-se sobre a prole. Por meio da movimentação física contida, que insinua acolhida e proteção sem saber como completar os gestos carinhosos, e, sobretudo, com uma suavidade vocal que não consegue elevar o tom nem mesmo quando fustiga a imprevidência dos filhos, a composição de Cássia Kiss é um extraordinário trabalho de concentração e sobriedade. Não há como não reconhecer que estamos diante de uma atriz excepcional e, quer queiram ou não, os grandes intérpretes desestabilizam por algum tempo a memória do conjunto do espetáculo. Em nenhum momento, entretanto, a intérprete sucumbe à tentação muito comum de confundir o exibicionismo da personagem com a dominação da cena e, pelo fato de estar sempre atenta às outras personagens e às circunstâncias das cenas, faz com que se torne muito nítida a função estratégica de máscara defensiva da "grande dama sulista". Compartilha, em resumo, a fragilidade que reconhece e teme nos filhos e essa doçura escamoteada impregna todas as cenas.

O tema do amor impotente para curar os ferimentos da psique poderia pender para um ou outro lado desse binômio. Uma vez que o espetáculo optou por enfatizar a atividade amorosa que, embora incapaz de resolver problemas, é o que impele a matriarca da família, a traição do filho, a autodepreciação doentia de Laura e o pragmatismo rasteiro do visitante ocasional não predominam na atmosfera da noite do jantar. Realizada como uma cerimônia delicada em que o desejo de encantar supera a pobreza e permite entrever a mocinha sedutora e a dama refinada, as cenas da recepção e do diálogo entre Laura e Jim são, do ponto de vista formal, um ponto alto da harmonia estética e sentimental que o narrador só consegue reconhecer muito tempo depois, em uma visão retrospectiva.

Sem dúvida, o ótimo elenco, conduzido com maestria para valorizar os silêncios, os semitons e os detalhes na caracterização das personagens, tem um peso decisivo na alta densidade deste espetáculo. Karen Coelho, Kiko Mascarenhas e Erom Cordeiro, encarregados respectivamente dos papéis de Laura, Tom e Jim, são impecáveis do ponto de vista técnico e ao mesmo tempo leves como devem ser as projeções da memória. Mas aqui, como na música, nada vale menos, e a cenografia de Hélio Eichbauer, a iluminação de Domingos Quintiliano, a música de Victor Pozas e a sonorização de Laércio Salles formam uma só trama.

## QUERÔ – UMA REPORTAGEM MALDITA

De Plínio Marcos
Direção de Marco Antonio Rodrigues
13 de março de 2009

A consciência infeliz reconhece a dor do mundo e justifica, por meio desse saber, a repartição igualitária dos males. Sofrem pobres e ricos, sãos e doentes, homens e mulheres, virtuosos e transgressores. Desse modo, a existência é garantia de sofrimento. Pois é exatamente essa a perspectiva filosófica combatida por artistas e pensadores cujo propósito é agir, por meio da representação artística ou da luta política, para afastar da experiência concreta dos homens aquela espécie de sofrimento que pode ser evitada. Quem examinar com olho clínico os escritos de Plínio Marcos encontrará um trânsito ambíguo entre duas maneiras diversas de enfrentar a tragicidade. Suas personagens, ou pelo menos a maioria delas, sofrem não apenas as privações resultantes da pobreza e da marginalidade (variáveis associadas por ele em quase todas as obras), mas também feridas psíquicas que poderiam golpear seres humanos em qualquer estrato social.

Há uma estratégia na ficção desse autor singular no panorama ideológico binário dos anos 60 e 70 do século passado e, se prestamos atenção nas intervenções dos narradores nas tramas dramáticas, veremos que se trata de uma articulação consciente para que seja possível entrever no sofredor vitimizado pela sociedade, ainda que seja como potência irrealizada, a dimensão maior da aspiração ética. Na sua obra, a solidariedade impossível em um mundo mau é o horizonte interior inatingível, mas, ainda assim, concebível para os que nunca a experimentaram.

A adaptação do romance *Uma reportagem maldita (Querô)* para o teatro organiza de forma um tanto simplista duas intenções de representação. A voz predominante é a do moleque Querô, mas há a seu lado o observador que testemunha o determinismo social ao confessar a impotência para fazer qualquer coisa. Enquanto rememora os episódios da infância na orfandade e da adolescência entre bandidos, o rapazinho menciona fatos comuns aos meninos que vivem na rua: "Só me tratei de favor. Comi de esmola, dormi de esmola. E isso não presta. Me senti jogado fora". Além do que pode ser testemunhado pelo jornalista que o escuta, contudo, há um contracanto de autopiedade e nostalgia que se manifesta raramente em palavras e é simbolizado pela figura da mãe morta. Para essa aspiração de bondade, pureza e afeto retribuído, que irrompe nos momentos de mais intenso sofrimento, não há linguagem e é preciso, do ponto de vista cênico, sugerir por meio da negação.

No espetáculo dirigido por Marco Antonio Rodrigues, a ordem social que produz e explora esses pequenos bandidos é enfeitada para compensar a simplicidade da adaptação. Prostitutas, fregueses e malandros se amalgamam em uma imagem coral revestida com a sedução estética do grotesco. Abre o espetáculo a imagem de bordel idealizado, com alguns traços emprestados dos antigos cabarés onde personagens irreais e nada sedutoras funcionam como quadro pitoresco para ambientar o conflito entre a mãe do menino e a cafetina. Trata-se, enfim, de um nascimento cercado por música e máscaras falsamente libidinosas, uma espécie de mito de origem análogo à cândida representação do presépio.

Dessa imagem primordial, evocada nos delírios febris do protagonista, se desprende um menino irado, ferido e sujo como aqueles que povoam os cantos desta e de outras cidades. A força esmagadora da engrenagem social que o espetáculo estiliza e eleva à condição de alegoria é reforçada pelo contraste de uma representação singular de *Querô*. Só o menino é verdadeiramente um indivíduo, e as personagens cruéis do seu mundinho nos parecem mais fantasmagorias do que perigos reais. Não há dúvida de que o espetáculo reforça o verismo do protagonista recorrendo às informações oferecidas pela numerosa população de crianças abandonadas do entorno da casa de espetáculos no centro de São Paulo. Podemos ignorar os meandros do banditismo, mas o menino Querô é nosso conhecido.

Embora representado por quatro elencos diferentes, fazendo parte de um experimento educacional, o arcabouço visível da concepção pode servir a diferentes atores. O fato é que, nesta encenação, a função exemplar e o mecanismo analógico, dois instrumentos para aferroar a inteligência do público, que o grupo Folias D'Arte maneja com destreza, subordinam-se a um protagonista desenhado pelo dramaturgo para incitar o terror e despertar a piedade. Há modos de produção da infelicidade coletiva que é possível explicar e combater, mas nada redime o mal feito às crianças, e é essa alma russa que o Folias D'Arte identifica e respeita ao levar para o palco o pequeno, feroz e tristíssimo bandido de Plínio Marcos.

# CACHORRO MORTO

De Leonardo Moreira
Direção de Leonardo Moreira
17 de abril de 2009

Um acaso colocou os cinco intérpretes de *Cachorro morto* enfileirados contra o muro de uma sala. Partindo dessa estreita margem para manobras, o espetáculo concebido e dirigido por Leonardo Moreira transforma a faixa destinada à cena em signo do espaço mental, uma vez que os múltiplos narradores da peça manifestam como primeiro sintoma de um psiquismo singular o terror do contato físico com outras pessoas. Entre as variáveis que definem o autismo, a constante do isolamento, ou seja, da pessoa que em meio a outras permanece fora do alcance, é mais aterrorizante e, provavelmente, a mais dolorosa para quem lança sobre esse mutismo os gestos e tons habituais da interlocução afetuosa. Nesse sentido, o limite das cenas, organizadas ao longo do fundo intransponível de uma parede, é recoberto por sinais de infindáveis tentativas de aproximação. Ainda que ajudem a aclarar o cenário, os lembretes amarelinhos desempenham na narrativa a função indiferenciada de indicar tentativas malogradas ou o esforço continuado para não abandonar essas pessoas no seu afastamento do contato humano.
Embora o entorno de sofrimento psíquico que atinge sobretudo os pais das crianças com esse diagnóstico seja um componente inevitável de episódios cujo narrador adota a perspectiva do autismo, é a exploração ficcional de uma outra forma de linguagem que interessa ao espetáculo. Do ponto de vista da encenação, esses sintomas não constituem a negação de alguma coisa, mas são, antes, outro modo de estar no mundo. Nesse sentido, não há fracasso ou sucesso, e o componente patético do investimento parental tem pouco peso dramático em contraposição ao comportamento da criança. Diante de um fato incomum, possivelmente traumático para outros, a criança autista se detém de uma forma concentrada e atenta e, do mesmo fato, não extrai a mesma impressão. Para o teatro, evidentemente, o propósito de cura tem pouco ou nenhum interesse, enquanto a observação do modo como o autismo estimula a emergência de outras faculdades mentais é um convite à experiência fora das convenções de representação.
Desse comportamento, que não se derrama em expansões visíveis de repulsa ou sofrimento psíquico, o espetáculo extrai uma forma de atuação tão interessante quanto a execução inspirada de uma partitura, ou seja, trabalha modulações e

detalhes no interior de um programa rígido de repetições. Sob pena de perder a verossimilhança, os atores não podem utilizar, na construção da personagem autista, expressões faciais animadas ou de desempenho físico ágil. Em vez disso, a fala veloz, os cálculos aritméticos e a prodigiosa capacidade de rememoração de repertórios aparentemente desprovidos de carga afetiva são os elementos de composição do narrador que os cinco atores utilizam para caracterizar uma intensa atividade intelectual, cujo fascínio repousa sobre a diferença.

No centro do espetáculo não há, portanto, a matéria usual do drama, mas uma forma de linguagem peculiar, cuja sintaxe prevalece sobre a semântica. Há subordinações lógicas entre os termos e sequências dedutivas dignas de um romance policial, mas não há registro da elaboração interior do protagonista. Por meio de contrastes, ou porque opõe resistência aos convites dialógicos, a personagem da criança cerca um objeto ou um acontecimento potencialmente traumático com deliberada tenacidade. Sem poder recorrer ao recurso sedutor da comunicação emocional, a encenação detalha um tipo de conduta essencialmente teatral pelo fato de ser ação contínua, sem que se saiba qual o pensamento que incita ou justifica os atos. Desde a primeira cena a personagem garante o isolamento defensivo, provando que é capaz de articular falas sensatas, mas desprovidas de sentimento. Também o espetáculo, por emulação do objeto que deseja capturar e representar, molda-se sobre a sobriedade da reclusão, respeitando o que se assemelha ao silêncio enquanto se afirma repetidamente como outra linguagem. E, como linguagem, potência e desejo que ainda não encontraram tradução exata nas línguas comuns.

## AS CENTENÁRIAS

De Newton Moreno
Direção de Aderbal Freire-Filho
27 de maio de 2009

Rir da morte de alguém é um dos tabus da civilização ocidental, mas rir da Morte personificada é façanha permissível e, em alguns casos, recomendável. É um modo de conviver e transcender, no plano imaginário, o vasto "roçado da morte" das regiões muito pobres. Nas fábulas do romanceiro popular nordestino confluem narrativas de origem ibérica, africana e indígena em que a morte, tratada como figura alegórica, é alvo de artimanhas e zombarias que angariam para os espertos mais tempo sobre a terra. Nessa tradição se inscreve *As centenárias*, peça de Newton Moreno encenada sob a direção de Aderbal Freire-Filho – sucesso carioca, finalmente em cartaz em São Paulo. Duas carpideiras, Socorro e Zaninha, ambas muito competentes na execução dos ritos mortuários, rememoram episódios de uma carreira secular. Antigas narrativas são tramadas pelo fio condutor de uma dupla que testemunha e reconta uma seleta do repertório de trapalhadas de velório.

O que há de insubstituível e singular nessas duas personagens genéricas na função e repetitivas no plano temático é a estilização graciosa, intencionalmente poética, da linguagem verbal e a variedade de categorias estéticas mobilizadas nos diferentes episódios. Além da imitação paródica dos cacoetes da fala e do vocabulário nordestino, as histórias de velórios rememoradas pelas carpideiras no texto assumem, de acordo com a convenção não escrita que preside os gêneros de cordel, diferentes graus de cerimônia. Todas as histórias têm o sal do cômico, mas o equilíbrio dos elementos de composição é variável. Há o maravilhoso na história da mulher de intestino perfumado, e esse plano abstrato da ficção permite o uso de expressões rebuscadas como "vinha galopando sob as anáguas uma bomba de gases". Graças aos artifícios de composição, a filosofia do baixo-ventre é alçada à esfera do acontecimento místico. Já a crônica de costumes permite o gracejo pesado sobre maridos traídos e o deboche com os lavradores embasbacando-se diante das novidades tecnológicas.

Mais raras no áspero contexto da representação da vida sertaneja, são igualmente resumidas nesta seleção as peripécias sentimentais. No entanto, quando evocadas, permitem um certo rebuscamento lírico. É um tipo de tratamento em que Newton Moreno se esmera porque evita o lugar-comum e as soluções edulcoradas. A menina que aceita ser uma vaquinha aos olhos do avô esclerosado reconta o velório: "Mugi de leve, como se despedisse. Muuu...". Para o romance de Zaninha com um galã do Cariri, cabe a expressão seca e lapidar de uma amorosa pouco habituada à expansão efetiva: "Ele é minha completude e eu sei que ele tem sentimento n'eu". É o quanto basta. Em ambos os casos, o sentimento amoroso passa pelo filtro de pudor que até pouco tempo atrás governava os usos e costumes no meio rural.

Para a dupla formada por Andréa Beltrão e Marieta Severo, a variedade na escala estilística exige tanto a delicadeza quanto a inflexão da astúcia e do cálculo. Embora envergando a máscara cômica, as duas personagens são também figuras da alegoria medieval em que o homem joga xadrez com a Morte. A composição das personagens deve, portanto, compreender o sentimento de urgência e perigo dos que pressentem a iminência do fim. Longevas e legendárias, quase triunfantes por ter escapado em um primeiro combate, as interpretações das duas atrizes indicam a agilidade física e mental de boas lutadoras. Quer no tempo passado na narrativa, quando eram jovens, quer no presente de velhinhas centenárias, cabe às personagens agir sobre o espaço cênico, conduzir a narrativa e indicar o incessante deslocamento das fugas. Mais experiente, a velha Socorro, interpretada por Marieta Severo, tem a inflexão grave de quem se "especializou na dor". Andréa Beltrão, carpideira um tanto mais moça, preserva nos dois tempos da ação a máscara surpresa do eterno aprendiz. Ambas se complementam em um jogo cômico que exige, além de interlocução rápida, a observação de um tempo diferente para as frases de intenção poética. Perfeitamente técnicas nas pantomimas da velhice (modeladas sobre números do teatro de variedades), as intérpretes projetam sobre os diálogos qualidades mais sutis de atuação. Sob a covardia proclamada das personagens insinuam-se a comiseração, a coragem de desafiar tiranos, o companheirismo e outras qualidades e experiências cuja beleza as carpideiras aprenderam com a Morte e as atrizes transmitem por meio de modulações da conversa entre elas. São tão raras no teatro e no cinema de hoje as duplas cômicas com esse grau de interação que os espectadores mais velhos (lembrando saudosos de duplas como Oscarito e Grande Otelo, Walter Matthau e Jack Lemmon e tantos outros) têm direito a uma prece muda: vida longa a essa parceria.

## VIVER SEM TEMPOS MORTOS

De Simone de Beauvoir
Direção de Felipe Hirsch
11 de junho de 2009

Entre os modos possíveis de representar uma figura histórica, Fernanda Montenegro decidiu arquitetar seu espetáculo sobre o alicerce poroso das recordações de Simone de Beauvoir. Em vez da mimetização rigorosa de uma intelectual muito conhecida, cujas teses são ainda hoje louvadas ou combatidas com igual intensidade pelos pares na França e em outros países de vocação francófila, a recriação da atriz brasileira privilegia o fluxo atemporal e idiossincrático da memória. Citações fiéis de trechos da pensadora e romancista permitem reconhecer a fonte, mas é, antes de tudo, o movimento incerto da consciência que inspira a construção da personagem. Uma vez que a autora de *Viver sem tempos mortos* é também a atriz, o que se vê em cena é a ação do pensamento, ou seja, uma personagem que vai se constituindo enquanto fala. Não sabemos se por afinidade ou por decisão, esse procedimento narrativo corresponde a uma tese central da filosofia existencialista: o ser é constituído por atos, e essa atividade incessante será sempre escolha do sujeito entre ações possíveis em face das circunstâncias.

Por essa razão, há em cena uma consciência que, embora tenha um corolário definido no primeiro parágrafo, continua trabalhando a demonstração, tateando a comunicação com o outro, deixando na obscuridade zonas de afetividade sobre as quais não tem clareza. Teria sido mais fácil (e também demasiado previsível) que uma atriz, habituada ao protagonismo desde o início da carreira, recriasse a dimensão estelar e a postura combativa, por vezes francamente arrogante, de uma pensadora celebrizada por seu combate ao moralismo hipócrita da ética burguesa. No entanto, no lugar dessa assertividade está a investigadora honesta que, na intimidade de uma relação epistolar, rememora e avalia o desenrolar de uma ligação de amor e amizade. E é essa mulher que, embora tendo vivido muito e pensado com método, reconhece o que não sabe e investiga sua situação no presente de cada momento que se desenha na interpretação de Fernanda Montenegro. Muito diferente, sem dúvida, da *persona* oferecida por Beauvoir aos meios de comunicação.

Quase tímida ao endereçar a fala inicial ao interlocutor diante de si, a personagem permanece enquadrada no confinamento de uma cadeira. Aos poucos, o relato adquire a serenidade de quem tem a prática do magistério. A história pessoal que inclui alguns acontecimentos da meninice, da juventude e da maturidade, sobretudo incidentes relacionados ao companheiro Jean-Paul Sartre, é transmitida com a inflexão de uma mestra decidida a fazer-nos ver algumas verdades exemplares. De modo bem diferente, as conclusões estimuladas por esses episódios vão se refletindo aos poucos no rosto da intérprete, animando movimentos das mãos, modificando a postura corporal. Milimétricas, essas mutações físicas não correspondem a nenhuma convenção de causa e efeito. Pelo contrário, parecem provir de uma agitação subconsciente, que tanto confirma como contraria o sentido literal das palavras. Do mesmo modo que a contingência não é uma determinação absoluta para quem acredita que o destino do homem é a liberdade, a ponderação do valor ético dos atos exige o trabalho integrado sobre o intelecto e a vontade. Nada é apenas o que parece, nada pode ser aceito pelo valor de face.

Por vezes em desacordo com a ousadia do enunciado, a linguagem do corpo é a da economia minimalista, fiel ao tempo da história a que se refere o espetáculo. Em meados do século passado, no universo restrito da intelectualidade europeia, o comportamento libertário radicava-se antes na vida privada, onde era exercido (com algum sacrifício por parte das moças burguesas) e, em seguida, tornava-se público nos textos onde escolha e responsabilidade eram termos conjugados simultaneamente. Alguma coisa desse pudor violentado pelo dever permanece na interpretação de Fernanda Montenegro nos momentos em que a personagem se refere aos diferentes estágios do convívio sexual com Sartre. Nesse particular, a contingência histórica permanece como signo útil para distinguir a finalidade dessas confissões ao tempo em que foram proferidas no mero exibicionismo. Testemunhar sobre a própria sexualidade era, então, para Simone e outras mulheres, um modo de reivindicar para o "segundo sexo" a igualdade de direitos.

Leitores de Simone de Beauvoir talvez se espantem com a entonação recatada de algumas conclusões, com os indícios de uma timidez recalcada a fim de vencer as exigências da militância, com o reconhecimento lento e quase delicado do conteúdo afetivo de certos fatos rememorados na correspondência endereçada ao companheiro de uma vida inteira. Pode ser que a atividade de uma leitora especialmente arguta, que transpõe a superfície do texto para explorar os meandros da subjetividade que o produziu, tenha auscultado a pulsação que precede a linguagem. Parece-nos, contudo, que essa paleta de entretons provém de Fernanda Montenegro. Entre a atriz e a sua personagem há, sem dúvida, a identificação pela ascese, porque ambas "transcenderam" (essa é uma palavra estimada por Beauvoir) aos atavios superficiais dos respectivos ofícios. Mas há também um desacordo substantivo porque, na ficção de *Viver sem tempos mortos*, a paixão juvenil por Sartre jamais liberta a missivista e a solidão geme baixinho, prestes a encarnar-se em um verso camoniano.

## MEMÓRIA DA CANA

De Nelson Rodrigues
Direção de Newton Moreno
3 de agosto de 2009

No plano científico, é pouco provável que a comparação se sustente, mas, no território da dramaturgia, o Sul e o Norte representam a família patriarcal brasileira de modo bem diverso. Pobres, incultos e sujeitos às forças cegas da natureza e aos caprichos da política econômica, os chefes dos clãs rurais mineiros e paulistas adquirem estatura dramática de maior relevo, sobretudo na obra de Jorge Andrade, porque conservam, em meio à adversidade, um resquício teimoso da dignidade camponesa. Na contrapartida, enraizada na economia açucareira, há uma numerosa galeria de protagonistas altivos, passionais, em geral destruídos no fim da narrativa, mas raramente derrotados.

Chefes de clãs nortistas e nordestinos são, na perspectiva de renomados autores como Joaquim Cardozo, Hermilo Borba Filho e Ariano Suassuna, parentes próximos dos heróis trágicos. Tem bons motivos, portanto, o adaptador e diretor Newton Moreno para aproximar *Álbum de família* das sagas nortistas de honra, traição e vingança. Na peça de Nelson Rodrigues ecoa, de modo plausível, a memória de uma cultura familiar que precede, na biografia do autor, a vivência do meio urbano carioca.

Não foram necessárias grandes alterações para que a peça *Memória da cana* se acomodasse aos hábitos e aparências da fazenda canavieira. Encenada com ênfase na ambientação e com sotaque nordestino, a história da família de Jonas e Senhorinha, percebida por um dos filhos como a família "única e primeira", conserva a sugestão atemporal, porque a vida no campo, pelo menos para o imaginário urbano, parece arcaica e, sendo assim, coisa do passado. Intervenções pontuais nos figurinos dos intérpretes são suficientes para sugerir permanência e continuidade através da história. A construção do espaço e, de um modo geral, o tratamento das imagens do espetáculo afastam-se, contudo, da abstração e da generalidade que, mais por hábito do que por norma, distingue a moderna concepção do "trágico".

Desde o momento da acolhida feita ao público, o espetáculo associa à formalização trágica a beleza e a ideia de sensualidade que se amalgamou – e não apenas pela influência de Gilberto Freyre – à casa senhorial dos plantadores de cana e donos de engenho. Em um saguão ajeitado como refeitório ao ar livre, onde se agrupam em tons esmaecidos móveis e inofensivos objetos da vida doméstica, a primeira irrupção da sexualidade chega por intermédio da gravação das vozes infantis das colegiais. Sedutora, quase uma promessa feita ao público enquanto o convida a entrar no reduto da família de Jonas, a fala das meninas é também a mais límpida expansão amorosa que a peça permite, porque é a única que dissocia sexualidade e parentesco. Depois, deixa o espaço aberto para penetrar na clausura onde está encerrada a família.

Da abertura à oclusão, o trajeto é permeado por seduções visuais e sonoras. A longa mesa, envolta pela bruma criada de modo engenhoso por Marcelo Andrade e Newton Moreno, tem a dupla função de desenhar a amplitude da casa senhorial e sugerir o altar do sacrifício profano onde o pai será oficiante e vítima. Fora da bruma, rondando a casa, mas ainda visível, está Nonô, o filho louco, primeira vítima da devoração dos pais. Quase todas as soluções plásticas do espetáculo, embora impressionem antes de tudo pelo apelo sensorial, estão ancoradas em uma operação analítica sobre os possíveis significados do texto. Com uma percepção incomum, bastante adequada ao momento presente, a direção de Newton Moreno reconhece e ilumina o intuito transgressor de uma narrativa que associa ao martírio de Cristo o sofrimento dos que vivem sob a tirania das pulsões.

O que ainda não parece acabado neste espetáculo é o trabalho de construção das personagens. Estão prontas como desenho, compreende-se a associação entre o fundo mítico e a família patriarcal tal como é descrita pela antropologia social. Faz falta a tonalidade grave e cadenciada da dor psíquica (e espiritual) indicada por meio da postura corporal dos intérpretes e pelo ritmo cerimonioso das ações físicas. Por algum motivo, as vozes, exaltadas e aparentemente transtornadas pelos sentimentos, prejudicam a compreensão das falas por parte do público.

Em uma disposição espacial que procura envolver atores e público no mesmo ambiente familiar, a tensão vocal permanente e a altitude das vozes atraem a atenção para a vida passional, enquanto obscurecem as diferentes estratégias das personagens da trama. Fica claro, por exemplo, o desmoronamento da autoridade de Jonas (interpretado por Marcelo Andrade), encolhendo-se e se despindo dos signos do patriarcado rural. Gestos e entonações sedutores ou estratégias de conquista exigiriam um tempo mais longo para se destacar da sucessão dos episódios. Depois da violência do chicote, sucedem modulações mais suaves, porque são desse modo, insidiosas e igualmente letais, as armas do poder matriarcal.

# Críticas 2010

## IN ON IT

De Daniel MacIvor
Direção de Enrique Diaz
5 de fevereiro de 2010

Para aprendizes da língua inglesa, as preposições e os pronomes são uma floresta de enganos. Basta que uma dessas minúsculas partículas seja convocada por erro a reger um verbo comuníssimo ou a substituir um nome e desmoronam, incompreensíveis, laboriosos comunicados ou diálogos cheios de boas intenções. Não é preciso, contudo, aterrorizar-se com o título da peça do canadense Daniel MacIvor, preservado pela tradução de Enrique Diaz. Sob a lista de três palavrinhas estrangeiras abriga-se um tipo de proposta teatral que nada tem de obscura. O lugar onde uma coisa está, o tempo em que se situam os agentes de uma narrativa e a identidade de quem faz isto ou aquilo são, na perspectiva da arte, bem mais do que meios para a transmissão de uma mensagem. São peças do jogo entre a arte e o público e *In on it* assume como valor de face a função lúdica de todo o teatro. Em vez da sintaxe a serviço de uma única narrativa, a peça é uma trama de planos ficcionais, cujo entrelaçamento solicita a argúcia dos espectadores. Mas isso não é tudo, uma vez que o raciocínio poderia perfeitamente ser instigado por qualquer enigma matemático. O estado de alerta é, neste caso, preparação necessária para a liberdade de um jogo, cuja graça repousa em tese sobre a cumplicidade da plateia. Ninguém se engana, porque dois atores brincam com a plateia e, desde o início, avisam que se trata de ficção.

A criação de personagens e narrativas por outras personagens que se apresentam, por sua vez, como se fossem interlocutores "reais" é um dos muitos recursos de aproximação e recuo com que o teatro reafirma seu poder de se desvencilhar do real sem que seja preciso arrastar o espectador para o plano imaginário, com o bombardeio de efeitos especiais ou com o ópio do sentimentalismo exacerbado. Em *In on it*, esse atributo se exibe com uma clareza solar. Dois atores-personagens representam episódios de suas próprias vidas em tempos diferentes, enquanto articulam e representam outra narrativa. Mutações das personagens, das ações e das épocas dispensam o aparato ilusionista para se tornarem críveis. Basta, em primeiro lugar, que o ator se transforme em "outro". Isso, porém, não é tudo.

Neste caso, o texto tem grande importância e por vezes o dramaturgo brinca também com isso, referindo-se a ele como uma antiga partitura cujo prestígio é preciso restaurar. Com certa dose de ironia, corrigindo um aparente lapso, uma das personagens avisa a outra que estão fazendo uma "peça", e não um "espetáculo".

Embora o que se exibe no palco seja, na linguagem corrente, um "espetáculo", a ocupação principal das personagens é inventar uma peça de teatro e, em seguida, testar a qualidade do trabalho por meio de encenações experimentais.

É na prova do palco que se torna ambígua, como uma espécie de paradoxo do teatro contemporâneo, a equivalência entre dramaturgia e atuação. Observadas pelo autor, as personagens precisam cumprir o que foi programado e, apenas nesse sentido, os atores são subservientes. Dramaturgo e intérpretes estão criando alguma coisa que diz respeito a um destino comum, porque todas as histórias interessantes, ao que parece, se escoram nos temas do amor e da morte. Com delicadeza e, talvez, evocando Pirandello, a peça sugere que a empatia entre o dramaturgo e as suas criaturas, ou entre os atores e as personagens, resulta de uma vida em comum em que todas essas identidades se enlaçam de modo inextrincável.

Sob a direção de Enrique Diaz, a trama é exibida com a nitidez necessária para que as metamorfoses dos atores aliciem antes de tudo a compreensão do público. O espaço do palco é esvaziado, os objetos de cena são estritamente necessários e fiéis às indicações do texto e há, na postura física e no figurino dos protagonistas, indicações sumárias do antagonismo – e da complementaridade – das personagens do par amoroso que inventa e representa outra narrativa. Nenhum recurso de sedução visual ou sonora interfere na criação das personagens e no seu desenvolvimento em diferentes tempos e situação. É por meio do ritmo das falas, da fluência das cenas e da intensidade de movimentos que a encenação sugere fronteiras entre as diferentes narrativas. De qualquer modo, são desenhos apenas suficientes para o entendimento da peça porque, no lugar de estilos marcantes, a direção prefere diluir contornos. Uma cena parece dissolver-se e penetrar a subsequente do mesmo modo que as tintas se sobrepõem na aquarela.

Sem dúvida, a concepção do espetáculo praticamente interdita os exageros histriônicos, mas o resultado não seria possível sem intérpretes especialmente habilitados para aquela tonalidade dramática que se oculta sob os atos frequentes e as aparências banais. Emílio de Mello e Fernando Eiras formam uma parceria excepcional porque não se perdem de vista e não permitem que uma cena "ganhe" da outra. Os homens maduros, os jovens, as mulheres e a criança são presenças invocadas pelo exercício da minúcia, do tom menor e, sobretudo, da análise compassiva das bobagens cotidianas. No teatro como na vida, um casaco não é só um casaco. São raros e cada vez mais preciosos os intérpretes que sabem fazer isso sem transformar o casaco em fraque.

## KASTELO

De Franz Kafka
Direção de Eliana Monteiro
27 de fevereiro de 2010

O Teatro da Vertigem, mais fiel do que nunca ao seu nome de batismo, dependura seu elenco por fios do lado de fora de um edifício da Avenida Paulista. Enquanto o público permanece estável e confinado na tradicional postura contemplativa, o espaço da cena do espetáculo *Kastelo* é o fundo infinito do planalto paulistano recortado em parte pela silhueta dos prédios.
É pouco provável que os atores partilhem a sensação de vertigem, mas é certo que os espectadores são, a cada aparente desequilíbrio das cenas, agitados por movimentos e exclamações de medo. A coragem física dos intérpretes e, de um modo geral, as sensações intensificadas são parte constitutiva do programa estético do grupo. Quem acompanha a trajetória do Vertigem não quer repouso e bem-aventurança como recompensa por uma noitada teatral. Bem ao contrário do espetáculo circense, em que o tráfego aéreo dos artistas deve transcender o medo a fim de sugerir a graça e o prazer do voo, a suspensão arriscada e por vezes intencionalmente canhestra dos atores de *Kastelo* reproduz a situação desconfortável dos trabalhadores das fachadas.
Os atos e as figuras do lado de fora da janela do prédio não são apenas signos. São também trabalhos de produção, ainda que de bens simbólicos e, por essa razão, o risco e o esforço pretendem ser o estatuto de elementos empáticos da encenação. Gostando ou não, devemos aos atores o respeito compassivo dedicado aos homens que cuidam das fachadas e lavam as janelas dos prédios da nossa cidade.
A ideia de suspensão não teria parecido estranha a Jean-Louis Barrault. Refletindo sobre a viabilidade de adaptar *O castelo* para o palco, nos anos 50 do século passado, o encenador francês concluía que um dos eixos conceituais da transposição desta obra de Franz Kafka seria a dicotomia entre o que está dentro e o que está fora. "Quanto mais o espaço é amplo e livre", escreveu, "mais é sufocante. É esse o aspecto humano de *O castelo*. Sentimo-nos asfixiados no espaço livre, gostaríamos de ser admitidos a partilhar com outros uma pequena e humilde vida reclusa e segura." Sob este ângulo de visão, a sociedade burocratizada – ainda que insensata e estupidificante – seria um abrigo protegendo os seres humanos do abandono e da solidão dos espaços limitados. Mas, além disso, a qualificação enfática do espaço pela atribuição de valores negativos ou positivos seria inútil no teatro por conferir terceira dimensão ao signo literário.

A referência aqui a uma encenação histórica de muito prestígio, que um grupo estudioso como este certamente compulsou, tem a intenção de notar o contraste entre a atmosfera do pós-guerra europeu e a era pós-industrial em que se situa o espetáculo do Teatro da Vertigem. Não há mais solidão e liberdade do lado de fora da sociedade (e do prédio), uma vez que a noção de indivíduo perdeu a aura romântica e sedutora. Sob a orientação de Eliana Monteiro, a significação do espaço cênico é também enfatizada, sem que se atribuam ao dentro e ao fora da metáfora kafkiana valores semelhantes aos da interpretação de Barrault. Quem está fora do prédio neste espetáculo participa da "gestão" da empresa tanto quanto o mensageiro que nunca consegue ser admitido no interior dos escritórios. Todas as tarefas se igualam, a mesma ansiedade contamina as esferas de uma hierarquia difusa e francamente neurotizada.

Para essas personagens metropolitanas de hoje, estar do lado de fora do universo empresarial é uma contingência que deixou de ser amparada pela esperança de ingresso no "castelo". Nem sequer persiste o desejo de admissão. As cenas se organizam em sequências autônomas, em geral uma depois da outra, raras vezes simultâneas. Mesmo a ideia de peregrinação a um destino absurdo, porém definido, dissolve-se com esse procedimento de *flashes* autossuficientes. O "futuro da empresa", declara a Gerente Geral, só está garantido por mais um dia. É pouco, quase nada, e a negação da dimensão temporal não encoraja totalizações. Não há por que relembrar a condição humana diante dessa angústia sem grandeza.

É o primeiro espetáculo do grupo em que as personagens não se movem sobre uma trilha imaginária, avançando em busca de alguma coisa maior do que a existência. Em *Kastelo* não há protagonismo nem avanço e todas as personagens estão contidas por um mecanismo de repetição. Não progridem, não recuam, e a exasperação com a mesmice ocupa o lugar do desejo. E é por meio dessa estagnação que se avizinham da experiência dos espectadores que as contemplam pelo lado de dentro do prédio. Cada funcionário da corporação tem no discurso, em geral monológico, indícios da função que desempenha no sistema. A linguagem soa familiar, pontuada por clichês e denotando que há um jargão permeando a comunicação da cidade em todas as instâncias. Administradora, mensageiro, arquivista ou zelador têm, nas respectivas caracterizações, um hábil toque verista que os torna próximos, ainda que se manifestem como aparições quase soltas no céu da cidade. Brilham contra o fundo escuro da noite e se agitam feito mariposas roçando a superfície dos vidros iluminados.

## SERIA CÔMICO SE NÃO FOSSE SÉRIO

De Friedrich Dürrenmatt
Direção de Alexandre Reinecke
13 de maio de 2010

Destinada a pôr fim às uniões civis infelizes, a instituição do divórcio poderia ter extinguido com o mesmo golpe um dos assuntos mais batidos da dramaturgia ocidental.
O fato é que, na arte e na vida, o casamento permanece como prática insistente e metáfora privilegiada da intimidade entre os seres humanos. Pode ser agora um vínculo solúvel, transitório, amparado por contratos que procuram garantir a independência econômica das partes envolvidas, mas, ainda assim, as memórias do teto e da cama compartilhados são experiências radicais de interação e alteridade. Indissolúvel é, pois, o rescaldo pegajoso da esperança frustrada.
Na peça *Seria cômico se não fosse sério*, o romancista e dramaturgo de língua alemã Friedrich Dürrenmatt dialoga com a obra do autor sueco August Strindberg, no conjunto uma das mais ferozes críticas à instituição do matrimônio. A alusão de Dürrenmatt, explícita no título original *Play Strindberg*, anuncia o desígnio de reexaminar o tema do confronto entre cônjuges sob uma ótica inteiramente diversa. Opressivo e inevitável, causa de ferimentos inconscientes e cicatrizes aparentes, o casamento muda de figura quando o compromisso sagrado (expresso pelo ritual e pela legislação) se dissolve em virtude de novas circunstâncias históricas. Inserido em um código social mais permissivo, o enlace matrimonial torna-se emblemático e, a partir desse alargamento simbólico, deixa de lado o elemento trágico que ensombrecia e dignificava as personagens de Strindberg.
Servidão voluntária, mecanizada pela repetição inevitável do cotidiano, o convívio de uma dupla sob o mesmo teto é apenas uma modalidade da agressividade gratuita que preside as interações humanas. Enfim, o casamento pode ser o mais risível dos arranjos sociais e, como se o ridículo não fosse suficiente, agrava sua insignificância o fato de ser apenas uma entre outras modalidades de tortura que nos distraem do tédio.
Kurt, personagem de ligação entre o casal e o mundo exterior, entreabre uma fresta para o gangsterismo, a corrupção na esfera pública e a ingratidão dos entes queridos de um modo geral. Do lado de fora da torre onde se digladiam marido e mulher, há um idêntico vale-tudo imperando sobre a vida coletiva.
Visto como um jogo que fere e diverte, o pugilato verbal entre Alice e Edgar é repetitivo nos argumentos, impregnado de ira crescente e exaustivo como

qualquer combate esportivo. A organização da peça em *rounds* é, antes de tudo, uma decisão estilística que previne a empatia e nos avisa de que esta dupla em cena não terá a grandeza da catástrofe final que dignifica as vítimas do destino, aniquilando o sofredor ou a causa do sofrimento.

Em *Seria cômico se não fosse sério* não há sequer a fatalidade moderna da psicologia ou a das circunstâncias de classe, e os combatentes, livres dessas contrições, entregam-se ao jogo no duplo sentido da palavra: diversão e representação teatral. Antes de ser uma exigência estilística, o tratamento cômico é uma sentença que rebaixa o tema e as personagens, excluindo-os da esfera do drama em que poderiam ainda merecer alguma simpatia ou piedade.

Sob a direção de Alexandre Reinecke, as virtudes propriamente literárias do texto ficam em primeiro plano. Os diálogos, repetitivos no intuito agressivo, mas cada vez mais afiados e precisos no corte, são tratados com minucioso respeito pela sua inteligibilidade. Talvez seja uma questão de dosagem, mas esse tratamento quase reverente conferido a uma peça admirada pelo diretor e pelo elenco obscurece um pouco o niilismo que a inspira e o estilo grotesco que a reveste.

Correto, lúcido, demonstrativo na organização dos movimentos e nas entonações, o espetáculo sugere uma certa nostalgia do trágico ou, pelo menos, da condenação moral aplicada sobre essa inútil batalha sem vencidos ou vencedores. Ficam bem desenhados com traços finos, quase elegantes, o cinismo e o cálculo das estratégias de Alice e do fleumático visitante. Nas interpretações de Ana Lúcia Torre e Luciano Chirolli inscreve-se a memória do teatro burguês do passado, sobretudo da comédia de adultério do século XIX. Antonio Petrin, intérprete do marido, é mais dramático e virulento nas entonações, e essa veemência encobre uma faceta útil ao efeito cômico da sua personagem, que é o contraste entre a estupidez aparente e a esperteza do manipulador.

Prevalece na interação das três personagens a medida sóbria das peças de conversação; ferinas, mas ainda apresentáveis para o público "familiar". Pode ser que o título enganoso, induzindo à seriedade, tenha segurado com rédea o tropel assustador e grotesco.

## REBU

De Jô Bilac
Direção de Vinícius Arneiro
29 de julho de 2010

O turbilhão de paixões já havia se resignado às páginas policiais quando Nelson Rodrigues restaurou-lhe o prestígio artístico. Desde então, os dramaturgos brasileiros flertam com ciúmes assassinos, furores de amantes desprezados, negrume de fixações edipianas e tabus correlatos. São motivos que pulsam com maior ou menor evidência em qualquer forma narrativa que recorra a personagens – e abordá-los de modo franco seria resultado inevitável da observação direta das situações e das pessoas. No século passado, contudo, a ciência escarafunchou a psique com tal zelo que a incontinência emocional perdeu o caráter de transgressão moral, pecado ou até mesmo crime. Resumindo, todos desejamos esganar os rivais, mas quem o faz conta com uma certa tolerância depois que passamos a compreender como doença a exaltação passional.

Em razão desse viés analítico, os abismos da alma, embora fascinantes, perderam o direito à representação trágica. É apenas com certo cinismo, por vezes com o meio sorriso da desconfiança e outras vezes com o traço forte do grotesco, que se permite sua entrada em cena. Partindo desse equilíbrio instável entre atração e recusa da matéria passional, o grupo carioca Teatro Independente faz um elaborado exercício estético. *Rebu*, texto de Jô Bilac em que duas mulheres travam uma batalha ferocíssima na disputa por um homem, enquanto este, por sua vez, deixa-se aprisionar por uma quarta personagem da trama, segue o curso sinuoso dessas manifestações de amor e rancor, com velocidade e intensidade apropriadas. No desenho das cenas é que se introduz o grão de sal da estilização, a dose de exagero bem medida para que não se perca o tema fascinante do dilaceramento passional e, ao mesmo tempo, a linguagem ocupe o primeiro plano da cena. Uma vez que não é mais possível restaurar a dimensão trágica desses tortuosos novelos familiares, o espetáculo incorpora de modo irônico a memória de convenções teatrais extraídas da iconografia do melodrama e da ópera, ambos refúgios tradicionais do amor fulminante e do desespero mortífero.

Há outras fontes de referência neste espetáculo dirigido por Vinícius Arneiro e uma delas é, sem dúvida, o extraordinário trabalho da Cia. dos Atores evidenciado, entre outras coisas, pela participação de Marcelo Olinto na concepção dos figurinos. Assim como os dramaturgos têm em Nelson Rodrigues seu gênio tutelar, é justo que os grupos novos se inspirem nas ideias e procedimentos de um dos melhores conjuntos do teatro brasileiro. De qualquer modo, o mesmo mote – um tratamento do clichê amalgamando o cômico ao sublime – realiza-se de forma original. As interpretações evoluem sobre um palco pequeno bem próximo dos espectadores e sugerem, de início, o universo surreal do inconsciente ou o "mítico" rodriguiano. A repetição de gestos, a quebra brusca de movimentos e, sobretudo, o exibicionismo com que as personagens disputam a atenção corroem, por meio da comicidade, a empatia com os desvarios amorosos das figuras em cena. Ao mesmo tempo, o substrato cômico é emoldurado por reminiscência de outro código estético, ideal de beleza arcaico que reservava a categoria do sublime para ímpetos desenfreados.

Para essa tarefa dúbia de trafegar entre a graça irônica e a evocação de outras matrizes do teatro, os atores utilizam o arsenal técnico de diferentes tendências. Vozes femininas ressoam graves, quase soturnas, e a dicção caprichada, com vogais e consoantes nítidas, imita a elocução cerimoniosa dos dramas cultos.

Também as posturas são hieráticas, baseadas em imagens consagradas dos bons modos, e as reversões cômicas entram pelas frestas, rápidas, sem destruir inteiramente a gravidade das personagens. Sempre mantendo uma distância prudente do simples deboche, a direção do espetáculo garante desse modo o impacto da quarta personagem da trama. Fosse uma figura lançada ao acaso em meio ao tumulto e à desordem da farsa grotesca, a misteriosa personagem seria uma piada entre outras.

## DUETO PARA UM

De Tom Kempinski
Direção de Mika Lins
16 de setembro de 2010

Para a personagem feminina da peça *Dueto para um*, o dramaturgo britânico Tom Kempinski prescreve uma ampla reserva de episódios patéticos, sem dúvida coerentes com os sentimentos provocados pelas doenças graves e incuráveis. Em contrapartida, o psiquiatra que preside os encontros de finalidade terapêutica se molda sobre a imagem clássica do psicanalista racional, sóbrio e prudentemente distanciado do sofrimento da paciente.

Em resumo, trata-se de uma peça em que as ações e reações se equivalem como a exatidão das pesagens de pacotes. Sob rédea firme, a narrativa avança aos poucos, um passo de cada vez, até que se desvende a "verdade" da personagem feminina. Segundo esse modelo textual derivado da tradição da "peça bem-feita", em que as contradições devem resolver-se no fim do espetáculo, o equilíbrio dos elementos de composição é a um só tempo valor estético e reafirmação de confiança na boa ordem do cosmos. Talvez seja a nostalgia das soluções para a vida um dos motivos que mantêm em cena essa peça que não se distingue das centenas de narrativas do mesmo tipo que alimentam o cinema e a televisão e ainda predominam na cultura norte-americana. Nesse tipo de história, não há lugar para dúvidas.

Sob a ótica do espetáculo, o maior atrativo da peça, no entanto, é a oportunidade de exibir a atuação de uma dupla de intérpretes em uma situação dramática relativamente despojada de referências aos signos do mundo exterior. São personagens que se constituem no embate da interlocução, no presente da ação, sem recorrer a memórias e narrações extensas sobre o que se passa fora de cena.

No espaço recluso e íntimo da relação terapêutica valem tanto as palavras quanto os gestos que as contrariam; as tonalidades e intensidades vocais constituem outro discurso, este às vezes paralelo ao conteúdo aparente das falas. Mesmo que todos esses elementos conflitantes sejam, de acordo com a perspectiva de Kempinski, etapas do percurso em direção a um sentido único, o trajeto convida a nuances, a pausas para sugerir o dinamismo psíquico e a exploração de efeitos de contraexpectativa.

Sob a direção de Mika Lins, os dois intérpretes não deixam esquecer que as personagens, de um modo e de outro (ela como artista e ele na condição de público), vivem sob a atmosfera refinada da alta cultura e devem parecer incapazes de transbordamentos piegas. Por meio de um deslocamento silencioso que modifica os ângulos de visão, a cenografia de Cássio Brasil dramatiza de modo enfático a evolução dos encontros terapêuticos, uma vez que, na encenação, as personagens definem as modificações interiores com a ajuda de detalhes, quase em surdina, cuidando para não embarcar na tentação dos clichês de emotividade.

Há grandes oportunidades para pieguice, e o espetáculo escapa de quase todas – e, neste caso, não é pequeno o mérito de uma direção que opta pelo controle do volume emotivo.

O resultado, desejado e esperado, é a abertura de uma área privilegiada para o exercício da vocação e do excepcional preparo de Bel Kowarick. São ótimos os dois atores deste espetáculo, e a discrição a que o texto confina o psiquiatra interpretado por Marcos Suchara não exige menos do ator que, em baixo-relevo, sustenta com muita firmeza o desempenho mais saliente da sua parceira em cena. De qualquer modo, como sujeito e agente da relação terapêutica, a personagem da violoncelista com a carreira interrompida pela doença é o impulso para o diálogo e, portanto, protagonista em uma dramaturgia de formato convencional.

Com a experiência prévia de formalizações textuais mais abertas a outros modos de produção, Bel Kowarick se aproxima da sua personagem pela face inversa do protagonismo. Através da arrogância aparente das primeiras sessões, percebe-se a pulsação trêmula do medo, a timidez e o ocultamento imperfeito da devastação interior da personagem. Desse modo, fundem-se a máscara pública do artista e a couraça que resguarda do olhar do próximo todos os outros sofrimentos.

### INVERNO DA LUZ VERMELHA

De Adam Rapp
Direção de Monique Gardenberg
24 de setembro de 2010

Uma história situada entre quatro paredes – porque se refere a acontecimentos afetivos e sexuais – poderia, em princípio, ajeitar-se confortavelmente entre as três paredes do palco. É uma acomodação que o espetáculo *Inverno da luz vermelha*, dirigido por Monique Gardenberg, evita de modo obstinado. Os três jovens, que na peça do dramaturgo norte-americano Adam Rapp iniciam uma ciranda amorosa quando estão enclausurados em um hotelzinho barato, estão, no espetáculo, situados na zona difusa das extensões psíquicas. Estão no vazio, apenas emoldurados por linhas desenhadas – e os econômicos objetos de cena sugerem mais do que preenchem.

Quase com o mesmo peso significativo do espaço, a música emergindo das circunstâncias dramáticas ou se impondo como recurso cênico tem função de ressonância, ampliando a vivência íntima de personagens singulares. Na construção visual de cada personagem em cena, os gestos e figurinos relembram de modo impreciso os tipos dos romances quadrinizados: o machão *rock* pauleira, o tímido "cê-dê-efe" e a garota topa-tudo.

Trata-se, está claro, da estilização refinada de alguns itens do repertório juvenil mundial e é a leitura a um só tempo amorosa e crítica da cultura de massa que permite à encenação combinar o velho surrealista Tom Waits a uma delicada visualidade neorromântica. São sugestões do texto as referências musicais norte-americanas, mas não há como localizar a iconografia do espetáculo. Quem já leu ou folheou as prestigiadas criações de Fábio Moon e Gabriel Bá reconhecerá um paralelismo de linguagem entre esses quadrinhos muito paulistanos e o desenho das personagens em cena. Talvez haja a mesma semelhança com a delicadeza de traços e a melancolia dos mangás.

Enfim, quem quiser estabelecer relações entre elementos que o espetáculo mobiliza e os postos avançados da cultura *pop* terá com que se divertir, mas a função primordial dessas referências é, a julgar pelo efeito da encenação, a de dilatar a perspectiva da experiência amorosa. Livres para eleger seu objeto amoroso sem dar bola para as convenções sociais, religiosas ou mesmo éticas, os amantes imaginados por Adam Rapp sofrem tormentos diversos – e talvez mais graves – do que os das gerações anteriores. Não é mais necessário batalhar contra instituições ou pessoas a fim de obter como prêmio o ser amado e, contudo, na planície descortinada por essa liberdade, a ânsia amorosa continua ardendo. Na ótica da peça, amor é antes de tudo falta, projeção do desejo sobre a figura do outro e, por essa razão, fulminante como a paixão à primeira vista dos dramas românticos. Em vez do cinismo, da banalização e do mero consumo erótico, bastante explorados por uma vertente da dramaturgia contemporânea escrita em várias línguas, este trio formado por dois amigos e uma prostituta pescada ao acaso reage, ainda sem consciência disso, contra as interpretações pragmáticas da vida passional.

O que não está na consciência da personagem, e, portanto, não se transforma em discurso ou ação, cabe ao espetáculo revelar. Embora sejam ordenadas e até previsíveis, as sequências da peça definem características das personagens, resumo da história pregressa e roteiro de ações sem que cada personagem, individualmente, compreenda o resultado da sua atuação sobre a outra. Percorrem um trajeto circular de idealizações, e a figura final, a da vitória de Tânatos sobre Eros, é um significado que os atores constroem em cena sem que as personagens tenham ciência do modo como funcionam em conjunto.

Há qualidades apreciáveis no espetáculo, mas talvez a maior delas seja ter orquestrado com muita delicadeza a interdependência entre essas personagens impulsionadas pelo autoengano. O músico machão, interpretado por André Frateschi, torna perceptível – sob a linguagem grosseira e a aparência agressiva – a tonalidade carinhosa do amigo fiel que deseja ser útil e imagina ter sido. Indo na contracorrente do texto, André Frateschi controla a expansão da personagem e é nas freadas que se torna perceptível a ternura do forte pelo fraco. Tão delicada na expressão da sensualidade quanto na revelação da carência amorosa da sua personagem, Marjorie Estiano faz um trabalho que fica a léguas de distância dos clichês sobre prostituição que proliferam no cinema e no teatro. No lugar da aventureira de bons sentimentos, a atriz de voz suave e movimentos graciosos na primeira parte da peça é uma figura em baixo-relevo, quase translúcida, deixando claro que a atração que exerce sobre um dos rapazes e o interesse que manifesta pelo outro transcendem a esfera da sexualidade.

Rafael Primot ganhou de presente um personagem que qualquer ator adoraria: é o intelectual subestimado, gago e desengonçado, com um fraco pelas meninas bonitas que não poderá ter. É a figura mais óbvia e saliente entre os três jovens e, por essa razão, uma isca para exibicionistas. O ator escapa da armadilha trabalhando em baixo-relevo nas cenas dialogadas. É uma interpretação que explora mais a mágoa e a fragilidade do que os traços cômicos do desajustamento. O resultado é tão empático que chega a provocar na plateia exclamações comiseradas.

Dores da alma não têm pátria, mas talvez não haja no Rio de Janeiro, Londres, Paris ou Tóquio outro vitrozinho de quitinete abrindo-se para corredores sombrios como os de São Paulo. A cenografia de Daniela Thomas registra em instantâneo a solidão paulistana, e cada cidade é solitária a seu modo.

## 12 HOMENS E UMA SENTENÇA

De Reginald Rose
Direção de Eduardo Tolentino de Araújo
26 de novembro de 2010

O que há de mais ostensivo em *12 homens e uma sentença* é exatamente a renúncia deliberada ao espetacular. Habituamo-nos a prestar atenção na linguagem do teatro, aprendemos que tudo importa, desde o que acontece no palco até as circunstâncias de exibição, tais como o espaço e o público que nos rodeia. Todas as convenções de atuação vigentes no teatro de hoje não permitem esquecer o caráter ficcional da representação. Para a arte contemporânea, um dos campos mais polêmicos é ainda a definição de autenticidade, e esse dilema acaba associando o ilusionismo à mentira. Desde que os meios de comunicação dominaram a função mimética e se tornaram capazes de iludir o público a um grau inimaginável, artistas das mais diferentes linguagens ensaiam continuamente novas modalidades de reproduzir a experiência sem copiar as aparências sensíveis da realidade. Pois é na contracorrente dessa proposta já secular que avança a encenação da peça de Reginald Rose dirigida por Eduardo Tolentino de Araújo. Entre outras coisas, é uma encenação que considera um atributo do teatro a capacidade de desviar a atenção do espectador dos meios de produção para o significado da narrativa. Esquecer por certo tempo o entorno é, neste caso, um imperativo para que se complete a perspectiva do drama realista. Inteiramente dialógico, o debate entre o corpo de jurados reunido para absolver ou condenar um suposto jovem assassino prescinde de ações exteriores à cena e opera, quando é necessário situar fatos, com épocas e lugares rememorados pelas personagens em cena. Desse modo, o intervalo temporal ocupado pela deliberação do júri coincide com a duração do espetáculo, ou seja, com o tempo concedido ao público para compreender os fatos e refletir sobre eles. E esta simultaneidade entre a cena e a experiência vital do espectador, sendo uma condição indispensável para a existência do teatro, é a dose de teatralidade que basta para a direção. Testemunhas de um combate de ideias e árbitros na arena invisível de foro íntimo, os observadores não têm o direito de se distrair com cenários exteriores, paralelos e analogias.

Trata-se, portanto, de um tipo de peça que sobrevive da concentração em torno de um tema porque solicita, em última análise, a empatia com um determinado veredicto. Com uma batuta de maestro regendo o ritmo e a intensidade de cada intérprete, Eduardo Tolentino de Araújo distingue os fatos dos argumentos, delineia paixões obscuras ocultas sob enunciados razoáveis e, inversamente, raciocínios claros emergindo da fala coloquial das personagens menos instruídas. Nada é dado de bandeja pelas atitudes exteriores e, no entanto, cada embate de palavras, ao solapar a convicção de um dos jurados, influi ligeiramente sobre a dinâmica do grupo. Sinais de que um argumento contra a certeza da culpabilidade do réu atingiu o alvo se evidenciam por uma expressão facial ligeiramente mais alerta, por respostas vocais mais enérgicas ou, no caso de um jurado taciturno, por uma diminuição da distância entre ele e o interlocutor que instiga a dúvida. Há uma desordem que não chega a ser ruidosa na integridade original do grupo e a isso se segue uma reordenação tensa das posições originais.

De acordo com as convenções estabelecidas pela peça, 12 homens estão constrangidos por uma associação impessoal. Não pertencem aos mesmos círculos profissionais e sociais e estão, como personagens, impedidos de dar rédea larga aos respectivos temperamentos. Indo um pouco além da observação estrita dessa impessoalidade, a direção do espetáculo suaviza a figura do agente provocador para torná-lo a um só tempo lúcido e sedutor. Embora seja em parte estratégia e retórica, a civilidade do Jurado 8 é acentuada para proporcionar um contraste evidente com a emotividade mais feroz do seu antagonista. Única concessão do dramaturgo ao melodrama, o sofrimento pessoal do Jurado 3 é uma nota final dissonante no estilo da narrativa, e o espetáculo soluciona bem essa fratura envolvendo a personagem em uma mansidão piedosa.

Bem esmiuçada, a história de Reginald Rose é uma celebração da fé puríssima – que talvez só os americanos professem e pratiquem – no poder da vontade individual. Considerando, porventura, o fato de não sermos tão virtuosos, o espetáculo de Eduardo Tolentino de Araújo é menos cândido do que a peça sugere. O elenco, impecável na caracterização gestual e vocal das personagens, funciona em bloco e significa uma totalidade. A precisão do espaço e dos figurinos de Lola Tolentino são fundamentais para a coesão visual das identidades díspares. O mesmo acomodado conformismo da cena inicial vai se reconstituindo à medida que os jurados ponderam uma vez mais os procedimentos do tribunal. Ao final, parece-nos, todos são redimidos como coletividade porque se transformaram como grupo.

# Índices

# Índice cronológico

### 1972
- 23 **CORPO A CORPO** JANEIRO
- 25 **A MASSAGEM** FEVEREIRO
- 27 **LONGE DAQUI, AQUI MESMO** ABRIL
- 28 **CASAMENTO DE FÍGARO** ABRIL
- 30 **AS TRÊS IRMÃS** DEZEMBRO

### 1973
- 33 **TANGO** FEVEREIRO
- 34 **UM GRITO PARADO NO AR** JULHO
- 36 **GODSPELL** OUTUBRO
- 38 **EL GRANDE DE COCA-COLA** OUTUBRO

### 1974
- 41 **BONITINHA, MAS ORDINÁRIA** JANEIRO
- 42 **APARECEU A MARGARIDA** MARÇO
- 44 **ENTRE QUATRO PAREDES** JUNHO
- 46 **TEATRO DE CORDEL** JUNHO
- 48 **O QUE VOCÊ VAI SER QUANDO CRESCER?** JULHO

### 1975
- 51 **VICTOR, OU AS CRIANÇAS NO PODER** MARÇO
- 52 **RODA COR DE RODA** OUTUBRO

### 1976
- 55 **OS IKS** MARÇO
- 57 **ALEGRO DESBUM** MARÇO
- 58 **PANO DE BOCA** ABRIL
- 60 **LAÇOS DE SANGUE** AGOSTO
- 62 **MAHAGONNY** SETEMBRO
- 63 **A BOLSINHA MÁGICA DE MARLY EMBOABA** DEZEMBRO

### 1977
- 66 **CANÇÃO DE FOGO** JANEIRO
- 67 **ESCUTA, ZÉ!** AGOSTO
- 69 **OS IMIGRANTES** OUTUBRO

### 1978
- 72 **DO OUTRO LADO DO ESPELHO** JULHO
- 73 **BODAS DE PAPEL** JULHO
- 75 **O TRISTE FIM DE POLICARPO QUARESMA** AGOSTO
- 76 **FUNDO DE OLHO** SETEMBRO
- 78 **MACUNAÍMA** OUTUBRO
- 80 **O GRANDE AMOR DE NOSSAS VIDAS** NOVEMBRO

### 1979

- 83 **AQUI ENTRE NÓS** JANEIRO
- 84 **RASGA CORAÇÃO** ABRIL
- 85 **O ÚLTIMO DIA DE ARACELLI** ABRIL
- 86 **DERCY BEAUCOUP** JUNHO
- 88 **O HOMEM DO PRINCÍPIO AO FIM** JUNHO
- 89 **A FALECIDA** AGOSTO
- 90 **UM SOPRO DE VIDA** AGOSTO
- 91 **A FÁBRICA** OUTUBRO
- 92 **ÓPERA DO MALANDRO** OUTUBRO
- 93 **A FÁBRICA DE CHOCOLATE** DEZEMBRO

### 1980

- 96 **FRANKIE, FRANKIE, FRANKENSTEIN** JANEIRO
- 97 **FOI NO BELO SUL MATO GROSSO** JANEIRO
- 98 **E A GRALHA FALOU** MARÇO
- 99 **A NONNA** MAIO
- 100 **PATÉTICA** MAIO

### 1981

- 103 **FAUSTO** ABRIL
- 103 **PALOMARES** ABRIL
- 105 **NELSON RODRIGUES, O ETERNO RETORNO** MAIO

### 1982

- 108 **DOCE DELEITE** MARÇO
- 109 **MAHAGONNY** JUNHO
- 110 **O BEIJO DA MULHER ARANHA** SETEMBRO

### 1983

- 113 **A FARRA DA TERRA** MARÇO
- 114 **FELIZ ANO VELHO** OUTUBRO

### 1984

- 117 **MORANGOS MOFADOS** JUNHO

### 1985

- 120 **FELIZ PÁSCOA** MAIO

### 1986

- 123 **KATASTROPHÉ** ABRIL
- 124 **MORANGO COM CHANTILLY** JULHO
- 125 **O TEMPO E OS CONWAYS** SETEMBRO

### 1987

- 128 **ELECTRA** FEVEREIRO
- 129 **FEDRA** MARÇO
- 131 **ESTÚDIO NAGASAKI** AGOSTO

559

### 1988
135 IRMA VAP MAIO
137 ÀS MARGENS DA IPIRANGA JUNHO
138 A MANDRÁGORA JULHO
140 FULANINHA E DONA COISA SETEMBRO

### 1990
143 O COBRADOR DEZEMBRO

### 1992
146 MARLY EMBOABA, UMA PAIXÃO FEVEREIRO

### 1993
149 HAM-LET OUTUBRO
150 SÉTIMAS MORADAS OUTUBRO
151 VEREDA DA SALVAÇÃO DEZEMBRO
152 ELA É BÁRBARA DEZEMBRO

### 1994
155 THE FLASH AND CRASH DAYS JANEIRO
156 O NOVIÇO ABRIL
157 A GAIVOTA MAIO
158 A FALECIDA AGOSTO
159 VESTIDO DE NOIVA AGOSTO
160 ... E MORREM AS FLORESTAS AGOSTO
161 ADORÁVEL DESGRAÇADA AGOSTO
162 CORTE FATAL SETEMBRO
163 O BAILE SETEMBRO
164 EU SEI QUE VOU TE AMAR SETEMBRO
165 ANJO NEGRO OUTUBRO
166 AS GUERREIRAS DO AMOR OUTUBRO
167 K. NOVEMBRO

### 1995
169 A RATOEIRA É O GATO FEVEREIRO
170 O LIVRO DE JÓ FEVEREIRO
171 O LIVRO DE JÓ MARÇO
172 CORPO A CORPO MARÇO
173 A TEMPESTADE ABRIL
174 A TEMPESTADE ABRIL
175 TRÊS MULHERES ALTAS ABRIL
176 CASA DE ORATES MAIO
177 GILGAMESH JUNHO
178 SEGUNDAS HISTÓRIAS JUNHO
179 BRINCANTE JUNHO
180 VITÓRIA SOBRE O SOL JUNHO
181 WOYZECK JUNHO
183 VERÁS QUE TUDO É MENTIRA JULHO
184 A GRANDE VIAGEM JULHO

### 1996
186 MARY STUART FEVEREIRO
187 OESTE MARÇO
188 MELODRAMA MAIO
189 MASTER CLASS JULHO
190 BURUNDANGA, A REVOLTA DO BAIXO VENTRE AGOSTO
191 É O FIM DO MUNDO AGOSTO
192 NOWHERE MAN SETEMBRO
193 INTENSA MAGIA SETEMBRO
195 E CONTINUA... TUDO BEM SETEMBRO
196 DRÁCULA E OUTROS VAMPIROS OUTUBRO
197 UM CÉU DE ESTRELAS OUTUBRO
198 NO ALVO NOVEMBRO
200 ENSAIO PARA DANTON NOVEMBRO

## 1997

- 203 **NO OLHO DA RUA** JANEIRO
- 204 **O PARTURIÃO** MARÇO
- 205 **FEDRA** MAIO
- 206 **OS REIS DO IMPROVISO** JULHO
- 207 **O BURGUÊS RIDÍCULO** AGOSTO
- 209 **DOM JUAN** AGOSTO
- 210 **TARTUFO** AGOSTO
- 212 **O HOMEM E A MANCHA** AGOSTO
- 213 **CAIXA 2** NOVEMBRO
- 214 **SANTIDADE** NOVEMBRO
- 216 **SACRA FOLIA** NOVEMBRO

## 1998

- 219 **SINFONIA DE UMA NOITE INQUIETA OU LIVRO DO DESASSOSSEGO** JANEIRO
- 220 **O CARTEIRO E O POETA** JANEIRO
- 222 **MEMÓRIAS PÓSTUMAS DE BRÁS CUBAS** FEVEREIRO
- 223 **IRMÃS DO TEMPO** FEVEREIRO
- 225 **VIDROS PARTIDOS** FEVEREIRO
- 226 **NA SOLIDÃO DOS CAMPOS DE ALGODÃO** MARÇO
- 228 **NA SOLIDÃO DOS CAMPOS DE ALGODÃO** MARÇO
- 229 **DIÁRIO DE UM LOUCO** MARÇO
- 231 **LADRÕES DE METÁFORAS** ABRIL
- 232 **TIO VÂNIA** ABRIL
- 233 **IVANOV** MAIO
- 235 **O SENHOR PAUL** MAIO
- 236 **DEUS** MAIO
- 238 **VERMOUTH** MAIO
- 239 **POIS É, VIZINHA...** JUNHO
- 241 **À MARGEM DA VIDA** SETEMBRO

## 1999

- 244 **AGATHA** JANEIRO
- 245 **VOLTAIRE – DEUS ME LIVRE E GUARDE** JANEIRO
- 247 **OMELETE** FEVEREIRO
- 248 **AS VIÚVAS** MARÇO
- 250 **PRÊT-À-PORTER** MARÇO
- 252 **ÁLBUM DE FAMÍLIA** MARÇO
- 253 **SOMOS IRMÃS** MARÇO
- 255 **Ó ABRE ALAS** MARÇO
- 257 **BONECA DO BARCO** MARÇO
- 258 **AS TRÊS IRMÃS** MARÇO
- 260 **UM CERTO OLHAR – PESSOA E LORCA** ABRIL
- 261 **A DONA DA HISTÓRIA** ABRIL
- 263 **ACORDES CELESTINOS** ABRIL
- 264 **NIJINSKY – DIVINO BUFÃO** MAIO
- 266 **UM EQUILÍBRIO DELICADO** JUNHO
- 268 **TURANDOT** JULHO
- 269 **A POMBA ENAMORADA** JULHO
- 270 **O ALTAR DO INCENSO** JULHO
- 272 **MÁQUINAS II** JULHO
- 273 **NAVALHA NA CARNE** AGOSTO
- 275 **O Ó DA VIAGEM** SETEMBRO
- 276 **TILL EULENSPIEGEL** SETEMBRO

## 2000

- 279 **APOCALIPSE 1, 11** JANEIRO
- 280 **BOCA DE OURO** JANEIRO
- 282 **AMIGOS PARA SEMPRE** JANEIRO
- 283 **A SERPENTE** FEVEREIRO
- 285 **UM PASSEIO NO BOSQUE** FEVEREIRO
- 286 **PRÊT-À-PORTER 3** FEVEREIRO
- 288 **VISÃO CEGA** ABRIL
- 289 **MAIS PERTO** ABRIL
- 291 **A QUE PONTO CHEGAMOS** ABRIL
- 292 **FILHOS DO BRASIL** MAIO

294 HAPPY END MAIO
295 SILÊNCIO JUNHO
297 ANJO DURO JUNHO
299 A CELA JUNHO
300 VISITANDO O SENHOR
    GREEN JULHO
302 O REI DA VELA JULHO

### 2001
306 O JARDIM DAS CEREJEIRAS JANEIRO
308 SUBURBIA FEVEREIRO
311 ESPLÊNDIDOS MAIO
313 PRÊT-À-PORTER 4 MAIO
315 CAMBAIO MAIO
317 ANTIGO 1850 JUNHO
319 COPENHAGEN JUNHO
321 ABAJUR LILÁS JUNHO
323 A MANCHA ROXA JUNHO
325 BIBI VIVE AMÁLIA JUNHO
327 UM PORTO PARA ELIZABETH
    BISHOP JUNHO
329 UM TREM CHAMADO
    DESEJO AGOSTO
331 EM ALGUM LUGAR DO PASSADO –
    O FOTÓGRAFO AGOSTO
332 BIEDERMANN E OS INCENDIÁRIOS
    OUTUBRO

### 2002
336 NAU DE LOUCOS JANEIRO
338 NOVAS DIRETRIZES EM TEMPO
    DE PAZ FEVEREIRO
340 EM MOEDA CORRENTE DO
    PAÍS FEVEREIRO
342 OS SOLITÁRIOS MARÇO
344 PASSATEMPO ABRIL
346 AUTO DOS BONS TRATOS MAIO

348 MÃE CORAGEM MAIO
350 A CASA ANTIGA JUNHO
352 AUTO DA PAIXÃO E DA
    ALEGRIA AGOSTO
355 A BESTA NA LUA SETEMBRO
357 VARIAÇÕES ENIGMÁTICAS OUTUBRO
359 CÃOCOISA E A COISA
    HOMEM NOVEMBRO
361 SACRA FOLIA NOVEMBRO
363 OS SERTÕES NOVEMBRO

### 2003
367 EXECUTIVOS FEVEREIRO
369 PRÊT-À-PORTER 5 MARÇO
371 ÂNSIA MARÇO
373 TARSILA ABRIL
375 A PAIXÃO SEGUNDO G. H. MAIO
377 A PROVA MAIO
380 MIRE VEJA JUNHO
382 WOYZECK, O BRASILEIRO JUNHO
384 OTELO JULHO
386 O SANTO E A PORCA JULHO
388 BORANDÁ AGOSTO
390 TIO VÂNIA AGOSTO
392 A VISITA DA VELHA
    SENHORA SETEMBRO
394 A MORTE DE UM CAIXEIRO-
    -VIAJANTE OUTUBRO
396 OS SERTÕES –
    O HOMEM OUTUBRO
399 MELANIE KLEIN NOVEMBRO
401 PEQUENO SONHO EM
    VERMELHO NOVEMBRO

## 2004

- 404 **AGRESTE** JANEIRO
- 406 **OS SERTÕES – O HOMEM** FEVEREIRO
- 408 **RUMO A CARDIFF** MARÇO
- 410 **BORGHI EM REVISTA** MAIO
- 412 **O QUE MORREU MAS NÃO DEITOU?** MAIO
- 414 **OS SETE AFLUENTES DO RIO OTA** JULHO
- 416 **A MANDRÁGORA** JULHO
- 418 **EH, TURTUVIA!** AGOSTO
- 420 **O CANTO DE GREGÓRIO** AGOSTO
- 422 **ARENA CONTA DANTON** OUTUBRO
- 424 **A LEVE, – O PRÓXIMO NOME DA TERRA** OUTUBRO
- 426 **ESPÍRITO DA TERRA** OUTUBRO
- 428 **VISÕES SIAMESAS** NOVEMBRO

## 2005

- 431 **CINEMA ÉDEN** FEVEREIRO
- 433 **DILÚVIO EM TEMPOS DE SECA** FEVEREIRO
- 435 **REGURGITOFAGIA** MARÇO
- 436 **AVENIDA DROPSIE** ABRIL
- 438 **UM HOMEM INDIGNADO** ABRIL
- 441 **UM CIRCO DE RINS E FÍGADOS** JUNHO
- 443 **OS SERTÕES – A LUTA** JUNHO
- 445 **BAQUE** AGOSTO
- 447 **A DANÇA DO UNIVERSO** AGOSTO
- 449 **ADIVINHE QUEM VEM PARA REZAR** SETEMBRO
- 451 **ASSOMBRAÇÕES DO RECIFE VELHO** SETEMBRO
- 453 **A VIDA NA PRAÇA ROOSEVELT** SETEMBRO
- 455 **QUERIDA HELENA** NOVEMBRO

## 2006

- 458 **ESPERANDO GODOT** MARÇO
- 460 **A NOITE ANTES DA FLORESTA** MARÇO
- 461 **UM HOMEM É UM HOMEM** MARÇO
- 463 **BR-3** ABRIL
- 465 **A DESCOBERTA DAS AMÉRICAS** MAIO
- 467 **OS SERTÕES** JUNHO
- 469 **CENTRO NERVOSO** JULHO
- 471 **A PEDRA DO REINO** AGOSTO
- 473 **CAMARADAGEM** OUTUBRO
- 476 **ZONA DE GUERRA** NOVEMBRO
- 478 **OUTONO E INVERNO** NOVEMBRO

## 2007

- 482 **DOROTEIA** FEVEREIRO
- 484 **ANDAIME** MARÇO
- 486 **QUEM NUNCA** MARÇO
- 487 **O PÚCARO BÚLGARO** MAIO
- 489 **GRANDE IMPRECAÇÃO DIANTE DOS MUROS DA CIDADE** JUNHO
- 491 **ORESTEIA: O CANTO DO BODE** JUNHO
- 493 **A GAIVOTA** JULHO
- 495 **AOS QUE VIRÃO DEPOIS DE NÓS: KASSANDRA IN PROCESS** AGOSTO
- 497 **A FESTA DE ABIGAIU** SETEMBRO
- 499 **RASGA CORAÇÃO** NOVEMBRO
- 501 **SANTIDADE** NOVEMBRO

## 2008

- 505 **BESOURO CORDÃO DE OURO** MARÇO
- 507 **A MORATÓRIA** MARÇO
- 509 **O CAMINHO PARA MECA** ABRIL
- 510 **CABARÉ DA SANTA** MAIO
- 512 **NÃO SOBRE O AMOR** JUNHO

514 O ENSAIO JULHO
516 A ALMA BOA DE SETSUAN AGOSTO
518 AS TRÊS GRAÇAS AGOSTO
520 DOIS IRMÃOS SETEMBRO
522 O QUE EU GOSTARIA DE DIZER OUTUBRO
524 LONGA VIAGEM DE VOLTA PARA CASA NOVEMBRO
526 RAINHA(S) – DUAS ATRIZES EM BUSCA DE UM CORAÇÃO NOVEMBRO

2009
530 O ZOOLÓGICO DE VIDRO JANEIRO
532 QUERÔ – UMA REPORTAGEM MALDITA MARÇO
534 CACHORRO MORTO ABRIL
535 AS CENTENÁRIAS MAIO
537 VIVER SEM TEMPOS MORTOS JUNHO
539 MEMÓRIA DA CANA AGOSTO

2010
543 IN ON IT FEVEREIRO
545 KASTELO FEVEREIRO
547 SERIA CÔMICO SE NÃO FOSSE SÉRIO MAIO
549 REBU JULHO
550 DUETO PARA UM SETEMBRO
552 INVERNO DA LUZ VERMELHA SETEMBRO
554 12 HOMENS E UMA SENTENÇA NOVEMBRO

# Índice alfabético

| | | | |
|---|---|---|---|
| 554 | 12 HOMENS E UMA SENTENÇA | 110 | BEIJO DA MULHER ARANHA, O |
| 160 | ... E MORREM AS FLORESTAS | 505 | BESOURO CORDÃO DE OURO |
| 321 | ABAJUR LILÁS | 355 | BESTA NA LUA, A |
| 263 | ACORDES CELESTINOS | 325 | BIBI VIVE AMÁLIA |
| 449 | ADIVINHE QUEM VEM PARA REZAR | 332 | BIEDERMANN E OS INCENDIÁRIOS |
| 161 | ADORÁVEL DESGRAÇADA | 280 | BOCA DE OURO |
| 244 | AGATHA | 73 | BODAS DE PAPEL |
| 404 | AGRESTE | 63 | BOLSINHA MÁGICA DE MARLY EMBOABA, A |
| 252 | ÁLBUM DE FAMÍLIA | 257 | BONECA DO BARCO |
| 57 | ALEGRO DESBUM | 41 | BONITINHA, MAS ORDINÁRIA |
| 516 | ALMA BOA DE SETSUAN, A | 388 | BORANDÁ |
| 270 | ALTAR DO INCENSO, O | 410 | BORGHI EM REVISTA |
| 282 | AMIGOS PARA SEMPRE | 463 | BR-3 |
| 484 | ANDAIME | 179 | BRINCANTE |
| 297 | ANJO DURO | 207 | BURGUÊS RIDÍCULO, O |
| 165 | ANJO NEGRO | 190 | BURUNDANGA, A REVOLTA DO BAIXO VENTRE |
| 371 | ÂNSIA | 510 | CABARÉ DA SANTA |
| 317 | ANTIGO 1850 | 534 | CACHORRO MORTO |
| 495 | AOS QUE VIRÃO DEPOIS DE NÓS: KASSANDRA IN PROCESS | 213 | CAIXA 2 |
| 42 | APARECEU A MARGARIDA | 473 | CAMARADAGEM |
| 279 | APOCALIPSE 1, 11 | 315 | CAMBAIO |
| 83 | AQUI ENTRE NÓS | 509 | CAMINHO PARA MECA, O |
| 291 | A QUE PONTO CHEGAMOS | 66 | CANÇÃO DE FOGO |
| 422 | ARENA CONTA DANTON | 420 | CANTO DE GREGÓRIO, O |
| 451 | ASSOMBRAÇÕES DO RECIFE VELHO | 359 | CÃOCOISA E A COISA HOMEM |
| 352 | AUTO DA PAIXÃO E DA ALEGRIA | 220 | CARTEIRO E O POETA, O |
| 346 | AUTO DOS BONS TRATOS | 350 | CASA ANTIGA, A |
| 436 | AVENIDA DROPSIE | 176 | CASA DE ORATES |
| 163 | BAILE, O | 28 | CASAMENTO DE FÍGARO |
| 445 | BAQUE | 299 | CELA, A |

| | | | |
|---|---|---|---|
| 535 | CENTENÁRIAS, AS | 266 | EQUILÍBRIO DELICADO, UM |
| 469 | CENTRO NERVOSO | 67 | ESCUTA, ZÉ! |
| 260 | CERTO OLHAR – PESSOA E LORCA, UM | 458 | ESPERANDO GODOT |
| | | 426 | ESPÍRITO DA TERRA |
| 197 | CÉU DE ESTRELAS, UM | 311 | ESPLÊNDIDOS |
| 431 | CINEMA ÉDEN | 131 | ESTÚDIO NAGASAKI |
| 441 | CIRCO DE RINS E FÍGADOS, UM | 164 | EU SEI QUE VOU TE AMAR |
| 143 | COBRADOR, O | 367 | EXECUTIVOS |
| 319 | COPENHAGEN | 93 | FÁBRICA DE CHOCOLATE, A |
| 23 | CORPO A CORPO (1972) | 91 | FÁBRICA, A |
| 172 | CORPO A CORPO (1995) | 89 | FALECIDA, A (1979) |
| 162 | CORTE FATAL | 158 | FALECIDA, A (1994) |
| 447 | DANÇA DO UNIVERSO, A | 113 | FARRA DA TERRA, A |
| 86 | DERCY BEAUCOUP | 103 | FAUSTO |
| 465 | DESCOBERTA DAS AMÉRICAS, A | 129 | FEDRA (1987) |
| 236 | DEUS | 205 | FEDRA (1997) |
| 229 | DIÁRIO DE UM LOUCO | 114 | FELIZ ANO VELHO |
| 433 | DILÚVIO EM TEMPOS DE SECA | 120 | FELIZ PÁSCOA |
| 72 | DO OUTRO LADO DO ESPELHO | 497 | FESTA DE ABIGAIU, A |
| 108 | DOCE DELEITE | 292 | FILHOS DO BRASIL |
| 520 | DOIS IRMÃOS | 155 | FLASH AND CRASH DAYS, THE |
| 209 | DOM JUAN | 97 | FOI NO BELO SUL MATO GROSSO |
| 261 | DONA DA HISTÓRIA, A | 96 | FRANKIE, FRANKIE, FRANKENSTEIN |
| 482 | DOROTEIA | 140 | FULANINHA E DONA COISA |
| 196 | DRÁCULA E OUTROS VAMPIROS | 76 | FUNDO DE OLHO |
| 550 | DUETO PARA UM | 157 | GAIVOTA, A (1994) |
| 98 | E A GRALHA FALOU | 493 | GAIVOTA, A (2007) |
| 195 | E CONTINUA... TUDO BEM | 177 | GILGAMESH |
| 418 | EH, TURTUVIA! | 36 | GODSPELL |
| 152 | ELA É BÁRBARA | 80 | GRANDE AMOR DE NOSSAS VIDAS, O |
| 128 | ELECTRA | | |
| 331 | EM ALGUM LUGAR DO PASSADO – O FOTÓGRAFO | 38 | GRANDE DE COCA-COLA, EL |
| | | 489 | GRANDE IMPRECAÇÃO DIANTE DOS MUROS DA CIDADE |
| 340 | EM MOEDA CORRENTE DO PAÍS | | |
| 514 | ENSAIO, O | 184 | GRANDE VIAGEM DE MERLIN, A |
| 200 | ENSAIO PARA DANTON | 34 | GRITO PARADO NO AR, UM |
| 44 | ENTRE QUATRO PAREDES | 166 | GUERREIRAS DO AMOR, AS |
| 191 | É O FIM DO MUNDO | 149 | HAM-LET |

| | |
|---|---|
| 294 HAPPY END | 186 MARY STUART |
| 88 HOMEM DO PRINCÍPIO AO FIM, O | 25 MASSAGEM, A |
| 212 HOMEM E A MANCHA, O | 189 MASTER CLASS |
| 461 HOMEM É UM HOMEM, UM | 399 MELANIE KLEIN |
| 438 HOMEM INDIGNADO, UM | 536 MELODRAMA |
| 55 IKS, OS | 539 MEMÓRIA DA CANA |
| 69 IMIGRANTES, OS | 222 MEMÓRIAS PÓSTUMAS DE BRÁS CUBAS |
| 543 IN ON IT | 380 MIRE VEJA |
| 193 INTENSA MAGIA | 124 MORANGO COM CHANTILLY |
| 552 INVERNO DA LUZ VERMELHA | 117 MORANGOS MOFADOS |
| 135 IRMA VAP | 507 MORATÓRIA, A |
| 223 IRMÃS DO TEMPO | 394 MORTE DE UM CAIXEIRO--VIAJANTE, A |
| 233 IVANOV | 226 NA SOLIDÃO DOS CAMPOS DE ALGODÃO |
| 306 JARDIM DAS CEREJEIRAS, O | 228 NA SOLIDÃO DOS CAMPOS DE ALGODÃO |
| 167 K. | 512 NÃO SOBRE O AMOR |
| 545 KASTELO | 336 NAU DE LOUCOS |
| 123 KATASTROPHÉ | 273 NAVALHA NA CARNE |
| 60 LAÇOS DE SANGUE | 105 NELSON RODRIGUES, O ETERNO RETORNO |
| 231 LADRÕES DE METÁFORAS | 264 NIJINSKY – DIVINO BUFÃO |
| 424 LEVE, O PRÓXIMO NOME DA TERRA, A | 198 NO ALVO |
| 170 LIVRO DE JÓ, O | 203 NO OLHO DA RUA |
| 171 LIVRO DE JÓ, O | 460 NOITE ANTES DA FLORESTA, A |
| 524 LONGA VIAGEM DE VOLTA PARA CASA | 99 NONNA, A |
| 27 LONGE DAQUI, AQUI MESMO | 338 NOVAS DIRETRIZES EM TEMPO DE PAZ |
| 78 MACUNAÍMA | 156 NOVIÇO, O |
| 348 MÃE CORAGEM | 192 NOWHERE MAN |
| 62 MAHAGONNY (1976) | 255 Ó ABRE ALAS |
| 109 MAHAGONNY (1982) | 275 Ó DA VIAGEM, O |
| 289 MAIS PERTO | 187 OESTE |
| 323 MANCHA ROXA, A | 247 OMELETE |
| 138 MANDRÁGORA, A (1988) | 92 ÓPERA DO MALANDRO |
| 416 MANDRÁGORA, A (2004) | 491 ORESTEIA: O CANTO DO BODE |
| 272 MÁQUINAS II | |
| 241 MARGEM DA VIDA, À | |
| 137 MARGENS DA IPIRANGA, ÀS | |
| 146 MARLY EMBOABA, UMA PAIXÃO | |

567

| | | | |
|---|---|---|---|
| 384 | OTELO (2003) | 52 | RODA COR DE RODA |
| 478 | OUTONO E INVERNO | 408 | RUMO A CARDIFF |
| 375 | PAIXÃO SEGUNDO G.H., A | 216 | SACRA FOLIA (1997) |
| 103 | PALOMARES | 361 | SACRA FOLIA (2002) |
| 58 | PANO DE BOCA | 214 | SANTIDADE (1997) |
| 204 | PARTURIÃO, O | 501 | SANTIDADE (2007) |
| 344 | PASSATEMPO | 386 | SANTO E A PORCA, O |
| 285 | PASSEIO NO BOSQUE, UM | 178 | SEGUNDAS HISTÓRIAS |
| 100 | PATÉTICA | 235 | SENHOR PAUL, O |
| 471 | PEDRA DO REINO, A | 547 | SERIA CÔMICO SE NÃO FOSSE SÉRIO |
| 401 | PEQUENO SONHO EM VERMELHO | 283 | SERPENTE, A |
| 239 | POIS É, VIZINHA... | 443 | SERTÕES – A LUTA, OS |
| 269 | POMBA ENAMORADA, A | 396 | SERTÕES – O HOMEM, OS (2003) |
| 327 | PORTO PARA ELIZABETH BISHOP, UM | 406 | SERTÕES – O HOMEM, OS (2004) |
| 250 | PRÊT-À-PORTER | 363 | SERTÕES, OS (2002) |
| 286 | PRÊT-À-PORTER 3 | 467 | SERTÕES, OS (2006) |
| 313 | PRÊT-À-PORTER 4 | 414 | SETE AFLUENTES DO RIO OTA, OS |
| 369 | PRÊT-À-PORTER 5 | 150 | SÉTIMAS MORADAS |
| 377 | PROVA, A | 295 | SILÊNCIO |
| 487 | PÚCARO BÚLGARO, O | 219 | SINFONIA DE UMA NOITE INQUIETA OU LIVRO DO DESASSOSSEGO |
| 522 | QUE EU GOSTARIA DE DIZER, O | 342 | SOLITÁRIOS, OS |
| 412 | QUE MORREU MAS NÃO DEITOU?, O | 253 | SOMOS IRMÃS |
| 48 | QUE VOCÊ VAI SER QUANDO CRESCER?, O | 90 | SOPRO DE VIDA, UM |
| | | 308 | SUBURBIA |
| 486 | QUEM NUNCA | 33 | TANGO |
| 455 | QUERIDA HELENA | 373 | TARSILA |
| 531 | QUERÔ – UMA REPORTAGEM MALDITA | 210 | TARTUFO |
| | | 46 | TEATRO DE CORDEL |
| 526 | RAINHA(S) – DUAS ATRIZES EM BUSCA DE UM CORAÇÃO | 173 | TEMPESTADE, A |
| | | 174 | TEMPESTADE, A |
| 84 | RASGA CORAÇÃO (1979) | 125 | TEMPO E OS CONWAYS, O |
| 499 | RASGA CORAÇÃO (2007) | 276 | TILL EULENSPIEGEL |
| 169 | RATOEIRA É O GATO, A | 232 | TIO VÂNIA (1998) |
| 549 | REBU | 390 | TIO VÂNIA (2003) |
| 435 | REGURGITOFAGIA | 329 | TREM CHAMADO DESEJO, UM |
| 302 | REI DA VELA, O | 518 | TRÊS GRAÇAS, AS |
| 206 | REIS DO IMPROVISO, OS | 30 | TRÊS IRMÃS, AS (1972) |

| | |
|---|---|
| 258 | TRÊS IRMÃS, AS (1999) |
| 175 | TRÊS MULHERES ALTAS |
| 75 | TRISTE FIM DE POLICARPO QUARESMA, O |
| 268 | TURANDOT |
| 85 | ÚLTIMO DIA DE ARACELLI, O |
| 357 | VARIAÇÕES ENIGMÁTICAS |
| 183 | VERÁS QUE TUDO É MENTIRA |
| 151 | VEREDA DA SALVAÇÃO |
| 238 | VERMOUTH |
| 159 | VESTIDO DE NOIVA |
| 51 | VICTOR, OU AS CRIANÇAS NO PODER |
| 453 | VIDA NA PRAÇA ROOSEVELT, A |
| 225 | VIDROS PARTIDOS |
| 288 | VISÃO CEGA |
| 392 | VISITA DA VELHA SENHORA, A |
| 300 | VISITANDO O SENHOR GREEN |
| 428 | VISÕES SIAMESAS |
| 180 | VITÓRIA SOBRE O SOL |
| 248 | VIÚVAS, AS |
| 537 | VIVER SEM TEMPOS MORTOS |
| 245 | VOLTAIRE – DEUS ME LIVRE E GUARDE |
| 181 | WOYZECK |
| 382 | WOYZECK, O BRASILEIRO |
| 476 | ZONA DE GUERRA |
| 530 | ZOOLÓGICO DE VIDRO, O |

569

# Organização

## ORGANIZAÇÃO

**MARTA RAQUEL COLABONE** possui graduação em História pela Universidade de São Paulo – USP, especialização em Gestão de Processos Comunicacionais pela Escola de Comunicações e Artes da USP e em Fundamentos da Cultura e das Artes pelo Instituto de Artes da Universidade Estadual Paulista – Unesp. É gerente de Estudos e Desenvolvimento do Serviço Social do Comércio – Sesc São Paulo e membro do Centro de Estudos Psicanalíticos. Atua nos campos da história, memória e psicanálise.

**JOSÉ EDUARDO VENDRAMINI** (1947) é dramaturgo, encenador, Professor Titular Emérito aposentado do Departamento de Artes Cênicas da Escola de Comunicações e Artes da USP. Iniciou sua trajetória artística em 1964. Membro fundador do Festival Internacional de Teatro de São José do Rio Preto, dirigiu grandes textos da dramaturgia mundial e brasileira. Ganhou quatro prêmios Governador do Estado (como figurinista e cenógrafo) e várias menções honrosas em concursos nacionais de dramaturgia. Em 2015, assessorou a publicação do livro *Amor ao teatro*, de Sábato Magaldi, e teve encenada sua peça *Cartas libanesas* no Sesc Ipiranga, sendo que por esta autoria recebeu três indicações para prêmios de melhor dramaturgo do ano: APCA-SP, Shell-SP e Aplauso Brasil. Este espetáculo foi apresentado (em inglês) no Cairo e no Líbano. Atualmente, José Eduardo Vendramini dedica-se em tempo integral à encenação de seus textos e à escrita de novas peças de teatro e roteiros de cinema e televisão.

*Fontes* Freight Text e Arboria
*Papel* Pólen Natural 70g/m²
*Impressão* Camacorp – Visão Gráfica Ltda.
*Data* maio de 2022